NATURZEIT MIT KINDERN

KORSIKA

Stefanie Holtkamp

TOURENÜBERSICHT

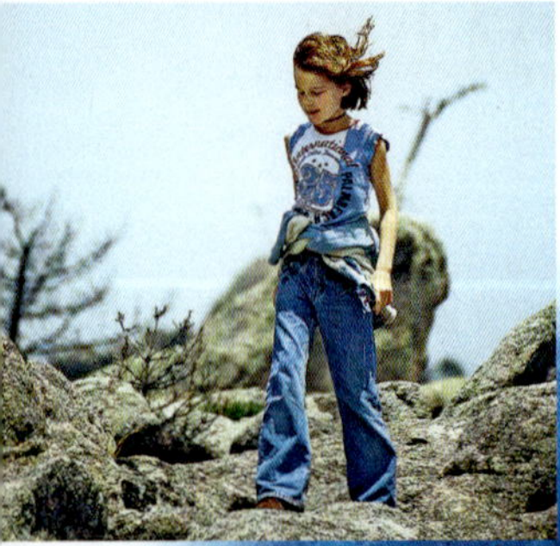

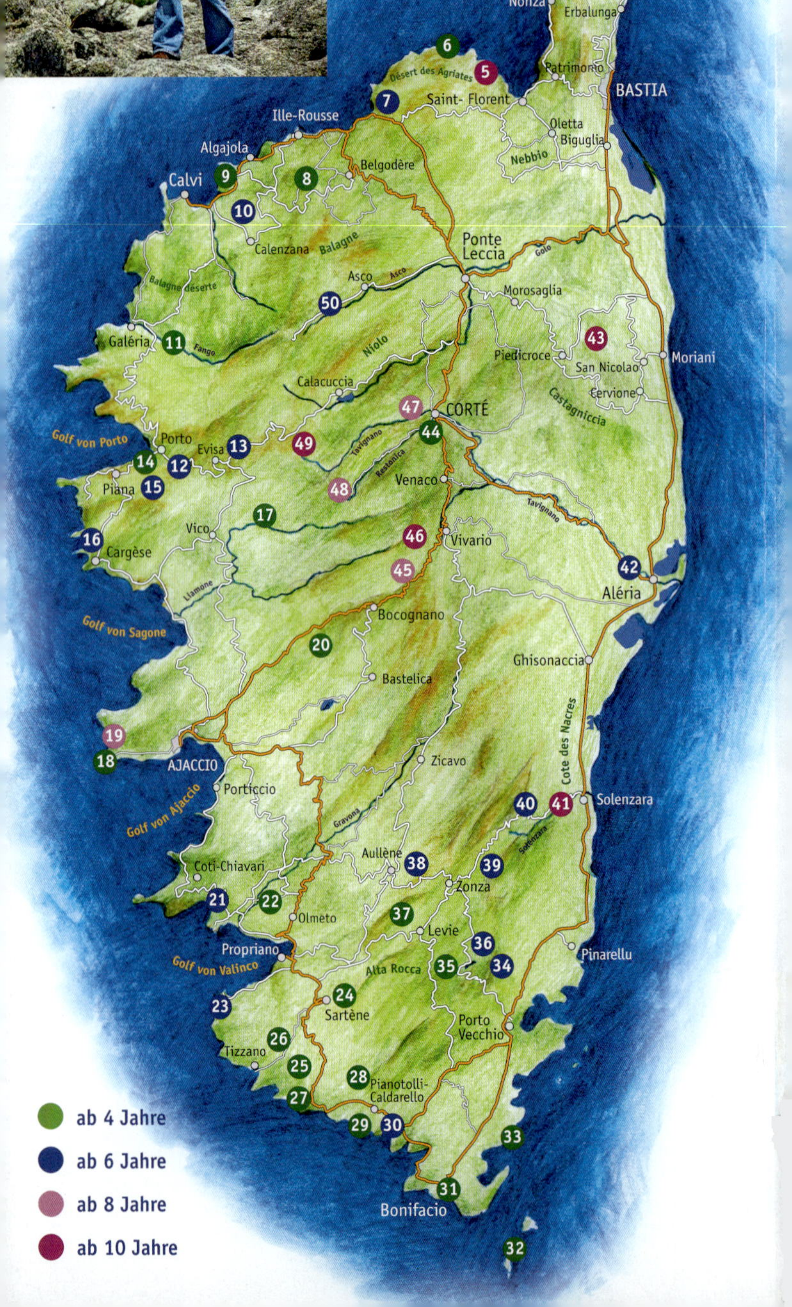

Die Insel Korsika

Wander- und Entdeckertouren

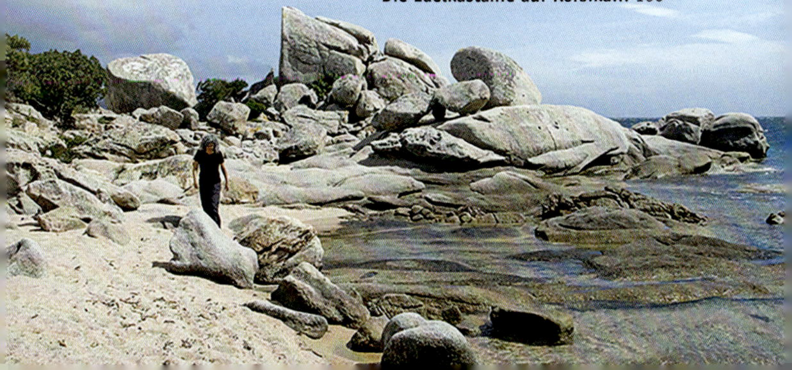

DIE SÜDSPITZE

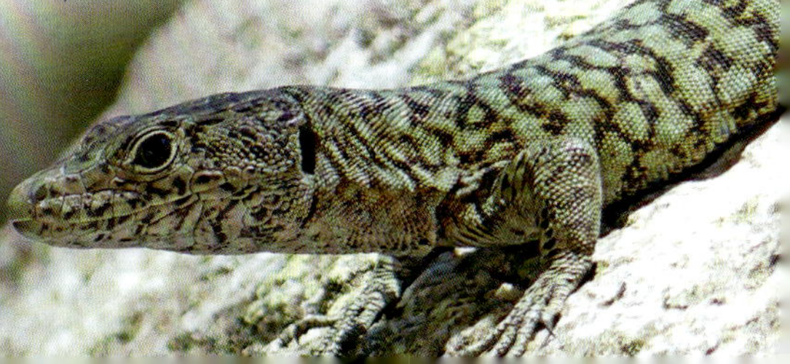

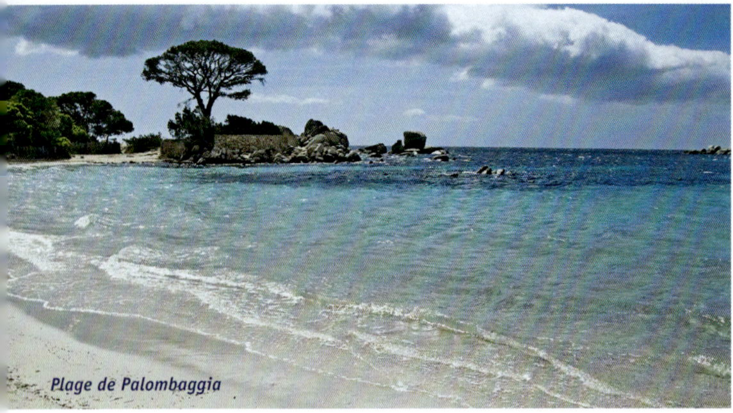

Plage de Palombaggia

Die Insel Korsika

Korsika ist mit einer Fläche von 8.720 Quadratmeter die drittgrößte Insel des westlichen Mittelmeeres. Sie ist 183 Kilometer lang, nur 83 Kilometer breit und doch zu groß, um in einem einzigen Urlaub alles zu entdecken. Das liegt nicht zuletzt an den vielen Bergen, denen die Insel einen ihrer Kosenamen verdankt: Gebirge im Meer. Der höchste Gipfel, der Monte Cinto, ist 2.706 Meter hoch und das ganze Jahr mit Schnee bedeckt. Die Wege auf der Insel sind selten eben und führen fast nie geradeaus. Auf den kleineren kurvigen Straßen in den Bergen können Autos oft nur schleichen, mit 30, höchstens 40 Stundenkilometern.

Auf der kleinen Grundfläche der Insel finden wir ganz verschiedene Landschaften mit unterschiedlichem Klima. In den Küstenregionen sind – typisch für das Mittelmeer – die Sommer heiß und trocken und es bleibt bis in den Herbst hinein warm und sonnig. Die Badesaison dauert von Anfang Mai bis Mitte Oktober. Die regenreicheren Monate liegen zwischen Oktober und April. Auf Korsika fällt in dieser Zeit deutlich mehr Regen als etwa in Südfrankreich. Bäche, die im Hochsommer einem Rinnsal gleichen, entwickeln sich im Frühjahr zu reißendem Wildwasser. Mit Durchschnittstemperaturen zwischen neun und zehn Grad ist der Winter eher mild.

In den Bergen liegt dagegen im Mai oft noch Schnee. Im Winter sind die Bergpässe verschneit, die höheren zeitweise gesperrt. Wanderungen im Hoch-

Mittlere Durchschnittstemperaturen in °C (Ajaccio):

	Jan	Feb	März	Apr	Mai	Juni	Juli	Aug	Sep	Okt	Nov	Dez
Tag max.	9	11	15	17	20	24	25	26	23	18	13	9
Tag min.	4	4	6	8	14	17	17	15	18	12	8	5
Wasser	13	13	13	14	16	20	22	23	21	20	17	15

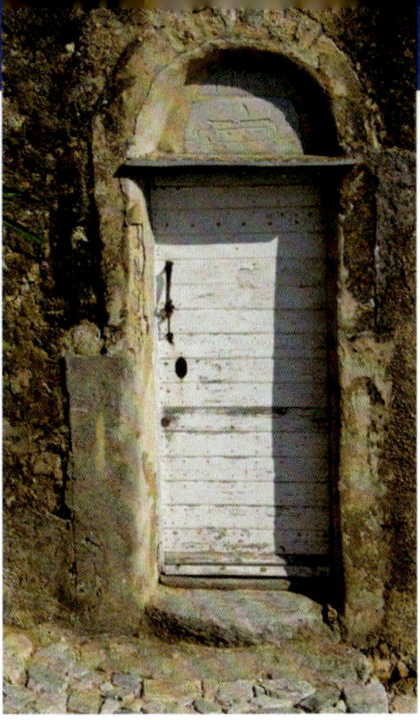

Mittelmeerromantik: Im Hinterland der Küsten findet man stille Bergdörfchen mit typisch französischem Flair.

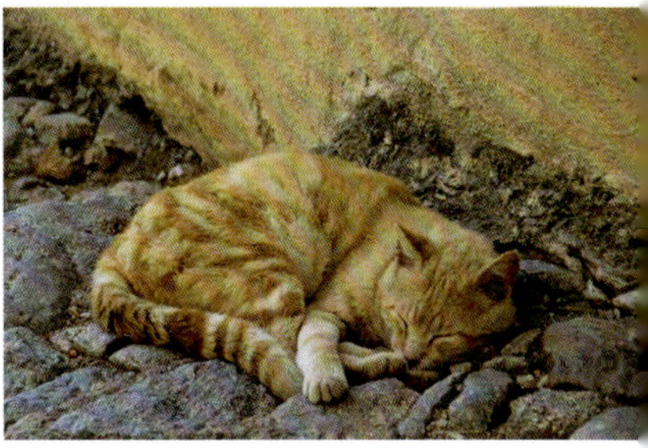

gebirge sind daher frühestens ab Juni zu empfehlen. Im Sommer kann an der Küste die Sonne scheinen, während es weiter oben kühl und regnerisch ist. Vor allem im Hochsommer ziehen in den Bergen schnell und manchmal recht unerwartet heftige Gewitter auf.

Insgesamt regnet es im Inneren der Insel mehr als an der Küste, in der Ebene der Ostküste mehr als an der schrofferen Westküste und im Norden mehr als im Süden.

Die beste Reisezeit

Die Badesaison geht von Anfang Mai bis Mitte Oktober. Im Juli und August ist Hauptsaison. Dann sind in Frankreich und Italien Sommerferien. Bei uns allerdings meistens auch. Die Preise für Ferienwohnungen und Campingplätze steigen im Juli sprunghaft an. Auf der Insel ist es dann nicht nur voll, sondern auch heiß und teuer. Mai, Juni und September eignen sich deutlich besser zum Wandern und Entdecken. Die Strände sind dann fast einsam, allerdings haben auch viele Campingplätze und Restaurants

Eine schmale aber gut ausgebaute Straße führt am Bavella-Pass mitten ins Hochgebirge.

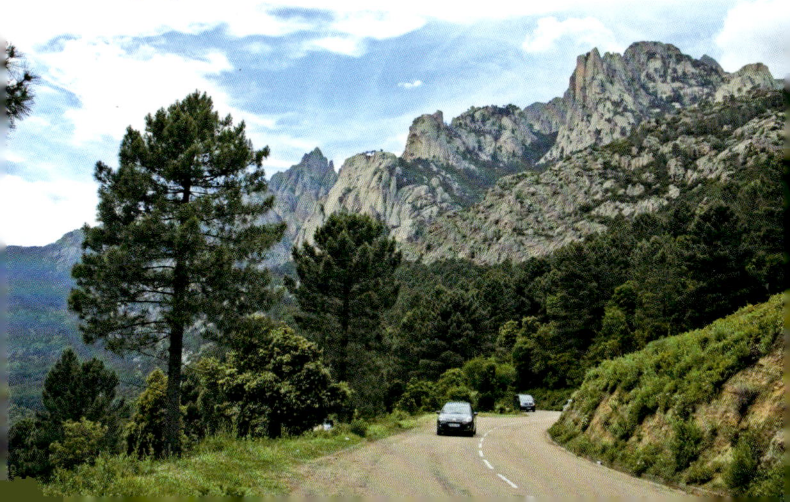

noch geschlossen. Auch die Läden in Touristenregionen öffnen meist erst Ende Mai oder im Juni. Dabei eignen sich eigentlich schon die Osterferien für Wanderungen. Die Macchia blüht, die ganze Insel duftet, nur zum Baden ist es dann noch zu kalt.

Sprache und Identität

Die Insel liegt etwa 90 Kilometer vor der italienischen Küste, das französische Festland ist über 170 Kilometer entfernt. Trotzdem gehört Korsika heute zu Frankreich. Die offizielle Amtssprache ist Französisch. Korsika hat aber eine eigene lebendige Kultur. Dazu gehört auch eine eigene Sprache.

Das Korsische ist ursprünglich vermutlich eine keltisch-ligurische Sprache und wurde im Laufe seiner Entwicklung vom Toskanischen und Französischen beeinflusst. Korsisch wurde über viele Jahrhunderte nur mündlich weitergegeben, die Schriftsprache entsprach bis zur Mitte des 19. Jahrhunderts der des italienischen Festlandes. Mit Französisch, meist auch mit Englisch, kann man sich überall verständlich machen. Korsisch wird fast nur in einsamen Bergregionen gesprochen – trotzdem ist den Korsen die eigenständige Kultur und Sprache sehr wichtig. Seit einigen Jahren wird Korsisch wieder an der Universität in Corté unterrichtet. Reisenden begegnen korsische Ausdrücke vor allem auf Karten und Straßenschildern. Für Ortsnamen gibt es außer einer französischen Schreibweise auch noch ein, zwei oder drei korsische Varianten.

Im Landesinneren übermalen die Bewohner gern französische Namen auf den Wegweisern und drücken so ihren Wunsch nach **Unabhängigkeit** von Frankreich aus. In der Vergangenheit sorgten korsische Freiheitskämpfer immer wieder mit Anschlägen für Schlagzeilen. Sie sprengten halbfertige Hotelanlagen in die Luft oder offizielle Verwaltungsgebäude der französischen Regierung – und wollten sich so gegen den Ausverkauf ihrer Küsten und die Überfremdung ihrer Insel wehren. Die Anschläge richteten sich fast immer gegen leere Gebäude, nie gegen Touristen. Die korsischen Nationalisten betrachten auch nicht den Tourismus als ihren Feind, schließlich leben fast alle hier davon, sondern die Regierung in Paris und die Großinvestoren vom Festland.

Korsische Musik

Ein besonderer Ausdruck korsischer Kultur und Identität ist der polyphone Gesang, der ganz ohne Instrumentierung auskommt und ausschließlich mit den Stimmen arbeitet. Traditionell ist er eine Männerdomäne, inzwischen gibt es aber auch weibliche Ensembles. Im Sommer finden in allen größeren Orten der Insel Konzerte statt und Sie haben eine Chance, die Sie keinesfalls vorbeiziehen lassen sollten: das Privileg korsische Musik live zu erleben. Dass die Konzerte fast immer in einer Kirche stattfinden, ist eine Frage der Akustik. Lieder und Texte drehen sich um Alltag, Heimat, Ehre und natürlich um die Liebe und sind ganz und gar weltlich geprägt.

Korsische Spezialitäten

Die korsische Küche unterscheidet sich von der französischen. Sie baut ausschließlich auf die Produkte der Bergregionen. Die **Esskastanie** war über Jahrhunderte eine wichtige Ernährungsgrundlage. Kastanienmehl wurde so häufig verwendet wie bei uns Weizenmehl. Zu den Spezialitäten zählen Kastanienkuchen, Maronencreme oder Pulenta, ein Brei, der als Beilage gegessen wird. Viele Gerichte werden mit Kräutern aus der Macchia gewürzt. Aus den Früchten des Erdbeerbaums und der Myrte, die beide in der Macchia wachsen, wird Konfitüre und Likör hergestellt.

Eine weitere Spezialität ist das **Fleisch** der meist frei lebenden Schweine, das zu »Charcuterie Corse« verarbeitet wird. Lonzu ist geräuchteres Filet mit viel Pfeffer. Coppa stammt aus dem Kamm und wird in Salz und Wein eingelegt und geräuchert. Saucisse corse ist eine Schweinesalami und Prisuttu ein roher Schweineschinken, der gerne mit frischen Feigen serviert wird. Die Figatellu, eine kräftig gewürzte grobe Bratwurst, enthält neben Fleisch auch Schweineleber.

Auch **Ziegen- und Schafskäse**, sind Basisprodukte der korsischen Küche. Eine besonders wichtige Rolle spielt der Brocciu. »Brutsch« spricht man das auf Korsisch aus, »brutschiju« sagen die Franzosen. Beide meinen den aus einer Mischung aus Molke und Milch hergestellten Frischkäse, der nur auf Korsika produziert wird. Man isst ihn als Dessert oder verarbeitet ihn zu Fiadone, einem flachen Käsekuchen ohne Boden. In salziger Form dient er als Füllung

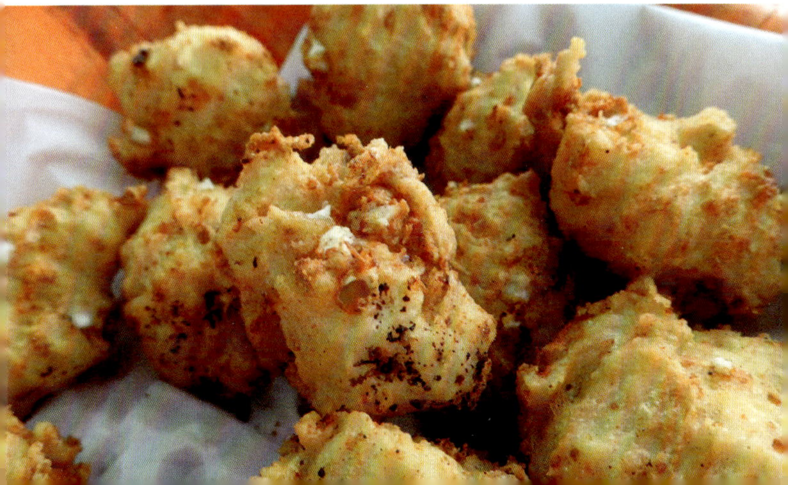

von Canneloni oder Ravioli. Eine beliebte Vorspeise ist ein »omelette au brocciu«. Besonders für die süßen Krapfen mit dem Namen »beignets au brocciu« können sich auch die meisten Kinder begeistern.

Fisch bekommt man vor allem an der Küste, wo die französische und italienische Küche die Speisekarten bestimmt. Von Dorade über Wolfsbarsch bis zu Langusten und Hummer gibt es fast alles, was im Mittelmeer schwimmt. In den salzwasserhaltigen Binnenseen an der Ostküste werden Austern gezüchtet.

Eine ganz besondere Spezialität ist der **Honig aus der Macchia**. Alle Sorten schmecken etwas herber als unser Blütenhonig. Am mildesten sind der Printemps (Frühling) und der Maquis d'été. Unser Favorit ist der Maquis de Printemps mit leicht herben karamelligem Aroma. Der Maquis d'automne (Herbstmacchia) ist im Nachgeschmack schon leicht bitter und wird gerne in der Küche für Saucen und Marinaden eingesetzt. Außerdem gibt es auch noch den Miel de chataigne, der ebenfalls zu den herberen Honigsorten gehört.

Zu den bekanntesten Produkten Korsikas zählt der **Wein**. Angebaut werden überwiegend Rotweine. Die besten kommen aus den Lagen um Patrimonio, Calvi, Sartène oder Figari – hier bürgt schon das AOC-Siegel für Qualität. Auch am Cap Corse wird guter Wein angebaut. Die einfacheren Tafelweine stammen meist aus der Plaine Orientale, der Ebene an der Ostküste.

Korsisches Bier gab es nicht – bis zwei junge Korsen Anfang der neunziger Jahre eine Idee hatten. Sie kreierten ein Bier mit dem besonderen Aroma ihrer Insel: **La Pietra**. Zur Fermentierung verwendeten sie Kastanienmehl, das dem Bier eine satte Farbe, üppigen Schaum und einen kräftigen Geschmack verleiht. Heute ist La Pietra Kult und wandert in schlanken zierlichen 25 cl Flaschen über wirklich jede Theke der Insel. Zum Klassiker Pietra ambrée hat sich inzwischen ein helles Pietra bionda und das naturtrübe Weißbier Colomba mit Aromen der Macchia gesellt.

Das beste Tafelwasser Korsikas kommt aus der Castagniccia. Das **Quellwasser von Orezza** wird schon seit 1865 zum Verkauf abgefüllt. Vor der Abfüllanlage sprudelt die alte Quelle in ein rostrotes Becken. Probieren ist erlaubt. **[› Seite 212]**

Besuch in der Boulangerie

Korsische Spezialitäten begegnen uns nicht nur im Restaurant. In einer Bäckerei kann man ein hervorragendes Picknick zusammenstellen. Sehr geeignet sind dazu die Bastelles, gefüllte Teigtaschen mit Brocciu und Spinat, Zwiebeln und ähnlichem. Ebenfalls probieren sollten Sie Moelleux de chataigne, die im Gegensatz zum manchmal etwas trockenen Kastanienkuchen saftig und weich sind. Ebenso lecker sind die Beignets – gefüllte und frittierte Teigbällchen.

Ergänzt wird das korsische Sortiment durch französische Spezialitäten wie Quiche (salzige Käse- und Gemüsekuchen), Croissant oder Pain au chocolat. Bon Appetit! Bäckereien sind auf Korsika übrigens auch am Sonntag vormittag geöffnet.

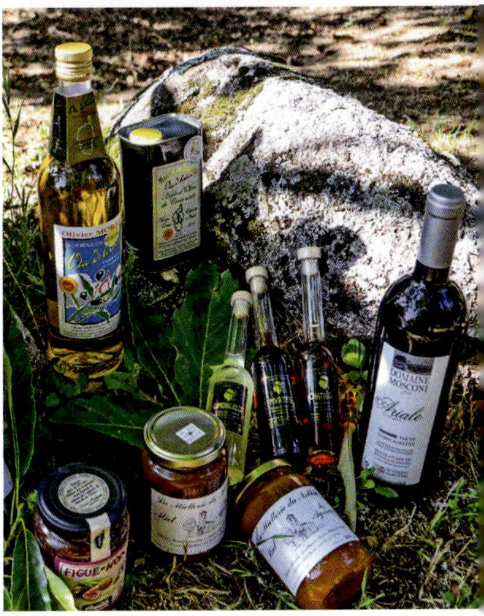

Route des sens authentiques

Die »Route des Sens authentiques« soll lokale Produzenten und interessierte Käufer zusammenbringen. Blaue Schilder an den Hauptstraßen markieren die zugehörigen Betriebe, die nach alten Rezepten und mit traditionellen Methoden verarbeiten, was die Insel zu bieten hat. Sie sind gleichzeitig ein Siegel für Qualität. Ein Heft das man in den Gästeinformationen bekommt, informiert über passende Adressen. So verdienen Bauern und Kunsthandwerker beim Direktverkauf genug, um in ihrem Dorf von ihrer Arbeit zu leben. Den Gästen öffnen sich die Türen der Werkstätten, Weingüter und Bauernhöfe. Wenn Sie ein bisschen Französisch sprechen, kommen Sie leicht ins Gespräch und in den Genuss köstlicher Produkte obendrein.

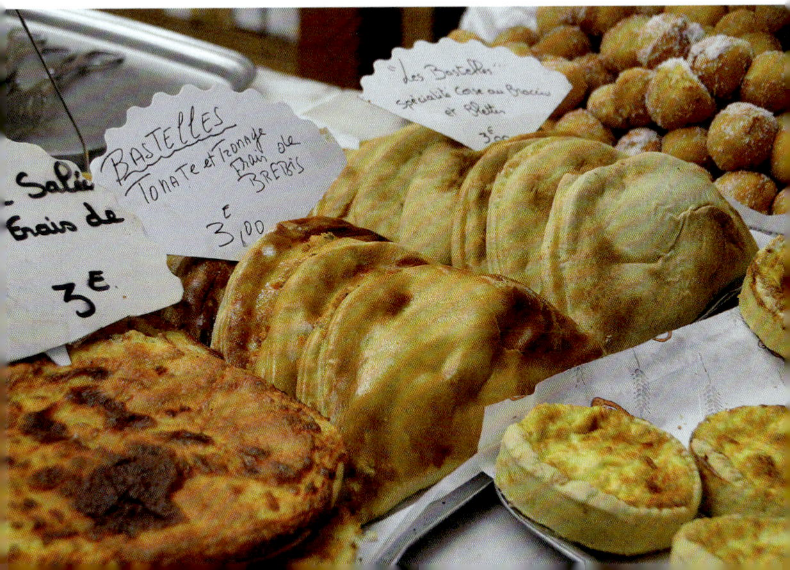

Neptungras (Posidonia)

Vor allem in der Vorsaison treffen wir an Stränden oft auf leicht muffig riechende, angeschwemmte Pflanzenteile. Es handelt sich dabei nicht um Algen, sondern um Seegras. Die Pflanze wächst in großen Feldern auf dem Boden des Meeres, filtert Schadstoffe aus dem Wasser und ist eine wichtige Lebensgrundlage für Fische und Krustentiere. Seegras am Spülsaum einer Bucht ist also ein guter Indikator für ein intaktes Ökosystem und sauberes Wasser. Manchmal liegen auch Bälle aus Pflanzenfasern am Strand. Diese entstehen aus den Blüten der Posidonia und eignen sich hervorragend zum Spielen.

In der raueren Jahreszeit schützt der Seegrasteppich den Strand und sorgt dafür, dass der Sand nicht von der Brandung weggetragen wird. Im Sommer sind die Pflanzenberge, die durch den Zersetzungsprozess in der Sonne wirklich unangenehm riechen, weniger beliebt und werden an touristisch genutzten Stränden entfernt, was eigentlich der Natur schadet. In Naturschutzgebieten bleibt das Seegras daher liegen. Suchen Sie sich an naturbelassenen Stränden einen Bereich mit wenig Seegras und steigen Sie hinüber ins klare Wasser. Das Wasser in der Bucht ist durch Seegrasteppiche nicht belastet – das Gegenteil ist der Fall. Man kann dort ohne Bedenken baden.

Baden

Im Meer baden kann man in fast jeder Küstenregion der Insel. Ein nahezu durchgehender Sandstreifen säumt die ebene Ostküste und macht sie zum bevorzugten Standort für größere Ferienanlagen. Zwischen den Ferienorten gibt es an der Ostküste viele recht einsame Strandabschnitte.

Im Süden unterbrechen Felsen die oft feinsandigen Badebuchten vor türkis schimmerndem Meer. Besonders fotogen und auch besonders gut geeignet für kleine Kinder sind die beinahe tropisch anmutenden Strände um Porto Vecchio oder an der Désert des Agriates. Man muss allerdings damit rechnen, dass es an den bekannten Traumbuchten, wie zum Beispiel der Plage de Palombaggia oder Rondinara selbst in der Nebensaison vergleichsweise voll ist.

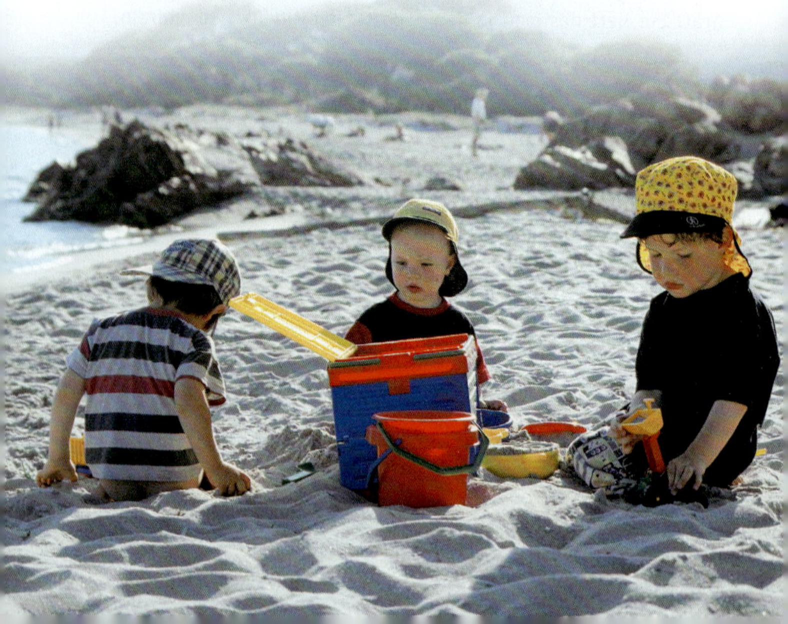

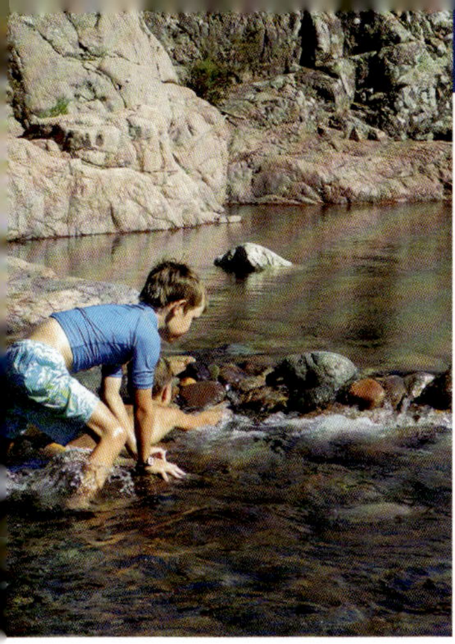

Auch die Westküste verfügt, neben der schroffen, landschaftlich besonders spektakulären Felsküste um den Golf von Porto, über schöne, sandige Buchten.

Im Osten und Süden ist das Meer meist ruhig, an der Westküste peitscht auch mal kräftige Brandung. Vom seichten türkisblauen Plantschbecken bis zu den ursprünglicheren, einsameren Sandstreifen am Golf von Sagone oder dem Cap Corse – auf Korsika kann jeder seinen Traumstrand finden.

An Flüssen und Bächen

Ebenso blau und klar wie das Meer sind oft die Wasserbecken, die in Bächen und kleinen Flüssen im Gebirge zum Bad verführen. Von knietiefen Becken zum Planschen bis zu richtig tiefen Gumpen, in denen man auch schwimmen kann, gibt es alles. An den Bassins, umrahmt von Felsen und gespeist durch kleine Wasserfälle, kann man wahrlich idyllische Plätzchen finden. Zu den schönsten Stellen läuft man ein Stück – viele der Wanderungen in diesem Buch führen zu Badestellen am Fluss, aber auch unterhalb von Brücken findet man oft schöne Badeplätze.

Badespaß am Fango (Nordwestküste)

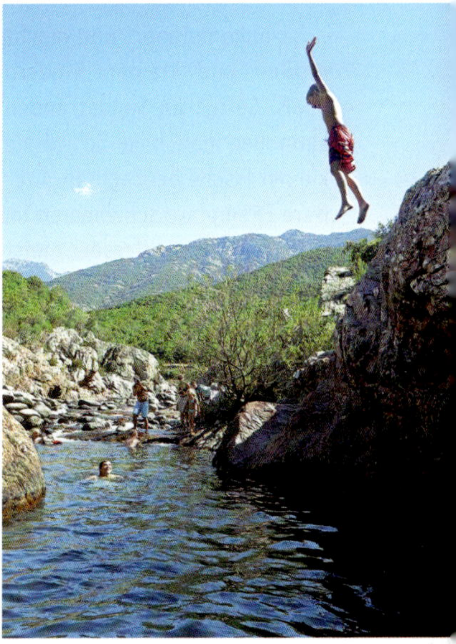

Bilharziosefälle am Cavu

Zwischen 2013 und 2017 gab es nachgewiesene Bilharziosefälle nach einem Bad im Cavu in Südkorsika. Es handelt sich dabei um einen Befall durch Saugwürmer (Pärchenegel), die sonst nur in Afrika und Asien vorkommen. Die Erkrankung kann unbehandelt zu ernsten Organschäden führen.

Die Wurmlarven entwickeln sich im Süßwasser und gelangen durch die Haut in den Körper. Für eine Übertragung reicht es, mit nackten Beinen durchs Wasser zu waten. Das Vorkommen im Cavu gilt als ausgerottet, wobei sich aber durchaus Reste der Population neu vermehren können. Das Wasser wird am Cavu und an der Solenzara regelmäßig kontrolliert. Baden war durchgängig erlaubt. Badeverbote werden vor Ort mit Schildern angezeigt.

Aktuelle Informationen zum Thema sind beim korsischen Gesundheitsamt unter www.corse.ars.sante.fr zu finden.

Schnorcheln

...ist unkompliziert und macht großen und kleinen Kindern Spaß. Selbst an Sandstränden kann man manchmal Schwärme kleiner Fische beobachten. Größere Exemplare schwimmen im etwas tieferen Wasser, meist in der Nähe von Felsen.

Damit das Schnorcheln wirklich Spaß macht, muss die Brille gut sitzen. Ein einfacher Test hilft bei einem ersten Urteil: Die Brille vor das Gesicht halten und tief einatmen. Eine passende Brille »klebt« jetzt auch ohne zusätzliche Fixierung mit Band am Gesicht. Flossen sind für die jüngeren erst mal nicht nötig und überfordern am Anfang sogar meist. Üben können Kinder das Schnorcheln prima beim Spielen im flachen Wasser am Strand.

Erst wenn sie sich sicher fühlen und sich ungezwungen bewegen, nimmt man sie mit ins tiefere Wasser. Weil man mit dem Kopf unter Wasser Entfernungen schlechter beurteilen kann und leichter die Orientierung verliert, sollten Kinder nie alleine losziehen! Erst wenn sie sehr sicher schwimmen und ihre Kraft gut einschätzen können brauchen sie keine Begleitung mehr. Ein toller Ausflug für Schnorchelfans ist die Fahrt zu den Îles Lavezzi. [› **Tour 32**]

Tauchen

Tauchen mit Flasche muss man lernen. Entweder man belegt schon zu Hause einen Tauchkurs und kann dann auf Korsika in einer einzigartigen Unterwasserwelt seine Kenntnisse einsetzen, oder man entscheidet sich direkt für einen Urlaub, in dem das Tauchenlernen die wichtigste Rolle spielt. Mit ein paar Stunden ist es hier nämlich nicht getan. Für erfahrene Taucher gibt es rund um die Insel viel zu sehen. Neben der außergewöhnlichen Unterwasserwelt sind mehrere Wracks zu entdecken.

Will man Kinder mit einbeziehen, braucht man eine Tauchschule, die auch über die pas-

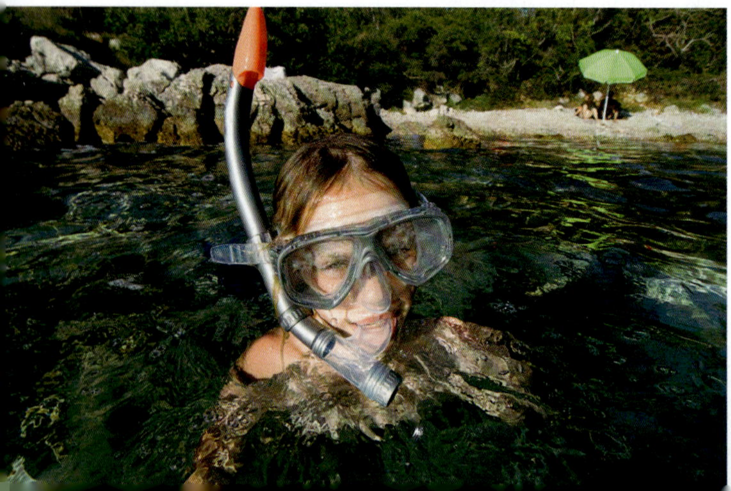

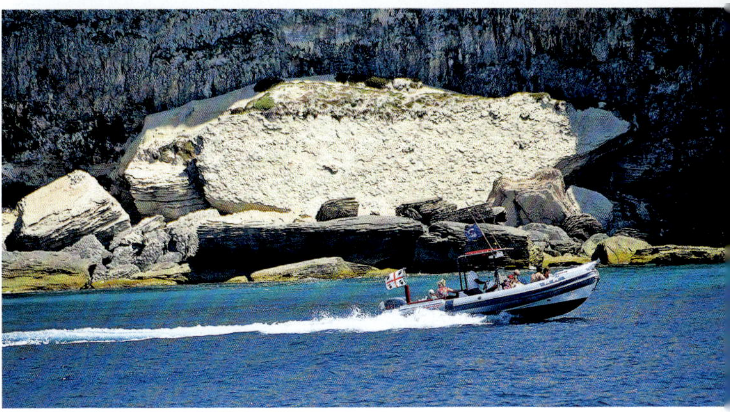

sende Ausrüstung verfügt. PADI-Tauchschulen arbeiten dabei nach einem vom Verband entwickelten Lehrprogramm, das für Kinder ab acht Jahre ausgerichtet ist. Mehrere Tauchschulen, wie zum Beispiel Hippocampe auf dem Camping La Chiappa bei Porto Vecchio oder die Ecole de plongée internationale in Calvi unterrichten auch auf Deutsch.

Surfen, Segeln, SUPs

Die meisten Windsurfschulen verleihen auch Boards und SUPs für Kinder und bieten Kurse für sie an – allerdings kaum in deutscher Sprache, sodass Sie bereits über Grundkenntnisse verfügen müssen. Angebote findet man an vielen touristischen Stränden oder an größeren Ferienanlagen und Campingplätzen.

Segelkurse gibt es im Sommer schon für Kinder ab sieben Jahren. Optimistes heißen die speziell für den Kinderunterricht entwickelten kleinen Boote. Auch hier ist aber oft die Verständigung ein Problem.

Ausflüge mit dem Boot

Ein absolut familientaugliches Vergnügen sind Schiffsausflüge aller Art. Geboten wird alles: von der Ein-Stunden-Tour bis zum Tagesausflug. Besonders beliebt sind Touren ins Naturschutzgebiet von Scandola und zum Golf von Girolata (von Calvi, Porto, Cargèse und Ajaccio). Aber auch die kleineren vorgelagerten Inseln werden angefahren. Oft ist auch ein Badestopp eingeplant. Ganz billig ist so eine Halbtagestour allerdings nicht: Etwa 50 bis 70 Euro pro Person muss man rechnen, Kinder zahlen meist die Hälfte.

Besonders spannend wird es, wenn man mit einem eigenen Boot startet. Kodiak-Schlauchboote (mit 6 PS-Motor), die ohne Führerschein gefahren werden dürfen, kann man in vielen Häfen mieten. Bei ruhiger See ist das ungefährliches Abenteuer. Für einen Tag muss man etwa 130 Euro rechnen. Benzin wird meist extra berechnet. Beim Mieten eines Bootes ist es üblich, dass die Mieter eine Kaution hinterlegen.

Paddeltouren

Noch etwas sportlicher lassen sich die Küsten mit einem Kajak erkunden. Etwas Paddelerfahrung kann jedoch nicht schaden, bevor man sich mit Kindern auf eine solche Tour einlässt. Schwimmen müssen sie natürlich auch können, trotz Schwimmweste, die selbstverständlich zur Ausrüstung gehört. Hinaus kann man nur an Tagen mit absolut stabiler Wetterlage. Neben dem Verleih von Booten gibt es auch begleitete Paddeltouren. Ein besonders lohnenswertes Revier für eine einfache Küstenpaddeltour findet man an der Desert des Agriates bei Saint-Florent oder auch im Golf von Valinco bei Propriano. Auch die Klippen von Bonifacio kann man mit den Kajak erkunden.

Paddeln kann man auf Korsika auch auf einigen Flüssen. Die meisten eignen sich jedoch eher für spritzige Wildwassertouren. Eine schöne Familientour ist dagegen der untere Abschnitt des Tavignano bis zu seiner Mündung im Meer.
[› **Tour 42**]

> Am Strand von Piantarella östlich von Bonifacio liegen die Kajaks von **Bonifacio Kajak.** Von hier aus kann man am Fuß der spektakulären weißen Kalkklippen entlangpaddeln. Für Familien eignen sich die 1,5-stündige Balade détente oder die Balade découverte mit 2,5 Stunden. Paddler mit Erfahrung können auch ein Kajak mieten und ohne Begleitung auf Entdeckungstour gehen. Verliehen werden die bequemen stabil im Wasser liegenden Sit-on-Top-Kajaks.
> *Plage de Piantarella, €42 Halbtagesmiete, €27 für 2 h für ein Zweierkajak, SUP €20 für zwei Stunden. www.bonifacio-kayak.com*
>
> Eine zweistündige Familienpaddeltour auf dem Meer bei Lozari können Sie bei **In Terra Corsa** buchen.
> *Ponte Leccia, Route de Calvi,*
> *€45, Kinder 4 bis 12 Jahre €40,*
> *Tel. 0033 (0)495 476948. interracorsa.com*
>
> Corsicaventura bietet Halbtagestouren mit dem Seekajak auf den Küstenseen bei Aléria im Mündungsgebiet des Tavignano.
> *€35, Kinder ab 8 Jahre €23, Tel. 0033 (0)628 605387. www.ernella.fr*

Canyoning

Canyoning ist eine besonders abenteuerliche Art, ein Flusstal oder eine Klamm zu entdecken. Ganz nah dran an der Natur folgt man dem Fluss oder Bach weglos in seinem Bett. Dort wo das Wasser über Felsstufen hinabfällt, nutzt man Felsrinnen zum Rutschen und tiefere Pools für Sprünge vom Felsen in die Wasserbecken. Dazwischen wird geschwommen. Größere Stufen überwindet man mit Abseilen.

Beim Canyoning trägt man einen Neoprenanzug. Zur Ausrüstung gehören außerdem Klettergurt und Helm. Auf Korsika wird Canyoning in weniger schroffen Schluchten auch für Familien mit Kindern ab vier oder sechs Jahren angeboten. Zwei Veranstalter auf Korsika haben sehr reizvolle spielerische Touren für Kinder im Programm.

Hochseilgärten
(Parcours aventure)

Zwischen hohen Bäumen sind dicke Stahlseile gespannt. Baumstämme, Brücken und schaukelnde, trapezähnliche Konstruktionen hängen in fünf bis fünfzehn Metern Höhe zwischen den Bäumen. Professionell angeseilt und gesichert steigt man hinauf und hangelt sich von einem Ende des Parcours zum anderen.

Hochseilgärten sind auf Korsika weit verbreitet. Es gibt sie über die ganze Insel verteilt und viele eignen sich auch hervorragend für Familien. In allen Parks kann man zwischen verschieden schwierigen Strecken wählen. In einigen gibt es auch richtig gute niedrigere Parcours für Kinder ab drei oder vier Jahren. Ansonsten dürfen Kinder in Begleitung eines Erwachsenen meist ab acht Jahren oder 1,40 Meter zwischen die Bäume.

Die größeren Abenteuer-Parks, die wegen ihrer Auswahl an Parcours besonders spannend sind, liegen meist ein paar Kilometer zurück im Bergland, wie zum Beispiel am See von Ospedale (Bavellagebiet), oberhalb von Vero [› **Seite 96**] bei Ajaccio und im abgelegenen Ascotal. Ein gut ausgestatteter Platz in Küstennähe ist A Tyroliana [› **Seite 149**] bei Sainte-Lucie de Porto-Vecchio.

Via Ferrata und Tyrotrekking sind Abwandlungen des klas-

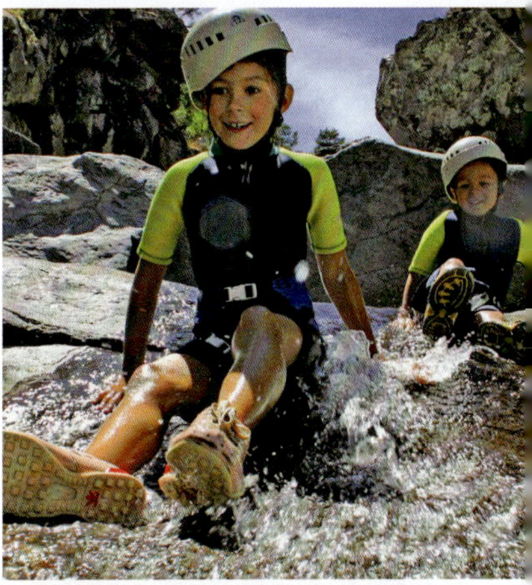

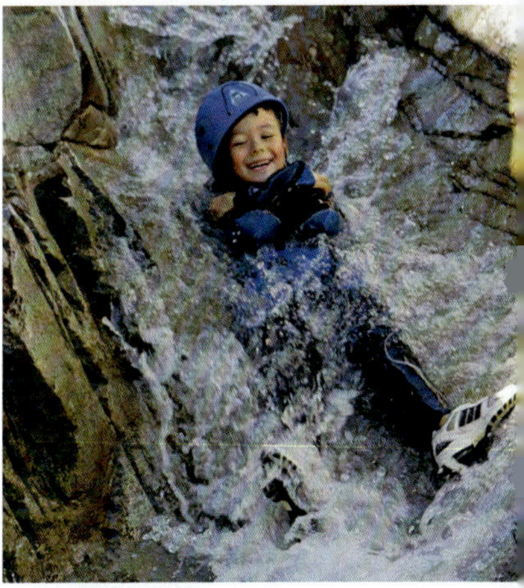

Unterwegs mit In Terra Corsa: Canyoning für Kinder verzichtet auf hohe Abseilpassagen und auch Rutschen und Sprünge passen im Format.

sischen Hochseilgartens. Unter Tyrotrekking versteht man das überqueren von Schluchten, per Klettergurt eingehängt in ein Drahtseil. Diese Seilbahnen, wie es sie in überschaubaren Dimensionen auch in Hochseilgärten gibt, heißen auf Französisch Tyroliennes. Kombiniert wird Tyrotrekking oft mit der Begehung eines Klettersteiges, denn schließlich muss man erst hinauf, um dann

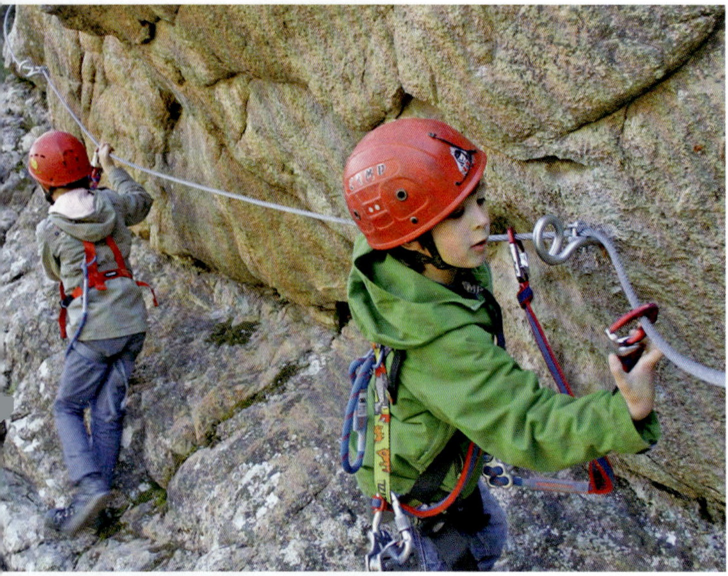

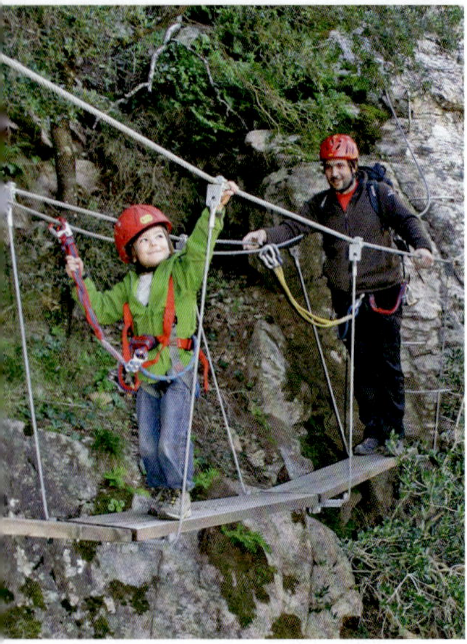

Der Kinderklettersteig im Parc Asco Vallée Aventure ist sehr reizvoll in die Natur integriert und bietet viele Abenteuer. Anschließend kann man im Park auch noch am Fluss entspannen, baden und picknicken.

über eine Schlucht sausen zu können.

Ein Klettersteig unterscheidet sich vom klassischen Klettern am Fels. Es geht nicht senkrecht an der Wand hinauf, sondern meist aufregend knapp am Berg entlang und über Leitern und Trittstufen nach oben. Gesichert ist man dabei in einem durchlaufenden Drahtseil. Deshalb heißen die Steige auch Via Ferrata – Eisenweg. Klettersteige, die sich gut für einen ersten Versuch eignen, findet man neben den Hochseilgärten, auch in einigen Parc aventures. Einen einfachen Klettersteig für Kinder gibt es am Hochseilgarten am See von Ospedale [› **Seite 189**] und im Parc Asco Vallée Aventure. Größere können sich an der längeren Via Ferrata im Parc Aventure von G Aventura im Hinterland von Solenzara [› **Tour 41**] versuchen.

Klettern

Klettergebiete mit einfachen Routen findet man zum Beispiel im Restonica-Tal, im Gravona-Tal, im Süden der Insel bei Conca, am Strand von Porto oder am Leuchtturm bei Île Rousse. Wer sich schon ein wenig auskennt und mit seinen Kindern klettern möchte, sollte sich vorab einen speziellen Kletterführer besorgen. Kurse auch für Kinder gibt es zum Beispiel bei www.corsicaroc.fr.

Fahrradtouren

Fahrradfahren ist für »Normalradler« auf Korsika ein zweifelhaftes Vergnügen. Gefahren wird meist auf der Straße. Das kann durchaus ungemütlich werden bei dem Fahrstil, den viele Korsen auch auf einsamen Sträßchen praktizieren. Zudem sind die meisten Strecken sehr bergig und kurvenreich – und damit für die meisten Kinder viel zu anstrengend. Nicht umsonst ist die Insel außerhalb der Hochsaison bei Rennradlern beliebt als Trainingsterrain.

So geht es auch. Die dicken rundgeschliffenen Granitfelsen mit »Kletterrouten« für die Jüngsten finden sich auf vielen Wanderungen. Sie können auch ohne Anleitung und Klettergurt erobert werden…

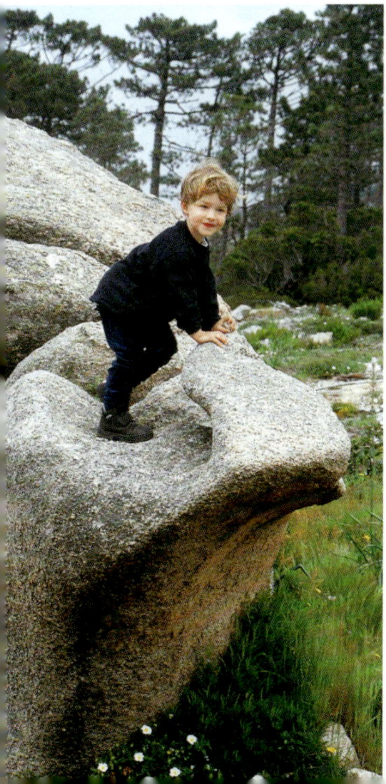

Speziell auf Kinder ab sieben Jahre ausgerichtete, spielerische Canyoningtouren mit Felsrutschen, kleinen Hopsern und Schwimmen im Bach kann man bei **In Terra Corsa** buchen. Sie dauern etwa 3,5 Stunden und kosten € 45, Kinder 7 – 12 Jahre € 39. Schwimmkenntnisse sind auch bei den Kleinsten erforderlich. Anmeldung online oder im Büro in Ponte Leccia.

Auch der **Parc Asco Vallée Aventure** wird von In Terra Corsa betrieben. **Family Aventure** (€ 39, Kinder 6 – 10 Jahre € 32) heißt das Zwei-Stunden-Programm auf dem Kinderklettersteig der Anlage (ab vier Jahre). Anmeldung und Abholen der Ausrüstung im Büro in Ponte Leccia, die Einführung in die Technik gibt es im 15 Autominuten entfernten Park. Buchung auch online möglich.
In Terra Corsa, Route de Calvi, Ponte Leccia, Tel. 0033 (0)495 476948.
interracorsa.com

Canyon Corse bietet vier Schluchttouren speziell für Familien mit Kindern ab sieben Jahren an. Für die ersten Schritte bietet sich die Gravona Schlucht-Tour in der Nähe von Ajaccio an. Eine etwas schwierigere führt durch die Schlucht des Zoïcu bei Soccia (Süd-Westkorsika). Die Touren kosten inklusive Ausrüstung und Guide € 45 – 50 pro Person und dauern 2,5 bis 3,5 Stunden. Anmeldung notwendig.
Canyon Corse, Tel. 0033 (0)420 190909
www.canyon-corse.com

Kajak, Wandern, Canyoning
Wer Lust auf richtige Sport-Abenteuerferien hat, kann bei Couleur Corse auch an bunten sechstägigen Familienerlebnis-Programmen mit (Esel-) Wanderungen, Canyoning, Kajaktouren und inklusive Unterkunft teilnehmen. Die Guides sprechen auch englisch.
www.couleur-corse.com

Reiten

Reitställe gibt es in jeder Region der Insel, meist sogar mehrere. Neben Ausritten (Promenades à cheval) am Strand oder ins einsame Hinterland werden für fortgeschrittene Reiter auch Tagestouren oder mehrtägige Reittouren (Randonnée à cheval) angeboten. Mehrtägige Touren muss man rechtzeitig buchen – meist schon von zu Hause aus. Viele Ställe halten aber auch einige Ponys, damit kleinere Kinder zum Ponyreiten kommen können. Auf Französisch heißt dieses Angebot »Balade à main«. Das Pony führt man dabei selbst. In einigen Ställen gibt es auch spielerische Reitstunden für Kinder. Englische oder französische Sprachkenntnisse sind hierzu jedoch meist notwendig.

An der Stichstraße nach Tizzano, südlich von Sartene befindet sich das Quartier von **Cavadda di Santu Pultru**. Für geübte Reiter gibt es hier echte Abenteuer zu erleben. Mit gut trainierten bergerfahrenen Pferden geht es auf einwöchige Wanderritte über die Insel – zum Meer oder in die Berge. Übernachtet wird in Berghütten oder unter freiem Himmel (Bivac). Inklusive Vollpension kostet so ein Wanderritt etwa € 1.400. Eine Buchung ist vorab erforderlich.

Auf dem Hof werden auch verschiedene Ausritte und Ponyreiten angeboten. Von Juni bis September kann man im zugehörigen Restaurant korsische Spezialitäten in Bioqualtität probieren.
Tel. 0033 (0)682 336128.
www.randochevalcorse.fr

Wandern mit Esel

Eine sehr gute Alternative zur 15-Minuten-Runde auf dem Gelände eines Ponyhofes sind Ausflüge mit einem Pony oder Esel in die Berge. Esel sind bestens geeignet für solche Touren. Sie sind freundlich, besonnen und außerdem besonders trittsicher. Auch ängstliche Kinder fassen schnell Vertrauen zu den sanften Langohren.

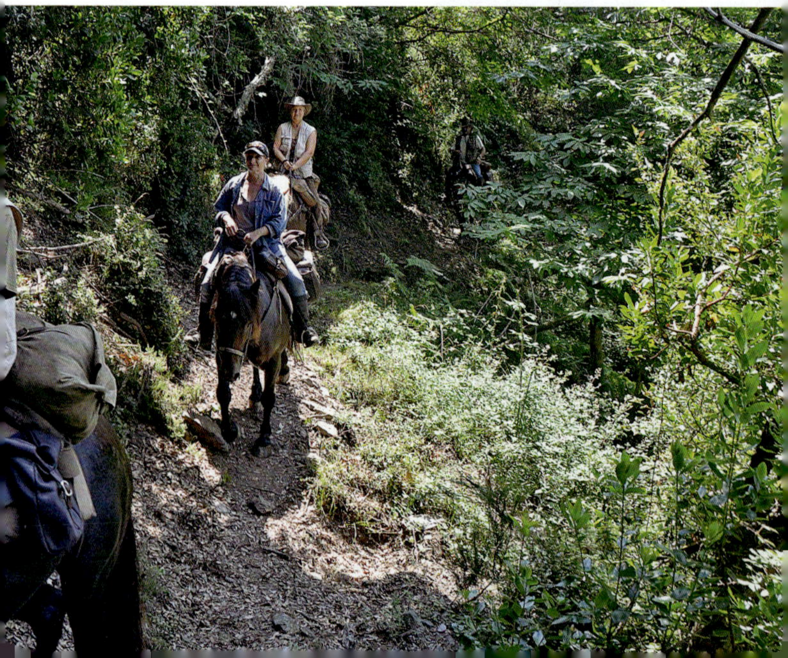

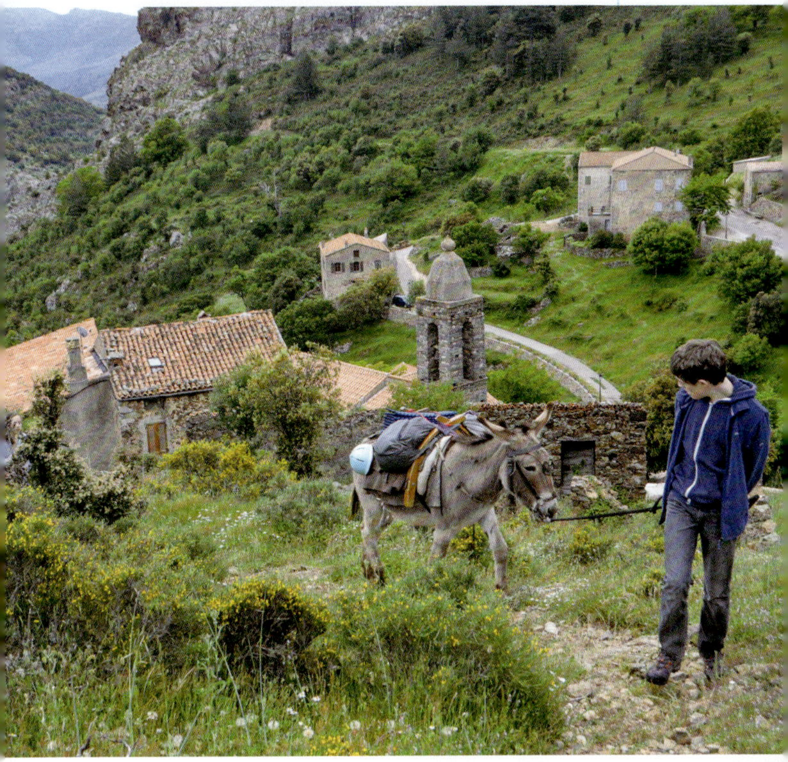

Esel wurden auf Korsika schon immer zum Transport von Waren eingesetzt. Die Idee, die sympathischen Vierbeiner auch auf langen Wanderungen beim Gepäcktransport helfen zu lassen, lag nahe. Für Familien ergeben sich so ganz neu Perspektiven: Plötzlich ist der Aufstieg zum Bergsee oder sogar die mehrtägige Wandertour ein umsetzbares Vorhaben – auch die Motivation des Nachwuchses ist kein Thema mehr.

Wanderungen mit Esel, auf eigene Faust oder auch mit Begleitung, finden Sie bei **[› Tour 49]** (Lac de Nino), **[› Tour 17]** (Lac de Creno) und **[› Tour 38]** (Alta Rocca).

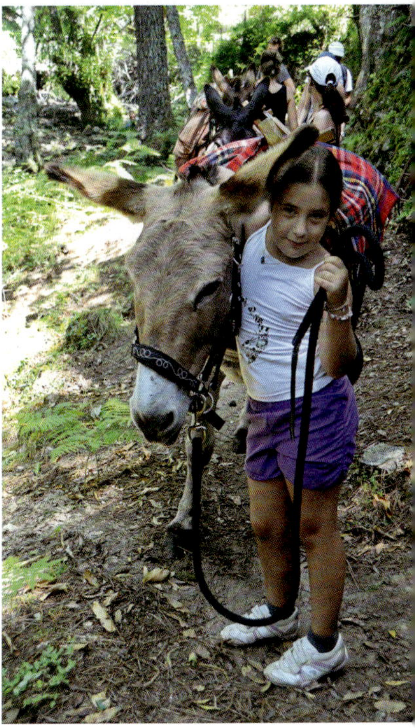

Wandern auf Korsika

Zum Wandern ist Korsika ein Paradies. Die Möglichkeiten sind vielfältig. Familien laufen auf schönen Küstenwegen am Meer oder auf gut markierten Bergpfaden durch einsame Flusstäler. Geübte Wanderer und Kletterer haben die Wahl zwischen vielen anspruchsvollen Touren im Hochgebirge. Mehrere Fernwanderwege führen in verschiedenen Richtungen über die Insel.

Am bekanntesten ist der GR20. Er startet in Calenzana in der Balagne, führt in 17 Etappen von Norden nach Süden über die höchsten Berge Korsikas und endet in Conca oberhalb von Porto Vecchio. Der Weg ist nur im Sommer begehbar, da in den Bergen teilweise bis in den Juni hinein Schnee liegt. Übernachtet wird in sehr einfachen bewirtschafteten Hütten oder im Zelt neben der Hütte. Dabei sind täglich Höhendifferenzen um 1000 Meter zu überwinden und auch die Streckenführung ist anspruchsvoll. Der GR20 ist eine Wanderung für Bergprofis mit guter Kondition. Für Kinder ist er eher ungeeignet. Ein paar unserer Touren berühren die Strecke jedoch an ihren einfachsten Passagen.

Zwei weitere Fernwanderwege bleiben in mittleren Höhen. Der »Tra Mare et Monti Nord« führt von Calenzana nach Cargèse (10 Tage) und der »Tra Mare et Monti Sud« von Porticcio nach Propriano (5 Tage). Sie verlaufen, wie der Name schon sagt, zwischen Meer und Bergen und dringen nicht bis ins straßenlose Hochgebirge vor. Übernachtet wird in Bergdörfern in Gîtes d'Etape oder auf dem Campingplatz. Der Weg berührt auch mehrfach die Küste. Diese Touren sind deutlich einfacher und auch für durchschnittlich trainierte Wanderer gut zu bewältigen.

Drei Wege führen über die Berge von der einen Küste zur anderen. Diese werden »Mare a Mare« genannt. Einer verbindet im Norden Moriani mit Cargèse, der zweite Ghisonaccia mit Ajaccio, und der Dritte im Süden Porto Vecchio mit Propriano. Diese Routen überqueren das Hochgebirge, sind aber auch für weniger erfahrene Wanderer zu bewältigen. Die Auswahl für Weitwandernde ist also riesig. Streckenweise haben wir die gut markierten Trassen der Fernwanderwege in unsere Familientouren eingebaut.

Wanderwege auf Korsika sind keine breiten Forstwege, sondern meist schmal und steinig. Über weite Strecken erfordern sie volle Aufmerksamkeit beim Gehen. Verpflegung packt man am besten selber ein. Außer einer Snack-Bar oder Gîte d'Etape am Parkplatz erwartet uns als Wanderer nur Natur und wenig Zivilisation.

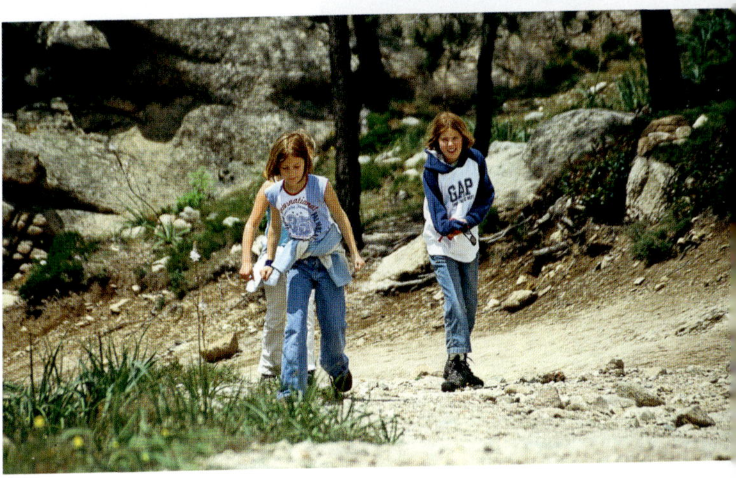

Wandern mit Kindern

Kinder wandern anders. Sie tauchen tiefer ein in die Natur. Wir Erwachsenen laufen oft erstaunlich achtlos an spannenden Dingen vorbei, weil wir nur das Ziel und das Vorankommen im Blick haben. Wenn Kinder draußen unterwegs sind, wollen sie alles betrachten, was am Wegrand wächst oder krabbelt. Auch Toben, Spielen und Klettern stehen hoch im Kurs. Dazu braucht es Zeit und die richtige Umgebung. Die ersten Touren mit jüngeren Kids sollten daher eher kurz sein.

Das richtige Ziel

Als Ziel einer Kinderwanderung eignen sich Plätze, an denen man gut spielen kann – und das wird selten der von Erwachsenen anvisierte Berggipfel sein. Ein zünftiges Picknick am Bergsee oder Bachufer oder eine abgelegene Sandbucht zum Baden sind eher nach Kindergeschmack. Viele unserer Strecken berühren daher irgendwo Wasser. Bäche und Seen locken immer zum Planschen und Spielen und einige unserer Wege führen auch am Meer entlang.

Ebenso attraktive Wanderziele sind die prähistorischen Stätten Korsikas mit ihren Felsenwohnungen, die Reste torreanischer Kastelle und die genuesischen Wachtürme an der Küste.

Von breiten Wegen und schmalen Pfaden

Kinder langweilen sich auf geraden Forststraßen und geschotterten Fahrwegen – ein schmaler, gewundener Pfad dagegen weckt schnell neue Lebensgeister. Auch steinige Passagen, an denen man klettern kann, kleine Treppchen und enge Durchgänge zwischen Felsen sprechen Spieltrieb und Fantasie an und machen einfach mehr Spaß.

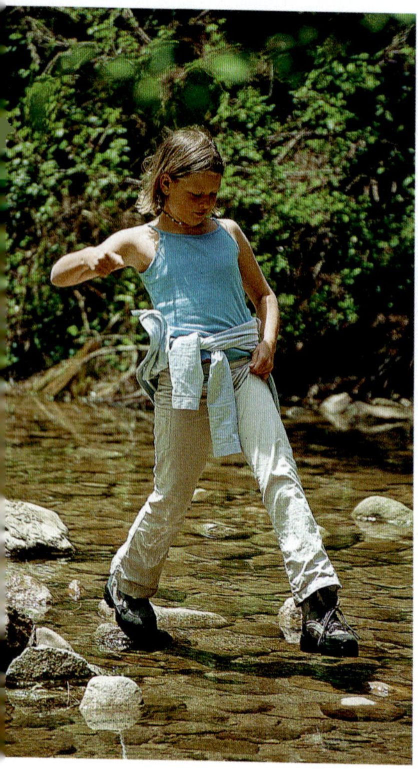

Manche dieser schmaleren Wege sind gefahrlos auch mit jüngeren Kindern zu begehen. Oft gibt es auf Bergpfaden aber auch riskante Stellen, an denen das Laufen Konzentration erfordert. Vor allem am Anfang müssen Eltern in der Nähe bleiben und dafür sorgen, dass zu wagemutige Abenteurer sich nicht in Gefahr bringen.

Unsere Touren enthalten nur wenige und auch nur leicht ausgesetzte Passagen, die im Text immer erwähnt sind.

Planung und Motivation

Kinder motiviert ein erreichbares Ziel vor Augen. Am besten unterteilt man die Strecke deshalb in mehrere überschaubare Etappen und plant öfter eine Pause ein: zum Spielen oder für einen kleinen Snack. Es ist auch eine gute Idee, die Route vor dem Start mit den Kindern zu besprechen. Dann wissen sie schon, was auf sie zukommt und entwickeln vielleicht auch eigene Ziele, auf die sie sich besonders freuen.

Älteren Kindern kann man unterwegs auch mal auch die Wanderkarte in die Hand drücken und ihnen verantwortlich die Führung der Gruppe übertragen. Aus lustlosen Mitläufern werden dann aktiv beteiligte Wanderer.

Trotz allem wird es immer wieder Momente geben, in denen die Motivation auf der Strecke bleibt. Oft helfen dann kleine Wanderspiele, wie sie zum Beispiel auf unserem Blog unter www.wandern-mit-kindern.info zu finden sind.

Hat man sich in der Strecke verschätzt oder an einem schönen Platz die Zeit vergessen, sollte man das Erreichen des Zieles nicht erzwingen. Viele unserer Touren lassen sich abkürzen. Nur wenn auch die Kinder Spaß an der Wanderung haben, werden sie beim nächsten Mal gerne wieder dabei sein.

Essen und Trinken

Bewegung und frische Luft machen hungrig und hungrige und durstige Kinder werden richtig schnell unleidlich. Die Möglichkeit zur Einkehr besteht auf Korsika selten. Ein Picknick ist deshalb die beste Lösung und erhöht auch gleich den Abenteuerfaktor einer Tour.

Bei der Zusammenstellung ist eine gute Mischung aus Deftigem, was satt macht, und frischen Zutaten wie Obst und Rohkost sinnvoll. Apfel, Karotte und Kohlrabi vertragen den Transport im Rucksack ohne größere Schäden. Auch gekochte Eier lassen sich gut transportieren. Empfindlicheres Obst oder Kuchen verpackt man am besten in stabile Boxen. Wer eine Alternative zu Sandwiches sucht, sollte sich in der Bäckerei umsehen: gefüllte Teigtaschen und kalte Pizza eignen sich zum Beispiel auch für ein Picknick. Brot und Backwaren lassen sich gut in Papiertüten transportieren, die dann, einmal leer gegessen, nur wenig Platz im Rucksack brauchen.

Ein süßer Nachtisch rundet das Picknick ab. Schokolade ist allerdings in südlichen Ländern wenig geeignet. Robuster und außerdem auch sättigend sind Kuchen und Kekse.

Süße Kleinigkeiten, wie zum Beispiel Gummibären, sind kleine Zaubermittel in Krisensituationen. Wer seine Kinder fürs Wandern begeistern will, darf dabei ruhig auch mal zur Lieblingssüßigkeit greifen. So lässt sich die Zeit zu Fuß mit einem gemütlichen Stopp auf Felsen, an einem Bach oder im Schatten eines Baumes sehr gut auflockern und die Motivation für den weiteren Weg erhöhen.

Ganz wichtig ist außerdem reichlich Trinkwasser. Kinder sollen vor allem im Sommer unterwegs regelmäßig trinken. Der Wasserbedarf ist an heißen Tagen sehr hoch.

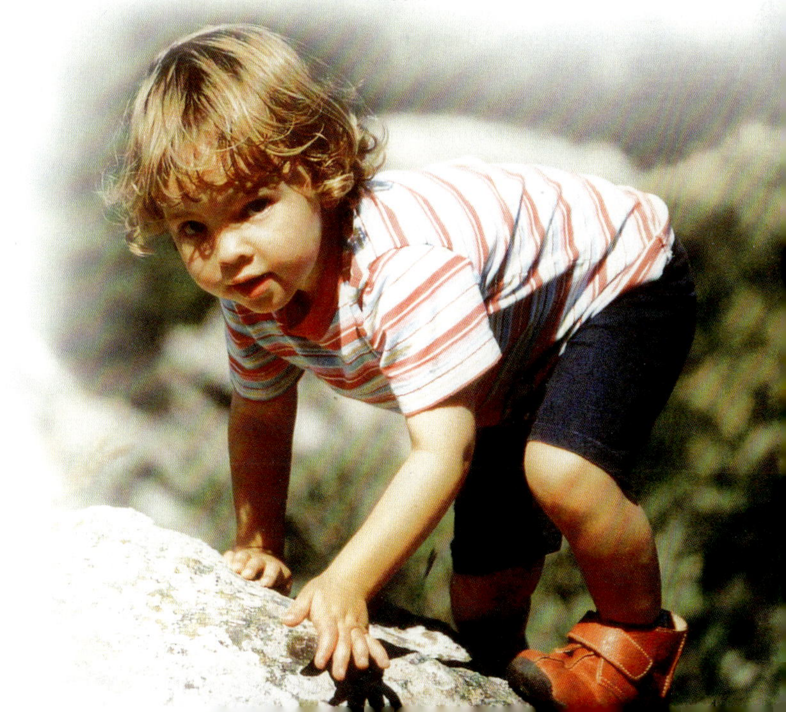

Ausrüstung

Für alle Touren im Gebirge sind Wanderschuhe unbedingt notwendig, auch für Kinder. Bei den Touren an der Küste reichen meist Halbschuhe oder Trekkingsandalen mit griffigem Profil. Normale Sandalen sind völlig ungeeignet! Wer Rücken und Knie schonen will oder ein Kind in der Trage trägt, ist mit Wanderstöcken gut beraten.

Im Sommer brauchen Kinder außerdem einen gut sitzenden Sonnenhut und Sonnencreme mit hohem Lichtschutzfaktor. An kühleren Tagen und bei Wanderungen in den Bergen muss eine wind- und wasserdichte Jacke und ein Fleece-Pullover für die Wanderpausen in den Rucksack.

Kinder in der Kraxe

So gut wie alle Wanderwege auf Korsika sind für Kinderwagen unpassierbar. Babys und Kleinkinder können aber in einer Babytrage oder einer Kraxe mit auf die Wanderungen genommen werden.

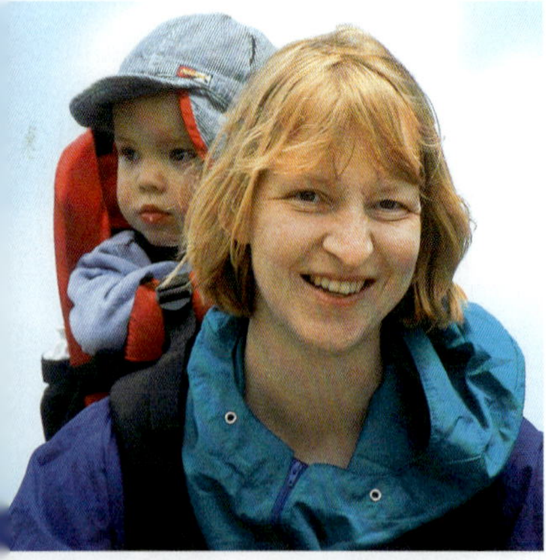

Eine Babytrage eignet sich für die Kleinsten bis etwa sechs Monate. Sie wird meistens vor dem Bauch getragen. Kleinkinder transportiert man am besten in einer Kraxe, deren Tragesystem dem eines Trekkingrucksacks entspricht. Eine Kraxe eignet sich erst für Kinder, die bereits sicher frei sitzen können. Für längere Touren sollte das Kind mindestens ein Jahr alt sein.

Da die Last im Rucksack lebendig ist und sich bewegt, bringt sie uns leichter aus dem Gleichgewicht als ein Rucksack mit demselben Gewicht. Bei anspruchsvollen Wegen im Hochgebirge ist also erst einmal Vorsicht angesagt. Wanderstöcke geben zusätzlichen Halt und entlasten außerdem beim Bergabgehen die Gelenke.

Weil sich die Kinder in ihrem luftigen Sitz nicht bewegen können, kühlen sie schnell aus. Handschuhe und warm verpackte Füße sind wichtig, wenn es kühler ist. An heißen Tagen muss das Kleinkind gut vor der Sonne geschützt werden. Regelmäßige Pausen sorgen für Abwechslung und Bewegung: Eine Bergwiese, ein flaches Bach- oder Seeufer oder ein Strand an dem auch die Kleinsten gefahrlos spielen können, sind hier geeignete Ziele. Ein paar große Steinblöcke zum Klettern machen dabei auch schon Zwei- oder Dreijährigen viel Spaß.

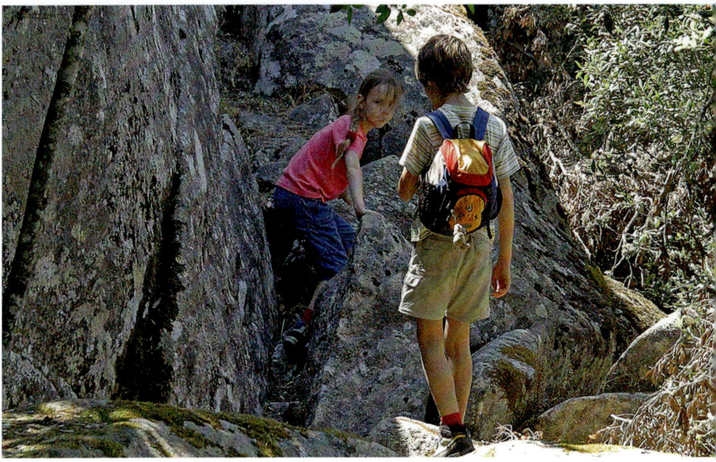

Die Touren in diesem Buch

Altersgrenzen und Schwierigkeitsgrad

Für jede Tour gibt es im Infokasten auf der ersten Seite eine Altersempfehlung. Alle Altersgrenzen sind durchschnittliche Werte. Eine Familie mit Bergerfahrung kann bei der Auswahl der Touren mutiger sein als Wanderneulinge. Wanderwege an der Küste sind meist einfach zu gehen. In den Bergen im Landesinneren muss man aber grundsätzlich mit recht anspruchsvollem Gelände rechnen.

Vor allem mit den Kleinsten startet man vorsichtig, aber auch mit größeren Wanderneulingen sind kurze, technisch nicht zu schwierige Touren für den Anfang richtig. Wenn wir den Anspruch langsam steigern und mit längeren Touren warten, bis wir Motivation und Sicherheit unserer Kids gut einschätzen können, wird niemand überfordert und alle haben Spaß an einer Tour.

Gehzeiten

Die Geschwindigkeit von Kindern ist selbst innerhalb einer Altersgruppe recht unterschiedlich. Die angegebenen **Gehzeiten sind daher am moderaten Tempo von Erwachsenen** gemessen. Wir kalkulieren dabei auf unkomplizierten Wegen mit drei Kilometern oder 300 Höhenmetern in einer Stunde.

Für Kinder unter sechs Jahren müssen bis zu 50 Prozent mehr Zeit eingerechnet werden! Auch Grundschulkinder benötigen noch etwas Zeitzugabe. Mit wachsender Erfahrung entwickelt man auch ein Gefühl für das individuelle Tempo der eigenen Familie. Zusätzlich ist genügend Zeit für Pausen wichtig. Beträgt die reine Gehzeit ein bis zwei Stunden, wird daraus mit Kindern im Vorschulalter durchaus ein vollwertiger Halbtagesausflug.

Orientierung

Wanderwege sind meist mit Farbpunkten an Bäumen und Steinen und Steinmännchen markiert. Dabei erkennt man die Grandes Randonnées genannten Fernwanderwege an der üblichen Markierung mit einem weiß-roten Balken. Abzweigungen werden durch eine Markierung mit Winkel angezeigt, gekreuzte Farbbalken markieren überall in Frankreich einen verkehrten Wegabzweig.

Die Wanderungen in diesem Buch führen alle über markierte Wanderwege. Normalerweise sollte die Beschreibung und die Karte im Buch zusammen mit den Markierungen vor Ort ausreichen, um unsere Wege sicher zu finden. Zusätzliche Karten sind nicht notwendig.

Eine gute Ergänzung sind jedoch digitale Karten auf dem Handy. Ihr größter Vorteil ist, dass man sich unterwegs jederzeit orten kann. Zusammen mit der Nutzung unserer GPS-Tracks bieten sie eine sehr bequeme Möglichkeit, um in jedem Fall sicher und stressfrei auf dem richtigen Weg zu bleiben. Da die Netzabdeckung in den Bergen nicht überall ausreicht, ist es sinnvoll schon zu Hause mit einer guten WLAN-Verbindung Offlinekarten auf das Handy zu laden.

GPS-Daten

Um den Parkplatz an einer Wanderroute zu lokalisieren, der oft nicht ganz so leicht zu finden ist, kann man die in der Anfahrtsbeschreibung genannten GPS-Daten in ein normales Navigationsgerät im PKW eingeben und sich dann von diesem bequem zum Start lotsen lassen.

Zu allen Touren stellen wir unter **www.naturzeit-verlag.de** GPS-Tracks zum kostenlosen Download bereit. Die Daten sind anhand einer digitalen Karte erfasst und unterstützen mithilfe von GPS-Gerät oder Handy-App die Orientierung unterwegs.

Hier geht's zum Download:

Passwort: GPX622KA398

Mehr Infos zur Navigation mit GPS-Tracks sind unter **www.naturzeit-blog.de** zu finden.

Höhenprofile

Höhenprofile eignen sich ganz besonders gut, um sich einen schnellen Überblick über eine Tour zu verschaffen. Wenn die Kinder dann unterwegs genau wissen wollen, wie weit es noch ist, wo sie gerade sind und ob es noch lange bergauf geht, findet sich hier schnell die passende Auskunft.

50 Wander- und Entdeckertouren für Familien

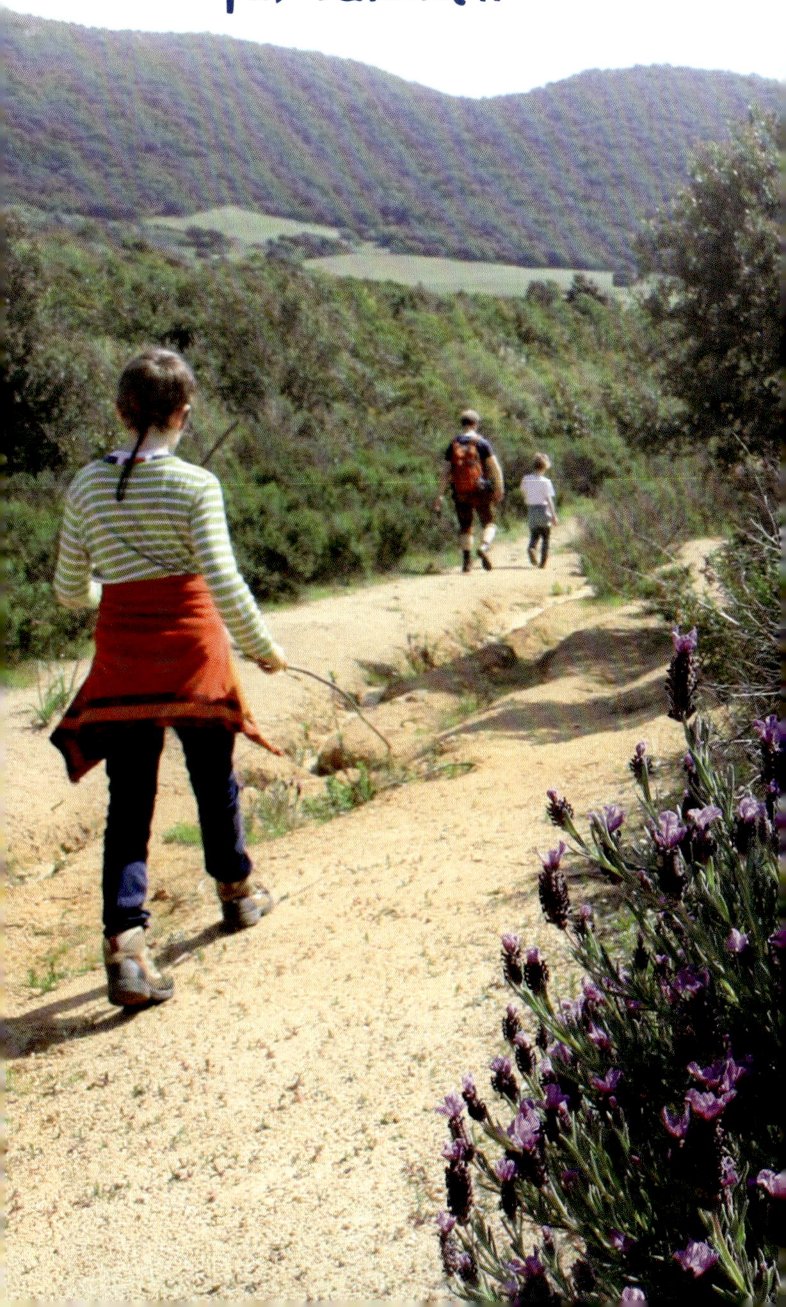

Bastia und das Cap Corse

Das Cap Corse ist die nördliche Spitze der Insel Korsika. Es besticht durch seine Ursprünglichkeit, wilde Natur und relative Einsamkeit. Die landschaftliche Struktur der Insel findet sich dort im Kleinen. Das Innere des Caps ist bergig. An der sanfteren Ostküste liegen vor grünen Hügeln schmale Kiesbuchten, umrahmt von wenigen Häusern. Im Westen des Cap Corse fällt das Gebirge schroff bis ins Meer.

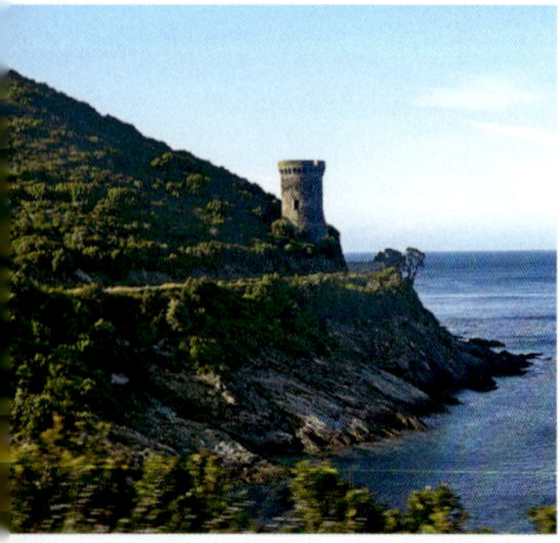

Trotz seiner begrenzten Fläche eignet sich das Cap Corse für Familien mit einem Faible für viel Natur auch für einen mehrtägigen Aufenthalt. Die Voraussetzungen für ruhige Urlaubstage mit der Familie sind gut. Es gibt hier eine seichte Badebucht in schönster Umgebung, gut markierte Wanderrouten und angenehme Küstenorte wie Erbalunga, Macinaggio oder Centuri-Port mit guter touristischer Infrastruktur. Die besten Stützpunkte zur Erforschung des Cap Corse liegen an der Ostküste und an der Nordspitze. Die Straßen auf der Ostseite sind schmal, aber in gutem Zustand. Läden, Restaurants und Ähnliches sind schnell und mühelos zu erreichen.

Die Westseite ist deutlich schroffer. Die Orte hängen hoch in den Felsen, kindergeeignete Badestrände gibt es nicht. Die Straße wird hinter Pino kurvig und schmal. Auf der Meerseite geht es zeitweise fast senkrecht hinunter zum Wasser. Hinter jeder Kurve wartet ein neuer, atemberaubender Ausblick auf die steile, steinige Küste und ein schillerndes, türkisblaues Meer. Diesen Ausblick sollte allerdings nur der Beifahrer genießen. Die Fahrt entlang der Westküste des Caps nimmt mehr Zeit in Anspruch, als die Kilometerzahl vermuten lässt. Für eine Rundfahrt um die Halbinsel sollte man mit Kindern daher unbedingt mehr als einen Tag einplanen, obwohl die Strecke nur etwa 130 Kilometer lang ist.

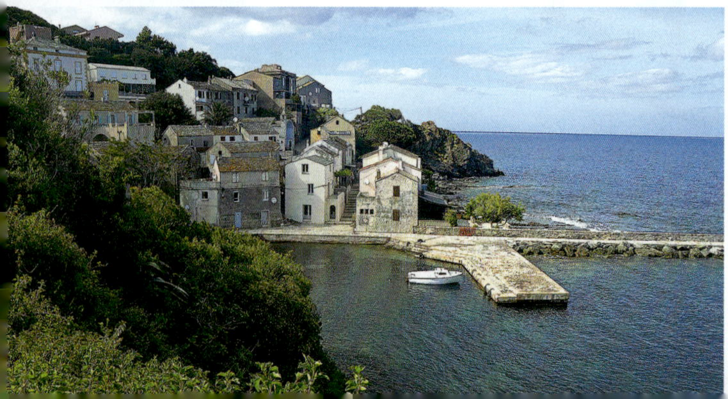

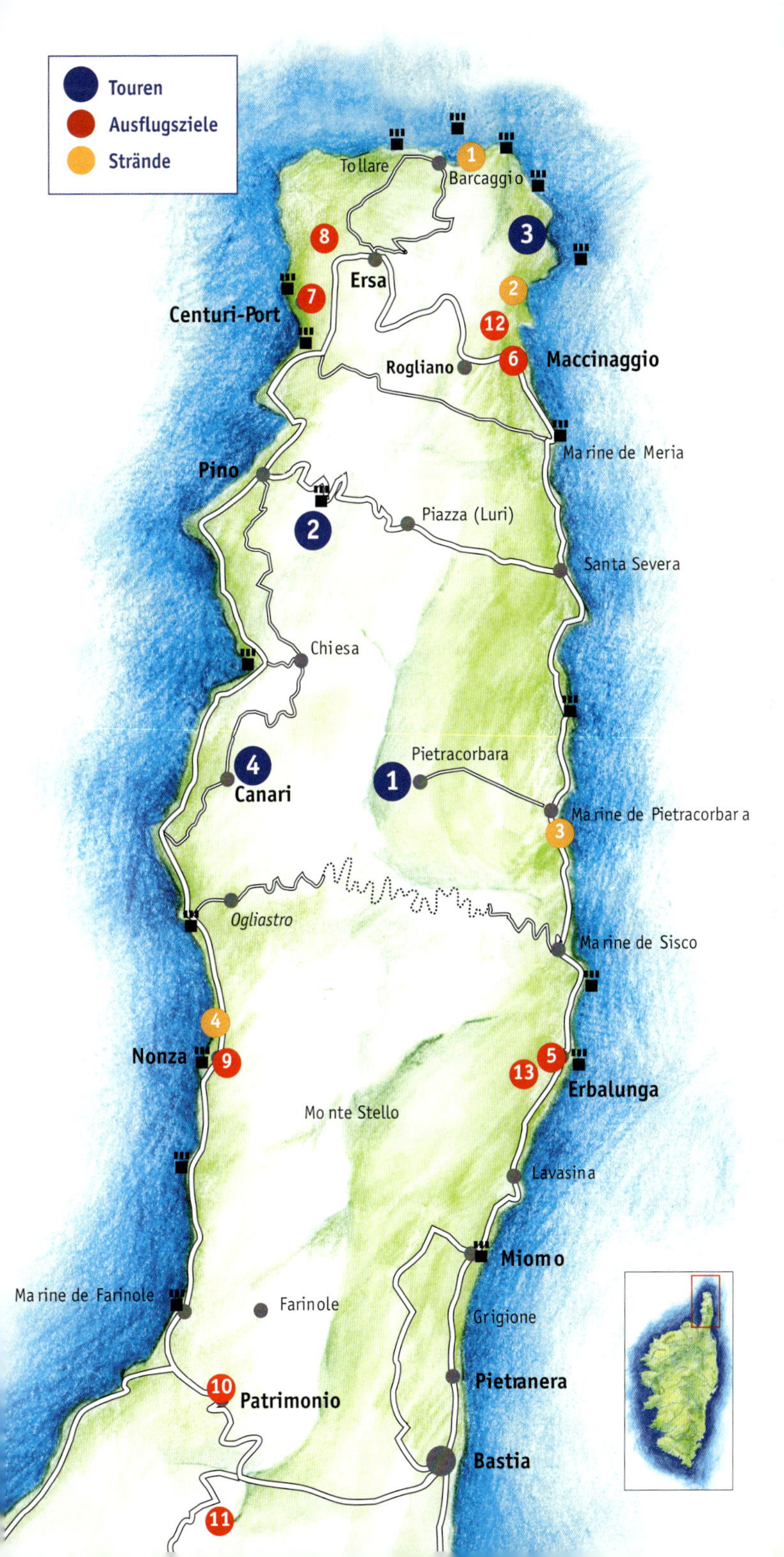

Touren
Ausflugsziele
Strände
Tollare
Barcaggio
Ersa
Centuri-Port
Rogliano
Maccinaggio
Marine de Meria
Pino
Piazza (Luri)
Santa Severa
Chiesa
Pietracorbara
Canari
Marine de Pietracorbara
Ogliastro
Marine de Sisco
Nonza
Erbalunga
Monte Stello
Lavasina
Miomo
Marine de Farinole
Farinole
Grigione
Pietranera
Patrimonio
Bastia

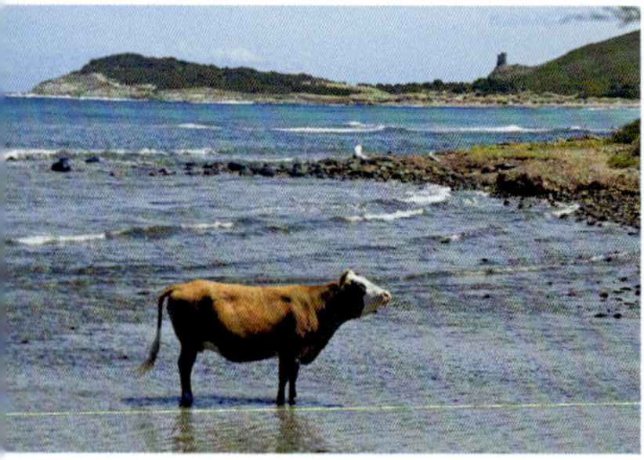

Baden am Cap Corse

Die Badebuchten des Cap Corse sind wilder als in den touristischeren Gegenden der Insel. Angeschwemmtes Seegras wird oft nicht beseitigt. Es stehen nur an wenigen Stränden Liegestühle und Sonnenschirme und In den meisten Buchten liegen mehr Kieselsteine als weiße Sandkörner.

1 **Plage de Barcaggio**
GPS N 43°00'19.0", E 9°24'16.1"
Optimaler Badestrand für Familien mit kleinen Kindern an der Nordspitze des Cap Corse. Östlich des Fischerortes Barcaggio liegt der flache, feinkörnige Sandstrand. Ein richtiges Planschbecken. An den Felsen lohnt auch das Schnorcheln.

Die Anfahrt ab Ersa ist jedoch schmal und kurvig. Vor Barcaggio rechts zum Strandparkplatz mit Restaurant fahren und von dort rechts dem Fußweg zum Strand und Genueserturm folgen. **[› Tour 3]**

Der Strand von Barcaggio wird von Macinaggio auch mit dem Boot angefahren.

2 Die **Bucht von Tamarone**
GPS N 42°58'27.4", E 9°27'14.4"
Einer der schönsten Badeplätze am Cap, wenn Wind und Strömung nicht gerade Berge von Seegras an den Strand spülen. Die Bucht ist Teil des Naturschutzgebietes und wird nicht gereinigt. Ein breiter, nicht unbedingt wohlriechender Grasgürtel versperrt daher immer wieder mal den Zugang ins glasklare Wasser.

Anfahrt: Hinter Macinaggio folgen wir der kleinen Straße Richtung Baie de Tamarone. Geradeaus vorbei am Camping U'Stazzu. Von dort führen 1,5 Kilometer Naturstraße mit vielen tiefen Schlaglöchern bis zum großen Parkplatz hinter der Snackbar.

3 Die lange **Kiesbucht von Pietracorbara** liegt etwas unterhalb der Küstenstraße und ist gut geeignet für ein schnelles Bad. Vom Camping La Pietra läuft man in wenigen Minuten über einen schönen, schattigen Pfad dorthin.

4 An der Westküste gibt es nur wenige kleine Buchten mit grobem Sand. Die **Bucht von Marine d'Albo** und der graue **Strand von Nonza** sind auch in der Saison wenig besucht. Grund dafür ist die bereits 1965 geschlossenen Asbest-Mine am einige Kilometer entfernten Monte Cuccaro. Eine Gesundheitsgefährdung ist nicht nachgewiesen, aber auch nicht komplett ausgeschlossen.

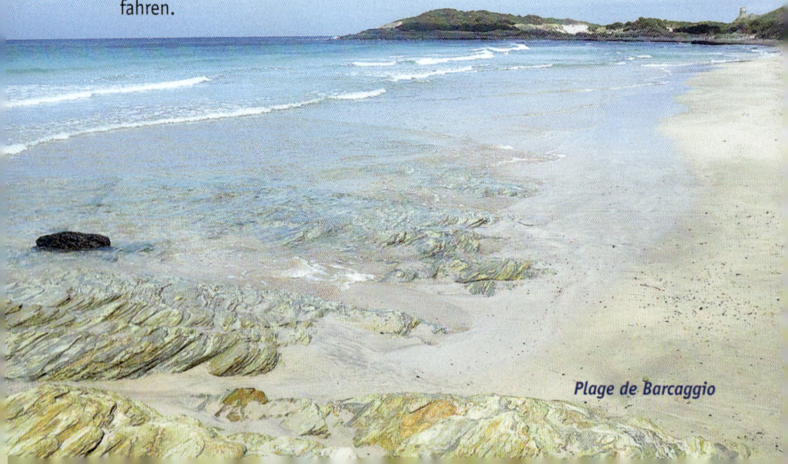

Plage de Barcaggio

Ausflugsziele am Cap Corse

5 Den Kern von **Erbalunga** bilden romantische Gassen mit liebevoll ausgestatteten Restaurants und Cafés. Die schönsten liegen direkt über dem kleinen Fischerhafen. Alles ist hübsch und gepflegt, das Preisniveau hoch und die Nähe zu Bastia deutlich zu spüren.

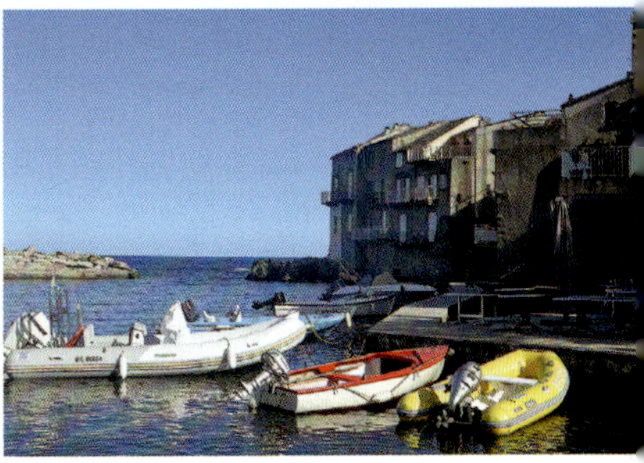

Der Hafen von Erbalunga

6 Macinaggio
Der Ort ist ein gutes Basisquartier auf dem Cap Corse. Vom modernen Jachthafen mit 500 Liegeplätzen fahren auch die Ausflugsboote ins Naturschutzgebiet von Capandula und zum Strand von Barcaggio. Links der Hauptstraße liegen die Häuser, rechts, auf der Meerseite, erstreckt sich der Hafen – er ist erstaunlich groß für den kleinen Ort. An der Hafenpromenade erwarten den Besucher eine Reihe Cafés und Restaurants mit Plätzen direkt am Wasser.

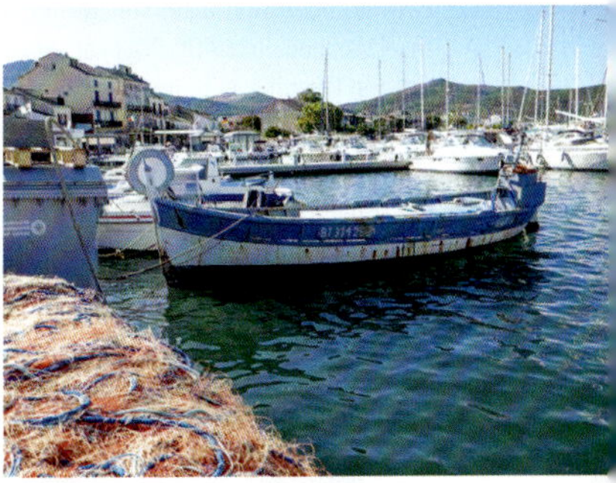

Auch im modernen Jachthafen von Macinaggio liegen noch Fischerboote.

7 Centuri-Port
Der charmante Fischerort im Nordwesten des Cap Corse ist nur in der Hauptsaison gut besucht. Die Fischer des Ortes haben sich auf Langustenfang spezialisiert. Am Hafen hat der Gast die Wahl zwischen mehreren guten Fischrestaurants, in denen der Fang des Tages frisch auf den Tisch kommt. Vor allem in der Vorsaison ein sehr reizvoller Ort.

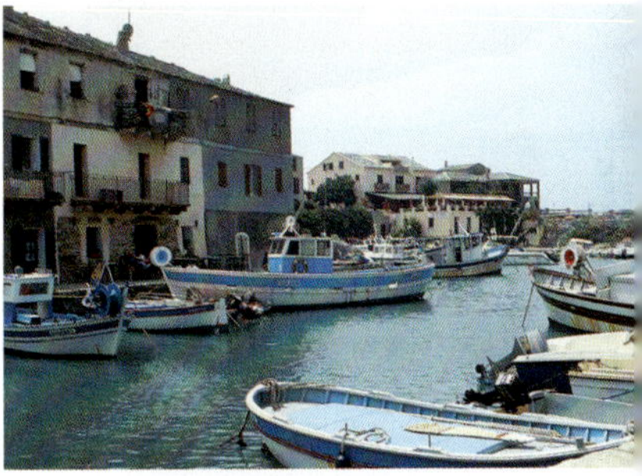

Am Ende der Welt: Centuri-Port

8 Vom Col de la Serra kurz vor Centuri Port führt ein breiter Fußweg in fünf bis zehn Minuten zum Aussichtspunkt an der restaurierten **Windmühle Moulin Mattei**. Auf dem Plateau steht ein Picknicktisch, im Hochsommer werden in der Mühle lokale Produkte und die Liköre der Firma Mattei verkauft. Im Sommer wird an der Mühle für Kinder Eselreiten angeboten.

9 Nonza thront 200 Meter über dem Meer. Ein eindrucksvoller, gut restaurierter Wehrturm überragt das Dorf. Ein schmaler Weg führt zwischen den Häusern hinauf. Oben im

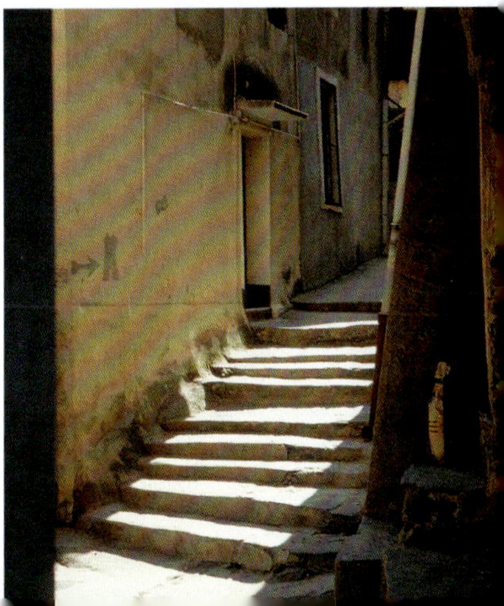

Nonza: Treppe zum Turm

Turm werden Gemälde und Fotos verkauft. Am Fuß des Turmes bietet das Restaurant La Sassa Sitzplätze mit grandiosem Meerblick. Auf dem Dorfplatz sitzt man im Schatten und genießt die Pause im Café de la Tour. Ein Treppenweg führt hinunter zum schwarzen Strand.

10 Das Dorf **Patrimonio** liegt im Zentrum des bekanntesten Weinanbaugebiets der Insel. Rotwein aus Patrimonio erhielt als erster Wein der Insel das begehrte AOC-Prädikat. Rund um den Ort gibt es in mehreren Weingütern die Möglichkeit zum Probieren und Kaufen. Sehr empfehlenswert ist der Direktverkauf der Domaine Lazzarini am nördlichen Ortseingang. Hier gibt es auch guten Käse, Canistrelli, Obstwein und Liköre.

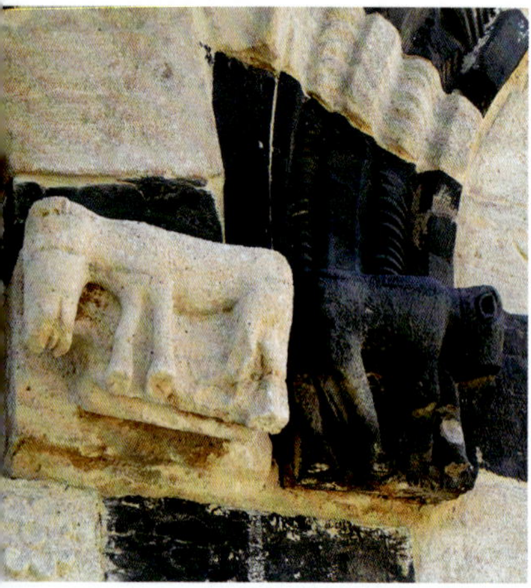

11 Kirchen stehen bei den meisten Kids ja nicht unbedingt hoch im Kurs, aber diese hier ist anders. **San Michele de Murato** steht alleine auf einem Wiesenhügel im Bergland vor Murato und reckt ihren schlanken quergeringelten Turm in den Himmel. Das charakteristische Zebramuster, das durch den Materialwechsel zwischen Kalkstein und grünem Serpentin erzielt wird, macht die kleine romanische Kirche aus dem 13. Jahrhundert unverkennbar. In den Umrahmungen der Fenster und an den Kapitellen der Eingangssäulen gehen wir auf Bildersuche und entdecken zwischen keltisch anmutenden geometrischen Mustern etliche ausdrucksstarke Figuren – Tiere und Menschen. Anschließend ist auf der Wiese genug Platz für ein Picknick. Eine Bäckerei gibt es im Dorf Murato und eine Trinkwasserquelle am Parkplatz.

Reiten

12 U Cavallu di Roglianu

In Macinaggio steht neben dem Camping U Stazzu ein einfacher Stall. Er gehört zum Camping und wird nur während der Hauptsaison betrieben. Hier werden Ausritte ins Naturschutzgebiet von Capandula angeboten. Buchungen und Informationen über die Rezeption des Campingplatzes. *Tel. 0033 (0)495354376.*

Die Zebrakirche San Michele de Murato

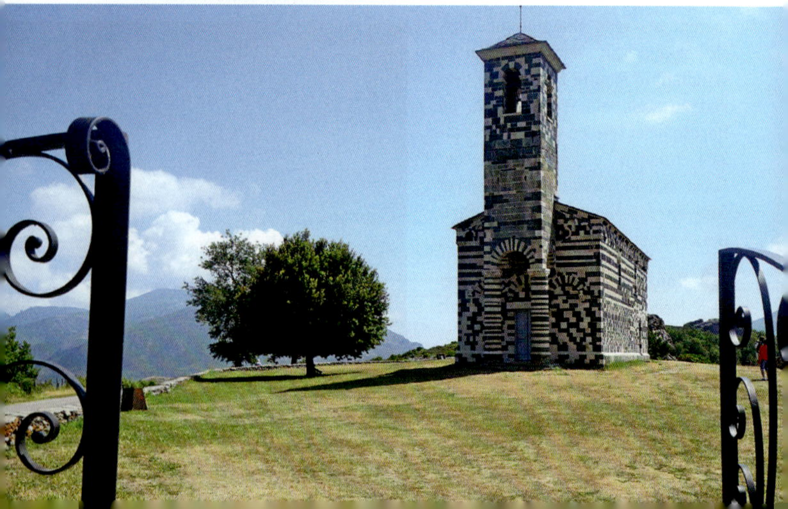

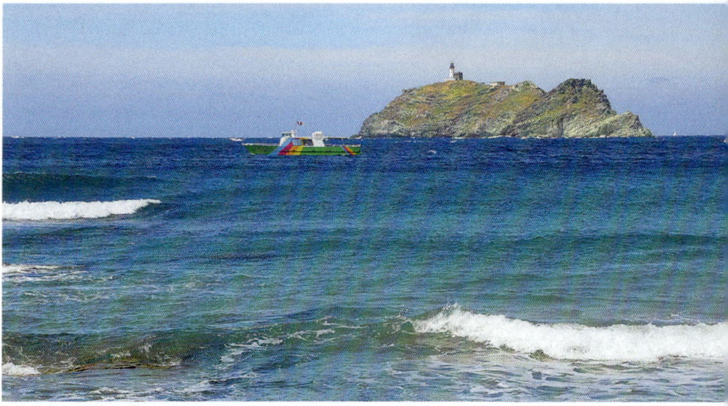

13 **U Cavallu di Brando**
Ausritte für Kinder ab sieben Jahren am Cap Corse. Die Ausflüge finden im Sommer ab Pietracorbara, in der Nebensaison ab Brando statt. Für Anfänger und Fortgeschrittene.
Véronique Nicoli
Les Glaçières de Brando, Erbalunga
Tel. 0033 (0)613895605
cavallu-di-brando.corse.me

Canyoning

Cime di Corsica
Canyoning speziell für Familien mit Kindern ab acht Jahren. Die Tour findet von April bis Oktober in der Nähe von Sorio statt.
€ 45 pro Person. Infos und Buchung unter www.cimedicorsica.com

Ausflüge auf dem Wasser

Cap Evasion
Im Jachthafen von Macinaggio kann man tages- und halbtagesweise kleine Motorboote (Kodiaks) mieten und das Naturschutzgebiet auf eigene Faust erforschen.
Der Tagespreis liegt bei € 170 (Nebensaison € 150) für einen Tag zuzüglich Kosten für Benzin, Tel. 0033 (0)646 251116. www.cap-evasion.biz

Promenades en Mer San Paulu
Im vorderen Teil des Hafens von Macinaggio in der Nähe der Tourismus-Information. Das Boot fährt von April bis September Rundtouren im Naturschutzgebiet von Capandula und bietet außerdem Transferdienste zum Strand von Barcaggio – ob nun für Badegäste oder als Wassertaxi für Wandernde auf dem Zöllnerweg [› Tour 3]. In der Hochsaison startet das Boot dreimal am Tag (11, 14 und 16.15 Uhr). Im Mai, Juni und September täglich um 10 und 14 Uhr. Abfahrzeiten bitte vorher überprüfen!

Für eine Rundfahrt im Naturschutzgebiet mit oder ohne Badestopp am Traumstrand von Barcaggio (morgens hin, am Nachmittag wieder zurück) zahlt man € 29, Kinder 4 bis 11 Jahre € 17.

Im Juli und August werden Mi und Sa um 7.30 Uhr dreieinhalbstündige Fahrten zum **Angeln** angeboten, die Ausrüstung wird gestellt.

Flotter sind die Ausflüge mit dem **Motorboot Pelagus**, auf das maximal zwölf Personen passen. Von Mai bis September fährt das Boot auf die Insel Capraia und zur Wal- und Delfinbeobachtung.
Tel. 0033 (0)614781416.
sanpaulu.fr

Corsica Loisirs Aventure
Bootstouren ab Macinaggio über Centuri und rund um das Cap Corse. Vermietung von Seekajaks, Canyoningtouren für Kinder ab 12 Jahren.
corsica-loisirs-aventure.fr

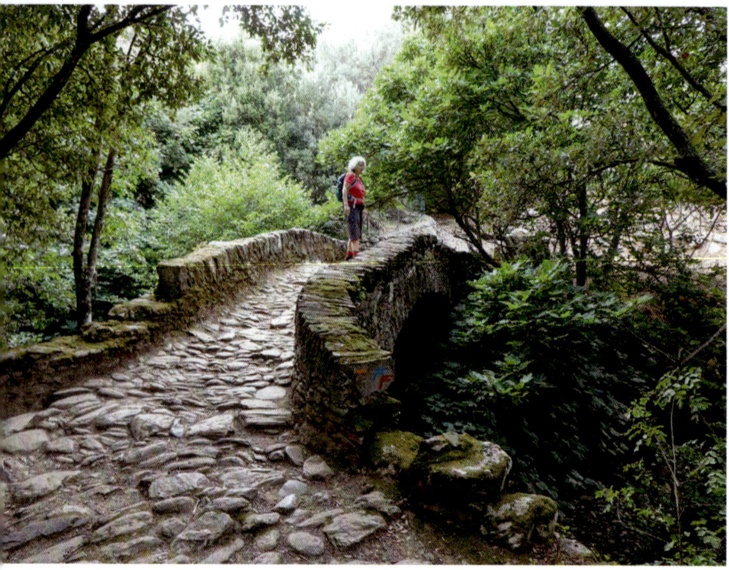

135 m

STRECKE 4,5 km

2 h

ab 6

Tour 1: Rund um Pietracorbara

Auf der Balade des Ponts et des Fontaines

Korkeichen, Kastanienbäume, Walnüsse und Feigen – die Terrassen rund um das Bergdorf Pietracorbara waren einst gut bestellt und versorgten die Einwohner mit Nahrung. Heute sind nicht mehr alle Häuser im Dorf bewohnt und viele der Terrassen sind verwaist. Trotzdem quellen Blüten über die hohen Steinmauern und in einigen Gärten blüht üppig der Rhododendron. Am Bach steht immer noch eine alte Mühle und zwei uralte Bogenbrücken überspannen den Wasserlauf. An der oberen Brücke lockt eine tiefe Badegumpe.

TOUREN-STECKBRIEF

Anfahrt: Im Küstenort Marine de Pietracorbara ins Landesinnere abbiegen und auf der schmalen Straße bis zum Dorf Pietracorbara fahren. Vor den ersten Häusern links am Friedhof und der alten Kirche bei **GPS N 42°50'54.6", E 9°26'04.9"** parken.

Markierung: Blaue Farbbalken an den Bäumen.

Anspruch und Charakter: Wanderrunde auf steinigen Pfaden mit kurzen Abschnitten auf kleinen Sträßchen. Der Hinweg führt durch das Dorf, der Rückweg auf einem schmalen Pfad durch das teilweise etwas raue Bachtal. Die Runde nicht in der anderen Richtung laufen, weil dann die Markierungen kaum erkennbar sind.

Highlights: Die beiden Bogenbrücken und die große Bachgumpe an der oberen Brücke. Abwechslungsreiche Vegetation mit Korkeichen, Esskastanien, Feigen- und Olivenbäumen und Steineichen.

Einkehr: Die Pizzeria im Ort ist nicht immer geöffnet. Picknick mitnehmen für die Pause an der Gumpe.

In der Nähe: Badeplatz am Strand von Pietracorbara.

Wanderung: Der blau markierte Rundweg beginnt an der Kirche. Vor dem Turm führt uns die Markierung zwischen zwei Mauern hindurch und auf einen Wanderpfad zwischen alten knorrigen Olivenbäumen. Wir erreichen das meist trockene **Bachbett** ①, überqueren es und biegen rechts ab.

Die Furt durch den Bach
Nach langen Regenphasen, wenn der Bach auch an der unteren Brücke viel Wasser führt, kann die Furt an der Kirche unpassierbar sein. Man läuft dann auf der Straße zur ersten Kreuzung und folgt der Markierung erst ab hier. Auf dem Rückweg überquert man die untere Brücke und kommt so zurück zur Dorfstraße.

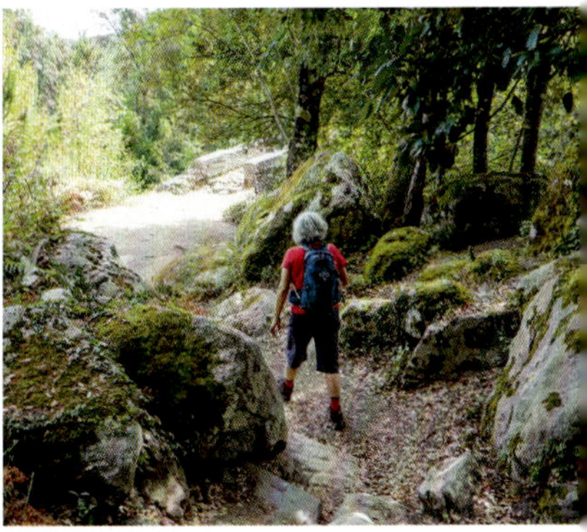

Unserer Wanderweg führt jetzt am Bach entlang bis wir die erste der beiden alten genuesischen **Bogenbrücken** ② erreichen. Im Frühsommer befindet sich unter der Brücke eine kleine Gumpe, im Spätsommer war der Bach auch hier weitgehend trocken.

Wir folgen der blauen Markierung über die Brücke. Links dahinter ist das erste **Quellhäuschen** zu sehen. Dann steigen wir ins Dorf hinauf. Wir überqueren die **Dorfstraße** ③ und wandern geradeaus noch ein Stück steil bergauf. Dann geht es nach links und vor einer Mauer eben am Hang entlang.

Nach etwa 300 Metern treffen wir wieder auf **Häuser** ④. Hier führt rechts ein **Abstecher** von etwa 200 Metern zur gefassten Quelle **Funtana Landi** ⑤. Das Wasser sprudelt hier aus dem Maul eines Löwen – wenn es sprudelt. Der Weg zur Quelle durchquert Überreste einer Korkeichenpflanzung. Hier sind neben Kastanienbäumen auch mehrere gigantische Korkeichen mit dicker borkiger Rinde zu sehen. Klopft man leicht dagegen, spürt man wie leicht und luftig das Material ist.

Der eigentliche Weg zweigt an den **Häusern** ④ nach links ab und verläuft parallel zur Dorfstraße. Wir passieren einen kleinen **Spielplatz** ⑥ mit wippendem Esel, Rutsche und Schaukeln und treffen dann auf die Straße. Hier fehlten die Markierungen. Wir

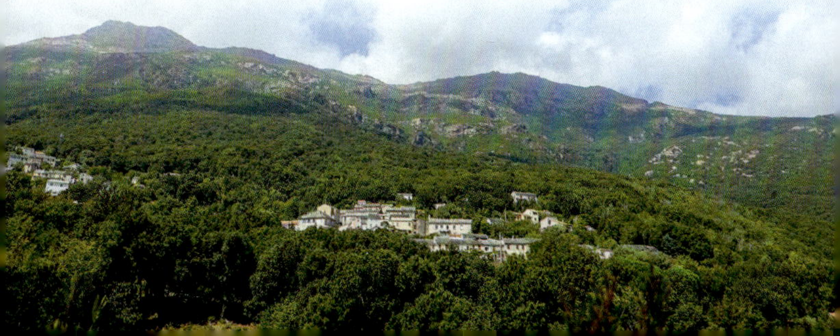

gehen hier einfach ein kurzes Stück rechts die Straße hinauf bis in einer Kurve rechts zwei **Grabhäuser** ⑦ auftauchen. Hinter diesen führt ein Treppenweg rechts hinauf, und der ist auch wieder blau markiert. Er trifft kurz darauf auf die Straße. Dort biegen wir sofort wieder nach rechts ab und folgen dem steil ansteigenden Pfad. Am einzigen **Abzweig** geht es links, der Weg geradeaus ist eindeutig mit Kreuz gesperrt, und wir treffen noch einmal auf Häuser. Hier steigen wir rechts den Treppenweg hinauf zur **Kapelle San Roccu** ⑧.

Jetzt ist der größte Teil der Steigung geschafft und wir folgen geradeaus der schmalen Straße zwischen einigen Häuser. Links unterhalb ist der Hang terrassiert. Hier stehen Orangen-, Feigen und Walnussbäume, die Terrassen scheinen aber nicht mehr bewirtschaftet zu werden. Rechts an der Straße steht noch einmal ein großes **Quellhäuschen** ⑨. Der ursprüngliche Brunnen ist trocken, aber aus dem Wasserhahn am Becken in der Wand, läuft frisches, kühles Wasser.

An den letzten Häusern wird die schmale Straße zum steinigen Wanderpfad. Der Abzweig ist gut markiert. In einem Bogen geht es hinunter zu einer zweiten steinernen **Bogenbrücke** ⑩. Rechts von dieser ist eine große, tiefe **Gumpe** zu finden, in die eine kleine Kaskade plätschert. Auf den Schieferfelsen unterhalb der Brücke können wir wunderbar am Wasser sitzen und picknicken. Das Wasserbecken selbst ist über eine glitschige Steinstufe zugänglich, die ins tiefe Wasser abbricht. Die Gumpe ist daher für kleine Nichtschwimmer weniger geeignet.

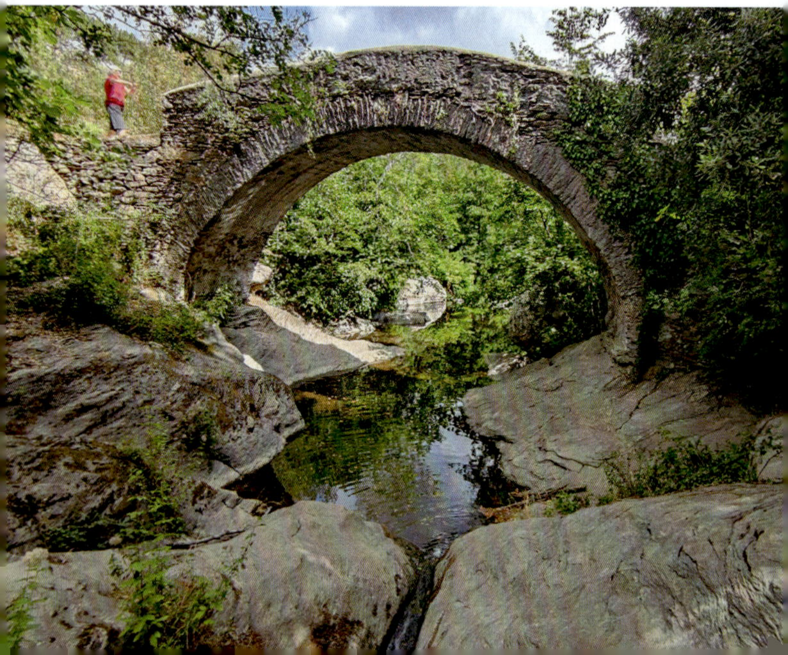

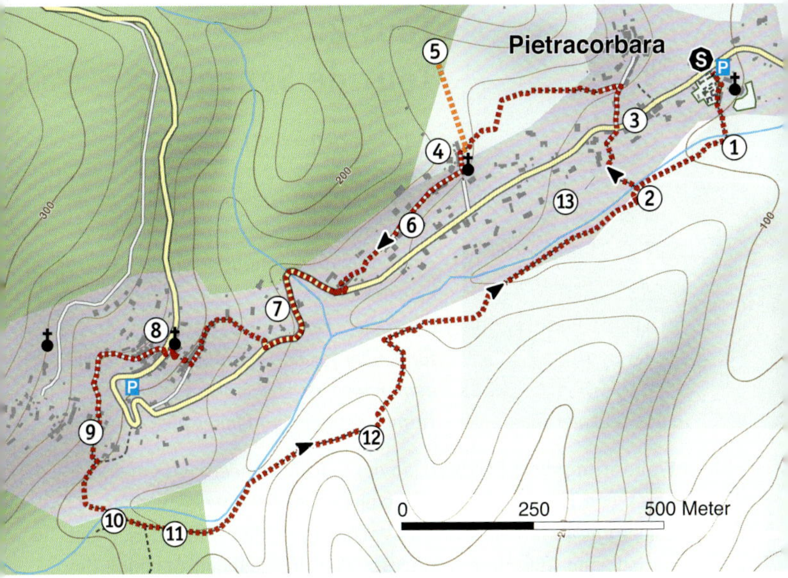

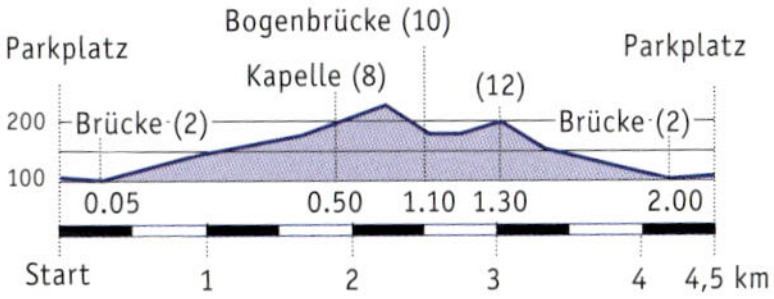

Wir überqueren nun die Brücke und folgen dem Weg nach links. Zuerst führt er am Flüsschen entlang, dann entfernt er sich ein Stück vom Wasser. Hier heißt es gut aufpassen, denn die Wegmarkierung ist unauffällig. Wenn links von uns ein **mit Steinen gefasster Graben** ⑪ auftaucht, geht es dort links hinunter. Drei Baumstämme führen über den Graben und wenn man genau hinsieht, ist auf einem großen Stein am Abzweig auch die blaue nach links weisende Markierung zu sehen.

Der Wanderpfad führt auf der rechten Seite des Grabens entlang und ist jetzt auch wieder deutlich markiert. Von links kommt ein Pfad mit blauem Kreuz. Wir gehen geradeaus weiter – zuerst immer nahe am unterhalb liegenden Bachbett entlang. Dann wird unser Waldpfad zum Macchiatunnel und führt in einer Felsrinne noch einmal kräftig bergan. Auf der anderen Seite des Bachtales ist immer mal wieder das Dorf zu sehen.

Wir erreichen die **höchste Stelle** ⑫ und steigen von hier aus wieder in den Wald hinunter. Der Weg wird steiniger. Dann kommt von links ein gelb markierter Weg hinauf. Schaut man hier ans andere Ufer, ist das Steingebäude der **alten Mühle von Pietracorbara** ⑬ zu sehen. Kurz darauf treffen wir wieder auf die erste **Genueserbrücke** ②, bleiben aber auf der rechten Bachseite bis wir auf die Furt vom Hinweg treffen. Durch den Olivenhain geht es zurück zur Kirche und zum Parkplatz.

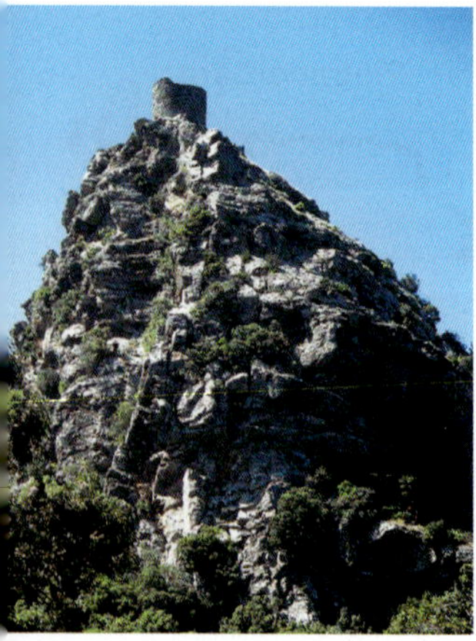

Tour 2: Tour de Sénèque

Aufstieg zum Seneca-Turm

Sieht man den Turm von unten, ist es kaum vorstellbar, dass dort ein Weg hinaufführt. Der Eindruck täuscht. Steil, aber unkompliziert windet sich ein Pfad durch den Wald – nur das letzte Stück führt über flache Felsplatten. Bei trockenem Boden ist die Eroberung des alten Turmes beinahe ein Kinderspiel!

180 m

STRECKE 3 km

1 h 30

ab 6

Wanderung: Vom Parkplatz an der Kapelle wandern wir ein kurzes Stück den Fahrweg entlang bis uns links ein **Holzwegweiser ①** zum Turm auf einen schmalen, schattigen Pfad schickt. Er endet nach knapp 200 Metern kurz vor dem bröckelnden Gebäude des Chateau dei Motti wieder auf der schmalen Straße. Kurz darauf stehen wir am **oberen Parkplatz ②.**

Im hinteren Eck des Parkplatzes beginnt ein schmaler, steiniger, sehr steiler Fußpfad hinauf durch den Wald zum Turm. Der Aufstieg ist orange und rot markiert und dauert von hier 15 bis 20 Minuten. Am **Waldrand unterhalb des Turmfelsens ③** geht es eine Steinstufe hinauf. Von hier ist der Turm wieder gut zu sehen.

Die letzten Meter sind etwas anspruchsvoller und führen über Felsen. Zuerst muss ein bisschen geklettert werden, dann geht es über schräge aber griffige Felsplatten hinauf. **Dieser letzte Teil des Aufstiegs erfordert trockenen Boden**. Ist der Felsen nass und

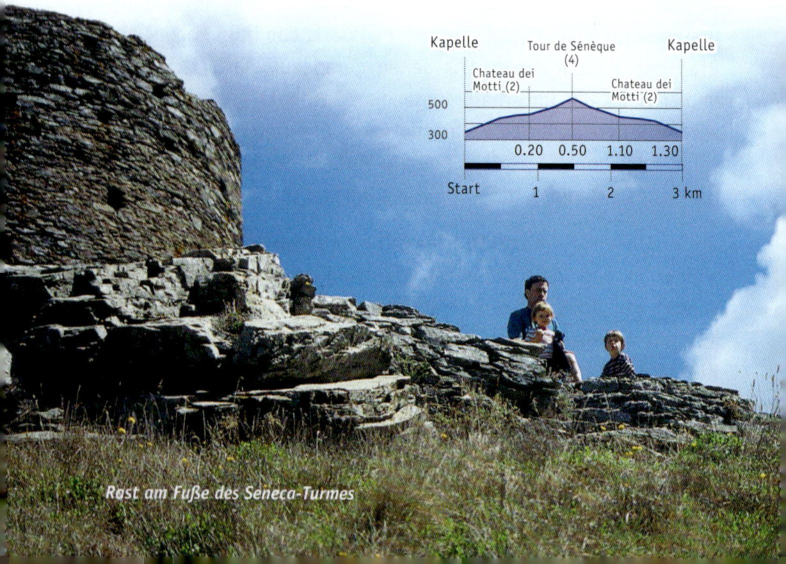

Rast am Fuße des Seneca-Turmes

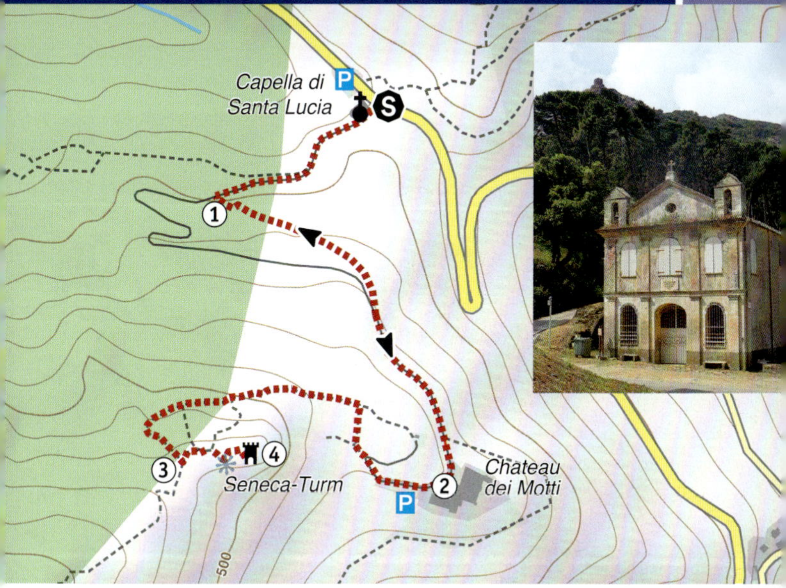

rutschig, sollte man sich mit dem Blick auf den Turm und dem auch schon hier grandiosen Ausblick ins Tal zufriedengeben.

Auf kleinere Kinder muss man oben gut aufpassen! Hinter den stabilen Mauern geht es auf zwei Seiten steil hinunter. **Am Fuß des Turmes** ④ sitzt man auf Steinen geschützt hinter einem kleinen Mäuerchen: guter Platz für eine Pause mit Imbiss. Auf dem selben Weg geht es dann zum Auto zurück.

Was macht Seneca auf Korsika?
In Rom in Ungnade gefallen, verbrachte der Philosoph Lucius Aenaeus Seneca die Jahre 41 bis 49 n. Chr. auf Korsika. Er lebte in dieser Zeit vermutlich an der Küste in der römischen Stadt Alalia und beschäftigte sich zur Ablenkung von seiner Sehnsucht nach Rom mit naturwissenschaftlichen Untersuchungen über das Wetter und die Sterne. Es ist denkbar, dass er sich zu diesem Zweck auch auf dem Cap Corse aufhielt – den Turm der seinen Namen trägt, dürfte er dabei allerdings kaum gesehen haben. Als Bauherren der runden Wachtürme gelten die Genueser und die kamen erst gut 1.000 Jahre später auf die Insel.

TOUREN-STECKBRIEF

Anfahrt: Von der Küstenstraße den Abzweig nach Luri (D 180) und zum Col de Santa Lucia nehmen. Der untere Parkplatz befindet sich an der verlassenen Kirche auf der Passhöhe bei **GPS N 42°54'32.3", E 9°22'26.3"**. Neben dem Gebäude zweigt eine sehr enge, aber asphaltierte Straße zum oberen Parkplatz ab. Sie darf nicht mit Wohnmobilen befahren werden. Mit einem PKW kann man aber auch zum oberen Parkplatz bei **GPS N 42°54'18.0", E 9°22'32.0"** am Chateau dei Motti hinauffahren. Die Wanderstrecke ist dann nur noch 1,5 Kilometer lang und der Aufstieg mit 100 Höhenmetern entsprechend kürzer.

Anspruch und Charakter: Der Weg führt auf einem asphaltierten Sträßchen und einem schmalem steinigen Pfad stetig bergan. Oben am Turm geht es über Felsplatten, die bei Nässe leicht rutschig werden. Nur bei trockenem Boden laufen! Der Turm steht nahe am Abhang. Vorsicht mit kleineren Kindern!

Highlights: Grandioser Ausblick und Kletterpfad am Turm. Schöner Platz zum Picknicken oben am Turm.

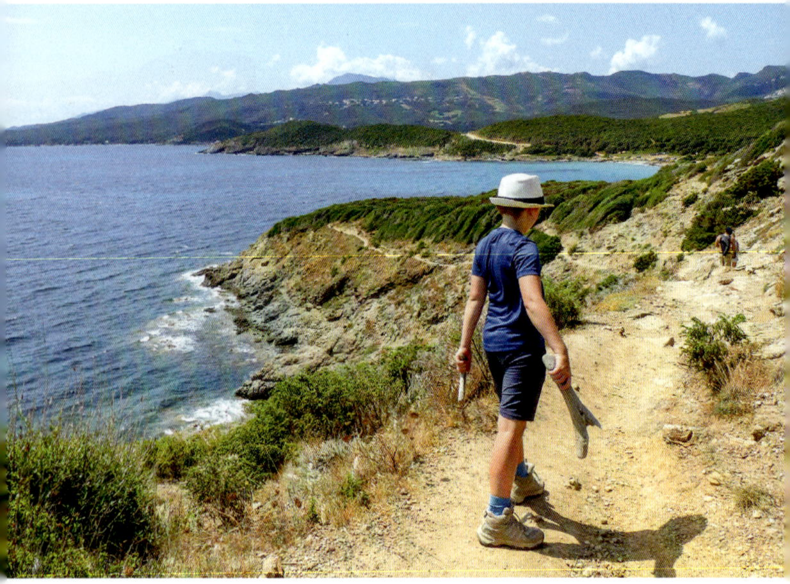

120 m

STRECKE 12 km

4 h

ab 10

Tour 3: Der Sentier des Douaniers

Auf den Spuren der Zöllner um die Nordspitze Korsikas

Mit dem Boot geht es zum Strand von Barcaggio, zu Fuß kehren wir nach Macinaggio zurück. Der Pfad führt in stetem Auf und Ab durch teilweise hohe Macchia immer am Meer entlang. Schöne sandige Badebuchten, ein herrlicher Ausblick über die Küstenlinie mit kleinen vorgelagerten Felsinseln, die Kapelle von Santa Maria und mehrere genuesische Wachtürme – all das macht die Wanderung zu einem abwechslungsreichen Erlebnis.

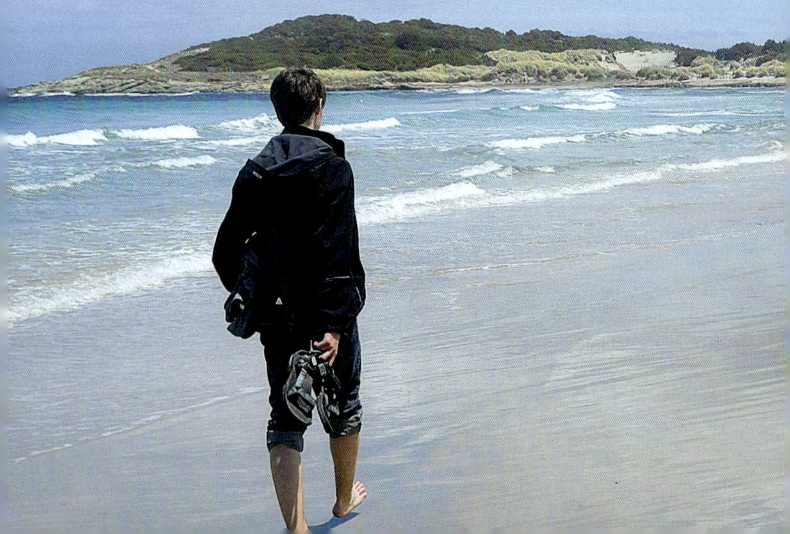

TOUREN-STECKBRIEF

Anfahrt: Parkplatz am Hafen von Macinaggio. Von hier fährt zwei bis drei Mal täglich die »U San Paulu« nach Barcaggio. Überfahrt bitte am Vortag reservieren, Tel. 0033 (0)614 781416 oder Billetterie im Hafen. Fahrpreis €19, Kinder 4 bis 11 Jahre €13. sanpaulu.fr

Anspruch und Charakter: Gut sichtbarer und markierter unkompliziert zu laufender Küstenpfad, Wanderschuhe sinnvoll. Kein Schatten! Sonnenschutz und ausreichend Wasser sowie Badesachen nicht vergessen.

Highlights: Bootsfahrt vorbei am Vogelschutzgebiet der Îles Finocciarola, Badestrand von Barcaggio, der gut erhaltene Tour d'Agnello, einsame Badebuchten am Küstenweg.

Einkehr: Restaurant U Pescadore in Barcaggio. Am Ende der Wanderung gute Auswahl an Restaurants und Cafés in Macinaggio.

Wanderung: Nach einem ersten Bad in der flachen **Bucht von Barcaggio** ① laufen wir den Strand hinunter, bis wir am Ende der Bucht auf einen Pfad stoßen, der uns über die erste felsige Landzunge führt. Nach gut 45 Minuten erreichen wir den **Tour d'Agnello** ②, der auf einem Felssporn über dem Wasser thront.

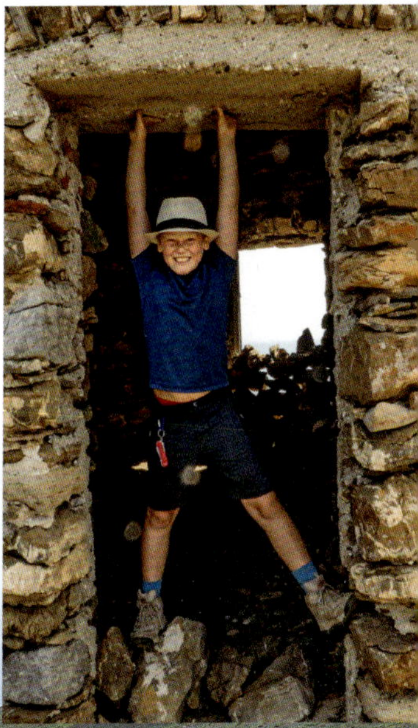

Hinter dem Turm erklimmen wir einen **Bergrücken** ③. Dort bietet sich ein atemberaubender Ausblick: in einer Richtung bis Barcaggio, in der anderen über die Bucht von Santa Maria mit türkisblauem Meer, einem malerischen, halb eingestürzten Genueserturm und der zerklüfteten Küstenlinie.

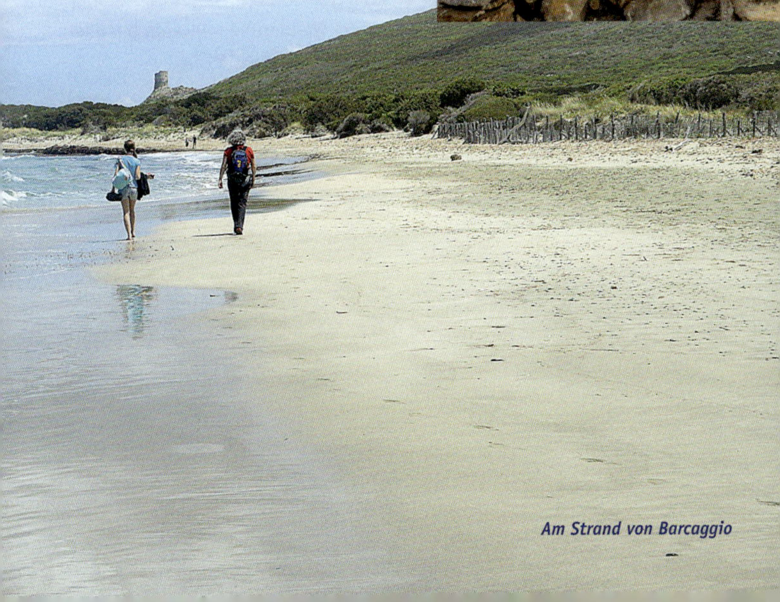

Am Strand von Barcaggio

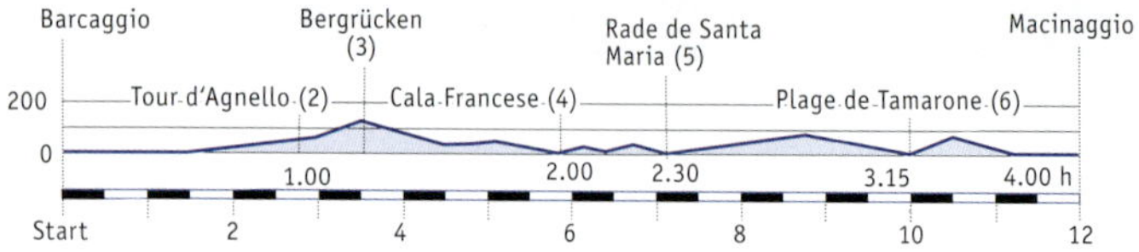

Der Weg bergab ist ziemlich steil. Unten führt er dann relativ eben durch die felsige Küste, folgt dabei vielen kleinen Einbuchtungen. Unterwegs begegnen wir vielen Eidechsen. Und wer Glück hat, kann auf den Felsen im Wasser auch Kormorane beobachten.

Nach gut knapp zwei Stunden taucht zwischen den Felsen die erste kleine Sandbucht auf. Nach der **Cala Francese** ④ folgt die Cala Genovese und die größere – meist auch besser besuchte – **Rade de Santa Maria** ⑤ mit dem halb zerfallenen Turm. Alle drei eignen sich für einen längeren Badestopp.

Vorbei an der verlassenen **Kapelle von Santa Maria** geht es dann weiter auf dem Küstenweg. Der Fahrweg durchs Landesinnere, der an der Kapelle abzweigt, ist eine Abkürzung zur Bucht von Tamarone – zu Fuß ist er allerdings nicht sehr reizvoll. Wir erklimmen lieber den nächsten Hügel auf unserem Küstenweg.

Oben streift der Blick noch einmal über eine lange Sandbucht und über die vorgelagerten **Finocchiarola Inselchen**, ein Vogelschutzgebiet, mit einem weiteren Wachturm. Der nächste Hügel lässt uns auf die beliebte **Badebucht von Tamarone** ⑥ schauen.

Durch ein Viehgatter kommen wir hinunter zum Strand. Am Ende der Bucht bleiben wir kurz auf dem Fahrweg der zum Camping U Stazzu führt. Kurz vor der **höchsten Stelle** ⑦ zweigt links wieder der Küstenpfad ab, der uns um den letzten Hügel in die Bucht von Macinaggio bringt, wo wir unsere Wanderung im Hafen beenden.

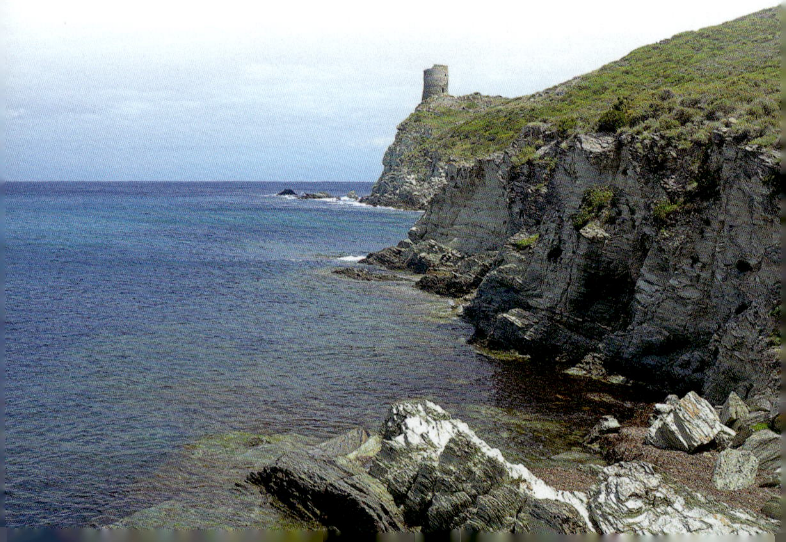

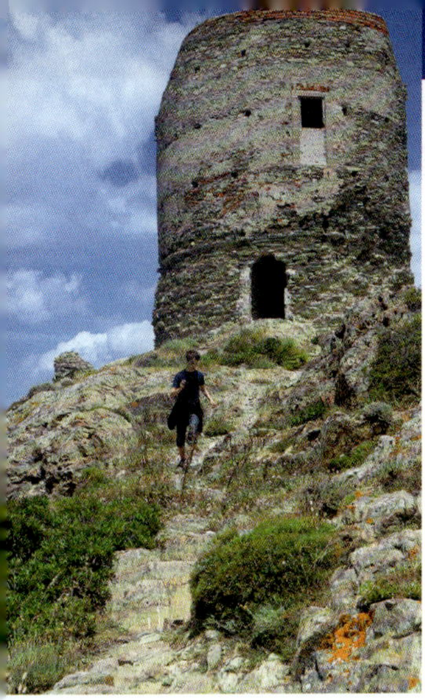

Variante für die Jüngsten: Strandwanderung zur Tour d'Agnello
ab 4 Jahre, 5 km, Gehzeit 2 h

Über den Strand von Barcaggio laufen wir den ersten Abschnitt des Küstenweges bis zum Tour d'Agnello. Der Weg ist einfach und hat nur einen kurzen Anstieg. Die Sicht auf Barcaggio und in die Bucht von Santa Maria ist trotzdem grandios. Gut kombinierbar mit einem Badeaufenthalt in Barcaggio.

Anfahrt: Zwischen Macinaggio und Centuri zweigt im Örtchen Ersa eine schmale Straße nach Barcaggio (D 253) ab und führt in vielen Kurven den Berg hinunter. Am Ortsanfang von Barcaggio fahren wir rechts zum Parkplatz zwischen Ort und Strand. Dort beginnt unser Weg. Wir folgen der beschriebenen Strecke bis zum Tour d'Agnello. Rückkehr auf dem gleichen Weg.

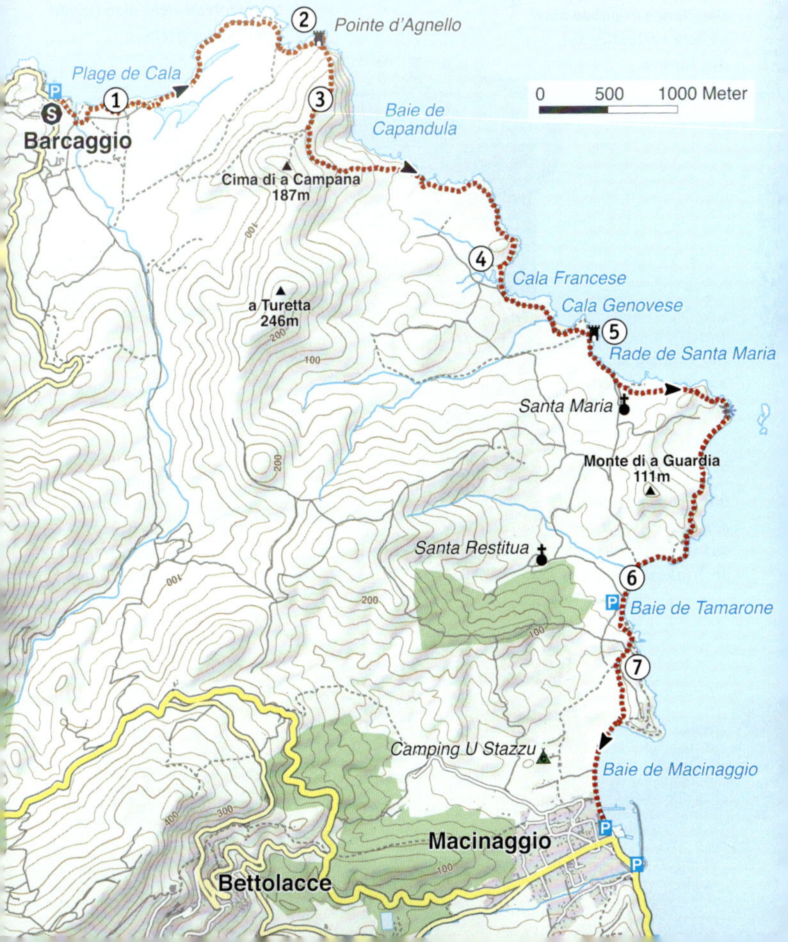

Wo kommen die vielen Türme her? Wozu hat man die gebaut?

67 Wachtürme stehen heute noch an der Küste Korsikas. Die meisten von ihnen sind rund, einige haben auch einen quadratischen Grundriss. Manche sind so gut erhalten, dass man sie heute noch besichtigen kann, andere sind nur noch Ruinen. Aber auch die sind längst nicht so alt wie die torreanischen Castelli, deren Reste im Süden der Insel zu finden sind. Gebaut wurden sie jedoch zum selben Zweck: um die Menschen auf der Insel zu schützen.

Mitte des 16. Jahrhunderts segeln viel mehr Schiffe übers Meer als zur Zeit der Torreaner. Allerdings kommen nicht alle nach Korsika, um Handel zu treiben. Regelmäßig überfallen Piraten die Küste und rauben alles, was sie gebrauchen können – sie nehmen sogar Menschen gefangen und verkaufen sie in anderen Ländern als Skla-

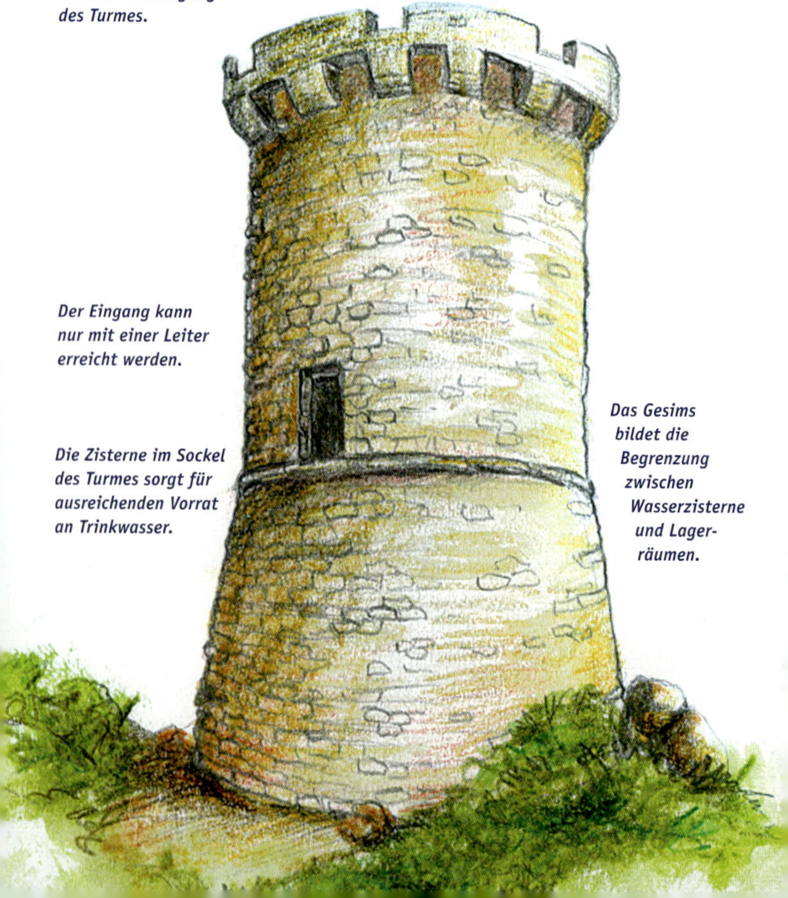

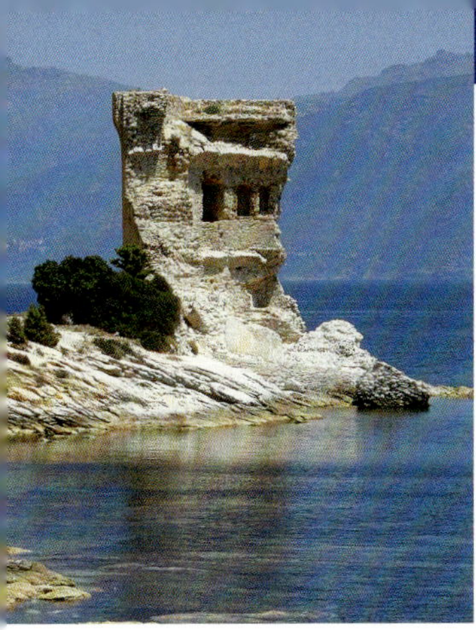

Der Tour de Mortella an der Küste der Désert des Agriates

> Es gibt einige Türme auf Korsika, die man heute noch besichtigen kann. Als Galerie hergerichtet ist der Turm von Nonza (Cap Corse). Im viereckigen Turm von Porto (Westküste) ist ein Museum untergebracht. Den gut erhaltenen Turm von Ominga bei Cargèse erreicht man im Rahmen einer Wanderung [› **Tour 16**] und im Süden der Insel kann man in Campomoro einen genuesischen Turm besteigen und den grandiosen Weitblick über die Bucht von Valinco geniessen.

ven. An der Küste zu leben ist sehr gefährlich.

Deshalb bauen die Genueser, die zu dieser Zeit über Korsika herrschen, hohe Mauern um ihre Städte – die Zitadellen. Eine davon gibt es in fast jeder Hafenstadt. Die Häuser darin sind auch heute noch bewohnt.

Die Menschen wollten nicht ständig in ihren befestigten Städten bleiben, deshalb stellten sie die Wachtürme an der Küste auf. Von der Plattform auf dem Dach konnte man weit über das Meer schauen. Wenn die Wache feindliche Schiffe sah, zündetete sie ein Feuer an und alle Menschen konnten sich in Sicherheit bringen. Die Bewohner der kleinen Küstenorte versteckten sich in den Türmen. Der Eingang liegt mehrere Meter über dem Boden und kann nur mit einer Leiter erreicht werden. Zog man diese hoch, so wurde der Turm zur uneinnehmbaren Festung.

Die Türme wurden zwischen 1550 und 1800 erbaut, während der Herrschaft der Stadt Genua auf Korsika – daher kommt der Ausdruck »Genuesertürme«.

Die genuesische Herrschaft auf Korsika

Die italienischen Städte Pisa und Genua kämpften gemeinsam gegen die sarazenischen Piraten, die über die Küsten des Mittelmeeres herfielen und sich auf Korsika versteckten. Nach ihrer Vertreibung von der Insel bekam Pisa vom Papst den Auftrag, Korsika zu verwalten. Das gefiel den Genuesern überhaupt nicht, sodass der Papst sich gezwungen sah, die Insel zu teilen. Pisa bekam die Macht im Norden und Genua regierte den Süden der Insel. Doch eigentlich ging es hier gar nicht um Korsika, sondern darum, die wichtigste und mächtigste Stadt am Mittelmeer zu sein. Und so endete der Streit zwischen Pisa und Genua im Jahr 1284 mit der großen Seeschlacht von Meloria. Genua gewann und regierte Korsika fast 500 Jahre lang.

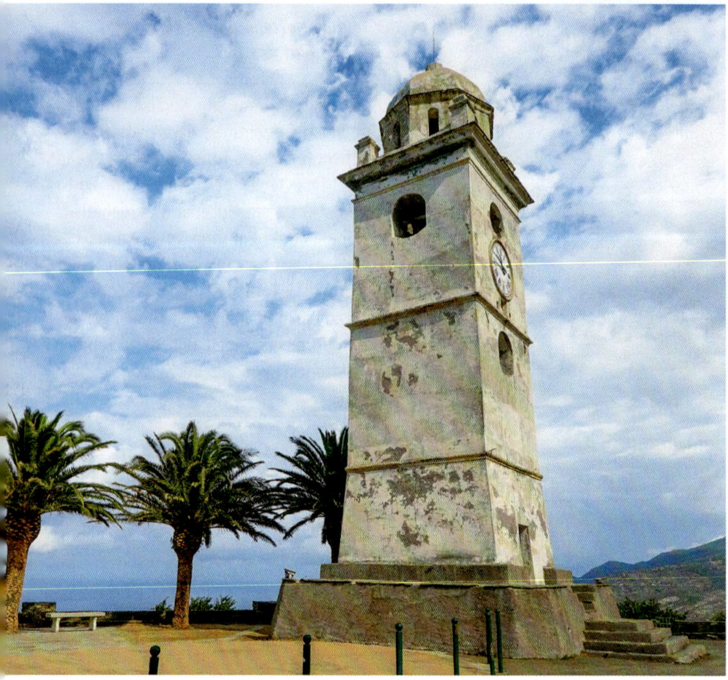

230 m

STRECKE
4,5 km

2 h

ab 8

Tour 4: Hameau de Imiza

Von Canari zu einem verlassenen Dorf

Diese Wanderrunde beim Dörfchen Canari an der schroffen Westseite des Cap Corse liegt abseits der üblichen Touristenpfade. Der Weg ist markiert, aber streckenweise etwas ruppig und die Ruinen des Dorfes versinken stellenweise zwischen Brombeerranken und stacheligen Schlehenbüschen. Die Runde ist also perfekt für abenteuerlustige Pfadfinder, die gerne einmal die ausgetretenen Wege verlassen, um auf Entdeckertour zu gehen.

TOUREN-STECKBRIEF

Anfahrt: Etwa drei Kilometer nördlich des Küstenortes Marina d'Albo der schmalen Straße rechts hinauf nach Canari folgen. Im Dorf rechts abbiegen bis zum Parkplatz bei **GPS N 42°50'43.6", E 9°19'48.5"** vor dem weißen Glockenturm fahren.

Markierung: Gelbe und orange Farbbalken.

Anspruch und Charakter: Wanderrunde auf steinigen Steigen und Trampelpfaden. An einigen Stellen bröckelt der Hang weg und der Weg weist schmale Stellen auf, an denen man gut aufpassen muss. Die ersten 800 Meter laufen wir auf der wenig befahrenen Dorfstraße.

Highlights: Die alte Bergerie auf der Hochebene, das verlassene Dorf Imiza und der Aussichtsplatz an der Kapelle..

Einkehr: Restaurant du Bon Clocher am Parkplatz.

In der Nähe: Genueserturm Nonza.

Wanderung: Vom Parkplatz vor dem hübschen weißen **Glockenturm von Canari** laufen wir die Straße wieder hinunter ins Dorf, passieren die Alimentation, die auch gleichzeitig ein kleines Café und ein beliebter Treffpunkt der Einheimischen ist und biegen an der **Kreuzung im Dorfzentrum** ① rechts ab. Wir folgen jetzt der Straße nach Barretali bis zu den letzten Häusern. Dort führt rechts ein **Wanderpfad** ② am Hang hinauf, dem wir folgen. Er ist gelb und orange markiert.

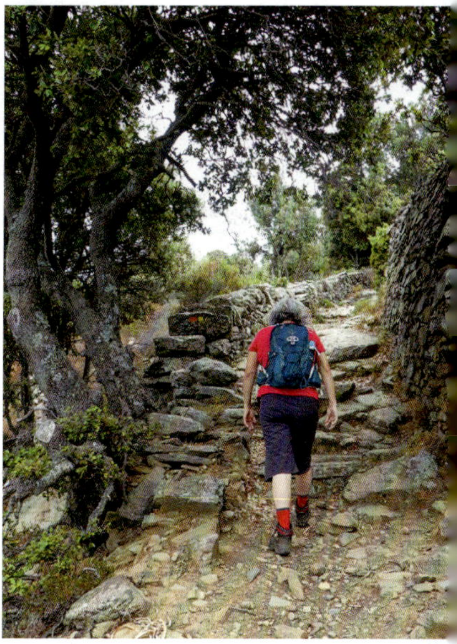

In zwei Serpentinen geht es steil hinauf. Durch viele lose Steine ist der Weg etwas ruppig, aber immer klar erkennbar. Dann kommen wir an ein **improvisiertes Tor** und eine winzige Bogenbrücke. Hier beginnt das Gebiet der Bergerie, die aber nicht mehr bewirtschaftet wird. Der Weg ist aber ab hier in besserem Zustand und an vielen Stellen mit aufrecht stehenden Steinplatten begrenzt. Nach etwa 20 Minuten Aufstieg erreichen wir dann die Hochebene und links am Weg steht das alte **Steinhaus der Bergerie** ③.

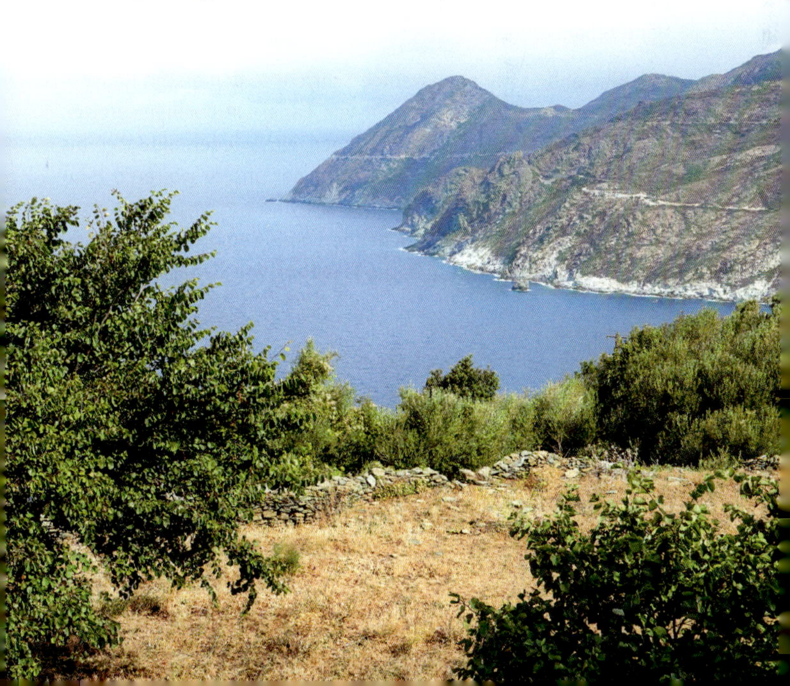

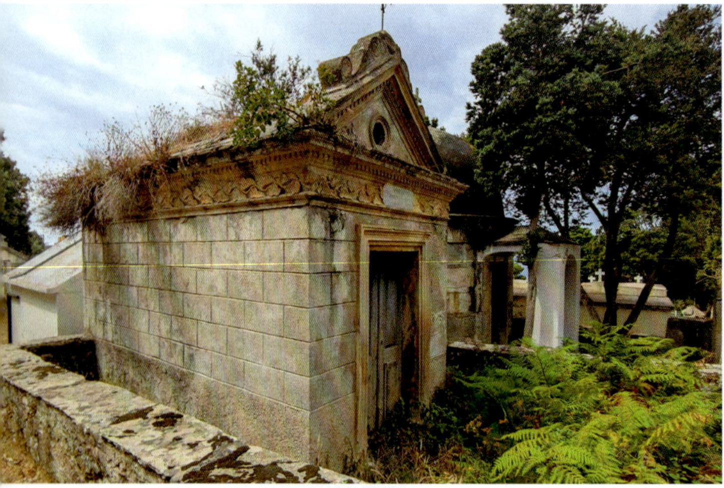

Wir folgen dem Weg noch etwas weiter und treffen nach 300 Metern auf eine **Kreuzung** ④. Hier geht es rechts nach Imiza.

Mit weitem Blick hinunter zum Meer wandern wir jetzt am Hang entlang, bis vor uns die **ersten Ruinen** ⑤ auftauchen. Der eigentliche Weg führt rechts unterhalb der Häuser weiter. Steigt man links hinauf kommt man zu den Resten einer Gasse zwischen den Häusern. Die Ruinen sind nicht gesichert, es empfiehlt sich also hier mit Vorsicht auf Forschertour zu gehen. Der untere Weg führt zu einem noch gut erhaltenen Haus und durch einen Torbogen. Hinter diesem sieht man schon die **kleine Kapelle von Imiza** ⑥, die in grandioser Lage auf einer Aussichtsterrasse am Hang erbaut wurde.

Von hier sind es nur noch wenige Schritte zu den ersten Häusern von Pieve, dem oberen Ortsteil von Canari. Auf einem breiten Weg mit betonierten Stufen steigen wir wieder hinunter bis rechts ein **Wanderweg** ⑦ abzweigt, der uns zu weiteren Häusern bringt. Wir folgen kurz der Straße und wechseln dann noch einmal auf den rechts abbiegenden Waldweg. Er endet wenig oberhalb des Glockenturmes am **Friedhof von Canari** ⑧.

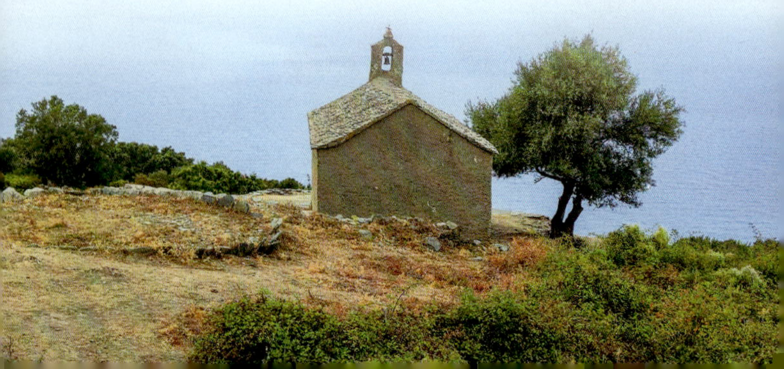

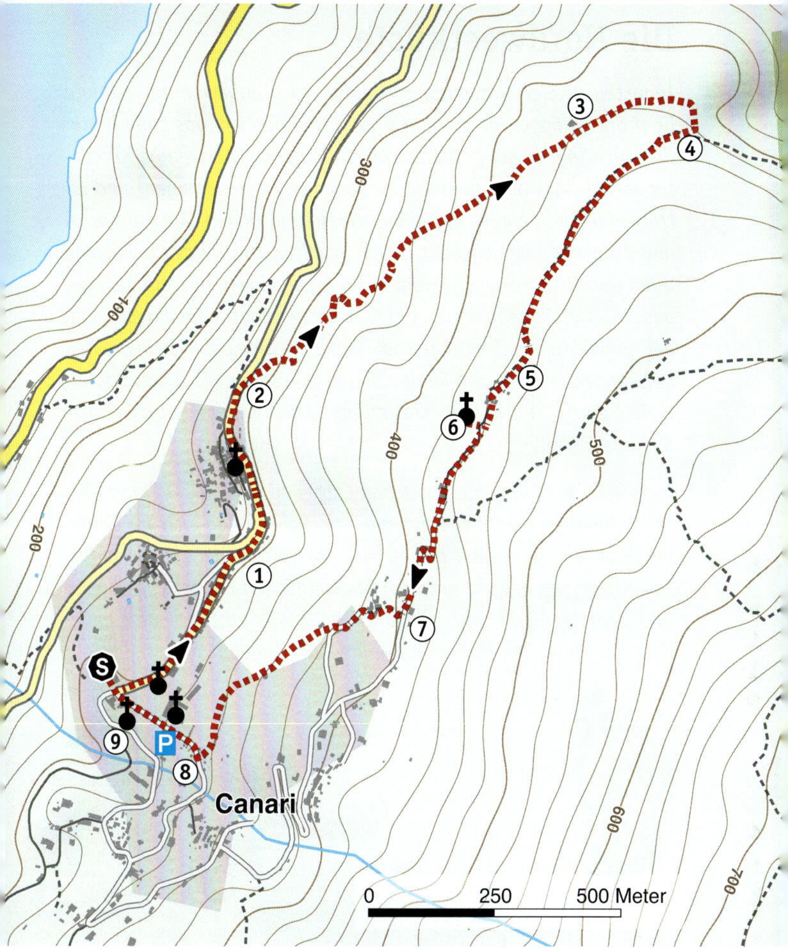

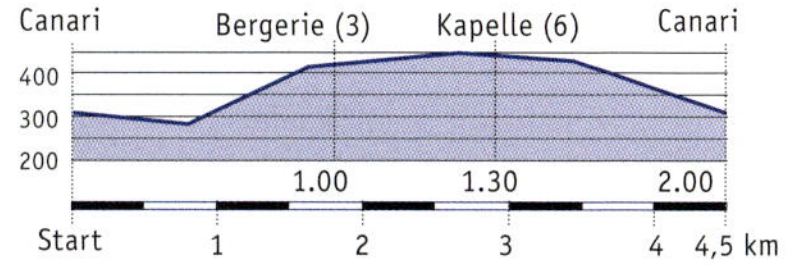

Links geht es an den ersten Grabhäusern entlang bis zur Straße, auf der wir dann rechts ins Dorf hinuntergehen. Am Straßenrand lohnt ein Blick auf die Grabhäuser, die jeweils einer Familie gehören. Einige davon sind sehr alt und sehr aufwändig mit Reliefs verziert. Unterhalb des Friedhofes steht die romanische Kirche **Santa Maria Assunta** ⑨ aus dem 12. Jahrhundert. Wie alle Kirchen dieser Zeit wirkt sie erst einmal wenig spektakulär. Schaut man genauer hin, sind auch an ihrer Fassade verschiedene Figuren zur erkennen. Der Chorraum der Kirche wird zur Zeit restauriert.

Zum Ausklang der Wanderung lohnt unbedingt eine Pause auf der Aussichtsterrasse am Glockenturm. Auch die Einkehr im Restaurant »Au bon Clocher« können wir empfehlen.

Die Nordwestküste

Inmitten zweier wasserarmer, wilder, fast unbewohnter Gebiete liegt die Balagne. Sie ist relativ sanft und lieblich, das Land hinter dem Meer nur hügelig, die schroffen Berge weichen einige Kilometer zurück. Auf dem fruchtbaren Boden wachsen Orangen- und Zitronenbäume, Feigen, Kastanien, Nüsse und Oliven. Auch Getreide und Wein wird hier angebaut. Schon im Mittelalter wurde die Balagne »Der Garten Korsikas« genannt. Die Küste lockt mit einigen gut geschützten Sandbuchten. Das Gebiet zwischen L'Île Rousse und der genuesischen Festungsstadt Calvi ist eines der beliebtesten Reiseziele der Insel. Die Region bietet eine sehr gute Infrastruktur, viele Sport-, Kultur- und Freizeitangebote, ist aber auch relativ dicht besiedelt.

Rund um das Kerngebiet zwischen Calvi und L'Île Rousse sind reizvolle Ausflüge möglich. Lohnenswerte Ziele finden sich im Gebiet der unbewohnten Désert des Agriates im Norden, der ebenso verlassenen Balagne déserte mit dem ursprünglichen Fangotal im Süden und dem bergigen Hinterland. Reizvolle Küstenstädte und malerische Dörfchen im Hinterland runden das Angebot ab.

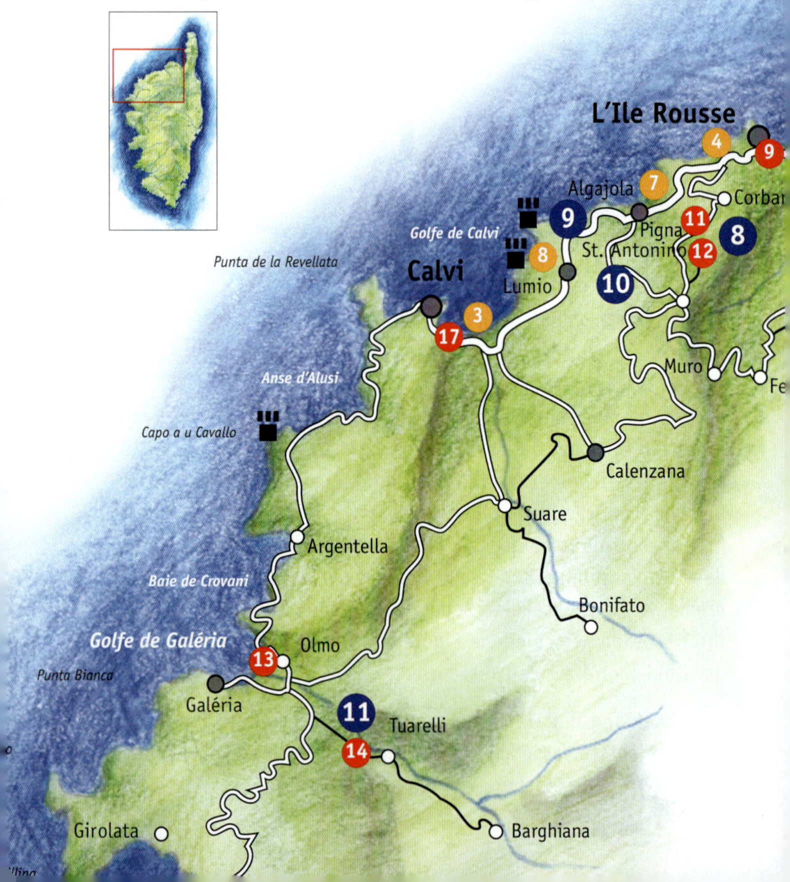

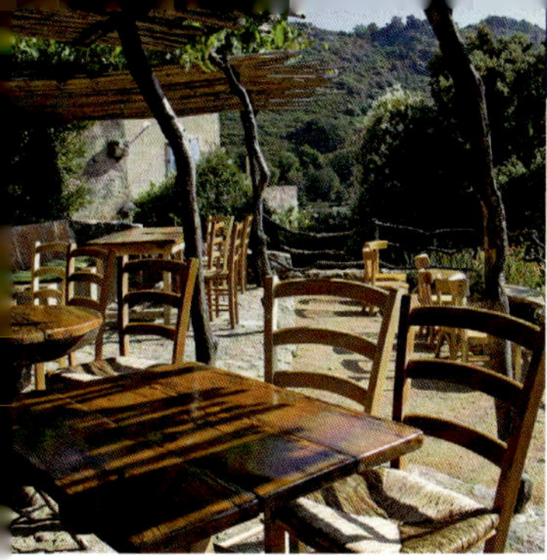

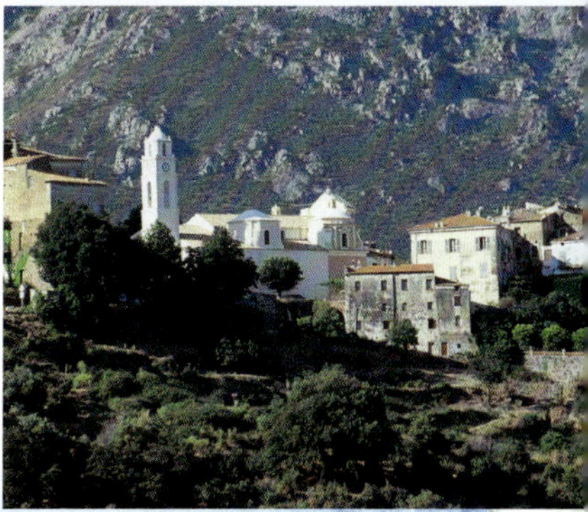

Café im Künstlerdorf Pigna und das Bergdorf Belgodère im Hinterland der Balagne

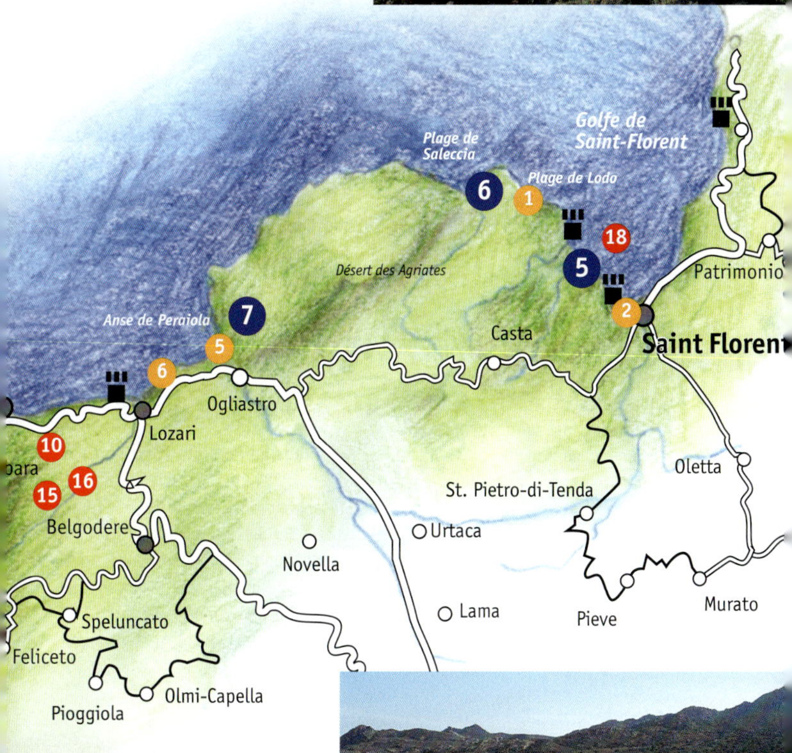

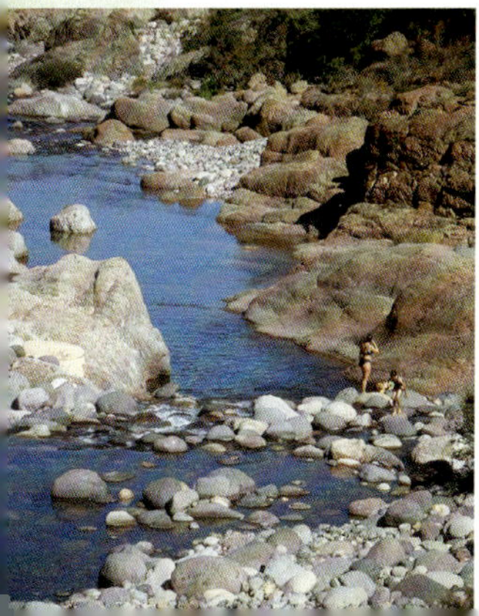

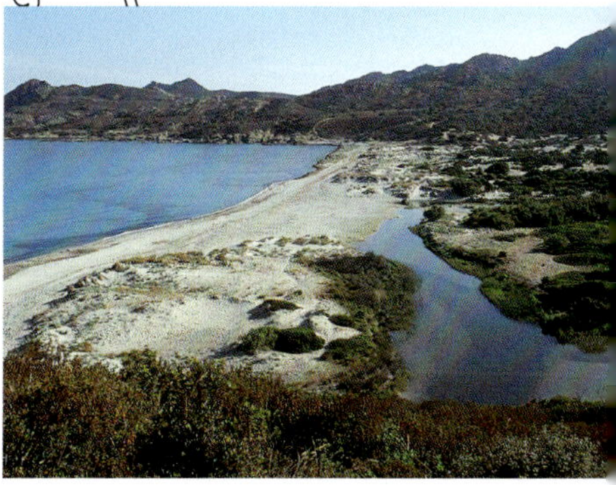

Die Bucht von Peraiola in der Désert des Agriates (oben) und das Fangotal in der Balagne déserte.

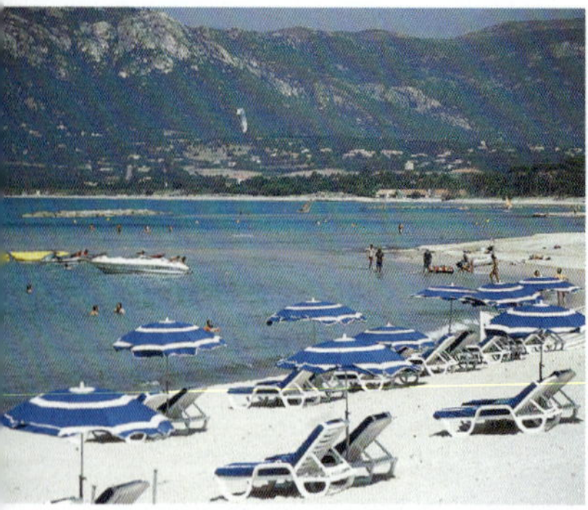

Baden bei Saint-Florent

1 Die Traumstrände der Region befinden sich an der Küste der unbewohnten Désert des Agriates **[› Tour 5 und 6]**. Die herrliche **Plage du Lotu** mit glasklarem Wasser und die ebenso schöne **Plage de Saleccia** sind aber nur per Boot oder mit dem 4x4 (offroad) Shuttle zu erreichen.

2 **Plage de la Roya**
GPS N 42°40'26.7", E 9°17'32.7"
Der Strand in der Bucht von Saint-Florent ist sehr seicht und von einem schmalen Sandstreifen umgeben. Immer wieder mal wird Seegras angeschwemmt, dann wirkt er wenig einladend. Die geschützte Bucht ist für Anfänger ein gutes Surfrevier.

Oben: Bucht von Calvi

Baden in der Balagne

Die besten Badestrände für Familien mit kleineren Kindern finden Sie in den Touristenzentren der Balagne.

3 **Bucht von Calvi**
Besonders geschützt vor einem grünen Pinienwald und direkt am Stadtrand streckt sich der Strand gute vier Kilometer weit in Richtung Norden. Ein feiner weißer Sandstrand, im vorderen Teil mit Liegen und Schirmen, Tretbooten, Wasserbananen, Surfboardverleih und viel Trubel. Weiter hinten wird es ruhiger und man findet mehr Platz für das Handtuch oder die Strandmatte. Das Wasser ist seicht, türkisblau und meist glatt wie ein Spiegel.

4 Auch die schöne Bucht **Plage de Bodri** vor dem gleichnamigen Camping und die benachbarte Plage de Giuncheddu südlich von L'Île Rousse sind für Familien gut geeignet. Die Strände liegen verborgen in der Küstenmacchia abseits jeder Ansiedlung, sind aber leicht mit der Balagnebahn zu erreichen. **[› Tour 9]**

5 **Plage de Peraiola (Ostriconi)**
GPS N 42°39'29.2", E 9°03'34.8"
Einsam am südlichen Rand der Steinwüste der Désert des Agriates und der Mündung des Osticoni-Flusses gelegene, naturbelassene, feinsandige Bucht. Ab und zu stehen auch Kühe am Strand. Kurz vor dem Meer muss

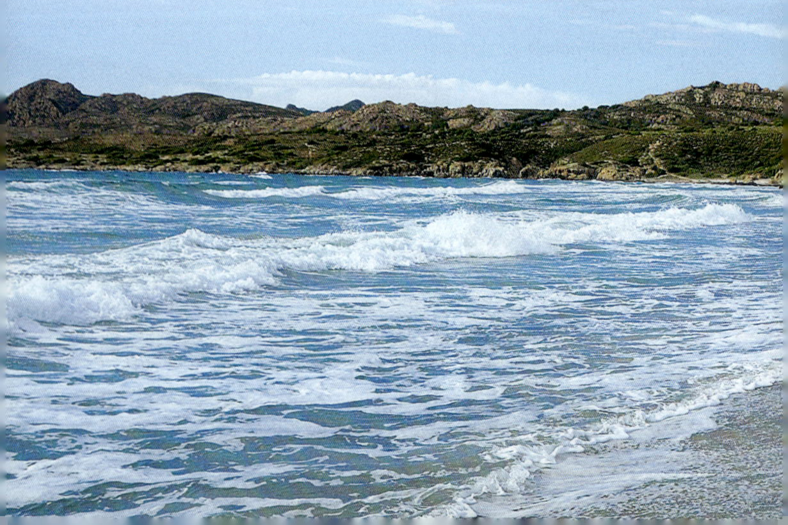

zum Erreichen des Strandes der Fluss durchwatet werden. Erwachsene schaffen das meist noch mit trockener Badehose. Zehn Minuten Fußweg vom Campingplatz, der sich in Alleinlage hinter der Bucht befindet. Parken kann man am Rand eines toten Arms der alten Küstenstraße. Dazu fährt man links am Camping Ostriconi vorbei. Von dort muss man zur Bucht hinuntersteigen. Vorsicht bei Westwind und Wellen: Gefahr durch ablandige Strömung im Zentrum der Bucht!

6 Plage de Lozari

GPS N 42°38'25.5", 9°00'58.2"
Die lange Sandbucht ist ein schöner Badeplatz für Familien mit größeren Kindern. Der Sand ist eher grob, aber sehr sauber. Das Wasser wird zügig tiefer, fürs Mittelmeer vergleichsweise starke Brandung. Die Bucht ist auch im Hochsommer nicht überfüllt und durch einen großen Parkplatz problemlos mit dem Auto erreichbar.

7 Plage d'Aregno

GPS N 42°36'32.1", E 8°52'15.4"
Direkt neben dem Ort Algajola gelegener schöner Platz zum Baden. Sie liegt aber nicht so geschützt wie andere Strände der Balagne. Das Wasser wird schnell tief, und bei aufkommendem Wind können die Wellen ziemlich hoch schlagen. Der Strand ist vor allem bei Nordwestwind (Mistral) ein beliebter, aber anspruchsvoller Surferspot.

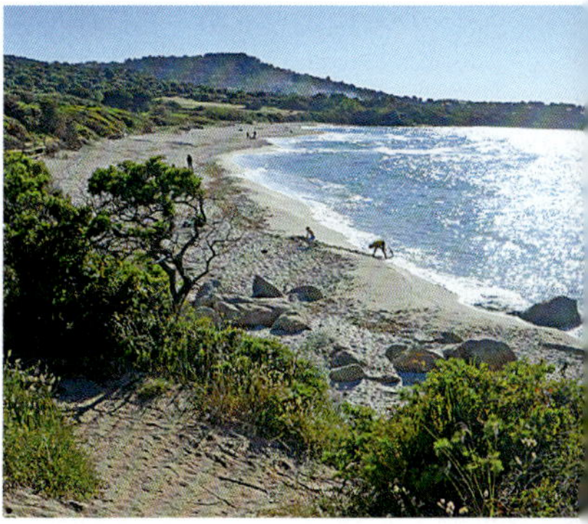

Plage de Giuncheddu

8 Arinella Plage

GPS N 42°34'36.0", E 8°48'20.5"
Unterhalb des Ortes Lumio wechseln sich Felspartien und winzige Sandbuchten ab. An den ersten beiden kommt man noch recht gut ins Wasser, danach wird es steinig. Die felsige Küstenlinie eignet sich jedoch gut für einen abwechslungsreichen Spaziergang mit kleinen Klettereinlagen für die Jüngsten oder für ein zünftiges Picknick.

Ausflugsziele in der Balagne

Calvi

Auf Fotos erkennt man es sofort. Das Stadtbild wird von der mächtigen Zitadelle bestimmt, die man über viele Treppen erreicht. Der Blick reicht weit über die Häuser, den Hafen und das Meer. Ganz oben steht eine kleine

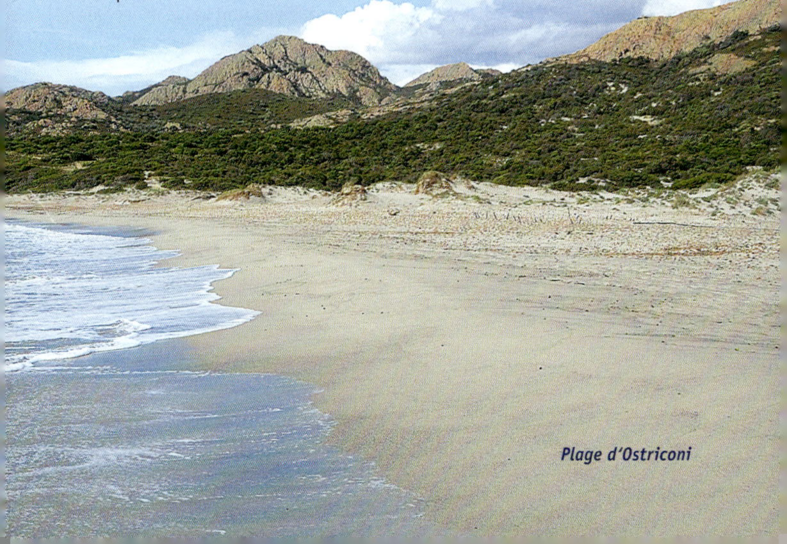

Plage d'Ostriconi

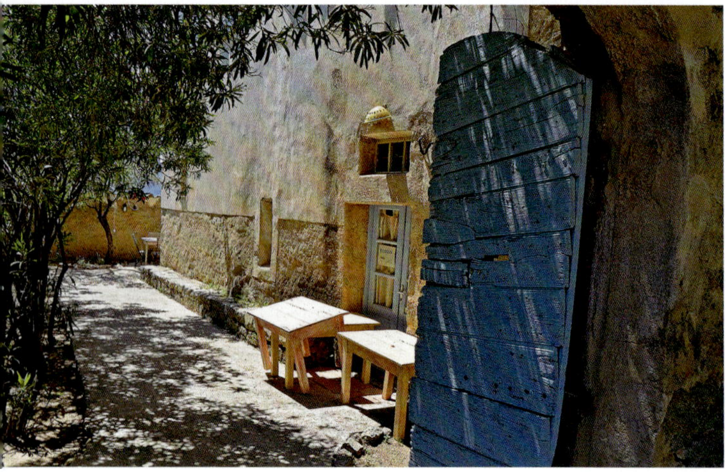

Kirche. Ab und zu fährt auch ein Auto vorbei, denn in der Zitadelle ist auch eine Kaserne der Fremdenlegion untergebracht. In der Altstadt am Fuß der Zitadelle hat ein Wirt an einer der steilen, schmalen Straßen Holzterrassen gebaut und die Tische seines Restaurants darauf gestellt. Unten, rund um den großen Hafen, locken viele kleine Läden, Cafés, Bäckereien mit korsischen Spezialitäten, Crèpesstände und Restaurants. In der Pineta hinter dem halbmondförmigen Strand verbirgt sich ein kleiner Hochseilgarten und ein Spielplatz.

L'Île Rousse

Charmantes, lebhaftes Hafenstädtchen im Norden der Balagne. Die Stadt wurde 1758 vom korsischen Freiheitskämpfer Pascal Paoli gegründet, um dem genuesischen Handelshafen Calvi Konkurrenz zu machen. Der Name »Rote Insel« leitet sich vom vorgelagerten roten Inselchen ab, auf dem heute ein Leuchtturm steht.

Der Ortskern besteht aus der großen Place Paoli mit mehreren Cafés und einer 250 Jahre alten Pfarrkirche. Zwischen Strand und Bahnstation ziehen sich enge, rechtwinklig angelegte, gepflasterte Gassen mit kleinen Geschäften und unzähligen Restaurants. Abends verwandelt sich die ganze Altstadt in ein einziges Freiluftrestaurant. In der überdachten Markthalle werden jeden Morgen Produkte der Region angeboten.

Der Ortsstrand ist ein optimaler Badeplatz für Kleinkinder. Die türkisblaue Badebucht liegt allerdings gleich hinter der breiten Strandpromenade und wird während der Saison mit Liegen und Sonnenschirmen zugestellt.

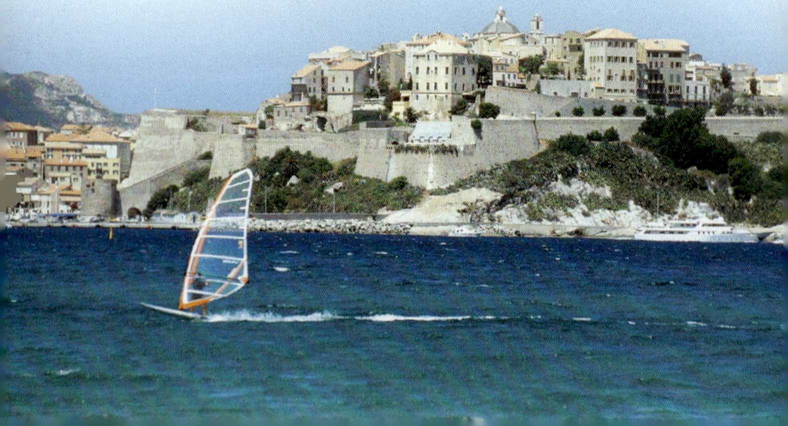

9 Biscuiterie Artisanale Salvatori

Aus der Backstube der alteingesessenen Konditorei neben der Markthalle von L'Île Rousse weht verführerischer Duft. Ein Blick in die Backstube wird nicht nur Kindern gerne erlaubt. Damit die Auswahl leichter fällt, gibt es die eine oder andere Kostprobe, bevor Sie sich für frisch gebackene Canistrelli mit Schokolade, Nüssen oder Anis entscheiden. Sehr zu empfehlen sind auch die Biskuits aus Kastanienmehl – sie sind übrigens glutenfrei, was Menschen mit Unverträglichkeit sicher zu schätzen wissen.

10 Parc de Saleccia

Zwischen Lozari und L'Île Rousse, oberhalb der Route Nationale, liegt der einzige botanische Landschaftspark der Insel. Verschiedene Rundwege führen durch die schön gestaltete, sieben Hektar große Anlage mit korsischer und mediterranen Vegetation. Gehege mit Eseln und Ziegen und ein Entdeckerpfad sind auch für Kinder spannend. Im Eingangsbereich gibt es auch einen Spielplatz, Picknicktische und ein Restaurant mit Garten.

Geöffnet April bis Oktober 9.30–19 Uhr, in der Vorsaison Montag ab 14 Uhr. €11 Kinder 4 bis 18 Jahre €9, Familie €30.
www.parc-saleccia.fr

Algajola

Reste der Festungsmauer weisen darauf hin, dass dieses Städtchen einmal ein sehr wehrhaft war. 1767 war die Stadt ein wichtiger Stützpunkt Pascal Paolis. Mit dem Aufstieg von L'Île Rousse verlor die kleine Festung an Bedeutung. Heute finden wir unterhalb der restaurierten Zitadelle ein paar schmale Sträßchen und einen großen Platz, sowie einige Restaurants.

11 Pigna

Das Dorf zwei Kilometer südlich von Corbara hat es sich zur Aufgabe gemacht, das korsische Kunsthandwerk und die korsische Musik neu zu beleben. Überall im Ort gibt es Ateliers, in die man auch neugierig hineinschauen darf. So kann man einen Blick auf die Arbeit des Töpfers werfen und die Werke verschiedener Malerinnen und Bildhauer ansehen. Streift man zwischen träumenden Katzen durch die verwinkelten Gassen, trifft man irgendwann auch auf das Café A Casarella, von dessen liebevoll gestalteter Terrasse man einen unglaublichen Ausblick bis zum Meer hat. Der hausgebackene Kuchen ist übrigens ausgezeichnet.

Im Zentrum-Voce gibt es regelmäßig Konzerte. Immer im Juli findet das Festivoce, ein Musikfestival, stimmungsvoll überall im Ort statt.
www.voce.corsica

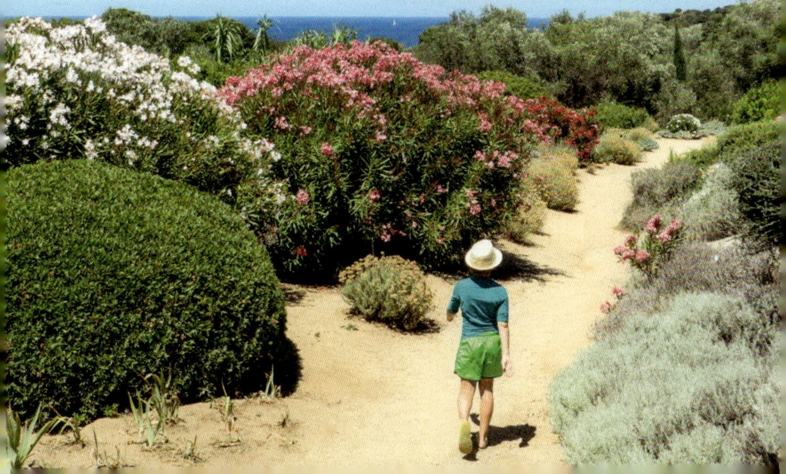

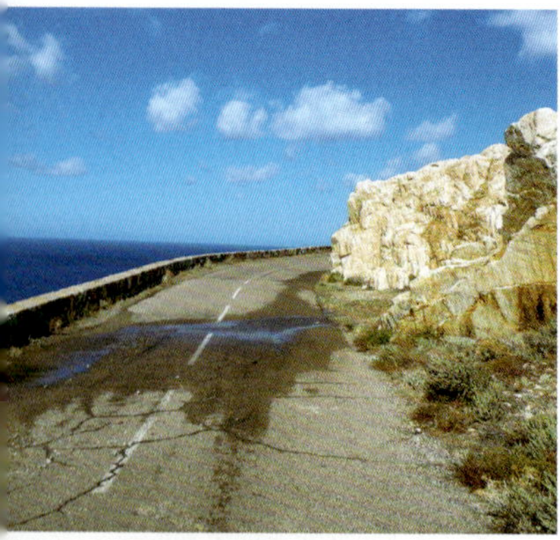

Die Küstenstraße von Galeria nach Calvi

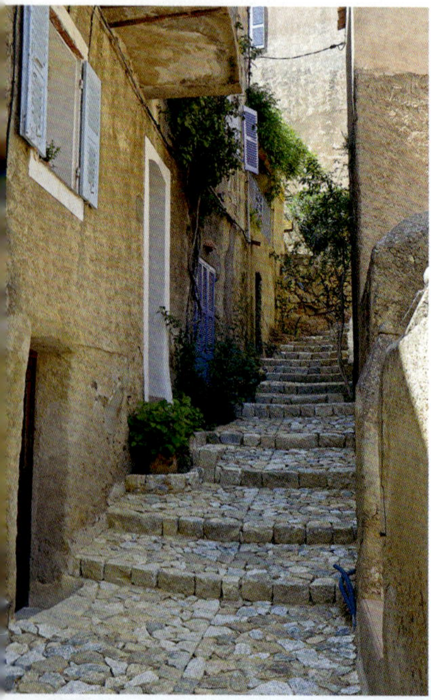

Parken kann man auf dem großen kostenpflichtigen Parkplatz in der Nähe der Kirche. Die schmalen, sehr steilen Gassen des Ortes sind nur zu Fuß zu erforschen.

12 Sant'Antonino

Wie ein Adlerhorst thront es auf der Spitze eines Berges. Schmale Gassen, Tore, Gewölbegänge und kleine Treppen begeistern auch kleine Besucher. Sie führen hinauf bis zum Aussichtspunkt auf der Bergspitze. Auf dem Weg blickt man in allen vier Himmelsrichtungen in die Täler rund um Sant'Antonino. Im Ort gibt es einen Laden mit korsischem Kunsthandwerk und mehrere empfehlenswerte Restaurants. [› Tour 8]. Das Auto lässt man auf dem Parkplatz bei der Kirche. Sant'Antonino ist eines der ältesten Dörfer der Insel – die Straßen wurden für Fußgänger und Esel gebaut.

Galeria und das Tal des Fango

Hinter Calvi rücken die Berge wieder direkt an die Küste heran. Die Küstenstraße zwischen Calvi und Galéria gehört zu den eindrucksvollsten auf der ganzen Insel. Das Sträßchen schlängelt sich durch fast völlig verlassenes Gebiet. An der schroffen Küste gibt es nur wenige Buchten. Für die Fahrt bis Galéria sollten Sie knapp zwei Stunden kalkulieren. Über die D81 durch das Landesinnere erreicht man den Ort in einer halben Stunde. Auch diese Straße führt durch die Einsamkeit. Steinige Berge, überzogen mit Macchia, sind das einzige, was man zu sehen bekommt.

Blick auf Sant'Antonino

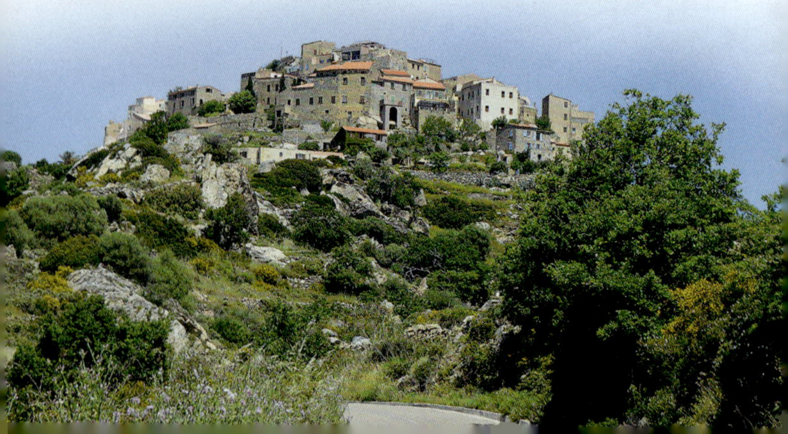

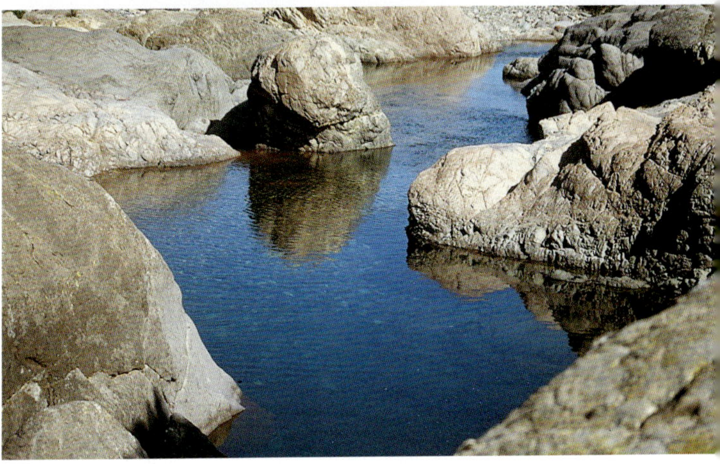

Mitten in dieser Einöde liegt der winzige Ort Galéria. Hinter einer großen Kiesbucht zieht sich eine Straße mit wenigen Häusern an der Küste entlang. Ein Lebensmittelladen, einige Restaurants, ein Campingplatz. In der Nebensaison findet man hier absolute Ruhe. Oberhalb des Ortes mündet der Fango ins Meer. Das ökologisch wertvolle Flussdelta kann man mit dem Kanu erforschen. Hinter der Mündung liegt der lange, sehr breite, meist ziemlich einsame Ricinicciа-Strand. Die Brandung ist hier oft etwas kräftiger und die Strömung nicht ungefährlich. Zum Baden kann man aber in den geschützten Strandbereich an der Fangomündung ausweichen. Zur Flussmündung gelangt man in wenigen Minuten von dem großen Parkplatz, der unterhalb der Turmruine am Ortseingang liegt: Am Turm vorbei, den gewundenen Weg hinunter und über einen improvisierten Steg zum Wasser.

13 Das **Mündungsdelta des Fango** kann während der Sommersaison mit dem Kanu befahren werden. Die Öffnungszeiten werden auf einer Tafel am Parkplatz am Ortseingang angeschlagen, die Boote liegen unten an der Flussmündung.
www.delta-du-fangu.com

14 Baden im Fangotal
Das Fangotal ist die eigentliche Attraktion der Balagne déserte. Bis zum Ort Barghiana verläuft eine schmale Straße parallel zum Fluss. Von dort führen immer wieder Pfade hinunter zu herrlichen Badebecken zwischen großen Felsblöcken im Bach. Besonders große Bassins finden wir bei der Ponte Vecchio und unter der Brücke beim Örtchen Tuarelli.
[› Tour 11]

Weiter in Richtung Barghiana reicht das Wasser im Fango dann nur noch zu einem Fußbad im Bach und einem Sonnenbad auf den Steinen.

Reiten

Zwei besonders interessante Ställe für geübte Reiter und Reiterinnen haben ihren Sitz im Hinterland von Lozari bei Monticello:

15 Centre Equestre Saint-François
Erfahrene Reiter können einen Tagesritt in die Désert des Agriates oder einen Baderitt zum Strand buchen. Für Familien mit Kindern ab sieben Jahren gibt es eine einstündige Tour. Die Besitzer des Hofes züchten Quarter Horses. Unterrichtet wird im Westernstil auf französisch und englisch.
Tel. 0033 (0)619 698562.

16 Die Reitergruppen der **Ferme Equestre Arbo Valley** starten mit fortgeschrittenen Reitern von Monticello auf mehrtägige Exkursionen durch die Désert des Agriates, um das Cap Corse oder durch die Balagne.

Kürzere Ritte führen am Morgen oder zum Sonnenuntergang in die Désert des Agriates (2,5 Stunden, €65). Ab 8 Jahren, auch für Anfänger.
Tel. 0033 (0)616 725312.
www.arbovalley.com

Hochseilgarten

17 Parcours Aventure

Hinter dem Strand von Calvi im Pinienwald liegt ein vom Outdoorsport-Veranstalter Altore betriebener Hochseilgarten. Der Park in Calvi besteht aus drei verschiedenen Parcours für Kinder. Der erste ist geeignet für Kinder ab fünf Jahren oder 85 Zentimeter Größe (€5). Ab 105 Zentimeter oder sieben Jahren darf man auf die Medium-Strecke (€12). Für die Größeren ab elf Jahren wird der Parcours schwieriger und länger (€18). Neu ist ein vierter Parcours mit 17 Seilrutschen quer durch den Pinienwald, der ab zwölf Jahren freigegeben ist. Die Preise gelten pro Durchgang!
Geöffnet von April bis Oktober.
Tel. 0033 (0)683 396906.
www.altore.com

Ausflüge auf dem Wasser

Ausflüge auf dem Wasser führen in der Balagne zur Küste der Désert des Agriates oder in die andere Richtung zum Golf von Porto, nach Girolata und zum Naturschutzgebiet von Scandola.

Désert des Agriates

18 Agriates Kayak

Die Küste der Agriates im Seekajak erkunden – das ist für sportliche Familien mit größeren Kindern eine reizvolle Alternative zum Fußmarsch auf dem Sentier Littoral [› Tour 5]. Die Eltern sollten für Fahrten auf dem Meer jedoch schon etwas Paddelerfahrung mitbringen. Der Kajakverleih liegt an der Plage de la Roya kurz vor dem Camping U Pezzo. Auch eine Kajakschule gibt es hier. Ein zweisitziges Seekajak kostet für eine Stunde etwa €20, für einen Tag bezahlt man €65. Die Base nautique ist das ganze Jahr geöffnet.
Saint-Florent, Plage da la Roya,
Tel. 0033 (0)615 778113.
www.agriateskayak.com

Dominique Plaisance

Wer es nicht ganz so sportlich mag, mietet im Hafen von Saint-Florent bei eines der kleinen Motorboote, die ohne Bootsführerschein gefahren wer-

Das Mündungsdelta des Fango kann mit dem Kanu befahren werden.

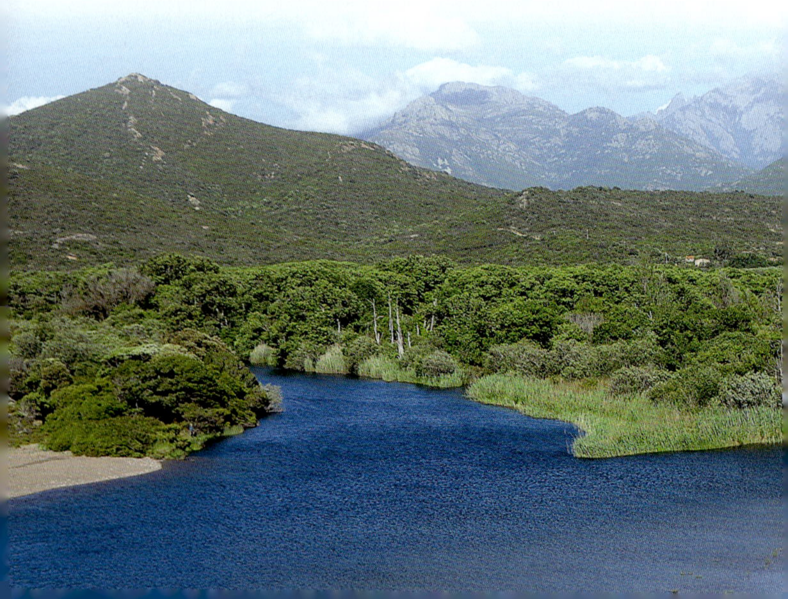

den dürfen. Ein Zodiac-Schlauchboot mit 6 PS-Motor bekommt man für eine Tagesmiete ab €170. Benzin geht, wie immer, extra.
Tel. 0033 (0)495 370708.
www.dominiqueplaisance.fr

Ausflugsboot zur Plage du Lotu
Die Popeye fährt mehrmals täglich. Nach einem Badeaufenthalt, dessen Länge man selbst bestimmen kann, bringt das Boot die Fahrgäste zurück nach Saint-Florent. Das System funktioniert wie ein Linienbus.
€18–20 für Erwachsene, Kinder bis 10 Jahre zahlen €12–15, Kinder unter zwei Jahren fahren kostenlos.

Alternativ fährt auch ein Schlauchboot zur Plage de Saleccia und zurück. Die Fahrt kostet etwa €30 pro Person.

Außerdem wird auch eine interessante **Rundtour** angeboten: Es geht mit dem Boot zur Plage du Lotu, dann zu Fuß nach Saleccia (etwa 45 Minuten) und anschließend mit dem Taxi-Boot zurück nach Saint-Florent. €28–35, für Kinder €25–30.
Reservierung am Hafen oder online.
www.lepopeye.com

Ausflüge mit dem Boot ab Calvi
Von Calvi aus führen die meisten Ausflugsfahrten per Boot in das Naturschutzgebiet von Scandola und nach Girolata **[› Seite 91]**. Die Boote der Colombo Line fahren die Strecke während der Saison mehrmals täglich. Die Fahrt kostet €53 bis €75 pro Person, Kinder zahlen etwa die Hälfte. Ein- oder zweimal in der Woche startet eine Tagestour nach Ajaccio (€90).
Tel. 0033 (0)495 653210.
www.colombo-line.com

Calvi Evasion
Mit wendigen Schlauchbooten fährt Calvi Evasion nach Scandola (€80) und Girolata (€100).
www.calvi-evasion.com

Balagne Aventures Corsica
Touren mit dem Schlauchboot für zwölf Passagiere nach Scandola, auf das Cap Corse und nach Saleccia.
balagne-aventures-corsica.com

Surfen und Segeln

Calvi Nautique Club
Sehr gut ausgestattete Surf- und Segelschule am Strand von Calvi. Auch Verleih von Kajaks, Surfboards, SUPs und Katamarane. Es gibt auch Surfkurse für Kinder, die Kurssprache ist jedoch französisch.
Tel. 0033 (0)495 651065.
www.calvi-nautique-club.com

Algajola Sport et Nature
Schnorchelsausflüge, Tauchen, Surfen, SUP, Fahrräder. Verleih und Kurse.
www.algajola-sportetnature.com

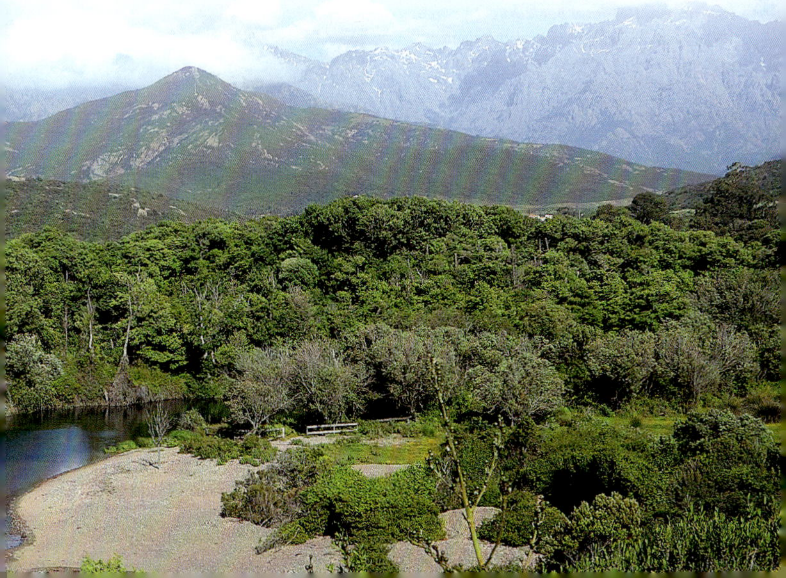

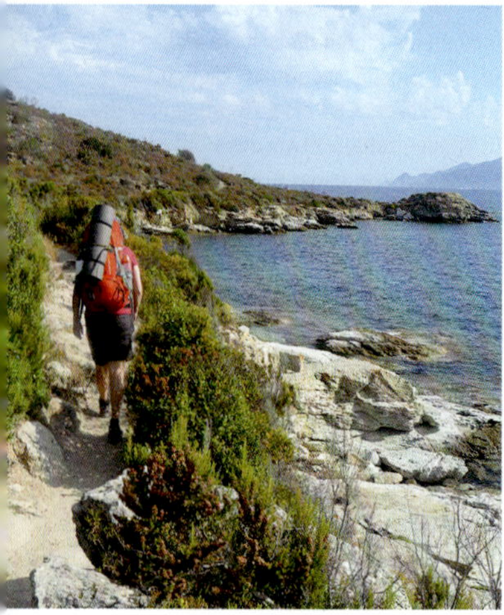

Tour 5: Auf dem Sentier Littoral

Küstenwanderung in der Désert des Agriates

Anfahrt mit dem Boot zum paradiesischen Strand »Plage du Lotu«. Dort können wir uns erst einmal im Meer erfrischen, danach wandern wir auf einem schmalen Küstenpfad meistens ein gutes Stück über der Wasserlinie zurück nach Saint-Florent. Unterwegs finden sich mehrere Buchten mit feinem, weißen Sand und kristallklarem, türkisblauen Wasser. Diese Buchten sind nur zu Fuß oder mit dem Boot zu erreichen.

50 m

STRECKE 12,5 km

4 h 30

ab 10

Wanderung: Wenn man sich im Boot auf die linke Seite setzt, hat man den Küstenweg bei der Fahrt zur Plage du Lotu stets im Blick. Markante Punkte sind dabei die Leuchttürme von Fornali und Mortella und natürlich die Ruine des alten genuesischen Wachturms unterhalb der Punta Mortella.

Am **Strand** angekommen wenden wir uns nach links und gehen am Meer entlang. Am Ende der Bucht führt ein schmaler Pfad die Felsen hinauf, von dort aus geht es immer ein Stück oberhalb der

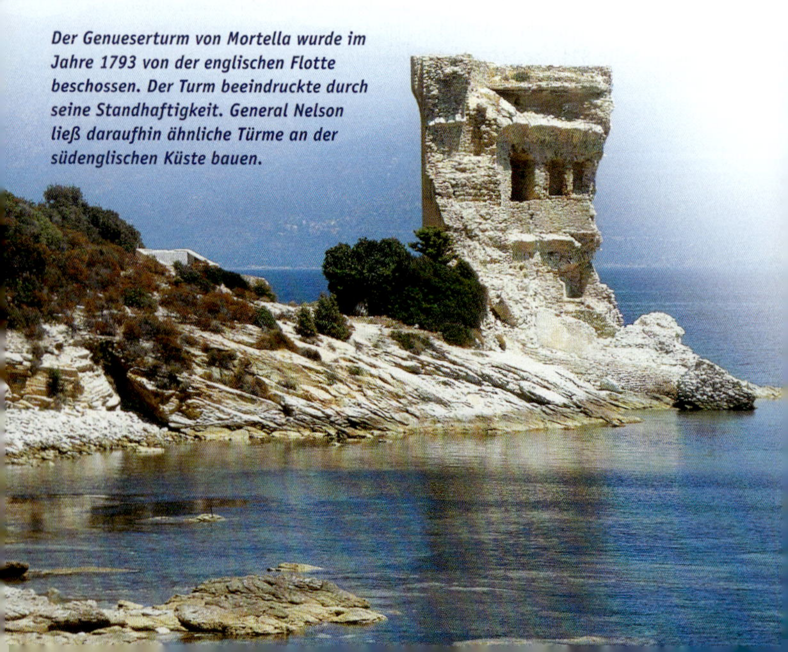

Der Genueserturm von Mortella wurde im Jahre 1793 von der englischen Flotte beschossen. Der Turm beeindruckte durch seine Standhaftigkeit. General Nelson ließ daraufhin ähnliche Türme an der südenglischen Küste bauen.

TOUREN-STECKBRIEF

Anfahrt: Das Taxiboot startet im Hafen von Saint-Florent. Entweder man lässt das Auto am Hafen stehen oder parkt am Ende der Strandstraße (vorbei an den Campingplätzen Kalliste, U Pezzo und Aqua Dolce) und läuft zuerst immer am Strand entlang zum Hafen von Saint-Florent. Das Boot fährt nur bei gutem Wetter und ruhiger See!

Anspruch und Charakter: Gut sichtbarer und markierter unkompliziert zu laufender Küstenpfad, Wanderschuhe sinnvoll. Kein Schatten! Sonnenschutz und ausreichend Wasser sowie Badesachen nicht vergessen. Anspruchsvoll nur durch die Länge der Wanderung.

Highlights: Kurze Fahrt mit dem Boot, unterwegs tolle Badestrände.

Einkehr: Snack-Bar des Camping U Pezzo, Restaurants und Cafés in Saint-Florent.

Küste entlang, teilweise durch hohe Macchia. Nach 20 Minuten erreichen wir eine kleine geschützte **Sandbucht** ① (Cavallata). Der Küstenpfad ist deutlich sichtbar und nicht zu verfehlen, an unübersichtlichen Stellen ist er mit Hinweisschildern markiert. Nach einem kurzen steilen Aufstieg erreichen wir dann nach einer Stunde den neuen **Leuchtturm auf der Punta Mortella**. Unterhalb sieht man einen alten, kleineren grün-weißen Turm.

Genauso steil geht es wieder hinunter, bis zu einer Kreuzung mit Wegmarkierung. Hier stehen linker Hand die Reste einer wehrhaften Festung: der **Genueserturm von Mortella** ②. Ein Stichweg führt links zum Fuß der Turmruine. Von dort müssen wir zuerst zurück zur Kreuzung mit Markierungspfosten. Jetzt sind es noch etwa 45 Minuten bis zu den Stränden an der **Mündung des Fiume Santu** ③. Hier sollte man unbedingt eine Badepause einlegen. Die Bucht besteht aus mehreren kleinen Sandstränden und liegt sehr geschützt. Der Sand ist fein, weiß und genauso sauber wie das Wasser. Diesen Platz teilt man nur mit Wanderern und Bootfahrern.

Bei niedrigem Wasserstand lässt sich der Fiume Santu vorne am Strand trockenen Fußes überqueren. Führt er im Frühsommer oder Herbst mehr Wasser, können wir durch den flachen Bereich am vorderen Rand der Flussmündung waten. Vorsicht, der beste Weg ist nicht die schmalste, ziemlich tiefe Stelle am Beginn des Flusses, sondern der relativ breite Bereich davor, an dem wir den Sandboden deutlich erkennen können. Am besten testet ein Erwachsener ohne Gepäck die Furt, bevor sich die ganze Gruppe auf den Weg macht. Ist das Wasser hier zu tief, was sehr selten der Fall ist, muss man einen Bogen durchs Hinterland schlagen und die Lagune umwandern. Ein Pfeil an einem Stein markiert die Stelle an der man durchs Wasser kommt.

Fahrpreise zur Plage du Lotu:
Das Boot fährt von April bis September. Die Zahl der Fahrten variiert nach Saison. Das erste Boot fährt ab 9 Uhr etwa alle 30 Minuten Richtung Strand. Rückfahrt bis 19.30 Uhr. Nur bei gutem Wetter! Prüfen Sie die Abfahrtszeiten am Hafen oder online.
Einfache Fahrt €13–15, Kinder 2 bis 10 Jahre €10. Hin- und Rückfahrt €20, Kinder €15, Tel. 0033 (0)662 162376. www.lepopeye.com

Nach weiteren 30 Minuten erreichen wir den Strand an der **Valdolese Mündung** ④. Das Meer ist in der langgestreckten Bucht etwas rauer als am Fiume Santu, dafür halten sich hier noch weniger Menschen auf. Auf dem weiteren Weg zur Punta di Cepo finden sich immer wieder kleine, einsame Kiesbuchten.

Über die **Punta di Cepo** steigen wir hinab in eine weitere Bucht und zur **Domaine de Fonaverte** ⑤. Hier gibt es viele schattige Plätze unter hohen Bäumen. Ab hier wird der Weg ebener und die Vegetation ändert sich. Zwischen wilden Macchiasträuchern wachsen Palmen und Oleander, im Hinterland stehen Häuschen und kleine Villen.

Wenn wir nach gut drei Stunden die **Plage de Fornali** ⑥ erreichen, hat die Zivilisation uns endgültig wieder. Ein schmaler Sandstrand lockt noch einmal zu einer Abkühlung. Dann müssen wir die weit eingeschnittene Flussmündung in einem großen Bogen

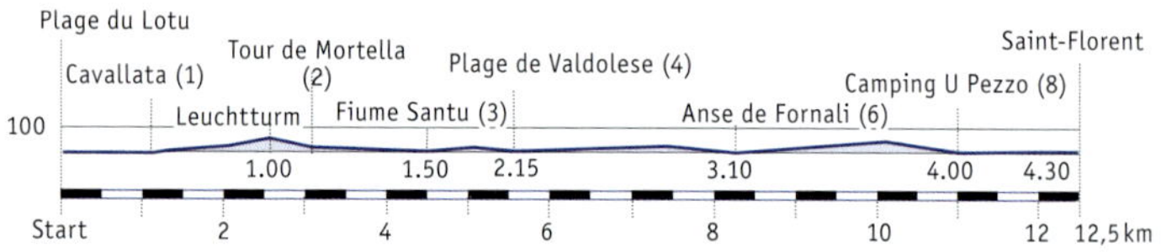

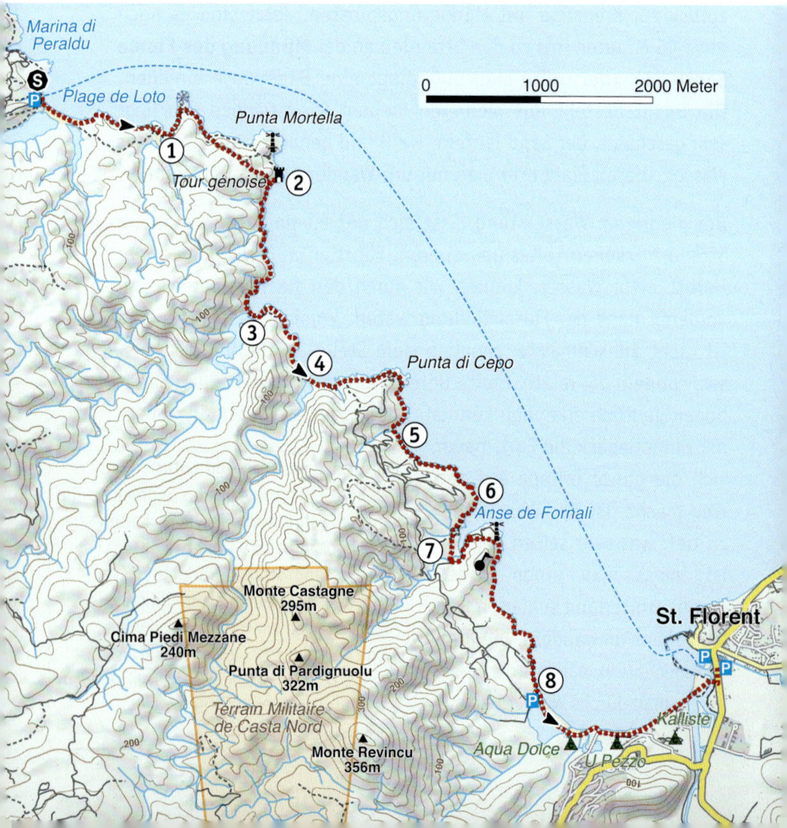

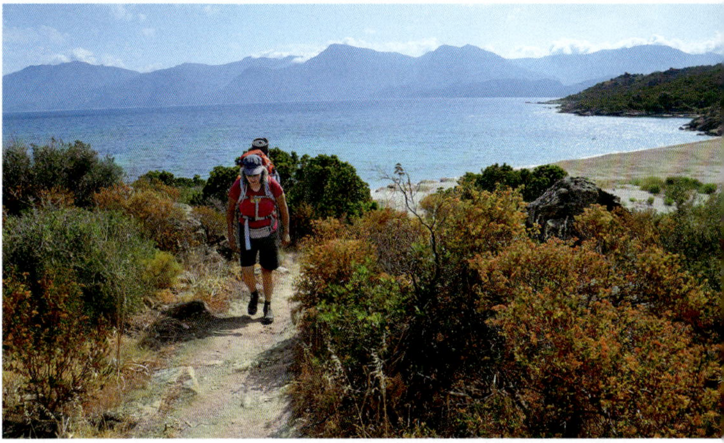

umgehen. An der einzigen Wegmarkierung wählen wir den rechten Pfad, der uns zu einer **Brücke** ⑦ bringt. Auf der anderen Seite des Flusses geht es dann auf einer breiten Schotterpiste nach links und etwa 500 Meter weiter vor einem Anwesen, dem weißen Pfeil mit der Aufschrift »Sentier« folgend, rechts über einen Hügel zum Meer. Ab hier führt der Pfad immer am Wasser entlang. Durch ein Tor durchqueren wir ein **Privatgelände** (Ochinese). Hier darf nur der Uferweg begangen werden. Dann führt der Küstenpfad vor Privatgrundstücken hart am Wasser entlang bis zum Strand von Saint-Florent. Teilweise muss man richtig aufpassen, dass man keine nassen Füße bekommt.

Der Pfad endet an der **Strandstraße** ⑧ und führt an den Campingplätzen Aqua Dolce und U Pezzo vorbei. Inzwischen kann man hier erfreulicherweise wieder am Strand entlang zum Hafen von Saint-Florent laufen. Der vor einigen Jahren geschaffene Durchbruch zum Aliso ist wieder geschlossen, was den Rückweg zum Hafen deutlich angenehmer macht. Vielleicht findet sich ja trotzdem ein erwachsener Held oder eine Heldin, der das Auto am Hafen abholt und die wartende Familie am Strand La Roya einsammelt?

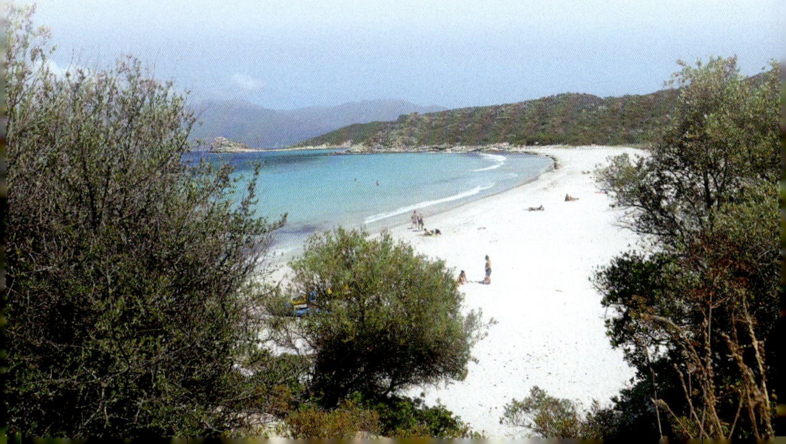

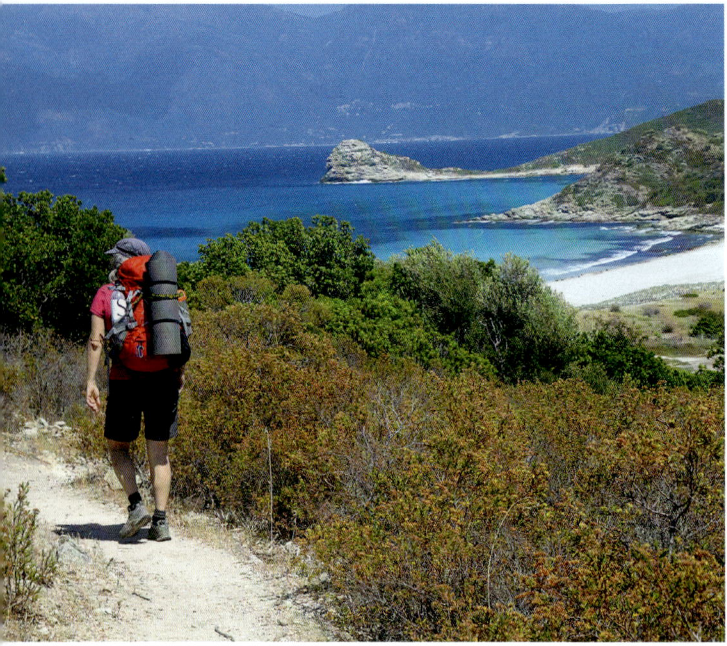

50 m

STRECKE 6,5 km

2 h 15

ab 4

Tour 6: Von der Plage du Lotu zur Plage de Saleccia

Küstenwanderung in der Désert des Agriates

Plage du Lotu und Plage de Saleccia kann man nur mit dem Boot oder einem Allrad-Jeep erreichen. Ein kurzer Küstenweg verbindet die Traumstrände. Ein zweiter Weg führt über die kargen Hügel im Hinterland der Désert des Agriates mit bestem Weitblick zurück zum Bootsanleger.

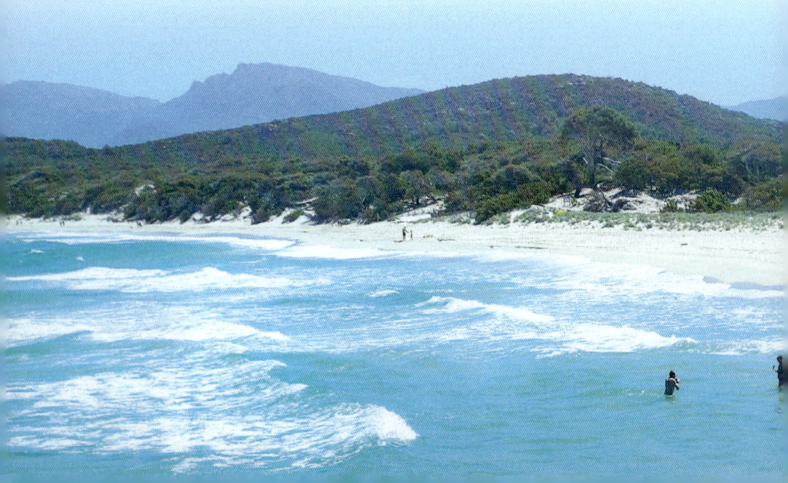

Wanderung: Nach der Anfahrt mit dem **Taxiboot Popeye** folgen wir zuerst dem Küstenpfad und kommen nach wenigen Minuten zur **Paillote de Loto** ①, einer netten Strandbar. Dann geht es relativ eben immer direkt am Wasser entlang und vorbei an kleinen Buchten, in denen häufig Kühe ihren Mittagsschlaf halten. Nach einer guten Stunde taucht dann der lange Sandstreifen der **Plage de Saleccia** ② vor uns auf. Gleich am Beginn des Strandes führt links durch die Dünen ein Sandweg zur Strandbar Piniccia.

Mit dem Jeep durch die Désert des Agriates:
Folgende Anbieter fahren zur Plage de Saleccia und Plage du Lotu:
www.saleccia-off-road.com
www.4x4agriates.com
www.navette-saleccia.com
www.nebbiu-aventura.corsica

Nach einer Pause am Strand stapfen wir etwas mühsam durch den tiefen Sand bis zur **Bar** ③. Von dort aus wandern wir zuerst die Piste entlang, bis links ein Pfad nach »Loto« abzweigt. Er führt auf eine weitere Piste, der wir nach links folgen. Nach gut 300 Metern biegt rechts ein markierter Pfad ab. Dieser bringt

TOUREN-STECKBRIEF

Anfahrt: Das Taxiboot startet von April bis September täglich im Hafen von Saint-Florent und fährt ab 9 Uhr im Stundenrhythmus zur Plage du Lotu. **Bei unsicherem Wetter oder starkem Wind bleibt die »Popeye« im Hafen!** Bitte informieren Sie sich im Hafen oder online unter www.lepopeye.com, €20, Kinder 2 bis 10 Jahre €15.

Mit dem Jeep: Alternativ kann man die Wanderung auch von Saleccia starten und dorthin mit dem Jeep fahren. Dieser Transfer ist weniger wettersensibel. Verschiedene Anbieter starten bei Casta südlich von Saint-Florent. Die Fahrt nach Saleccia und zurück kostet €40 pro Person, Kinder 2 bis 10 Jahre €30. Wer nur eine Strecke laufen mag, kann auch eine Jeeptour buchen, die nach Lotu fährt und Wandernde in Saleccia wieder abholt.

Anspruch und Charakter: Gut sichtbarer und markierter, unkompliziert zu laufender Küstenpfad, im Landesinneren kurze Abschnitte auf staubiger, breiter Piste. Wanderschuhe sinnvoll. Wenig Schatten! Sonnenschutz und ausreichend Wasser sowie Badesachen nicht vergessen.

Highlights: Kurze Fahrt mit dem Boot, schöner Küstenweg, Ruine einer Bergerie, tolle Badestrände.

Einkehr: Strandbars Paillote de Loto und Piniccia.

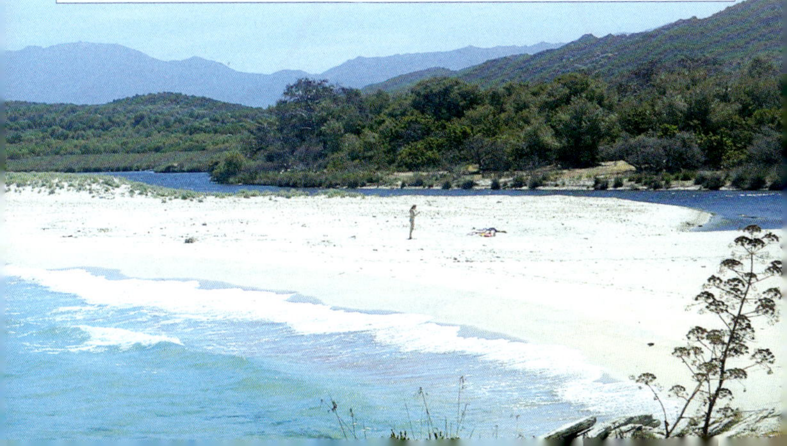

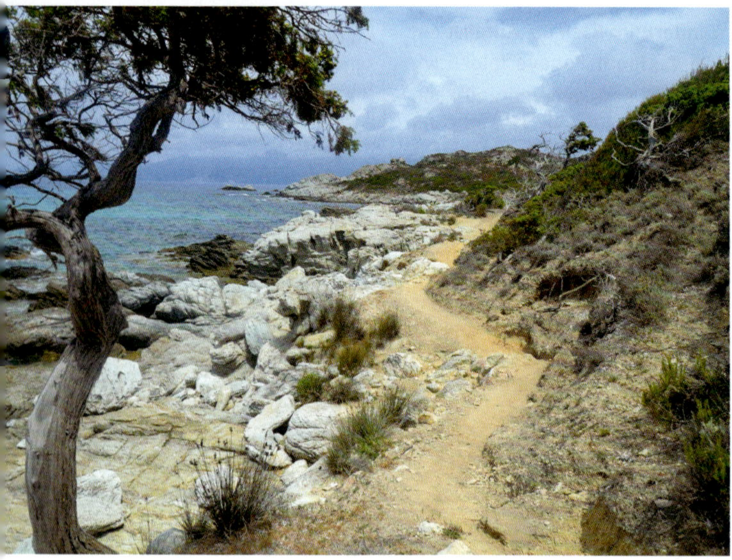

uns zuerst zu den **Ruinen einer Bergerie** ④, überquert dann einen breiteren Weg und führt hinauf zum höchsten Punkt der Halbinsel. Mit grandiosem Blick auf die Bucht von Lotu geht es dann wieder hinunter und zu einer **Kreuzung**. Links kommen wir zum Bootsanleger, rechts lockt der makellose Sandstreifen der Plage du Lotu noch einmal zum Baden, bevor wir mit dem Boot nach Saint-Florent zurückfahren.

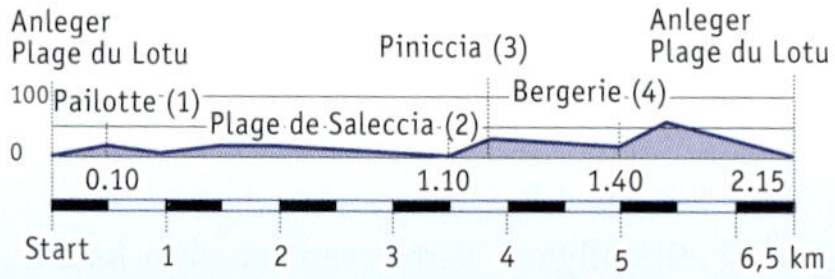

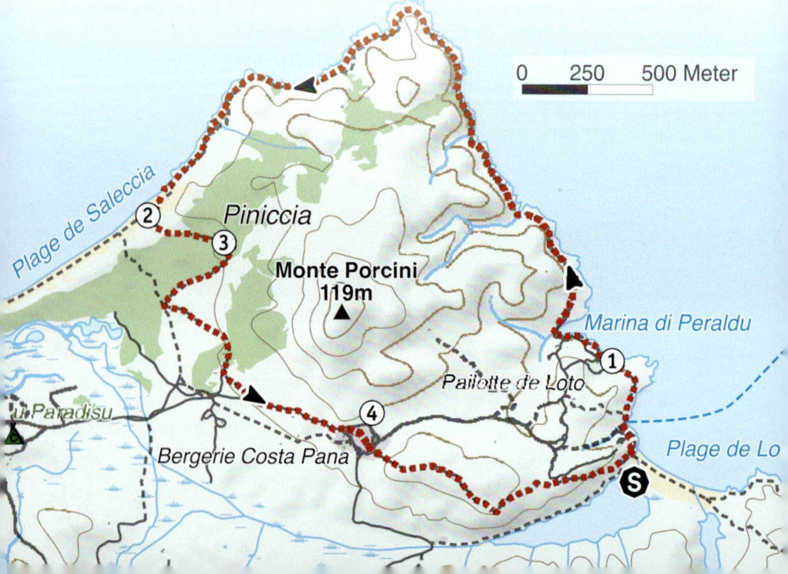

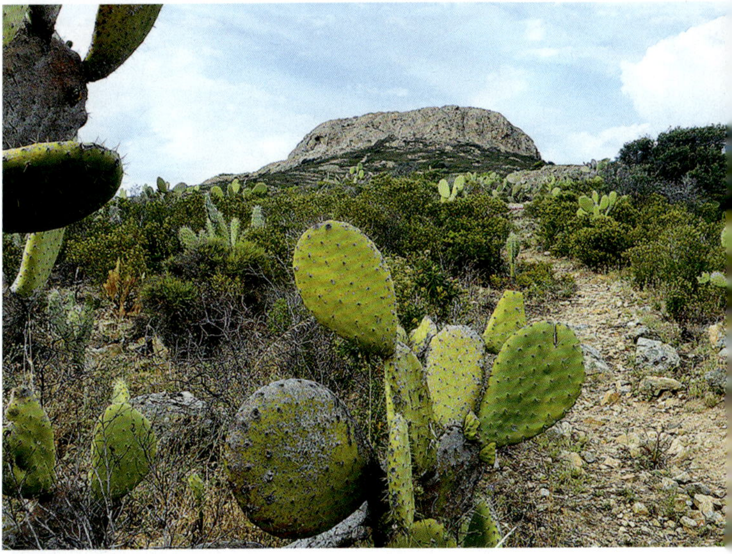

Tour 7: Punta Liatoghju

215 m

STRECKE 8 km

3 h 15

ab 6

Meerblick vom korsischen Ayers Rock

Verglichen mit Australien ist Korsika eine kleine Insel und so hat auch der rote Felsen der Punta Liatoghju am Rande der Désert des Agriates nicht die Maße des Uluru, des heiligen Berges der Aborigines. Knapp zweihundert Meter erhebt sich der mit Kakteen bewachsene, raue Berg mit der rötlichen Felsspitze über die weiße Sandbucht der Plage de l'Ostriconi – gerade recht also, um auch kleinen Gipfelstürmern ein aufregendes Bergerlebnis mit weitem Gipfelblick zu verschaffen.

TOUREN-STECKBRIEF

Anfahrt: Am Village Vacances d'Ostriconi links in Richtung Plage durch die Höhenschranke (etwa 2,20 Meter) und bis zur ersten Kurve. Hier kann man bei **GPS N 42°39'29.0", E 9°03'35.0"** am Straßenrand parken und zum Strand hinunter steigen. Ebenso gut erreicht man die Bucht direkt vom Camping Ostriconi. Egal woher Sie kommen – um das Meer zu erreichen müssen Sie zuerst durch den Ostriconi. Im Spätsommer war der Wasserlauf allerdings komplett trocken. Aus dem Frühsommer kennen wir das Wasser dagegen als ungefähr knietief. Wenn es dann noch viel geregnet hat, kann eine Badehose unter den Wandersachen nicht schaden. Kürzere Menschen bekommen dann beim Gang durch die Furt auch schon mal einen nassen Po.

Anspruch und Charakter: Es geht erst am Strand entlang, dann auf einem Pfad durch die Macchia. Das letzte Wegstück führt über Fels mit einer kurzen, anspruchsvollen Kletterstelle und ist am Gipfel leicht ausgesetzt. Wanderschuhe notwendig!

Highlights: Durchquerung der Furt, riesige Kakteen am Berghang und ein unglaublicher Weitblick über die Küste vom Berggipfel.

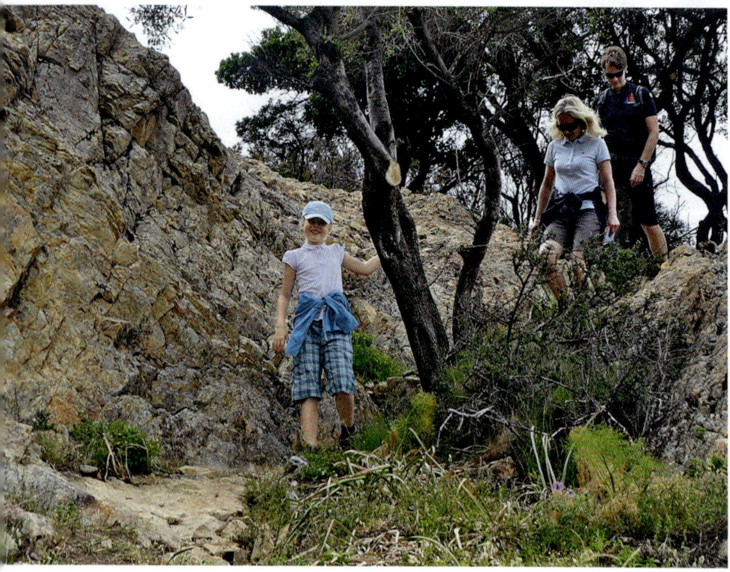

Wanderung: Vom Parkplatz oder vom Campingplatz geht es hinunter zum **Strand** ① und am Meer entlang bis zum Ende der Bucht. Hier führen mehrere Trampelpfade vom Meer weg, die aber vom Strand nur schlecht zu erkennen sind. Wir steigen deshalb zuerst **am Ende der Bucht** ② die Felsen hinauf und folgen dem Pfad bis zu einem breiten Weg.

Diesem folgen wir landeinwärts, also nach rechts. Er schlägt einen Bogen und führt am Fuße des roten Tafelberges vorbei. Wir stapfen durch den Sand bis kurz vor einer niedrigen, **rostroten Metallschranke** ③ links der Pfad auf den Berg abzweigt.

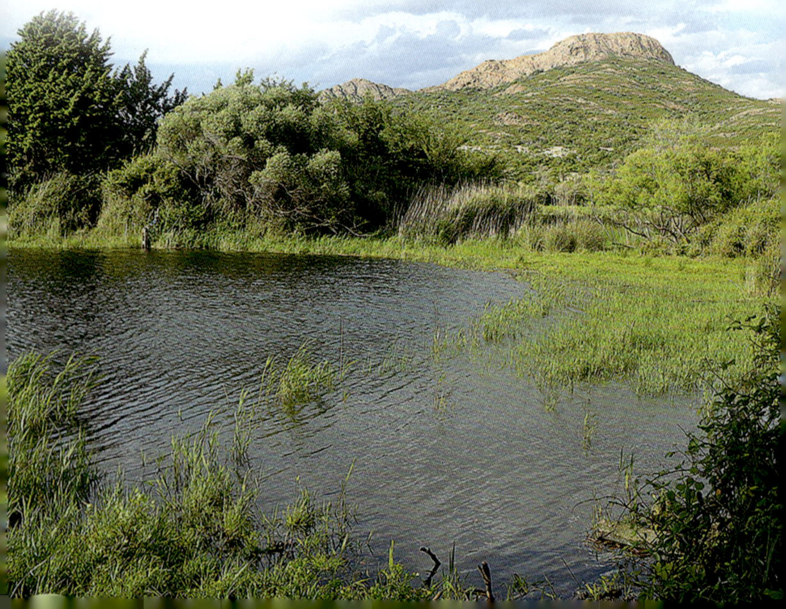

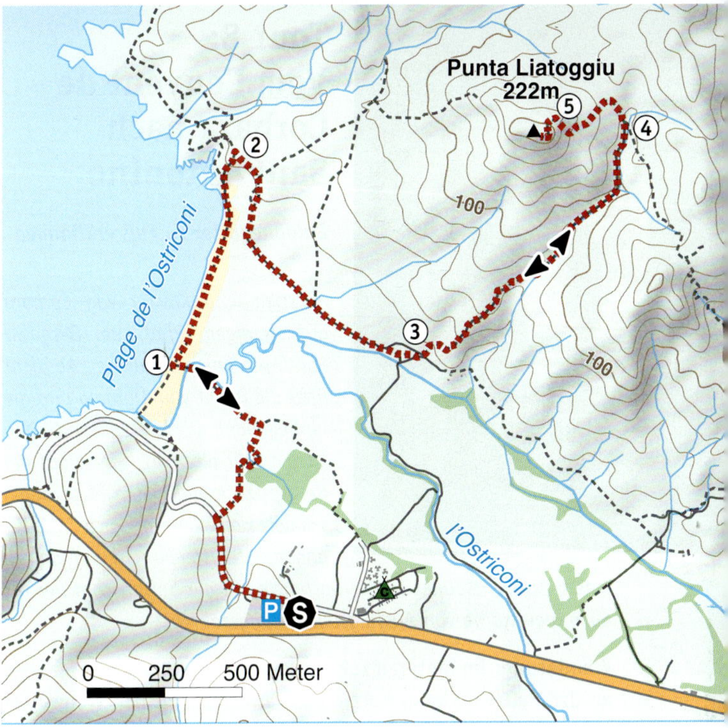

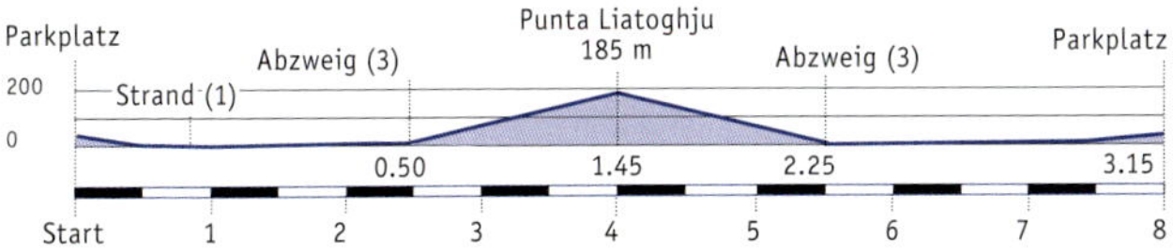

Zwischen Kakteen schlängelt er sich auf den roten Berg zu, taucht ab in eine Senke mit Bach und führt von dort durch einen schattigen Macchiatunnel weiter hinauf. Unser Ziel ist jetzt nicht mehr zu sehen. An der nächsten **Kreuzung mit gelber Markierung** ④ zeigt ein Wegweiser links hinauf zur Punta Liatoghju. Nach weiteren 30 Minuten Aufstieg verlassen wir den Schutz der Bäume und nähern uns dem felsigen Gipfel von hinten. Hier gibt es ein erstes **Felsplateau** ⑤ mit Blick über die kargen Hügel der Désert des Agriates. Wer nicht ganz höhensicher ist oder kleinere Kids dabei hat, kann den Aufstieg hier beenden.

Weiter hinauf geht es zuerst über eine hohe Felsstufe und dann klettern wir steil hinauf, bis wir eine Felsrinne an der linken Kante der roten Felswand erreichen. Schon hier haben wir einen tollen Ausblick hinunter zur Bucht. Die Kletterpartie auf den Gipfel rechts von uns bleibt dann bergversierten Eltern mit trittsicheren, größeren Kids vorbehalten. Zurück geht es – etwas flotter als hinauf – auf dem bereits vertrauten Weg.

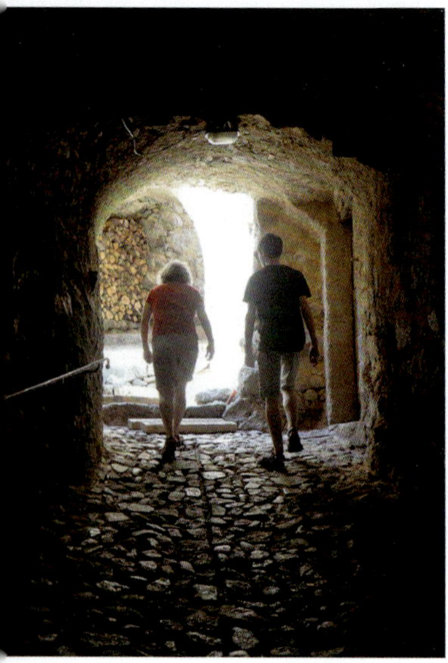

Tour 8: Vom Couvent de Corbara nach Sant'Antonino

Balagnedörfer zu Fuß erklimmen

Aufstieg vom Kloster von Corbara auf steinigem Pfad zum Bergnest Sant'Antonino. Herrliche Aussicht über die Bucht von Algajola und die umliegenden Dörfer. Sant'Antonino ist ein sehr alter Ort, direkt auf der Bergspitze erbaut. Man läuft durch schmale kleine Gassen, durch Gewölbegänge, Steintreppen hinauf bis zu einem Aussichtspunkt in der Dorfmitte. In der Saison wird der Ort auch regelmäßig von Ausflugsbussen angefahren!

190 m

STRECKE 4,5 km

2 h

ab 4

Wanderung: Im hinteren Eck des Parkplatzes folgen wir dem Weg an der Mauer entlang. Kurz darauf erreichen wir den **Wegweiser nach Sant'Antonino** und Mont Sant'Angelo. Nach wenigen Minuten **teilt sich der Weg** ① – wir folgen der Richtung Sant'Antonino nach rechts.

Der Pfad führt uns bergauf durch dornige, mannshohe Macchia, die auch ab und zu in den Weg hineinwächst. Links geht es hinauf, rechts öffnet sich der Ausblick über das Tal und die Bucht von Algajola. Der Pfad ist streckenweise sehr schmal und führt hart am Abgrund entlang, stellenweise »gesichert« durch Stachel-

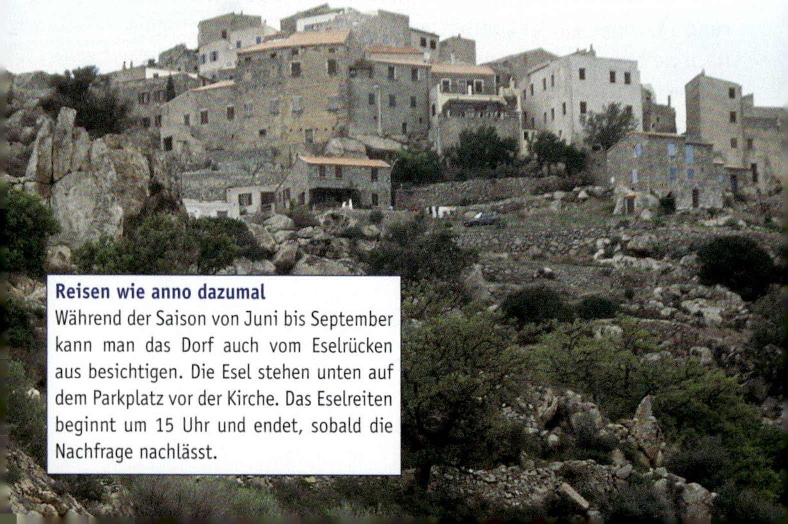

Reisen wie anno dazumal

Während der Saison von Juni bis September kann man das Dorf auch vom Eselrücken aus besichtigen. Die Esel stehen unten auf dem Parkplatz vor der Kirche. Das Eselreiten beginnt um 15 Uhr und endet, sobald die Nachfrage nachlässt.

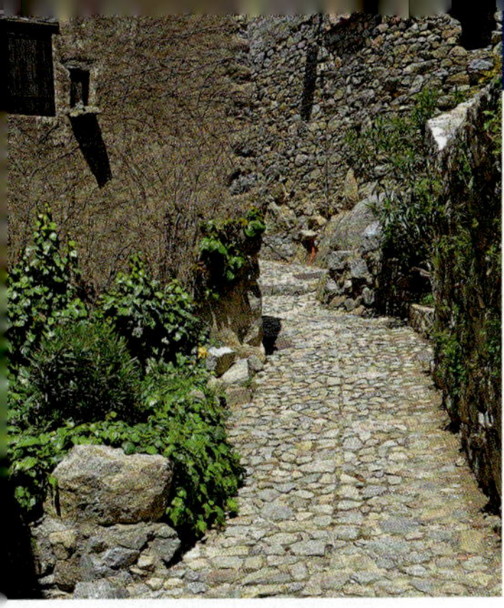

Die Klosterkirche von Corbara ist für Besucher geöffnet. Das Kloster selbst kann man nur mit Anmeldung besichtigen.

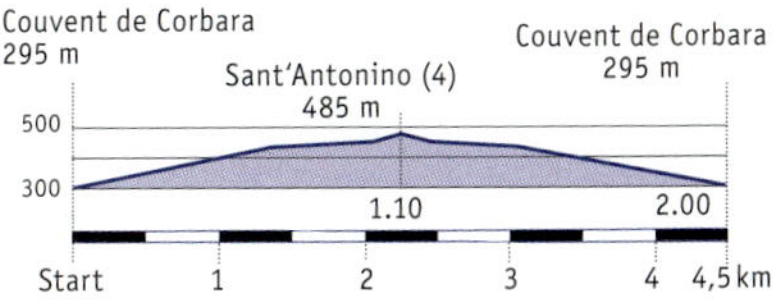

draht. Diese Wegstücke fordern Aufmerksamkeit. Kleinere Kinder brauchen an manchen Stellen Unterstützung!

Nach etwa 40 Minuten Aufstieg erreichen wir die **Fontana di Morella** ②, eine Quelle unter einem gemauerten Steinbogen und kurz darauf einen kleinen **Friedhof** ③. Jetzt sind wir fast oben! Noch ein paar Meter, dann sehen wir **Sant'Antonino** bereits. Nach weiteren zehn Minuten erreichen wir den großen Parkplatz vor der Kirche. Über eine Steintreppe geht es hinauf in den mittelalterlichen Ort.

Wir wandern durch schattige Gassen und können in einigen kleinen, recht guten Restaurants einkehren. Zurück geht es auf dem selben Weg, jetzt relativ mühelos, da stetig bergab.

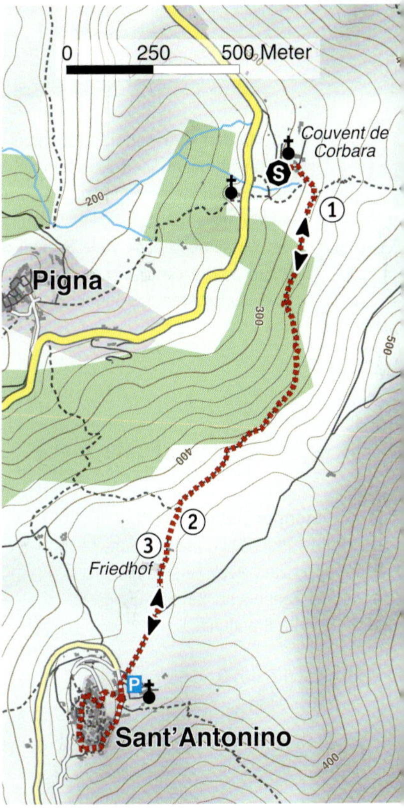

TOUREN-STECKBRIEF

Anfahrt: Von Corbara aus folgen wir der D151 in Richtung Pigna. Nach 1,5 Kilometer biegen wir links ab zum Couvent de Corbara. Schon kurz zuvor sehen wir links das Kloster. Direkt davor befindet sich ein Parkplatz. Dort lassen wir das Auto stehen: **GPS N 42°36'09.0", E 8°54'43.0".**

Anspruch und Charakter: Schmaler, stetig ansteigender Steig. Den Aufstieg an heißen Tagen vormittags planen. Bis etwa 11.30 Uhr liegt der Pfad im Schatten.

Highlights: Tunnel und Treppchen im Dorf Sant'Antonino, Aussichtspunkt im Dorfzentrum.

Einkehr: Restaurants in Sant'Antonino, empfehlenswert ist zum Beispiel die Taverne Corse.

Tour 9: Die Balagne mit der Bahn

Der Petit-Train von Calvi nach L'Île Rousse

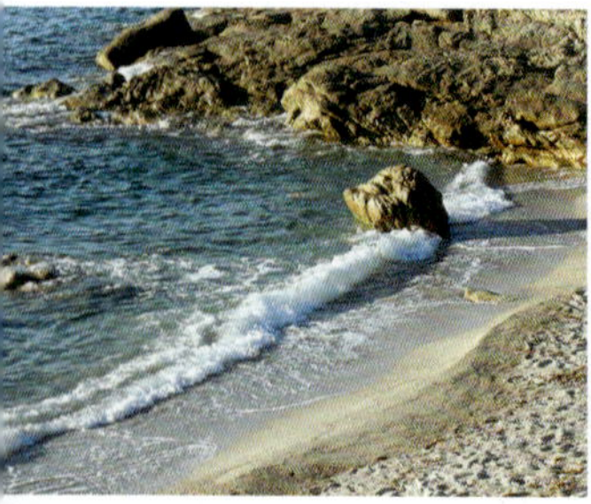

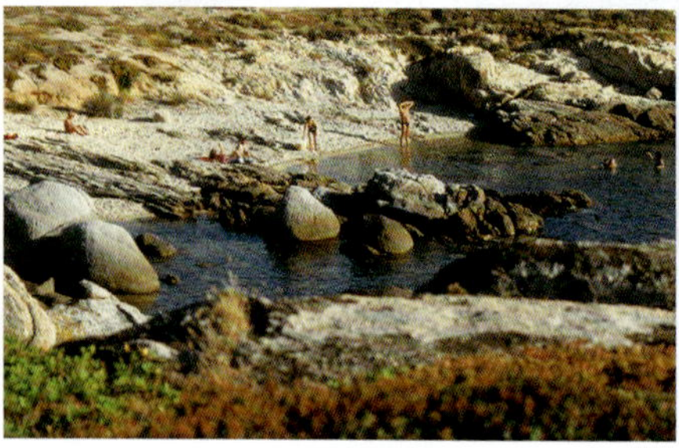

1 Tag

ab 4

⑤ Ondari – Arinella: Station über der Plage Arinella. Kleine Buchten mit grobem Sand zwischen wilden Felspartien, tolle »Planschbecken« für kleinere Kinder. Bei unruhigem Seegang ist es allerdings nicht ganz einfach, ins Meer zu kommen, zumal auf den Felsen unter der Wasseroberfläche viele Seeigel warten. Wunderbares Gebiet für einen Spaziergang, ein Picknick, zum Klettern und Spielen – und zum Beobachten des Sonnenuntergangs.

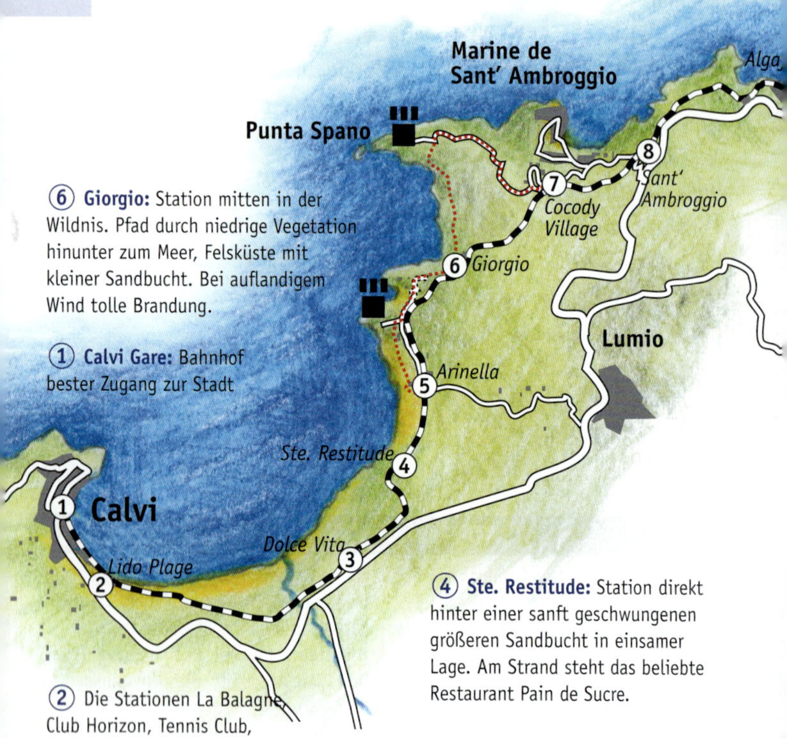

⑥ Giorgio: Station mitten in der Wildnis. Pfad durch niedrige Vegetation hinunter zum Meer, Felsküste mit kleiner Sandbucht. Bei auflandigem Wind tolle Brandung.

① Calvi Gare: Bahnhof bester Zugang zur Stadt

④ Ste. Restitude: Station direkt hinter einer sanft geschwungenen größeren Sandbucht in einsamer Lage. Am Strand steht das beliebte Restaurant Pain de Sucre.

② Die Stationen La Balagne, Club Horizon, Tennis Club, Club Olympique, Club A Cavallu (Reitschule) und Dolce Vita in der Sektion Calvi sind Campingplätze und Ferienanlagen.

Zwischen den Küstenstädten Calvi und L'Île Rousse fährt während der Saison eine Bahn. Besser gesagt: Ein altes Bähnchen. Die »Micheline«, wie dieser Zug auch genannt wird, besteht aus zwei aneinander hängenden Waggons. Er ruckelt und schaukelt und wackelt und rüttelt, manchmal stinkt er auch ein bisschen. Wenn es heiß ist, bleiben die Türen offen. »Micheline« hält an jedem Badestrand und an fast jedem Campingplatz. Eine absolut sichere Methode, Kleinkinder in den Schlaf zu wiegen.

⑩ Aregno-Plage ist der Strand von Algajola. Lange, breite Sandbucht, weniger geschützt, aber auch weniger voll als in Calvi oder L'Île Rousse. Allerdings gewinnt das Wasser schnell an Tiefe. Auf der anderen Seite der Bahnlinie liegt der Camping La Plage.

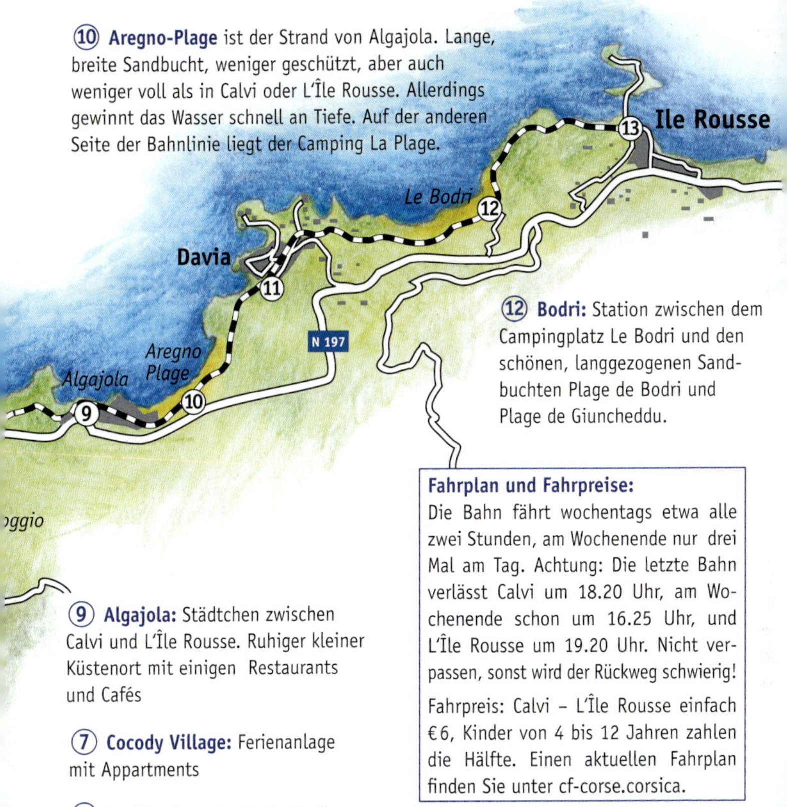

⑫ Bodri: Station zwischen dem Campingplatz Le Bodri und den schönen, langgezogenen Sandbuchten Plage de Bodri und Plage de Giuncheddu.

Fahrplan und Fahrpreise:
Die Bahn fährt wochentags etwa alle zwei Stunden, am Wochenende nur drei Mal am Tag. Achtung: Die letzte Bahn verlässt Calvi um 18.20 Uhr, am Wochenende schon um 16.25 Uhr, und L'Île Rousse um 19.20 Uhr. Nicht verpassen, sonst wird der Rückweg schwierig!

Fahrpreis: Calvi – L'Île Rousse einfach €6, Kinder von 4 bis 12 Jahren zahlen die Hälfte. Einen aktuellen Fahrplan finden Sie unter cf-corse.corsica.

⑨ Algajola: Städtchen zwischen Calvi und L'Île Rousse. Ruhiger kleiner Küstenort mit einigen Restaurants und Cafés

⑦ Cocody Village: Ferienanlage mit Appartments

⑧ Sant'Ambroggio: Feriensiedlung mit kleinem Strand und großem Jachthafen.

Plage de Giuncheddu

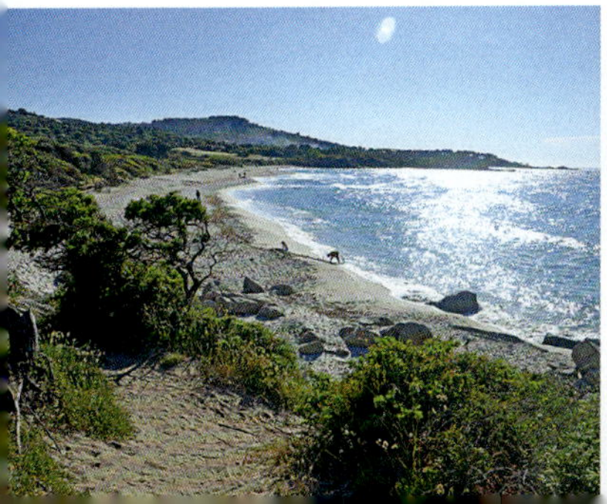

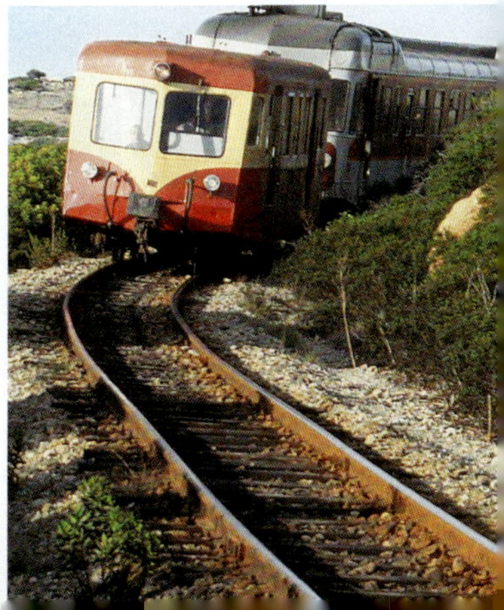

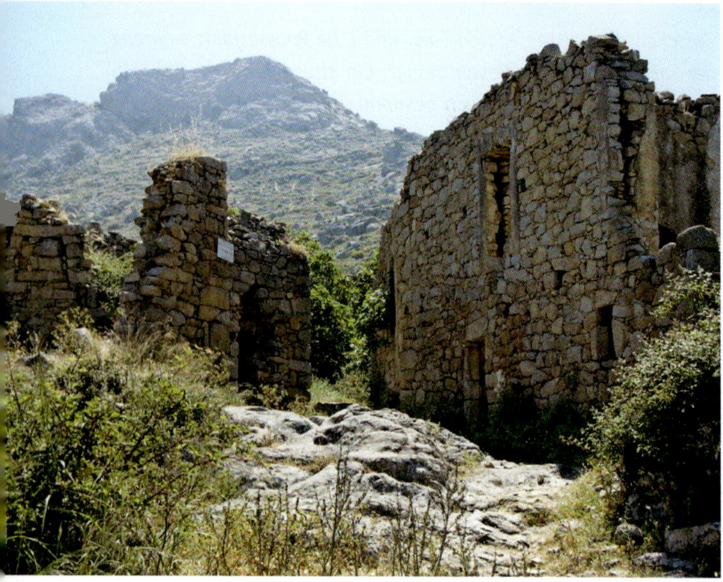

280 m

STRECKE 4,5 km

2 h 15

ab 6

Tour 10: Im Paradies der Eidechsen

Zu den Ruinen von Occi

Die Küste der Balagne ist touristisch. Aber nur knapp hinter der lebhaften Küstenstraße findet man in grünen Bergen einsame Pfade. Neben einem solchen, sehr reizvollen Weg durch teilweise etwas ruppige Macchia bietet diese Wanderung einen 180-Grad-Blick über die Bucht von Calvi, einen Streifzug durch die Mauerreste eines längst verlassenen Dorfes und später durch die schmalen Gässchen des gepflegten Bergdorfes Lumio.

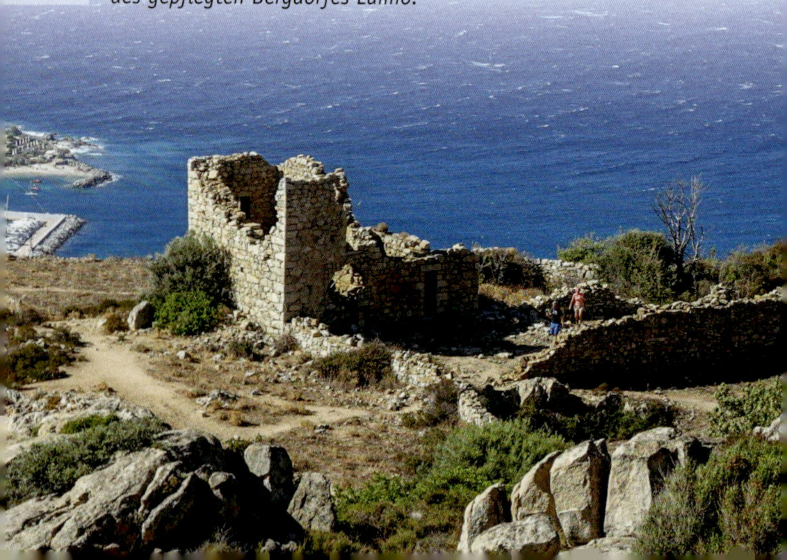

Wanderung: Direkt rechts neben dem an der N 197 gelegenen Hotel **A Casa di Ma** geht es eine rötlich gefärbte Straße hinauf, die hinter dem Hotel steil bergan führt. Sie ist nur anfangs asphaltiert und wird hinter dem **letzten Haus** ①, einem Neubau mit Pool, zu einem steinigen Wanderweg, der uns in eine Landschaft aus Macchia und dicken Felsblöcken bringt. Über viele Felsstufen geht es Kurve um Kurve weiter hinauf. Schon auf halber Höhe reicht der Blick weit über die ganze Bucht. Nach etwa 45 Minuten Aufstieg durchqueren wir ein Steintor und stehen vor den **Mauerresten des Dorfes** ②, das hoch über der Bucht von Calvi thront.

Der Rückweg: Wir verlassen das Dorf auf dem Pfad, der hinter der Kirche durch ein zweites **Steintor** führt.

Ein Ort mit Geschichte

Obwohl der Ort Occi von der Küste aus kaum sichtbar war, konnten die Menschen, die im 16. Jahrhundert hier lebten, von oben alles sehen, was sich unten abspielte. Nur über einen Pfad erreichbar, war der Ort zudem leicht zu verteidigen, wenn er von einfallenden Piraten entdeckt wurde. Die Zeit der Piratenüberfälle gehört jedoch längst der Vergangenheit an. Occi wurde vor vielen Jahren verlassen und heute wohnen hier nur noch Eidechsen.

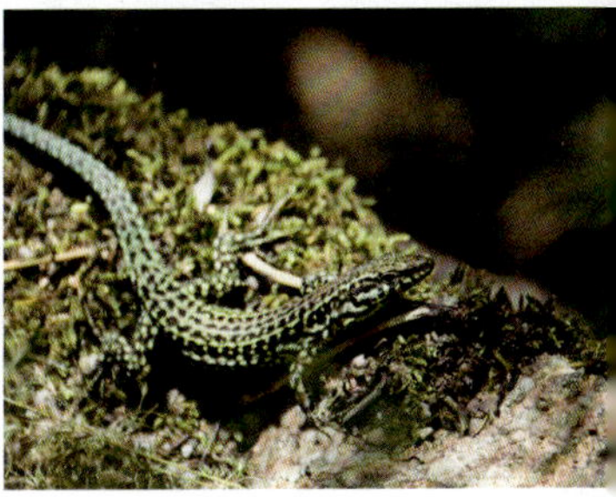

TOUREN-STECKBRIEF

Anfahrt: Über die N197 von Calvi nach Lumio. Der Weg hinauf nach Occi beginnt an der Ortsausfahrt in Richtung L'Île Rousse, direkt neben dem Hotel St. Charles. Am Hotel gibt es einige Parkplätze, weitere Parkmöglichkeiten im Ort an der Zufahrt zur Kirche. Parkplatz am Hotel bei **GPS N 42°34'51.0", E 8°49'57.0"**.

Anspruch und Charakter: Schmaler, gut angelegter Steig bis Occi. Steiler Abstieg. Kein Schatten!

Highlights: Ruinen des verlassenen Dorfes Occi, grandioser Blick über die Küste der Balagne.

Einkehr: Café/Restaurant der gehobenen Preisklasse und Pizzeria in Lumio.

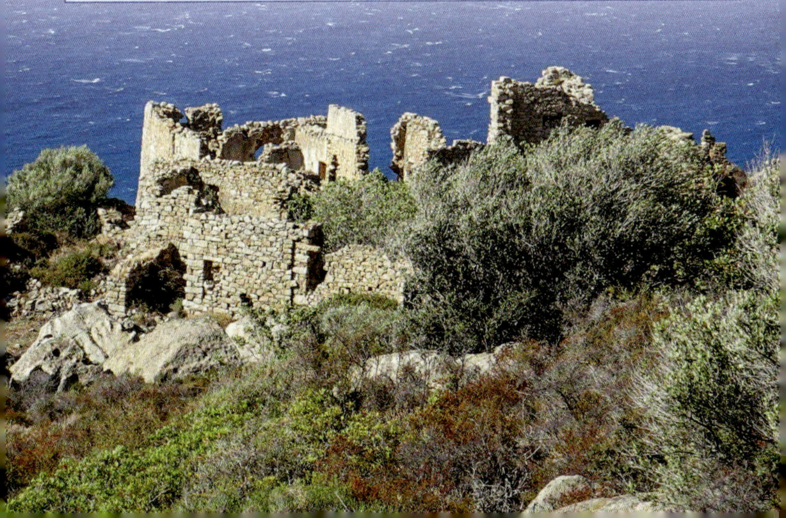

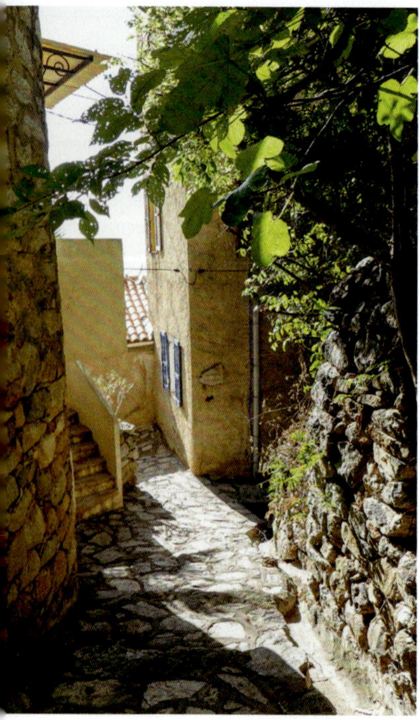

Ein Wegweiser zeigt dort die »Boucle d'Occi« an. Wir folgen dem gut sichtbaren Pfad den Berg hinauf und wandern auf einem Panoramaweg immer über der Bucht von Calvi entlang. Hinter einem **Metalltor**, das wir durchqueren, biegt der Pfad ins Landesinnere ab. In einem großen Bogen führt er zu einer **Kreuzung** ③ und quert dort mehrere breitere Wege. Unser Weg ist hier mit Metallpfeilen an der Mauer markiert.

In der Senke treffen wir auf eine **T-Kreuzung** ④. Links führt der Weg schnurgerade zum unauffälligen Gebäude der Kapelle **Notre Dame de la Stella** ⑤. Rechts geht es zwischen den Bergen in Richtung Küste. Der Wegweiser des Rundweges war an dieser Stelle bei unserer letzten Recherche nur noch teilweise vorhanden. Wir folgen dem Weg nach rechts.

Wenig später geht es in Serpentinen auf einem steilen Pfad hinab, der früher unangenehm zugewachsen war. Inzwischen ist der Weg in gutem Zustand. Nach einer guten halben Stunde Abstieg erreichen wir die **Häuser von Lumio** ⑥. Achten Sie hier unbedingt auf die kleinen Metallpfeile. Sie führen auf dem

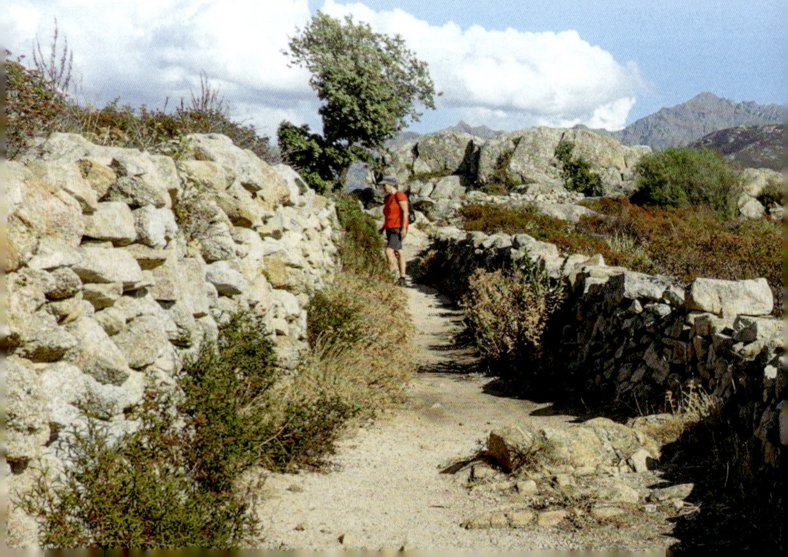

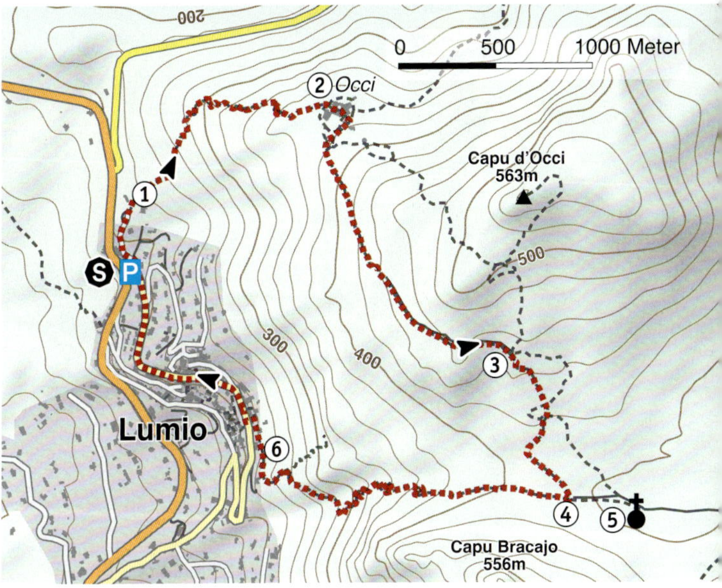

schönsten Weg durch die verzweigten Gassen zum Platz vor der Kirche. Hier gibt es ein Restaurant und einen winzigen Laden, der auch Eis im Angebot hat. An der Kirche vorbei führt die Straße hinunter zur Küstenstraße und zum Ausweichparkplatz. Wer am Hotel geparkt hat, muss noch ein Stück nach rechts und am Rand der Küstenstraße zum Ortsausgang laufen.

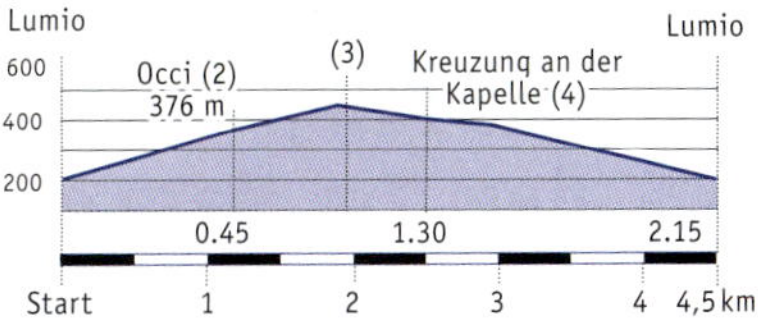

Variante für die Jüngsten
1 h 30 min, ↓↑ 170 m.
Mit jüngeren Kindern sparen wir uns den zweiten Teil der Runde. Wir drehen oben in Occi um und laufen auf dem gleichen Weg wieder hinunter.

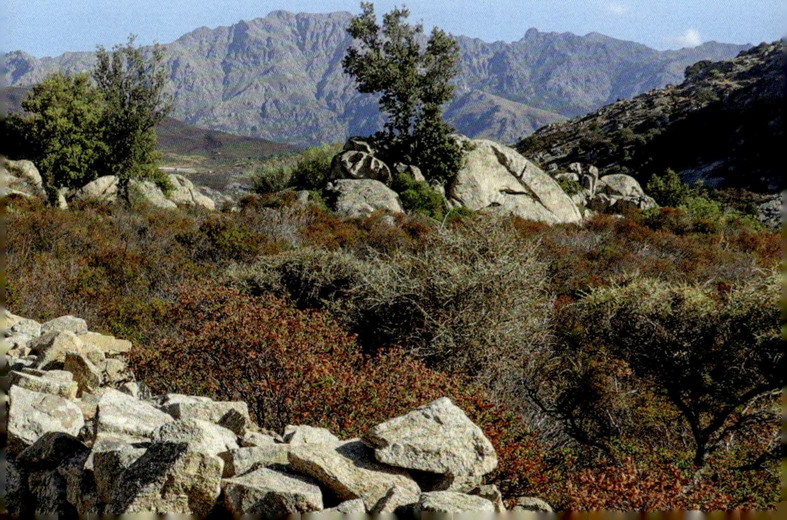

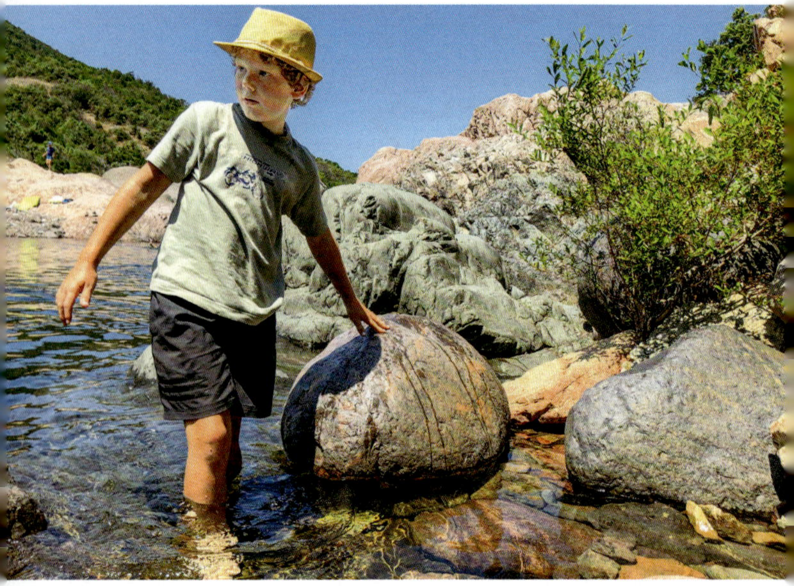

80 m

STRECKE

8 km

2 h 45

ab 4

Tour 11: Das Fango-Tal auf dem Tra Mare et Monti

Badewanderung durch dichte Macchia

Kurze Wanderung auf einem gut markierten, ebenen Pfad durch einsame, teilweise sehr hohe Macchia immer am Fango entlang. Streckenweise verläuft der Weg hoch über dem Fluss und nur ab und zu können wir auch einen Blick in die Schlucht werfen. An einigen Stellen kommt man jedoch gut zum Wasser hinunter und zu tiefen Badebecken zwischen den rötlich schimmernden Felsen. Ein echtes Abenteuer ist die Variante dieser Tour: Mit Kindern, die sicher schwimmen, können wir auch im Wasser durch den Fluss klettern und schwimmen.

TOUREN-STECKBRIEF

Anfahrt: Wir fahren von Calvi aus durchs Hinterland Richtung Galéria (D 81) und erreichen nach einer halben Stunde die Fangobrücke. Dort biegen wir links ab ins Vallée du Fango und gleich wieder links in die schmale Straße Richtung Barghiana (D 351). Markierter Parkplatz nach 1,5 Kilometern kurz hinter der Steinbrücke Ponte Vecchio und der Pizzeria auf der rechten Straßenseite bei **GPS N 42°23'45.0", E 8°42'51.0"**. In der Hochsaison kostenpflichtig.

Anspruch und Charakter: Pfad durch die Macchia oberhalb des Flusses. Gut markiert und problemlos begehbar. Für die Variante als Wasserwanderung müssen Kinder sehr sicher schwimmen. Die Bassins sind teilweise tief und lang.

Highlights: Tolle Badebecken im Fluss

Einkehr: Keine. Der Campingplatz in Tuarelli am Wendepunkt der Tour ist leider inzwischen geschlossen.

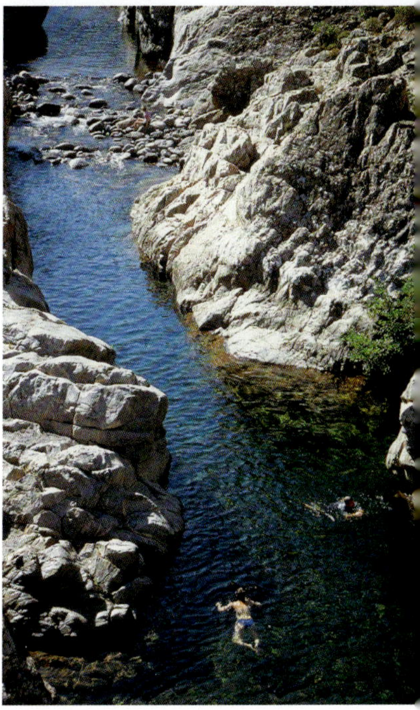

Wanderung: Wir laufen ein paar Schritte zurück zur **Ponte Vecchio**, überqueren die alte Steinbrücke und biegen direkt rechts auf den Wanderpfad des »Tra Mare e Monti« ab. Nach etwa 20 Minuten blicken wir von oben auf eine große Gumpe zwischen hohen Felsen. Kurz darauf durchqueren wir eine Lücke in einem Steinmäuerchen. Dann führt unser Weg zum Wasser hinunter und verläuft ganz nahe am Flussufer. Hier ist der **Zugang zum Fluss** ① am einfachsten. Flussaufwärts gibt es mehrere **seichte Badebecken** zum Planschen und Spielen. **Tiefere Bassins** finden sich flussabwärts.

Ab hier verläuft der Weg weit oberhalb des Flusses. Vom einen oder anderen Plateau aus können wir zum Wasser hinunterschauen. Die wenigen Pfade die jetzt noch zum Fluss führen sind ziemlich steil. Nach weiteren 30 Minuten kommt die Brücke von Tuarelli in Sicht. Der Weg führt ein kurzes Stück vom Fluss weg. Dann geht es rechts über

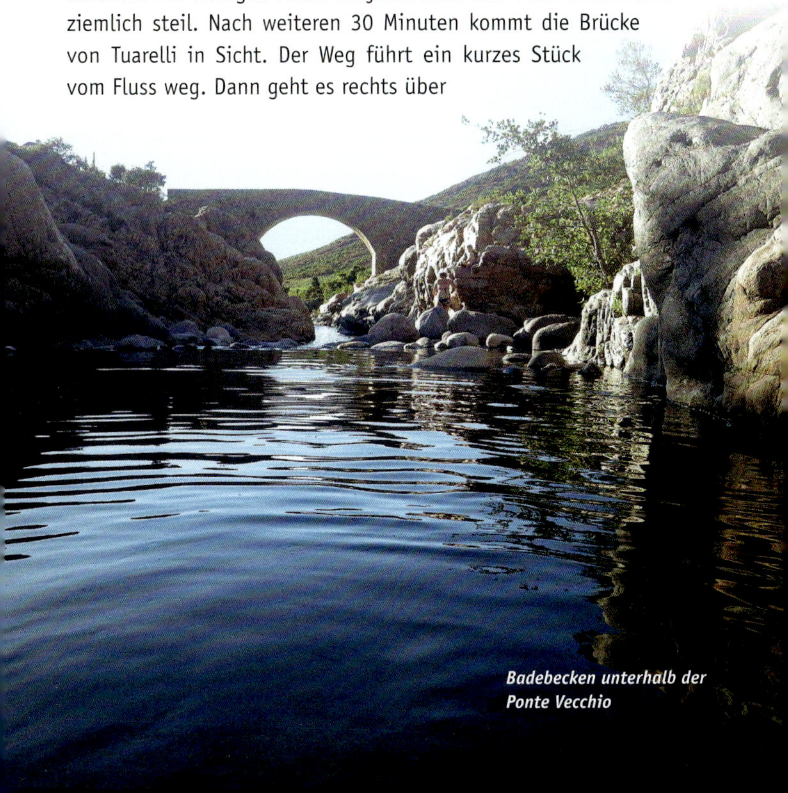

Badebecken unterhalb der Ponte Vecchio

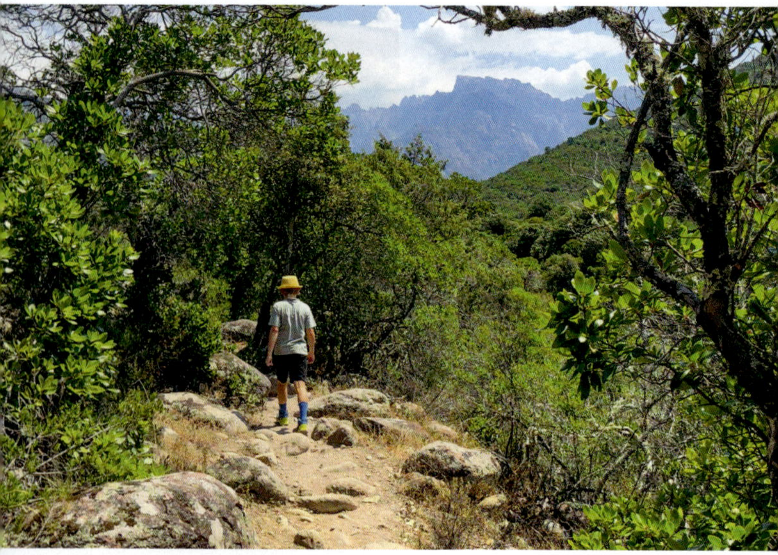

einen **Bach** ②, der im Hochsommer meist trocken ist. Wir steigen zur Straße hinauf und folgen dieser nach rechts. Linker Hand taucht kurz vor der Brücke die Zufahrt zum inzwischen leider geschlossenen Camping L'Alzelli auf. Unterhalb der **Brücke von Tuarelli** gibt es weitere tiefe **Badegumpen** ③ und Rastplätze am Kiesufer, die sich für ein Picknick eignen. Zugänglich ist das Flussufer über das Gelände des ehemaligen Campingplatzes (Gite), auch der Weitwanderweg führt hier entlang.

Zurück laufen wir dann auf dem selben Weg. Die Straße verläuft parallel, sodass man hier auch das Auto nachholen könnte, um die Wanderung zu kürzen.

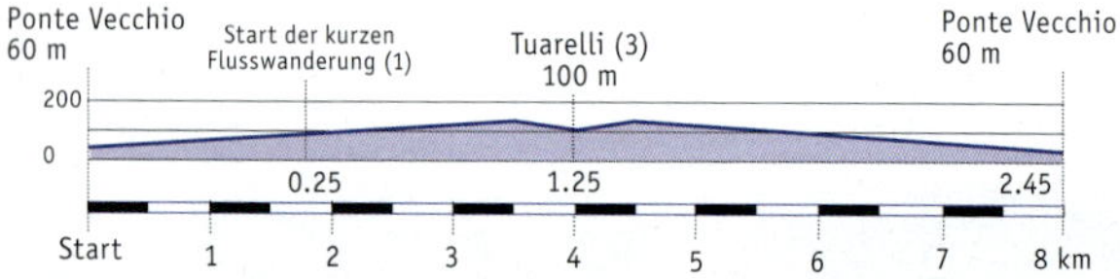

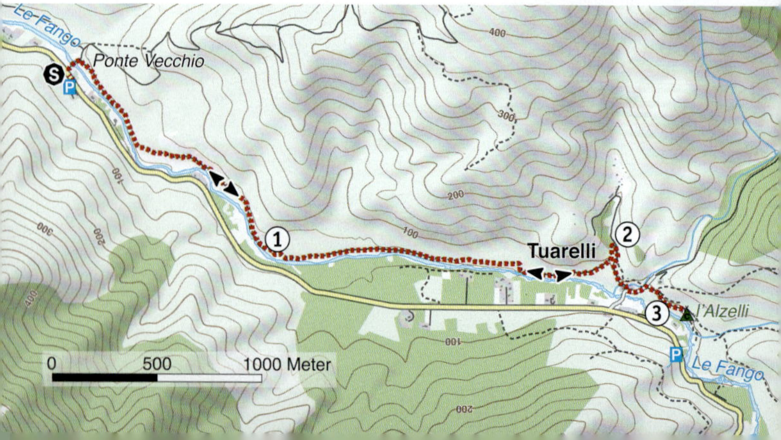

Den Fango erforschen: Abenteuer im Fluss

Kurze Wasserwanderung:
sicher schwimmende Kids ab etwa 7 Jahren, etwa 2 Stunden.

Mit größeren Kindern, die bereits sicher schwimmen, kann man die Wanderung auch in den Fango verlegen. Dazu laufen wir von der Ponte Vecchio in einer knappen halben Stunde bis zu der Stelle, an der der Weg das Wasser berührt. Wir steigen hier in den Fluss und folgen dem Fango flussabwärts. Tiefere Becken werden durchschwommen, an den flacheren klettern wir durch das Wasser über Steinblöcke und Geröll. Vorsicht an den kleinen Wasserfällen – vor dem Rutschen den »Landebereich« unbedingt sorgfältig auf Felsen überprüfen! Bei niedrigem Wasserstand ist das Rutschen oft nicht möglich. Alle Stufen lassen sich leicht an Land umgehen, auch eine Rückkehr auf dem Fußweg ist an mehreren Stellen möglich. Die kurze Tour ist das optimale Terrain für einen ersten Wasserwander-Versuch.

Lange Wasserwanderung:
4 bis 5 Stunden (1 h 15 auf dem Wanderweg und etwa 3 bis 4 Stunden im Wasser). Zeitreserve zum Felsenspringen und Spielen einplanen.

Mit fitten Kids ab zehn Jahren können wir auch bis Tuarelli laufen und dort ins Wasser steigen. Rechnen Sie jedoch für die Rückkehr im Fango mindestens die doppelte Zeit und zusätzlich einige Pausen. Flusswandern ist kräftezehrend. Am besten nimmt man einen kleinen Imbiss mit, der vor dem Einstieg ins Wasser für frische Energie sorgt. Für den Rückweg durchs Wasser müssen dann eine Flasche Wasser und ein Snack reichen. Zuviel Gepäck ist beim Wasserwandern extrem störend.

Ausrüstung: Die optimale Kleidung sind Neoprenshorty und gut sitzende Turnschuhe, die nass werden dürfen. Badekleidung und eine kurze Hose sind aber im Hochsommer ebenfalls möglich. Der Fango ist dann wärmer als das Meer. Alles, was nicht im Auto bleiben kann, gehört wasserdicht verpackt in einen kleinen Rucksack. Sehr gut eincremen, Sonnenhut und Trinkwasser nicht vergessen.

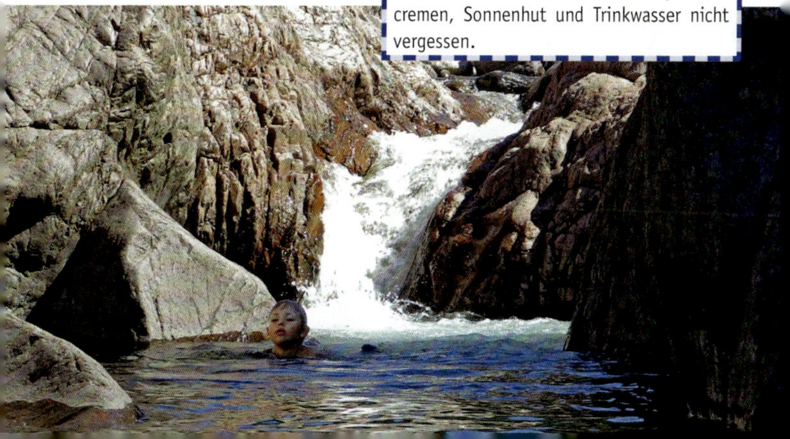

Ein Spaziergang durch die Macchia

Dass Erdbeeren nicht auf Bäumen wachsen, weiß jedes Kind. Trotzdem gibt es auf Korsika Erdbeerbäume. Sie sind Teil der Macchia. Auf den ersten Blick ist die Macchia ein dorniges, zwei bis drei Meter hohes Gestrüpp. Sie ist äußerst zäh und breitet sich aus, wo immer man sie lässt: auf nicht bebauten Äckern, auf gerodeten oder verbrannten Waldflächen und sogar unter den Bäumen im Wald. Es lohnt sich aber, genauer hinzusehen. Das beinahe undurchdringliche Dickicht am Wegesrand besteht nämlich aus vielen interessanten und nützlichen Pflanzen.

In Bodennähe wachsen verschiedene Zistrosenarten mit hübschen Blüten sowie Rosmarin, Thymian und Lavendel. Immergrüne Sträucher wie Ginster, Wacholder, Myrte oder Baumheide wachsen im mittleren Bereich. Darüber hinaus ragen der Mastixstrauch und die Erdbeerbäume sowie einzelne Stein- oder Korkeichen.

Im Frühjahr blühen die meisten dieser Pflanzen – und die ganze Insel duftet. Das liegt auch daran, dass viele Macchia-Pflanzen ätherische Öle verströmen. Die riechen nicht nur gut, sondern brennen auch leicht. Deswegen, und weil es im Sommer so trocken ist, darf man kein offenes Feuer anzünden!

Zistrose (Cistus)

Sie hat ledrige, behaarte Blätter und bildet im April und Mai wildrosenartige Blüten. Die Montpellier Zistrose wird bis zu einem Meter hoch, hat vier bis acht Zentimeter lange, schmale, sehr raue Blätter und blüht weiß. Die Kreta-Zistrose hat breitere Blätter und blüht pink. Der Kelch ist bei allen Arten gelb.

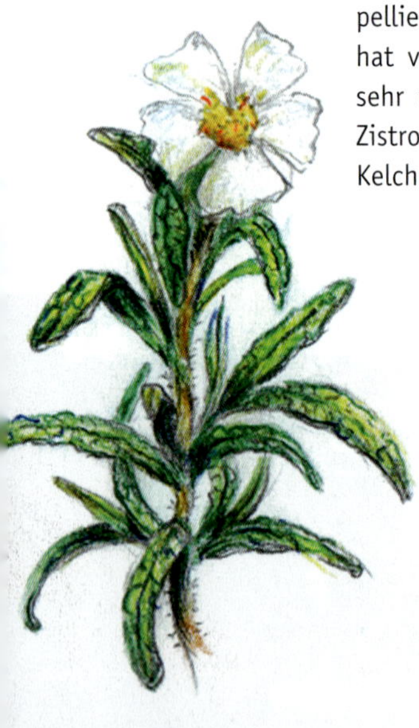

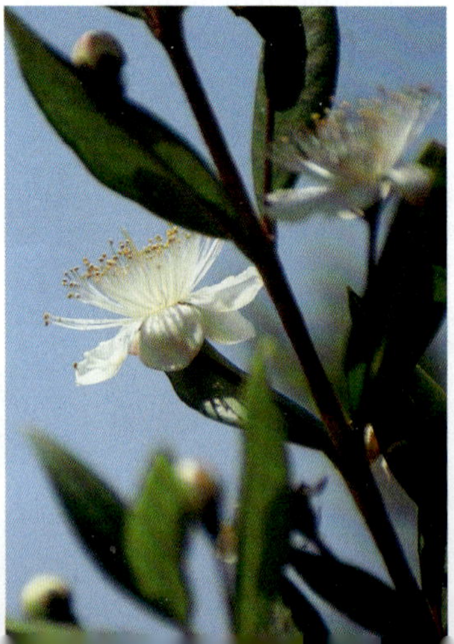

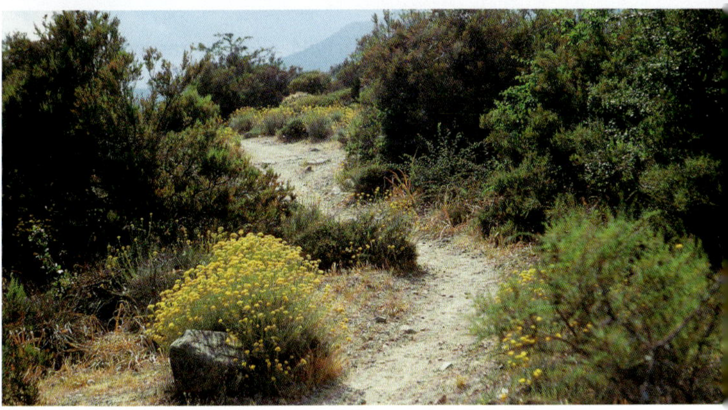

Korsischer Ginster (Genista Corsica)

Kräftige Dornen sorgen dafür, dass eine Begegnung mit einem Ginster nicht nur angenehme Seiten hat. Dafür blüht er wunderbar gelb und duftet herrlich nach Honig. Von März bis in den Juni verschönern die gelben Polster Küsten und Berge der Insel. In der übrigen Zeit erkennen wir einen Ginster an den bis zu fünf Millimeter langen Dornen und den kleinen, schmalen grünen Blättchen darunter.

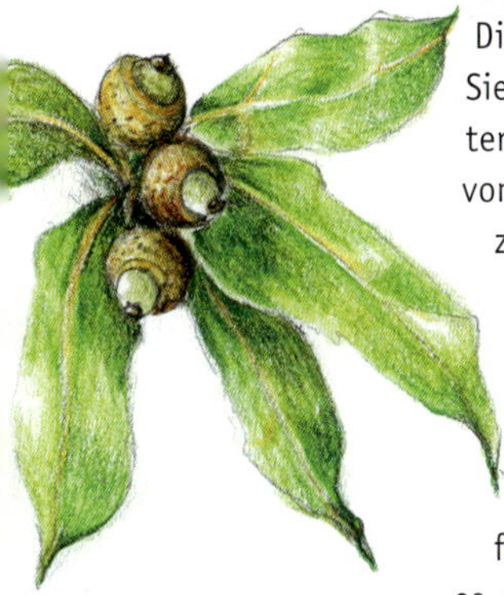

Steineiche (Quercus ilex)

Die Steineiche ist ein immergrüner Baum. Sie wird bis zu 25 Meter hoch. Ihre Blätter sind sehr unterschiedlich in der Form: von eiförmig rund bis zur spitzen Lanzettform, teilweise mit glattem Rand, teilweise leicht gezähnt. Die Blüten hängen als Kätzchen an den Zweigenden. Die Eicheln sind zwischen Oktober und Dezember reif. Sie sind schmal, spitz und sitzen fest in graugrünen Bechern. Früher gab es auf Korsika große Steineichenwälder. Heute sind die meisten abgeholzt oder abgebrannt.

Myrte (Myrtus communis)

Auch die Myrte ist ein immergrüner Strauch. Sie bildet zarte, weiße Blüten mit fünf Blütenblättern. Aus den kleinen, blauschwarzen Beeren wird ein bekannter Likör hergestellt. Die ätherischen Öle helfen gegen Atemwegserkrankungen. Die Myrte wird über ihren reinen Nutzwert hinaus geschätzt. Schon bei den alten Griechen war sie ein Symbol der Liebe und der Schönheit. Auch in verschiedenen Religionen hat sie eine besondere Bedeutung und wird als Brautschmuck verwendet oder auf Gräber gelegt.

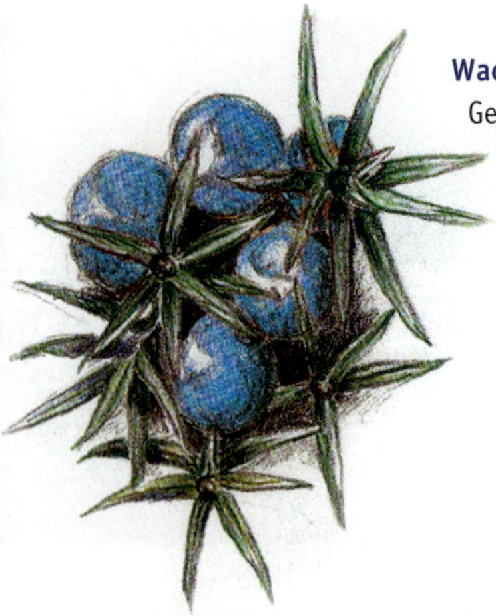

Wacholder (Juniperus oxycedrus)

Gehört zu den Zypressengewächsen und ist immergrün mit nadelartigen, stacheligen Blättern. Er entwickelt dunkelblaue Beeren, die in der Küche sehr beliebt sind. Aus den Wacholderbeeren wird zum Beispiel Gin und Tee und Gewürz. Das aus dem Holz gewonnene Cadeöl hilft gegen Rheuma.

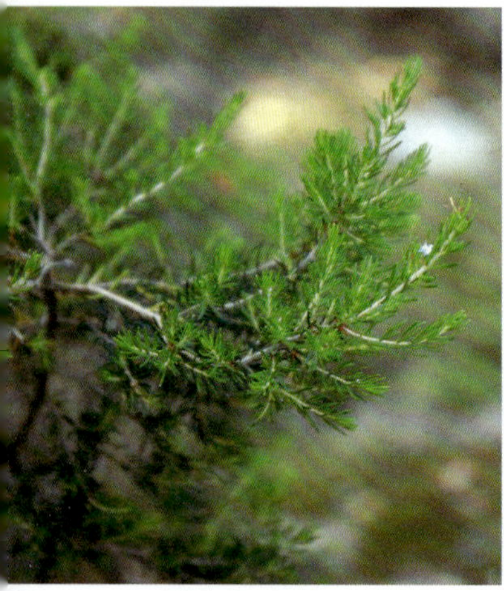

Baumheide (Erica arborea)

Der immergrüne Strauch wird etwa vier Meter hoch. Die Blätter sind nadelförmig, drei bis fünf Millimeter lang und leicht eingerollt. Von Februar bis August trägt die Baumheide viele winzige rosaweiße, kelchförmige Blüten. Das Wurzelholz der Baumheide wird zu den wertvollen Bruyère-Pfeifen verarbeitet. Das Holz hat eine besonders schöne Maserung und ist durch seinen hohen Gehalt an Kieselsäure schwer brennbar.

Mastix-Strauch (Pistacia lentiscus)

Er gehört zur Familie der Pistazien. Die Blätter sind elliptisch geformt, dunkelgrün, ledrig – und immer paarweise am Zweig angeordnet. Der Mastix-Strauch trägt rote männliche Blüten und gelbliche weibliche Blüten.
Sie entwickeln sich zu kleinen runden Beeren, die während der Reife schwarz werden. Das Harz des Mastix-Strauches wird bei der Herstellung von Klebstoff und als Klebemittel für Pflaster verwendet. Außerdem benutzt man es als Gemälde-Firnis, damit die leuchtenden Farben der Bilder lange halten.

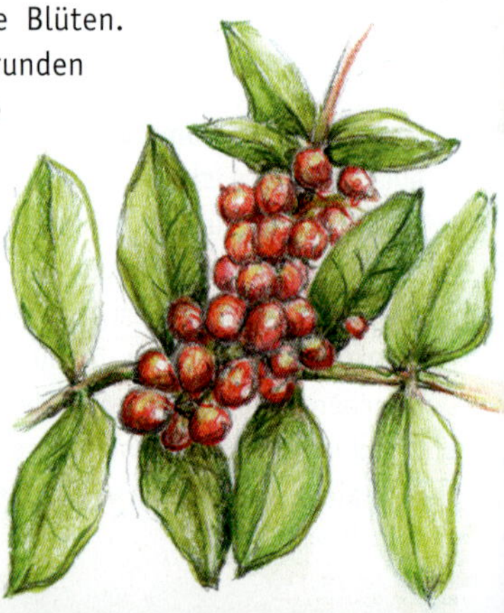

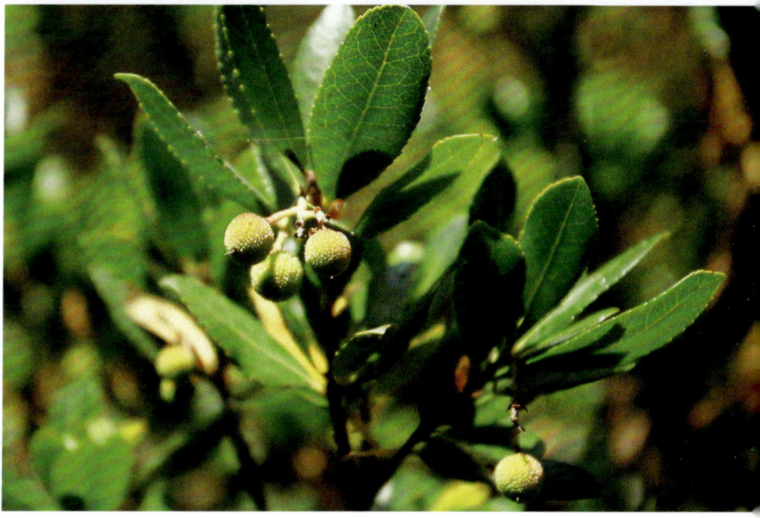

Der Erdbeerbaum (Arbutus unedo)
auf französisch Arbousier
hat dicke, glänzende Blätter mit leicht gesägtem Rand, die das ganze Jahr über dunkelgrün bleiben. Dieser Baum trägt von Oktober bis Januar gleichzeitig kleine weiße Blüten und runde erdbeerrote Früchte. Die Früchte sehen zwar ein bisschen ähnlich aus wie Erdbeeren und auch sind essbar, schmecken aber nicht besonders gut. Meist werden sie zu Konfitüre oder Likör verarbeitet.

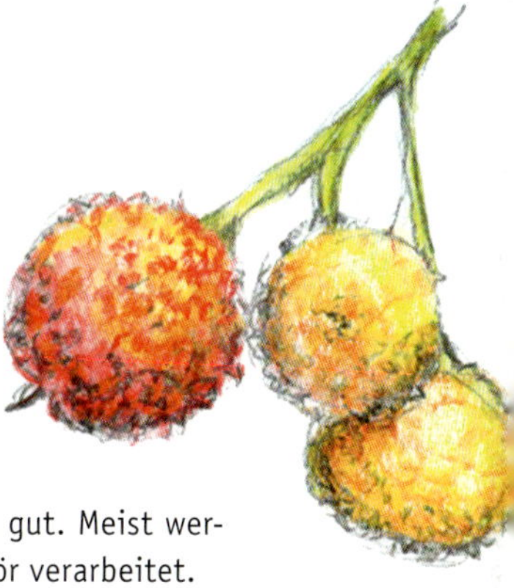

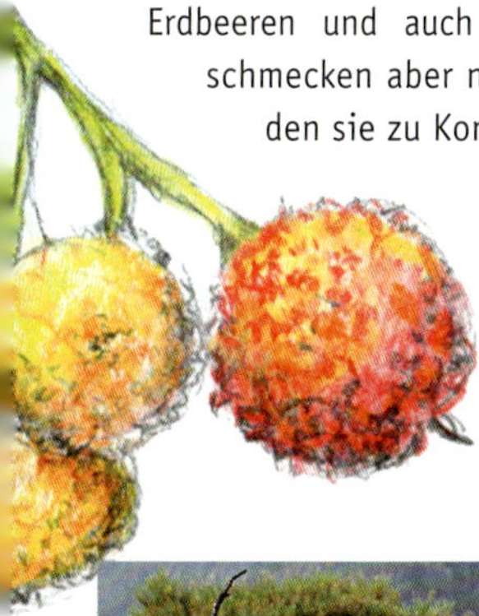

»Attention au feu«
So warnt ein Schild, das vielleicht häufiger als jedes andere zu sehen ist. Jedes Jahr im Sommer dezimieren Waldbrände den Baumbestand. Für Wandernde kann ein Waldbrand zur ernsten Gefahr werden. Es ist deshalb zwischen Juni und September strengstens verboten, Feuer in freier Natur zu entfachen. Auch Zigarettenkippen müssen sorgfältig entsorgt werden. Wildcampen ist überall verboten. Mitarbeiter des Nationalparks kontrollieren das auch, vor allem entlang der Weitwanderwege.

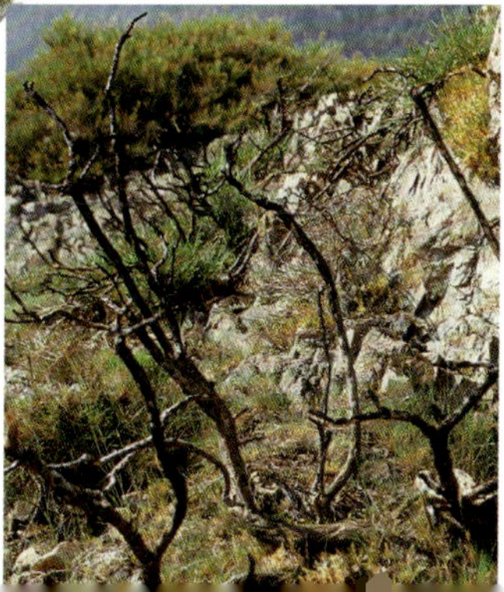

Die Westküste

Die Westküste ist der wildeste Teil Korsikas. Die Wellen schlagen oft kraftvoll gegen die steinige Küste, die Strände sind nicht ganz so weiß und die Brandung deutlich stärker als in der Balagne oder im Süden der Insel. Vier sehr unterschiedliche Buchten fressen sich in die zerklüftete Küste.

Spektakulär, steil und von hohen Bergen umgeben ist der **Golf von Porto**. Die See ist oft rau und braust heftig um die roten Felsnadeln der umliegenden Berge. Eben ist hier nur der breite Strand bei Porto und das Ortszentrum um den Naturhafen an der Mündung des Flusses Porto ins Meer. Die umliegenden Campingplätze ziehen sich den Hang hinauf. Im Norden liegen das unberührte Gebiet von Scandola und der Ort Girolata, der auf dem Landweg nur mit einer Wanderung zu erreichen ist. Im Süden warten die viel besuchten roten Felsen der Calanche. Im Hinterland erheben sich die Berge um die Spelunca-Schlucht und das Bergdorf Evisa. Der ganze Golf steht unter Naturschutz und ist Teil des UNESCO-Weltnaturerbes. Die Straßen im Golf von Porto sind eng und kurvig, rechnen Sie mit einer durchschnittlichen Fahrgeschwindigkeit von 30 bis 40 Kilometer pro Stunde.

Einsam und wenig erschlossen ist der **Golf von Sagone**. Die Landschaft ist hier wieder viel zahmer. Aus zugespitzten Steinnadeln werden sanfte Hügel. Die Küste prägen farblose leicht triste Betonsiedlungen und endlose, fast menschenleere Strände. Das Meer donnert hier an vielen Stellen ungezähmt und wild an die Küste.

Der **Golf von Ajaccio** steht an seiner Nordseite ganz im Banne der Stadt Ajaccio. Sie ist Hauptstadt des Departments Corse-du-Sud und ihr Zentrum liegt direkt am Meer. Das städtische Flair breitet sich aus bis zur Pointe de la Parata an der Spitze des Golfes. Hier finden wir blühende Gärten, gut ausgebaute Straßen und gut besuchte kleine Strände. Im Süden zieht sich der lebhafte Badeort Porticcio zwischen Straße und Küste entlang, weiter im Süden wird es wieder ursprünglicher. Auf der südlichen Landspitze durchfährt man den Wald von Côti Chiavari auf löchrigen, gewundenen Ministraßen und landet in der völligen Einsamkeit.

Der **Golf von Valinco** liegt abseits des ganz großen Trubels. Einige Campingplätze reihen sich um die Sandbuchten rund um Propriano. Die Landschaft rundherum ist hügelig und unauffällig. Propriano ist ein ruhiger, unspektakulärer Badeort mit ganz eigenem Charme und familienfreundlichen Preisen. Zudem liegt der Ort recht günstig: Die vielen prähistorischen Fundstätten der Insel sind fast alle in der Nähe. Die alte Stadt Sartène und auch Bonifacio und das Bavella-Gebirge lassen sich von hier aus gut erreichen.

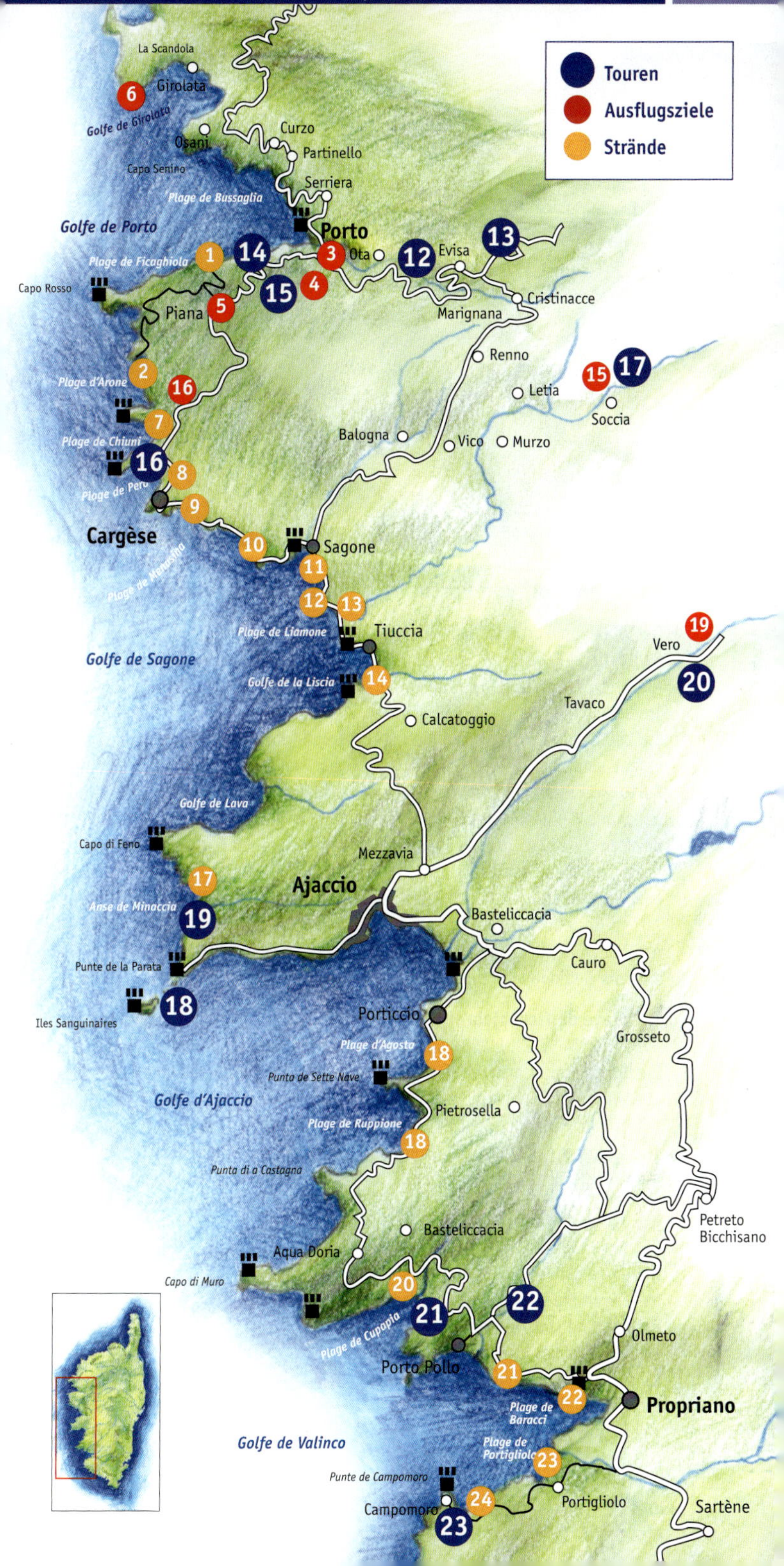
Touren
Ausflugsziele
Strände
La Scandola
Girolata
Golfe de Girolata
Osani
Curzo
Partinello
Capo Senino
Serriera
Plage de Bussaglia
Golfe de Porto
Porto
Ota
Evisa
Plage de Ficaghiola
Capo Rosso
Piana
Cristinacce
Marignana
Renno
Letia
Soccia
Plage d'Arone
Plage de Chiuni
Balogna
Vico
Murzo
Plage de Pero
Cargèse
Sagone
Plage de Menasina
Plage de Liamone
Tiuccia
Golfe de Sagone
Golfe de la Liscia
Vero
Tavaco
Calcatoggio
Golfe de Lava
Capo di Feno
Mezzavia
Ajaccio
Anse de Minaccia
Bastelicaccia
Punte de la Parata
Cauro
Iles Sanguinaires
Porticcio
Grosseto
Plage d'Agosta
Punta de Sette Nave
Golfe d'Ajaccio
Pietrosella
Plage de Ruppione
Punta di a Castagna
Petreto Bicchisano
Basteliccacia
Aqua Doria
Capo di Muro
Plage de Cupabia
Olmeto
Porto Pollo
Propriano
Plage de Baracci
Golfe de Valinco
Plage de Portigliolo
Punte de Campomoro
Campomoro
Portigliolo
Sartène

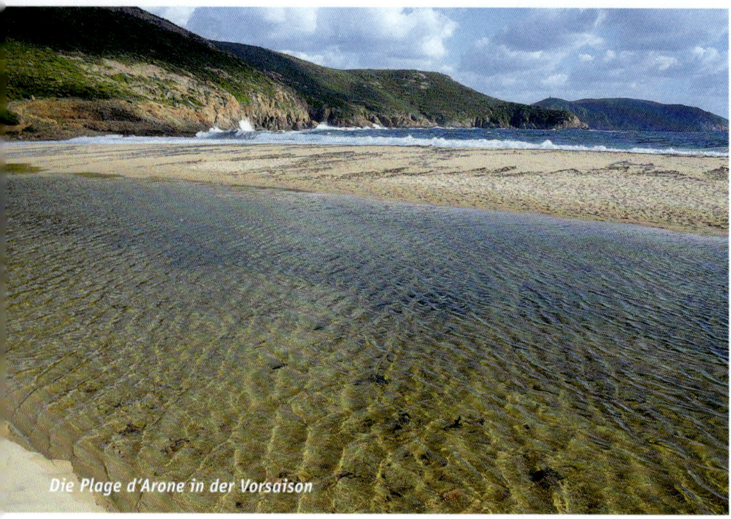

Die Plage d'Arone in der Vorsaison

Baden im Golf von Porto

Der Golf von Porto ist kein Ziel für Badeferien. Es ist die spektakuläre Natur, die hier die Hauptrolle spielt. Trotzdem finden sich einige schöne Badeplätze, die auch für Familien geeignet sind. Am breiten **Strand von Porto** schlagen an windigen Tagen haushohe Wellen an Land. Auch wenn das Meer ruhig ist, geht es hier zügig ins tiefe Wasser. Mit kleinen Kindern können Sie an die Badebecken im Aitone-Bach ausweichen **[› Tour 12]**. Am Südzipfel des Golfes bei Piana sind die Bedingungen besser.

1 Plage de Ficaghjola

GPS N 42°14'56.1", E 8°37'40.5"
Die Bucht erreicht man vom Dorf Piana über eine enge Stichstraße (16% Gefälle). Vom Parkplatz geht es in etwa 10 Minuten zum Strand, der grobsandig zwischen großen Felsen liegt.

2 Plage d'Arone

GPS N 42°12'29.4", E 8°34'51.2"
Die lange Sandbucht liegt zwölf Kilometer von Piana entfernt. Das Wasser ist blau und klar, wird jedoch schnell tief. Eher ein Badeplatz für größere Kinder. Ein angenehmer Campingplatz einige hundert Meter hinter dem Meer bietet ein attraktives Quartier.

Ausflugsziele / Golf von Porto

Rund um den Naturhafen von Porto reihen sich Restaurants, Läden und Hotels den Fluss entlang. Oben an der Straße gibt es zwei Supermärkte. Leihboote und Ausflugsschiffe, aber nur wenige Jachten. Porto lebt ausschließlich vom Tourismus. Die beiden wichtigsten Ziele sind die Calanche und das Naturschutzgebiet von Scandola, das vom Wasser aus am eindrucksvollsten ist. Ein weiteres interessantes Familienziel befindet sich direkt im Ort:

3 Der Genueserturm von Porto

Der viereckige Wachturm steht auf einem Felsen über dem Hafen. Er wurde 1993 renoviert und kann seitdem besichtigt werden. Wie auch beim Turm in Campomoro führt eine Treppe ins Innere des Turmes und dann weiter auf die Plattform – hier mit einem grandiosen Blick über den Golf von Porto.

Eintritt €2,50, Kinder unter 12 Jahren frei. Geöffnet im Sommer täglich von 9 bis 18 Uhr. Juli und August bis 19 Uhr.

4 Calanche de Piana

Schroffe rote Felsnadeln vor tiefblauem Meer – es ist auch der intensive Farbkontrast, der den Golf von Porto so ungewöhnlich macht.

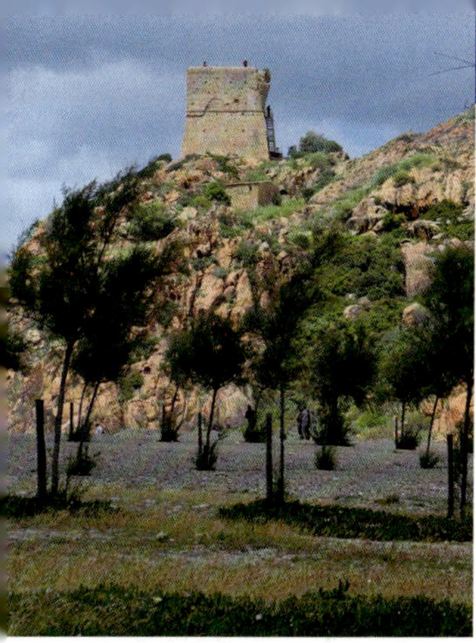

Der Genueserturm von Porto und die roten Felsen der Calanche

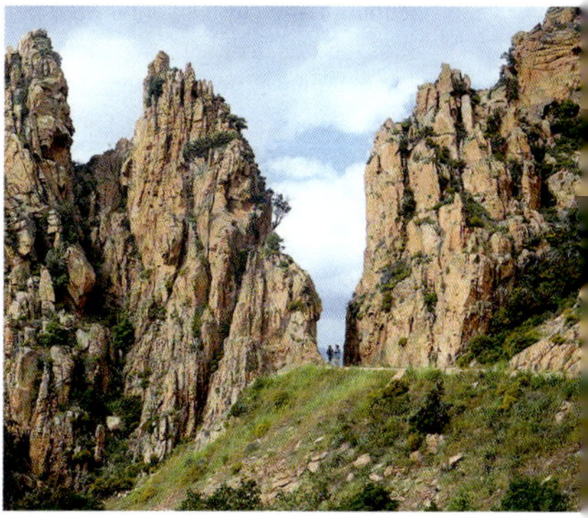

Besonders spektakulär sind die Felsformationen in der Calanche im Süden des Golfes zwischen Porto und dem Dörfchen Piana. Am intensivsten erlebt man die Landschaft, in der sich mit wenig Fantasie immer neue Steinfiguren entdecken lassen, zu Fuß. **[› Tour 14 und 15]**

5 Piana

Die alten Steinhäuser des schönen Ortes thronen gut 400 Meter über dem Meer. Der herrliche Blick über die Bucht und die roten Felsnadeln der Calanche machen Piana zu einem besonderen Ort. In den schmalen Gassen gibt es mehrere gute Restaurants.

6 Girolata und Scandola

Girolata heißt ein kleines Fischerdorf, gebaut aus wenigen Häusern hinter einem Kiesstrand. Auf dem Landweg ist der Ort nur über einen alten Maultierpfad zu erreichen. Es gibt dort keine Autos und keine Straßen. Während der Saison wird Girolata von vielen Ausflugsbooten angefahren. Für einige Stunden am Mittag bevölkern die Gäste dann Strand und Restaurants. Danach sind Einwohner und Wanderer wieder unter sich. Mehrere Wanderwege führen nach Girolata, dem einzigen Ort im **Naturschutzgebiet von Scandola**. Große Bereiche des Schutzgebietes sind für Menschen nicht zugänglich. Hier brüten Kormorane, Fischadler und Silbermöwen und auf dem Wasser können Sie mit etwas Glück auch Delfinen begegnen.

Sehr empfehlenswert fanden wir das **Restaurant La Voûte** in Piana in der Nähe der Kirche. Hier ist für jeden etwas dabei. Neben Fisch und korsischen Spezialitäten steht auf der Speisekarte auch ein Kindermenü. Alles ist frisch zubereitet und lecker, und die Preise stimmen auch. Tel. 0033 4 95278046.

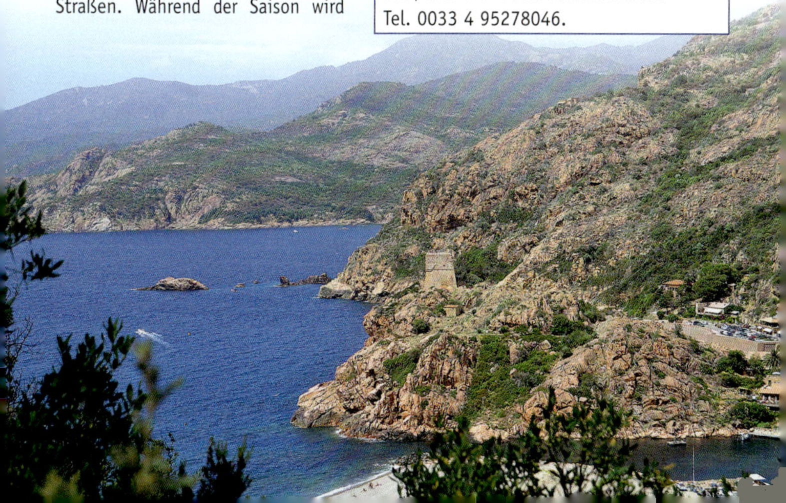

Ausflüge auf dem Wasser

Scandola erreicht man am besten per Boot. Bootsausflüge zwischen die Klippen und Riffe des Vogelschutzgebietes werden auch von Calvi, Galeria und Cargèse aus angeboten. In Porto starten verschiedene Gesellschaften, deren Preise sich kaum unterscheiden. Die dreistündige Fahrt an der Küste von Scandola kostet etwa €45 pro Person, Kinder ab fünf Jahren sind mit €30 dabei. Die Schiffe fahren mehrmals täglich. Kürzere Touren führen zu den Felsen der Calanche.

Die größte Gesellschaft in Porto ist **Nave Va**, deren Boote auch von Ajaccio und Porticcio starten.
www.naveva.com

Via Mare hat umweltschonende Boote mit Hybridantrieb im Einsatz und bietet außerdem einen günstigen Kinderpreis.
www.viamare-promenades.com

Die Mare Nostrum II der Compagnie **Porto Linea**, fährt mit 33 bis 42 Personen. Die Preise sind etwas höher.
www.portolinea.com

Maximal zwölf Personen haben Platz an Bord der **Pass'Partout I, II und III**. Inzwischen ist auch noch ein umweltfreundliches Hybridboot dazugekommen. Hier bekommt man zu etwas höheren Preisen eine persönliche Begleitung auf der Tour nach Girolata. Die kleinen Boote sind außerdem wendig genug, um durch Engpässe zu fahren, an denen die normalen Ausflugsboote umkehren. Sie sind aber gemütlicher unterwegs, als die gut motorisierten Schlauchboote.
Halbtagestour €48–55 pro Person.
Reservierung unter
www.lepasspartout.com.

Mehrere Unternehmen haben sich auf **schnelle, wendige Schlauchboote** für zwölf Passagieren spezialisiert. Einer der ersten war Francois-René aus Piana mit seinem Boot Alpana. Der junge Korse fiel außerdem aus der Reihe, weil er so viel über die Region zu erzählen wusste. Das Konzept war erfolgreich und machte Schule. Corse Adrenaline fährt ähnliche Touren mit einem flotten Gommone und auch die gelben Boote von Corse Émotion ermöglichen eine rasante Fahrt. Abends liegen alle Boote im Hafen vor Anker – jedes an seinem eigenen Platz – buchen können Sie online oder in den Restaurants im Ort. Tafeln am Eingang zeigen unmissverständlich, wer welche Tickets vertreibt.
www.scandola-girolata-piana.com
www.corseadrenaline.fr
www.corse-emotion.com
www.goeland-porto.fr
www.porto-marine-evasion.com

Auch in Porto kann man die üblichen führerscheinfreien **6 PS-Schlauchboote** leihen. Ein halber Tag schlägt mit etwa €80–90 zu Buche, ein ganzer kostet €120–130, immer zuzüglich Benzin. Es gibt mehrere Anbieter rechts und links der Flussmündung.

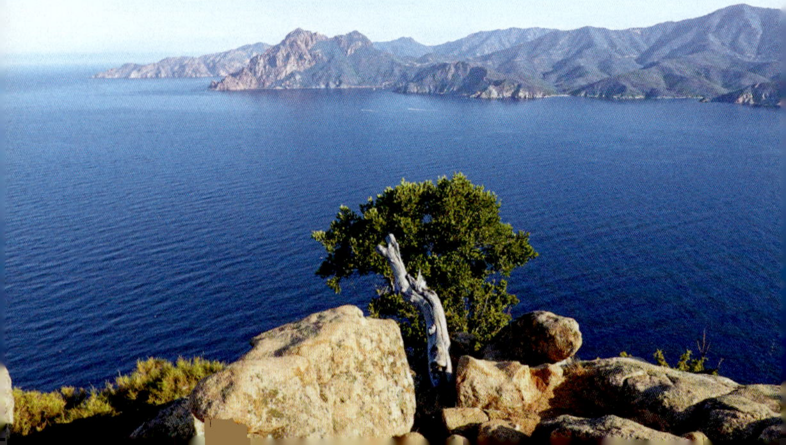

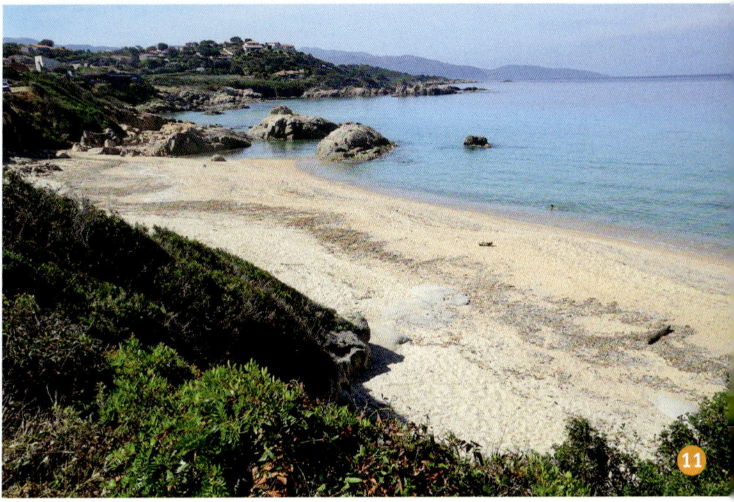

Baden im Golf von Sagone

Die Strände im Golf von Sagone sind eher für Familien mit großen Kindern geeignet. Die einzige Ausnahme ist das Gebiet um Cargèse. Die besten Badestrände für kleinere Kinder sind die Plage de Menasina und die Bucht von Chiuni, die jedoch vom anliegenden Club Méditerranée dominiert wird.

7 Plage de Chiuni

GPS N 42°10'12.91", E 8°35'34.5"
Westlich von Cargèse führt eine Stichstraße zum Meer. Am Anfang der Bucht befinden sich die Sporteinrichtungen des Club Med, nach hinten wird es ruhiger. Parkplätze hinter dem Strand machen den Zugang unkompliziert.

8 Plage de Pero

Die nächste Stichstraße führt uns zum schönen, langen Sandstrand, der ebenfalls ziemlich schnell ins Wasser abfällt.

9 Bucht von Menasina

GPS N 42°08'03.0", E 8°37'11.0"
Die kleine Bucht südlich von Cargèse hat uns am besten gefallen. Von einem Parkplatz neben der Straße geht man gut zehn Minuten hinunter zu einer Bucht mit feinem weißen Sand, eingerahmt von großen Felsen. Das Wasser ist hier türkisblau, in Strandnähe seicht und auch für kleine Kinder geeignet.

Rund um die Bungalowsiedlungen Sagone und Tiuccia gibt es lange, von der Straße gut einsehbare Sandbuchten.

10 Plage de Stagnoli

GPS N 42°07'14.0", E 8°38'54.0"
Am nördlichsten liegt etwas unterhalb der Küstenstraße die naturbelassene Bucht. Parken können Sie zwischen Cargèse und Sagone am Straßenrand.

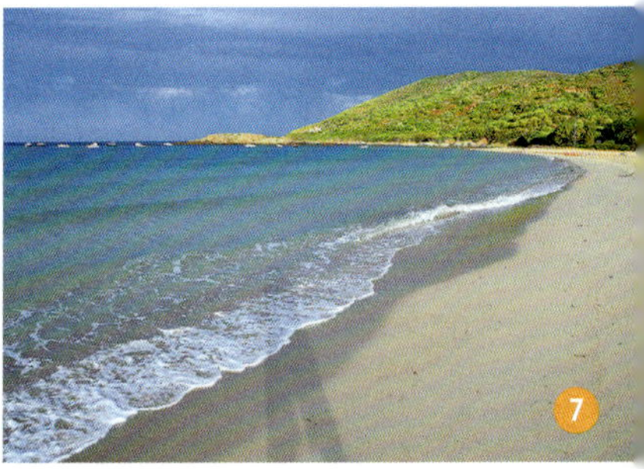

11 Plage de Sagone

Eine Reihe Hotels, Geschäfte und Ferienanlagen zwischen Straße und Meer – das ist Sagone. Vor dem Ort streckt sich eine schmale lange Bucht mit feinem weißen Sand.

12 Kurz darauf folgt rechts direkt neben der Straße die einen Kilometer lange **Plage de Santana** vor dem Ferienort Ensigna.

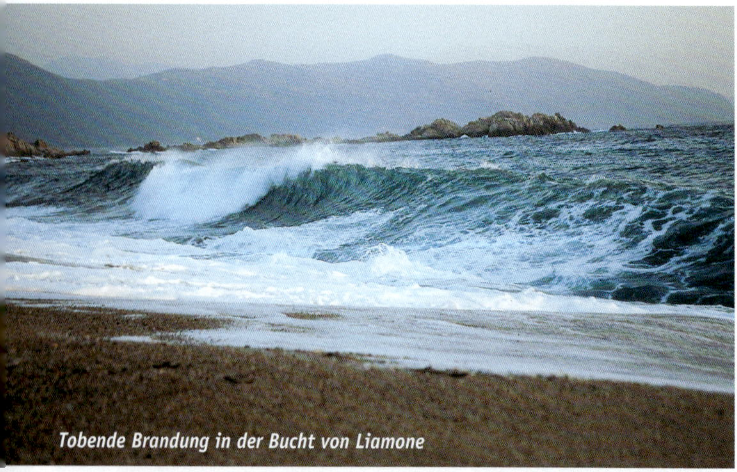

Tobende Brandung in der Bucht von Liamone

13 Plage de Liamone

GPS N 42°04'34.7", E 8°43'14.4"
Die längste Bucht der Region südlich des Ortes Sagone an der Liamone-Mündung. Hier geht es sehr schnell tief ins Wasser und bei entsprechendem Wind tobt die Brandung wie am Atlantik. Für kleine Kinder ist der Strand weniger geeignet.

14 Plage du Stagnone

GPS N 42°02'31.7", E 8°44'36.1"
Die letzte Sandbucht des Golfe de Sagone liegt abseits der Küstenstraße an der Mündung der Liscia. Sie ist feinsandig und angenehm, aber auch hier geht es zügig ins tiefe Wasser und bei starker Brandung ist Vorsicht geboten. Die Bucht erreicht man, wenn man am südlichen Ende des Golfes, dort, wo die Straße schon wieder ansteigt, rechts zum Strand und zum Camping A Marina abbiegt.

Ausflugsziele im Golf von Sagone

Cargèse ist der einzige wirklich sehenswerte Ort im Golfe de Sagone und unterscheidet sich deutlich von anderen korsischen Orten. Die Stadt wurde im 18. Jahrhundert von einer Gruppe griechischer Einwanderer auf einem Hügel über dem Meer errichtet. Das Herz von Cargèse bilden die sich gegenüberstehenden Gebäude der griechisch-orthodoxen und der römisch-katholischen Kirche. Vom Platz vor beiden Kirchen hat man einen tollen Blick über das Meer.

Am Fuße von Cargèse, ein gutes Stück weiter unten, befindet sich der Hafen. Hier liegen neben einigen

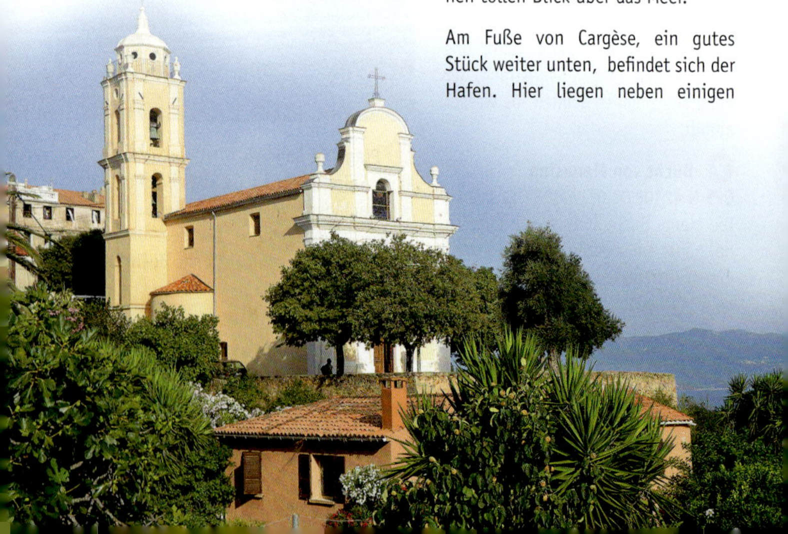

Unterwegs in Cargèse
Gute Auswahl zu sehr fairen Preisen bekommen Sie im **Restaurant U Rasaghiu** am Hafen, www.restaurant-urasaghiu.fr. Auf der Speisekarte finden sich Fisch und korsische Klassiker, aber auch Pizza. Ein optimales Familienrestaurant.

Last but not least: Die **Epicerie Leca** ganz oben an der Durchgangsstraße ist eine Adresse für die Großen, die hier korsische Spezialitäten kaufen können. Die Auswahl ist groß: Wein, Likör, Käse, geräucherter Schinken, Kastanienkuchen. Den Kindern schmecken vielleicht die Canistrelli mit Schokolade oder der Moelleux à la chataigne – ein saftig weicher Kastanienkuchen. epicerieleca.fr

Jachten auch noch Fischerboote, die morgens vor Sonnenaufgang zum Fischfang auslaufen. Rund um den Hafen gruppieren sich mehrere Restaurants. Ein sehr reizvoller Platz für ein Abendessen.

Outdoorsport

15 Eine spielerische **Familien-Canyoningtour** durch die Schlucht des Zoïco bei Soccia (45 min von Sagone) ist das ultimative Urlaubsabenteuer für kleine Wasserratten ab sieben Jahren mit sportlichen Eltern. Die Tour dauert drei Stunden, Anmeldung ist erforderlich.
Juni bis September, €45–50 pro Person, Tel. 0033 (0)420 190909.
www.canyon-corse.com

Reiten

16 Hier wird er wahr, der Traum vom Ritt am Meer: Die einstündigen Ausritte von **Le Ranch** führen zur Plage de Chiuni, in zwei Stunden erreicht man auch die Plage d'Arone und das landschaftlich grandiose Capo Rosso. Die Ausritte kosten €35–55. Der Stall befindet sich rechts der Straße an der Zufahrt zur Plage de Chiuni bei Cargèse.
www.ranchcorse.com

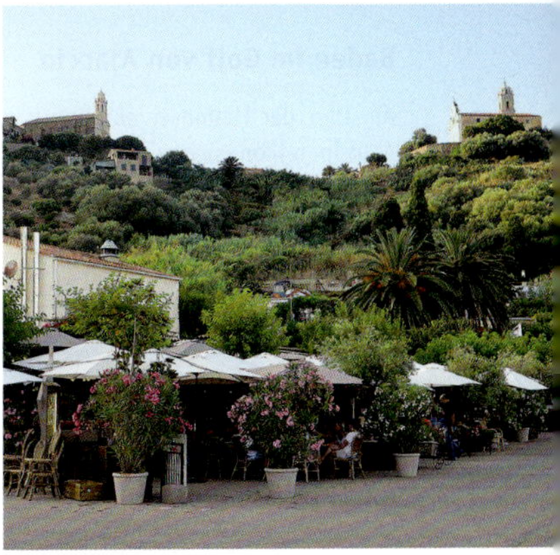

Die kleinsten Pferdefans finden ihr Glück bei **[› Tour 17]**. Mit Pony oder Esel als Begleiter steigen Sie hinauf zum idyllischen Lac de Creno.

Ausflüge auf dem Wasser

Im Hafen von Sagone starten die rasanten Schnellboote von **Corsica Marittima** zur Fahrt nach Scandola, zum Sonnenuntergang zu den Îles Sanguinaires oder in die andere Richtung nach Bonifacio. Maximal zwölf Passagiere passen in die flachen Boote, die auch von Ajaccio und Porticcio ablegen.
3,5-Stundentour etwa €70, kein reduzierter Preis für Kinder.
www.corsicamarittima-sagone.com

Albellu croisières
Ebensfall mit spritzigen Schlauchbooten für zwölf Personen fährt Christophe vom kleinen Hafen in Sagone bis nach Scandola und Girolata und in den Golf von Porto.
4,5-Stunden-Tour €80 pro Person, Kinder €70. Billeterie im kleinen Hafen von Sagone oder online.
www.croisierescorsesalbellu.com

Beim Start von Cargèse kann man auch etwas weniger rasant über das Meer gleiten und zu Dominique in die **Grand Bleu II** steigen. Die Fahrt nach Scandola beginnt um 8.45 Uhr, Pause in Girolata und endet um 15 Uhr. Zweite Abfahrt am Nachmittag um 15 Uhr.
€63 pro Person, Kinder 3–9 Jahre €45. Tel. 0033 (0)495 264024.
www.croisieresgrandbleu.com

Baden im Golf von Ajaccio

Am Ufer der Halbinsel nördlich von Ajaccio reihen sich kleine Buchten mit weißem Sand und türkisblauem Wasser. Sie sind gut geeignet für Familien mit Kindern, liegen aber alle direkt hinter der viel befahrenen Route Sanguinaire.

17 Einsame Buchten mit stärkerer Brandung gibt es nördlich der Pointe de la Parata **[› Tour 18]**. Die **Anse de Minaccia,** GPS N 41°56'09.5", E 8°37'27.9", in der Nähe des Capo Feno ist aus dem Stadtzentrum von Ajaccio auch mit dem Auto erreichbar.

18 Für einen Badeurlaub eignet sich der lange Strand des lebhaften Badeortes **Porticcio** südlich der Stadt, der aber ebenfalls vor der von Hotels gesäumten Uferstraße liegt. Aufgereiht wie Perlen folgen rechts der Straße die Buchten **Plage Augusta, Plage Isolella**, die schöne **Plage de Ruppione** und fast schon am nördlichen Zipfel des Golfes am Abzweig nach Coti-Chiavari die Plage d'Argent und die kleine Plage de Verghia. Alle Buchten sind auch gut für Familien. Das Wasser wird jedoch überall vergleichsweise schnell tief.

Kinderattraktionen bei Ajaccio

Schildkrötenpark U Cupulatta [› Tour 20]

19 Accrobranche de Vero

Einer der besten Hochseilgärten der Insel schwankt auf einem großzügigen Waldgrundstück bei Vero zwischen den Bäumen. 17 gepflegte, gut angelegte Parcours aller Schwierigkeitsstufen bieten viel Auswahl und das auch für Kinder: Die beiden einfachsten Parcours befinden sich in Griffhöhe der Eltern und haben gehobenes Spielplatzniveau, sodass hier schon Dreijährige mitmischen können. Für die Junioren bis 1,20 Meter Körperlänge gibt es fünf Parcours zur Auswahl. Nur die vier höchsten Kletterstrecken bleiben Jugendlichen und Erwachsenen vorbehalten. Der Weg von der Küste in die Berge lohnt sich, wenn Sie den Ausflug mit dem Besuch im wenige Kilometer entfernten Schildkrötenpark verbinden.

Geöffnet Mitte Juni bis Mitte September täglich von 10–18 Uhr, Juli und August bis 19 Uhr. Mai bis Mitte Juni und Mitte September bis Mitte Oktober nur am Wochenende von 10–17 Uhr.

4 Stunden für Kinder bis 1,20 m €17;

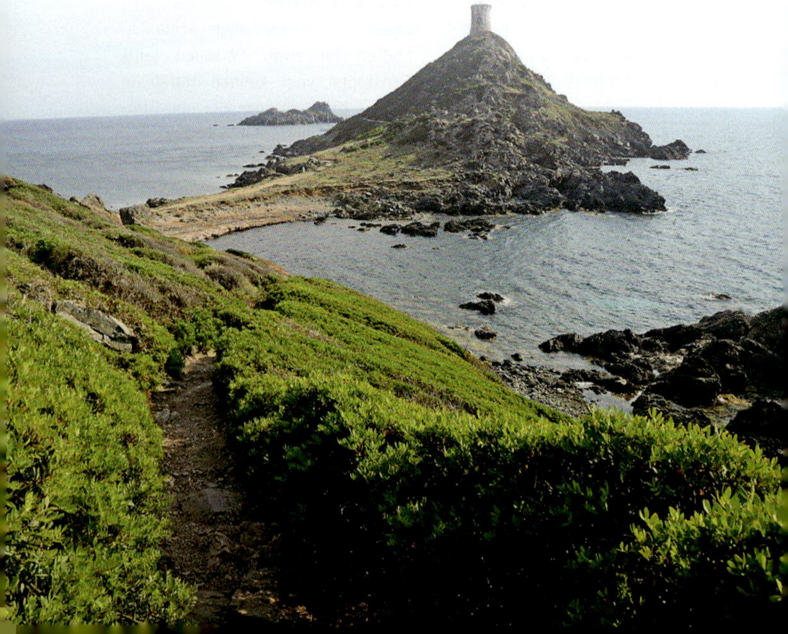

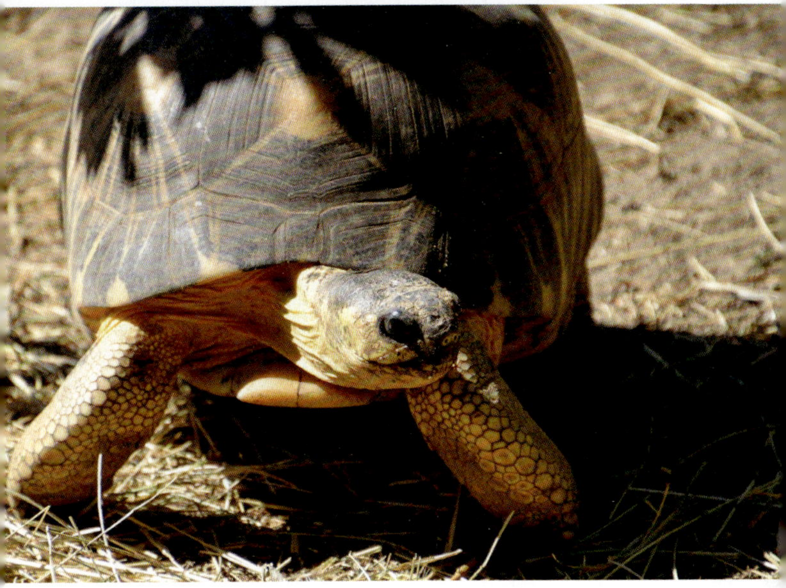

bis 1,35 m (4 h) € 20; bis 1,50 m € 23 (4 h), Jugend und Erwachsene € 26 (4 h). Neu ist die Öffnung des Parks von 19 – 23 Uhr im Juli und August. www.revesdecimes.fr

Mini-Canyoning-Tour

Rêves de Cimes, der Betreiber des Hochseilgartens, hat auch eine Mini-Canyoning-Tour (Rando aqua) im Programm, an der Familien mit Kindern ab sechs Jahren teilnehmen können. Kleine Sprünge, Rutschen, eine Seilrutsche, die Durchquerung einer Wasserhöhle, eine Seilbrücke, sowie eine Einführung ins Abseilen sind Teil des spielerisch aufgebauten Ausfluges. *€ 45 pro Person, Rêves de Cimes, Mezzavia, Tel. 0033 (0)495 218901. www.revesdecimes.fr*

Ausflüge auf dem Wasser

Eine kurze Bootstour führt von Ajaccio zu den Îles Sanguinaires. Ansonsten starten die Ausflugsboote aus dem Hafen von Ajaccio nach Scandola und nach Bonifacio.

Auch von Ajaccio fährt die **Nave Va**. Die Boote liegen im Port de Plaisance Tino Rossi unterhalb der Zitadelle. Für die zweistündige Fahrt zu den Îles Sanguinaires mit einstündigem Stopp auf der Hauptinsel zahlen Sie € 33 (Kinder € 15). Tagestouren über Scandola nach Girolata oder Calvi oder in die andere Richtung nach Bonifacio kosten € 69 (Kinder € 45).

Im Juli und August gibt es bei diesem Anbieter auch spezielle **Whale Watching-Touren**, die aber rechtzeitig gebucht werden müssen. *Tel. 0033 (0)495 513131. www.naveva.com*

Découvertes Naturelles bietet die Fahrt zu den Îles Sanguinaires zu ähnlichen Bedingungen an. *€ 33, Kinder 4 bis 10 Jahre € 15. www.promenades-en-mer.org*

Auch im Hafen Tino Rossi in Ajaccio liegen die rasanten Schnellboote von **Corsica Marittima**. Die Fahrt nach Scandola und zum Sonnenuntergang zu den Îles Sanguinaires ist hier im Programm und auch ein Tagesausflug nach Bonifacio und zu den Îles Lavezzi. Maximal zwölf Passagiere passen in die flachen Boote, die auch von Sagone und Porticcio starten. *Drei-Stundentour etwa € 65, kein reduzierter Preis für Kinder. www.corsicamarittima-ajaccio.com*

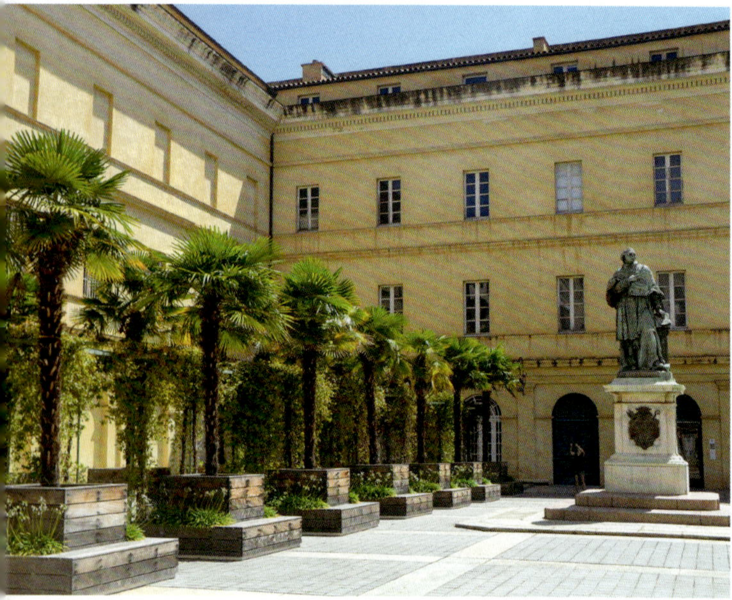

Ajaccio mit Kindern

Ajaccio ist eine Großstadt, wenn auch eine sehr schöne, und damit sicher nicht das erste Ziel, das man mit Kindern anpeilen wird. Größere Kinder könnte man jedoch mit der Geschichte Napoleons für die Stadt interessieren [› Seite 124].

Napoleon wurde in Ajaccio geboren, in der Kirche Notre Dame-de-l'Assomption in der Rue Forcioli Conti hat man ihn getauft. Sein Elternhaus ist heute ein Museum, in dem man die typische Einrichtung eines korsischen Bürgerhauses des 19. Jahrhunderts betrachten kann. Auf der Place de Gaulle befindet sich ein Denkmal Napoleons zu Pferd. Um ihn herum stehen seine Brüder. Und zu guter Letzt ruhen neun Mitglieder der Familie Bonaparte in der Chapelle Imperiale in einem Seitenflügel des Palais Fesch. Der Kaiser selbst wurde nicht in seiner Geburtsstadt, sondern in Paris im Invalidendom beigesetzt.

Ein guter Auftakt für die Begegnung mit Ajaccio ist die Stadtrundfahrt im kleinen weißen Zug, der seine Runde am Hafen beginnt. Hier kann man auch recht gut parken.

Stadtrundfahrt mit dem Minizug

Vor allen jüngere Kinder lieben die kleinen Touristenzüge. Der »Petit-Train« tuckert vom Hafen durch die Innenstadt von Ajaccio. Es gibt zwei Rundfahrten zur Wahl.

Die Stadtrundfahrt: Vorbei am Rathaus mit Napoleon-Saal, an zwei Napoleonstatuen, der Napoleongrotte, der Kathedrale von Ajaccio, der Zitadelle und natürlich dem Geburtshaus des Kaisers.
Die Rundfahrt dauert 45 Minuten.
€8, Kinder 3 bis 9 Jahre €4.

Die Rundfahrt La Parata: Die Strecke führt über die Route des Îles Sanguinaires bis zur Landspitze La Parata mit dem genuesischen Wachturm. Von dort hat man auch einen guten Blick aufs Meer und die Îles Sanguinaires. Der Aufenthalt reicht allerdings nicht einmal für Weg hinauf zum Turm. Die Tour über die Halbinsel ist sehr zu empfehlen, kann aber auch mit dem Auto gefahren werden [› Tour 18 und 19].
Die Fahrt dauert ein Stunde und 40 Minuten und kostet €12 für Erwachsene und €5 für Kinder von drei bis neun Jahre.
www.petit-train-ajaccio.com

Maison Bonaparte

Im Familienwohnsitz der Bonapartes in der Altstadt von Ajaccio wurde Napoleon 1769 geboren. 1923 vermachte ein Nachfahre des Kaisers das Haus der Stadt Ajaccio. Seitdem ist es ein Museum. In den Räumen kann man Möbel der verschiedensten Epochen bewundern und Familienporträts sowie den Stammbaum der Familie Bonaparte studieren.

Geöffnet Di bis So 10–12.30 und 13.15–17.30 Uhr, im Winter bis 16.30 Uhr. €7, Kinder und Jugend (bis 26 Jahre) kostenlos.

Altstadt von Ajaccio

Beim Bummel durch die engen Gassen der Altstadt am Fuß der Zitadelle gibt es in vielen kleinen Läden, Cafés und Restaurants auch für Kinder viel zu entdecken.

Auf der Place Foche zwischen Hafen und Altstadt findet jeden Vormittag der **Marché des producteurs** statt. Hier kann man süße Leckereien wie Nougat und Beignets au Brocciu – köstliche kleine Krapfen, gefüllt mit Frischkäse – probieren, aber auch Gemüse, Obst, Käse, Oliven, Würste und Schinken kaufen.

Zitadelle von Ajaccio

Die Zitadelle wurde 1492 errichtet und bis vor einigen Jahren durchgängig militärisch genutzt. Erst seit Kurzem kann man sie besuchen. Eine umfangreiche Restaurierung ist geplant, im Moment ist die Anlage noch recht verwildert, aber durchaus interessant. Eintritt ist vorerst frei.

Ajaccio mit dem Fahrrad

Statt zu Fuß durch die Altstadt zu bummeln, kann man bei appebike auch ein E-Bike oder einen Elektroroller mieten. Mit dem Rad lässt sich auch die komplette Halbinsel Sanguinaires erforschen. Die Fahrräder sind aber erst für Kids ab einer Körpergröße von 1,60 geeignet. Für Kinder bis fünf Jahre gibt es Kindersitze.

3,5 Stunden €38 pro Bike.
appebike.com

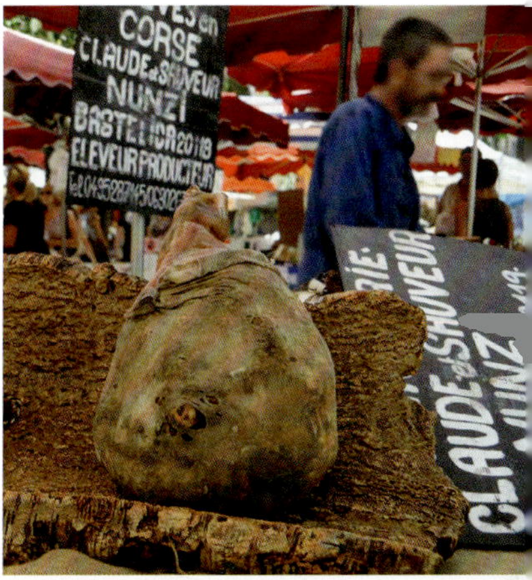

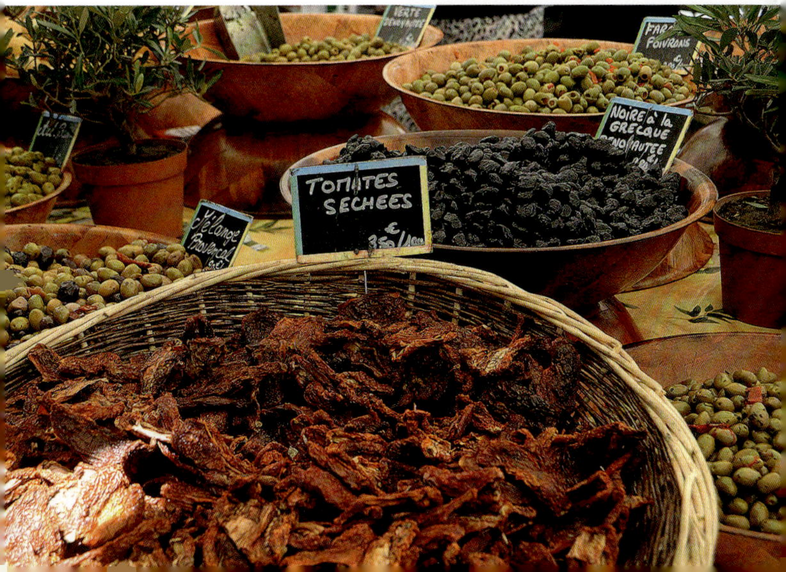

Strände im Golf von Valinco

Am Golf von Valinco sind die Strände deutlich kinderfreundlicher als am Golf von Sagone. Der Strand von Campomoro hat Planschbeckenqualität. Auch die Bucht von Cupabia eignet sich hervorragend für Familien mit Kleinkindern. Die Strände rund um Propriano sind etwas rauer und das Wasser wird relativ schnell tief.

20 Plage de Cupabia

GPS N 41°44'18.1", E 8°47'04.0"
Jenseits jeder Ansiedlung liegt die Bucht von Cupabia ganz im Norden des Golfe de Valinco verborgen in der Macchia. Ein Stichstraße führt zum langen, geschützten Sandstrand. Mit blendend weißem feinen Sand, eingerahmt von Felsen, ist die Bucht von Cupabia ein besonders schöner Anblick. Der einfache Campingplatz hinter dem Strandrestaurant bietet die Möglichkeit zu bleiben.

21 Plage de Tenutella

GPS N 41°42'18.6", E 8°49'59.2"
Langgezogener Sandstreifen zwischen Porto Pollo und Abbartello. Umfangreiches Wassersportangebot vor dem Camping- und Feriendorf Le Ras l'Bol.

22 Zwischen **Abbartello und Propriano** reiht sich eine Sandbucht an die andere. Dahinter hat man mehrere Campingplätze zur Wahl. Die meisten Strände sind feinsandig. Es geht jedoch zügig ins tiefe Wasser.

23 Plage de Portigliolo

GPS N 41°38'39.9" E 8°52'08.3"
Der vier Kilometer lange Sandstreifen erstreckt sich südlich von Propriano. Besonders geschützt ist der Strand in der Nähe des Ortes Portigliolo vor dem gut gelegenen Feriendorf »U Livanti« mit preisgünstigen Unterkünften. Der Bereich vor dem winzigen Flugplatz von Propriano an der Mündung des Rizzanese ist dagegen voll dem vom Meer kommenden Wind ausgesetzt. Die Brandung ist oft entsprechend stark.

24 Plage de Campomoro

GPS N 41°37'45.7", E 8°48'50.9"
Ebenfalls ein bisschen am Ende der Welt finden Sie den zweiten Paradiesstrand des Golfe de Valinco. Die Bucht vor den Häusern von Campomoro am südlichsten Zipfel des Golfe de Valinco ist seicht und das Wasser schimmert türkisblau. Das Paradies hat sich herumgesprochen und leer ist es hier trotz der abgeschiedenen Lage nur noch in der Nebensaison. Ein lohnendes Ziel ist auch der gut restaurierte genuesische Wachturm mit Resten einer dicken Festungsmauer oberhalb des Dorfes. Details zum Turm finden Sie bei **[› Tour 23]**.

Plage de Cupabia

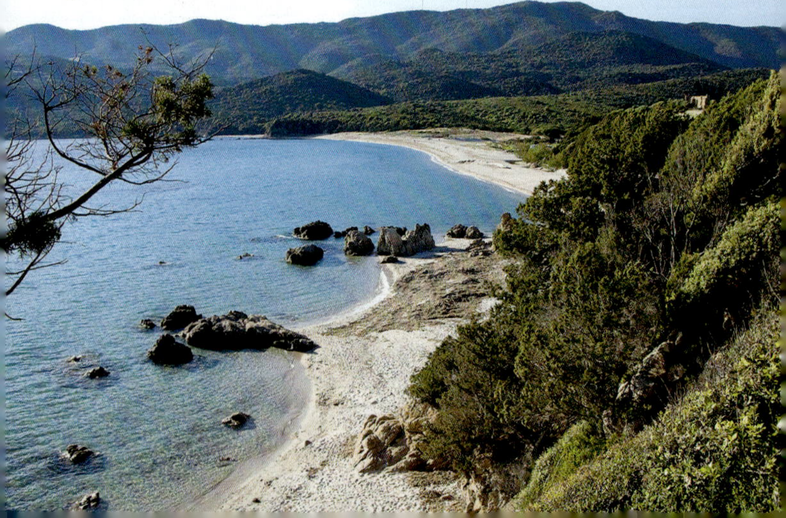

Ausflüge im Golf von Valinco

Propriano
Die Stadt im Zentrum des Golfs besteht aus einem ausgedehnten Hafen und einer langen Uferpromenade, gesäumt von Restaurants, Crèperien und Eiscafés. Dahinter gibt es ein paar Straßen mit Wohnhäusern und etwas außerhalb einen Supermarkt. Das ist alles. Propriano ist ein angenehmer Ort: Nicht so überlaufen wie die Städtchen im Süden der Insel, aber trotzdem lebendig. Nicht ganz so edel, familiengerecht mit Preisen unter dem Inseldurchschnitt.

Site préhistorique de Filitosa
Die berühmte prähistorische Fundstätte von Filitosa liegt nur 45 Minuten von Propriano entfernt. Hier stehen rund 4.000 Jahre alte Menhirsteine, die menschliche Figuren darstellen. Mehr Infos gibt es bei **[› Tour 22]**.

Ausflüge auf dem Wasser

Im Jachthafen von Propriano liegt die »Bateau Vision«, das Glasbodenboot der Gesellschaft **CMPV**. Auch hier wird die Standardtour ins **Naturschutzgebiet von Scandola** angeboten. Von Propriano aus ist das eine Tagestour. Sie führt über die Îles Sanguinaires, die Calanche und den Golf von Porto nach Girolata – und erlaubt somit einen Überblick über fast die gesamte Westküste.
9–16 Uhr, €68, Kinder 5 bis 12 Jahre €34.

Eine weitere Tour führt zu den Buchten, Inselchen und Klippen der einsamen, wilden Küstenlinie südlich des **Golfes von Valinco** in Richtung Capo Senetosa. Mit Badepause in einer Lagune.
9–16.30 Uhr, €68, 5 bis 12 Jahre €34, Grillgerichte zu Mittag gegen Aufpreis.

Auch abends zum **Sonnenuntergang** bringt die »Bateau Vision« ihre Gäste noch einmal hinaus auf das Meer.
2h, €28, 5 bis 12 Jahre €14.
Tel. 0033 (0)603774256.
www.promenades-en-mer-propriano.fr

Promenade en Mer Valinco
Die Valinco ist ein flottes kleines Motorboot und kann bis zu zwölf Passagiere transportieren. Sie kann für individuelle Touren auch komplett mit Skipper gemietet werden.

Für die romantische **Fahrt in den Sonnenauf- oder -untergang** mit der Valinco zahlt man €47, Kinder €30.
Tel. 0033 (0)612549928.
www.valincodecouverte.com

Die **4-Stunden-Tour** mit dem Katamaran »Big Blue« an der Küste entlang und mit Badestopp kostet €49, Kinder 4 bis 10 Jahre €40.

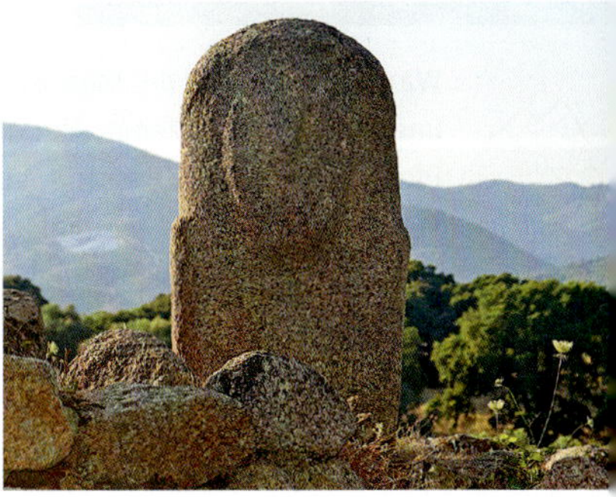

Die Steinfiguren von Filitosa

l'Escale
Bootstouren mit einem flotten 12-Sitzer und Touren zum Angeln.
www.lescalepeche.com

Pace di Mare
Drei mal am Tag gibt es eine Bootstour durch den Golf von Valinco. Sie dauert 2,5 Stunden und wird auch zum Sonnenuntergang gefahren. Außerdem werden SUPs, Kajaks und Tretboote am Hafen von Propriano verliehen. Auch Wasserski ist geboten.
ine Stunde SUP oder Kajak €15,
Tel. 0033 61303 0268.

Auch im **Centre Nautique Valinco** kann man SUPs, Kajaks und Tretboote ausleihen.
www.centre-nautique-propriano.com

In der Region um Propriano stehen die Chancen gut, bei Bootstouren auch Delfinen zu begegnen.

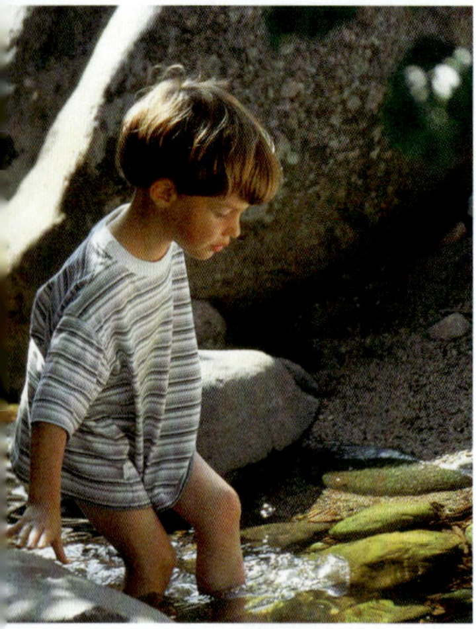

Tour 12: Durch die Spelunca-Schlucht

Wanderung von Evisa nach Ota

Beliebte und bekannte Tour von Evisa über einen steilen Pfad hinunter in die wilde Spelunca-Schlucht. Dort geht es zur »Pont de Zaglia«, einer alten genuesischen Brücke, die über den Tavulella-Bach zu schönen Badebecken zwischen eindrucksvoll aufragenden Bergen führt.

100 m
610 m
STRECKE 7 km
3 h 15
ab 6

Wanderung: Wir verlassen Evisa über die Straße Richtung Porto und folgen der orangen Markierung des Tra Mare et Monti. Der Pfad beginnt am **Ortsrand von Evisa** direkt am Friedhof. Ein **Schild** ① weist auf den Einstieg hin. In unzähligen Serpentinen schlängelt sich der Pfad über Steinplatten und kleine Stufen fast 550 Meter den Hang hinab. Nach einer guten Stunde erreichen wir an der alten genuesischen Brücke **Pont de Zaglia** ② die Talsohle der Schlucht. Am Fuß der Brücke haben wir Zugang zum Bach. Die Becken sind jedoch nicht besonders tief. Auf jeden Fall ist hier ein schöner, schattiger Platz zum Spielen, über Steine klettern und für ein Picknick.

Wir überqueren die Pont de Zaglia und folgen dem Weg, der meist unter Bäumen ein gutes Stück oberhalb des Flusses entlangführt. In leichtem Auf und Ab erreichen wir kurz vor der Straße wieder Flusshöhe und einige flache Badebecken. Wir überqueren die Straße an den **Deux Ponts d'Ota** ③ vor der ersten Brücke und gehen dann vor dem **Sportplatz** am Bach entlang. Die Badebecken werden hier tiefer. Der größte Pool liegt wie ein großes Schwimmbecken unter der nächsten Steinbrücke **Pont de Pianella** ④**.** Hinter der Brücke steigt der Weg steil an, schlängelt sich durch Steineichen

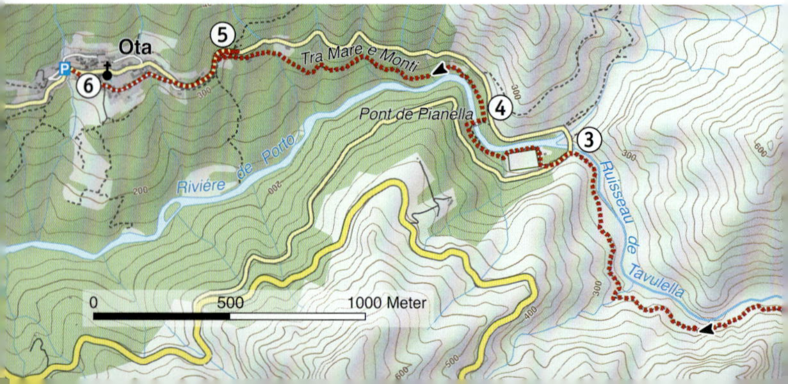

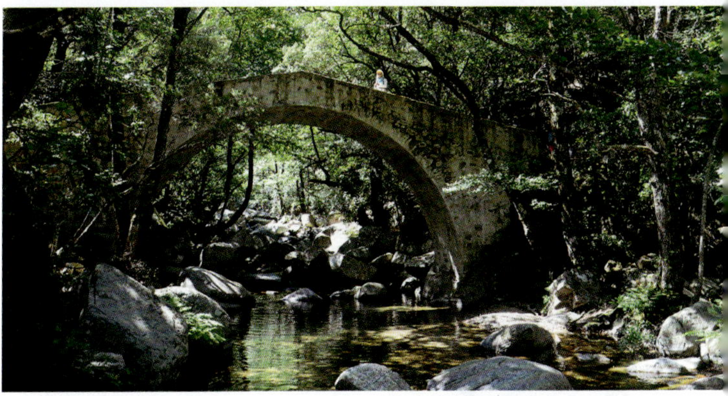

TOUREN-STECKBRIEF

Anfahrt: Über die D84. Dort 7,5 Kilometer hinter Porto den Abzweig nach Ota wählen. Das Auto im Ort abstellen. Das Taxi muss man rechtzeitig vorher telefonisch bestellen unter Tel. 0033 (0)614 154627 (Taxi Jean Dominique Ceccaldi).
Anspruch und Charakter: Bis zur Pont de Zaglia steiler, aber gut angelegter Steig. Teil des Mare et Monti und daher gut markiert. Wanderschuhe und Trittsicherheit notwendig.
Highlights: Badegumpen in der Nähe der Brücken. Weg durch die Schlucht.
Einkehr: Chez Felix in Ota. In der Saison Snack-Bar bei Deux Ponts d'Ota oder Picknick an der Pont de Zaglia.

und Olivenhaine. Begleitet von laut zirpenden Zikaden überwinden wir die letzten Höhenmeter bis **Ota ⑤.**

Der Weg mündet unten in eine Dorfstraße. Folgt man dieser hinauf in den Ort, so landet man unweigerlich am »**Chez Felix**« ⑥ und kann bei herrlicher Aussicht auf der Terrasse sitzen.

Ein Blick in die Spelunca-Schlucht
Gehzeit 1 h, 3 km, ab 4 Jahre, ↓↑70m
Wir starten bei den Straßenbrücken (Les deux Ponts d'Ota) ③ und laufen nur das spektakulärste Stück der Strecke: Vor der ersten Brücke folgen wir der orangen Markierung Richtung Evisa in die Schlucht hinein. In etwa 30 Minuten gehen wir zur Pont de Zaglia ②. Dort können wir eine Pause mit Picknick und Zeit zum Spielen machen und kehren später auf dem gleichen Weg zum Auto zurück.

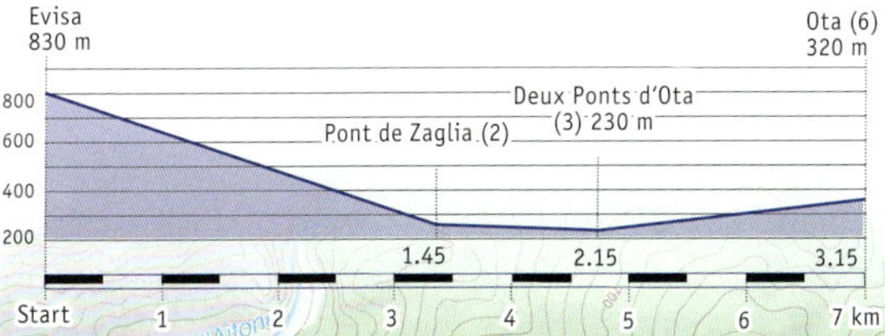

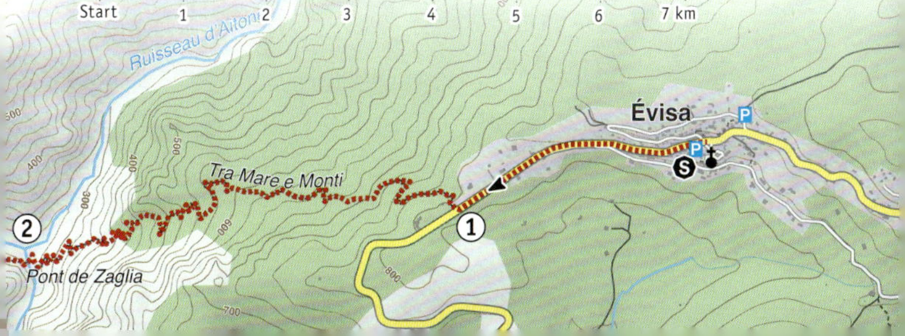

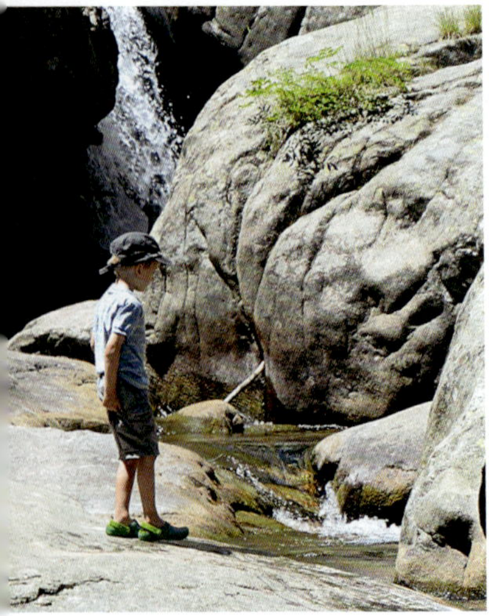

Tour 13: Auf dem Kastanienweg

Von Evisa zur Piscine naturelle

Einfache Tour auf einem Teilstück des Mare a Mare Nord. Sie führt vom angenehmen Bergort Evisa durch einen schönen, schattigen Kastanienhain bis zur Straße über dem »Naturschwimmbecken« im Aitonebach. Zuerst auf einem Forstweg, dann über unzählige Felsstufen steigen wir steil hinunter zum Wasser. Da das Wasserbecken auch von der Straße zu erreichen ist, ist es hier im Sommer nicht gerade einsam.

220 m
STRECKE 7 km
2 h 45
ab 6

Wanderung: In der Ortsmitte führt neben einem Café eine Steintreppe hinauf. An der Mauer ist der Wegweiser zum Chemin de Châtaigne befestigt, dem wir folgen. Wir steigen die Treppe hinauf und erreichen über eine Betonrampe den Ortsrand. Hier gibt es rechts an der Straße einen weiteren Parkplatz für Wanderer. Dort beginnt der **Lehrpfad**, der die Kultivierung und wirtschaftliche Bedeutung der Edelkastanienhaine auf Korsika erklärt. An passenden Punkten stehen bebilderte Infotafeln mit Erklärungen, allerdings ausschließlich auf Französisch.

Am Ende der ersten Steigung treffen wir auf ein großes **Schweinegehege** ①. Einige Tiere finden auch immer den Weg hinaus und halten ihr Schläfchen auf dem Weg vor dem Stall. Am nächsten Abzweig folgen wir der Markierung nach links hinunter. Neben großen Kiefern stehen hier auch die

> Die **Piscine naturelle** erreicht man auch direkt von der Parkbucht an der D84 etwa zwei Kilometer oberhalb von Evisa. In der Hauptsaison ist der schöne Platz daher meist gut besucht.

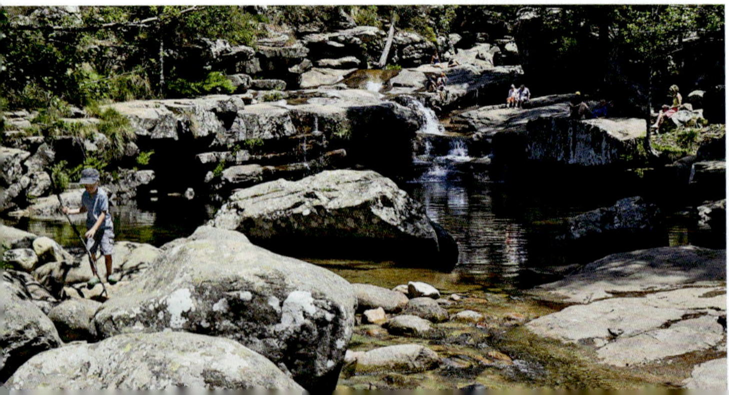

TOUREN-STECKBRIEF

Anfahrt: Evisa erreicht man von Porto über die D84. Für die 24 Kilometer etwa 45 Minuten Fahrtzeit rechnen. Parkplatz an der Straße in Evisa oder am Wegbeginn bei **GPS N 42°15'15.5", E 8°48'14.2".**
Markierung: Orange Farbbalken.
Anspruch und Charakter: Gut markierter steiniger Pfad bis zurm Kreuzungspunkt mit der D84, dann steiler Abstieg zum Naturpool.
Highlights: Große Gumpe im Aitone (Baden verboten), Kletterfelsen an der Gumpe, uralte Kastanien, Schweine.
Einkehr: Cafés und Restaurants in Evisa.

ersten alten Kastanien. An der tiefsten Stelle überqueren wir einen **Bach** ② und klettern kurz darauf über eine **Steintreppe** ③ in zwei Kehren bergauf.

Dann folgt ein schöner ebener Pfad mit besonders vielen Kastaniengiganten. Wir überqueren eine Bachbrücke ④ und nach einem letzten steilen Anstieg erreichen wir dann die Straße.

Etwa zehn Meter weiter führt uns ein **Wegweiser** ⑤ links hinunter zur **Piscine Naturelle**. Nach etwa zehn Minuten auf einem breiten Forstweg erreichen wir eine Natursteintreppe. Auf dieser geht es links hinunter zum **Wasserbecken mit kleinem Wasserfall** ⑥. Offiziell ist hier das Baden verboten. Nach einer Pause am Wasser geht es auf dem gleichen Weg zurück nach Evisa.

Kletterabenteuer statt Wanderung
Statt von Evisa hierher zu wandern, kann man auch oben an der Straße parken und nur den Weg zum Wasserbecken hinunterkraxeln. Dann bleibt genug Zeit, um den Flusslauf etwas genauer zu erforschen. Von der Piscine naturelle führt am linken Flussufer ein schmaler Pfad bis zu den kaum noch erkennbaren Resten einer Kastanienmühle. Ein Schild weist darauf hin. An mehreren Stellen kommt man vom Pfad gut zum Fluss und zu einem hohen Wasserfall hinunter. Da man dazu über schräge Steinplatten laufen muss, die bei Nässe rutschig werden, ist dieser Ausflug nur für warme, trockene Tage geeignet.

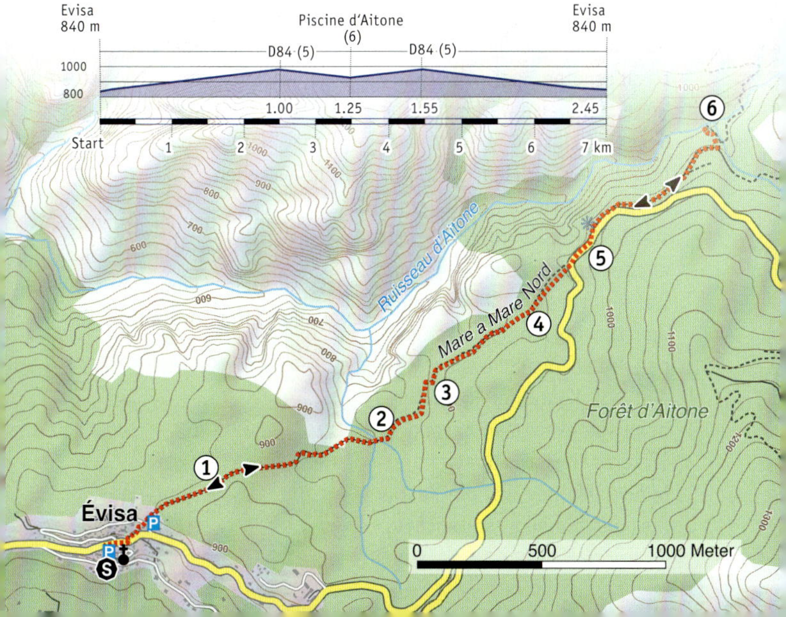

Die Edelkastanie auf Korsika

Eine Edelkastanie wird etwa 20 Meter hoch. Die Baumrinde schimmert grausilbern und wirkt rissig. Die Blätter sind ähnlich angeordnet wie bei unserer Kastanie, haben aber eine ganz andere Form und sind auch etwas kleiner. Im Mai und Juni blühen die Bäume, im Sommer wachsen die Früchte, im Herbst fallen sie dann herunter.

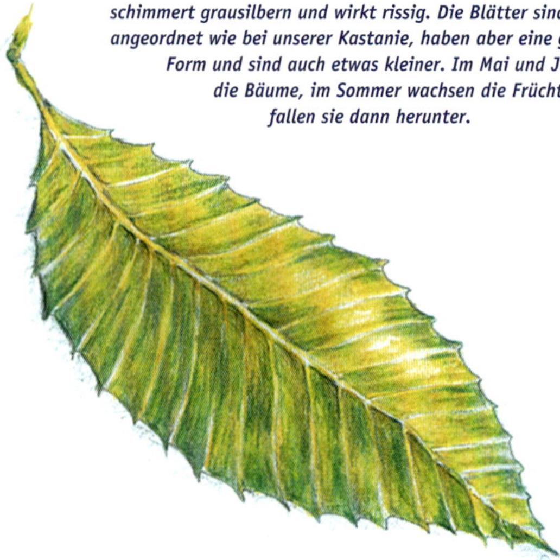

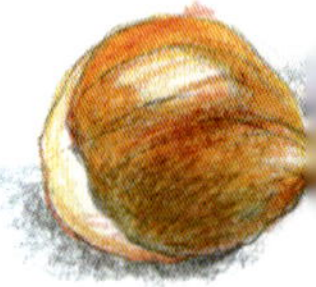

Bei uns nennt man die Früchte der Edelkastanie Maronen, um sie eindeutig von anderen, nicht essbaren Kastanien zu unterscheiden. Heiße Maronen gibt es in Deutschland im Winter zu kaufen, an Straßenständen oder auf dem Weihnachtsmarkt.

Auf Korsika spielten die Früchte aber eine viel wichtigere Rolle: Zeitweise waren sie eine der wichtigsten Ernährungsgrundlagen der Menschen. Aus Kastanien wurde Mehl hergestellt. Daraus wurde Brot oder Kuchen gebacken, oder mit Wasser ein Brei hergestellt, den die Korsen Pulenta nennen. Auch die Schweine wurden mit Kastanien gefüttert, denn so bekam man besonders leckeres Fleisch. Vor etwa dreihundert Jahren war die Kastanie auf Korsika so wichtig, dass man sie den Brotbaum nannte.

Im Nordosten gibt es eine Gegend, die nennt man die Castagniccia. Das ist korsisch und heißt: Kastanienhain. Die Castagniccia ist sehr bergig. Man kann dort nur schwer Getreidefelder anlegen, aber die Kastanien wachsen prima. So wurden dort so viele Bäume gepflanzt, dass die ganzen Hänge grün aussehen.

Es gab nicht immer so viele Kastanienbäume auf Korsika. Dass so viele davon gepflanzt wurden, dafür sorgten die Ge-

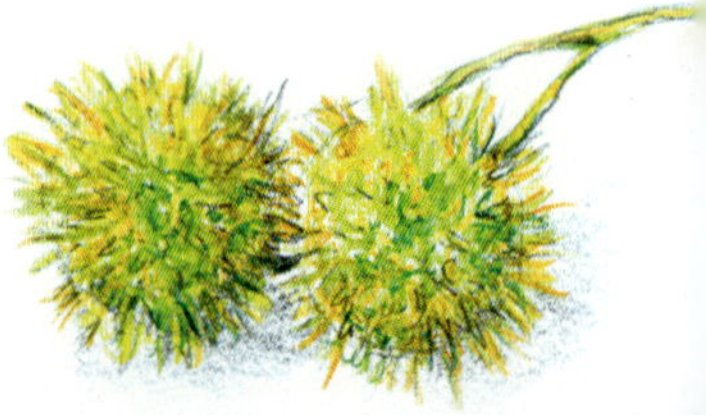

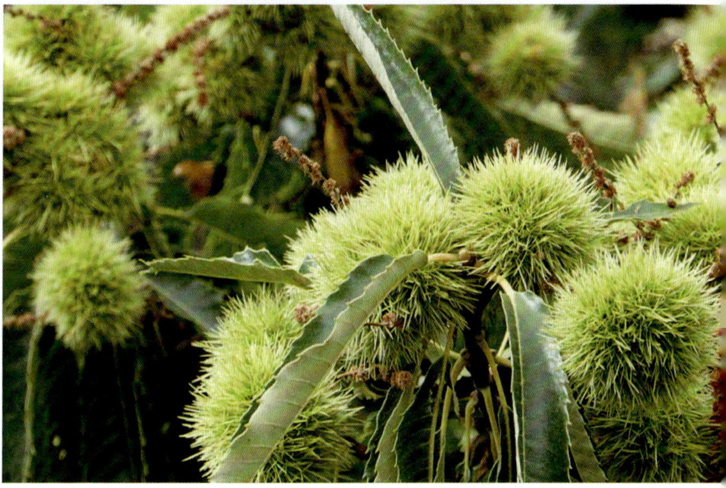

nuesen. Sie hatten bereits in einem Gebirge nahe Genua gesehen, wie nützlich dieser Baum war und wollten das für ihre damalige Provinz Korsika nutzen. Im Jahr 1584 bestimmte der genuesische Gouverneur: Jeder Grundbesitzer soll jedes Jahr vier Bäume pflanzen. Wer das nicht tat musste Strafe zahlen. So wuchsen jedes Jahr mehr Edelkastanien auf Korsika.

Ein junger Kastanienbaum muss gut gepflegt werden und ist erst mit 15 Jahren »erwachsen«. So lange dauert es, bis er Früchte trägt, die im Herbst eingesammelt werden. Dabei musste die ganze Familie helfen, von Oma und Opa bis zu den Kindern. Dann wurden die Kastanien getrocknet und die braune Haut abgeschält. Anschließend transportierte man sie auf einem Karren zur Mühle, wo sie zwischen großen Mühlsteinen zu feinem Kastanienmehl zerrieben wurden.

In der Castagniccia lebten sehr viele Menschen, die durch die großen Kastanienhaine alle genug zu essen hatten. Es blieb sogar ein Teil der Ernte über, der verkauft werden konnte. So wurden die Menschen in der Castagniccia reich. Man merkt das heute noch daran, dass man dort besonders viele Kirchen sieht. Auch in anderen Gebieten wurden große Kastanienhaine gepflanzt, zum Beispiel hier in Evisa. Aber nirgendwo sind es so viele wie in der Castagniccia.

Die Früchte der Edelkastanie ähneln den bei uns wachsenden Kastanien. Die Fruchthülle ist genauso stachelig, die Stacheln sind aber feiner und weicher.
Die Früchte kann man essen.

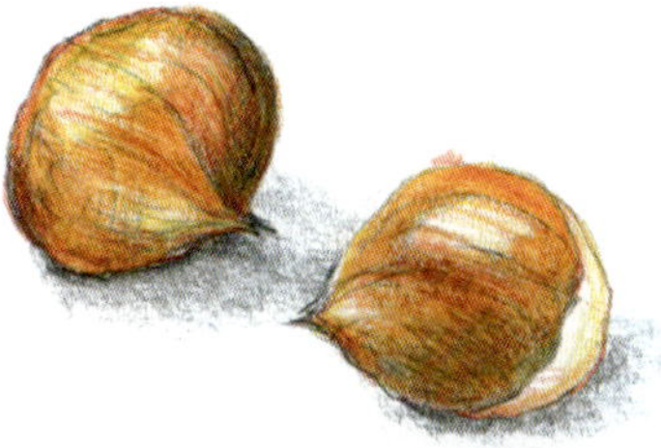

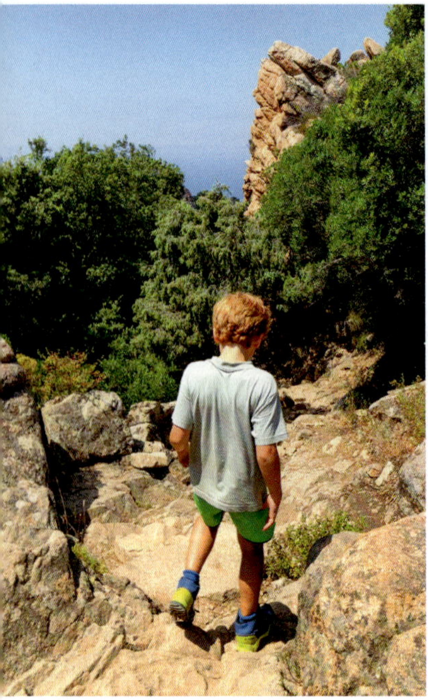

Tour 14: Hundekopf und Château fort

Wanderung durch die bizarre Steinwelt der Calanche

Zwischen fantastischen Steingestalten windet sich ein felsiger Pfad mit vielen Kletterstellen auf einen hohen festungsartigen Felsenturm. Von einem Plateau hoch über dem Meer schauen wir weit über den Golf von Porto. Eine eindrucksvolle Tour, der Weg ist spannend, aber nicht gefährlich und auch für kleinere Kinder gut zu bewältigen. Trotzdem langweilen sich auch die Großen nicht. Die Sache hat nur einen einzigen Nachteil: Der Weg zum Chateau Fort ist die einfachste und bekannteste Tour durch die Calanche und deshalb sehr beliebt. Einsam ist es hier ganz bestimmt nicht.

60 m

STRECKE 1,8 km

45 min

ab 4

Wanderung: Der Weg beginnt auf der Meerseite neben dem steinernen **Hundekopf** ①. Wir folgen dem Hinweisschild »Château Fort« und der gelben Markierung den Berg hinab. Zuerst laufen wir unter hohen Bäumen hindurch und der Weg ist eben und anspruchslos. Schon kurz nach dem Start erspähen aufmerksame Kinder die kleine **Höhle** in einem dicken Felsblock neben dem Weg.

Pause auf dem Château Fort

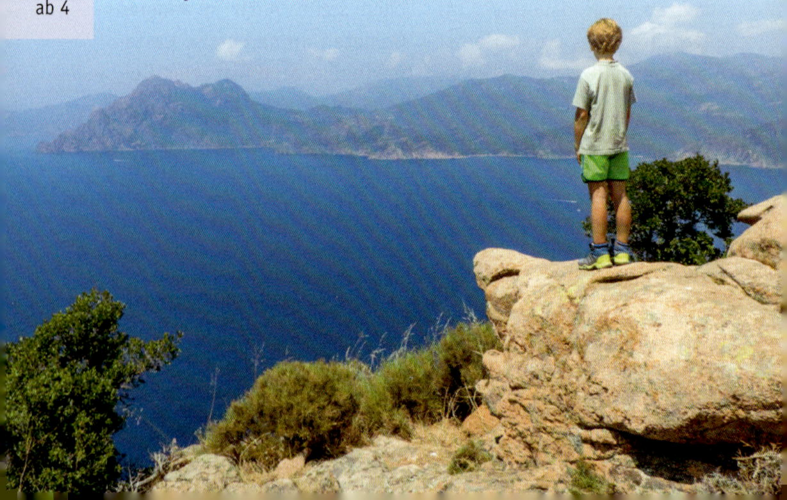

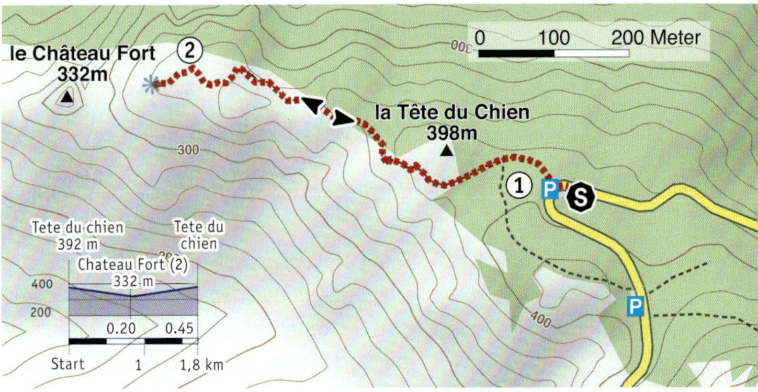

Am späten Nachmittag färbt die tiefstehende Sonne die roten Felsen besonders intensiv. Zu dieser Zeit ist die Calanche am eindrucksvollsten.

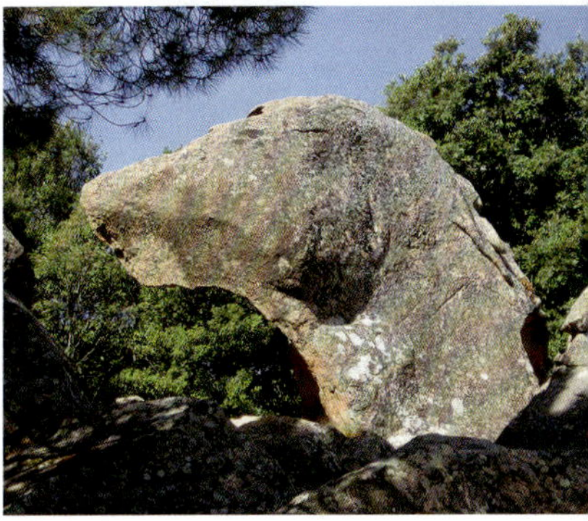

Dann wird der Weg schmaler und wir sind stellenweise der Sonne ausgesetzt. In vielen Kurven geht es vorbei an skurrilen Steingestalten, über Felsblöcke und unzählige natürliche Steinstufen in Richtung Meer. Plötzlich ist es dann da, weit unten, dunkelblau schimmernd. Der Blick reicht weit hinein in den Golf von Porto.

Auf dem **Plateau** ② ist ausreichend Platz für eine Pause oder ein kleines Picknick, bevor wir auf dem selben Pfad den Rückweg antreten.

Was sind eigentlich Tafoni-Felsen?
Tafoni ist korsisch und heißt »großes Loch«. Und genau so sehen die Felsen auch aus: durchlöchert und ein wenig angefressen. Tafoni entsteht durch Erosion von grobkörnigen Steinen. Durch die ständigen Schwankungen von Temperatur und Luftfeuchtigkeit zersetzt sich der bröselige Stein. Meer und Wind tragen die Steinkristalle davon, es entstehen Spalten und Löcher. Bei manchen Steinen lösen sich sogar Sandkörner, wenn man mit der Hand darüber streicht.

TOUREN-STECKBRIEF

Anfahrt: Über die D 81 zwischen Porto und Piana. Etwas nördlich vom »Châlet des Roches Bleues« (Restaurant, Souvenirs) liegt neben einer Kurve bei **GPS N 42°15'10.0", E 8°39'27.0"** ein Parkplatz, benannt nach der charakteristischen Steinformation am Straßenrand »Tête du Chien« (Hundekopf). Ist hier kein Platz mehr, gibt es eine Kurve höher eine weitere Parkbucht rechts der Straße.
Markierung: Gelbe Farbbalken.

Anspruch und Charakter: Gut erkennbarer, aber steiniger und unebener Pfad. Wanderschuhe sind trotz der kurzen Strecke nicht übertrieben.
Highlights: Toller Kletterweg mit fantastischen steinernen Tiergestalten rechts und links des Weges.
Einkehr: Restaurant Les Roches Bleues, 700 Meter vom Parkplatz entfernt – geeignet für alle, die bereit sind wegen der perfekten Aussicht 22 Euro für ihren Burger zu zahlen.

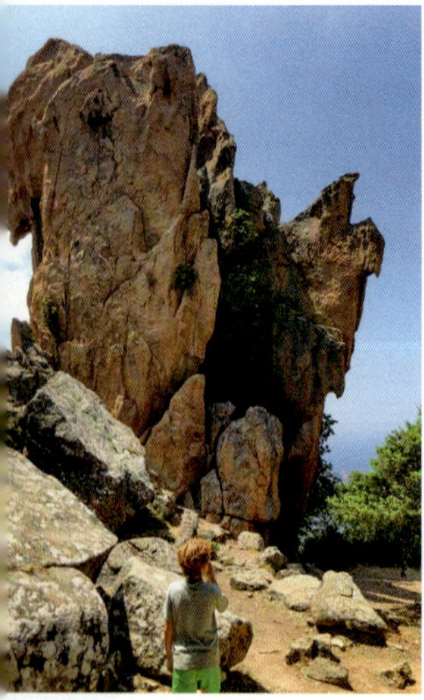

Tour 15: Maultierpfad und Felsenzirkus

Hoch über der Straße durch die Calanche

Eine besonders reizvolle Wanderung mit anstrengendem Aufstieg. Vom höchsten Punkt geht es durch eine stille Heidelandschaft mit verstreuten Tafonifelsen. Dort stoßen wir auf den spektakulären alten Maultierpfad zwischen Piana und Ota. Die Trasse dieses Weges ist teilweise terrassenförmig an den Berg gebaut und führt uns direkt zwischen die roten Felsnadeln. Links gähnt der Abgrund, weit unten sehen wir die Straße. Abstieg zur Straße über einen gewundenen Weg mit vielen Natursteinstufen.

300 m
STRECKE 4 km
2 h
ab 6

Wanderung: Der Weg beginnt schräg gegenüber dem **»Roches Bleues«** ① und ist durchgängig gelb markiert. Wir folgen dem Hinweisschild zum Capo d'Orto und klettern durch halbhohe Macchia den steilen Hang hinauf. Nach etwa zehn Minuten haben wir **freien Blick** ② über die Bucht.

Der Weg steigt weiter an, zwischen den Felsen geht es hinauf in einen **Fichtenwald**. Die Steigung wird sanfter und wir laufen über elastischen Waldboden. Hier sollte man die Markierung aus Steinmännchen und gelben Farbstreifen nicht aus den Augen verlieren, da man sich sonst leicht auf einem der kleinen Nebenpfade verliert. Der Weg macht einen Bogen nach rechts und führt dann noch

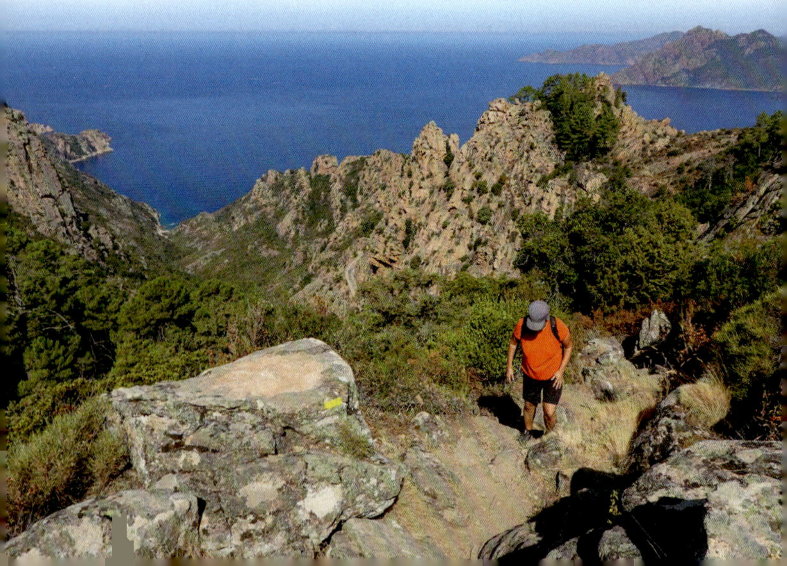

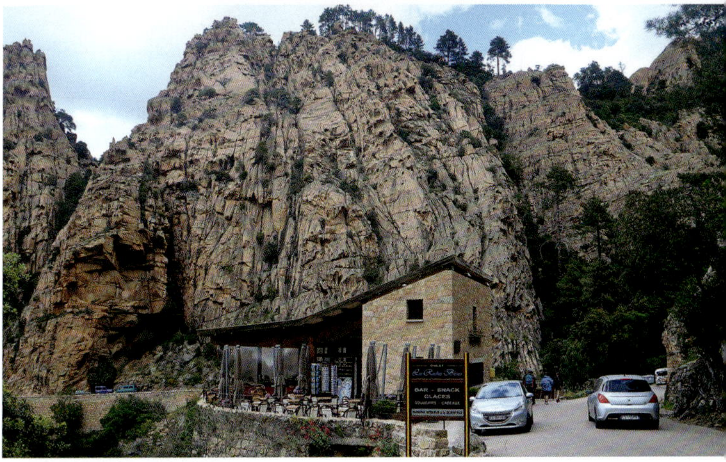

Das Café Chalet des Roches Bleues

TOUREN-STECKBRIEF

Anfahrt: Auf der D81 zwischen Porto und Piana. In der Nähe des Châlet des Roches Bleues gibt es einige Parkbuchten neben der Straße bei **GPS N 42°14'54.5", E 8°39'36.4"**. Sollten diese belegt sein, bleibt der Parkplatz 200 Meter weiter nördlich. **[› Tour 14]**

Markierung: Gelbe Farbbalken.

Anspruch und Charakter: Sehr steiler Aufstieg auf einem Waldpfad, danach weiter auf unebenem steinigem Pfad durch tolle Landschaft. Der Maultierweg zurück zum Châlet des Roches Bleues erfordert Schwindelfreiheit. Wanderschuhe sinnvoll.

Highlights: Kletterfelsen auf der Hochebene und der spektakuläre Maultierpfad mit weitem Blick über das Meer.

Einkehr: Chalet des Roches Bleues.

einmal steil den Hang hinauf – bis wir mitten im Wald vor einem großen **Steinhaufen** ③ stehen. Hier haben wir den höchsten Punkt erreicht und der Weg gabelt sich.

Links lohnt ein kurzer Abstecher zur **Châtaineraie de Palani** ④. Hier stehen uralte Kastanienriesen zwischen knubbeligen Tafonifelsen und es gibt schattige Plätze für ein Picknick.

Zurück an der **Kreuzung mit Steinhaufen** ③ folgen wir dann dem Wegweiser Richtung Piana. Wir lassen den Wald hinter uns und durchqueren eine ungewöhnliche Landschaft: Lauter Tafonifelsen liegen am Hang herum, scheinbar achtlos verstreut, halb mit Baumheide zugewuchert. Auch hier wäre ein guter Platz für eine Pause, in der sich wahrscheinlich nur die Erwachsenen ausruhen, denn das Steinchaos verführt zum Klettern und Forschen.

Dann folgen wir der Wegmarkierung leicht bergab, und hinter einem weiteren Waldstück sehen wir das Meer. Es folgt ein kurzer, steiler Abstieg und die nächste **Weggabelung** ⑤. Hier biegen wir rechts ab, in Richtung **»Ancien Chemin de Piana a Ota«** – jetzt befinden wir uns auf dem alten Maultierpfad.

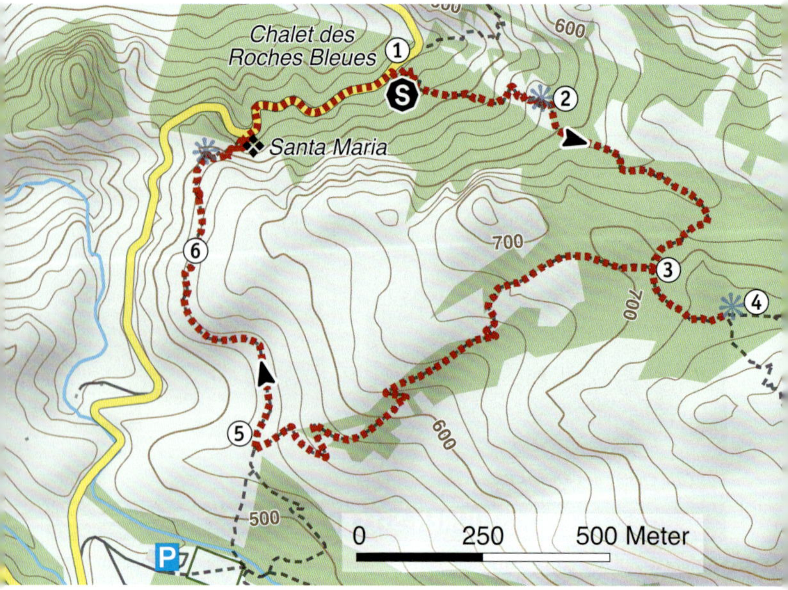

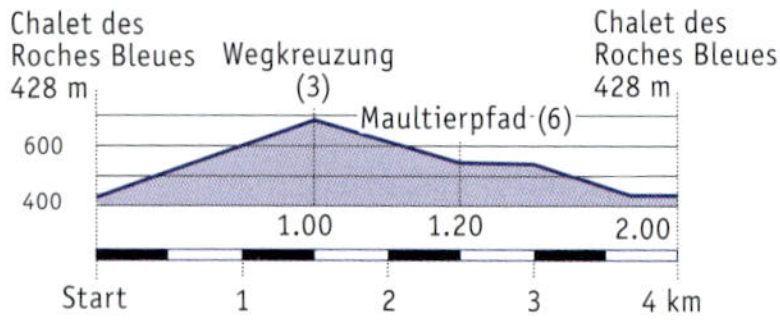

Nach einem Wegstück durch hohe, dichte Macchia mit Baumheide und großen Erdbeerbäumen erreichen wir den **Panoramaweg** ⑥. Ein Teil der Trasse wächst terassenförmig aus dem Hang. Der Weg ist grob gepflastert. Links geht es senkrecht den Berg hinab, nach vorne geht der Blick über rote Felsnadeln vor einem smaragdblauen Meer. Weit unten sehen wir die Straße. Wir folgen der Trasse 15 Minuten bis zu ihrem Ende. Dann steigen wir einen Serpentinenweg mit vielen Steinstufen hinab. Wir erreichen die **Straße** an einer Parkbucht 400 Meter oberhalb des Chalet des Roches Bleues.

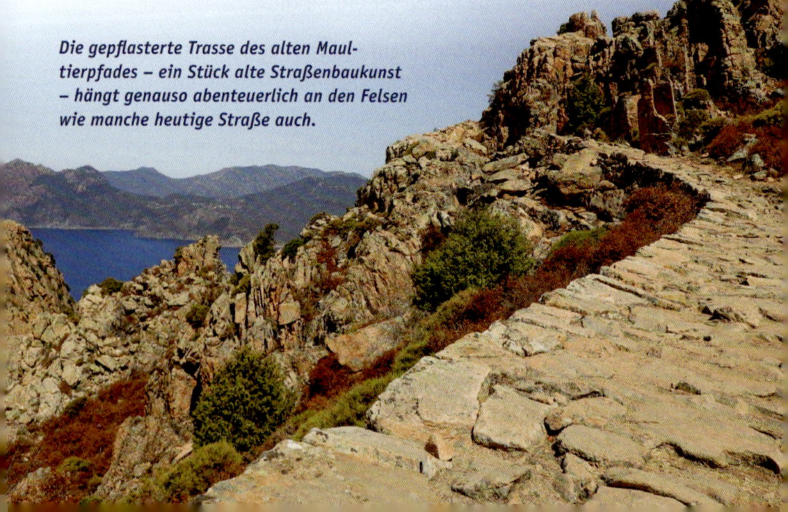

Die gepflasterte Trasse des alten Maultierpfades – ein Stück alte Straßenbaukunst – hängt genauso abenteuerlich an den Felsen wie manche heutige Straße auch.

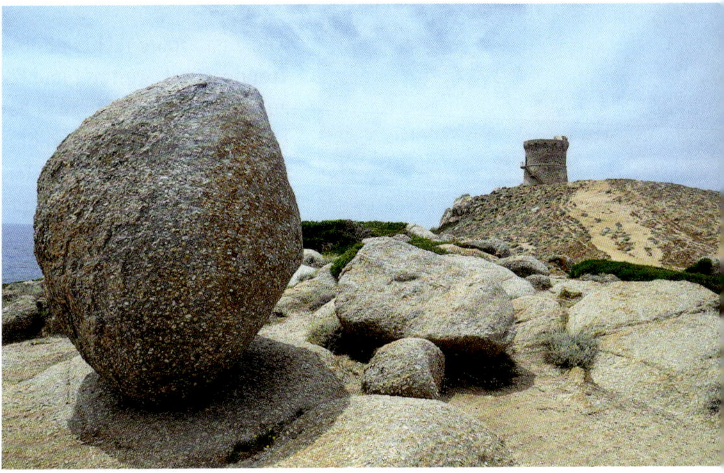

Tour 16: Küstenweg zur Tour d'Ominga

150 m

STRECKE 7 km

3 h

ab 6

Von der Plage de Pero zum genuesischen Wachturm

Durch eine malerische Küstenlandschaft mit dicken Steinen laufen wir recht bequem zu einem gut erhaltenen alten Wachturm. Von dessen Aussichtsplattform kann man weit über das Meer und die Küste schauen. Fitte Wanderer können dann auf der anderen, deutlich zerklüfteteren Seite der Halbinsel über Berg und Tal zurück zum Sandstrand an der Plage de Pero wandern.

Wanderung: Hat man oben am Tor geparkt, geht es jetzt links eine Treppe zum Strand hinunter. Auf halber Höhe biegt der Fuß-

TOUREN-STECKBRIEF

Anfahrt: Die Runde beginnt an der Plage de Pero, die von der Küstenstraße über zwei schmale Zufahrtsstraßen erreichbar ist. Die eine beginnt am nördlichen Ortsausgang von Cargèse, die zweite, von Porto kommend, direkt hinter dem Camping Torraccia. Unten hinter dem Strand biegen dann zwei Stichstraßen zum Meer ab.

An der nördlicheren ist das Hotel Ta Kladia ausgeschildert. Fährt man am Hotel vorbei und dann rechts, gibt es am Straßenrand vor einen Metalltor Parkmöglichkeiten für vier bis fünf Autos. Nur wenige Meter weiter biegt eine zweite Straße zum Strand und zu drei Strandbars ab. Parken kann man an deren Ende hinter den Bars auf einem Sandplatz bei **GPS N 42°08'51.3", E 8°35'36.8"**.

Markierung: Wegweiser.

Anspruch und Charakter: Bis zum Turm einfacher, gut markierter Küstenweg. Der Rückweg auf der Nordseite der Halbinsel ist etwas anspruchsvoller, weil er teilweise sehr schmal am Hang entlangführt und kurze steile Passagen hat. Kein Schatten, den Weg nicht an heißen Sommertagen laufen und ausreichend Wasser und Sonnenhüte mitnehmen!

Highlights: Zur Aussichtplattform auf dem Turm hinaufsteigen, schöner Badeplatz an der Plage de Pero nach der Tour.

Einkehr: Strandbars Plage de Pero.

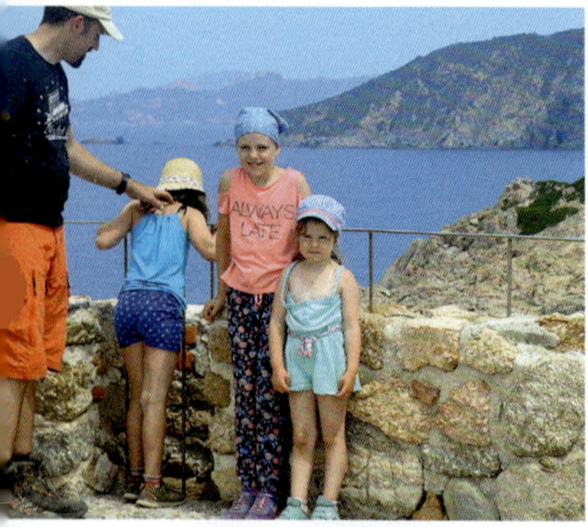

weg zum »Tour« rechts ab. Die **Treppe** führt weiter hinunter zum Meer und das ist auch der beste Weg, wenn man hinter dem Strand geparkt hat. Immer am Wasser entlang läuft man zum Ende der Bucht und beginnt dann die Wanderung mit Felsenkletterei. Über den ersten Felsriegel geht es in eine kleine Sandbucht, nach dem zweiten folgt eine noch kleinere Sandbucht und rechts oben ein Haus und hinter den dritten Felsen sieht man rechts eine **Betontreppe** den Hang hinaufführen. Das ist der Zugang zum Wanderweg. Wir steigen bis zum **Wegbeginn** (1) hinauf und biegen links in einen angenehmen Sandpfad ein.

Jetzt geht es erst einmal ganz gemütlich weiter. Der Pfad führt beinahe eben über der Küste entlang und wir haben einen weiten Blick über das Meer. Auch unser Ziel, der genuesische Wachturm auf der Landspitze, ist von hier aus gut zu sehen. Der Weg ist an allen relevanten Stellen gut markiert und wir folgen immer den Pfeilen in Richtung Turm (Tour). An einem **Holztor** in einer Steinmauer beginnt der Rundweg um den vorderen Teil der Landzunge.

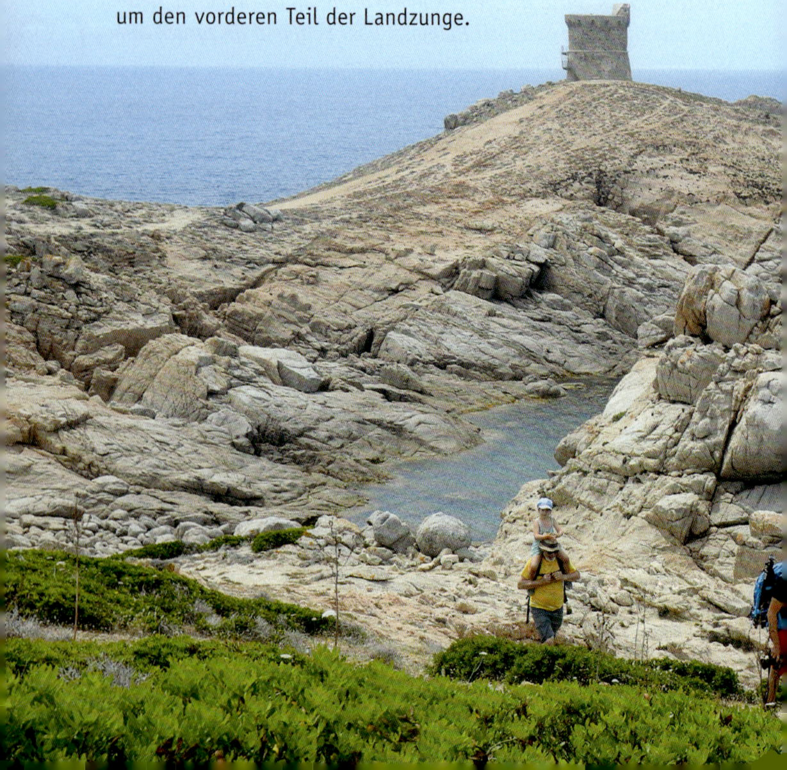

Hinter dem Tor führt ein **Abzweig rechts nach Chiuni** ②. Hier kommen wir auf dem Rückweg hinunter.

Jetzt geht es erst einmal geradeaus. Der Turm ist inzwischen nicht mehr zu sehen und unser Weg führt in leichtem Auf und Ab an der Küste entlang. Nach einigen Minuten treffen wir auf ein **Steinhaus** ③ und durchqueren hinter diesem noch einmal eine Mauer. Wenig später laufen wir über eine Bergkuppe und sehen den **Turm** ④ wieder. Jetzt ist er ganz nahe und wir müssen nur noch durch eine Senke und über einen kahlen Hügel hinauf. Eine Metalltreppe führt in den ersten Stock des Turm und weiter auf die Plattform auf dem Turmdach, von der man einen perfekten 360-Grad-Wachturmblick genießt.

Nach einer ausgiebigen Pause an diesem tollen Platz geht es wieder durch die Senke und diesmal auf die **linke Seite der Halbinsel**. Der Pfad ist mit Schildern mit einem kleinen und einem großen Wanderer markiert. Er ist etwas anspruchsvoller als der Hinweg. Es geht stetig Auf und Ab und der Pfad ist schmaler und etwas rauer. Zwischendurch wird es auch mal steil und links neben uns gähnt der Abgrund. Der Ausblick auf die Bucht von Chiuni und das Capu Rosso ist einmalig und die Küstenlinie ist deutlich dramatischer als auf der anderen Seite der Halbinsel. In zweiter Reihe sind schon die roten Berge der Calanche zu erkennen. Durch viele Kurven marschieren wir weit über dem Meer entlang.

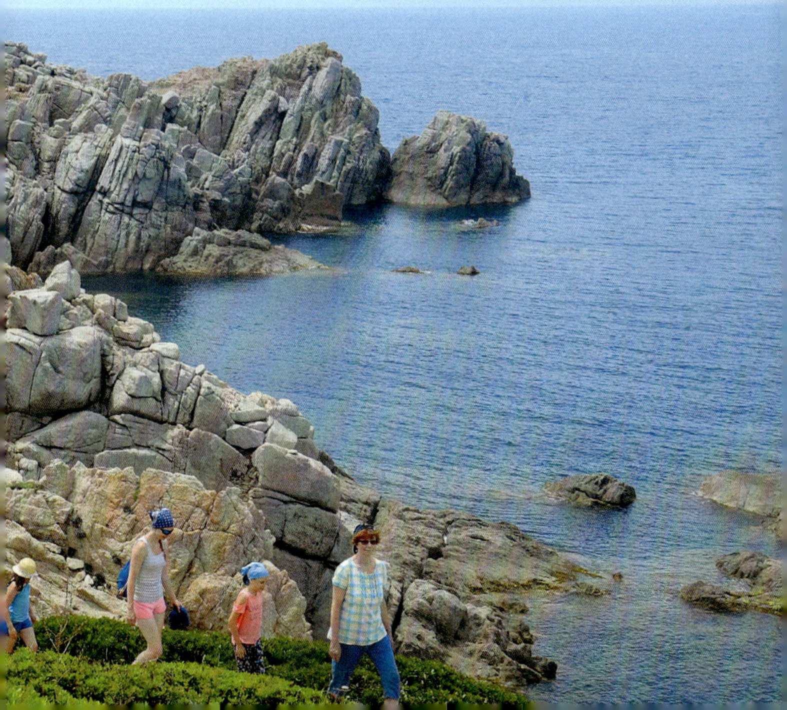

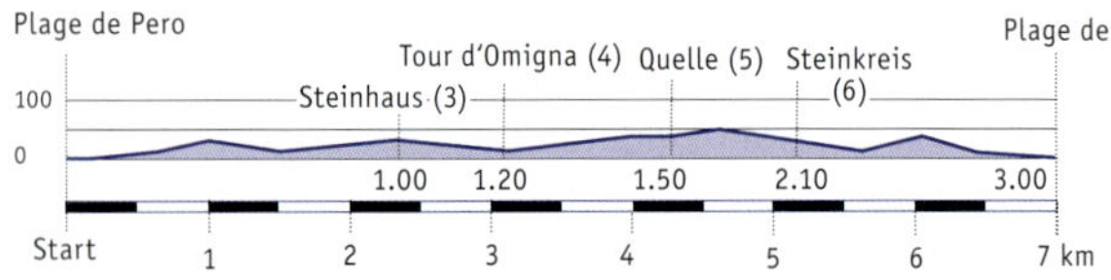

Etwa nach der halben Strecke kommen wir an eine **gefasste Quelle** ⑤. Wasser gibt es aber nur noch im Becken und das ist wenig einladend. Kurz vor der Kreuzung mit dem Hinweg treffen wir auf ein **mit Steinen eingefasstes kreisrundes Feld** ⑥ und kurz darauf an eine **Steinmauer mit Tor**. Geradeaus geht es nach Chiuni und zur Nachbarbucht der Plage de Pero. Wir steigen vor der Mauer rechts hinauf nach Pero und wandern immer an dieser entlang bis zum nächsten **Tor.** ② Es geht hindurch und nach links zurück auf den vertrauten Hinweg.

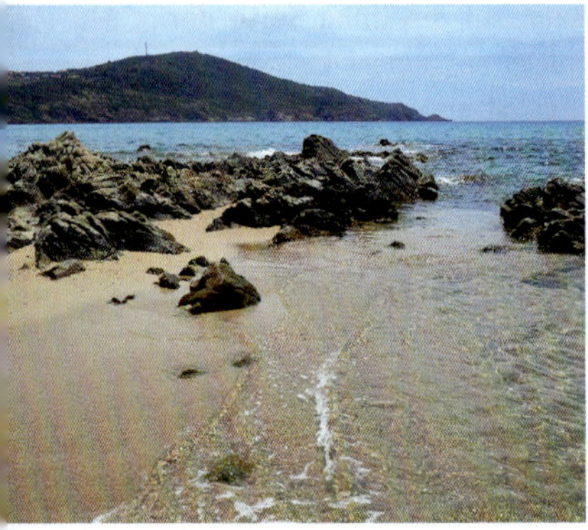

Klettern wir dann am Wegende rechts über die Treppe hinunter, gibt es ganz am Ende der Felsenpartie eine **Minibucht,** die, mäßige Brandung vorausgesetzt, auch für kleinere Kinder ein geschütztes Terrain bietet. Am **Hauptstrand von Pero** geht es dagegen recht zügig ins tiefe Wasser, sodass dort eher geübte Schwimmer Spaß am Baden haben. Bei starker Brandung ist der Strand wegen des schnell tief werdenden Wassers für Kinder nicht geeignet. In der Vorsaison liegt außerdem häufig viel Posidonia am Ufer. An der mittleren Strandbar gibt es dann übrigens auch das obligatorische Eis für fleißige Wanderkinder.

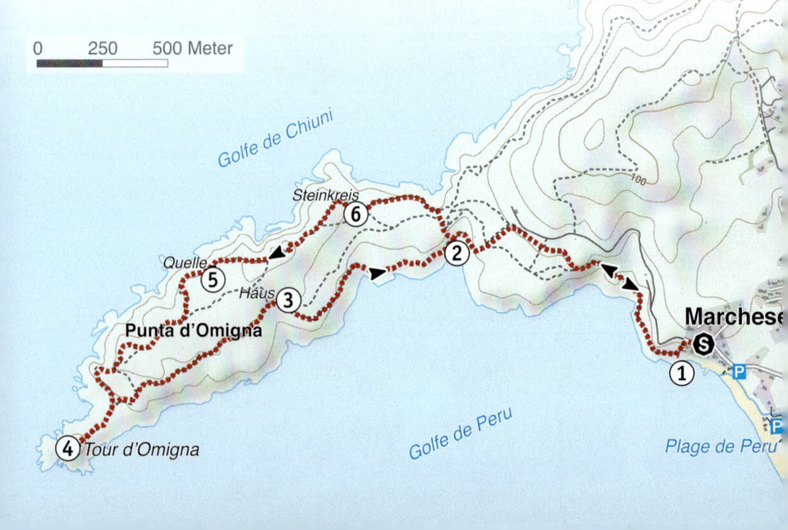

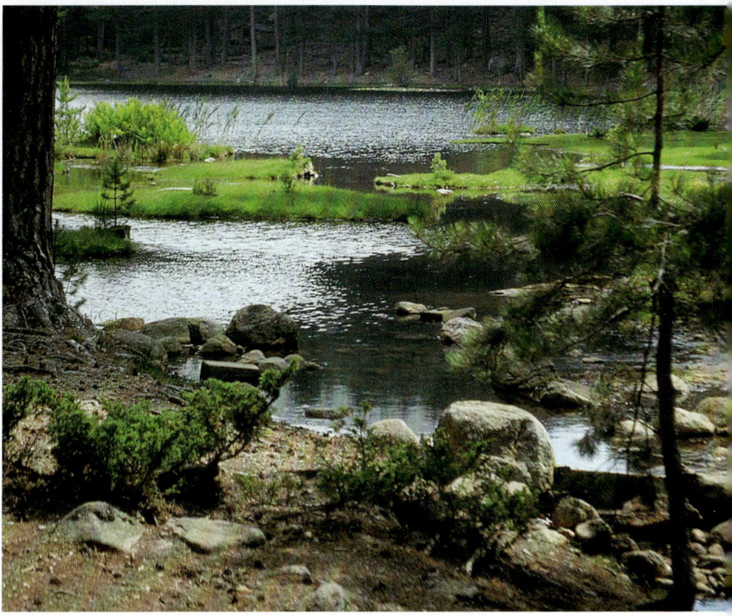

Tour 17: Feenmärchen am Teufelssee

Von Soccia zum Lac de Creno

Wanderung zu einem verwunschenen Bergsee, der Legende nach vom Teufel geschaffen. Heute finden wir eine tiefschwarze Wasserfläche, unterbrochen durch grüne Grasteppiche und Seerosen, umgeben von großen Steinblöcken und einem dichten Ring hoher Fichten. Geheimnisvoll und verzaubert lädt er zu einem Picknick am schattigen Ufer ein. Der Weg hinauf ist steil und anstrengend. Die Mühe wird aber durch eine herrliche Aussicht belohnt.

320 m

STRECKE 6,7 km

3 h

ab 4

TOUREN-STECKBRIEF

Anfahrt: Auf der D70 von Sagone zum Bergort Vico. Dann über Murzo, Guagno les Bains und Piazzolo nach Soccia. Im Ort dem Wegweiser zum Lac de Creno folgen. Die Ortsdurchfahrt von Soccia ist oft zugeparkt und dann extrem eng und nur für PKW passierbar. Ebenfalls einspurig mit Ausweichbuchten sind die letzten drei Kilometer hinauf zum Parkplatz oberhalb von Soccia. Der Parkplatz am Straßenende bei **GPS N 42°11'46.0", E 8°55'01.0"**, ist inzwischen neu auf zwei Terrassen angelegt. Von Sagone braucht man bis Soccia eine gute Stunde. Vorsicht bei der Fahrt hinunter: unten in Soccia links abbiegen. Die Straße durch den Ort ist eine Einbahnstraße.

Anspruch und Charakter: Der gut angelegte Pfad liegt vormittags im Schatten. Oben am See gibt es viele Schattenplätze unter hohen Bäumen.

Highlights: Tolle Plätze mit schönen Kletterfelsen am geheimnisvoll dunklen See.

Einkehr: Snack-Bar am Parkplatz, die aber in der Nebensaison nicht immer geöffnet ist.

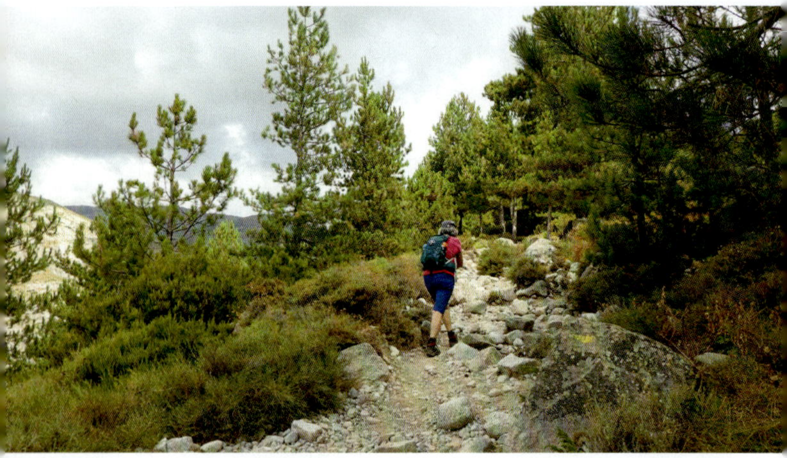

Wanderung: Wir folgen dem Asphaltweg an der Bar vorbei. Neben dem großen, weithin sichtbaren **Metallkreuz** ① befindet sich das **Gatter** an dem man im Sommer **Esel und Ponys** als Begleiter für den Aufstieg leihen kann. Hier zweigt auch unser Weg rechts ab und es geht in Stufen den Hang hinauf. Zuerst ist der Wanderweg ziemlich breit. Er steigt nur sanft, aber kontinuierlich an und führt immer am Hang entlang. Wir genießen den weiten Blick über eine raue Berglandschaft. Unten im Tal sind im Bach einige Gumpen zu erkennen. Später wird es etwas stei-

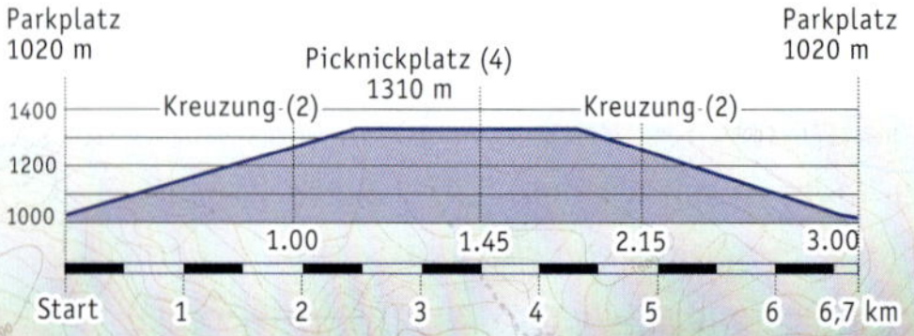

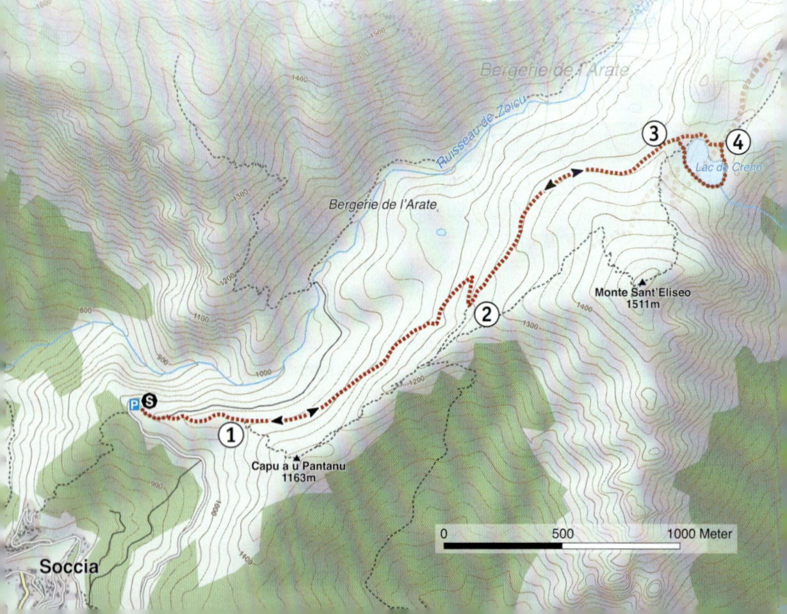

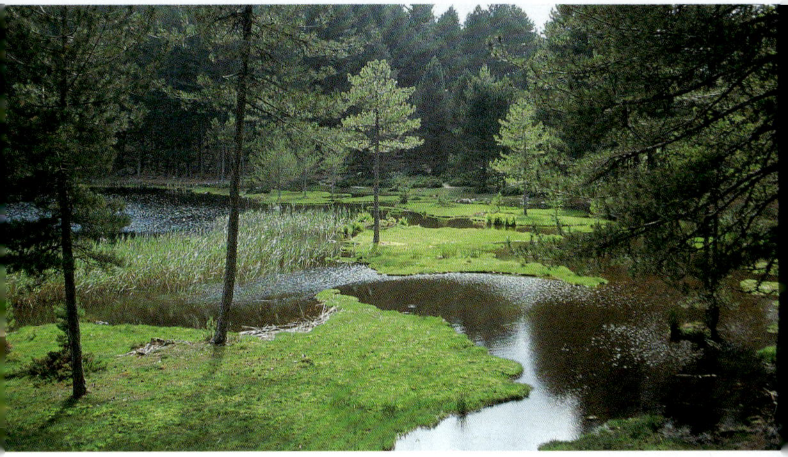

ler und aus dem Weg wird ein Wanderpfad. Etwa nach der Hälfte der Strecke knickt er nach rechts ab und kurz darauf stehen wir an einer **Kreuzung mit Wegweiser** ②. Rechts geht es nach Orta. Wir biegen hier links ab.

Es geht noch ein kurzes Stück bergauf, dann umrunden wir den Berg auf der Nordseite. Ab hier wird es deutlich flacher und der Weg verläuft durch in ein Fichtenwäldchen. Dort wird der Boden plötzlich matschig – wir befinden uns kurz vor einer in Stein gefassten, **Quelle** ③. Von hier erreichen wir in wenigen Minuten den **See**, der sehr plötzlich hinter einer Kurve auftaucht und still und dunkel vor uns liegt. Der Pfad führt in zehn Minuten um die Wasserfläche, die von jeder Seite etwas anders aussieht. An der Nordseite stehen am Ufer mehrere **Picknicktische** ④.

Nach einer Pause laufen wir auf dem bekannten Weg wieder hinunter.

Variante für die Jüngsten: Mit dem Pony zum Lac de Creno

Auf dem Weg zum Lac de Creno gibt es ein ganz besonderes Angebot: Man kann hier stundenweise oder für einen Tag einen Esel oder ein Pony leihen. So schaffen auch kleinere Kinder den Aufstieg auf den Berg. In der Hauptsaison stehen die Tiere in einem Pferch an der Snack-Bar bereit, in der Vorsaison muss man sein Reittier vorher telefonisch »bestellen«. Inzwischen kann man bei Dominique auch eine dreitägige Eseltour durch das korsische Hochgebirge buchen. Sie führt vom Lac de Creno weiter zum Lac de Goria und zum Lac de Nino [› **Tour 49**]. Übernachtet wird in einer Bergerie.

Randonnées equestres Dominique Corieras, Soccia, Tel. 0033 (0)4995283425 oder 0033 (0)610 785622. 1 Tag etwa €40. astalla.e-monsite.com

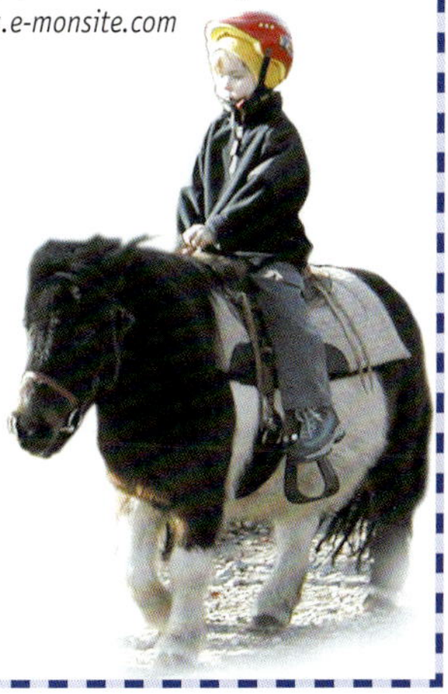

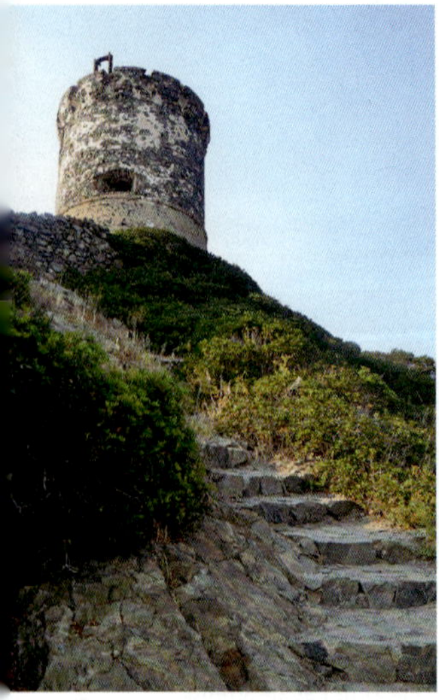

Tour 18: Rund um den Turm von La Parata

Rundweg mit Traumblick auf die Îles Sanguinaires

Statt wie die meisten Besucher einfach die Asphaltstraße entlangzulaufen, nähren wir uns dem Turm über einen schmalen Küstenweg. Das ist zwar ein kleiner Umweg, der aber mit spannenden Kletterpfaden und den allerschönsten Blicken auf den Wachturm und die Îles Sanguinaires draußen im Meer belohnt.

50 m

STRECKE 2,8 km

1 h

ab 4

Wanderung: Vom Parkplatz steigen wir rechts auf den **Hügel** ① vor dem ersten grünen Berg und halten an dessen rechter Seite Ausschau nach dem Beginn des schmalen **Uferweges**. Er steigt dramatisch an, aber nur die ersten 50 Meter. Dann geht es rechts mit Blick über das Meer gemütlich am Hang entlang. Der Pfad ist allerdings sehr schmal, sodass nackte Beine schon den einen oder anderen Kratzer abkriegen könnten.

Auf halbem Weg rückt dann der Berg mit Turm in den Blick. In der **Senke zwischen den Bergen** ② wechseln wir auf den Hauptweg am linken Ufer. Hier wird es deutlich voller. An der Spitze der Halbinsel hat man von einer kleinen **Terrasse** guten Blick auf die Îles Sanguinaires. Viele Stufen führen dann hinauf zum Fuß des Turmes. Der **Turm** ③ selbst ist aber nicht begehbar.

Zurück wandern wir jetzt auf der anderen Seite der vorderen Halbinsel und hier wird der Weg ein bisschen anspruchsvoller. Der Pfad ist eng und führt zuerst ein kurzes Stück ziemlich nahe

TOUREN-STECKBRIEF

Anfahrt: Wir verlassen Ajaccio über die Route des Sanguinaires (D 111) und fahren bis zum kostenpflichtigen Parkplatz am Besucherzentrum La Parata bei **GPS N 41°54'05.0", E 8°37'06.0".** www.grandsitesanguinaires-parata.com

Anspruch und Charakter: Spannende Kurzwanderung auf durchaus anspruchsvollem Weg mit tollem Blick über die zerklüftete Küste. Wenig Schatten, rund um den Turm immer gut besucht. Feste Schuhe notwendig!

Highlights: Kletterpfade durch eine tolle Küstenlandschaft, Weitblick vom Turm.

Einkehr: Mehrere Strandrestaurants auf der Rückfahrt entlang der Route Sanguinaires. Empfehlenswert sind z. B. das nahe Le Goéland oder das Le Cabanon Bleu weiter in Richtung Ajaccio.

In der Nähe: Badestopp an einer der sanft abfallenden, gut für Kinder geeigneten Sandbuchten entlang der Route Sanguinaires.

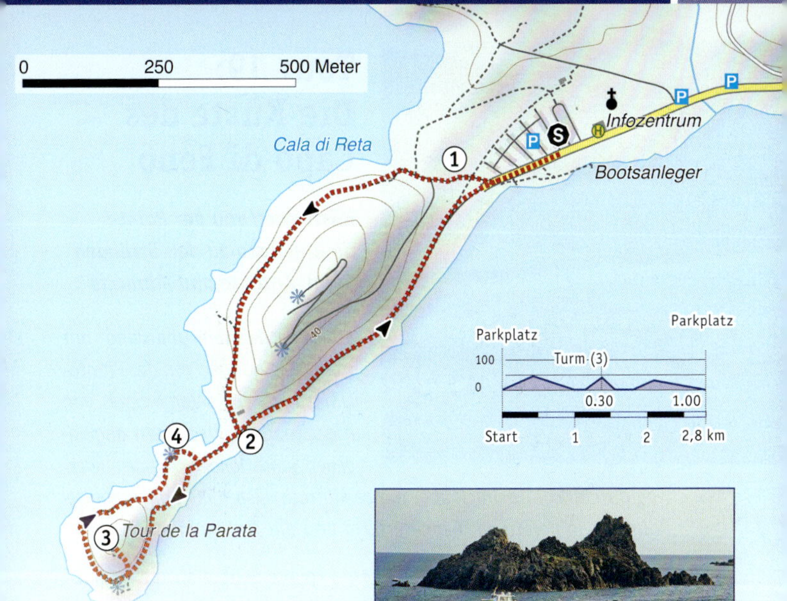

am Abgrund entlang. Dann geht es weiter über Stock und Stein und mehrfach hinauf und hinunter. Ab und zu lohnt der Blick zurück auf die Inseln, aber auch in der anderen Richtung ist die Küstenlinie attraktiv. Über einen letzten **Hügel mit Aussichtsplateau** ④ kehren wir zurück zum **Restaurant Sanguinari** ② mit kleinem Laden (hier gibt es auch Eis) und spazieren jetzt ganz bequem auf der asphaltierten Hauptstrecke zurück zum Parkplatz.

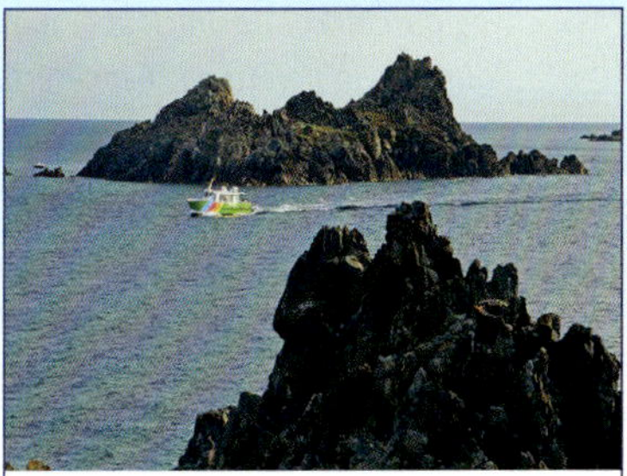

Mit dem Boot rund um die Îles Sanguinaires

Vor dem Parkplatz und dem Informationszentrum befindet sich der Bootsanleger, von dem in regelmäßigen Abständen die Girolata, ein umweltschonendes Hybridboot mit Elektroantrieb, zu den Inseln hinausfährt. Die Fahrt dauert etwa eine Stunde. Wenn das Wetter es zulässt ist ein Stopp auf Mezzu Mare, der größten der vier Inseln, möglich.

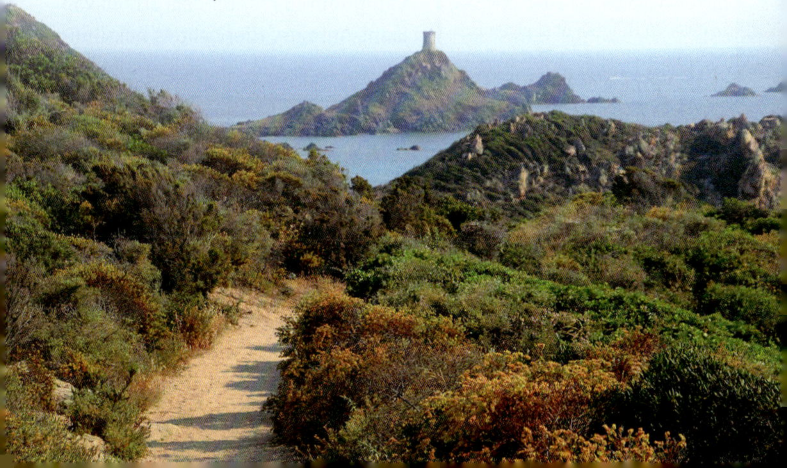

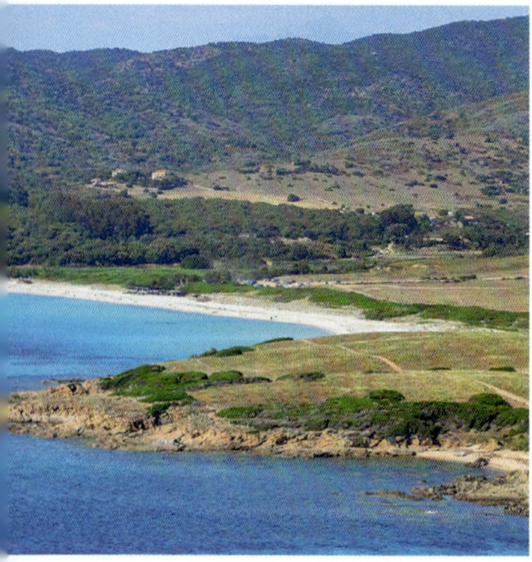

Tour 19: Die Küste des Capo di Feno

Küstenweg von der Pointe de la Parata zu den Stränden Saint-Antoine und Minaccia

Einfache Küstenwanderung mit wenig Steigungen von der Parata-Landspitze im »Vorgarten« von Ajaccio zu zwei schönen abgelegenen Sandstränden. Auf dem Rückweg grandioser Ausblick über die zerklüftete Küstenlinie, die Halbinsel Pointe de la Parata mit Genueserturm und die Îles Sanguinaires.

160 m

STRECKE 10 km

3 h 30

ab 8

Wanderung: Am großen Besucherparkplatz geht man die Treppen hinauf und sucht sich einen der Pfade, die auf dem Hügel rechts vom Turm und der Landspitze wegführen. So erreichen wir einen **Fahrweg** ①, dem wir nach rechts folgen. Er verläuft ein Stück von der Küste entfernt, vorbei an einigen Privathäusern. Dabei wird er schmaler und ist schließlich nicht mehr befahrbar. Stück für Stück entwickelt er sich zu einem Pfad über der felsigen Küste.

Nach einer Stunde Gehzeit lässt sich über die hohen Sträucher ein Blick auf unser Ziel erhaschen. Die beiden Buchten **Anse de Minaccia** und die **Plage de Saint-Antoine** leuchten weiß vor einem blau schillernden Meer. Links zweigt hier ein weiterer Pfad ab, der auf einen **Aussichtspunkt** ② auf einem Felsen führt. Ist kein Badewetter, könnte dieser Ausguck auch als Wendepunkt dienen.

Variante für konditionsstarke Wanderkinder
Vom Ende des Strandes St. Antoine führt ein breiter, schattenloser Weg in etwa 20 Minuten über einen kleinen Hügel zu einer größeren Sandbucht: der Anse de Minaccia ④.

Hinter dem Abzweig geht es dann den Berg hinunter und es sind noch etwa 20 Minuten bis zu den Häusern von **Capigliolo** ③ hinter dem Strand von Saint-Antoine. Hier geht es links hin-

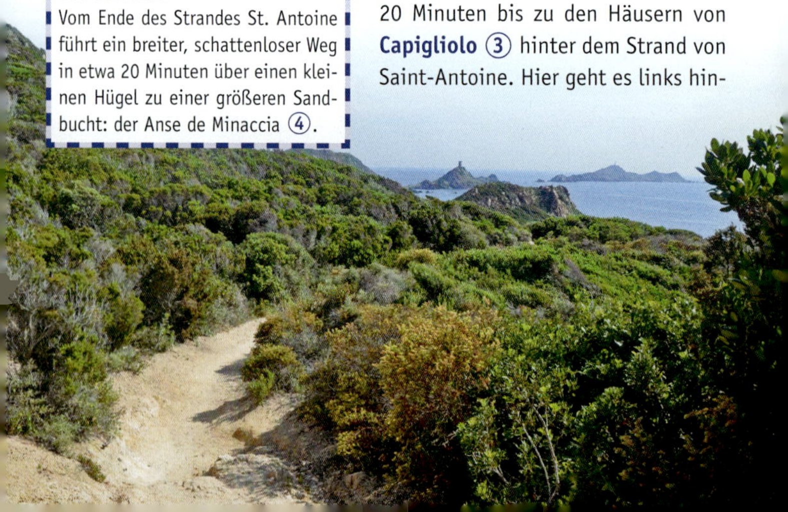

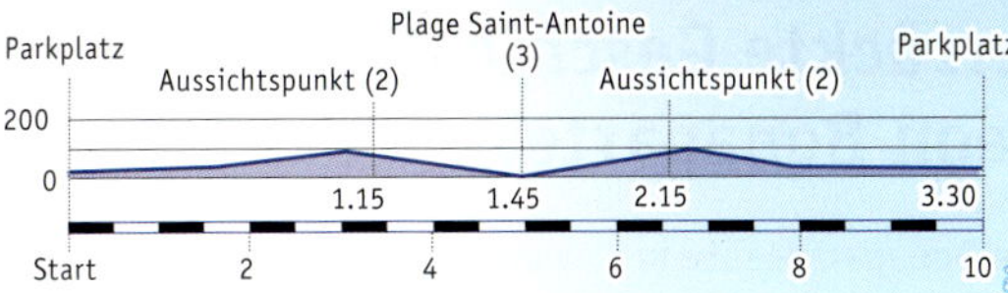

unter zu ein paar Wohnhäusern, einer Hütte der Wasserwacht und einer Snack-Bar. Einige Felsen rahmen die Bucht ein. Es geht relativ schnell ins tiefe Wasser und die Brandung ist oft etwas stärker.

Nach einer Badepause gehen wir auf dem gleichen Weg zurück. Besonders eindrucksvoll ist dann das letzte Stück mit Blick auf den **Turm von La Parata** und die vorgelagerten Îles Sanguinaires. Der seltsame Name der vier kleinen Felsinseln an der Landspitze zwischen dem Golf von Ajaccio und dem Golf von Sagone wird gerne als »Blutinseln« übersetzt. Kurz bevor die Sonne im Meer versinkt, reflektieren die Inseln das Licht und leuchten dramatisch blutrot. Ursprünglich leitet sich der der Name aber wohl gar nicht vom französischen Wort »sang« (Blut) ab, sondern die »Isule Sagunaris«, wie sie auf mittelalterlichen Karten heißen, sind einfach die Inseln von Sagone.

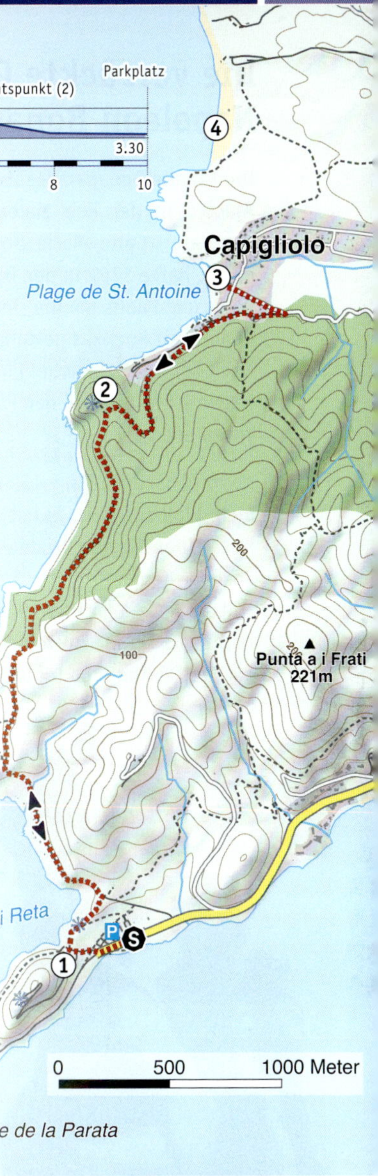

TOUREN-STECKBRIEF

Anfahrt: Wir verlassen Ajaccio über die Route des Sanguinaires (D 111) und fahren bis zum kostenpflichtigen Parkplatz am Besucherzentrum La Parata bei **GPS N 41°54′05.0″, E 8°37′04.0″.**

Anspruch und Charakter: Einfache Küstenwanderung mit tollem Blick über die zerklüftete Küste. Schmaler Sandpfad, wenig Schatten, deutlich ruhiger als am Turm.

Highlights: Badebucht Saint-Antoine, Rückweg im Abendlicht mit Blick auf die Îles Sanguinaires.

Einkehr: Mehrere reizvolle Strandrestaurants auf der Rückfahrt entlang der Route Sanguinaires. Empfehlenswert sind zum Beispiel das nahe Le Goéland oder das Le Cabanon Bleu weiter in Richtung Ajaccio.

Die verrückte Geschichte des Napoleon Bonaparte...

Die Familie Bonaparte lebte in Ajaccio in der Rue Malerba. Der Vater, Carlo Maria Bonaparte, hatte 1769 in der Truppe Pascal Paolis um die Unabhängigkeit Korsikas gekämpft. Nach der Niederlage bei Ponte Nuovo schloss er sich den Franzosen an.

Napoleon kommt am 15. August 1769 zur Welt. Er hat bereits einen älteren Bruder, der Joseph genannt wird. Seine Mutter Letizia ist erst 19 Jahre alt, als sie ihr zweites Kind zur Welt bringt. Es folgen elf weitere, von denen acht am Leben bleiben. Neben Joseph und Napoleon sind das Lucien, Elisa, Louis, Pauline, Caroline und Jérome. Der unstillbare Größenwahn Napoleons wird später jedem einzelnen seiner Geschwister ein eigenes Königreich verschaffen.

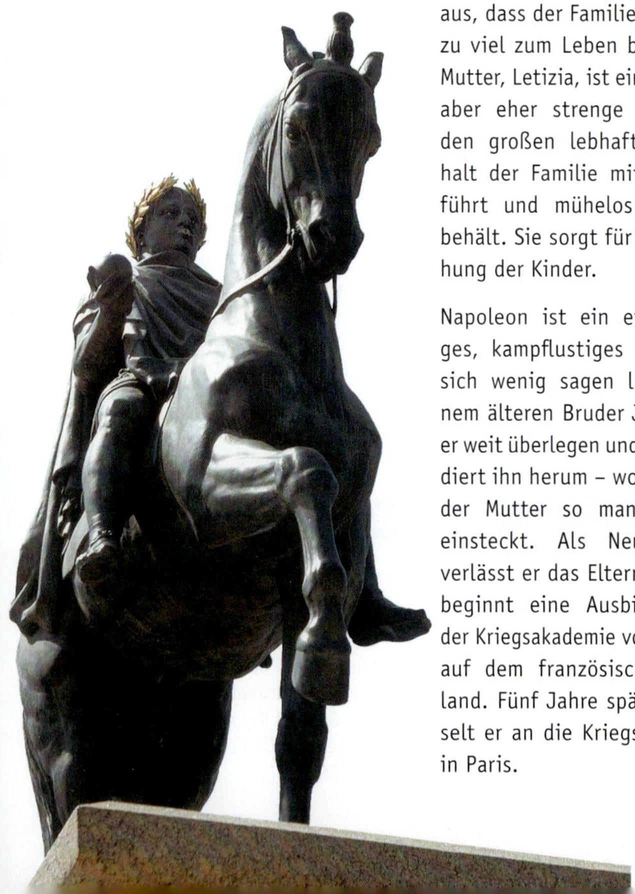

Die Eltern Bonaparte sind recht unterschiedliche Charaktere: Der Vater, Carlo Maria, ist klein und lebhaft. Er arbeitet als Justizbeamter und hat Einkünfte aus verschiedenen Ländereien, gibt aber soviel Geld aus, dass der Familie nicht allzu viel zum Leben bleibt. Die Mutter, Letizia, ist eine schöne, aber eher strenge Frau, die den großen lebhaften Haushalt der Familie mit Umsicht führt und mühelos im Griff behält. Sie sorgt für die Erziehung der Kinder.

Napoleon ist ein eigensinniges, kampflustiges Kind, das sich wenig sagen lässt. Seinem älteren Bruder Joseph ist er weit überlegen und kommandiert ihn herum – wofür er von der Mutter so manche Rüge einsteckt. Als Neunjähriger verlässt er das Elternhaus und beginnt eine Ausbildung an der Kriegsakademie von Brienne auf dem französischen Festland. Fünf Jahre später wechselt er an die Kriegsakademie in Paris.

Der junge Napoleon ist ein glühender Verehrer Pascal Paolis. Obwohl Offizier der französischen Armee, verbringt er viel Zeit auf Korsika. Als im Juli 1789 die ersten Aufstände der französischen Revolution ausbrechen, verlässt er Paris. Im November des gleichen Jahres wird er auf Korsika zweiter Oberstleutnant der französischen Nationalgarde.

Als Paoli 1790 zurückkehrt, um die Insel Korsika zu einem gleichberechtigten Departement der neuen französischen Republik zu machen, unterstützt Napoleon ihn und seine Politik nach Kräften. Zum Bruch zwischen den beiden kommt es drei Jahre später infolge eines von Paoli schlecht geplanten und deshalb gescheiterten Angriffes auf Sardinien, an dem Napoleon beteiligt war. Paoli wird vorgeworfen, eigene Interessen zu verfolgen und sich Frankreich gegenüber nicht loyal zu verhalten. Lucien Bonaparte, ein Bruder Napoleons, denunziert Paoli, der darauf hin eine Vorladung nach Paris erhält. Das korsische Volk steht jedoch hinter seinem Helden und die Bonapartes müssen aus Ajaccio fliehen. Die Familie verlässt Korsika und geht nach Toulon an die französische Küste.

Dort beginnt der Aufstieg Napoleons. Er zeichnet sich in mehreren Schlachten aus, weil er nicht nur gut kämpfen, sondern vor allem gut planen kann. Er macht sich einen Namen in Paris. Nach einem Feldzug nach Ägypten kehrt er im November 1799 nach Frankreich zurück und reißt die Macht an sich. Damit ist die Revolution beendet. 1804 erlässt er den »Code civil«, ein Gesetzbuch, das für Ordnung in Frankreich sorgt – es ist so gut und durchdacht formuliert, dass es bis heute die Grundlage der französischen Verfassung bildet. Napoleon führt Kriege, zunächst sehr erfolgreich. 1804 lässt er sich zum französischen Kaiser krönen, mit 35 Jahren. 1807 herrscht er über den größten Teil von Europa.

Wie viele große Heerführer findet Napoleon den Punkt zum Aufhören nicht. Statt zu nutzen, was er erreicht hat und seinen Bürgern ein gutes Leben zu ermöglichen, treibt er seine Armee immer weiter. In seinem Größenwahn bemerkt er nicht, dass er zu viel auf einmal will. Erst bricht seine Herrschaft in Spanien zusammen, dann wird der Feldzug nach Russland zur Katastrophe. Napoleon kehrt ohne Armee nach Paris zurück und wird nach Elba verbannt.

Von dort versucht er noch einmal zurückzukehren, wird aber in der berühmten Schlacht von Waterloo am 18. Juni 1815 endgültig besiegt. Seine letzten sechs Jahre verbringt er als Gefangener auf der Insel St. Helena. Er stirbt am 5. Mai 1821 im Alter von 52 Jahren.

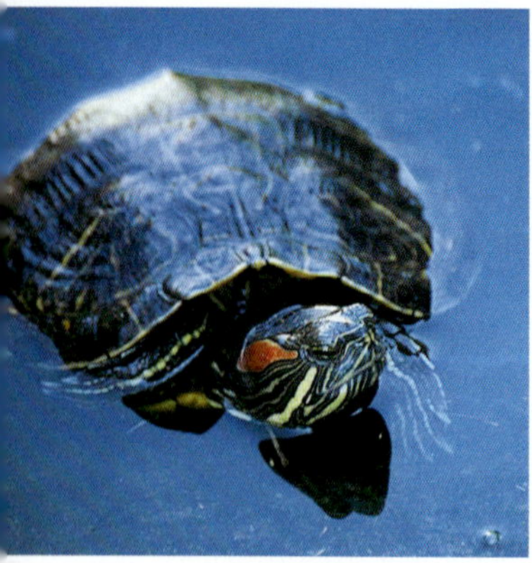

Tour 20: »A Cupulatta«

Ein Besuch im Schildkrötenpark

Ein ganz außergewöhnlicher Tierpark hat sich im Hinterland von Ajaccio etabliert. Das Zentrum »A Cupulatta« ist der größte Schildkrötenpark in Europa und beschäftigt sich mit Zucht, Studium und Schutz von Land- und Wasserschildkröten.

2–3 h

ab 4

Im **Schildkrötenpark** leben über 150 Schildkrötenarten aus aller Welt: Von winzigen tropischen Arten, die man hinter Glas beobachten kann, bis zu den riesigen Galapagos- und Seychellenschildkröten. Die größten Exemplare wiegen über 300 Kilogramm und werden etwa 200 Jahre alt. In einem Wasserbecken liegen drei riesige Alligatorschildkröten, die sich kaum von der Stelle bewegen. Nebenan schwimmen ein Dutzend kleine, farbenfrohe Wasserschildkröten lebhaft durch ihren Teich. Besonders interessant ist es bei den Strahlenschildkröten aus Madagaskar, die selbst bei Nachmittagssonne recht lebhaft durch ihr Gehege spazieren. Auch die auf Korsika heimische Art Tortue d'Hermann wird im Park gezüchtet.

Die Schildkröten leben in Gehegen, die von kleinen Steinmauern eingerahmt sind. Das Gelände ist naturnah und üppig bepflanzt.

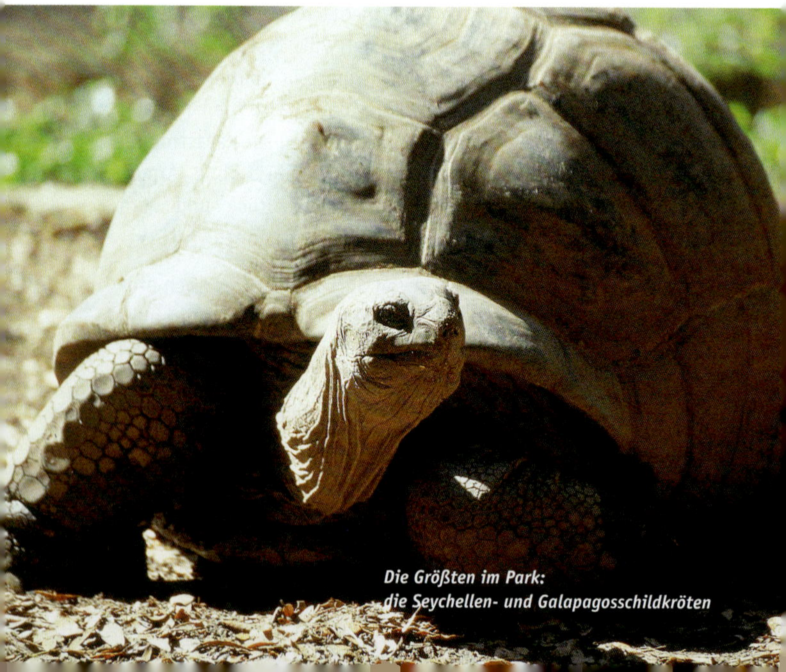

Die Größten im Park: die Seychellen- und Galapagosschildkröten

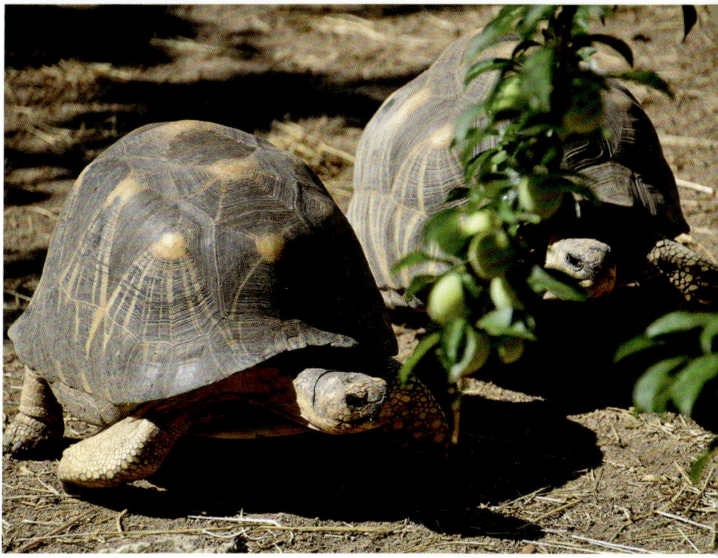

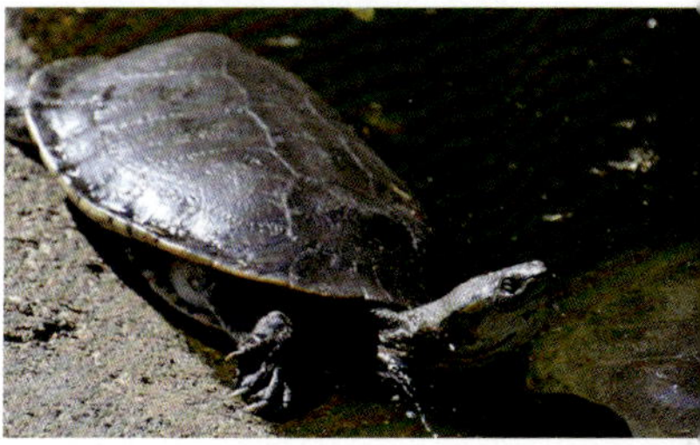

Über ein Teil der Gehege führt ein langer Steg, sodass man auch von oben hineinsehen kann. Eine besondere Attraktion ist die **Aufzuchtstation**: Hier liegen Schildkröteneier unter Wärmelampen und winzig kleine Schildkrötenbabys verbringen ihre ersten Lebenswochen hinter Glas in einem geschützten Raum.

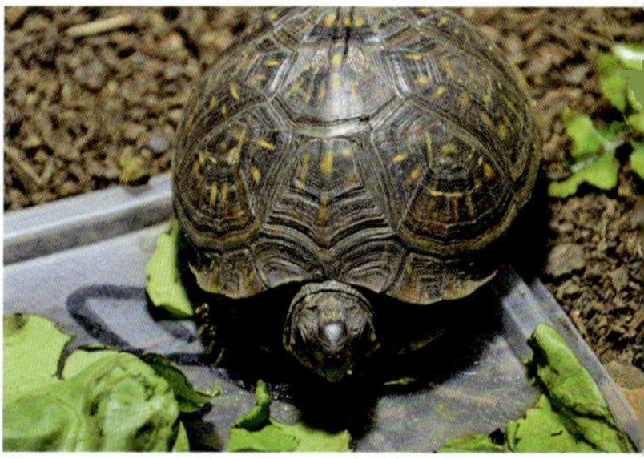

Nach einer Runde durch den Park kann man am Eingang, an der **Snack-Bar** mit Holzbänken eine kleine Pause einlegen. Es gibt hier Eis, frisch zubereitete Smoothies und kleine Gerichte.

TOUREN-STECKBRIEF

Anfahrt: Der Park liegt direkt an der N193 zwischen Ajaccio und Corte und ist 21 Kilometer von Ajaccio entfernt. Kurz hinter dem Abzweig zum Bergdorf Vero steht ein großes Hinweisschild – eine kleine Straße führt uns rechts auf den Parkplatz des Parks.

Öffnungszeiten: April bis Mitte November täglich 10–17 Uhr. Mitte Mai bis Mitte September täglich 9–18 Uhr. In der Winterjahreshälfte halten die Schildkröten Winterschlaf.

Eintritt: € 14, Kinder 5 bis 11 Jahre € 10. www.acupulatta.com

Highlights: Seychellenschildkröten, Wasserschildkröten, Schildkrötenarten aus aller Welt, Aufzuchtstation mit Schildkrötenbabys.

Einkehr: Snack-Bar und Picknicktische im Eingangsbereich des Parkgeländes.

Welche Tiere leben eigentlich sonst noch auf Korsika?

Auf Korsika leben nicht nur Haustiere wie Schafe, Ziegen, Kühe, Schweine und Pferde. Es gibt hier auch einige Wildtiere. Manche davon sind so selten, dass sie unter Naturschutz stehen. So leben auf Korsika noch einige Stein- und Fischadler. Auch der korsische Mufflon steht unter Naturschutz.

Einige Tierarten gibt es nur auf Korsika. Man nennt sie endemische Arten. Endemisch sind zum Beispiel die häufigsten Eidechsenarten und der Korsenkleiber, ein kleiner Vogel, der in den Kieferwäldern im Landesinneren lebt. Er baut sein Nest in Baumhöhlen.

An der Steilküste von Scandola und im Norden der Insel, auf den Îles Finocciarola vor dem Cap Corse hat man Vogelschutzgebiete eingerichtet. Hier brüten viele verschiedene Seevögel wie die seltene Korallenmöwe, der Fischadler oder der Kormoran.

Es gibt auch ein paar Schlangenarten (z.B. die Äskulapnatter), die alle ungiftig sind.

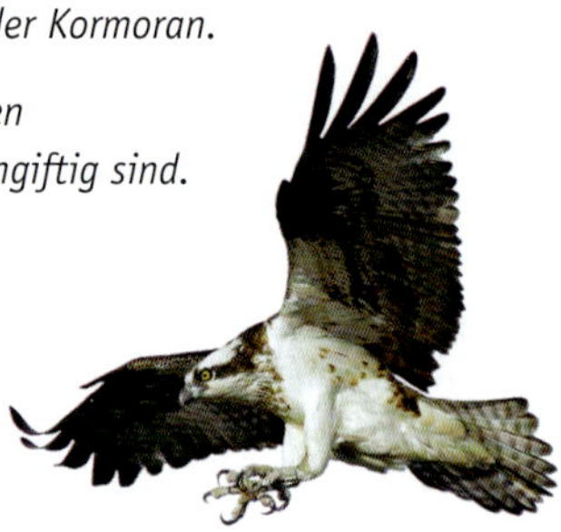

Bartgeier
Mit einer Flügelspannweite von 2,80 m ist der **Bartgeier** (französisch Altore) einer der größten Vögel, die es auf Korsika gibt. Er lebt im Hochgebirge und ist ein Aasfresser, der sich von toten Schafen und Ziegen ernährt.

Fischadler nisten im Naturreservat von Scandola, einige **Steinadler** leben in den Bergen. Dort kann man auch Falken und Milane entdecken.

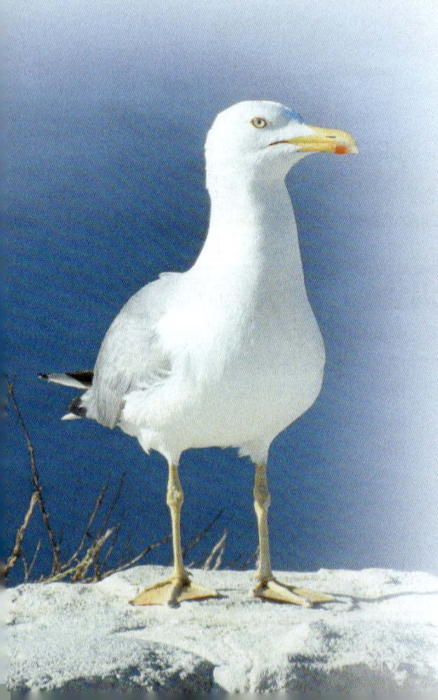

Möwen
Silbermöwen (links) kann man auf allen Wanderwegen entlang der Küste gut beobachten. Besonders frech sind sie in Bonifacio, wo sie sich auf der Mauer des Aussichtspunktes in Positur setzen und sich von Touristen füttern lassen.

Die Korallenmöwe ist dagegen sehr selten. Man erkennt sie am roten Schnabel und einem schmalen roten Ring um die Augen.

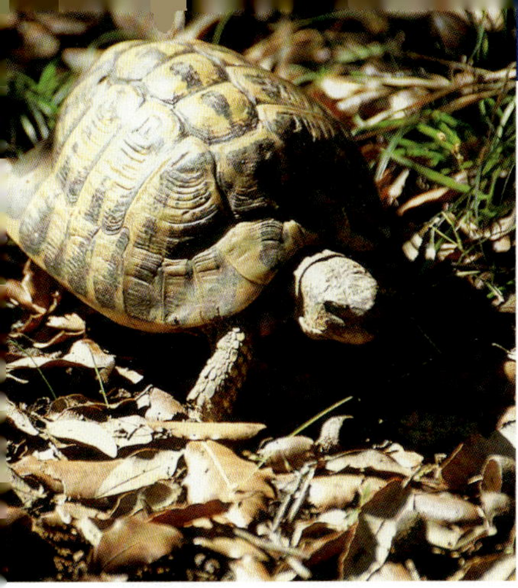

Schildkröten

Die Tortue d'Hermann occidentale, die griechische Landschildkröte, ist auf Korsika heimisch. Sie lebt nicht nur im Schildkrötenpark, sondern läuft auch frei in der Macchia herum. Durch die zunehmende Bebauung der Küsten und durch Waldbrände ist sie jedoch selten geworden.

Der Mufflon

ist ein Wildschaf mit mächtigen, spiralförmig gebogenen Hörnern.

Die Tiere verbringen den Sommer hoch oben in den Bergen. Im Winter klettern sie weiter hinunter. Mufflons sind scheu, haben sehr gute Augen – und sehen Wanderer lange, bevor sie selbst entdeckt werden. Es ist daher nicht leicht, sie zu beobachten. Ohne Fernglas wird man sie kaum sehen.

Auf Korsika leben sie vor allem im Bavella-Gebiet und in den Bergen um das Asco-Tal.

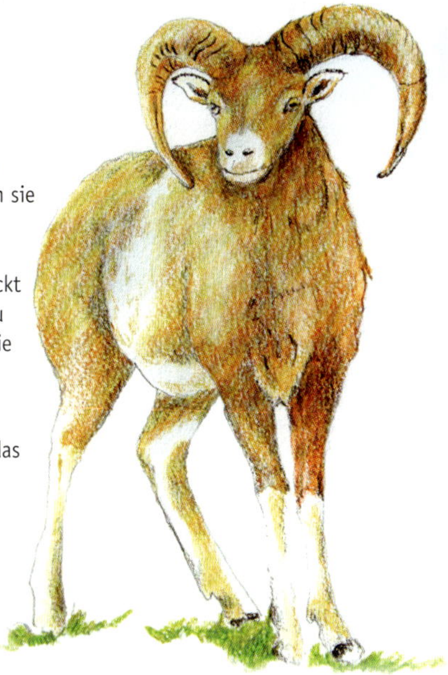

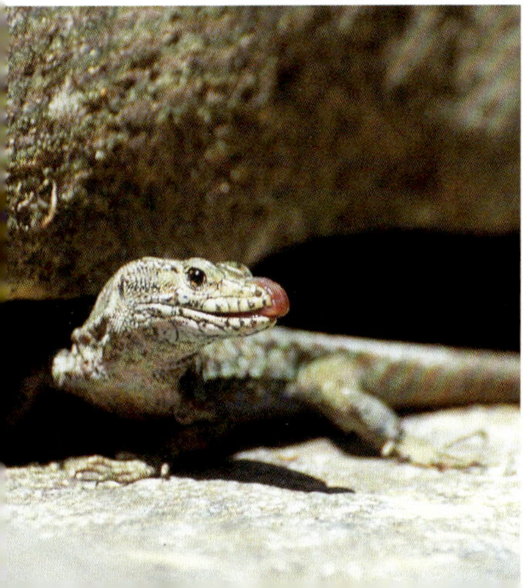

Eidechsen

Eidechsen begegnet man dagegen auf Schritt und Tritt. Die häufigste Art auf Korsika ist die Tyrrhenische Mauereidechse. Man findet sie nur auf Korsika und Sardinien. Sie lebt überall an der Küste und in den Bergen, und kommt in unterschiedlichen Färbungen vor. Eine zweite, häufige Art ist die Tyrrhenische Gebirgseidechse, die nur in den Bergen lebt.

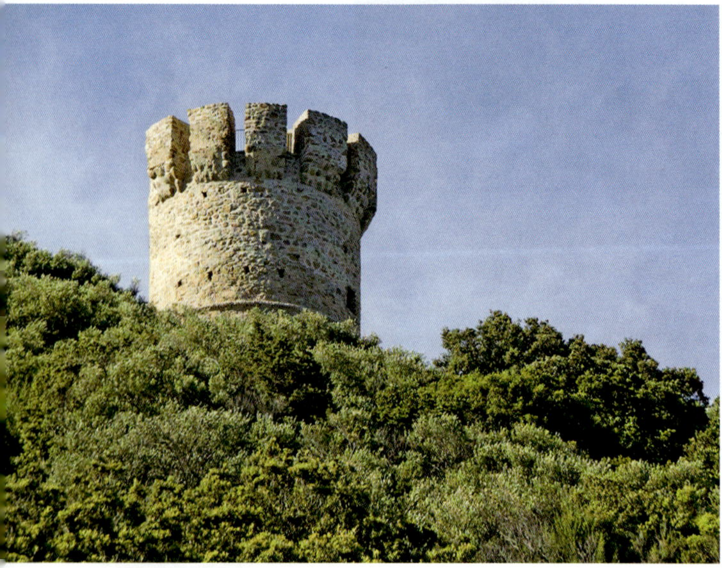

100 m

STRECKE 5,5 km

2 h

ab 6

Tour 21: Robinsonbucht und Wachturmblick

Von der Baie de Cupabia zum Tour de Capannella

Ein beinahe ebener Sandpfad verläuft erst direkt an der Küste entlang und eröffnet den Blick über die Bucht von Cupabia. Er steigt dann ein kurzes Stück kräftig an – hinauf zum frisch renovierten Genueserturm, dessen Aussichtsplattform aber nur über eine senkrechte Metallleiter zu erreichen ist. Den weiten Ausblick kann man aber auch vor dem Turm genießen. Zurück geht es immer direkt an der Küste entlang und dabei zu mehreren versteckten kleinen Buchten bis wir zum traumhaft schönen Strand von Cupabia zurückkehren.

Wanderung: Um von der Badebucht auf den Küstenweg zu gelangen, läuft man vom Parkplatz vor dem Strandrestaurant und dem Campinggelände am Strand entlang bis zum Ende der Bucht,

TOUREN-STECKBRIEF

Anfahrt: Von der D 155 zwischen Coti-Chiavari und Porto Pollo den Abzweig zur Plage de Cupabia wählen. Ein Parkplatz befindet sich am Ende der Stichstraße bei **GPS N 41°44'17.8", E 8°47'04.5".**
Anspruch und Charakter: Einfacher Küstenweg, Aufstieg zum Turm steil und steinig. Kein Schatten. Am Küstenweg erfordern einige enge Wegpassagen direkt am Hang Aufmerksamkeit und Trittsicherheit.
Highlights: Gut restaurierter Wachturm und versteckte kleine Buchten am Küstenweg, Baden an der Plage de Cupabia.
Einkehr: Restaurant und Strandbar an der Plage de Cupabia.

wo die ersten roten **Felsen im Wasser** ① liegen. Hier ist später auch die beste Badestelle für kleinere Kinder, da es schön seicht ins Meer geht.

An den Felsen beginnt links hinter dem Sandstreifen ein Pfad, der sich nach wenigen Schritten teilt. Rechts führt ein gelb markierter Pfad direkt an der Küste weiter und ermöglicht schnell schöne Blicke über die ganze Bucht. Der zweite Pfad verläuft zuerst parallel zum Küstenweg, sodass man mehrfach bequem von einem Weg zum anderen wechseln kann. An einer schmalen **Kiesbucht** ② senken sich beide Pfade noch mal auf Wasserniveau. Wir steuern von hier aus den weithin sichtbaren **genuesischen Wachturm** an und wählen deshalb den linken Weg, der etwas abseits vom Meer weiterführt und dann links ins Landesinnere abbiegt.

Links geht es jetzt erst einmal sanft den Berg hinauf, der Pfad schwenkt dann nach rechts und verläuft wieder parallel zum Hang. An einem **Abzweig** ③ direkt unterhalb des Turms, der Weg wird hier deutlich breiter, führt ein schmaler, steiler und steiniger Pfad mit vielen Stufen hinauf. Der Ausblick am **Turm** ④ ist fantastisch. Die Leiter, die ins Innere und weiter auf die Plattform führt, ist allerdings nicht ganz ohne und nur für große Kinder passierbar.

Auf dem Rückweg steigen wir zuerst den Pfad zur letzten K**reuzung** ③ wieder hinunter und wählen diesmal, dem Hinweisschild Cupabia und der gelben Markierung folgend, den geradeaus zum Meer führenden Küstenweg. Zuerst geht es steil hinunter

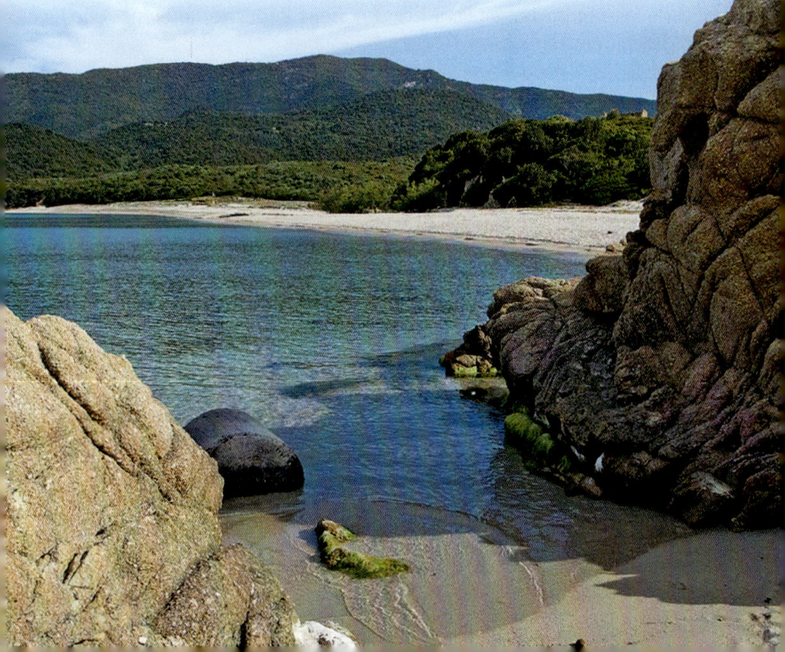

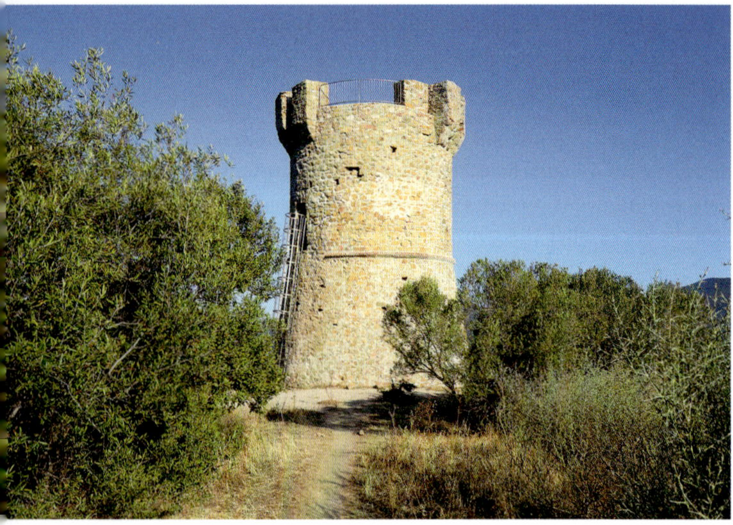

Den Weg verlängern

zusätzlich 1 h, ↓↑100 m

Mit lauffreudigen größeren Kindern kann man aus der Tour auch eine etwas längere Runde machen. Direkt hinter dem **Turm** geht es noch mal 100 Meter auf schmalem Pfad den Berg hinauf und dann ganz oben, beinahe eben, rechts auf dem Bergkamm entlang. An einem Steinmäuerchen entlang führt unser Weg dann wieder hinunter und endet an einem breiteren Schotterweg (35 Minuten). Hier biegen wir rechts ab und stoßen nach weiteren zehn Minuten auf einen Fahrweg, an dem wir uns wieder rechts halten. An der nächsten Kreuzung folgen wir der Rechtskurve des Hauptweges und lassen beide Abzweige zum Meer links liegen. Nach noch einmal zehn Minuten auf dem Fahrweg stehen wir dann wieder auf dem kleinen Platz, von dem der Pfad zum Tour de Capannella beginnt.

und dann immer direkt oberhalb der Wasserlinie entlang. Der Weg hat trotz guter Markierung die Tendenz zuzuwachsen und ab und zu muss man sich durch kratzige Engpässe winden. Treppen führen dann zu einer ersten größeren **Bucht** ⑤ hinunter, die sich für eine Pause anbietet. Wer hier auch ins Wasser will, sollte allerdings Badeschuhe einpacken –

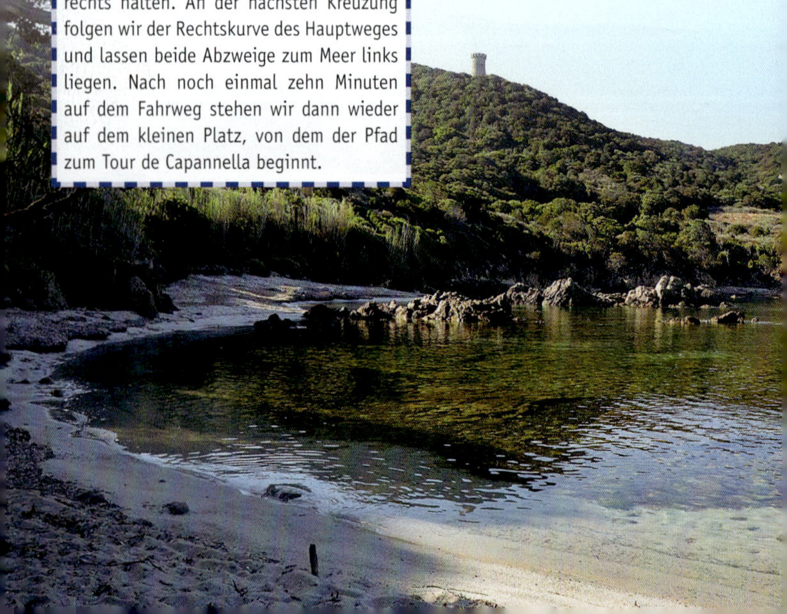

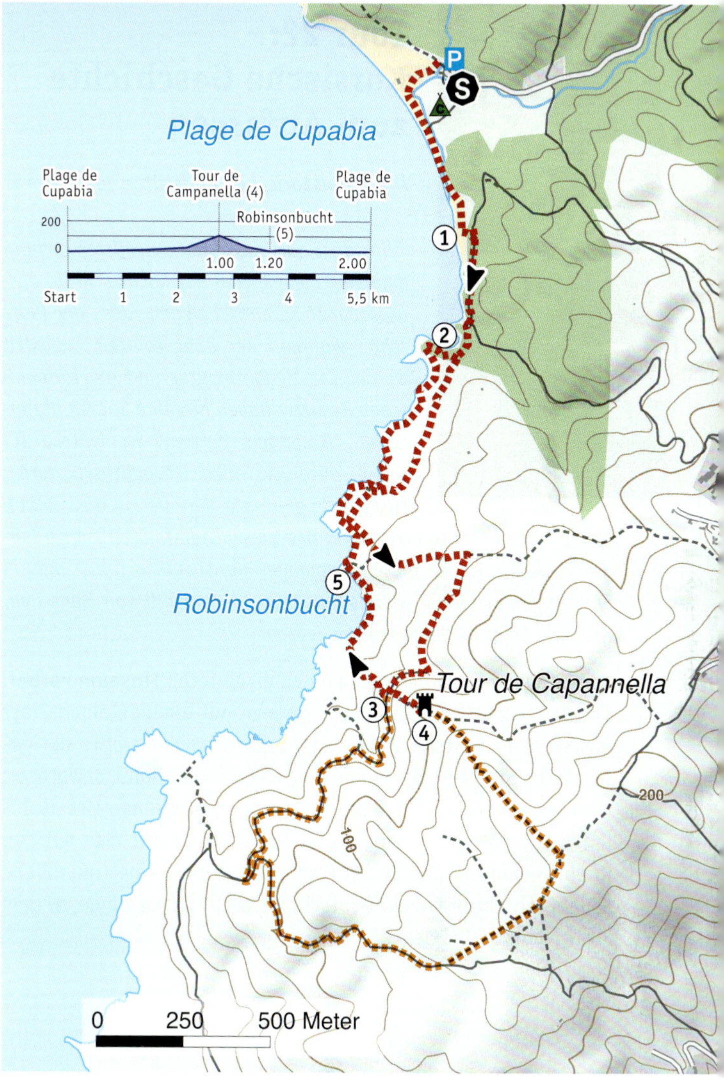

der Boden im Wasser der Bucht ist steinig. Vorsicht, hier gibt es auch einige Seeigel.

Dann steigen wir am Ende der Bucht über Treppen hinauf und gehen immer am Meer entlang weiter. In diesem Abschnitt führt der schmale Weg teilweise sehr nah am Hang entlang und verlangt schon etwas Trittsicherheit. Es geht durch zwei weitere kleine Buchten und an deren Enden über niedrige Felsen, dann stehen wir wieder am vertrauten **Kiesstrand** ② kurz vor dem **Strand von Cupabia**. Auf der anderen Seite klettern wir noch einmal steil hinauf und wenig später endet unser Weg am Strand über den wir zurück zum Parkplatz kommen.

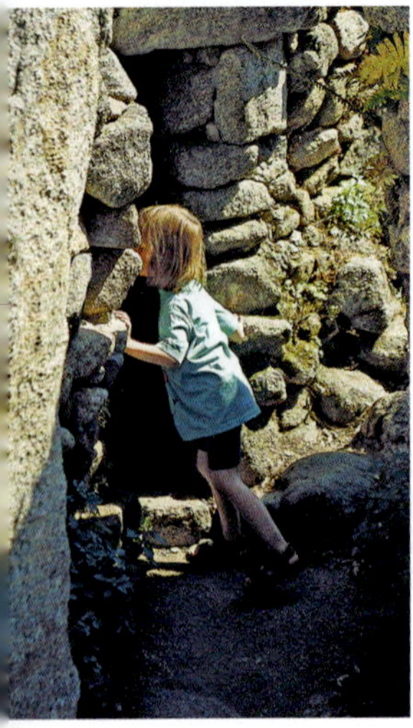

Tour 22: Korsische Geschichte zum Anfassen

Die prähistorische Fundstätte von Filitosa

Filitosa ist eine der eindrucksvollsten archäologischen Fundstätten auf Korsika. Reste ausgegrabener Keramik belegen, dass der Platz schon während der Jungsteinzeit besiedelt wurde. Die Megalithkultur und die torreanischen Besatzer haben hier ihre Spuren hinterlassen. Besonders bekannt ist Filitosa für seine ausdrucksvollen Megalithskulpturen: Menschlich geformte Menhire mit ausgearbeiteten Köpfen und Gesichtern. Einige dieser Steinfiguren tragen lange Schwerter. Neben diesen einmaligen Kunstwerken findet man in Filitosa einfach einen wunderbaren Ort, auserwählt von Menschen, die viele tausend Jahre vor uns lebten.

1–2h

ab 4

Vom Eingang führt der Weg am neu errichteten **Museum vorbei.** Vor der eigentlichen Siedlung hat man auf einem kleinen Platz die Skulptur **Filitosa V** aufgestellt. Dies ist die größte der gefundenen Statuen. Sie ist mit Langschwert und Dolch bewaffnet. Hier stehen wir auch vor der ersten der fünf kleinen Metallsäulen, die über das Gelände verteilt wurden: Drückt man auf den Knopf neben der deutschen Flagge, so erklärt eine freundliche Stimme in akzentfreiem Deutsch die wichtigsten Dinge zu dem Platz, der vor uns liegt.

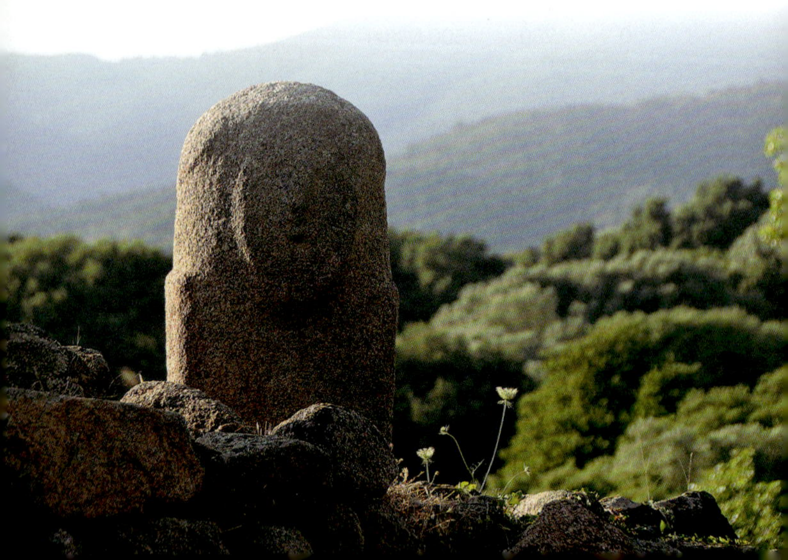

TOUREN-STECKBRIEF

Anfahrt: Über die N196. Von dort aus biegen wir 3,5 Kilometer nördlich von Propriano ab, Richtung Porto Pollo auf die D157. Nach weiteren 9 km den Abzweig links nach Porto Pollo ignorieren und geradeaus Richtung Filitosa weiterfahren. Ab hier sind die letzten 4 km zur Fundstätte bestens beschildert.
Öffnungszeiten: April bis Oktober, 9 Uhr bis eine Stunde vor Sonnenuntergang. Die Details der ausgearbeiteten Skulpturen sind im Mittagslicht am besten zu erkennen, an heißen Tagen ist ein Besuch am Morgen oder späten Nachmittag aber deutlich angenehmer.
Eintritt: €9, Kinder 6 bis 17 Jahre €7, Familie €28. www.filitosa.fr
Highlights: Menhirstatuen, gut erhaltene Mauerreste einer Siedlung, Infosäulen zum Knöpfchen drücken.
Einkehr: Snack-Bar und Café im Eingangsbereich des Parkgeländes.

Der Weg macht einen Bogen und wir stehen vor dem Eingang zur Siedlung. Zwischen alten Olivenbäumen stehen die Reste von drei torreanischen Kultstätten. Besonders eindrucksvoll und gut erhalten ist das **Westmonument**. Von hier überblickt man das ganze umliegende Tal. Rund um die Steinmauern sind Menhirstatuen aufgestellt, die man in den Mauern des Westmonumentes gefunden hat. Die eindringenden Torreaner verwendeten die Skulpturen der Megalithiker, die vorher hier lebten, offenbar als Baumaterial für ihre eigenen Kultstätten.

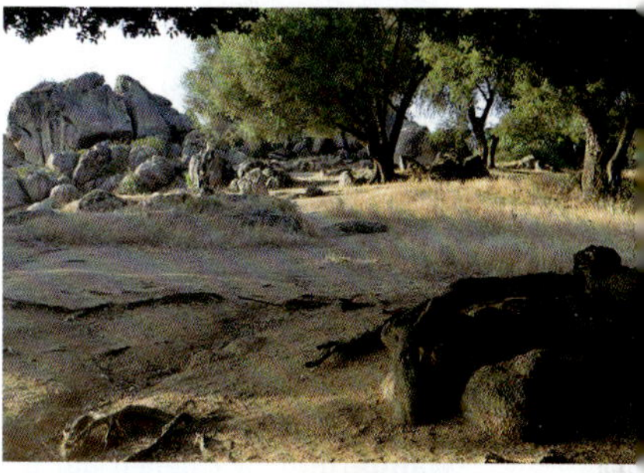

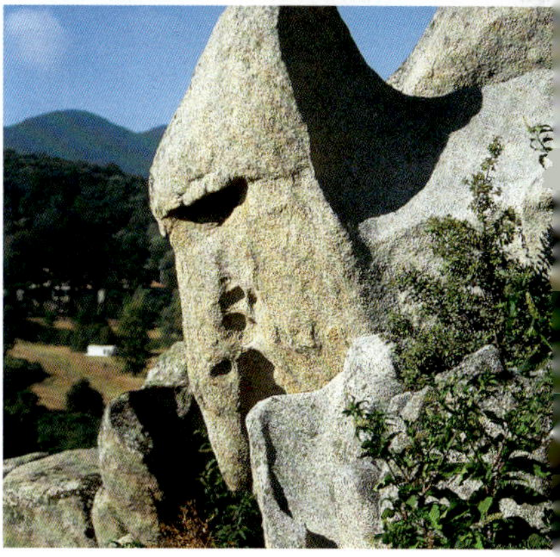

Nach soviel Kultur bietet sich auf der Rückfahrt ein Abstecher zum Baden in der herrlich klaren **Bucht von Cupabia** **[› Seite 100]** an. Der abgelegene Strand ist von der Abzweigung nach Porto Pollo in 15 Minuten zu erreichen.

Folgt man dem Weg bergab, so kommt man zu **fünf weiteren Skulpturen.** Auch diese haben ursprünglich nicht hier gestanden. Man hat sie rund um den etwa 1.000 Jahre alten Ölbaum vor dem Steinbruch gruppiert. Der **Steinbruch** besteht aus großen Felsblöcken mit skurrilen Formen. Je öfter man sie umrundet, desto mehr Fabelwesen lassen sich auf den Steinen entdecken. Zurück geht es rechts am Berg vorbei über einen weiteren Pfad, der sich, an den Resten eines **torreanischen Dorfes** vorbei, dem Hauptmonument von Süden nähert. Durch die Siedlung hindurch kehren wir zurück zum Eingang.

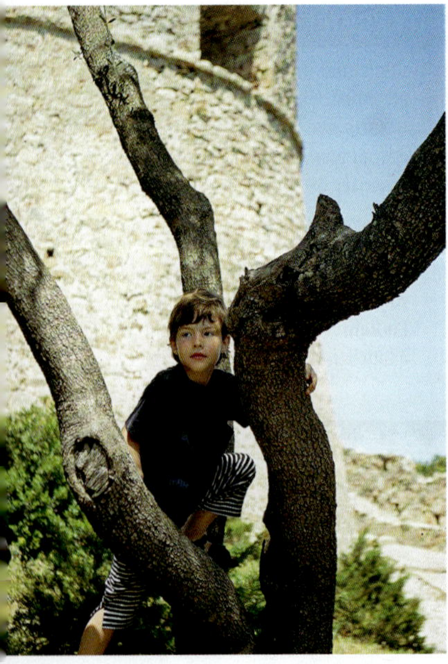

Tour 23: Der Turm von Campomoro

Eine Küstenwanderung

Rundweg vom kleinen, reizvollen Ort Campomoro mit herrlicher Badebucht hinauf zu einem der wenigen restaurierten Genuesertürme der Insel. In diesen Turm kann man auch hinein. Von der Plattform schaut man dann weit über den Golf von Valinco. Der Abstieg führt uns zu einer Felsbucht mit fantastischen Steinformationen und von dort entlang der einsamen, steinigen Küste. Auf einem Berggrat kehren wir nach Campomoro zurück.

180 m

STRECKE 9 km

3 h 30

ab 6

Wanderung: Wir gehen auf der Straße durch den oberen Ortsteil und folgen dem Wegweiser Richtung **Turm**. Nach einem guten Kilometer erreichen wir den schmalen schattigen **Pfad** ①, der zum Turm hinaufführt. Wenig später stehen wir vor der **Befestigungsmauer** ②, die am Fuß des Turmes einen mit Olivenbäumen bewachsenen Platz umsäumt. Hier ist der optimale Platz für eine erste Rast nach der Besichtigung. Wir zahlen unseren Eintritt und steigen über die Außentreppe hinauf in das dunkle, höhlenartige Zwischengeschoss des Turmes. Über eine weitere Treppe erreichen wir die gut gesicherte Plattform. Der Blick reicht weit über die Küste des Golfes von Valinco.

TOUREN-STECKBRIEF

Anfahrt: Von Propriano aus folgen wir der N 196 Richtung Sartène. Hinter der Brücke über den Rizzanese biegen wir auf die D 121 ab und folgen dieser bis Campomoro. Einen ersten Parkplatz gibt es an der Hauptstraße vor dem Ortseingang, weitere Parkplätze nach der Ortsdurchfahrt hinter dem Strand bei **GPS N 41°37'46.0", E 8°48'51.0"**. Der Turm kann von April bis November täglich besichtigt werden. In der Nebensaison von 10–17 Uhr, von Mitte Juni bis Mitte September 9–13 und 16–19.30 Uhr €2,50, Kinder bis 12 Jahre kostenlos.

Anspruch und Charakter: Einfache Küstenwanderung zwischen dicken Tafoniblöcken und durch hohe Macchia. Guter Weg in Serpentinen zum Turm hinauf. Wenig Schatten. **Für jüngere Kids in der Länge gut zu variieren.**

Highlights: Blick vom Turm, Kletterbäume im Innenhof der Turmfestung, Spannender Schlängelpfad zum Meer mit tollen Steinfiguren, Baden am Strand von Campomoro.

Einkehr: U Spuntinu mit Eistheke und Restaurant La Mouette an der Strandpromenade im Ort.

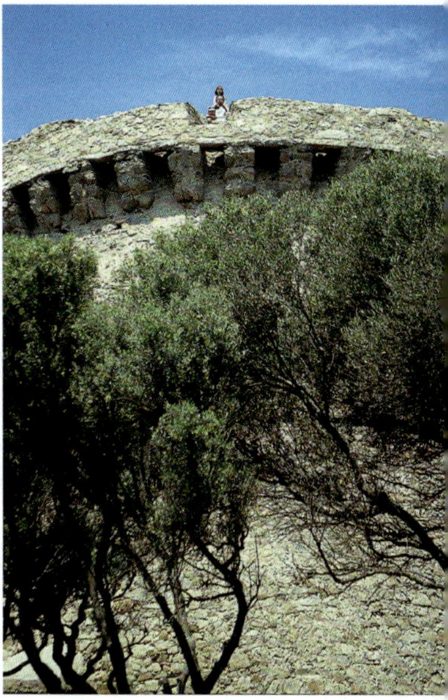

Den Abstieg beginnen wir auf dem gleichen Weg, biegen aber nach wenigen Metern links in Richtung **Anse des Génois** ab. Der steile Pfad führt uns hinab in eine außergewöhnliche Bucht: In den ausgewaschenen Steinen erkennen wir mit ein wenig Fantasie Gesichter, Dinosaurier und sogar einen Delfin. Wir gehen links auf einem ebenen, sandigen Pfad zwischen den Felsen hindurch. Nach wenigen Minuten treffen wir an einem trockenen Wiesenstück auf den **ersten Abzweig** ③, auf dem wir in gut 15 Minuten nach Campomoro zurück spazieren könnten.

Wer mehr von der wilden Küste sehen möchte, folgt weiter dem Küstenpfad, der hier teilweise durch schattiges Gehölz führt. Nach etwa 15 Minuten erreichen wir am Ende der ersten Bucht den **zweiten Abzweig** ④ nach links.

Kurz darauf führt der Pfad rechts zur felsigen Küste hinab. Jetzt ist klettern angesagt. Es geht munter über Steinblöcke und durch die Felsen. **Ketten** markieren an einigen Stellen eher den richtigen Weg, als dass sie tatsächlich als Sicherung nötig wären. Nach wenigen Minuten wird aus dem Kletterpfad wieder ein normaler Sandweg.

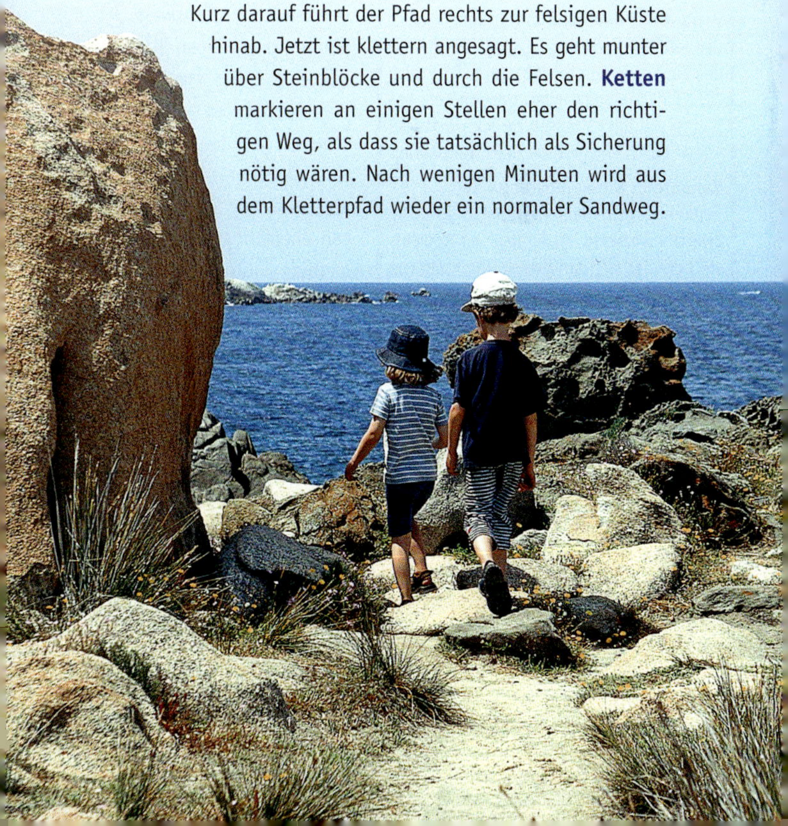

Wir passieren die **Punta di Scoddilonghi** ⑤ und erreichen eine weitere wild-romantische Felsenbucht. Wir halten an der **Punta di Scalonu** ⑥ auf einen Felsenturm zu, der wie ein natürlicher Wachturm auf der Spitze der Halbinsel steht, stets umschwärmt von kreischenden Möwen. Dann wird die Küste zahmer. Der Weg führt über eine Strandweide durch die flache **Baie de Canuseddu** ⑦ bis zu einer kleinen Sandbucht. Hier verlassen wir die Küste und biegen links ab (Wegweiser nach Campomoro).

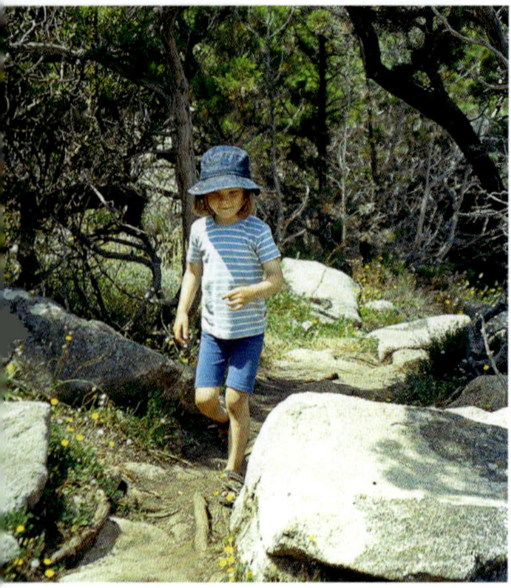

An einem Tümpel kreuzen wir einen ersten ansteigenden Weg. An der nächsten **Wegkreuzung** ⑧ biegen wir links ab und machen uns an den Anstieg zum Gratweg, der etwa 100 Meter oberhalb des Meeres parallel zum Küstenweg zurück nach Campomoro führt.

Auf der Höhe stoßen wir auf einen breiten **Fahrweg** ⑨ und können den weiten Blick auf die Küste und das Meer genießen. Wir überqueren den Weg und steuern geradeaus auf den bereits sichtbaren Turm zu. Vorbei an einem mit Steinen eingefassten ehemaligen **Dreschplatz** ⑩ (Aghja) laufen wir in rund 30 Minuten zurück zum Fuß des Turmes.

Wir erreichen die **Turmbasis** ⑪ bei der ersten Strandwiese. Dort gehen wir rechts über einige Steinstufen zurück zur Straße, die wir wenige Meter oberhalb

Kürzere Varianten für kleine Wanderer:

Variante 1: Den Turm umrunden

Gehzeit 1 h. Nach dem Abstieg in die Anse des Genois den **ersten Abzweig** ③ zurück nach Campomoro wählen. Um den Berg herum in wenigen Minuten zurück zur Straße – über einen Pfad mit wenigen Steinstufen.

Variante 2: Kleine Küstenrunde

Gehzeit 1 h 45. Dem Küstenpfad bis zum **zweiten Abzweig** ④ folgen. Der Wegweiser befindet sich am Boden, die Route ist mit Campomoro par I Pozzi bezeichnet. Ein schmaler, aber deutlich sichtbarer Pfad schlängelt sich den Berg hinauf. Nach 600 Metern erreichen wir an einer Wiese und am **Dreschplatz** ⑩ den Gratweg. Diesem folgen wir nach links mit herrlichem Blick auf den Turm und die Küste. Nach etwa 20 Minuten sind wir zurück an der Turmbasis. Dort geht es rechts zur Straße hinüber.

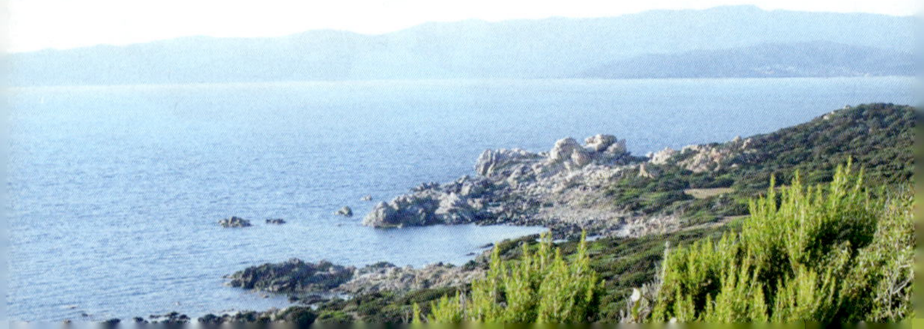

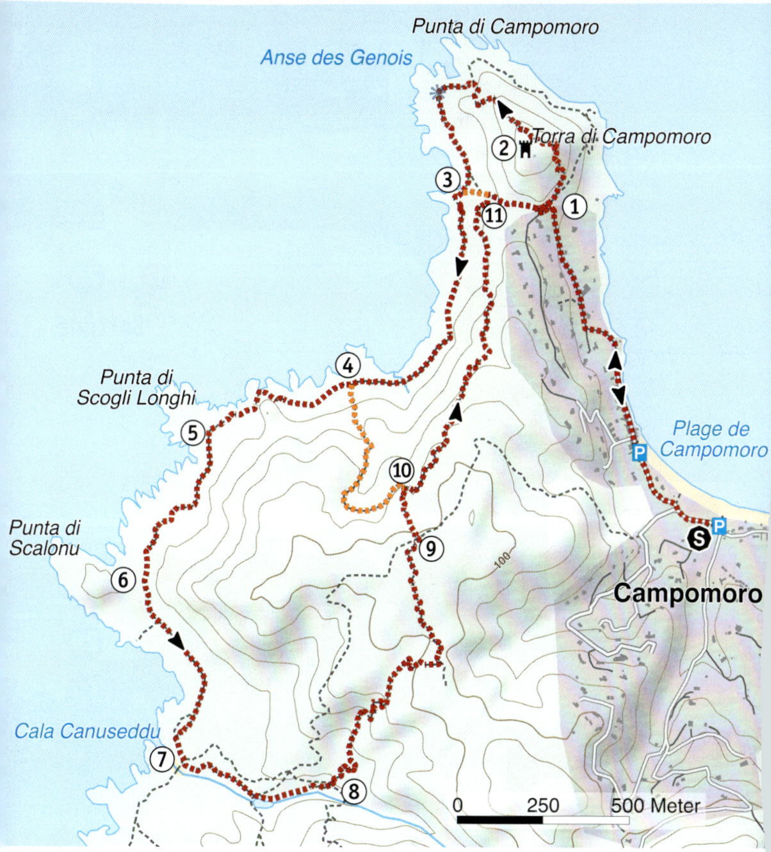

unseres Aufstiegsweges erreichen. Auf dem asphaltierten Weg kommen wir zurück zum Auto und zum schönen Strand, wo ein Bad im Meer oder ein Eis im Café am Strand möglich sind.

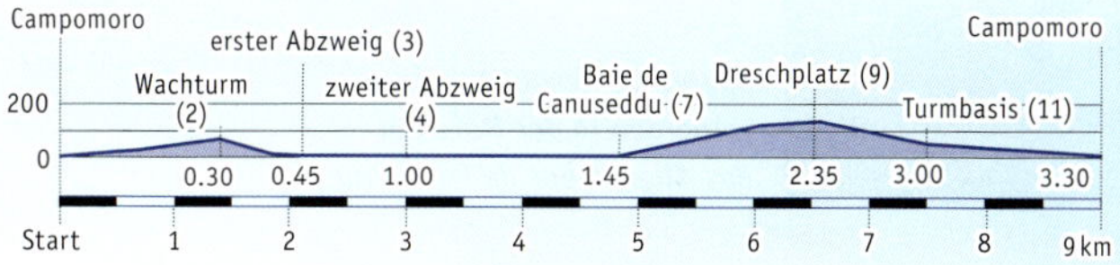

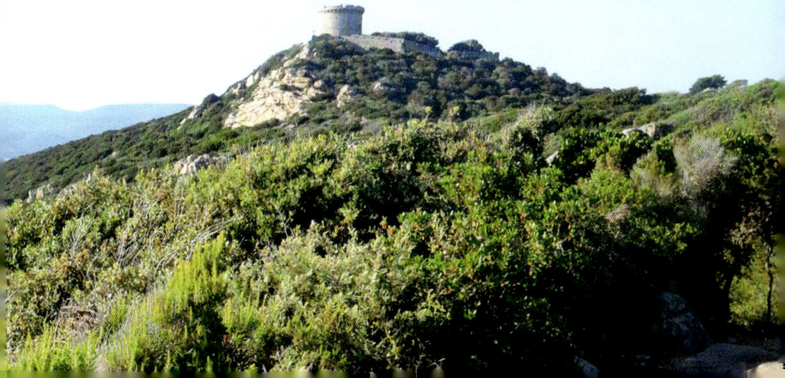

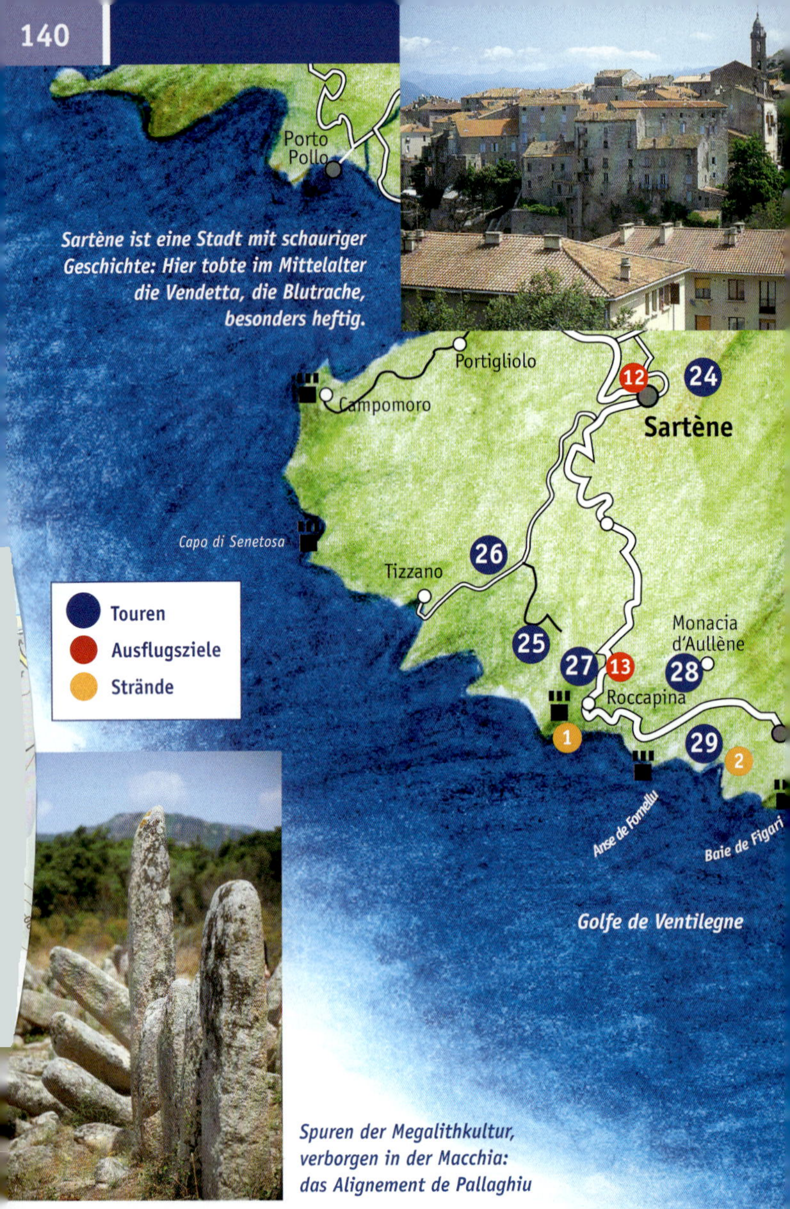

Sartène ist eine Stadt mit schauriger Geschichte: Hier tobte im Mittelalter die Vendetta, die Blutrache, besonders heftig.

Spuren der Megalithkultur, verborgen in der Macchia: das Alignement de Pallaghiu

Die Südspitze der Insel zwischen Propriano und dem Touristenzentrum Porto Vecchio ist einsam und wenig besiedelt. Sie ist außerdem relativ eben. Die kleinen Stichstraßen an die Küste sind oft nicht asphaltiert. Abgelegene Strände lassen sich nur über Pisten erreichen. Die Auswahl an schönen Sandbuchten ist groß. Hier liegen viele der Traumstrände der Insel. Die meisten Kultstätten der Megalithkultur verstecken sich in der Macchia der Südspitze. Der absolute Touristenmagnet der Region sind jedoch die Kreideklippen am südlichsten Punkt der Insel mit der Festungsstadt Bonifacio, die gefährlich in den Klippen hängt.

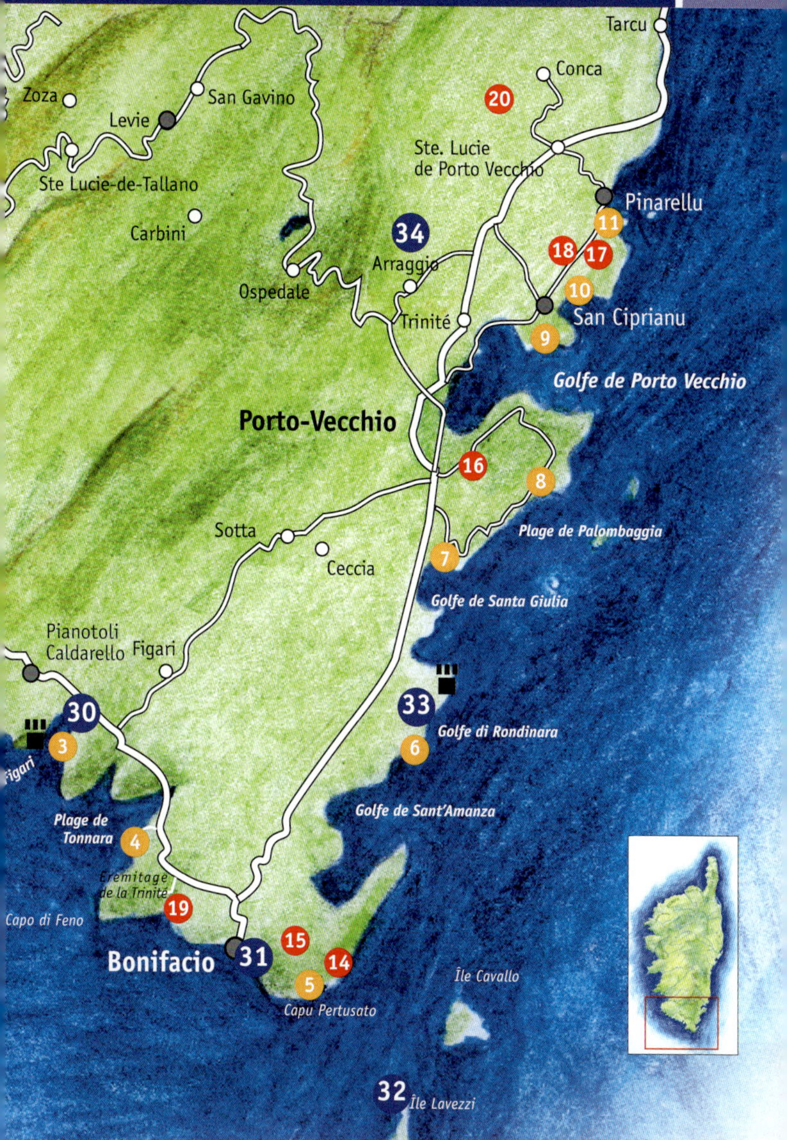

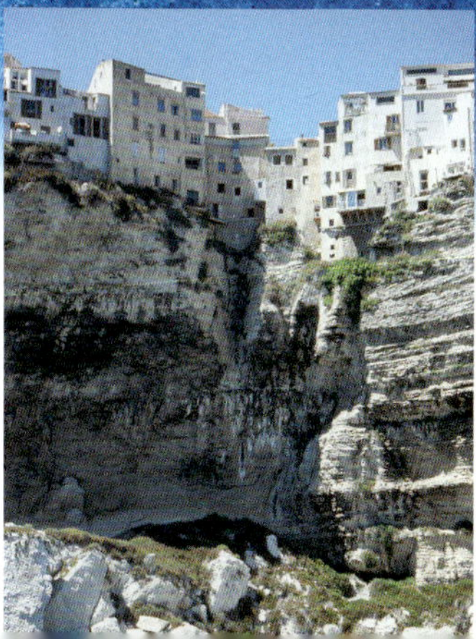

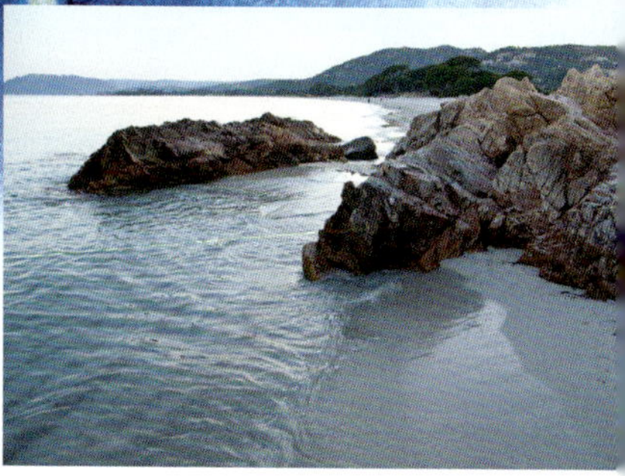

Bonifacio (links) und der Strand von Palombaggia im Abendlicht

Baden an der Südspitze

An der Südspitze der Insel und um Porto Vecchio liegen viele Traumstrände. Der Sand ist meist fein und weiß, das Wasser überall klar, blau und bei windstillem Wetter vollkommen ruhig. Fast alle Strände eignen sich zum Baden mit Kindern. Besonders schön sind die Strände bei Porto Vecchio und die Bucht von Rondinara. Ganz im Süden im Umfeld von Bonifacio gibt es nur kleinere Badebuchten. Die Buchten von Santa Manza und Figari sind ein beliebtes Windsurfrevier und für Familien mit Kleinkindern nicht so gut geeignet.

1 Die Bucht von Roccapina

GPS N 41°29'49.6", E 8°56'03.7"
Unterhalb einer weithin sichtbaren Steinformation, dem sogenannten Löwen von Roccapina, liegt mitten in der Wildnis eine malerische Sandbucht mit weißem Strand und türkis blitzendem Wasser: Die Bucht von Roccapina. Das Wasser ist seicht, der Strand sehr angenehm. Die zwei Kilometer lange Zufahrt zum Strand über eine Piste, die bei der Auberge Coralli von der N 196 zum Meer hinabführt, ist in schlechtem Zustand und hat viele Löcher. Mit einem Wohnmobil sollte man oben an der Auberge Coralli parken und den Weg zum Meer zu Fuß zu gehen. Vom Parkplatz an der Bucht führt außerdem ein markierter Pfad zu den Resten eines alten genuesischen Turmes. Nach einer knappen Stunde Kraxelei ist man oben und hat von hier aus wunderbare Aussicht auf die Küste, die einsame Bucht von Erbaju, zu der man auch hinuntersteigen kann, und die Felsen, die den Löwen von Roccapina bilden.

2 Plage de Chevano

GPS N 41°28'12.0", E 9°02'25.0"
Weißer Sand-Kiesstrand südlich von Pianotoli Caldarello. Vom Dorf den Wegweisern zum Camping Kevano folgen. Am Campingplatz vorbei und nach 250 Metern rechts auf einem Sandweg zum Parkplatz.

3 Baie de Figari

Die seichten Sandstrände der Baie de Figari wären ein guter Badeplatz für Familien, doch ist der Strand vom Wind verwöhnt. So treffen sich in der tief eingeschnittenen Bucht eher Surfer und Wanderer. [› Tour 30]

4 Die Bucht von Tonnara

GPS N 41°25'35.5", E 9°06'23.3"
Zwischen Pianotoli und Bonifacio zweigt eine kleine Straße zum Meer ab. Am Ende findet man einen Parkplatz, zwei Strandrestaurants und einen schmalen Sandstrand. Gegenüber fällt der Blick auf eine felsige, von Möwen umschwärmte Insel. Der Sand

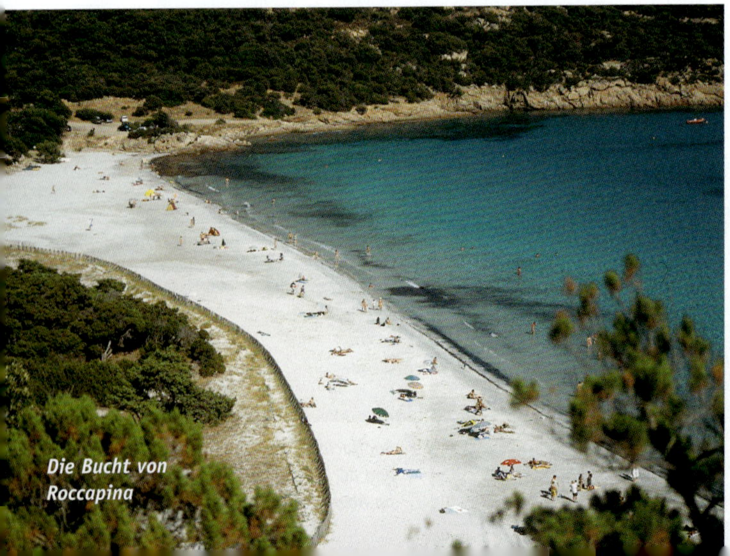
Die Bucht von Roccapina

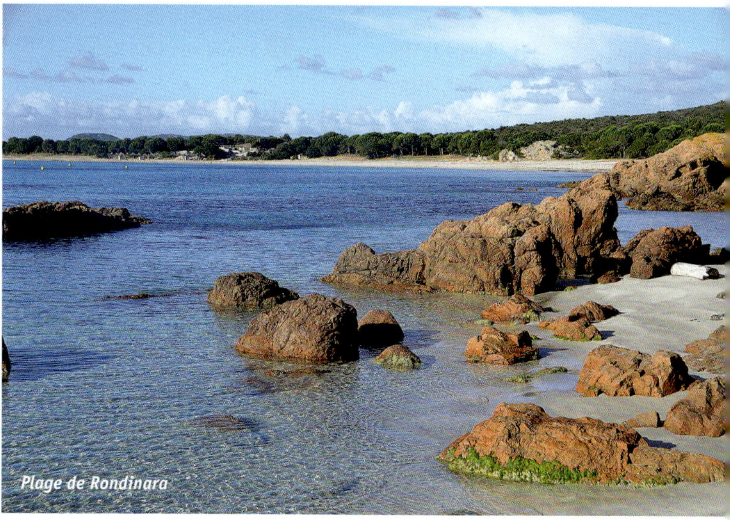
Plage de Rondinara

ist eher gelb als weiß, das Wasser nicht ganz so schillernd. Ein angenehmer, relativ ruhiger Platz am Meer.

5 Plage de Sperone

GPS N 41°22'37.4", E 9°13'15.1"
Zwei bildschöne Sandbuchten verstecken sich an der Küste östlich von Bonifacio. Sie sind von Piantarella am Ende der Straße, die von Bonifacio zum Capo Pertusato und weiter nach Sperone führt, nur zu Fuß erreichbar. Parken kann man am Straßenrand. Gut 600 Meter sind es rechts am Meer entlang zur kleineren Bucht, noch einmal so weit geht man quer über eine Landzunge zur Plage du Grand Sperone.

6 Plage de Rondinara

Die beinahe kreisrunde Bucht von Rondinara aus der Vogelperspektive ist ein besonders beliebtes Postkartenmotiv. Erforscht man den Traumstrand dagegen zu Fuß, zeigt er aus jedem Winkel ein anderes Gesicht [› **Tour 33**]. In der Sommersaison finden Familien mit Kleinkindern an der sanft ins Meer abfallenden geschützten Bucht einen tollen Badeplatz. Der große Parkplatz am Ende der inzwischen gut asphaltierten Stichstraße, die zwischen Bonifacio und Porto Vecchio von der Nationalstraße abzweigt, ist daher meistens gut gefüllt.

Auch die Strände um Porto Vecchio sind ein Badeparadies – nicht nur für Familien.

7 Plage de Santa Giulia

GPS N 41°31'56.3", E 9°16'30.6"
Hinter dem langen Sandstreifen der Bucht von Santa Giulia trennt ein großer Strandsee den Sandstrand vom Festland. Türkisblaues Wasser, weißer Sand und malerisch verstreute Felsen verleihen Santa Giulia beinahe Karibikflair. Am nördlichen Ende der Bucht staffeln sich schöne Apartmentanlagen der gehobenen Preisklasse am Hang. Santa Giulia ist einer der beliebtesten Ferienorte der Insel.

8 Plage de Palombaggia

GPS N 41°33'44.0", E 9°20'12.0"
Besonders schön ist der kilometerlange Strand von Palombaggia. Versteckt hinter einem Piniengürtel, ein Stück von der Straße entfernt, reihen sich mehrere, von flachen Felsbarrieren getrennte, Buchten aneinander. Auch in der Nebensaison ist hier noch gut was los. Einen guten Zugang findet man am nördlichen Ende, wo kurz hinter der Ranch Campo eine kleine Straße in Richtung Punta Cerbicale / Hameaux de Palombaggia von der Rundstrecke »Route de Palombaggia« abzweigt. Sie führt zu einem großen, schattigen Parkplatz unter alten Korkeichen. Von hier sind

Tipp: An der Straße von Sainte-Lucie-de-Porto-Vecchio nach Pinarellu liegt das Restaurant **A Strada**. Schöne Sitzplätze auf der Terrasse, freundlicher Service, gute Pizza, korsische Spezialitäten, ein einfaches Menü zu einem humanen Preis. Insgesamt findet man hier ein gutes Preis-Leistungsverhältnis und viel Platz und Verständnis für Kinder.

es knapp 100 Meter zum Strand (über die Düne).

Ein weiterer Zugang befindet sich an der zweiten Bucht: Hinter einer kleinen Steinmauer führt ein Fußpfad steil hinunter zum Strand – erkennbar schon an den Autos, die oben am Straßenrand bei GPS N 41°33'11.0", E 9°18'47.0" parken. Fußweg etwa fünf Minuten. Auch von der Bar am südlichen Ende der Bucht erreicht man den Strand.

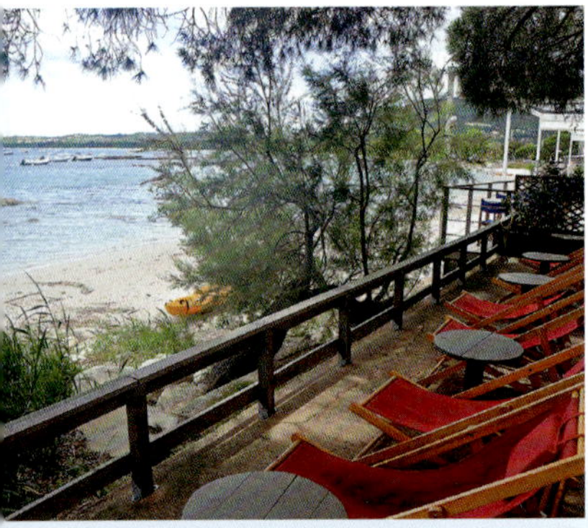

Die Crèperie ›Le Grain de Sable‹ ganz hinten an der angenehmen Uferpromenade von Pinarellu

9 Strand von Cala Rossa

GPS N 41°37'07.2", E 9°19'47.6"
Am Nordende des Golfs von Porto Vecchio gelegen. Der Sandstrand mit Felsriegeln ist leicht zugänglich von der Küstenstraße.

10 Plage de Saint-Cyprien

GPS N 41°38'16.3", E 9°20'51.4"
Lange, sehr schöne Sandbucht, dazwischen einige Felsen. Es geht seicht ins türkisblaue Wasser. Im Sommer gut besucht. Parkplatz am südlichen Ende.

11 Die Bucht von Pinarellu

Der Ort Pinarellu besteht aus einer Ansammlung von Restaurants am Meer, wenigen Hotels und kleineren Ferienanlagen der gehobenen Preisklasse und einem ein Campingplatz. Eine schöne kleine Sandbucht liegt nördlich der Ansiedlung. Westlich von Pinarellu lockt ein langer schmaler Sandstreifen hinter einem schönen Pinienwald. Hier findet man im Frühsommer oft noch viel angeschwemmtes Seegras, vor der Hauptsaison wird gesäubert.

Ausflugsziele Südspitze

Sartène

Die mittelalterliche Stadt wurde am Hang über dem Rizzanese gebaut. In der Altstadt laufen wir durch schmale und düstere verwinkelte Gassen zwischen baufälligen Häusern. Neben uns

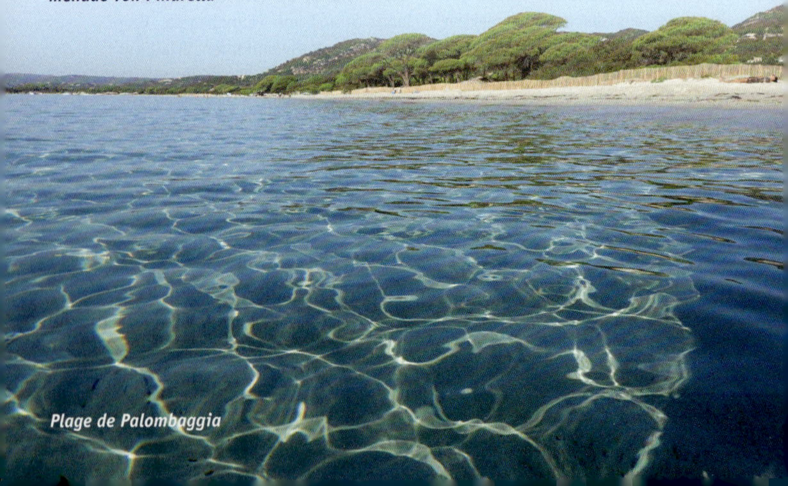

Plage de Palombaggia

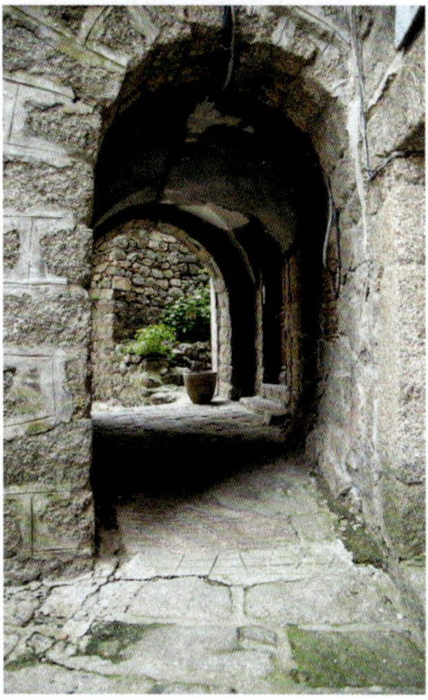

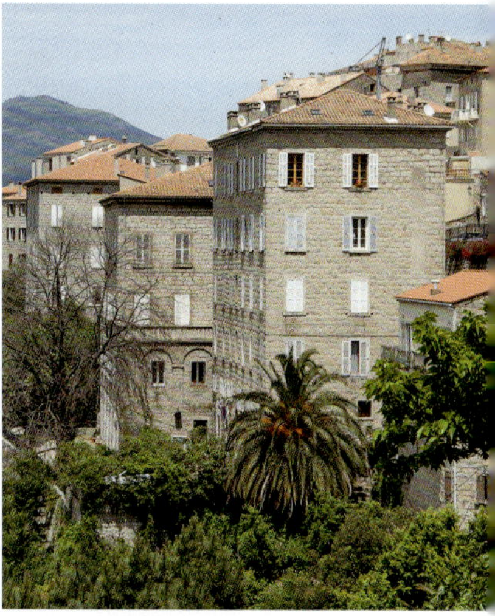

hoch aufragende Mauern mit winzigen Fenstern. Mit dem Namen der Stadt verbindet sich ein grausames Kapitel korsischer Geschichte: Im Mittelalter tobte hier die Vendetta besonders heftig, die Blutrache. Streitigkeiten endeten mit Mord, und jeder Mord wurde bald gerächt. Schon eine harmlose Beleidigung konnte das Leben kosten – einige Sippen haben sich so fast gegenseitig ausgerottet.

Besucht man den Ort an einem trüben Regentag, kann man sich diese schaurigen Geschichten gut vorstellen, in der warmen Sommersonne ist Sartène jedoch eine freundliche Stadt: Die Tische der Restaurants bringen Leben in die schattigen Gassen, und auf der Place Porta im Zentrum des Ortes sind Eiscafés und Crèperie stets gut besucht.

Oberhalb der Altstadt liegen die helleren Gassen des Stadtviertels Borgo. Hier finden sich die meisten Geschäfte und auch das sehenswerte Museum für Frühgeschichte.

12 Musée Préhistoire

Das Museum befindet sich in neuen Räumen neben einem alten Gefängnisbau. Ausgestellt wird neben Keramik aus verschiedenen Epochen, Schmuck, prähistorische Waffen auch mehrere Menhire.

Boulevard Jacques Nicolaï, Sartène. Geöffnet Juni bis September täglich 10–18 Uhr, Oktober bis Mai Mo bis Fr 10–17 Uhr. €4, Kinder unter 10 Jahre frei.

Parc naturel d'Olva

Bauernhof-Tierpark nördlich von Sartène. [› Tour 24]

Fundstätten der Megalithkultur

In der unbesiedelten Macchia zwischen Campomoro und Roccapina liegen die bekanntesten Fundstätten der Megalithkultur. [› Tour 25 und 26]

13 A Casa di Roccapina

Das Museum zwischen Sartène und Bonifacio an der N196 am Abzweig zur Bucht von Roccapina erklärt die Entstehung des Tafoni, jener Steinverwitterung, die Figuren wie den Löwen von Roccapina hervorbringt. Im Außengelände führt ein Pfad zu einem Oriu – einer Tafonihöhle [› Tour 27].

Geöffnet Mitte April bis Mitte Oktober 10–18 Uhr, im Winter Di bis Sa von 9–16 Uhr. €2, Kinder €1.

Bonifacio

Der Touristenmagnet der Südspitze ist die Festungsstadt Bonifacio, die in spektakulärer Lage am Rand steiler weißer Klippen klebt. Hier gibt es auch für Kinder viel zu entdecken. Mehr dazu bei [› Tour 31].

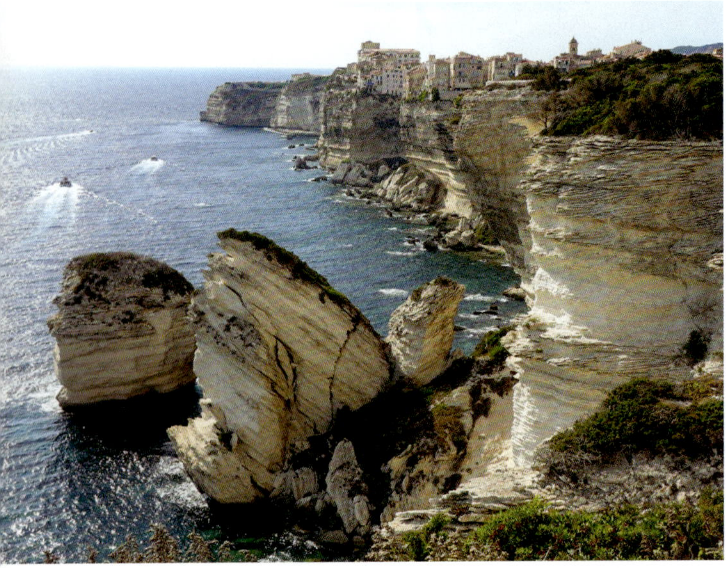

Parc Marin international des Bouches de Bonifacio

In der Meerenge zwischen Korsika und Sardinien gibt es Tiere und Pflanzen, die nicht mehr überall im Mittelmeer vorkommen. Die Durchfahrt ist viel befahren: Luxuriöse Jachten, Fähren, Ausflugsboote, aber durchaus auch der eine oder andere Frachter sorgen für regen Verkehr. Schon seit den 90er Jahren hat man daher besonders fragile Regionen der Meerenge wie die Îles Cerbicales oder die Îles Lavezzi unter strikten Naturschutz gestellt. Im Dezember 2012 wurde dann aus dem korsischen Schutzgebiet »Parc Naturel des Bouches de Bonifacio« und dem sardischen Schutzgebiet »Parc National de l'Archipel de La Maddalena« der »Parc Marin des Bouches de Bonifacio«, ein Schutzgebiet in französisch-italienischer Kooperation. Zum Gebiet gehören auch die Îles Lavezzi, die wir bei [› **Tour 32**] besuchen. *www.rnbb.fr*

Porto Vecchio

Die Region um Porto Vecchio ist eine der interessantesten, aber auch lebhaftesten Urlaubsregionen der Insel. Zahllose Badegäste tummeln sich in

Die Felseninseln Îles Lavezzi liegen in der Meerenge zwischen Korsika und Sardinien.

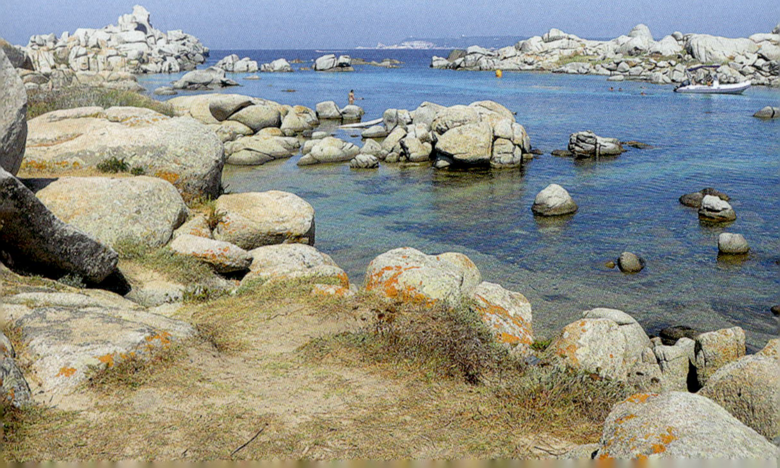

der Bucht von Pinarellu, am herrlichen Strand von Palombaggia und in der Bucht von Santa Giulia im Süden. Porto Vecchio selbst liegt auf einem Hügel über dem Meer. Unten erstreckt sich der Hafen und ein kleines Gewerbegebiet mit zwei großen Supermärkten. Eine Umgehungsstraße mit einigen Kreiseln hält den Durchgangsverkehr außerhalb des alten Stadtkerns.

Fünf Bastionen bewachen die Oberstadt, 1542 von den Genuesern als Verteidigungsanlage errichtet. Einlass war nur durch die Porte Genuese möglich. Heute verwandeln sich die malerischen, schmalen Gassen im Sommer in ein stimmungsvolles Open-Air Restaurant. Viele Restaurants an der Stadtmauer über dem Hafen haben bereits in der Vorsaison geöffnet. Von den Tischen am Fenster oder der Terrasse bietet sich ein herrlicher Blick über das Meer und den Hafen, der fast senkrecht 50 Meter unterhalb der Tischkante liegt. Ansonsten lassen sich in den kleinen Läden der Altstadt sicher auch die richtigen Mitbringsel und Erinnerungsstücke aus Korsika finden.

Ausflüge auf dem Wasser

Îles Lavezzi

Im Jachthafen von Porto Vecchio liegt die Ruscana. Sie startet morgens um 9 Uhr zur Tagestour auf die Îles Lavezzi: Von Porto Vecchio geht es vorbei an den Îles Cerbicales zu den Inseln, wo gegen 11.30 Uhr eine Badepause angesagt ist. Dann wird das Mittagessen auf dem Boot serviert und es geht weiter zu den Klippen von Bonifacio. Auf der Rückfahrt gibt es eine weitere Badepause. Gegen 18 Uhr kehrt das Boot in den Hafen von Porto Vecchio zurück.

Das zweite Boot des Familienunternehmens fährt die Tour von Pinarellu.
Die Tagestour kostet inklusive Mittagessen €85, Kinder 4–12 Jahre zahlen €50. Chiocca Croisieres, Tel. 0033 (0)495714150. www.amour-des-iles.com/croisiere-corse

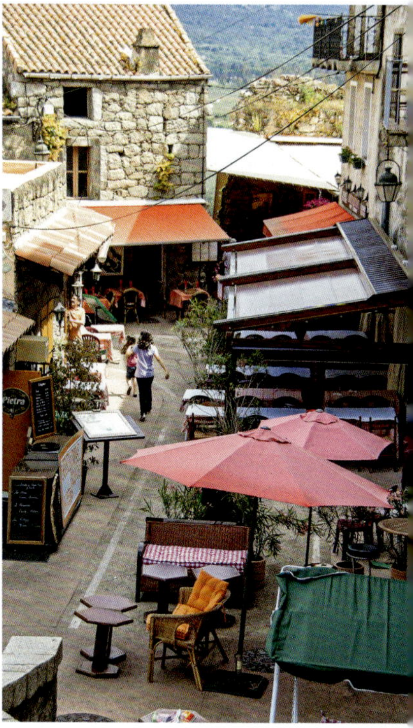

Zur gleichen Zeit verlässt auch die **Maria Serena** den Hafen in Richtung der Îles Lavezzi. Die Tagestour kostet für Erwachsene €65 und für Kinder €40. Mit Mittagessen ist der Preis €85, Kinder €50. Das Boot befördert etwa 90 Passagiere.
Porto Vecchio Croisières, Tel. 0033 (0)615 485152. www.portovecchio-croisieres.com

Kürzer und flotter sind die Ausfahrten des Anbieters **Cap Sud Croisières**. Mit dem Schlauchboot für 12 Personen und dem neuen Hybridboot geht es auf eine große Runde mit vielen Zwischenstopps, auch auf den Îles Lavezzi.
Tagesausflug 8–17 Uhr, €140 pro Person, Kinder 3–10 Jahre €125. Tel. 0033 (0)0618 907923. www.corsicasudcroisieres.com

14 Kajak und SUP

Verleih von Kajaks und SUPs an der Plage de Piantarella und geführte Touren auch für Familien entlang der Steilküste von Bonifacio. [› Tour 31]
www.bonifacio-kayak.com

Reiten

15 Centre Equestre EquiLibre Bonifacio

Das vierbeinige Team von Stallchefin Marine besteht aus sieben Pferden und drei Ponys und so finden alle ihre Ausritte in kleinen Gruppen statt. Beim einstündigen Ausritt in die Macchia sind auch Anfänger willkommen. Der Baderitt zur Bucht von Santa Manza findet ein bis zweimal in der Woche statt und braucht entsprechende Reiterfahrung.

*Ausritt 1 Stunde €30, Strandritt 2 Einstündiger Ritt durch die Macchia €50, Baderitt am Morgen (3h) €130, Ponyspaziergang für Kinder von 3 bis 10 Jahre €30.
0033 (0)613 010061
www.equilibre-bonifacio.com*

16 Centre Equestre A Staffa

Der Stall liegt an der Route de Palombaggia, ein kurzes Stück hinter dem Camping U Stabiacciu. Neben Unterricht und Ausritten (z.B. zur Plage de Palombaggia) gibt es für Kinder ab drei Jahren Spaziergänge auf dem geführten Pony.

*Ausritt (1,5h) €65, Baderitt zum Palombaggia oder zur Plage de Santa Giulia (3h) €90, Bade-Spaziergang mit dem Pony zum Strand €65.
Tel. 0033 (0)616 567360.
www.equicompliceastaffa.com*

Zwei weitere Ställe liegen an der D468 zwischen San Cypriano und Pinarellu.

17 Ranch La Villata

GPS N 41°39'07.4", E 9°20'55.9"
Einfacher Stall, in dem Kinder besonders willkommen sind. Geführtes Ponyreiten gibt es für 30 Minuten (€15) oder eine Stunde (€25). Der Preis für einen einstündigen Ausritt liegt bei 38 Euro. Kleiner Bauernhofcamping auf dem Gelände (April bis Oktober).

*Ganzjährig geöffnet. In der Sommersaison 8–12 und 16.30–21 Uhr. Tel. 0033 (0)684 539814.
www.ranchvillata.fr*

18 Ritte an den Strand und in die Berge können Sie bei **Country Horse** zwischen Saint-Cyprien und Pinarellu buchen. Angeboten wird auch ein dreistündiger Baderitt für Anfänger.

*€65 für zwei Stunden. Weitere Informationen: Karine Luciani, Tel. 0033 (0)611 994593.
www.country-horse.com*

Hochseilgarten und Outdoorsport

19 Kletterkurse für Familien

Bei der Ermitage de la Trinité in einem großen Felsen, können im »Parcours découverte« auch Kinder an Kletterkursen teilnehmen. Im Kletterkurs »École d'escalade« sammeln Kinder ab sieben Jahren spielerische Klettererfahrungen auf einer Felsroute, die eine Mixtur aus Hochseilgarten und Klettersteig ist.

€35 für 3,5 h, Tel. 0033 (0)686 982785, lezardos.free.fr

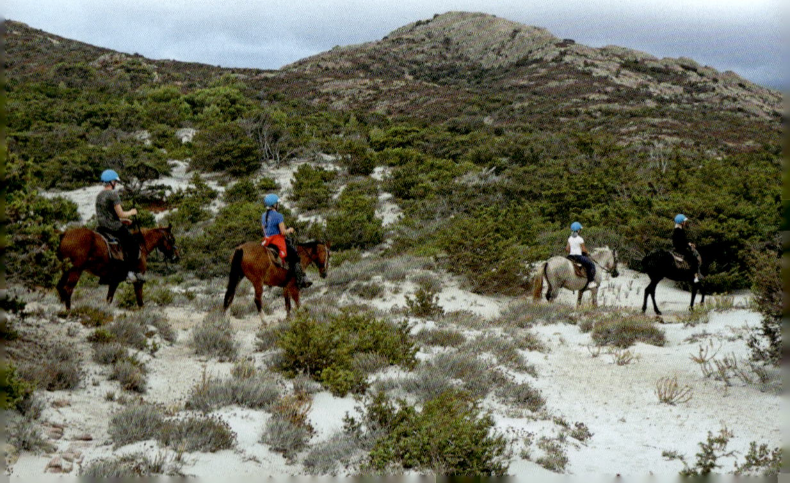

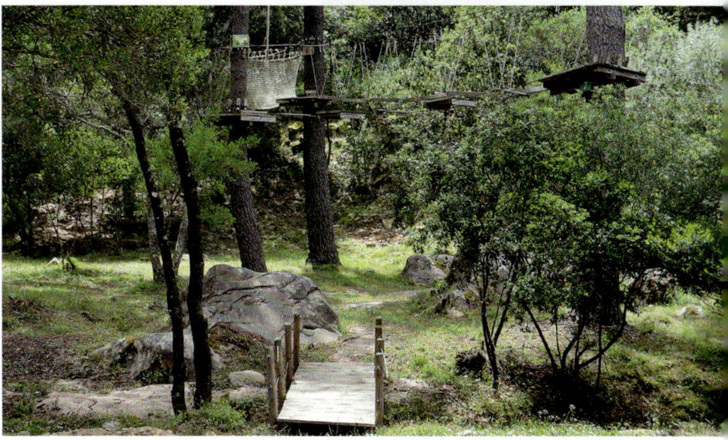

20 Hochseilgarten A Tyroliana

GPS N 41°43'10", E 9°18'5"

Ganz auf Familien eingestellt ist der attraktive Hochseilgarten oberhalb von Sainte-Lucie-de-Porto-Vecchio am Ufer des Flüsschens Cavu. Viele der Parcours bleiben in moderaten Höhen und eignen sich auch für Kinder. Es gibt elf fantasievoll gestaltete Kletterparcours in verschiedenen Schwierigkeitsstufen – vom gehobenen Spielplatzniveau bis zum Profiparcours mit Stationen in zwölf Meter Höhe. Eine Seilbahnfahrt direkt über den Fluss ist auch dabei.

Neben dem Hochseilgarten lädt im Fluss Cavu eine tiefe Gumpe mit Kiesbank zum Baden ein. Auch weiter oben am Fluss kommt man zu weiteren schönen Wasserbecken. Allerdings gab es am Cavu vor einigen Jahren Infektionen mit Bilharziose. Das Flusswasser wird seitdem regelmäßig kontrolliert. **[› Seite 13]**

Geöffnet Hochsommer täglich 10–19 Uhr, in der Nebensaison nur am Wochenende. Pro Durchgang Kinder 3 bis 8 Jahre €18, 8 bis 15 Jahre €24, Erwachsene €26, Spielbereich für die Kleinsten ab 2 Jahre €5.
Tel. 0033 (0)495 217804.
www.atyroliana.com

Fahrradverleih

Am Hochseilgarten können auch Mountainbikes gemietet werden. Es stehen auch Bikes in Kindergröße ab 16 Zoll zur Verfügung.

Die Tagesmiete liegt bei €40.
Geöffnet wie der Hochseilgarten.
www.atyroliana.com

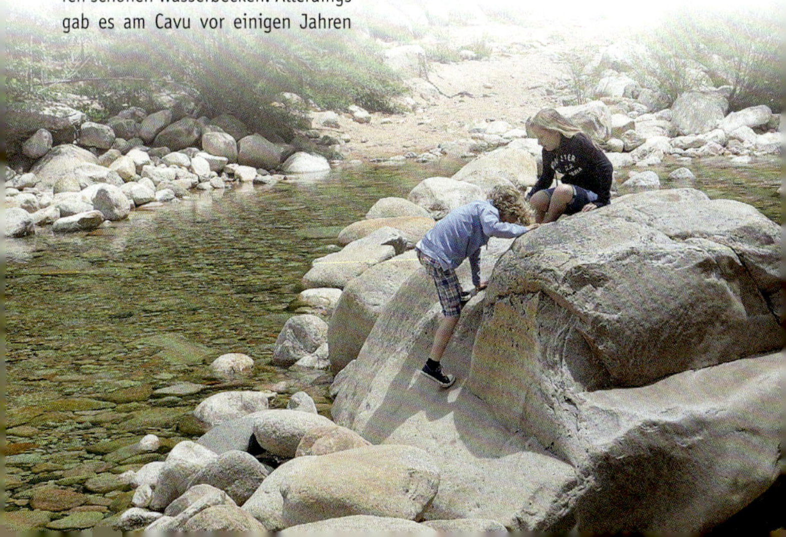

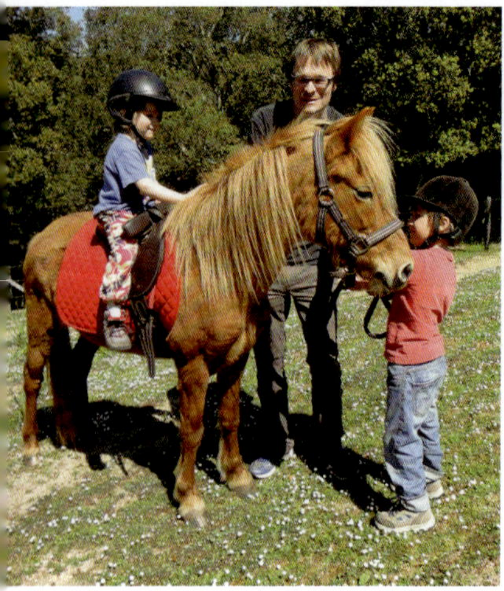

Tour 24: Parc Naturel d'Olva

Auf einem korsischen Bauernhof

Auf dem Gelände des Parc Naturel d'Olva leben in großen Gehegen die typischen Haustiere eines korsischen Bauernhofes: Gänse, Enten, Schafe, Ziegen, Schweine, Esel und auch Ponys. Die Idee der Farm ist es traditionelle korsische Landwirtschaft zu erhalten und für Kinder erlebbar zu machen. Viele Tiere kann man streicheln und auf dem Gelände gibt es einen Picknickplatz und Ponyreiten für Kinder.

etwa 2 h

ab 4

Rundgang: Vom Eingang geht es geradeaus zur **Ponyweide,** auf der Shetlandponys mit ihren Fohlen stehen und dann rechts den Berg hinauf. Wir kommen hier am Kletterfelsen der **Ziegen** vorbei, die sich frei auf dem Gelände bewegen können und hier eindrucksvoll unter Beweis stellen, dass sie den meisten Menschen im Klettern weit überlegen sind.

Oberhalb der Ponyweide leben die **Schafe**. Korsische Schafe sehen übrigens ganz anders aus als unsere. Sie ähneln am ehesten Heidschnucken und tragen wie diese auch Hörner. Oberhalb des Schafgeheges beginnt ein Waldstück. Pfeile weisen den Weg nach rechts auf einen schmalen Pfad, der auf einen Hügel führt. Oben angekommen beginnt links der **Naturlehrpfad**, zu dem die Beschreibung gehört, die wir am Eingang bekommen haben. Im

TOUREN-STECKBRIEF

Anfahrt: Zwischen Propriano und Sartène biegen wir am Gasthof Madunina von der N 196 auf die schmalere D 268 in Richtung Levie ab und folgen nach gut 100 Metern dem Abzweig nach rechts zum Camping Olva. Die Zufahrt zum Parkplatz der Farm liegt links der Straße hinter dem Campingplatz bei **GPS N 41°38'22", E 8°58'41".**

Öffnungszeiten: Juli bis August täglich von 9.30–19 Uhr, Mai und Oktober Di bis So 10–17.30 Uhr. Rest des Jahres auf Anfrage. €8, Kinder 4 bis 18 Jahre €5, Ponyreiten: kleine Runde €4, große Runde (15 min) €6.
Tel. 0033 (0)611 752964.
www.parc-animalier-corse.com

Anspruch und Charakter: Breite einfache Wege, teilweise recht sonnig. Picknickplätze im Schatten.

Highlights: Ponyreiten und Tiere beobachten.

Einkehr: Eis und Kleinigkeiten am Kiosk am Eingang, ansonsten Picknick mitbringen.

In der Nähe: Altstadt von Sartène.

Heft sind alle Pflanzen erklärt, die wir rechts und links des Waldpfads entdecken können. Im Gelände sind die Pflanzen nicht mit Tafeln versehen. Der schmale Rundweg ist mit Pfeilen markiert, die hinter dem kleinen Tor links den Hang hinunter und dann in einem Bogen von etwa 20 Minuten durch den Wald führen.

Dann steht man wieder am Eingangstor und der **Sentier animalier** geht weiter. Oben auf dem Hügel befindet sich der **Schweinestall** und auch hier gibt es jede Menge Jungtiere. Hinter den Schweinen folgen **Kaninchen, Enten und Hühner**. In einem der Gehege wohnt ein Pfau, in einem anderen ein Truthahn. Dann laufen wir wieder über die sonnige Ebene und zwischen den Weiden der **Esel**, Mulis und Maulesel zur Pferdeweide. Direkt davor befindet sich unter Bäumen ein kleiner **Picknickplatz**. An der Pferdeweide entlang marschieren wir dann wieder zum Eingang. Hier beginnen auch die Reittouren auf geführten Ponys einmal rund um den Park, die mit fünf Euro pro Kind und Pony durchaus erschwinglich sind.

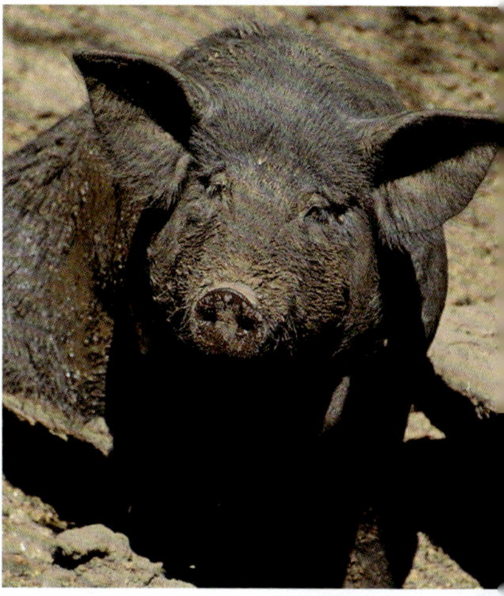

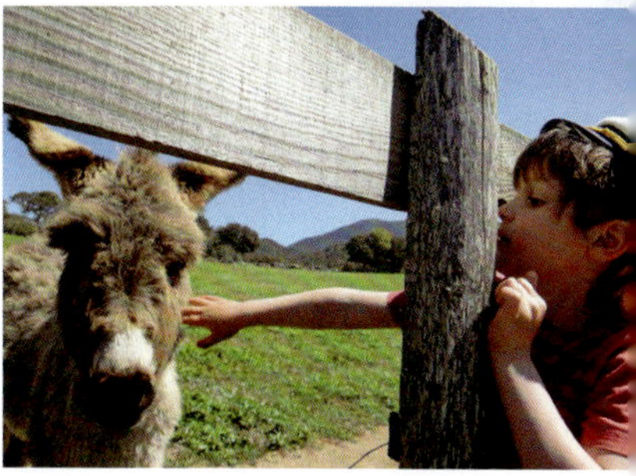

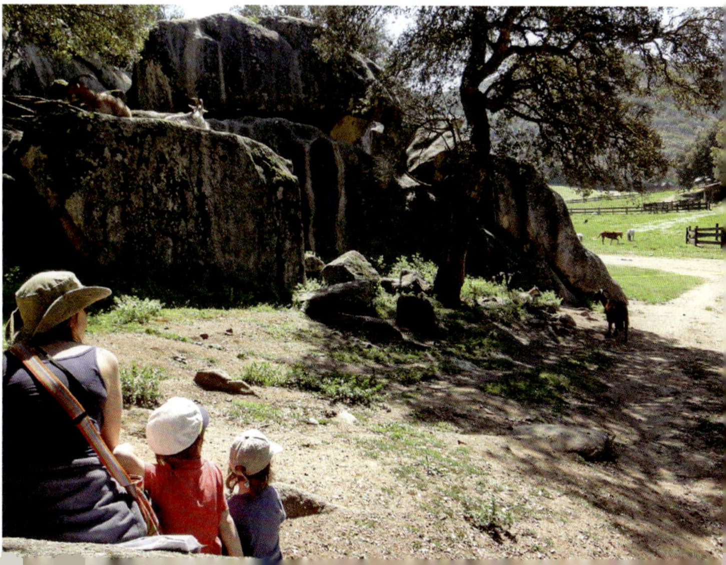

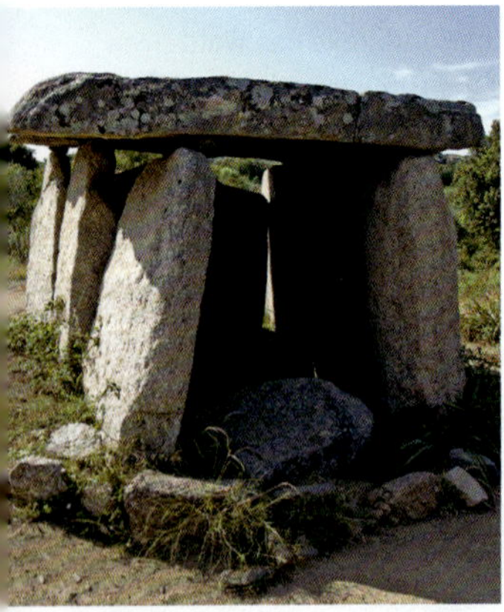

Tour 25: Stantari, Rinagghiu und Fontanaccia

Die steinernen Denkmäler von Cauria

Mitten in wild wuchernder Macchia mit knorrigen Steineichen und knubbeligen Felsblöcken stehen die Überreste von zwei bedeutenden Steinreihen und ein großer, gut erhaltener Dolmen. Die einzelnen Kultstätten liegen jeweils knapp 500 Meter voneinander entfernt. Läuft man zügig durch, braucht man nicht mal eine Stunde für die Runde. Man kann aber auch sehr viel mehr Zeit in der schönen, stillen Umgebung verbringen. Auch für ein Picknick fände sich ein guter Platz im Schatten eines Eichenhaines, der am Weg liegt.

30 m

STRECKE 3 km

1 h

ab 4

Wanderung: Auf einer hoppeligen breiten Piste geht es hinein in die Macchia. An einem verfallenen **Holztor** ① folgen wir der Wegmarkierung nach links. Zuerst führen die Wegweiser zum eingezäunten **Alignement de Stantari** ②. Die Menhire stammen aus der Bronzezeit (etwa 2300 bis 1700 v. u. Z.) Sie sind fast drei Meter hoch, zeigen undeutliche Gesichter und angedeutete Arme und Hände und sind in der Nähe einer Quelle errichtet.

Von Stantari aus geht es gerade nach Süden auf die Felsen zu und zu einem schattigen Wäldchen, in dem sich die Megalithen des **Alignement de Rinagghiu** ③ verbergen. Ein Durchlass im Zaun bringt uns zu den verwitterten, mit Moos bewachsenen Steinreihen. Sie sind in Richtung Nord-Süd ausgerichtet und noch ein gutes Stück älter als die Anlage von Stantari. Man datiert sie auf 4500 bis 3000 vor unserer Zeitrechnung.

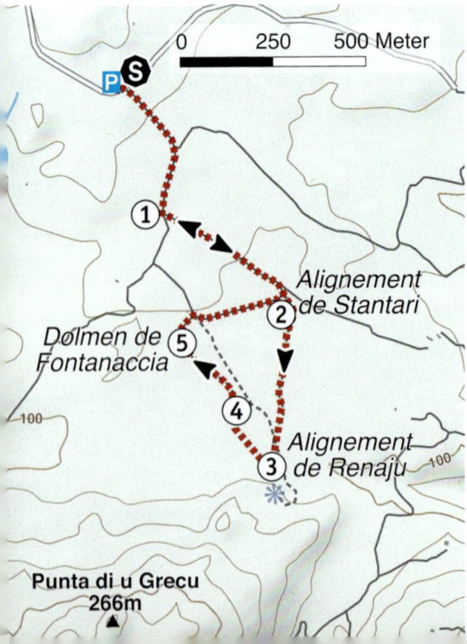

Von diesem friedlichen Platz folgt man rechts durch einen zweiten Durchlass im Zaun dem Pfad wieder hinaus in die Sonne. Es geht über einen Holz-

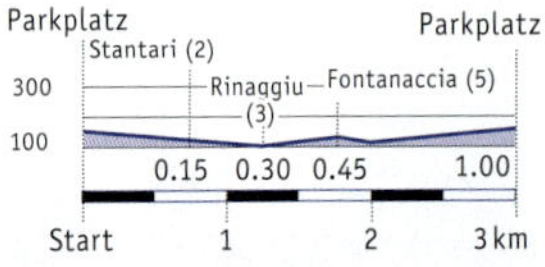

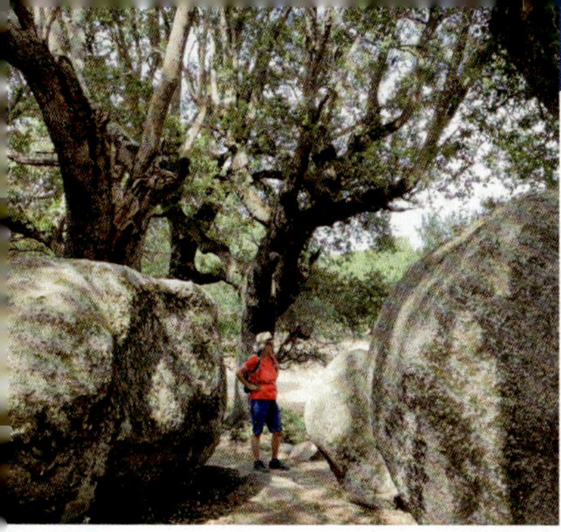

Der Steineichenhain auf dem Weg zum Dolmen ist an heißen Tagen der perfekte Platz für eine Pause.

steg und in einen alten **Steineichenhain** ④ mit riesigen Granitblöcken – auch dieser Platz hat seinen besonderen Reiz. Er eignet sich gut für eine Pause zum Klettern und Picknicken bevor man zum **Dolmen** weiterwandert.

Stazzona di u Diavulu – die Schmiede des Teufels – nennen die Hirten der Umgebung den imposanten **Dolmen von Fontanaccia** ⑤. Er steht alleine für sich auf einer kleinen Hochebene mit Blick in alle Himmelrichtungen. Mit einem Grabraum von vier Quadratmetern und der massiven Deckenplatte, die alleine drei Tonnen wiegt, ist er eines der stattlichsten Monumente der Megalithkultur auf Korsika. Wer hier begraben wurde, weiß man nicht. Vom Dolmen folgen wir dem mit weißen Pfeilen markierten Weg zurück zum Alignement de Stantari und von dort links zurück zum Parkplatz.

TOUREN-STECKBRIEF

Anfahrt: Von Sartène auf der N 196 in Richtung Bonifacio und dann links auf die D 48 in Richtung Tizzano fahren. Nach 9 km den Wegweisern nach Cauria folgen. Nach weiteren 4,5 km auf schmaler Straße mit sehr vielen tiefen Schlaglöchern steht rechts ein Wegweiser nach Stantari. Rechts und links der Straße liegt der zugehörige Parkplatz bei **GPS N 41°32'08.0", E 8°54'58.0".**

Markierung: Infotafeln.
Anspruch und Charakter: Ebener Sandweg. Die Alignements liegen ungeschützt in der Macchia, an heißen Tagen auf Morgen oder Abend ausweichen.
Highlights: Dolmen und Steinreihen, Klettersteine am Steineichenhain, auf dem Gelände weiden oft Kühe. Vorsicht! Kühen mit Kälbchen niemals nähern!

Bei den Megalithen von Stantari sind leichte Ansätze von Gesichtern und Armen zu erkennen.

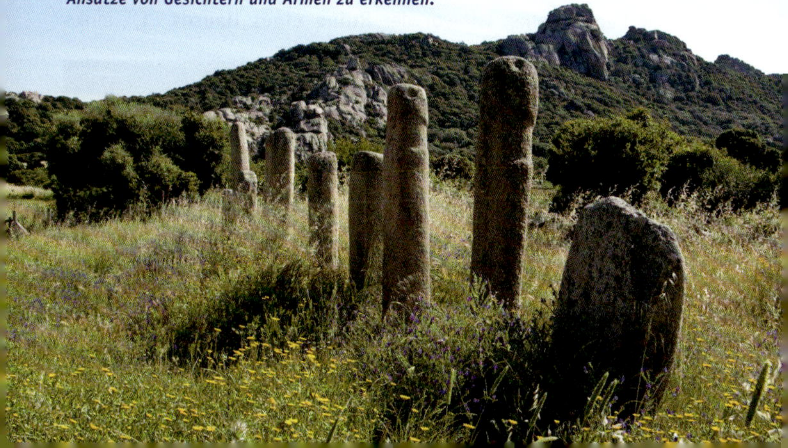

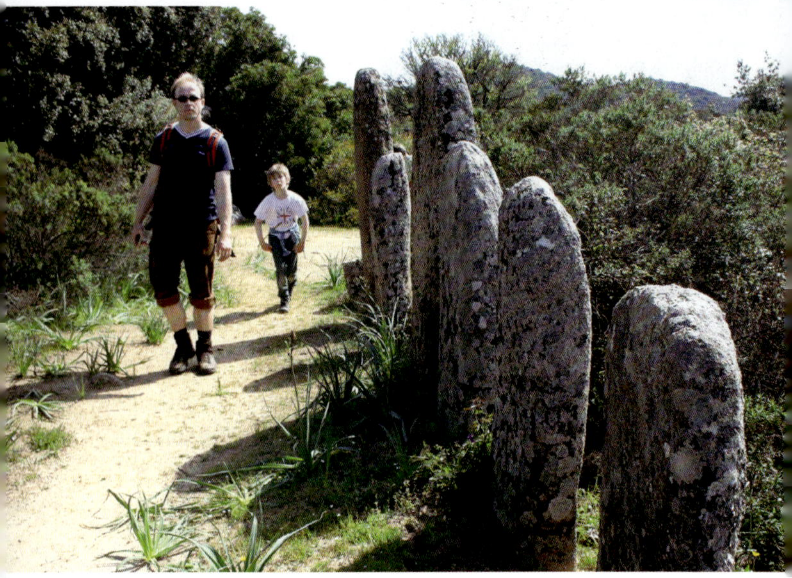

50 m

STRECKE 3 km

1 h

ab 4

Tour 26: Die Steinreihen von Pallaghiu

Kultstätte in der Wildnis

Ausgerichtet in Nord-Süd-Richtung stehen hier insgesamt 258 Menhire in mehreren Reihen und bilden damit die längste Steinreihe der Insel. Die ältesten Menhire werden auf etwa 4.000 vor unserer Zeitrechnung datiert. Einige stehen streng aufgereiht, andere liegen am Boden. Und manche scheinen immer noch zu fallen, sie stecken schräg in der Erde. Einige der Steine wurden einstmals bearbeitet und weisen menschliche Züge auf, die jedoch nur bei sehr genauem Hinschauen zu erkennen sind.

Wanderung: Wir durchqueren den Durchlass neben den Steinen und folgen der ausgewaschenen Piste den Berg hinauf. Am höchsten Punkt stehen wir vor der **Ruine eines Hauses** ①. Links

TOUREN-STECKBRIEF

Anfahrt: Südlich von Sartène biegt von der N 196 die kleinere D 48 ab. Wir folgen ihr in Richtung Tizzano. Einen guten Kilometer hinter dem Weingut Domaine de Mosconi mit Direktverkauf befindet sich rechts der Straße, ein mit Steinen versperrter Sandweg. Mit weißer Farbe ist das Wort »Menhir« auf eine Mauer gesprüht. Am Straßenrand gibt es bei **GPS N 41°32'49.0", E 8°52'54.0"** eine schmale Parkbucht.

Markierung: Steinmännchen.

Anspruch und Charakter: Gut begehbarer Sandweg. Kein Schatten. An heißen Tagen auf Morgen oder Abend ausweichen.

Highlights: Die Menhire stehen mitten in der Wildnis und sind nur rudimentär erschlossen, sodass der Platz eine ganz besondere Ausstrahlung hat.

wächst eine kreisförmig angeordnete Gruppe großer Olivenbäume.

Hier biegen wir rechts ab und folgen einem schmalen Sandpfad weiter in die Macchia bis nach etwa 700 Metern links von uns die **Reste eines Tores** zwischen den Büschen zu sehen sind. Hier biegen wir links ab und stehen nach wenigen Schritten die **Menhire** ② erreicht. Zurück geht es dann auf dem gleichen Weg.

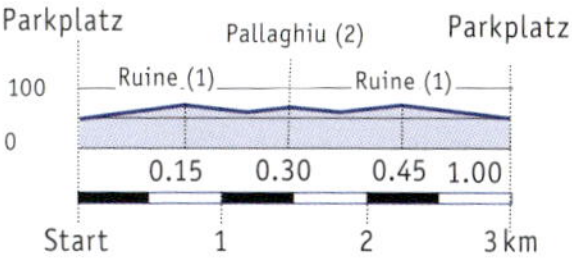

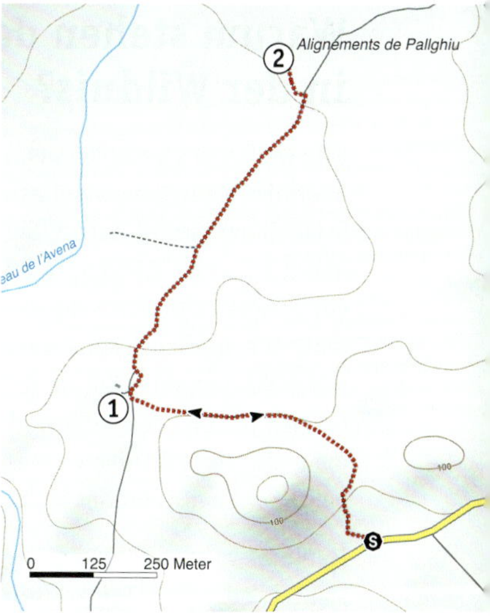

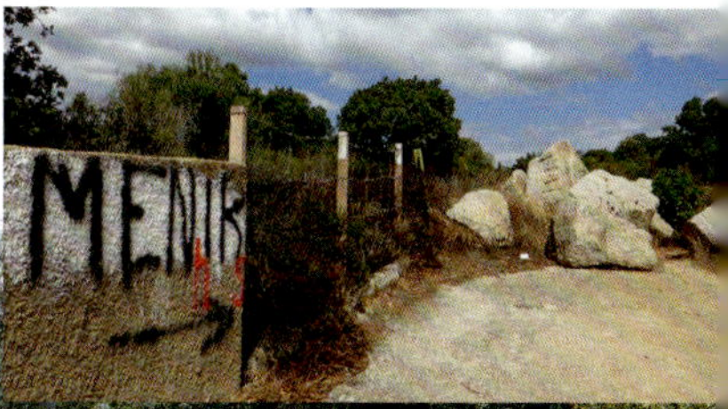

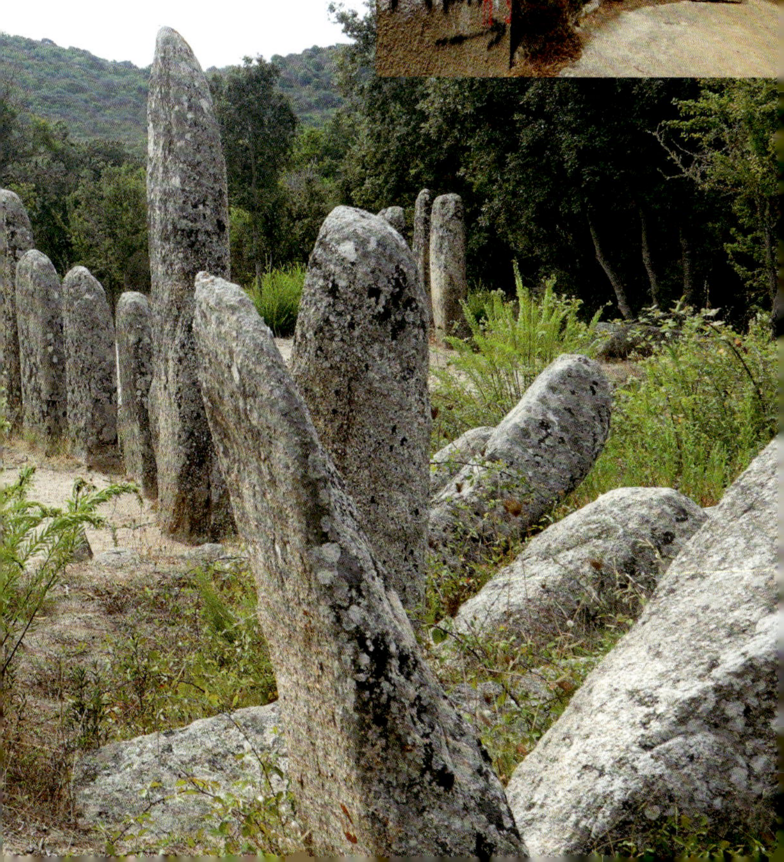

Warum stehen da so viele Steine in der Wildnis?

Man weiß nicht besonders viel über die Menschen, die diese Steinalleen gebaut haben. Sie haben zwischen 3500 und 1000 vor unserer Zeitrechnung gelebt. Die großen Steine sind alles, was von ihrer Kultur geblieben ist, und deshalb nennt man sie »Megalithiker«. Megalith, das heißt: Großer Stein.

Menhire wurden einzeln errichtet oder zu Steinkreisen und Steinreihen gruppiert. Die längsten Steinreihen hat man in der Bretagne gefunden. Steinkreise stehen vor allem auf den britischen Inseln, der größte und bekannteste ist Stonehenge in Südengland. Man ist sich heute sicher: Steinreihen und Steinkreise hatten eine religiöse Bedeutung. Sie wurden nach Ost-West ausgerichtet und dienten wohl vor allem zur Beobachtung der Sterne, die den Menschen dabei halfen, den Lauf des Jahres zu verfolgen. Diese Aufgabe war damals noch Priestern vorbehalten, den Druiden. Uhr und Kalender kannte man in der einfachen Bevölkerung noch nicht.

Die Toten wurden in dieser Zeit von den Priestern in Steingräber gebettet. In der Frühzeit suchte man dafür einfach eine passende Höhle oder einen Steinüberhang, später wurden diese Bestattungsstellen extra gebaut. Dazu wurde eine schwere Steinplatte auf zwei hohe Steinblöcke gezogen, sodass ein überdachter Steintunnel entstand. Diese Bauwerke nennt man Dolmen. Auf Korsika sind mehrere davon erhalten.

Gegen Ende der Megalithkultur entwickelte sich auf Korsika eine spezielle Version der Menhire. Forscher nennen sie Menhirskulpturen. Aus den großen, groben Steinblöcken wurden menschliche Figuren herausge-

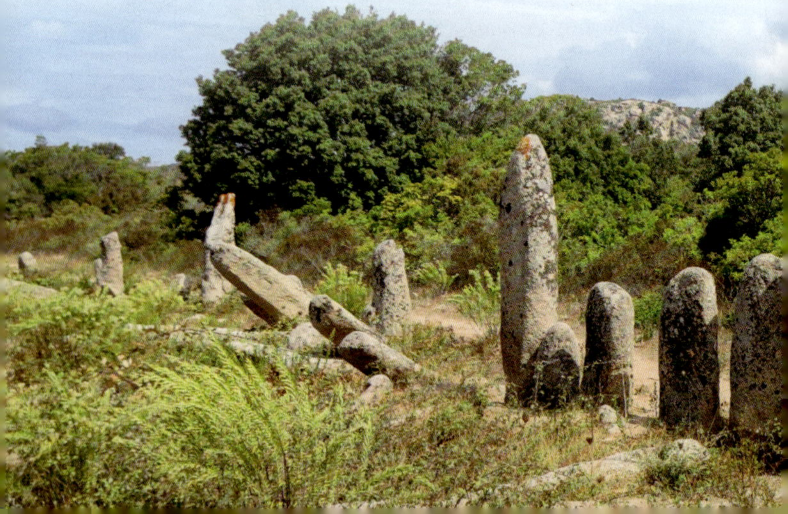

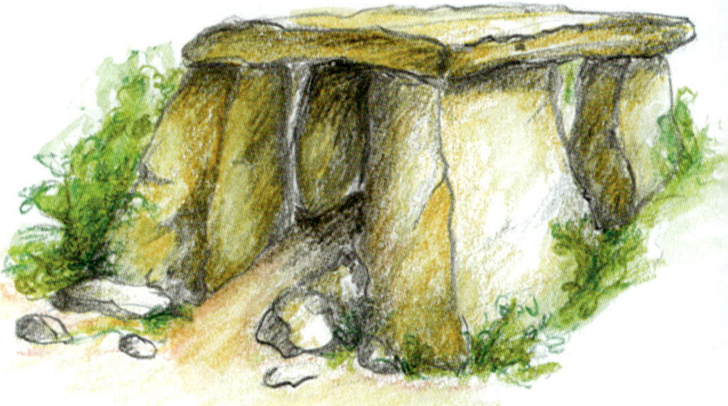

arbeitet. Wahrscheinlich begann ein besonders fantasievoller Steinhauer damit einen Stein, der beinahe menschliche Züge hatte, intensiver zu bearbeiten. Mit der Zeit wurden aus den menschlich geformten Steinblöcken richtige Skulpturen mit Gesichtern, Kleidung und Waffen. Diese Megalithskulpturen gibt es nur auf Korsika. Die meisten von ihnen stehen in der Fundstätte von Filitosa. [› Tour 22]

Es ist heute nicht mehr eindeutig festzustellen, wozu die Skulpturen angefertigt wurden und wen die Bildhauer darstellen wollten. Wahrscheinlich haben sie ihren Anführern ein Denkmal gesetzt, aber einige Forscher sind auch vom Gegenteil überzeugt: Sie glauben, die Bewohner der Insel wollten ihre Feinde darstellen. Zu dieser Zeit fiel ein Seevolk, die Torreaner, über den Süden Korsikas her. Diese Eroberer waren kriegerisch und gut bewaffnet. Die Bauern der Megalithzeit hatten ihnen nicht viel entgegenzusetzen. Sicher ist jedenfalls: Zwischen 1600 und 1000 vor unserer Zeitrechnung wurde die Megalithkultur von der torreanischen Kultur abgelöst.

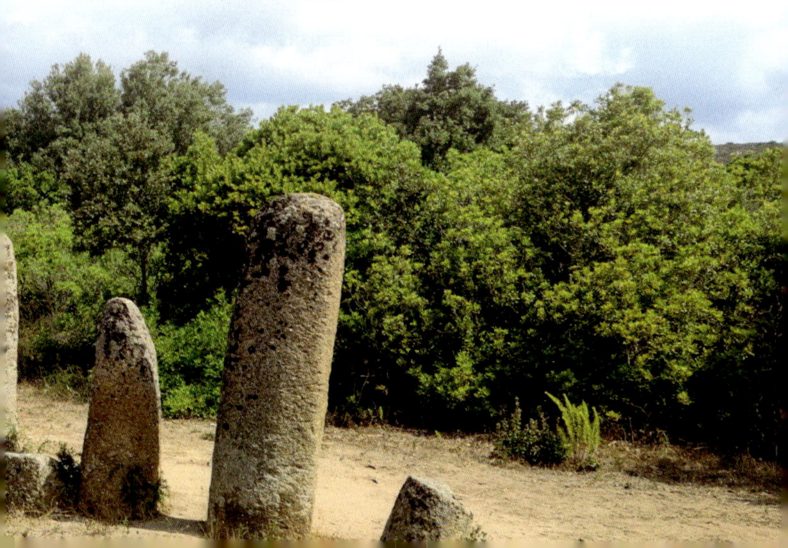

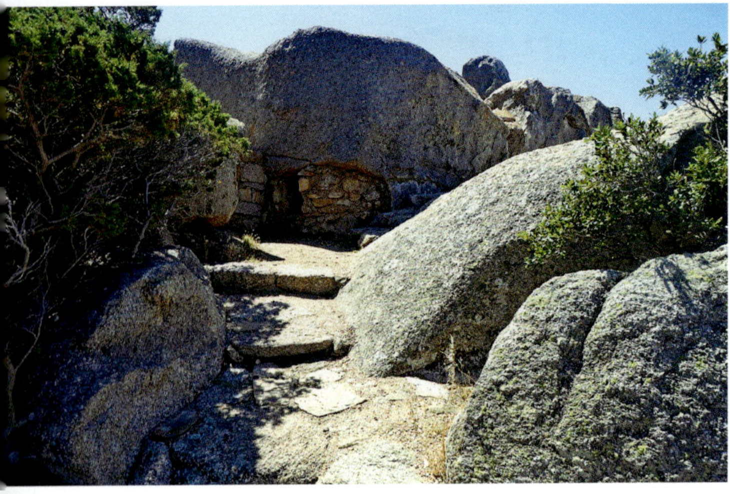

50 m

STRECKE 1 km

30 min

ab 4

Tour 27: Tafoni und Steinzeithäuser

Zum Belvedere von Roccapina

Das Museum »Casa di Roccapina« beschäftigt sich mit der Entstehung des Tafoni – jener Steinverwitterung, die Figuren wie den Löwen von Roccapina hervorbringt. Am Parkplatz beginnt außerdem ein hinreißender Pfad zwischen dicken Steinen und verzwirbelten Baumgestalten, der zu einem Aussichtspunkt mit Blick auf den Löwen führt. Unterwegs können wir außerdem entdecken, wie unsere Vorfahren die seltsam ausgehöhlten Steine zu nutzen wussten.

Wanderung: Der Weg beginnt am Parkplatz gegenüber der **Casa di Roccapina** und führt zuerst einmal über Treppen den Hang hinab. Der kleine Wiesenplatz, den wir schon von oben sehen, ist schon der »Garten« des ersten **Steinzeithauses** (1), das sich links im Fels versteckt. Hier wurde ein Tafoniüberhang mit einer Mauer versehen. So hat man in dieser Region früher Behausungen gebaut.

TOUREN-STECKBRIEF

Anfahrt: Der Weg zum Belvédère beginnt am Parkplatz vor dem Museum Casa Roccapina bei **GPS N 41°29'56.0", E 8°56'54.0"** zwischen Monaccia d'Aullène und Sartène direkt an der N 196.

Öffnungszeiten des Museums: Mitte April bis Mitte Oktober 10–18 Uhr, Eintritt € 2, Kinder € 1.

Anspruch und Charakter: Schmaler Pfad zwischen verzwirbelten Bäumen und ausgehöhlten Steinbrocken.

Highlights: Mehrere begehbare Behausungen unter den Felsen. Aussichtspunkt mit Blick auf den Tafoni-Löwen von Roccapina.

Einkehr: Snack-Bar neben der Casa di Roccapina.

In der Nähe: Ein zweiter etwas längerer Wanderpfad führt auf dem Gelände des Museums in die umliegenden Hügel und zu weiteren Oriu-Steinhäusern.

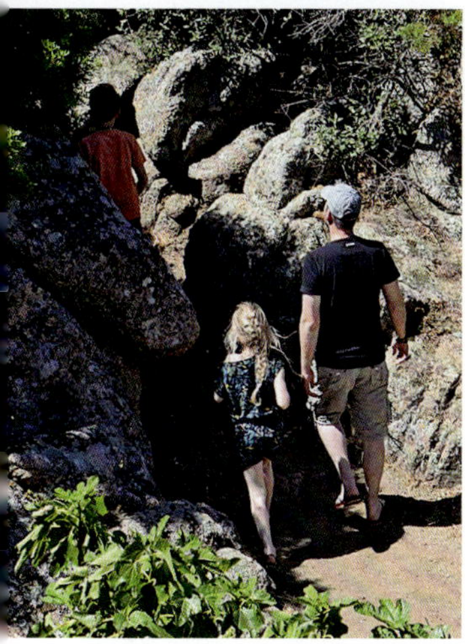

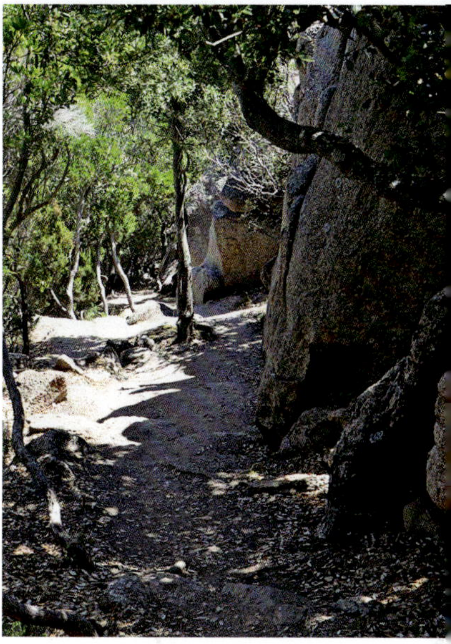

Durch einen tunnelartigen Weg in der Macchia geht es weiter bis zur nächsten **Höhle** ②. Sie liegt rechts des Weges an einem abzweigenden Pfad. Diesmal befindet der Wohnbereich komplett unterhalb eines großen Steines. Die Behausung besteht aus zwei großen Räumen, die man auch betreten kann. Auf dem Weg zum Aussichtspunkt folgt noch ein weiteres Höhlenhaus, aber dieses hier ist am beeindruckendsten.

Wir folgen dem Pfad immer weiter bis wir zu einer **Plattform** ③ kommen, von der man besonders gut auf den Steinlöwen oberhalb der Bucht von Roccapina schauen kann.

Auf der anderen Seite der Aussichtsplattform führt der Weg wieder hinunter und bringt uns etwas weiter oben am Hang zurück zum ersten Höhlenhaus unterhalb der Treppe und zu unserem Parkplatz am Museum.

Die Piste zur nahen **Bucht von Roccapina,** die man auch vom Aussichtspunkt sieht, war beim letzten Selbstversuch in desolatem Zustand, und mit einem normalen PKW grenzwertig zu fahren. Die vielen am Rand der Piste geparkten PKW sorgen außerdem dafür, dass es kaum Stellen gibt an denen man unterwegs umdrehen kann, um zurückzufahren.

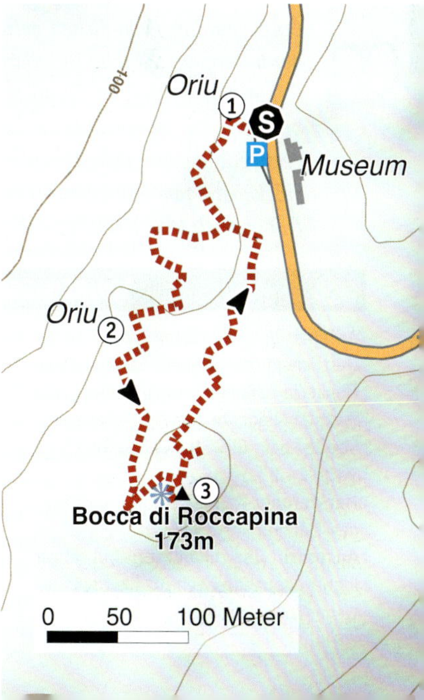

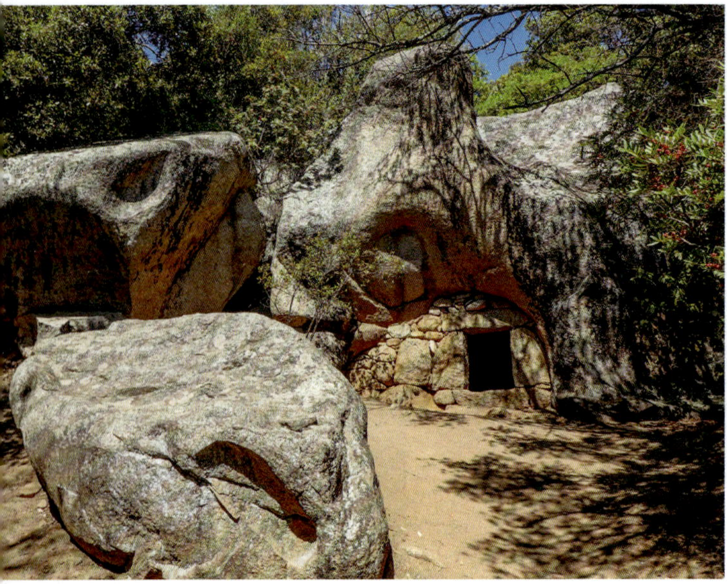

110 m

STRECKE 3,6 km

1 h 30

ab 4

Tour 28: Besuch bei den Hobbits

Die Felsenwohnungen von Monacia d'Aullène

Oriu nennt man auf Korsika die mit Mauern geschlossenen Felsüberhänge, die in der Steinzeit als Wohnstätten gebaut wurden und später auch als Viehställe oder Lagerräume zum Einsatz kamen. Unter den ungewöhnlichen geformten Tafonisteinen entstehen dabei besonders hübsche Unterkünfte, die ein bisschen aussehen wie Hobbithäuser. Hier bei Monacia verstecken sie sich in großen Felsbrocken, die in verwilderten Olivenbaum- und Korkeichenhainen verstreut liegen. Dass der Weg zwischen den Felsenhäusern von Trockensteinmauern begrenzt wird, weist darauf hin, dass das Land früher auch landwirtschaftlich genutzt wurde.

TOUREN-STECKBRIEF

Anfahrt: Von der Küstenstraße T40 die westlichere der beiden Straßen nach Monaccia d'Aullène hinauffahren. Der Parkplatz liegt vor dem Ort rechts an der Straße bei **GPS N 41°30'39.1", E 9°00'24.9".**

Markierung: Wegweiser mit einem kleinen Metallpfeil.

Anspruch und Charakter: Gut angelegter , gepflegter Lehrpfad auf schönen Wegen zwischen Steinmäuerchen, Kork- und Steineichen und dicken Felsen. Teilweise schattig.

Highlights: Am Wegrand stehen drei der Oriu genannten alten Steinhäuser und die Ruine einer Mühle. Der Platz an der Hausruine unterhalb des ersten Oriu eignet sich gut für ein Picknick und eine ausgedehnte Pause.

Einkehr: Keine.

In der Nähe: Plage de Kevano.

Wanderung: Vom Parkplatz laufen wir etwa 150 Meter die Straße hinauf bis links ein Sandweg abzweigt. Ein Schild mit dem Namen des Weges »Sentier du Patrimoine de Monaccia d'Aullène« markiert den Wegbeginn. Wir wandern ein Stück durch die Macchia hinunter bis zu einem Bach, der im Hochsommer meist trocken ist. Hier geht es links und immer am Bachbett entlang, bis rechts von uns eine **Brücke** ① zu sehen ist.

Wir überqueren diese und folgen dem stetig ansteigenden Weg bis wir die **Ruine eines größeren Steinhauses** ② erreichen. Hinter dem Haus führt ein Pfad über Steinstufen hinauf zur **ersten Felsenwohnung** ③, die aussieht als wären hier Hobbits zu Hause.

Zurück an der Ruine, die von Olivenbäumen umgeben ist, biegen wir rechts ab und folgen dem markierten Weg zwischen zwei Steinmauern. Neben unserem Metallpfeil ist dieser Wegabschnitt auch noch mit gelben Farbbalken gekennzeichnet. Wir wandern jetzt relativ eben am Hang entlang bis wir nach 500 Metern eine **Kreuzung** ④ erreichen. Hier folgen wir unserem Wegpfeil nach links und schlängeln uns zwischen großen Felsbrocken durch eine Linkskurve.

Dann geht es wieder bergab durch einen Zauberwald mit dicken Steinen. Nach etwa 200 Metern führt rechts des Weges ein Pfad zum nächsten Oriu. Links steht ein **steinerner Elefan**t ⑤ und gegenüber findet sich eine Höhle, die gut als Vorratskammer gedient haben könnte. Dann umrunden wir einen Felsen. Dahinter führt ein weiterer Pfad zum dritten **Felsenhaus** ⑥. Hier schließt eine Mauer den Raum unter einem überhängenden Felsen.

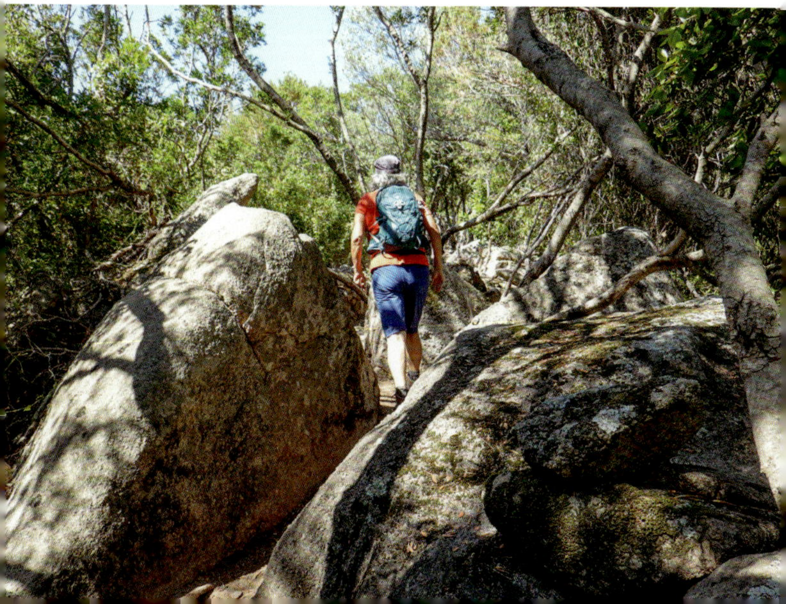

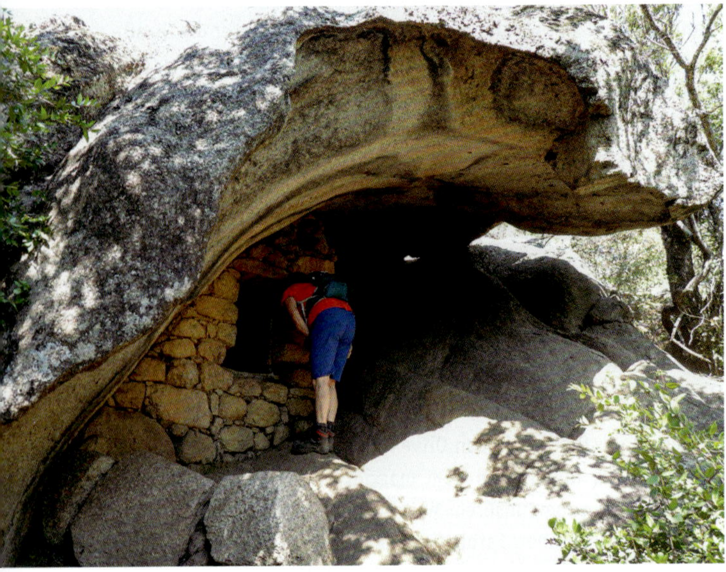

Dann geht es immer weiter hinab bis wir nach einer Linkskurve wieder auf den (trockenen) Bachlauf treffen. Der Weg führt an ihm entlang bis zur Ruine einer kleinen **Wassermühle ⑥**. Kurz vor der Mühle geht es über einen Holzsteg ans rechte Bachufer und wenig später taucht die bereits bekannte Brücke vor uns auf. Auf dem vom Hinweg vertrauten Pfad steigen wir wieder zur Straße hinauf und kehren zum Parkplatz zurück.

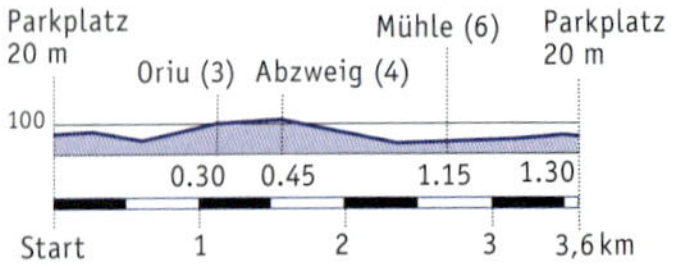

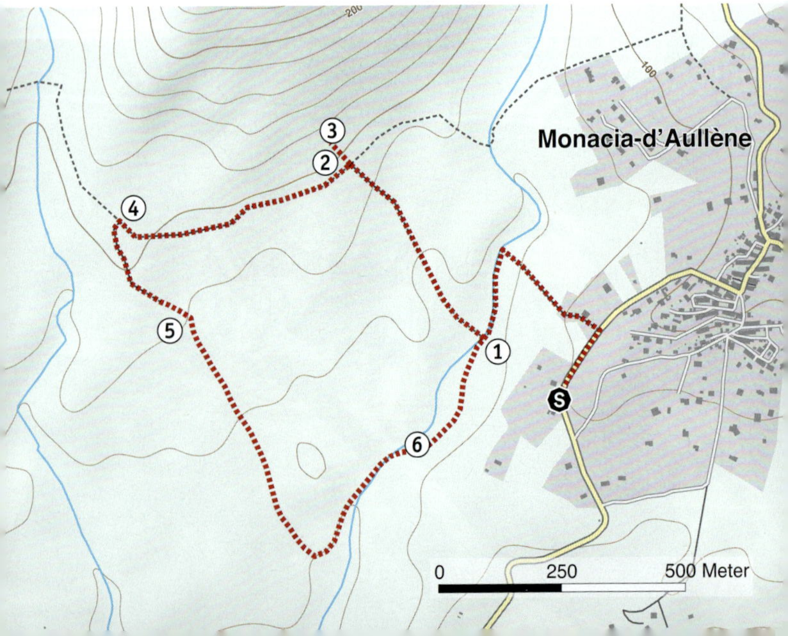

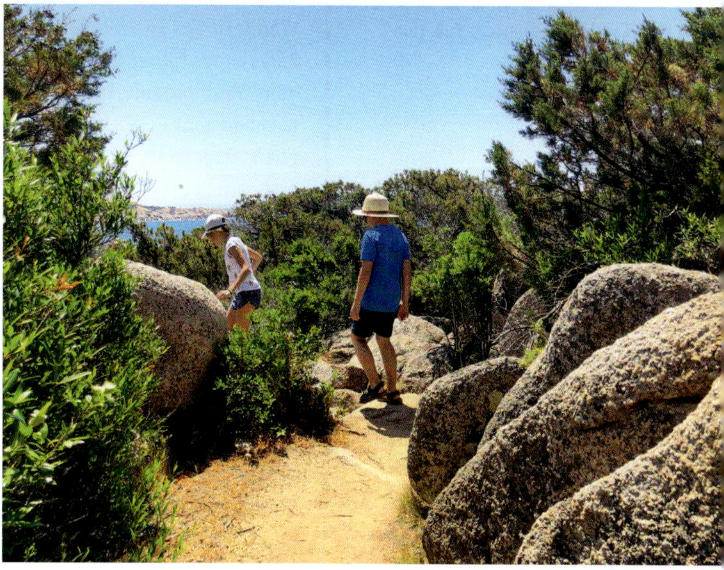

Tour 29: Die Sonne ins Bett bringen

100 m

STRECKE 4,5 km

1 h 45

ab 4

Coucher du Soleil auf dem Sentier Littoral di Bruzzi

Über eine steinige Landzunge mit knubbeligen Steingestalten führt uns dieser Küstenweg. Auf dem Hinweg geht es durch Macchiatunnel und zwischen Granitfelsen hindurch. Man kann weit über das Meer und die Küste schauen. Der Weg ist direkt nach Westen ausgerichtet. Besonders stimmungsvoll ist es hier deshalb, wenn die Sonne dem Meer entgegen sinkt. »Coucher du Soleil«, so beschreibt das französische Wort für Sonnenuntergang bildhaft was man sieht: Die Sonne geht schlafen. Zurück laufen wir dann unten am Meer entlang. Erst kurz vor dem Ziel geht es wieder hinauf auf stolze 61 Meter. Von hier kann man dann zusehen, wie der rote Ball endgültig hinter den Felsen verschwindet.

TOUREN-STECKBRIEF

Anfahrt: In Pianotolli dem Abzweig zu den Campingplätzen folgen. Am Camping Le Damier vorbeifahren und wenig später direkt vor dem Tor des Camping Kevano Plage rechts abbiegen (Beschilderung »Bruzzi«). Die Straße macht erst einen großen Linksbogen, wenig später eine scharfe Linkskurve. Direkt in der Kurve liegt rechts der Straße ein geschotterter Parkplatz bei **GPS N 41°28'17.0", E 9°01'51.0".**

Markierung: Wegweiser auf Holzpfosten am Wegrand.

Anspruch und Charakter: Gut erkennbarer bequemer Pfad zwischen dicken Felsen und Macchia. Wenig Schatten.

Highlights: Tolle Steinformationen, weiter Blick über die wilde einsame Küste. Besonders stimmungsvoll im Abendlicht. Badepause in der Anse de Arbitru.

Vom Camping Kevano zu Fuß zum Sentier di Bruzzi

Zusätzlich etwa eine Stunde. 3 km, 30 m.

Wer vom nahen Campingplatz Kevano Plage zu dieser Wanderung startet, kann den Beginn des Weges auch zu Fuß erreichen. Dazu gehen wir zuerst die 500 Meter vom Campingplatztor zur Plage de Kevano hinunter und laufen dann rechts immer am Strand entlang bis zum Ende der Bucht. Hier führt kurz hinter dem gelb-weißen Strandschild ein Pfad hinauf in die Macchia. Wir folgen diesem nach links und laufen noch einige Meter parallel zum schmaler werdenden Sandstreifen, dann geht es rechts hinauf bis zu einem Parkplatz an der Straße. Hier folgen wir der Straße nach rechts bis zur nächsten Parkbucht, an welcher der Sentier di Bruzzi beginnt.

Wanderung: In der Ecke des Parkplatzes führen **Stufen** durch den Wald hinauf. Oben angekommen geht es ein gutes Stück eben über der Küste weiter, erst auf einem breiten Weg, später auf einem schmalen, aber einfach zu begehenden Pfad. Da wo der Weg sich zum ersten Mal nach rechts wendet und in Richtung Westen orientiert, sieht man links unten eine flache Landzunge ins Meer ragen. Neben einem dicken **Steinblock** ① teilt sich der Weg. Links geht es hinunter zur Pointe de Bruzzi. Hier kommen wir auf dem Rückweg wieder hinauf. Erst einmal folgen wir dem Wegweiser rechts in Richtung Anse d'Arbitru.

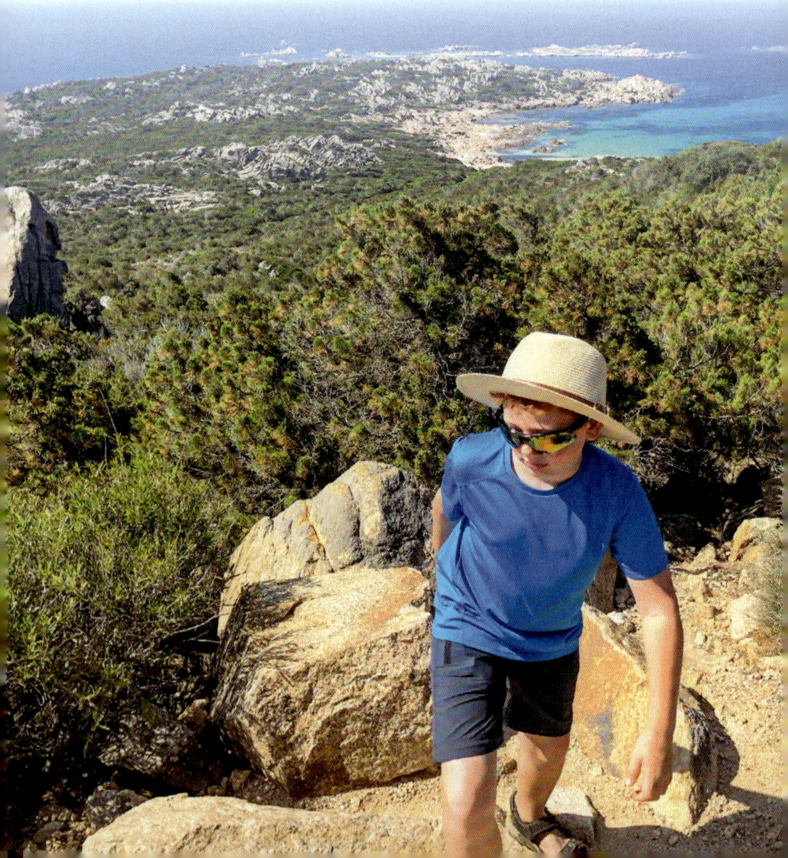

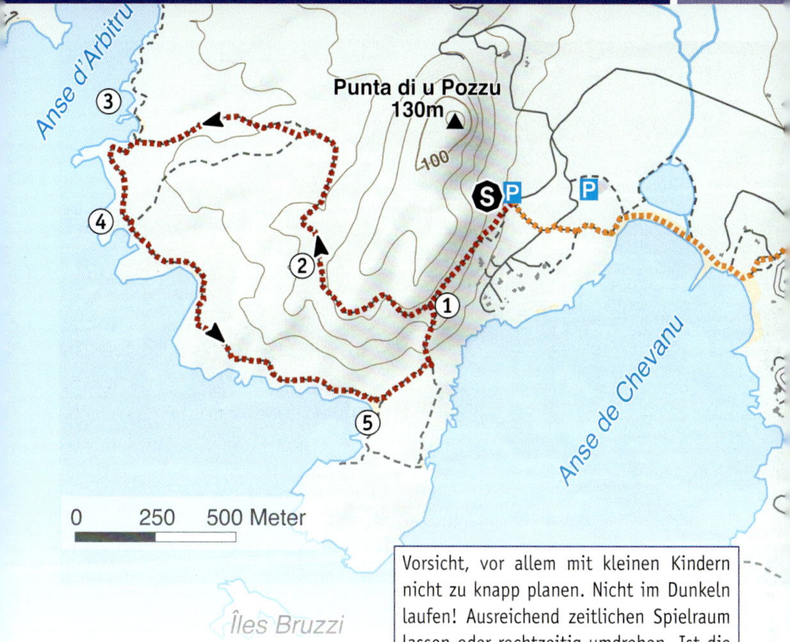

Vorsicht, vor allem mit kleinen Kindern nicht zu knapp planen. Nicht im Dunkeln laufen! Ausreichend zeitlichen Spielraum lassen oder rechtzeitig umdrehen. Ist die einmal Sonne verschwunden wird es schneller dunkel als bei uns. Kalkulieren Sie mit maximal einer halben Stunde.

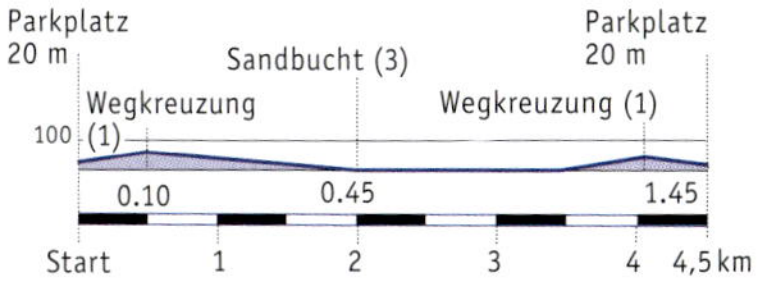

Schnell wird der breite Fußweg schmaler und windet sich zwischen dicken Felsen hindurch. Der größte **Felsblock ②**, an dem größere Kids auch gut klettern können, markiert die höchste Stelle. Dahinter geht es leicht bergab und der Weg zieht einen großen Bogen hinunter zum Meer. Neben der **kleinen Sandbucht Anse Anse d'Arbitru ③**, die sich gut für eine Badepause eignet, erreichen wir die Küste. Ein Pfad führt rechts hinunter zum Strand.

Der eigentliche Weg biegt hier aber nach links ab und bringt uns auf eine felsige Landzunge mit niedriger Vegetation. Hier führt links ein breiter Weg hinauf, dem wir nur ein kurzes Stück folgen. Hinter der zweiten tief eingeschnittenen **Bucht mit grobem Kiesstrand ④**, dort wo die vielen **Steinmännchen** stehen, biegt ein Pfad nach rechts ab und führt uns weiter an der Küste entlang.

Ab hier geht es immer an der Küste entlang, bis wir auf die doppelt geschwungene kleine **Bucht mit weißem Sand ⑤** an der **Pointe de Bruzzi** treffen. Kurz hinter dieser zweigt links ein Pfad ab. Er steigt steil an und bringt uns wieder hinauf zur ersten **Wegkreuzung am Felsen ①** mit dem weitem Ausblick. Von hier aus sind wir dann in zehn Minuten zurück am Parkplatz.

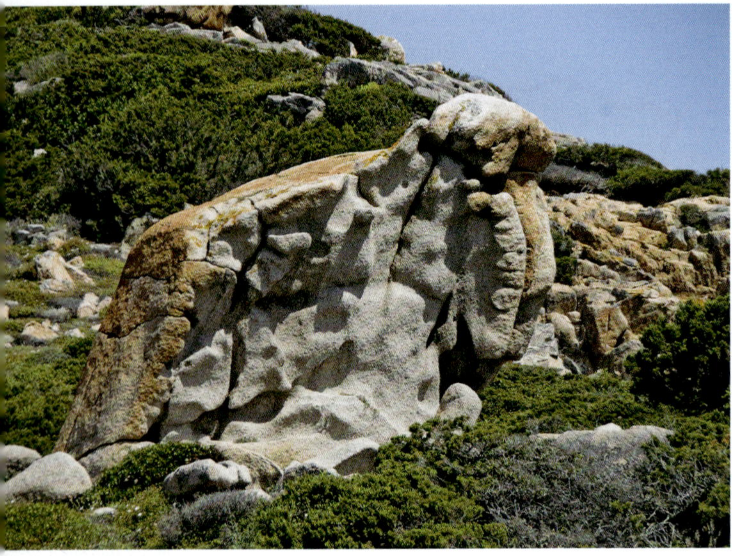

eben

STRECKE
9 km

3 h

ab 6

Tour 30: Wilde Tiere am Küstenweg

Auf dem Sentier Littoral bei Figari

Was immer man sieht in den Steingestalten am Weg: ein Mammut, ein schlafendes Schaf oder richtig wilde Gesellen – spannend und abwechslungsreich ist dieser Küstenweg allemal. Hier gibt es weit geschwungene Sandbuchten, einen Strandsee und viele Wind- und Kitesurfer, die von den meist guten Windverhältnissen in der tief in die Küste geschnittenen Bucht angelockt werden. Weiter hinten stehen die für diese Region typischen zerfressenen Steinblöcke, die immer wieder faszinierende Formen hervorbringen.

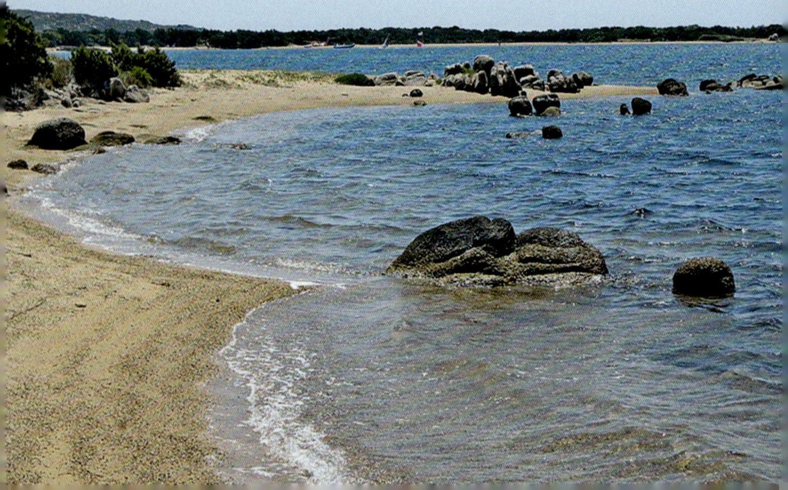

Variante für die jüngsten Wanderer

Mit jüngeren Kindern kann man diese Tour in einen außerordentlich attraktiven Strandspaziergang umwandeln. Mit immer neuen Blickwinkeln auf die tief eingeschnittene Bucht laufen wir von einem schön geschwungenen Sandstreifen zum nächsten und drehen um, wenn die Energie nachlässt.

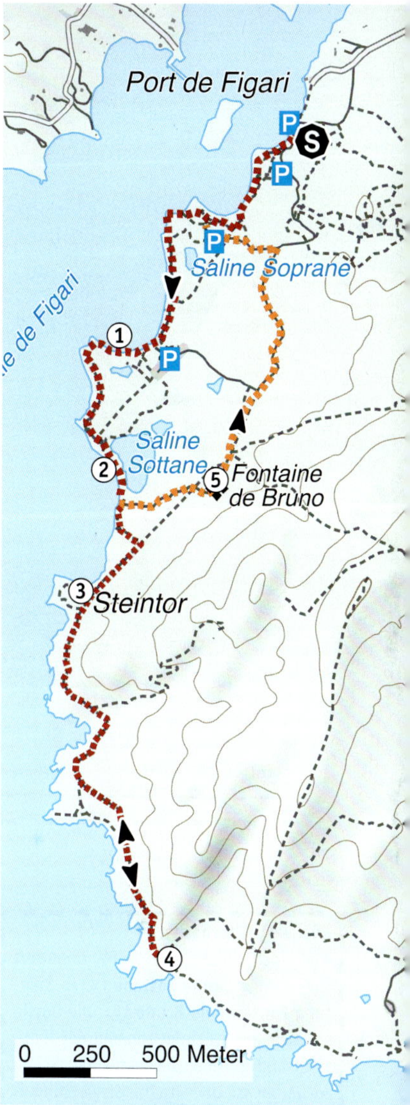

Wanderung: In der ersten Sandbucht im Hafen weist ein kleines gelbes Schild auf den **Sentier Littoral** hin, der streckenweise direkt am Strand oder auch hinter den Buchten zwischen niedrigen Holzzäunen verläuft, die die Küstenvegetation schützen. Eine Sandbucht nach der anderen reiht sich im Verlauf der Küste.

In der dritten Bucht steht die Hütte einer **Surfschule** ① und bei passendem Wind kann man den Kitesurfern bei akrobatischen »fliegenden Wendungen« zusehen, während die Windsurfer am auf der anderen Seite der Bucht gelegenen Turm von Caldarello vorbeiflitzen.

Noch eine Bucht weiter liegt der Strandsee **Saline Sottane** ② hinter dem Sandband. Am

TOUREN-STECKBRIEF

Anfahrt: Von der Küstenstraße N 196 zweigt etwa drei Kilometer südlich von Pianotolli (in Richtung Bonifacio) eine Stichstraße nach Figari und zu einer Bar ab. Wenig später geht es links weg zum »Port de Figari«. Wir lassen das Auto am großen Parkplatz am Hafen (für Wohnmobile verboten!) bei **GPS N 41° 28'23.0", E 9° 04'38.0"**.

Anspruch und Charakter: Ebener Küstenweg, der mehrere seichte Sand-Kies-Buchten durchquert. Bis kurz vor die Saline Sottane auch als Barfuß-Strandwanderung mit den Füßen im Wasser möglich! Kein Schatten. Auch gut geeignet für Vor- und Nachsaison oder kühlere Tage, wenn keine Badegäste am Strand sind.

Highlights: Schöne Sandbuchten und steinerene Fabeltiere, tolle Plätze für ein Picknick, Kletterfelsen. An warmen Tagen Badesachen nicht vergessen.

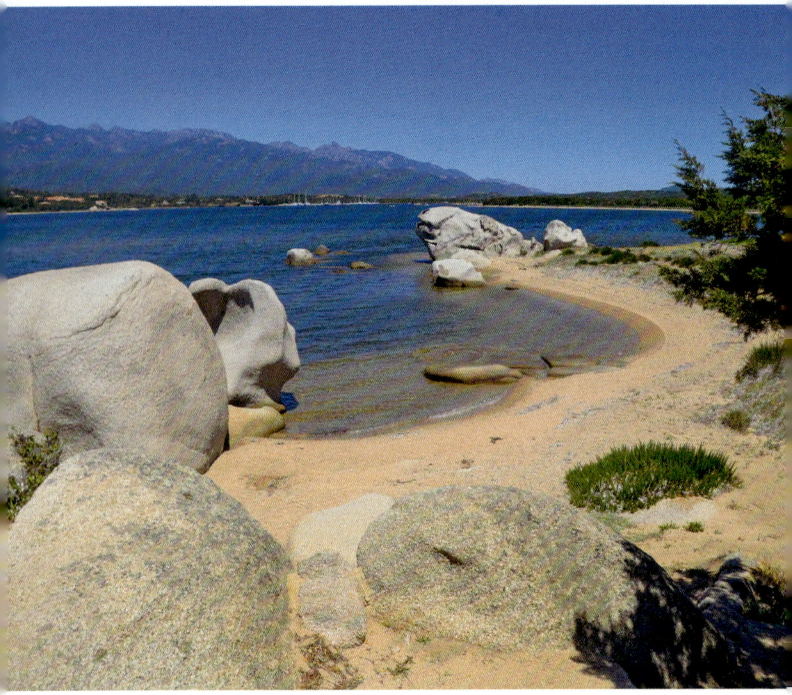

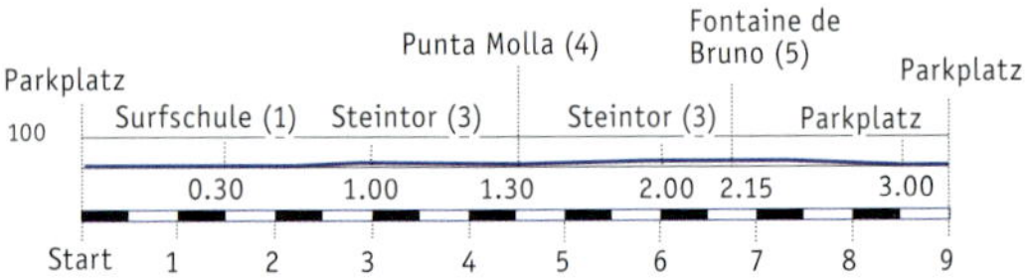

Rückweg-Alternative

Wer einen Rundweg vorzieht, orientiert sich vor der **Saline Sottane** ② in Richtung **Fontaine de Bruno** ⑤. Die Quelle sprudelt ein Stück im Inneren der Halbinsel und ist eher unspektakulär. Schön zu laufen ist der anschließende tunnelartige Pfad durch die Macchia, der stellenweise an einen Weg im Irrgarten erinnert, durch so viele Wendungen führt einen die Wegmarkierung. Leider endet er viel zu schnell – auf einem geschotterten Fahrweg. Wir folgen der Piste rechts und erreichen nach gut zehn Minuten eine Kreuzung. Hier geht es links unter der Höhenschranke durch zu einem Parkplatz. Ganz hinten im Wendekreis beginnen zwei Pfade zur Küste. Wir wählen den rechten und stehen wenig später am Strand der zweiten Bucht.

Strand vor dem See kann man noch sehr gut baden, dann wird die Küste rauer. Das Ufer ist steinig und die Sandbuchten, die sich in die Küstenlinie schmiegen, sind kleiner und mit Strandgut verziert. Der Weg wird breiter, führt durch ein **Steintor** ③ in einem Mäuerchen und von hier aus in etwa 30 Minuten eben und gerade bis zur **Punta Molla** ④, wo besonders viele Steinfiguren zu sehen sind. Der Küstenweg setzt sich fort bis in die Bucht von Ventilegne. Wir drehen hier um und laufen zurück.

Tour 31: Grottes et Falaises

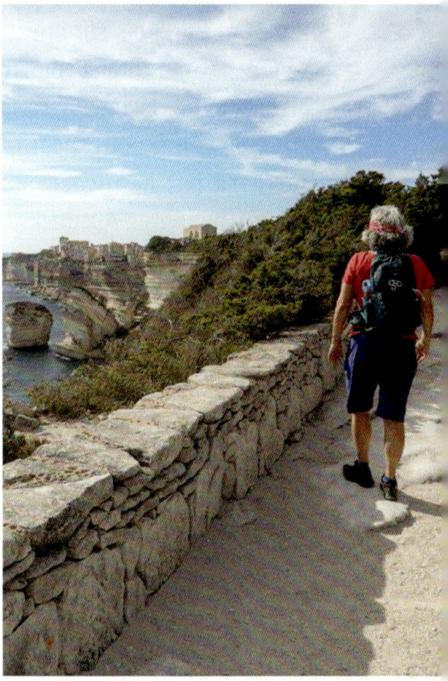

Auf, in und unter den Klippen von Bonifacio

Hoch oben auf senkrecht abfallenden Klippen klammert sich eine Reihe Häuser an den Berg. So präsentiert sich Bonifacio den Betrachtenden vom Meer. Alle 20 Minuten verlässt ein Boot den palmengesäumten Hafen unterhalb der Stadtmauer und der trutzigen Zitadelle. Der ultimative Blick auf die Stadt ist das erklärte Ziel. Doch Bonifacio bietet mehr: Schmale Gassen mit Läden und Cafés drängen sich oben auf dem Kalkfelsen und sind ein Paradies für einen Urlaubsbummel. Und auch an Land können wir Klippen, Häuser und Meer aus ungewöhnlichen Perspektiven betrachten: Die Steintreppe »Escalier du Roi d'Aragon« führt durch den Steilhang zum Meer und ein Fußweg auf den Klippen bringt uns westlich der Stadt in die richtige Fotoposition. Von seinem Ende ist der Blick auf Bonifacio beinahe so gut wie vom Boot.

1 Tag

ab 4

Besucht man den Ort auf dem Landweg, so führt die Straße am lebhaften **Hafen** ① vorbei und steil den Berg hinauf in den alten Teil der Stadt. Spätestens hier oben wird es sehr eng. Das Auto lässt man deshalb entweder bereits auf einem der beiden großen Parkplätze am Hafen oder auf einem der drei ausgewiesenen Plätze oben im Ort. Vom Hafen aus fährt eine kleine **Bahn** (€6, €3 nur zurück), für Kinder eine Attraktion. Man schafft es aber durchaus auch zu Fuß bis in die Oberstadt. Dazu läuft man am

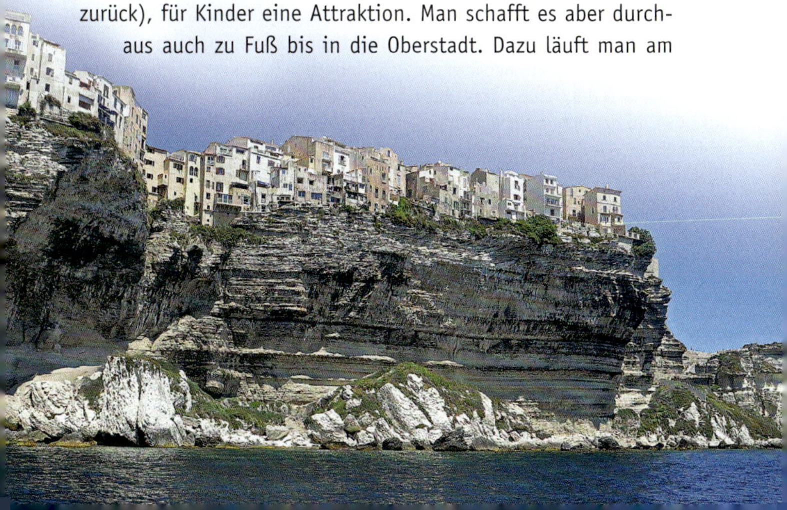

Hafen entlang bis zur breiten **Steintreppe** ②, die kaum zu übersehen ist und direkt zum **Tor in der Stadtmauer** ③ führt. Dort erwarten uns schmale Gässchen voller netter kleiner Geschäfte mit Souvenirs und Kunsthandwerk, Restaurants, Cafés und eine **Terrasse** mit herrlichem Blick auf das Meer. Die Terrassenmauer ist ein beliebter Ausguck der Möwen. Ist der Himmel klar, kann man bis zum nahe gelegenen Sardinien gucken. In der Vorsaison ist Bonifacio ein sehr romantischer Ort, im Hochsommer geht es hier zu wie in der Fußgängerzone einer Großstadt am Samstag Vormittag.

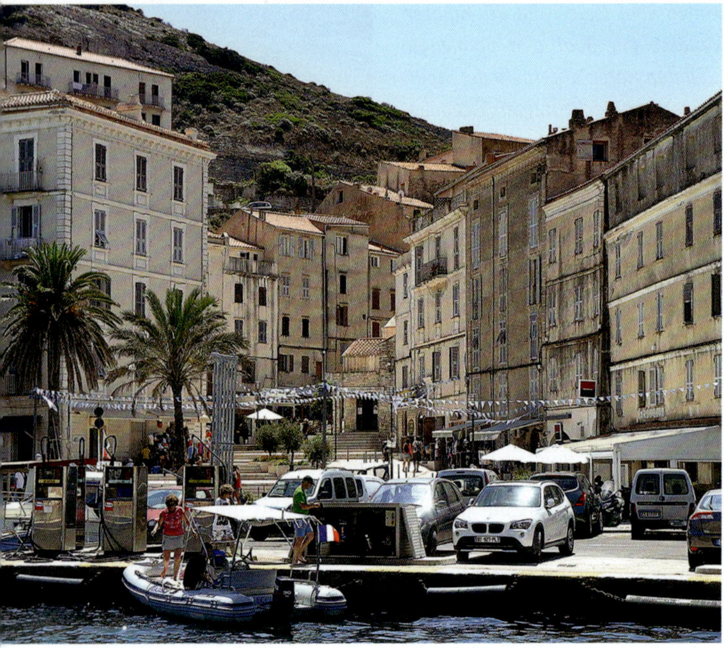

TOUREN-STECKBRIEF

Anfahrt: Bonifacio liegt auf der Südspitze von Korsika, zu erreichen über die Küstenstraße N198/N196. Das Auto parken wir in der Unterstadt direkt hinter dem Hafen. Alle Parkplätze sind kostenpflichtig. Selbst in der Nebensaison sollte man nicht zu spät eintreffen. Spätestens gegen Mittag sind die großen Parkplätze am Hafen belegt. Vergleichsweise günstig ist der Parkplatz Orena am Stadtrand bei **GPS N 41°23'13.2", E 9°10'15.9"**. Das Angebot der Reederei, die jahrelang ihren Gästen einen kostenlosen Parkplatz zur Verfügung stellte, gibt es leider nicht mehr.

Highlights: Bootstour, Abstieg auf der Steintreppe Escalier du Roi d'Aragon durch die Klippen zum Meer, Möwen beobachten auf dem Klippenweg oder in der Oberstadt, Kajaktour zum eindrucksvollen Felsen Grain de Sable.

Einkehr: Mehrere Eisdielen, Crèpesstände und Cafés, aber auch Restaurants mit korsischen Spezialitäten in der Oberstadt. Fischrestaurants finden Sie dagegen unten am Hafen. Im **Bistro La Place** an der Treppe vom Hafen zur Oberstadt gibt es gute hausgemachte Snacks, wie Burger, Pommes frites und Crèpes.

Rund um Bonifacio

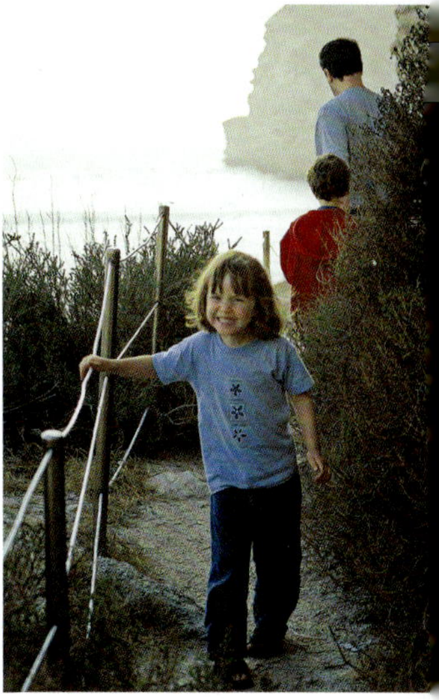

Der Weg in den Klippen - Escalier du Roi d'Aragon

Während einer Belagerung soll der König von Aragon die nach ihm benannte Treppe selbst in die Klippen von Bonifacio geschlagen haben – und zwar in einer einzigen Nacht. Ob das wohl stimmt?

Die **187 Stufen im Fels** ④ führen zu einer Trinkwasserquelle – wahrscheinlicher ist, dass sie von den Bewohnern der Stadt in den Stein gemeißelt wurden, nicht von einem Eroberer. Vor allem vom Meer bietet die Treppe einen erstaunlichen Anblick. Sehr lohnend ist es, über die vielen Stufen hinabzusteigen. Dort beginnt ein aufregender, in den Stein gehauener Pfad, der bis hinunter zur Meeresoberfläche führt und knapp über dem Eingang einer Höhle endet. Allerdings muss man anschließend die Treppe auch wieder hinauf. Sind es auch wirklich 187 Stufen?
Das Begehen der Treppe kostet €5 pro Person, 6 bis 11 Jahre €2.

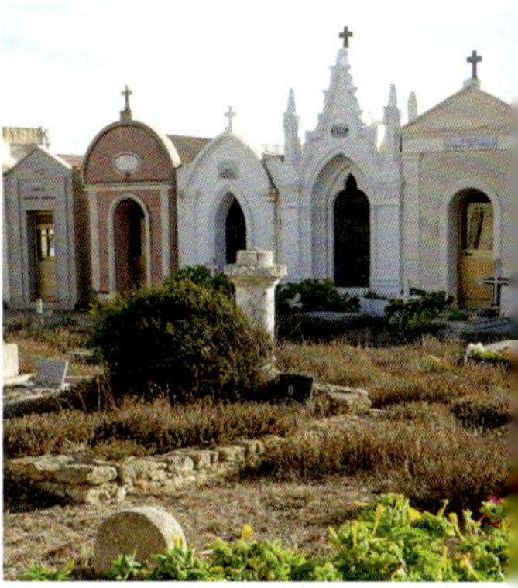

Auf dem westlichsten Zipfel des Felsens liegt der **Friedhof von Bonifacio** ⑤. Mit seinen teilweise uralten Grabhäusern wirkt wie ein eigenes Dorf für sich. Dahinter liegt der **Felsvorsprung Le Gouvernail** ⑥. Im Zweiten Weltkrieg wurde dieser unterhöhlt und zu einer Festung ausgebaut. Durch den Felstunnel kann man 168 Stufen zu einem Ausguck, der zehn Meter über dem Meer liegt, hinabsteigen.
Geöffnet April bis September 10–17 Uhr. €3.

Der Weg auf den Klippen

Ein lohnender Spaziergang führt über die Klippen in Richtung Leuchtturm. Von hier sieht man fast so gut wie vom Wasser, wie dramatisch der alte Ort in der Klippe hängt. Der anfangs gepflasterte Weg beginnt an der **Kapelle Saint-Roch** ⑦ an der Ostseite des Ortes. Der breite Weg führt kurz bergan. Kurz vor der höchsten Stelle zweigt rechts ein Pfad, ab, der uns näher an die Klippen bringt. Der Weg ist hier mit einem Mäuerchen gesichert. Ein erstes Zwischenziel ist der **Aussichtspunkt** ⑧ am flachen Steingebäude einer ehemaligen Kapelle. Schaut man hinein hängt hier ein Flugsaurierskelett von der Decke. Von der Steinbank am Gebäude hat schon einen sehr schönen Blick auf die Stadt.

Einen knappen Kilometer führt der Pfad von hier aus weiter an den Abbruchkante entlang. Aus dem Steinmäuerchen wird ein rostiger Drahtzaun, dann ist der Weg ungesichert und endet an der Straße zum Leuchtturm.

Am **Wegbeginn** bei **GPS N 41°22'56.3", E 9°10'24.2"** befinden sich mehrere Parkbuchten am Straßenrand. Der Spot ist besonders beliebt zum Sonnenuntergang. Alternativ können wir hier oben aber auch parken, um den Weg nach Bonifacio gleich über den **Klippenweg** ⑨ anzutreten (einfach 1,6, Kilometer). Wir nähern uns der Stadt dann von ihrer eindrucksvollsten Seite. Am Ende des Weges laufen wir auf die trutzige Stadtmauer zu, steigen den alten gepflasterten Zugang über die **Bastion d'Etendard** ③ hinauf, und betreten Bonifacio durch das alte Stadttor und die Festung aus dem 15. Jahrhundert. Besser kann man sich dem Ort kaum nähern.

Bonifacio vom Meer entdecken

Aus vier Anbietern von Bootstouren ist die »Societé des Promenades en mer Bonifacio« geworden, kurz SPMB. Die Preise der Tickets sind jetzt überall gleich, verkauft werden sie am großen Kiosk am Hafen. Konkurrenz machen dem neuen Großanbieter nur noch die roten Boote, die vor den Restaurants an der Seite des Hafenbeckens vertäut sind. Leider gibt es den kostenlosen Parkplatz für Kunden am Ortsrand nicht mehr. Es fallen daher zusätzlich zum Fahrpreis noch die saftige Parkgebühren an. Die Fahrten auf dem kurzen Circuit No. 1 beginnen im 20-Minuten-Takt, so entstehen bei der Abfahrt fast keine Wartezeiten. Die Tour führt in guter Foto-

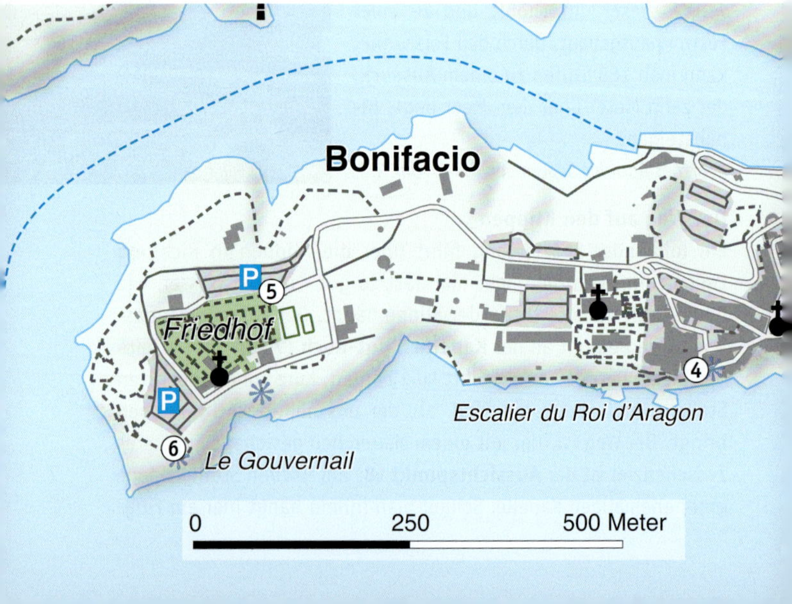

entfernung unter den Klippen entlang. Wenn der Seegang es erlaubt, ist die Einfahrt in die Drachenhöhle ein weiterer Höhepunkt. Der Circuit No. 1 ist außerdem auch Teil der Fahrt auf die Lavezzi Inseln [› **Tour 32**].
Die Fahrt kostet € 20 pro Person, Kinder 4 bis 12 Jahre € 13, Kinder unter 4 Jahre fahren kostenlos. Im Hochsommer Sonnenhut nicht vergessen! www.spmbonifacio.com

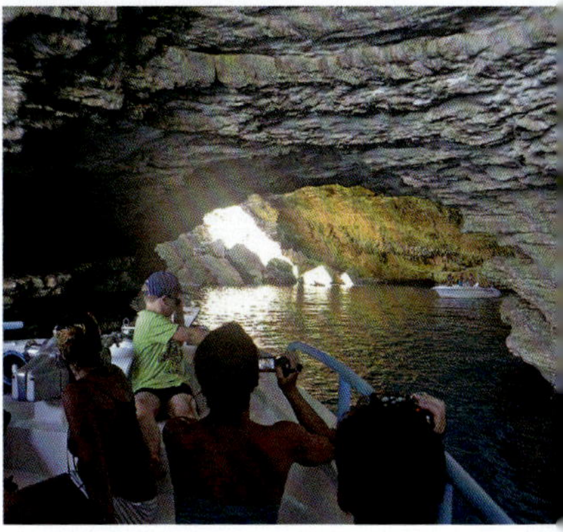

Bonifacio vom Meer – die sportliche Variante

Noch mehr Eindruck machen die mächtigen Kalkklippen und die Mauern von Bonifacio, wenn man in einem kleinen Kajak auf dem Meer schaukelt. Kanutouren, auch für Familien, kann man bei Bonifacio Kajak an der Plage de Piantarella buchen, einer schmalen Sandbucht östlich der Stadt. Vom Strand paddelt man dann an der Steilküste entlang. Für Familien eignen sich die 1,5-stündige »Balade Détente« oder die »Balade Découverte« mit 2,5 Stunden. Paddler mit Erfahrung können auch ein Kajak mieten und ohne Begleitung auf Entdeckungstour gehen. Verliehen werden die bequemen, stabil im Wasser liegenden, Sit-on-Top-Kajaks.
Plage de Piantarella, 1,5 h € 35, Kinder 8 bis 12 Jahre € 25, 2,5 h € 45, Kinder € 35 pro Person oder € 42 Halbtagesmiete für ein Zweierkajak. www.bonifacio-kayak.com

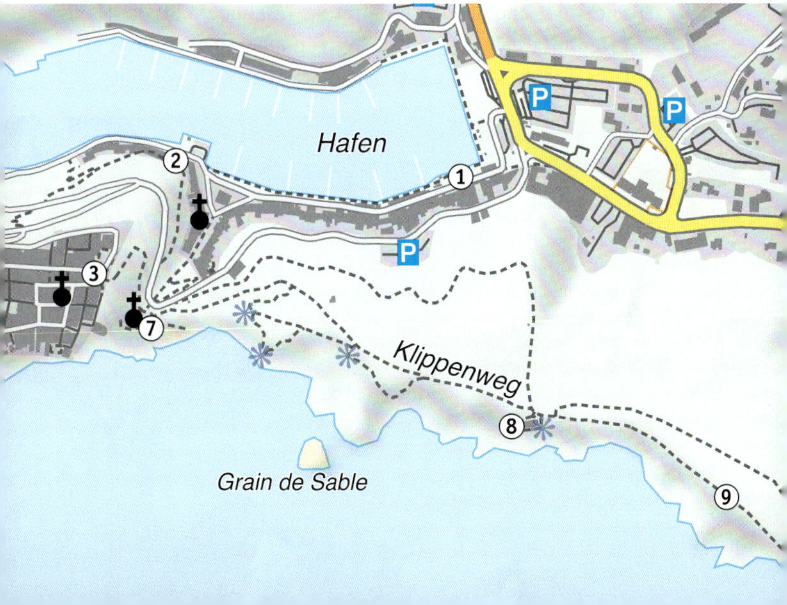

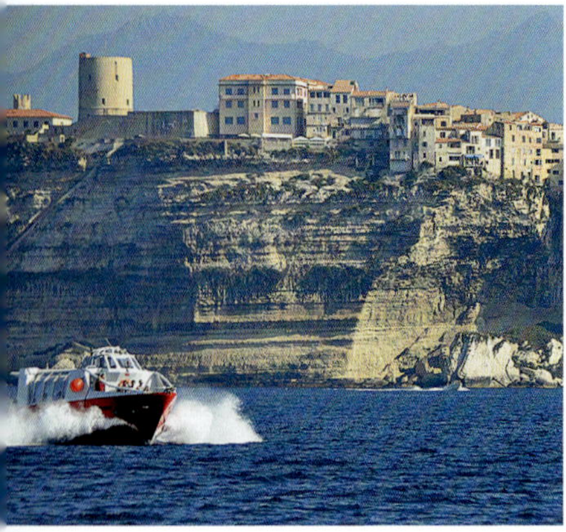

Tour 32: Zyklopensteine im blauen Meer

Schwimmen, wandern und schnorcheln auf den Îles Lavezzi

eben

STRECKE 3,5 km

1 h 30

ab 4

Die Hauptinsel der Lavezzi-Archipels ist flach und zerklüftet. Dicke Felsbrocken türmen sich zu knubbeligen Bergen. Sie liegen im Sand und auch im Meer. Willkürlich verstreut, als hätte hier ein wilder Riese getobt. Dazwischen strecken sich Buchten mit feinem Sand – zwei große und viele ganz kleine. Sie können auf der Insel von Bucht zu Bucht wandern, ein bisschen klettern und natürlich baden. Auch den Fischen gefällt es zwischen den Steinen im Wasser besonders gut: Zum Schnorcheln ist Lavezzi ein Traumziel. Die flotte Anfahrt zum Traumziel führt unter den Klippen von Bonifacio entlang und auf dem Rückweg fährt ihr Boot, wenn es der Seegang zulässt, auch noch in die Drachenhöhle.

Wanderung: Vom Bootsanleger an der Ostseite der Insel führen Wege in zwei Richtungen. Am meisten begangen ist der breite Weg nach rechts, auf dem man am schnellsten ins Wasser kommt. Er führt zur **Plage de l'Achiarina**, der längsten Bucht der Insel, an der es im Hochsommer aber auch richtig voll werden kann.

Für unsere Inselwanderrunde laufen wir zuerst einmal links an der Bucht entlang und dann weiter ins Inselinnere bis zur Mauer des **Friedhofs ①.** Hier mitten auf der unbewohnten Insel erinnern die Gräber an ein Schiffsunglück, das sich vor über 160

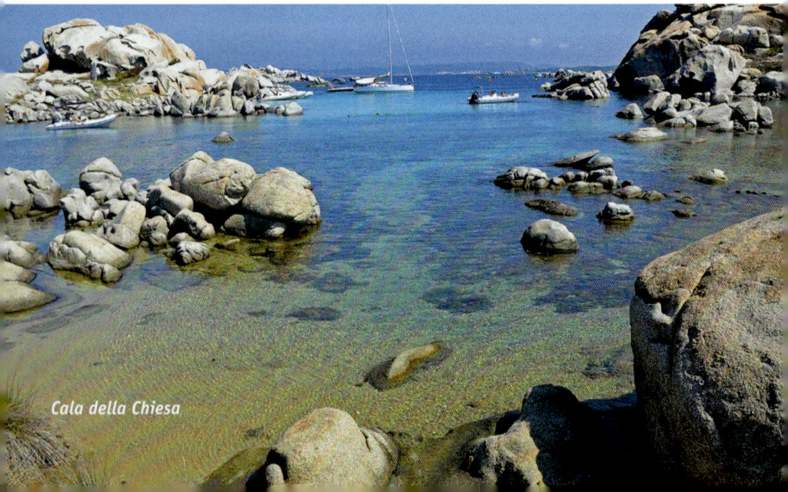

Cala della Chiesa

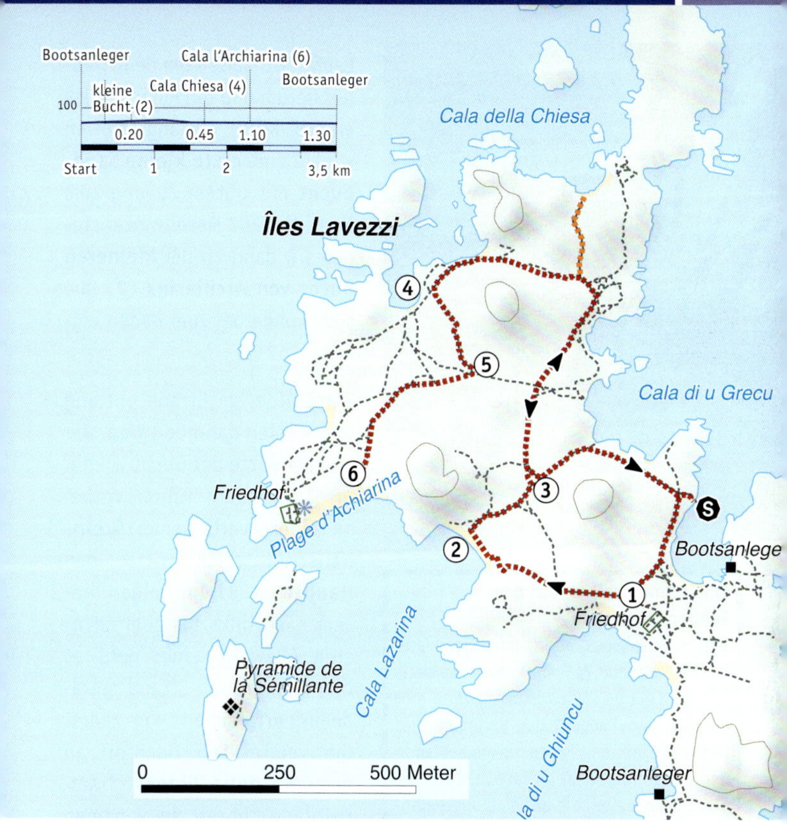

TOUREN-STECKBRIEF

Anfahrt: Alle Parkplätze in Bonifacio sind kostenpflichtig. Am günstigsten parkt man auf dem Parkplatz Orena am Stadtrand bei **GPS N 41°23'13.2", E 9°10'15.9".**

Bootsfahrt: Stündliche Abfahrten ab 9.30 bis 15.30 Uhr, letzte Rückfahrt um 18.30 Uhr. Den Zeitpunkt für die Rückfahrt wählen Sie selbst. Fahrpreis €39, Kinder 4 bis 12 Jahre €26, bis 4 Jahre frei. www.spmbonifacio.com

Anspruch und Charakter: Ebene Sandwege zwischen dicken Steinbrocken. Kein Schatten. An heißen Tagen Sonnenschutz und für einen Badeaufenthalt auch den Sonnenschirm nicht vergessen. Die Insel heizt sich schnell auf und es gibt kaum natürlichen Schatten!
Auf der Wanderrunde helfen Wegweiser bei der Orientierung. Wir sind im Naturschutzgebiet unterwegs. Bitte Wege nicht verlassen.

Highlights: Flotte Bootsfahrt zu den Inseln. Auf der Rückfahrt Besuch der Drachenhöhle. Auf der Insel mehrere sehr schöne Sandbuchten, Kletterfelsen und ein geniales Schnorchelrevier. Badesachen nicht vergessen.

Einkehr: Keine! Ausreichend Wasser und ein Picknick mitnehmen.

Jahren ereignete. Im Februar 1855 zerschellte das französische Kriegsschiff **Semillante** auf der Fahrt von Toulon nach Konstantinopel in einem Unwetter an den Felsen der Îles Lavezzi. Keiner der über 700 Soldaten überlebte das Unglück. Seitdem gibt es auf dem Felseneiland ein Denkmal in Form einer weißen Pyramide und einen Leuchtturm.

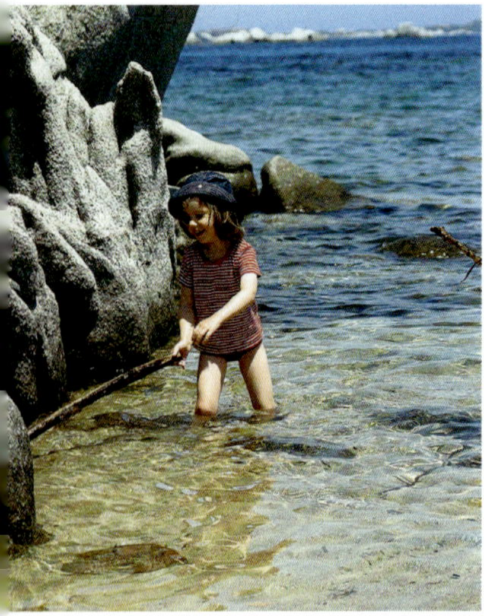

Laufen wir außen um den Friedhof herum und ein kurzes Stück an der Küste entlang, treffen wir auf eine **erste kleine Sandbucht** mit gutem Zugang zum Meer. Nur 200 Meter weiter stehen wir dann an der **kleineren Bucht von Archiarina** ②, die sich wunderbar zum Baden eignet.

Eine Schnorcheltour auf dem Sentier sous-marin
Der Sentier sous-marin, eine markierte Schnorchelrunde (45 min), beginnt westlich der Cala du l'Achiarina. Zeitweise gibt es auch von Rangern des Nationalparkes begleitete Touren. Fragen Sie am besten in der Touristeninformation danach. Zwischen den Felsen treffen Sie auf eine ungewöhnlich bunte Unterwasserwelt.

Wir laufen am Strand entlang und wählen dann den Weg, der von der Mitte der Bucht wieder ins Inselinnere führt. Vorbei an einem verlassenen **Steinhäuschen** treffen wir auf den **Hauptweg** ③ und folgen diesem nach links bis zum nächsten Abzweig. Links geht es hier zum großen Strand, geradeaus erforschen wir zuerst die versteckten Buchten an der **Cala della Chiesa**. Trampelpfade führen zu winzigen Sandbuchten, an denen man aber nur schlecht ins Wasser kann. Wir erreichen das Meer dann an einer malerischen **Felsbucht mit kleinen Sandflecken** ④. Ein Pfad führt rechts zu zwei weiteren kleinen Buchten.

Links schlägt der Weg einen Bogen zum Hauptweg zurück. Dort halten wir uns rechts, um unsere Wanderrunde an der **Cala de l'Achíarina** ⑤ ausklingen zu lassen. Anschließend geht es auf dem Hauptweg in etwa 20 Minuten zum Anleger zurück.

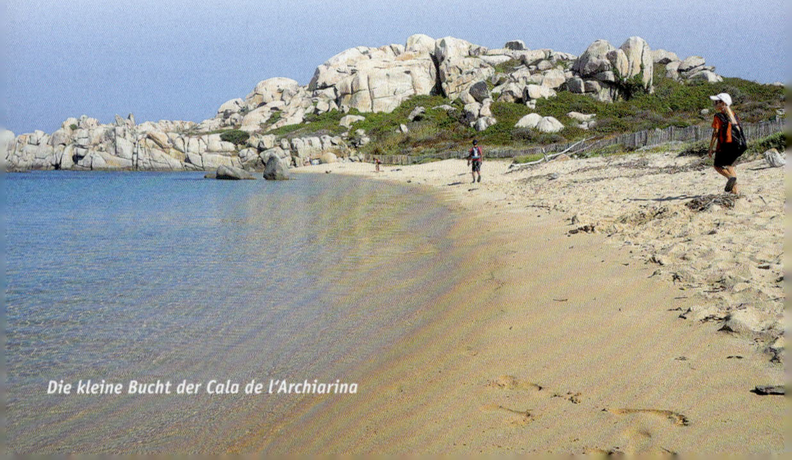

Die kleine Bucht der Cala de l'Archiarina

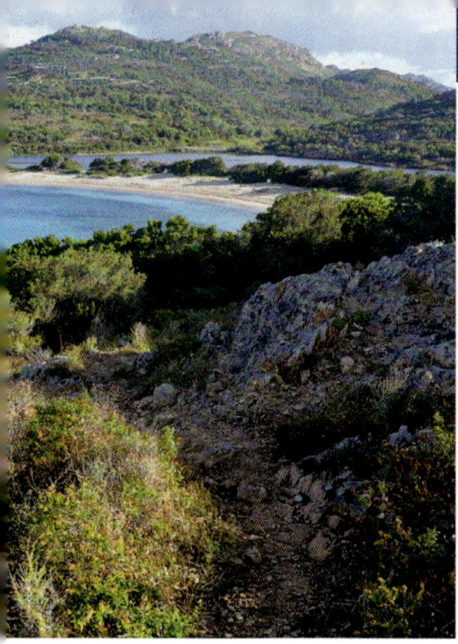

Tour 33: Zwischen Meer und Macchia

Rundweg mit Rondinarablick

Warmen Sand unter den nackten Füßen spüren, durchs Wasser laufen, über Felsen klettern und am See spielen – der erste Teil dieser Wanderung ist eigentlich ein Strandspaziergang. Das ändert sich, wenn wir am einsamsten Ende der Rondinarabucht zwischen Strandsee und Sandstrand durch einen grünen Tunnel aus Wacholder und Erdbeerbäumen von der sanften Bucht zum offenen Meer wechseln. Auf einem Uferpfad mit tollen Meerblicken umrunden wir den schützenden Landzipfel im Norden, überblicken von dort die ganze Rondinarabucht und kehren zum Strand zurück.

10 m

STRECKE 3 km

1 h

ab 4

Beinahe rund und mit schillernd türkisfarbenem Wasser – so ist die »Baie de Rondinara« eines der beliebtesten Postkartenmotive der Insel. Steht man ganz real im Sand des Strandbogens, bekommt die Bucht ein anderes Gesicht: Der perfekte Schwung des weißen Strandes unterteilt sich in mehrere getrennte Nischen. An der Strandbar hat es weißen Sand, dazwischen sorgen Felsriegel für einige lauschige Minibuchten, bis der Sandstreifen dann am nördlichen Bogen vor dem Strandsee Étang de Prisarella in feinen Kies übergeht.

Unsere **Wanderung** beginnt am öffentlichen Parkplatz hinter der **Strandbar** ① oder – für Gäste des Campingplatzes – ein Stück weiter am Weg vom Campingplatz zum Strand. Von der Bar geht es immer am Strand entlang bis zum ersten **Felsriegel aus rotem Stein** ②. Hier trifft auch der Weg vom Campingplatz auf

TOUREN-STECKBRIEF

Anfahrt: Auf halber Strecke zwischen Bonifacio und Porto Vecchio führt eine asphaltierte Stichstraße zum Meer und zur Bucht von Rondinara. Der Parkplatz am Ende der Straße bei **GPS N 41°28′02.4″, E 9°15′53.0″** ist in der Saison kostenpflichtig. Die Runde kann auch vom Campingplatz gelaufen werden.
Anspruch und Charakter: Strandspaziergang zwischen der beinahe kreisförmigen Sandbucht von Rondinara, einem Strandsee und dem offenen Meer. Die Strecke kann teilweise barfuß gelaufen werden.
Highlights: Der Strand von Rondinara, Kletterstellen über rote Felsen, wilde Buchten auf der Meerseite.
Einkehr: Standbar am Parkplatz nur im Sommer geöffnet. Sehr gute Pizzeria im Campingplatz an der Zufahrtsstraße. Abends auch Pizza zum Mitnehmen.

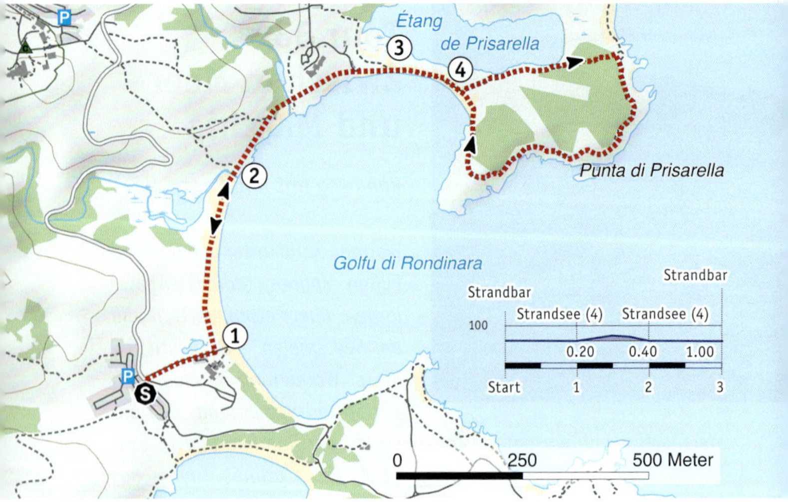

den Strand. Bei ruhiger See kann man einfach vorne am Meer über die Felsen klettern. Spritzen die Wellen zu hoch – was in der geschützten Bucht eher selten der Fall ist – läuft man hier hinauf in Richtung Campingplatz und nimmt den ersten Pfad nach rechts, der etwas weiter hinten wieder zum Meer führt.

Über **kurze Felspassagen** mit schmalem Weg klettern wir durch zwei kleinere Buchten – die erste mit Sand, die zweite mit feinem Kiesstrand und treffen auf die Landzunge zwischen **Strandsee** ③ und Meer. Wir folgen dem Strand fast bis zum Ende und wenden uns kurz hinter dem **gelb-weißen Rondinara Schild** ④ nach links. Hier führt ein sandiger Pfad erst am See-

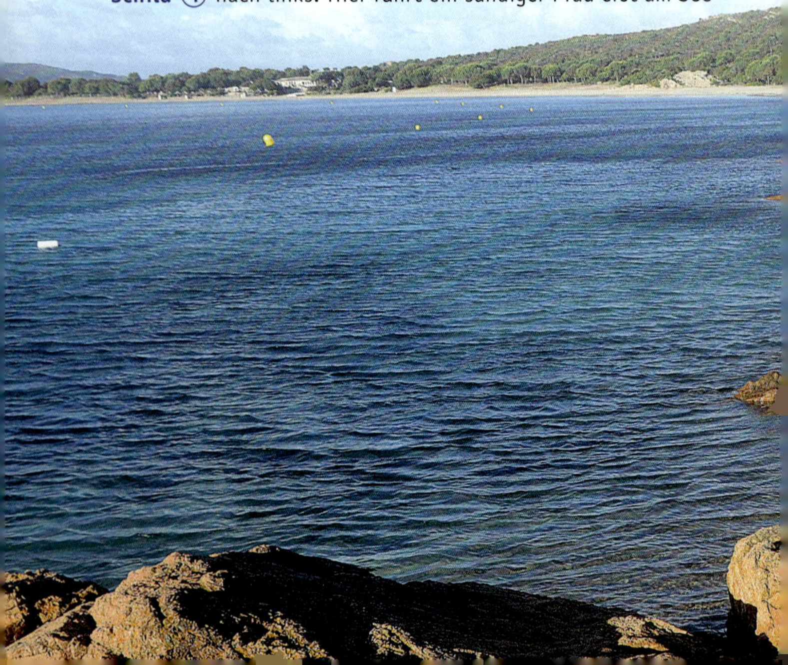

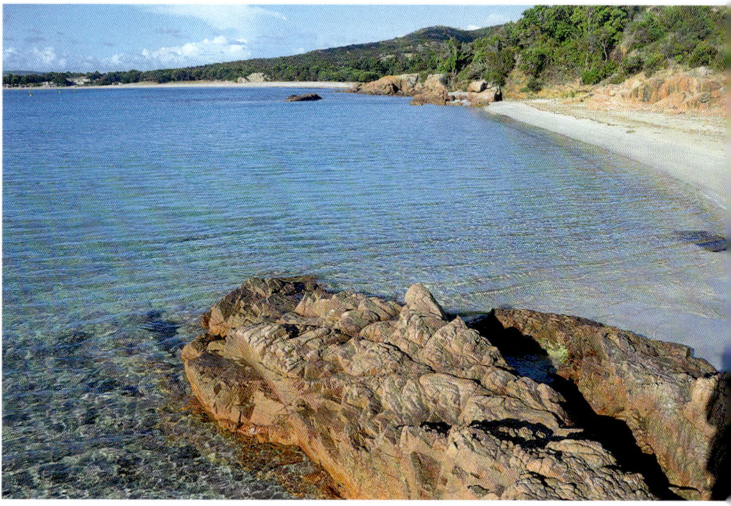

ufer entlang und dann durch hohe Macchia bis zu einer Felsbucht am offenen Meer.

Wir laufen rechts weiter und umrunden auf einem deutlichen und bequemen **Küstenpfad** die Halbinsel am oberen Ende der Rondinara. Hinter jeder Kurve erwarten uns neue Blicke auf das Meer, bis man am höchsten Punkt der Halbinsel fast die ganze Bucht überblickt. Dann führt der Weg zum Strand und wir bummeln zum Parkplatz zurück.

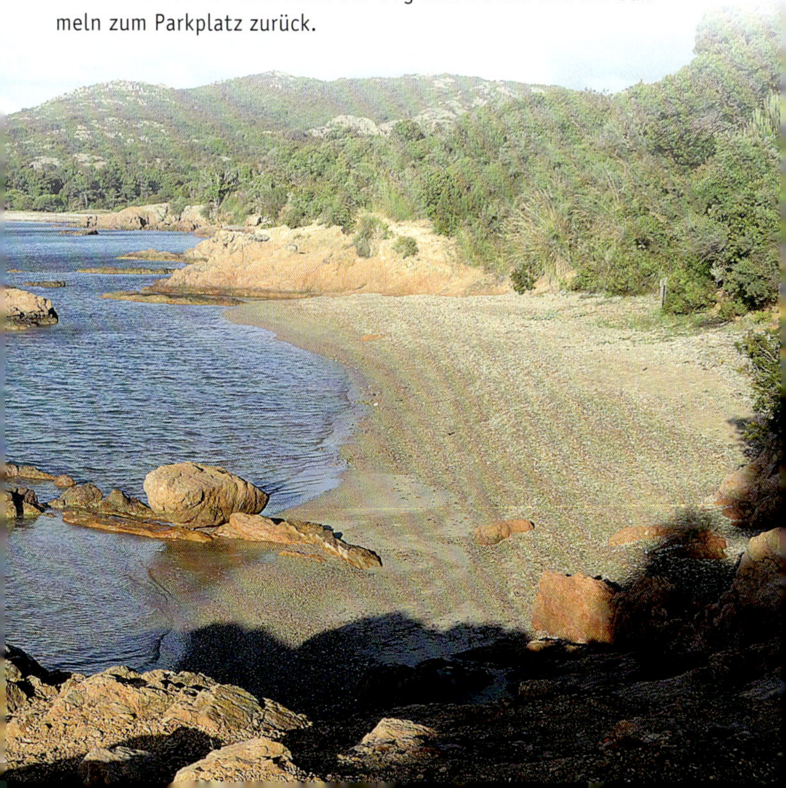

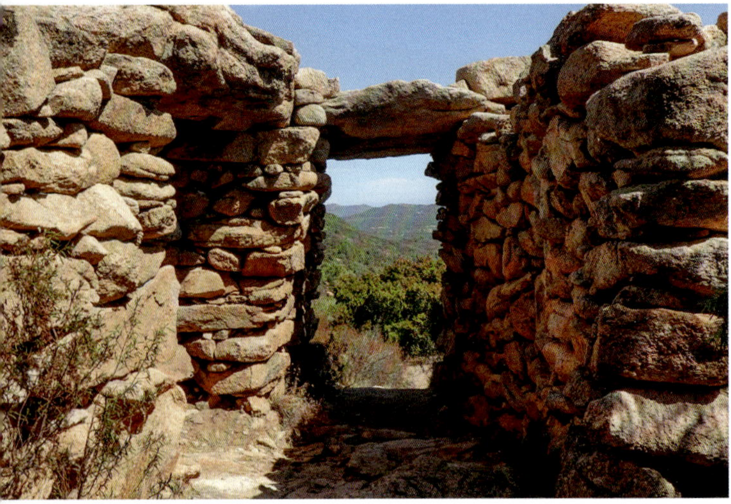

130 m

STRECKE 2,2 km

1 h

ab 6

Tour 34: Aufstieg zum Castellu d'Araggiu

Eine Burg aus der Bronzezeit

Zu den eindrucksvollsten torreanischen Bauwerken auf Korsika zählt die Festung von Araggiu. Sie wurde vor etwa 4.000 Jahren auf einem Felssporn hoch über der Bucht von Porto Vecchio errichtet. Eine rund drei Meter hohe und bis zu zwei Meter dicke Mauer bildet einen großen Ring, in dem mehrere Kammern und kleine Räume versteckt sind. Der Weg dorthin ist allerdings eine kleine Bergtour.

Wanderung: Wir gehen auf der Straße zurück in den Ort, vorbei an den einladenden Tischen des Restaurants »A Furtezza«. In der Kurve zweigt vor dem zweiten Gasthof **Casette d'Araggio** der Pfad zur »Site archéologique d'Araggiu« von der Straße ab. Wir tauchen unter den Ästen eines Feigenbaumes hindurch, und passieren die Terrasse der »Casette«. Zuerst geht es ein kurzes Stück in

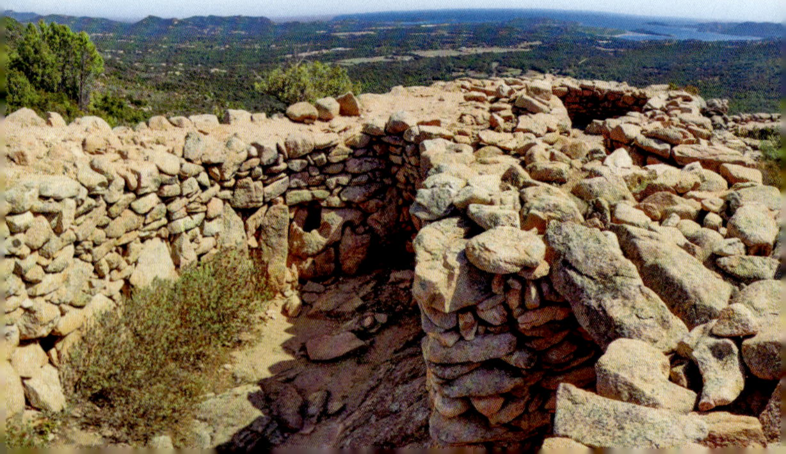

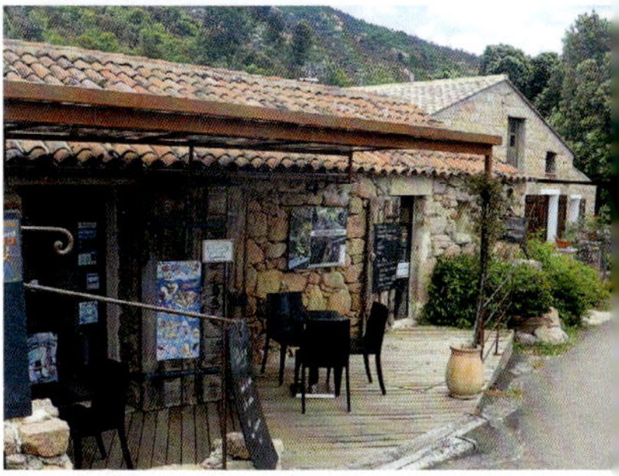

zwei Kehren durch hohe Macchia, dann steigen wir mit wenig Schatten auf einem steilen Pfad mit vielen sehr hohen Felsstufen den Berg hinauf. Nach anstrengenden 130 Höhenmetern stehen wir vor dem massigen **Steintor der Festung**.

Das Innere der Anlage ist beinahe rund und vollständig von Mauern umgeben. Im Innenhof gibt es eine Wasserstelle und im hinteren Bereich sind zwei Kammern und die Grundmauern eines engen Raumes erhalten. Bei den Ausgrabungen im Jahr 1967 fanden die Archäologen hier Alltagsgegenstände, die darauf hinweisen, dass die Festung zu torreanischen Zeiten ständig bewohnt war. Die Festungsmauer ist begehbar und der **Ausblick** reicht weit über die Bucht von Porto Vecchio.

Auf dem gleichen Weg steigen wir dann wieder hinunter zu den Restaurants und laufen zum Parkplatz zurück.

TOUREN-STECKBRIEF

Anfahrt: Von Porto Vecchio fahren wir auf der N198 nach Norden und biegen kurz nach La Trinité links ab in die Stichstraße nach Araggiu. Wir fahren durch den Ort, vorbei an den beiden Gartenrestaurants, zwischen denen der Einstieg in den Pfad zum Castello liegt Am Ortsende geht es links zum Parkplatz bei **GPS N 41°38'30.2", E 9°15'57.4"**. Von dort laufen wir 500 Meter an der Straße entlang bis zum Beginn des markierten Aufstiegswegs.

Anspruch und Charakter: Steiler Aufstieg am sonnigen Südhang auf einem steinigen Pfad mit hohen Felsstufen. Wenig Schatten. Schuhe mit gutem Profil oder Wanderschuhe sinnvoll!

Highlights: Grandioser Blick über die Küste und gut erhaltenen torreanische Festungsanlage mit mehreren kleinen Räumen.

Einkehr: »A Furtezza« und »Casette d'Araggio« am Start des Aufstiegsweges. Hier sitzen Sie sehr schön. Beide Restaurants sind aber etwas edler und gehören zur gehobenen Preisklasse.

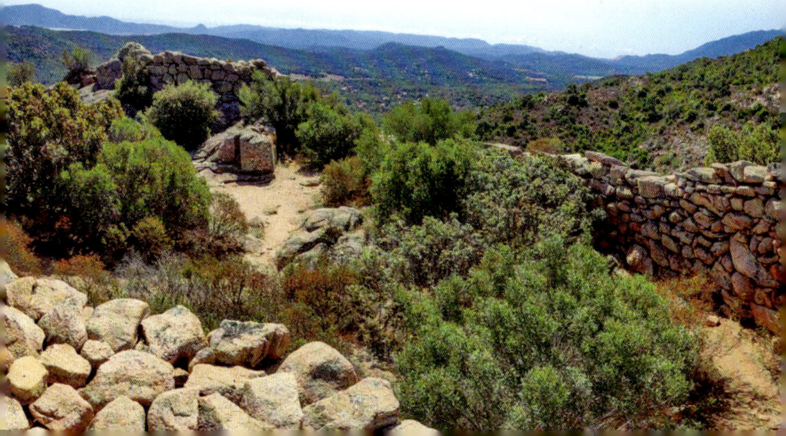

Wer waren die Torreaner?

Und warum haben sie so runde Burgen gebaut?

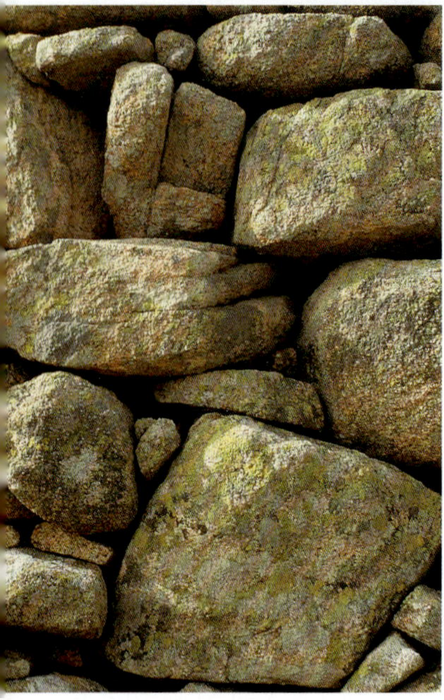

Torre heißt Turm. Die Mauern der runden Burgen, die man im Süden Korsikas fand, sehen aus wie die Reste von Türmen. Deshalb nannte man die Menschen, die diese Bauwerke einst errichteten, Torreaner. Ähnliche Gebäude entstanden zur gleichen Zeit auch auf der Nachbarinsel Sardinien und auf Mallorca.

Die Shardanen, ein mächtiges Seefahrervolk, eroberten zu dieser Zeit das Mittelmeer. Es wäre möglich, dass sie auch den Süden der Insel Korsika überfielen und dabei die Bauern der Megalithkultur in den Norden zurückdrängten. Sie könnten auch die runden Burgen gebaut haben.

Man ist aber nicht sicher, ob das wirklich so war. Die Menschen auf Korsika könnten sich die Technik des torreanischen Burgenbaus auch einfach bei den Völkern abgeschaut haben, mit denen sie Handel trieben. Wirklich sicher ist bis heute nur: Die Steinmauern dieser Burgen wurden vor fast 4.000 Jahren auf den Hügeln hoch über dem Meer errichtet. Die dicken Mauern sind ganz ohne Mörtel und Zement gebaut, sie bestehen nur aus Steinen, die geschickt übereinander geschichtet wurden. Innerhalb einer Steinmauer befanden sich mehrere kleine Räume und ein Innenhof. Die Torreaner bauten ihre Castelli an Orten mit gutem Ausblick, herannahende Feinde konnte man so bereits von weitem sehen. Sobald sich Angreifer von der Küste her näherten, verschanzten sich die Menschen aus der Umgebung in ihrer Burg.

In Friedenszeiten dienten die Castelli als Lagerräume, waren Mittelpunkte des öffentlichen Lebens und vermutlich auch Kultstätten der Priester. Das Castellu d'Arragiu ist eines der größten torreanischen Bauwerke auf Korsika. Ähnliche Bedeutung haben nur noch das Castellu di Cucuruzzu [› Tour 37] und die kleinere, längst nicht so gut erhaltene Festung von Tappa.

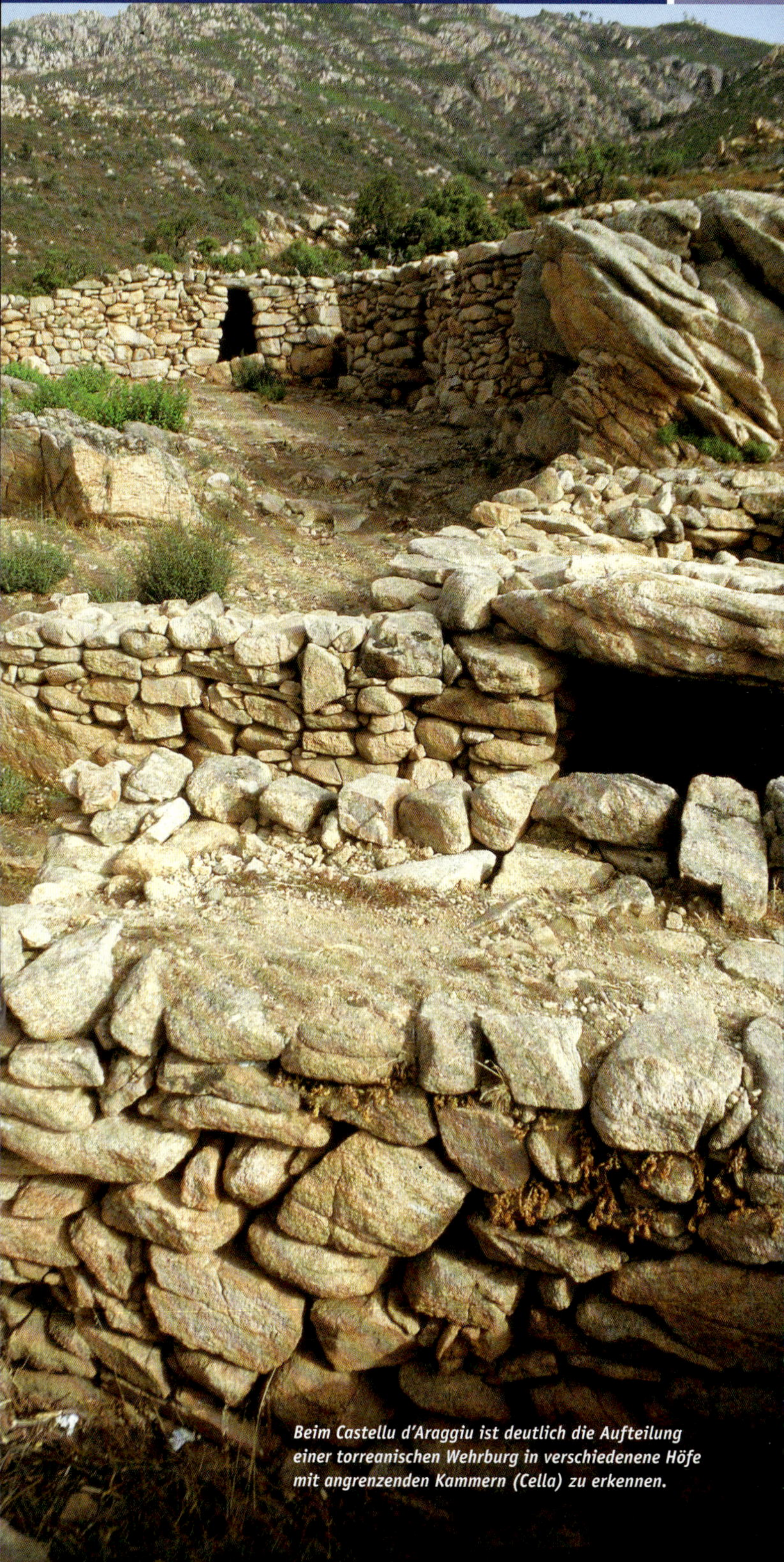

Beim Castellu d'Araggiu ist deutlich die Aufteilung einer torreanischen Wehrburg in verschiedenene Höfe mit angrenzenden Kammern (Cella) zu erkennen.

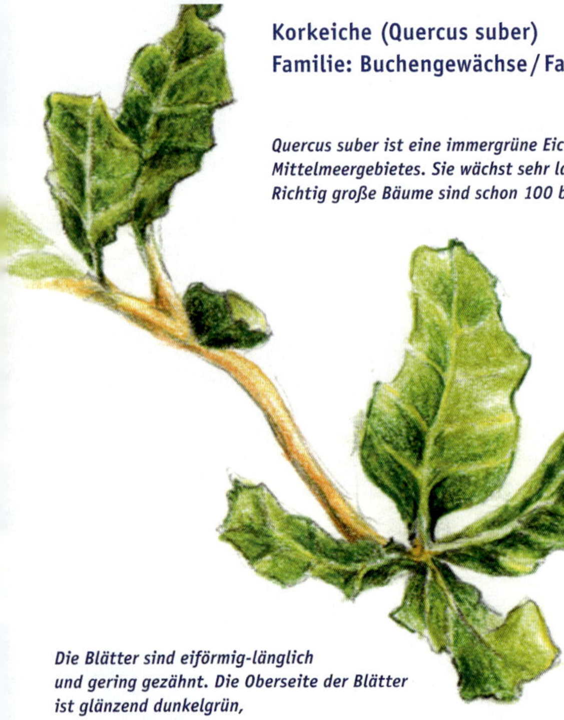

Korkeiche (Quercus suber)
Familie: Buchengewächse / Fagaceae

Quercus suber ist eine immergrüne Eichenart des Mittelmeergebietes. Sie wächst sehr langsam. Richtig große Bäume sind schon 100 bis 200 Jahre alt.

Die Blätter sind eiförmig-länglich und gering gezähnt. Die Oberseite der Blätter ist glänzend dunkelgrün, die Unterseite schwachgrau und filzig.

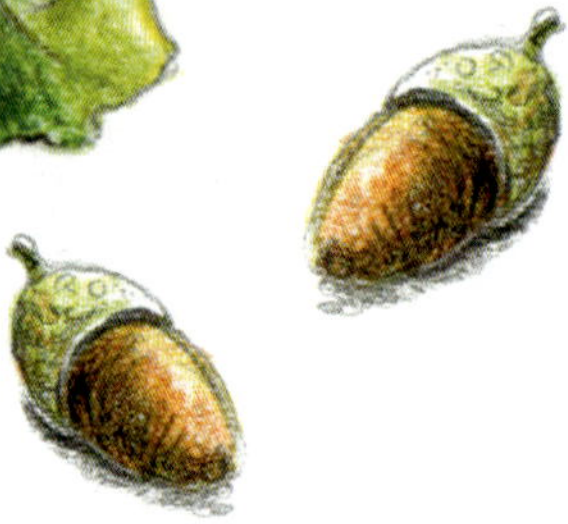

Jeder hat schon mal einen Flaschenkorken in der Hand gehabt. Das Material ist leicht, manchmal etwas krümelig und wenn man einen Korken ins Wasser legt dann schwimmt er an der Oberfläche. Aber was ist Kork? Wie macht man einen Flaschenkorken?

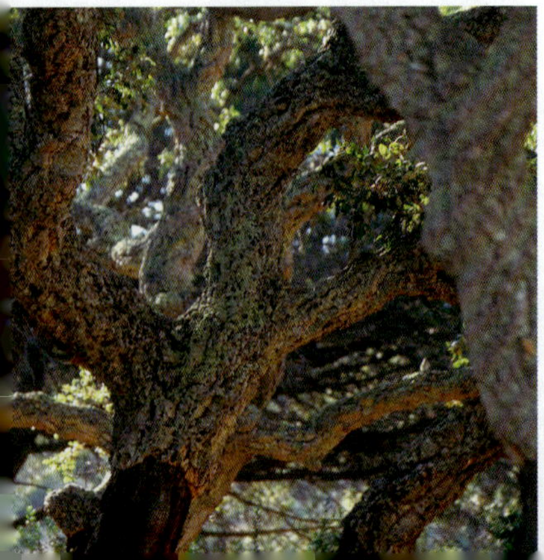

Kork wächst an Bäumen. Korken macht man aus der Rinde der Korkeiche. Wenn eine Korkeiche etwa 20 Jahre gewachsen ist, kann man zum ersten Mal ernten: Die Baumrinde wird vorsichtig vom Stamm entfernt. Dieser erste Kork ist aber noch nicht nutzbar. Erst danach bildet der Baum eine richtig dicke Korkschicht. Jetzt kann der Kork alle acht bis zehn Jahre in großen Platten vom Baumstamm geschält werden. Aus diesen Platten werden die Korken herausgestanzt.

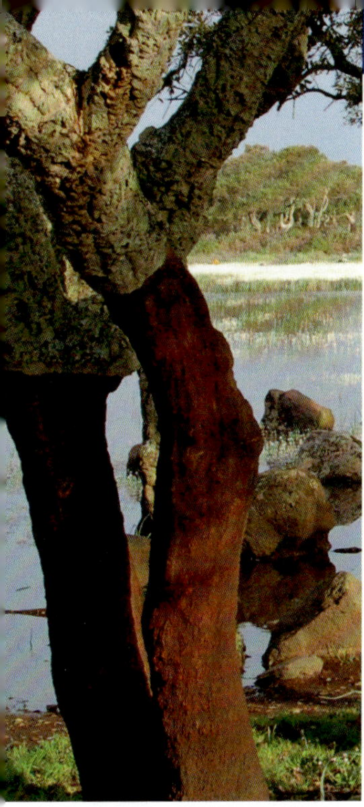

Eine Korkeiche erkennt man leicht an ihrer rissigen Rinde und dem meist geschälten Stamm. Nur frisch geschälte Stämme sind leuchtend rot.

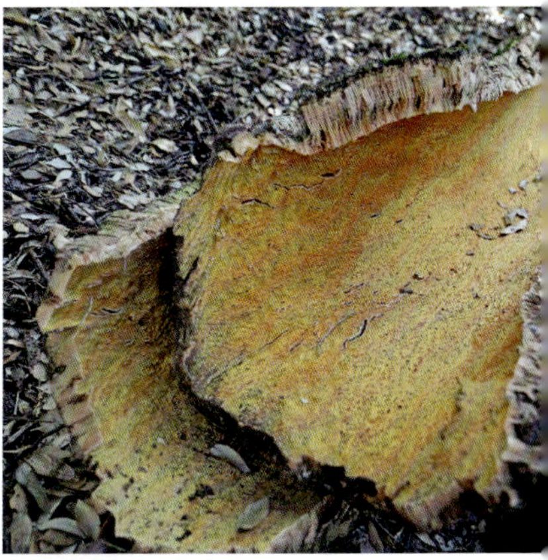

Aus Kork werden auch noch andere Dinge hergestellt. Er ist nicht nur leicht, sondern auch sehr elastisch und isoliert gegen Kälte und Feuchtigkeit. Die Rinde, die einst den Baum geschützt hat, verwenden die Menschen als Bodenbelag in der Wohnung oder als Sohlen für Schuhe. Dort hält sie dann den Menschen warm und seine Füße trocken.

Auf Korsika wachsen Korkeichen vor allem in der Gegend um Porto Vecchio. Die Korkeiche ist immergrün und braucht viel Wärme, Feuchtigkeit und Licht. Sie ist leicht an ihren großen, dunklen Eicheln und der rissigen Rinde zu erkennen. Ist der Stamm frisch geschält, leuchtet er rotbraun, später dunkelt er wieder nach und bildet neue Rinde. Auf Korsika werden die Bäume zwar regelmäßig geschält, der produzierte Kork wird aber hauptsächlich zu Souvenirs für die Besucher der Insel verarbeitet. Das industriell verarbeitete Material kommt meist aus Spanien oder Portugal. Dort gibt es große Korkeichenplantagen die viel mehr Kork produzieren als die wenigen Bäume auf Korsika.

An einem frisch entrindeten Baum kann man oft kleinere Korkstücke abschälen. Einzelne Stücke liegen nach der Ernte auch oft unter den Eichen auf dem Boden. Korkrinde schwimmt zuverlässig und eignet sich gut zum Bauen von kleinen Booten.

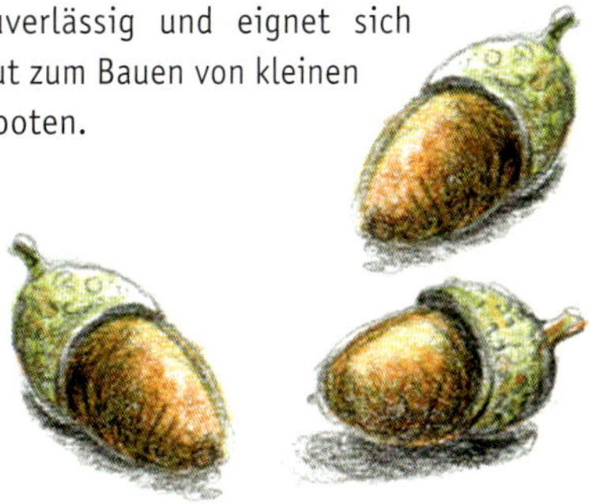

Levie, der Hauptort der Alta Rocca
Unten: Der Stausee von Ospedale am Ende eines heißen Sommers.

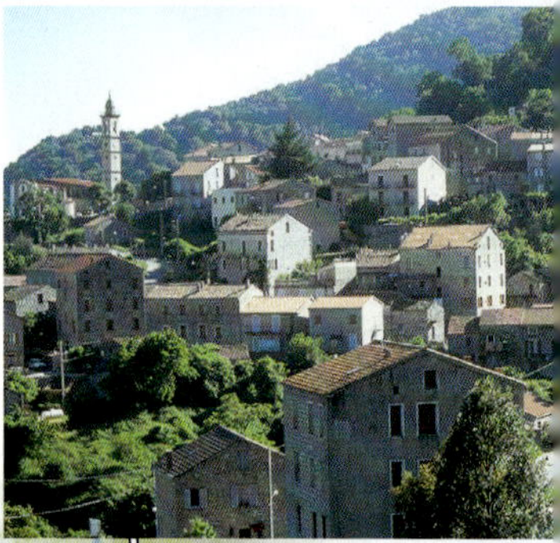

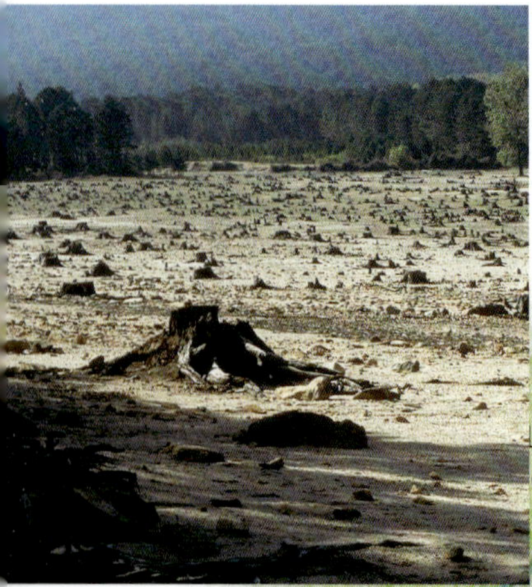

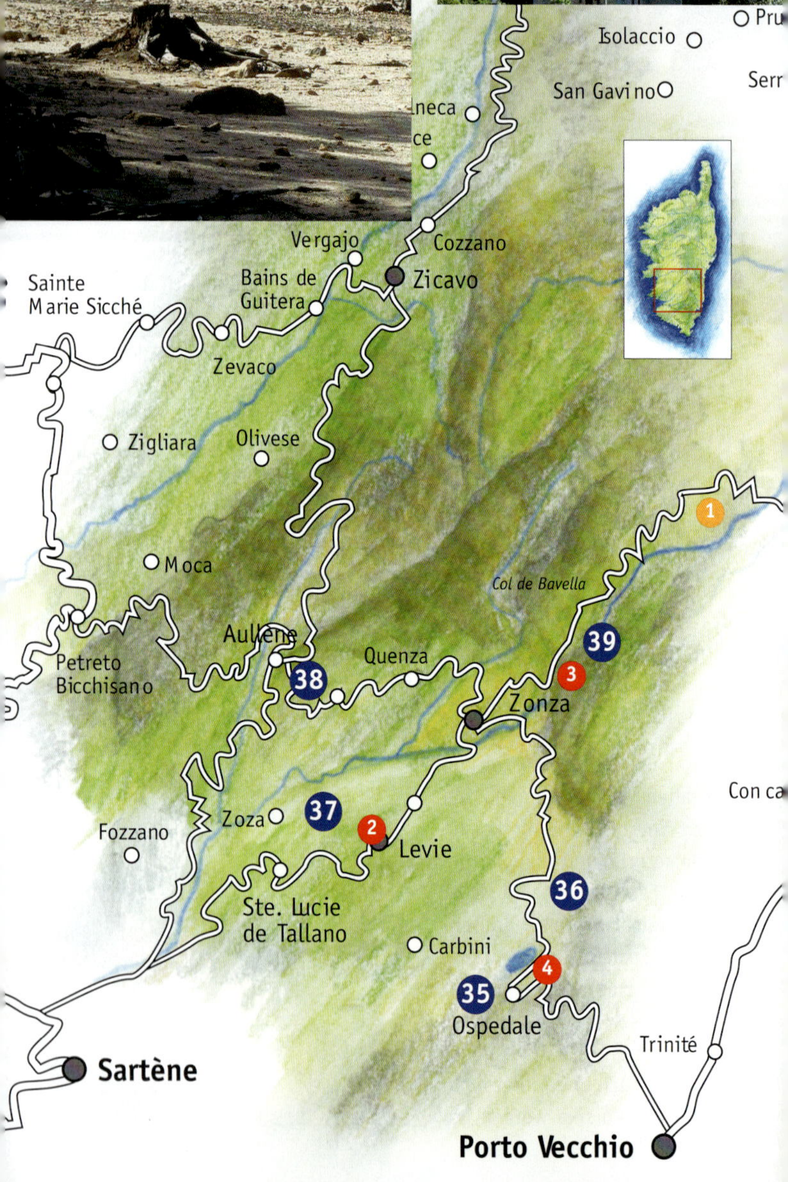

Alta Rocca und Bavellapass

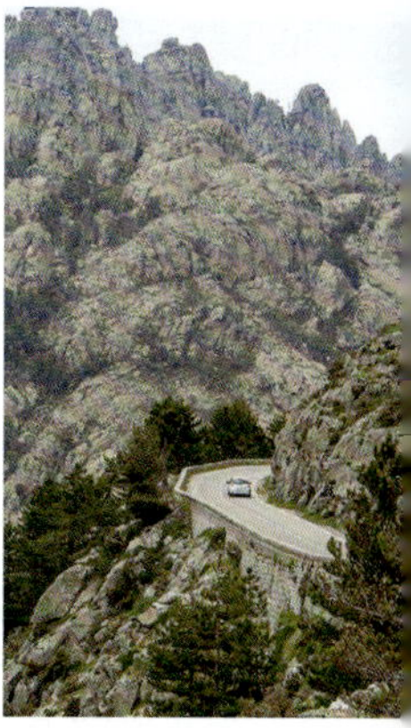

Schön geschwungene Sträßchen, alte Olivenbäume, vom Wind zerzauste Kiefern, Felsnadeln und Steinblöcke in den skurrilsten Formen: Schon die Fahrt durchs Alta Rocca ist ein Genuss.

Die kleinen, teilweise sehr abgelegenen Orte mit ihren Natursteinhäusern sind durch Wanderwege verbunden – der Streckenwanderweg »Mare a Mare Sud« führt hier durch. Auch die prähistorische Fundstätte von Cucuruzzu [› **Tour 37**] *ist einen Besuch wert.*

Richtung Bavella-Pass werden die Kurven enger und die Landschaft schroffer. Bereits ein gutes Stück vor dem Pass sind die spitzen Felsnadeln des Bavella-Massivs zu sehen. Von der Passhöhe aus starten mehrere attraktive und relativ leichte Wanderwege [› **Tour 39**]. *Sie führen ohne allzu große Steigungen durch ein schönes Waldgebiet in eine spektakuläre Berglandschaft. Auch anspruchsvolle Tagestouren zu den Felsnadeln sind möglich.*

Der Weitwanderweg »GR 20« führt durch das Dorf unterhalb der Passhöhe. Mittags liegen die schweren Rucksäcke neben den Tischen der Gîte d'Etape, und die Wanderer genießen ihr Mittagessen.

Interessant ist auch die Landschaft auf der anderen Seite des Passes. Die schmale D 268 nach Solenzara führt durch raues Bergland. In den Bächen am Weg findet man besonders reizvolle Badestellen [› **Tour 40 und 41**].

Im Herbst versinken die Felsnadeln des Bavella-Massivs oft schon mittags in den Wolken.

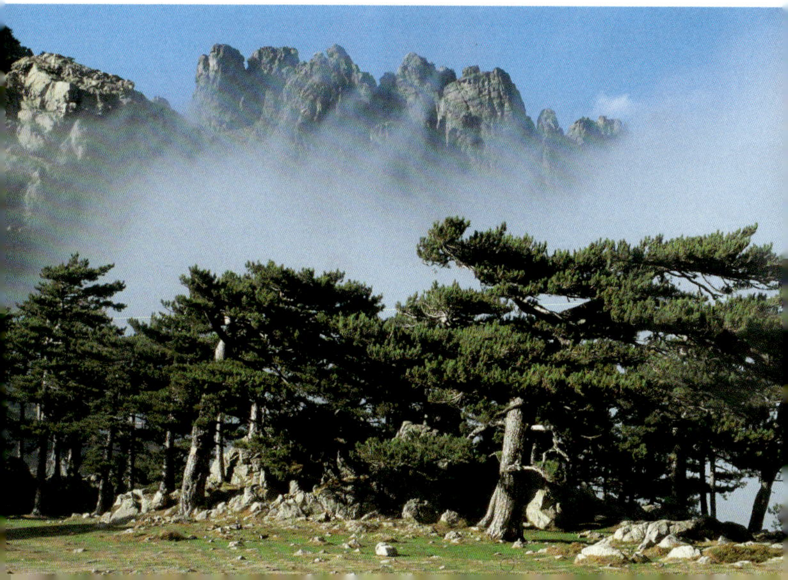

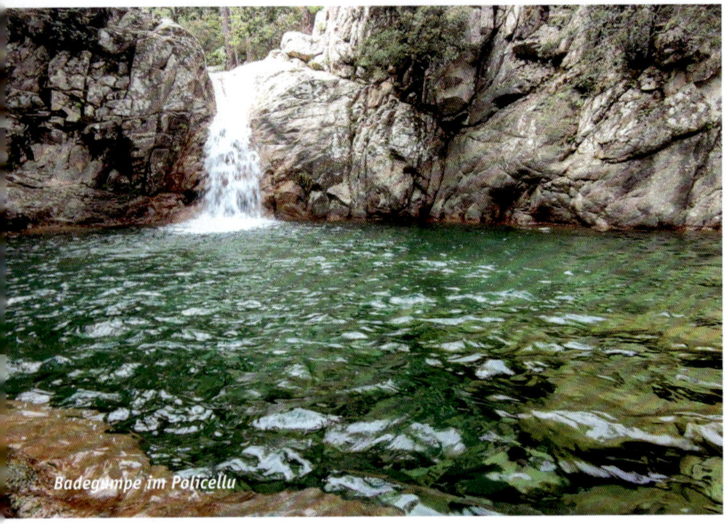

Badegumpe im Policellu

Baden im Alta Rocca

Ein Badebecken am Fluss macht den **Camping La Rivière** nördlich von Zonza zum interessanten Quartier. Besonders schöne Badegumpen in Bergflüsssen finden Sie östlich des Bavella-Passes. Der Zugang zum Fiumicelli ist bei [› Tour 40] beschrieben. Auch im Osu [› Tour 36] kann man baden.

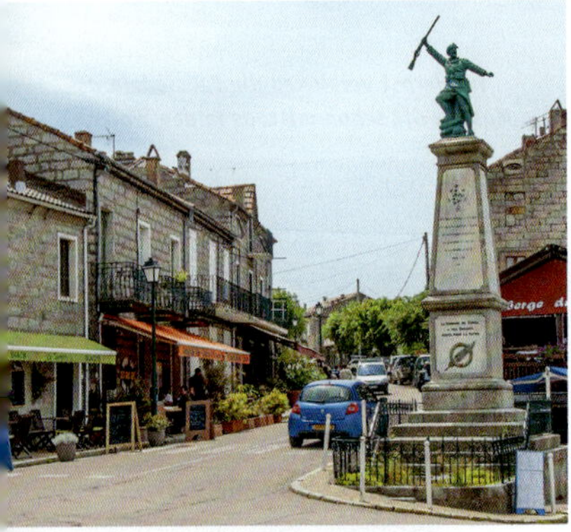

1 Badeplatz am Policellu
GPS N 41°49'25.3", E 9°15'46.6"
Am Policellu gibt es einen ganz besonders netten, aber nicht ganz so einfach zu findenden Badeplatz mit großem Wasserbecken und Doppelkaskade. Um zur Gumpe zu kommen laufen wir vom neuen Parkplatz gute 300 Meter die Straße hinauf bis zur Bachbrücke. Hinter der Bachbrücke geht es rechts ab und wir steigen durch die Betonrinne in Richtung Bach hinunter. Kurz darauf halten wir uns dicht an dem riesigen Felsbrocken auf der linken Seite. Dort beginnt der schmale Pfad, der parallel zum Bach in wenigen Minuten bis zur ersten großen Gumpe hinaufführt.

Ausflugsziele im Alta Rocca

Zonza

Der Ort profitiert von der Lage an der gut ausgebauten Straße von Porto Vecchio zum Bavella Pass. Hier hat sich eine gute touristische Infrastruktur entwickelt. Neben Hotels, Bars und Läden gibt es auch eine Tankstelle. Trotzdem hat der Ort seinen Charme bewahrt. Sehr gemütlich sitzt man in den Cafés am Straßenrand und in der Auberge de Sanglier r schmeckt nicht nur das Wildschwein.

2 Archäologisches Museum
GPS N 41°42'15.0", E 9°07'30.4"
Das Skelett der »Dame de Bonifacio«, die etwa um 6500 v. Chr. bestattet wurde, ist das älteste menschliche Relikt Korsikas und das wichtigste Ausstellungsstück des **Musée de l'Alta Rocca in Levie**. Die Frau lebte in der Steinzeit und ihre Knochen

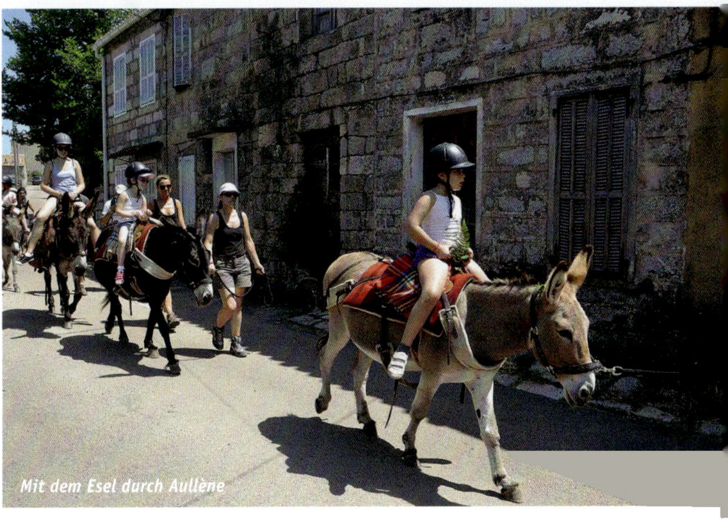

Mit dem Esel durch Aullène

verraten Forschern eine Menge über ihr Leben und ihre Zeit. Der Besuch des archäologischen Museums ergänzt sinnvoll die Tour zum nahegelegenen Castello di Cucuruzzu [› **Tour 37**]. Die neu gestaltete Ausstellung gibt einen guten Einblick in die korsische Frühgeschichte von der Steinzeit über die megalithische bis zur torreanischen Kultur. Sie zeigt Fundstücke wie Töpferwaren und Waffen aus den umliegenden prähistorischen Fundstätten, darunter auch viele Stücke, die man in Cucuruzzu oder Capula gefunden hat.

Geöffnet Juni bis September täglich von 10–18 Uhr (feiertags geschlossen), Oktober bis Mai Di bis Sa 10–17 Uhr, € 4, Kinder € 3.

Site archéologique de Cucuruzzu [› Tour 37]

3 Hippodrome de Zonza

Mitten im Hochgebirge an der Straße zwischen dem Bavellapass und Zonza passieren Sie die originellste Pferderennbahn Frankreichs. An sechs Sonntagen im Juli und August werden hier Trab- und Galopprennen ausgetragen. Die Veranstaltungen ähneln einem kleinen Volksfest. Aktuelle Termine finden Sie unter:

www.hippodrome-zonza.fr.

Hochseilgarten / Outdoorsport

4 Parc Aventure am See von Ospedale

Der Xtrem Parc baumelt zwischen den Bäumen am Stausee von Ospedale. Mehrere Parcours mit verschiedenem Schwierigkeitsgrad stehen zur Auswahl. Darunter auch ein schön in die Natur eingebauter Kinderparcours für Flöhe von drei bis acht Jahren. Neben dem klassischen Hochseilgarten kann man seinen Mut auch auf einem Klettersteig für Einsteiger (Via ferrata) zwischen dicken Felsblöcken erproben.

Geöffnet offiziell Mai bis Mitte September, täglich von 9–21 Uhr. In der Vorsaison besser vorher anfragen! € 22, Kinder € 18. Spielparcours € 15 für Kinder. Tel. 0033 (0)495 700120. www.xtremsud.com

Xtrem Sud bietet auch Canyoning-Touren für Familien mit Kindern ab 7 Jahren im Bavellagebiet an. xtremsudcanyon.com

Reiten

Altarocc'Anes – Wandern mit Esel

Eselwanderungen im Alta Rocca für Kinder ab drei Jahre [› **Tour 38**].

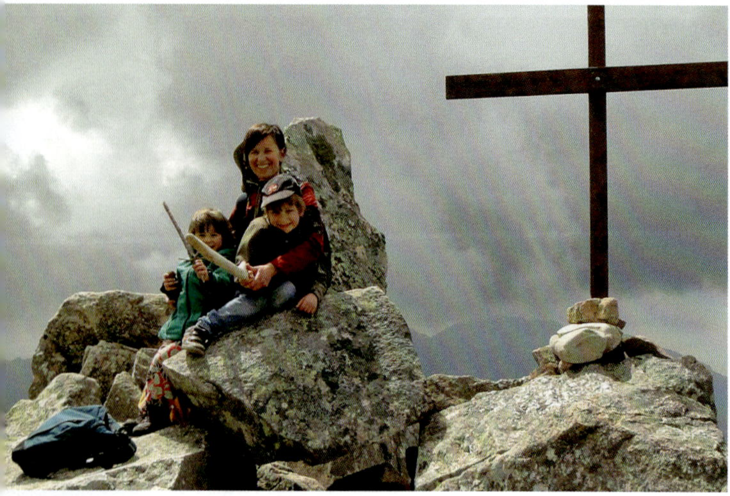

280 m

STRECKE 5 km

2 h

ab 4

Tour 35: Punta di a Vacca Morta

Bergtour für junge Gipfelstürmer

Nicht nur die beinahe verwunschen wirkende Landschaft mit vielen dicken Steinen, knorrigen Bäumen und Kletterpfaden macht diese Wanderung zur optimalen Kinderbergtour. Sie hat so viele schöne Zwischenziele, dass man sich einfach aussuchen kann, wann der persönliche Gipfel erreicht ist: An der ersten weiten Aussicht, an der malerischen Hochebene mit den vielen dicken Steinen in der Wiese oder doch erst am eigentlichen felsigen Gipfel zu dem es noch einmal ein ganzes Stück hinaufgeht. Hier oben gibt es sogar ein richtiges Gipfelkreuz.

Wanderung: Der Weg beginnt an der Bergseite des Parkplatzes und ist deutlich sichtbar mit Holzschildern und orangen Farb-

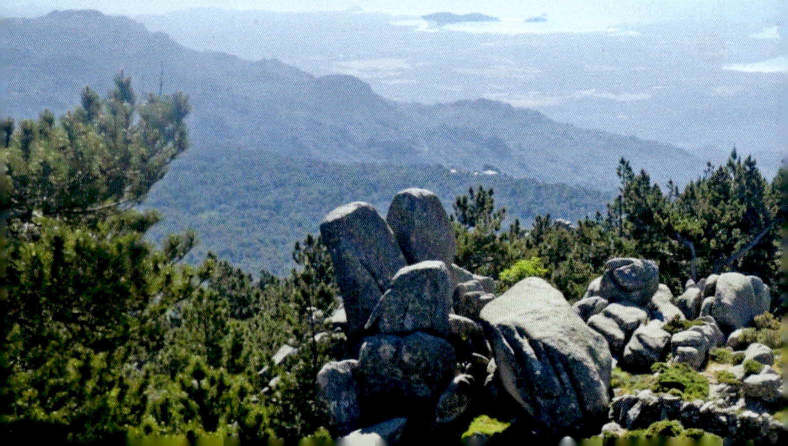

streifen markiert. Zuerst noch sanft ansteigend wandern wir durch eine mit Steinbrocken gesprenkelte Wiese und dann in den Wald hinein. Der Schatten der Bäume bleibt uns aber nicht allzu lange erhalten. Der Weg schwenkt nach links und dann geht es durch baumfreies, felsiges Gelände weiter stramm bergauf. Dabei sind durchaus auch mal größere Felsstufen zu überwinden, der Weg ist aber nie riskant. Nach 150 anstrengenden Höhenmetern ist dann der **erste Gipfelplatz** ① erreicht. Der Blick reicht auch hier schon bis hinunter zum Meer und ein einzeln stehender Baum gibt Schatten für eine kleine Pause.

Der jetzt folgende Wegabschnitt ist beinahe eben und meist schattig. Das zweite Zwischenziel ist also mit wenig Aufwand zu erreichen. Ein gutes Stück spazieren wir gemütlich auf einem guten Weg durch den Wald, dann geht es noch einmal ein kurzes Stück hinauf bis zu einer **Wegkreuzung** ②. Rechts geht es hier zum Col di Mela und nach Carbini, wir laufen geradeaus weiter und stehen dann auf einer kleinen **Hochebene**. Ein Schild zeigt nach links zum **Belvedere** ③ mit noch besserer Fernsicht. Auf der Wiese am Aussichtspunkt könnte man prima ein Picknick machen.

TOUREN-STECKBRIEF

Anfahrt: Von Porto Vecchio auf der D 368 in Richtung Bavella-Pass / Ospedale fahren, das Dorf Ospedale durchqueren und direkt vor dem Stausee von Ospedale links in die schmale Straße nach Cartalavone einbiegen. Der Straße durch Cartalevone ganz bis zum Ende folgen. Der Parkpark befindet sich am Ortsrand bei **GPS N 41°38'43.3", E 9°10'32.8".**

Anspruch und Charakter: Schmaler Bergweg mit kurzen aber knackigen Steigungen, im unteren Bereich kein Schatten. Wanderschuhe notwendig. Ausreichend Wasser mitnehmen. Der Aufstieg ist anstrengend.

Markierung: Orange Farbbalken.

Highlights: Spannende Wege, toller Ausblick, mehrere große Picknickwiesen mit Felsblöcken zum Klettern.

Einkehr: Unterwegs keine, gutes Restaurant mit korsischen Spezialitäten am Parkplatz.

In der Nähe: Hochseilgarten und Via Ferrata am Stausee von Ospedale.

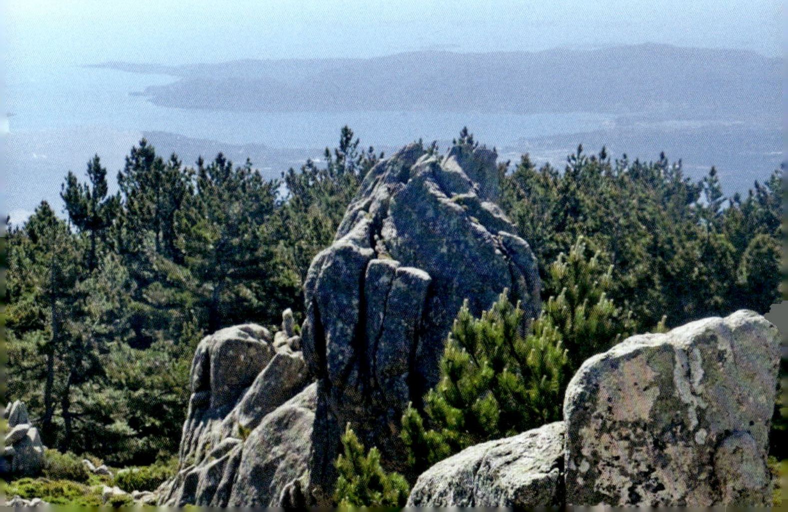

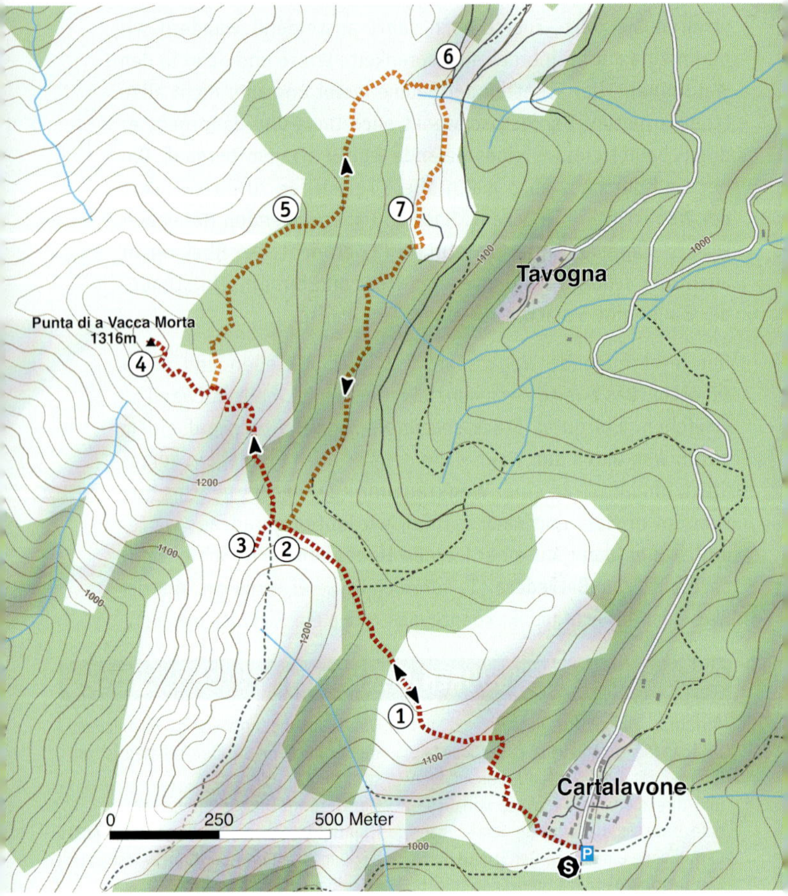

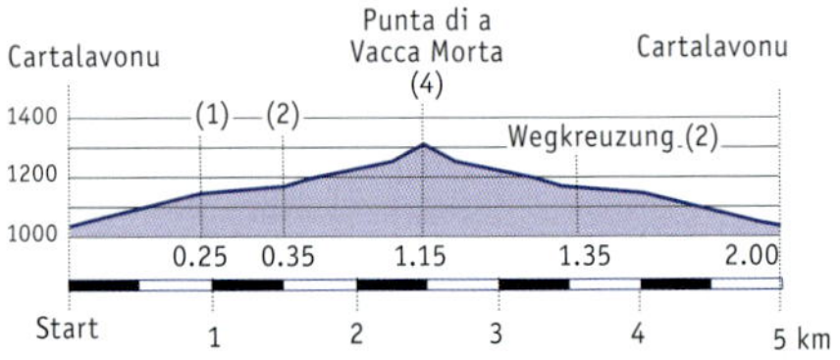

Geradeaus vor uns sehen wir dann auch den **Felsgipfel der Punta di a Vacca Morta**, der das eigentliche Ziel dieser Wanderung ist. Dort hinauf sind es noch einmal stolze 130 Höhenmeter. Es geht knackig steil bergauf, diesmal allerdings im Schatten des Waldes. Der Aufstieg beginnt am Hinweisschild zum Belvedere. Die orangen Markierungen zeigen uns den Weg in den Wald und mit vielen Kurven über Stock und Stein hinauf zum nächsten Plateau. Wenn wir den Steinmännchen nach links folgen, kommen wir zu einem Aussichtsplatz. Wer auch zum **Gipfelkreuz** ④ will, muss auf gut erkennbarem Pfad noch rechts am größten Felsen vorbei. Zurück geht es dann auf dem gleichen Weg.

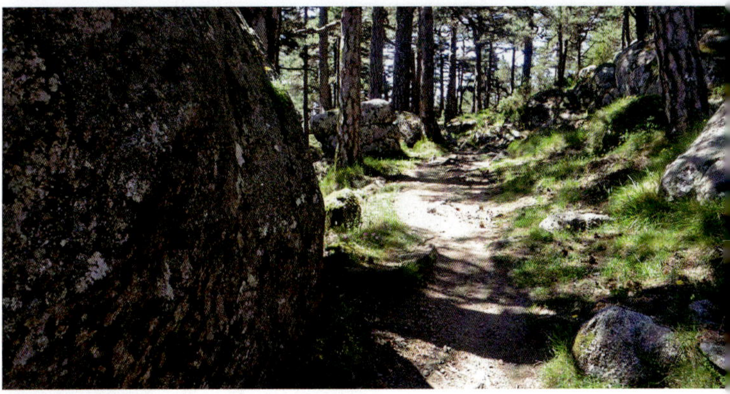

Rundwanderung für abenteuerlustige Pfadfinder

Ab 6 Jahre, zusätzlich 45 min und 70 Höhenmeter

Um nicht auf dem gleichen Weg zurückzukehren, können wir zwischen dem Gipfel und dem zweiten Plateau eine Runde drehen, die den Weg jedoch deutlich länger macht und daher konditionsstarken Wanderkindern vorbehalten bleibt. Der **Abstiegsweg** beginnt am Rand des Gipfelplateaus und ist nur mit Steinmännchen markiert. Die sollte man vor allem auf den Fels-Wiesen-Abschnitten, durch die sich viele Pfade ziehen, aufmerksam im Blick behalten, um den Weg nicht zu verlieren. Teilweise ist der Pfad auch ein bisschen zugewachsen, sodass lange Hosenbeine eine gute Sache sind.

Nach einem ersten Abschnitt im Wald trifft man an einem Wiesenstück auf einen **großen Steinhaufen und drei abzweigende Pfade** ⑤. Hier geht es geradeaus weiter und kurz darauf wieder in den Wald.

Der Weg macht einen Linksbogen und biegt einige Höhenmeter weiter unten an einem Stacheldrahtzaun rechts ab. Wenig später mündet er in einen breiten **Fahrweg** ⑥. Hier wenden wir uns rechts und folgen für ein kurzes Stück dem breiten Weg. Dann führt ein zuerst orange und später auch gelb markierter Pfad rechts ab und verläuft eine ganze Weile parallel etwas oberhalb des Forstwegs. Ab hier müssen wir nur noch der Markierung folgen.

An der ersten größeren **Kreuzung** ⑦ geht es nach rechts und wir spazieren entspannt auf einem gepflegten Waldpfad immer am Hang entlang. Kurz vor der **Kreuzung am zweiten Plateau** ② marschieren wir noch einmal ein kurzes Stück bergauf, dann biegen wir links ab und sind wieder auf dem vertrauten Hinweg, auf dem wir hinunter bis zum Parkplatz laufen.

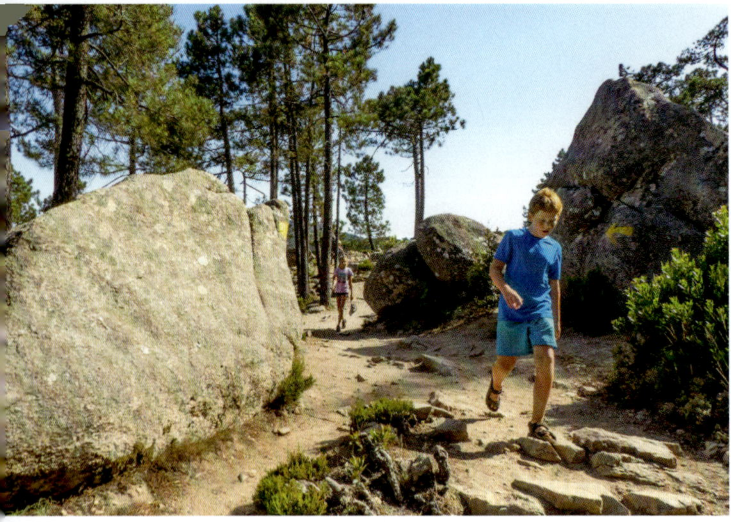

100 m

STRECKE 5 km

2 h

ab 6

Tour 36: Piscia di Gallo

Die Wanderung zum »Hahnenpiss«

Schöne, inzwischen immer gut frequentierte Wanderung, die auf einem Pfad am Osu mit kleinen Badebecken und durch eine wilde Gebirgslandschaft mit großen Steinblöcken und spärlicher Vegetation führt. Gegen Ende führt der Weg über große Steinstufen steil hinab zu einer Aussichtsplattform mit Blick auf den imposanten 70 Meter hohen Wasserfall Piscia di Gallo.

Wanderung: Der Weg zum Wasserfall beginnt zwischen Snackbar und Restaurant. Auf einem schön angelegten Pfad laufen wir zwischen Steinen hindurch, überqueren eine **Brücke** ① und erreichen eine schöne **Gumpe mit kleinem Wasserfall** ②. Durch

TOUREN-STECKBRIEF

Anfahrt: Von Porto Vecchio auf der D 368 Richtung Zonza. Wir fahren durch den Ort Ospedale zum Stausee. Etwa fünf Kilometer hinter dem See ist bei **GPS N 41°41'17.0", E 9°12'01.0"** hinter einer scharfen Rechtskurve der große Parkplatz kaum zu übersehen. Dort beginnt der Weg zum Wasserfall.

Anspruch und Charakter: Schöne, aber immer gut begangene Wanderung durch tolle Gebirgslandschaft auf schmalem Pfad, der in der Nähe des Wasserfalles recht rau wird und ein wenig Kletterei erfordert. Vorschulkinder brauchen wegen der Länge der Strecke bereits gute Kondition. Wanderschuhe sind unbedingt sinnvoll! An warmen Tagen Wasserflasche nicht vergessen.

Highlights: Badegumpe am Osu nahe des Parkplatzes, tolle Landschaft mit vielen Kletterfelsen, Wasserfall.

Einkehr: Leicht überteuerte Snack-Bar am Parkplatz. Tolle Picknickstellen am Osu, wenn man vom Hubschrauberlandeplatz zum Fluss hinuntersteigt.

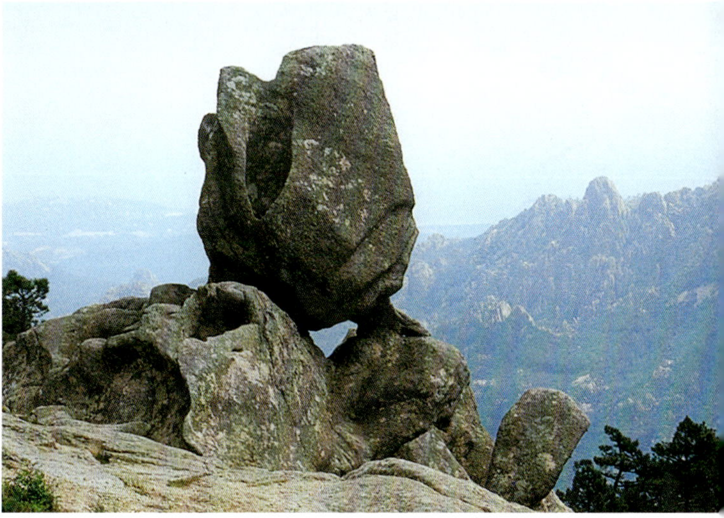

ein wildes Wirrwarr aus Felsen und mehr oder weniger abgestorbenen Bäumen führt der Pfad in schönster Bergkulisse bis zu einem breiten Waldweg auf dem wir – immer am Fluss entlang – weiter gehen. Am Ende des Weges überqueren wir von Stein zu Stein balancierend den flachen **Bach** ③ und steigen zu einem großen ebenen Sandplatz, der auch als **Hubschrauberlandeplatz** dient, hinauf. Von hier aus wird der Pfad wieder steinig.

Die Landschaft wird karger und schroffer. Wir folgen dem Weg bis zu einem Plateau. Ein großer, auf einem Steinblock balancierender **Wackelstein** ④ ist das unverwechselbare Kennzeichen dieses Ortes. Rechts unten schauen wir ins **Tal des Oso**, der wenig später den Wasserfall bildet, der Ziel dieser Wanderung ist. Der

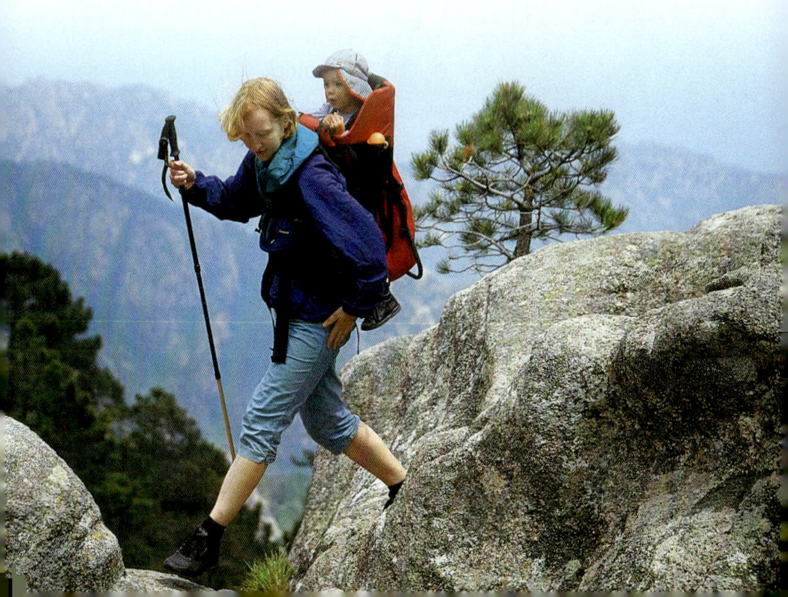

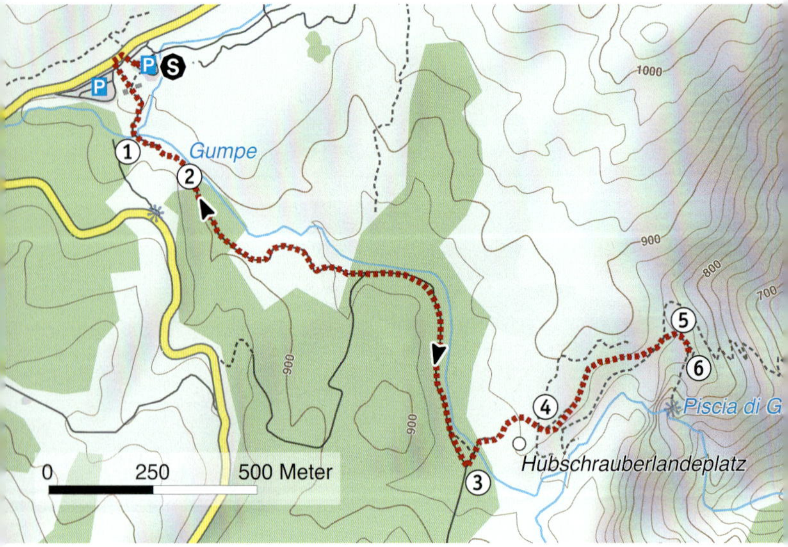

Am eindrucksvollsten ist der Wasserfall im Frühjahr. Im Hochsommer wird daraus ein schwaches Rinnsal, die Berglandschaft bleibt aber unverändert schön.

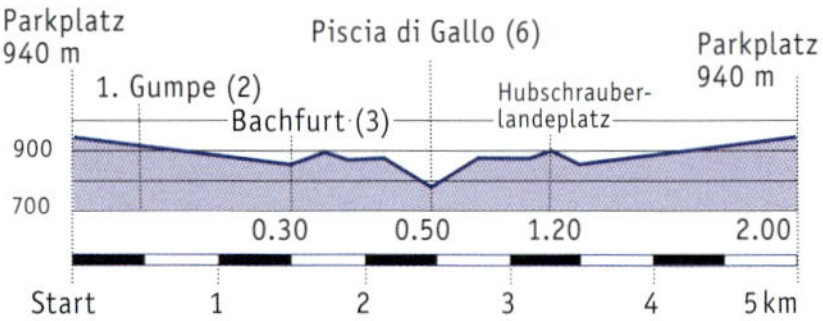

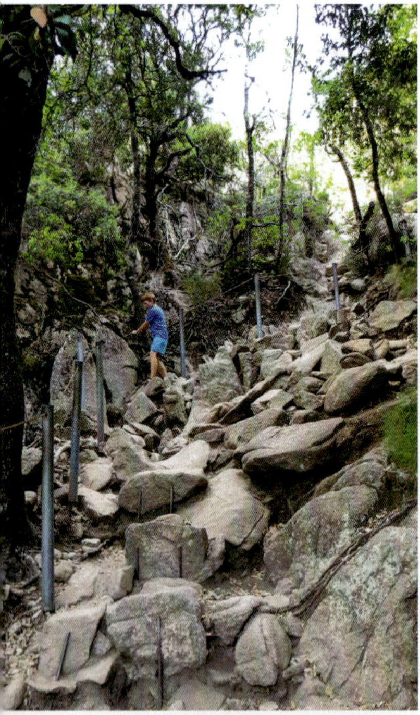

Weg geht weiter zwischen dicken Steinblöcken hindurch und führt wenig später über große Felsstufen abwärts. Hier brauchen Kinder die Hände und vielleicht auch etwas Hilfe zum Klettern. Vor einem riesigen **Felsblock** ⑤, unter dem man sitzen kann, schwenkt der Weg nach rechts und endet wenig später an einem kleinen **Plateau** ⑥ mit Blick auf den Wasserfall.

Mit jüngeren Kindern sind wir jetzt am Ziel. Bei trockenem Wetter kann man mit trittsicheren größeren Kids hinunter klettern fast bis zum **Fuß der Kaskade**.

Dann geht es auf dem bekannten Weg zurück zum Auto.

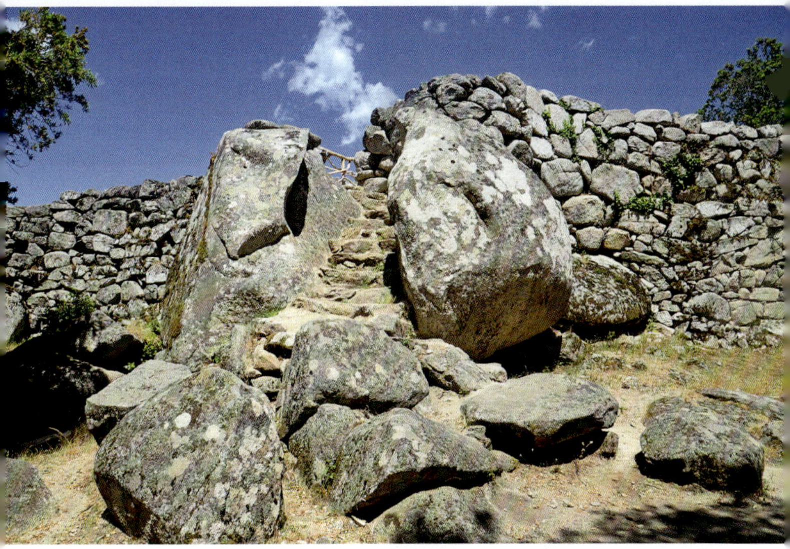

Tour 37: Das Castellu di Cucuruzzu und die Siedlung von Capula

Das Leben in Stein- und Bronzezeit

60 m

STRECKE 3 km

1 h

ab 4

Ein Besuch der Fundstätten von Cucuruzzu und Capula gleicht einem Ausflug in die Frühgeschichte der Menschheit. Höhlen und Felsüberhänge vermitteln ein authentisches Bild der ganz frühen Besiedelung des Tales. Die Festung von Cucuruzzu und die Siedlung von Capula waren schon in der Bronzezeit (etwa 1800 v. Chr.) bewohnt. Capula war noch im Mittelalter eine wichtige Festung und wurde 1259 in einem korsischen Bruderkrieg zerstört. Aber auch die Ruinen des Ortes sind sehenswert. Die Fundstätte liegt eingebettet in einem ruhigen, abseits gelegenen Tal.

TOUREN-STECKBRIEF

Anfahrt: Die Fundstätten von Cucuruzzu sind von Sartène und Porto Vecchio aus zu erreichen. Wenige Kilometer westlich des Bergdorfes Levie schlängelt sich eine kleine Straße durch ein einsames Hochtal – sie endet nach etwa zehn Minuten Fahrt an einem großen Parkplatz bei **GPS N 41°43'01.0", E 9°07'42.0"**. Von dort folgen wir dem Wegweiser zum Eingang.

Öffnungszeiten: April bis Oktober täglich von 9.30 – 18 Uhr, Juni bis September bis 19 Uhr. € 4, Kinder ab 10 Jahren € 3. Letzter Einlass zwei Stunden vor Schließung der Fundstätte.

Anspruch und Charakter: Einfache Wanderung auf einem Pfad und einem breiten Waldweg. Unterwegs viel Schatten. Insgesamt zwei bis drei Stunden rechnen.

Highlights: Höhlen unter Steinblöcken am Wegrand, Weitblick von der Festungsanlage Cucuruzzu und die verschlungenen Pfade zwischen den dicken Felsen von Capula.

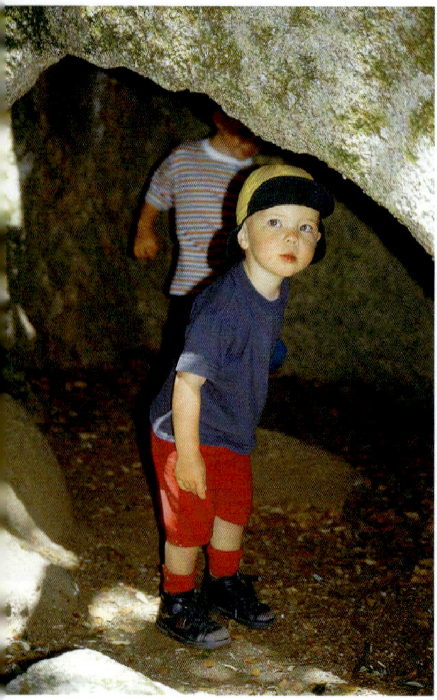

Tafoni-Höhle bei Cucuruzzu

Am **Eingang** ① erhält man einen Audioguide (auch auf Deutsch) mit Erklärungen zu den einzelnen Stationen. Der Rundweg beginnt auf einem schattigen Pfad durch ein dicht bewachsenes Waldstück, entlang großer Steinblöcke und gesäumt von kleinen Steinmauern. Wir kommen an mehreren kleinen **Höhlen** und **Felsüberhängen** ② vorbei, die ein gutes Bild vermitteln, wie Menschen in der Steinzeit gelebt haben. Nach 15 Minuten stehen wir vor der über 3000 Jahre alten **Festung von Cucuruzzu** ③. Klettern wir dort hinauf, bietet sich ein grandioser Ausblick über das Tal und auf die Felsnadeln des Bavella-Massivs.

Weiter geht es auf einem bequemen Waldweg – nach 20 Minuten erreichen wir die Reste der **Siedlung von Capula** ④. Wir überqueren eine Wiese, auf der viele Felsblöcke verstreut liegen. Links

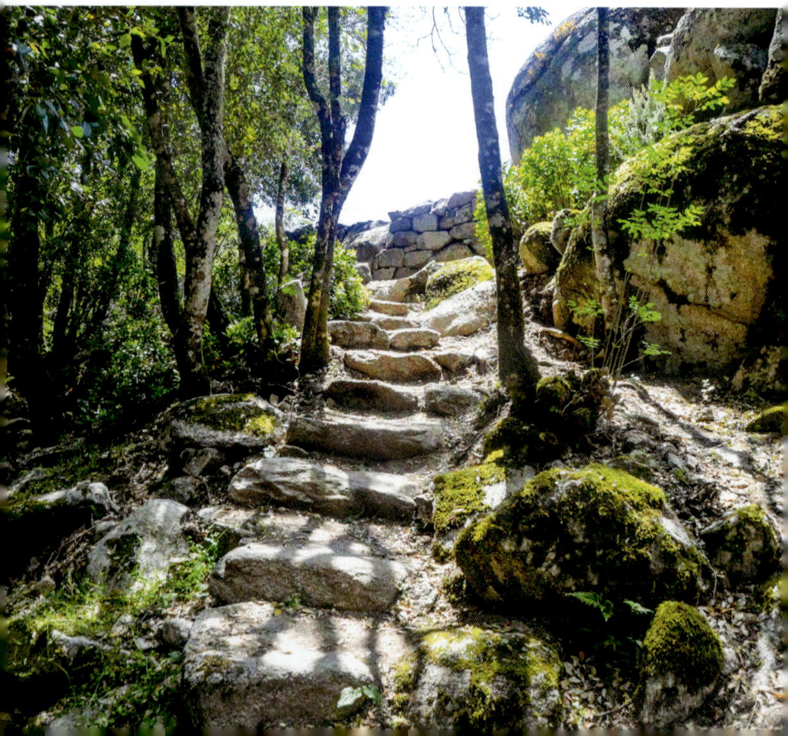

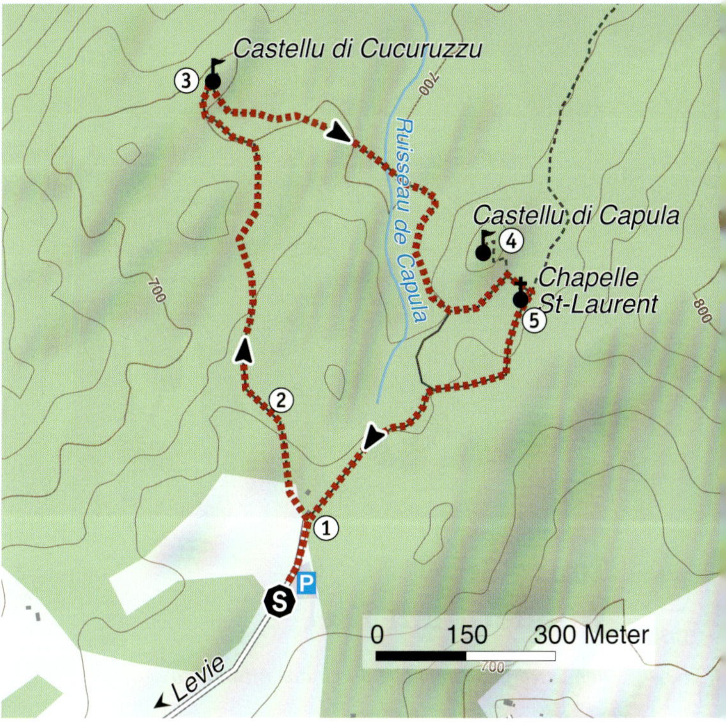

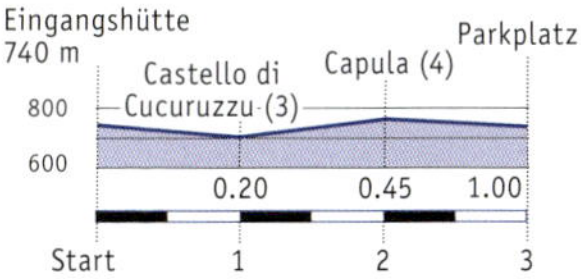

Eine schöne Ergänzung zu diesem Ausflug ist ein Besuch des **archäologischen Museums** in Levie. Weitere Informationen auf [› Seite 188].

zwischen den riesigen Steinen sehen wir die Reste alter Mauern, perfekt in die Lücken zwischen den Steinblöcken eingefügt. Verborgene Wege führen hinauf in das Herz der alten Siedlung und schlängeln sich zwischen den Felsen hindurch.

Weiter geht es über eine **Naturtreppe** aus großen Steinblöcken zum rustikalen Steingebäude der **Kapelle Saint-Laurent** ⑤. Hier gibt es noch einmal ruhige Schattenplätze für eine Pause. Kurz darauf stoßen wir auf einen Forstweg und erreichen in wenigen Minuten wieder den Eingang.

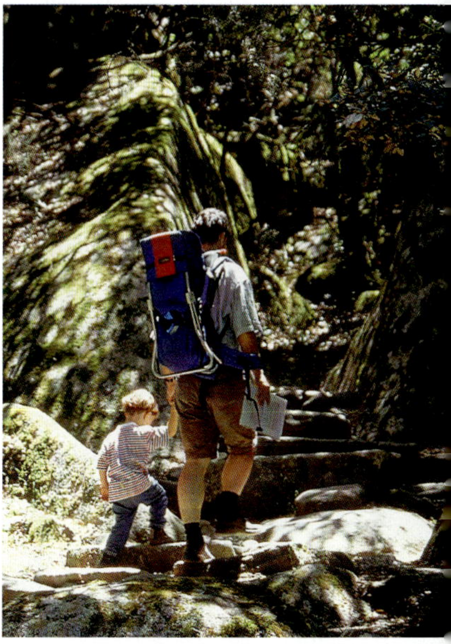

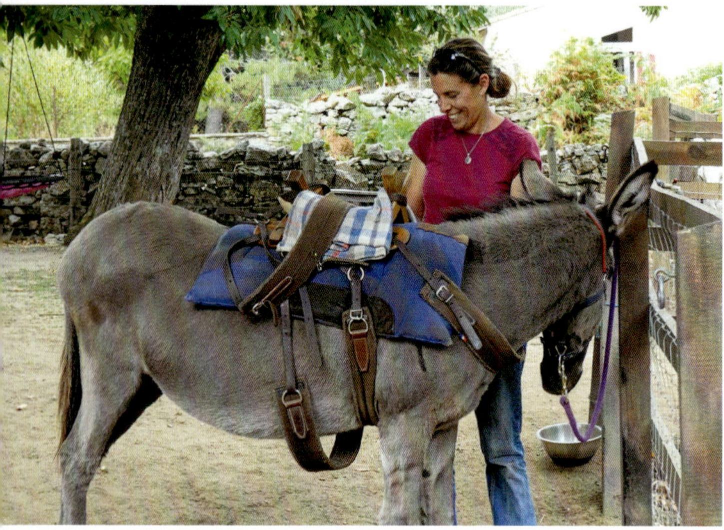

3 h 30

ab 6

Tour 38: Wandern mit Esel

Von Serra di Scopamène durch das Alta Rocca

Wir laufen durch die stillen Berge im Hinterland des winzigen Dorfes Serra di Scopamène. Am Horizont sieht man die Bavella-Nadeln, in der Macchia neben dem Weg suchen Schweine nach Futter. Ansonsten sind wir alleine. Die Wege, die Paule Schlémaire mit ihren Wandergruppen geht, verlaufen abseits der viel begangenen Pfade. Der Kleine Hof selbst hat sich inzwischen zum Kinderparadies entwickelt. Es gibt hier Ziegen, Schweine, Ponys, eine Kuh sehr viele Hühner. Die meisten entstammen alten, robusten Haustierrassen, die teilweise sehr selten oder vom Aussterben bedroht sind.

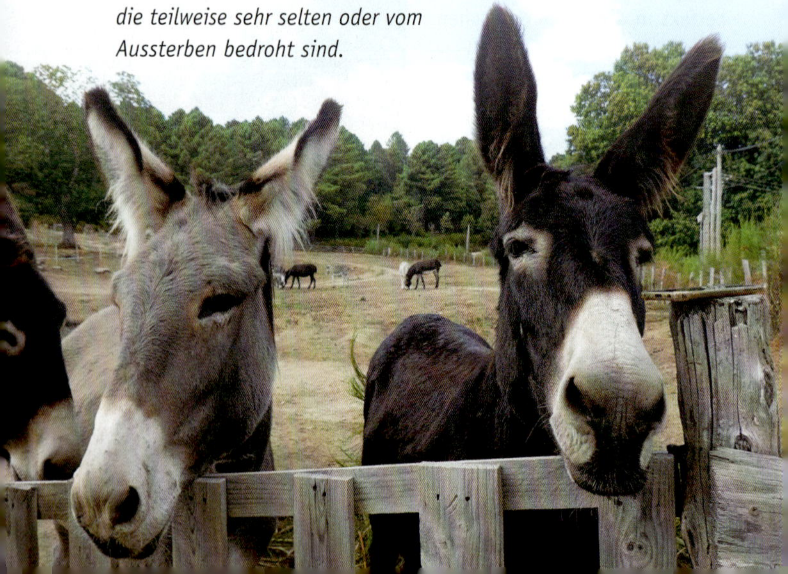

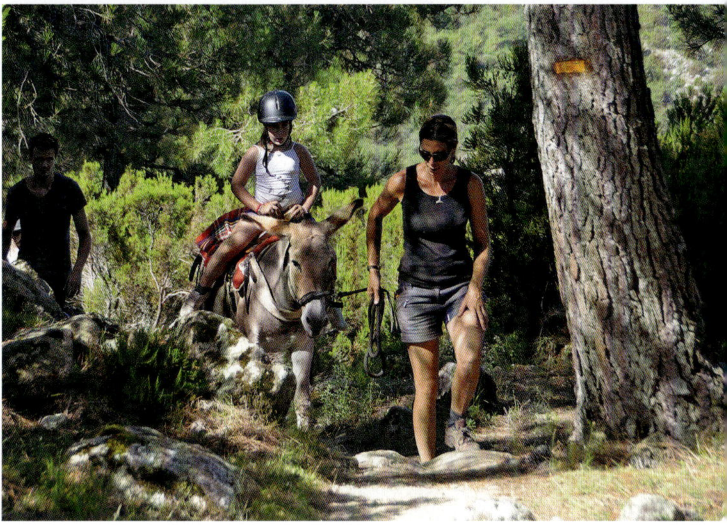

Wanderung mit Esel: Wer schon ein bisschen Erfahrung mit Eseln oder Pferden mitbringt, darf sich ohne Begleitung auf den Weg machen. Dazu sind rund um die Asinerie drei verschiedene Wege markiert. Die hier beschriebene Runde dauert drei bis vier Stunden. Es gibt aber auch kürzere Runden mit 45 Minuten oder zwei Stunden, die sich auch für jüngere Kinder eignen. Wer noch keine Erfahrung mit Eseln hat, schließt sich besser einer der geführten Gruppen an. Meistens begleitet Paule ihre Gruppen selbst, es gibt in der Asinerie aber auch ein junges Team von Helfern aus allen Ländern Europas, die nach dem Work-and-Travel-Prinzip in Landwirtschaftsbetrieben im Ausland arbeiten.

TOUREN-STECKBRIEF

Anfahrt: Von Zonza auf der D 420 vorbei am *Camping La Rivière* über Quenza zum 100-Seelendorf Serra di Scopamène. Durch das Dorf hindurch und bei den letzten Häusern dem Schild zum Campingplatz und zum Eselstall folgen. Die schmale Straße biegt im spitzen Winkel rechts ab und steigt steil an, ist aber mit PKW gut befahrbar. Sie endet nach einigen 100 Metern zwischen der Einfahrt des Campingplatzes und dem Tor des Eselstalles bei **GPS N 41°45′25.0″, E 9°05′44.0″.**

Anspruch und Charakter: Bei allen Wanderungen reiten die Kinder auf den Eseln, die Erwachsenen gehen zu Fuß. Die beschriebene Tour ist die Halbtageswanderung »Mini-Rando«. Es sind auch Spaziergänge ab 45 Minuten (€ 15) oder eine Tagestour mit Badepause am Fluss möglich. Der Mini-Rando (½ Tag) kostet € 40 pro Esel. Bitte vorher anmelden Tel. 0043 (0)683407048 oder www.altaroccanes.com.

Highlights: Nach und vor dem Ritt ist genug Zeit zum Esel putzen und streicheln. Viele Tiere auf dem Hof.

Einkehr: Picknickmöglichkeit an der Asinerie, Bar A Scopa im Ort, empfehlenswertes Restaurant im nächsten Ort Aullène oder in Quenza.

Camping: Neben der Asinerie befindet sich der Campingplatz von Serra di Scopamène [› **Seite 305**]. Er ist preisgünstig, angenehm ruhig, sehr einfach ausgestattet und von Juni bis September geöffnet. Eine Alternative ist der komfortablere Camping La Rivière bei Zonza.

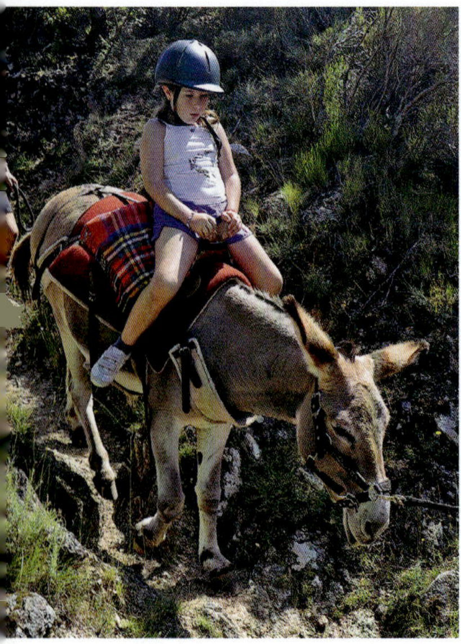

Halbtagestour nach Aullène: Vor dem Auslauf warten vier Esel. Cadichon und Ness sind zierlich und hellgrau. Samba, die große dunkelbraune Eselin, ist besonders ruhig. Neben ihr steht Vicky, ebenfalls dunkelbraun, sie ist eine der Größten im vierbeinigen Team und auch für etwas ältere Kinder geeignet. Die vier Esel tragen Packsättel. Die Kinder sitzen auf einem dicken Pad zwischen den gekreuzten Holzstangen sicher und stabil.

Bevor es losgeht, bekommt jeder der kleinen Reiter*innen eine passende Reitkappe. Hinter der Asinerie beginnt die Wildnis. Kurz laufen wir auf einem breiten Sandweg, dann führt nur noch ein Pfad durch die Macchia. Es geht hinauf und steil wieder hinunter. Paule erklärt ihrer Gruppe, wie das geht: bergauf lehnt man sich leicht nach vorne, bergab bleibt man aufrecht im Sattel. Der erste Abstieg über einen felsigen Weg ist aufregend. Doch schnell entspannen sich die Gesichter. Am Horizont tauchen die Bergspitzen des Bavella-Massivs auf. Dann steigen wir hinunter zum Fluss, um eine Pause zu machen. Die Esel dösen im Schatten und die Kinder stehen mit nackten Füßen im flachen Wasser.

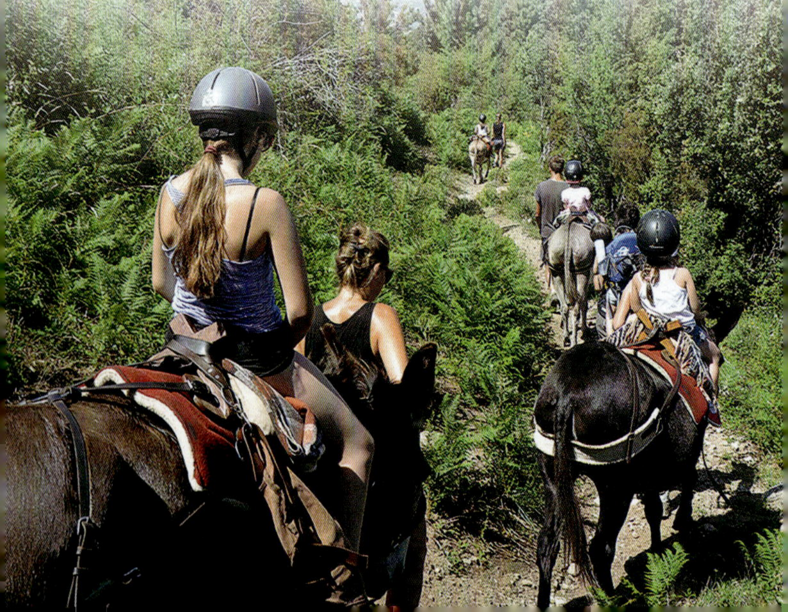

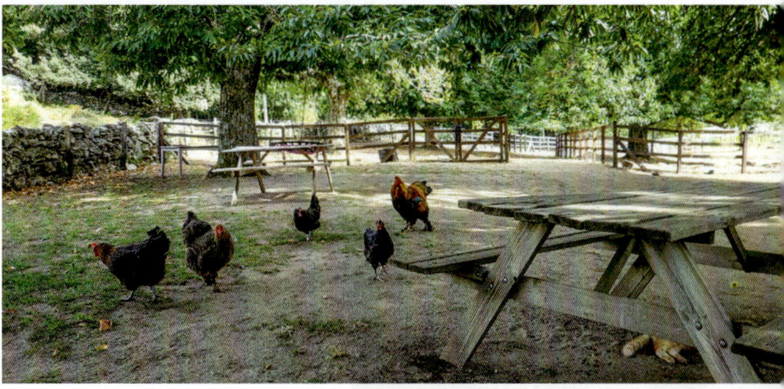

Als es weiter geht, sind alle wieder ausgeruht. In einem großen Bogen laufen wir nach **Aullène** und auf der Dorfstraße zum Brunnen. Hier werden die Wasserflaschen nachgefüllt. Dann geht es wieder in den Wald.

Auf dem Heimweg gehen die Kinder voran. Die kleine Chiara, die am Anfang ängstlich auf dem Esel saß, übernimmt die Spitze der Gruppe. »Du musst schnell laufen, wenn Du vorne gehen willst«, hat Paule ihr gesagt. Energisch treibt sie den gemütlichen Cadichon voran. So sind wir schon bald zurück am Stall. Die Esel werden versorgt und ein Krug mit eiskaltem Wasser macht die Runde unter den Reitern, bevor die Tiere zurück auf ihre Weide gehen.

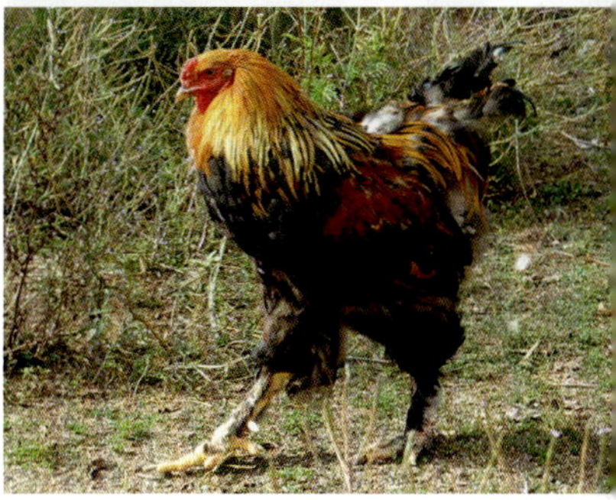

Auf dem Hof gibt es Picknicktische und einen kleinen Spielplatz. Dazwischen stolzieren die Hühner umher und die Katzen und Hunde der »Petit Ferme« warten auf Streicheleinheiten. Planen Sie also nach der Eselwanderung noch etwas Zeit für ein Picknick ein. Zwischen den Ausläufen der Esel, Ziegen, Kühe und Schweine führt auch ein Weg rund um das Gelände. Hier können auch die Jüngsten eine kurze Runde auf einem der Ponys oder Esel drehen. Etwa für **Kinder ab vier Jahre** sind dann die »Balades d'Anes« genannten kürzeren Ausflüge in die Berge (1–2 Stunden) geeignet.

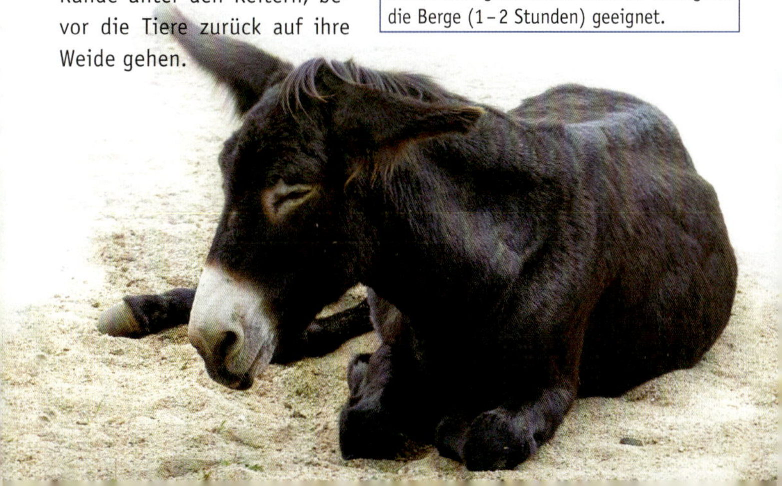

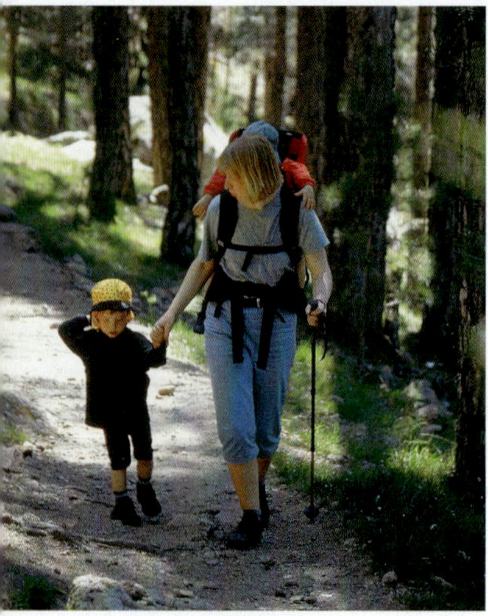

Tour 39: Am Bavellapass

Wanderung zum »Trou de la Bombe«

Schöne Rundwanderung auf Höhe des Bavellapasses. Ein breiter Forstweg führt in leichtem Auf und Ab durch den Wald bis zur Bocca di Velaco. Hier können wir mit großen Kindern einen Abstecher vom Rundweg machen und über einen Felshang hinauf zum »Trou de la Bombe«, einem großen Loch in der Felswand steigen. Für jüngere Kinder gibt es später einen besseren und sichereren Kletterplatz. Kurz vor der Rückkehr zum Pass erreichen wir eine kleine Kapelle. Sie steht mitten auf einer Bergwiese mit einigen großen Bäumen und malerisch verstreuten Steinblöcken. Ein herrlicher Platz für ein Picknick. Von hier kommen wir in wenigen Minuten zurück zum Parkplatz.

110 m

STRECKE 6 km

2 h 30

ab 6

Wanderung: Unsere Tour startet gegenüber der Gîte d'Etape und der großen **Marienstatue**. Wir überqueren die Straße, folgen der roten Markierung (U Cumpuleddu), die am Ende des Parkplatzes beginnt, und gehen auf einem breiten Forstweg mit tollem Ausblick immer am Hang entlang. Der Weg führt leicht ansteigend in den Wald hinein. Er verläuft ein gutes Stück parallel zur Straße,

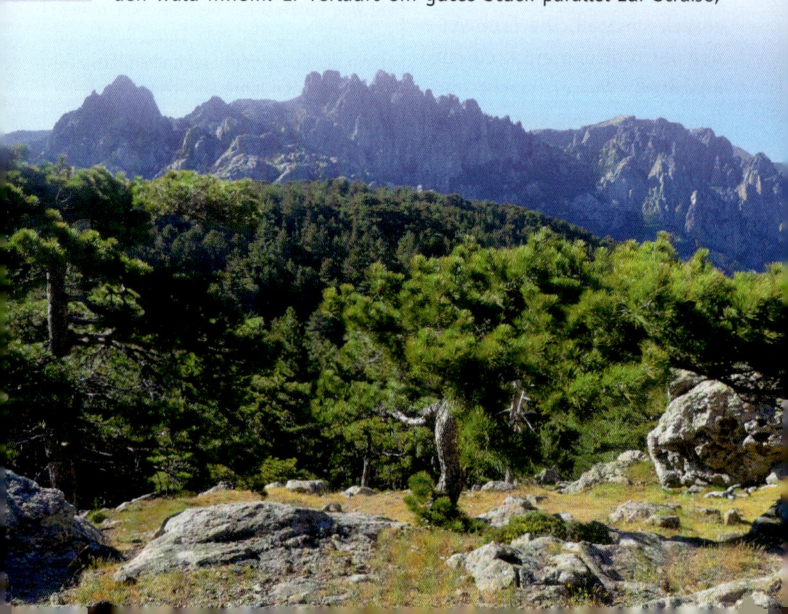

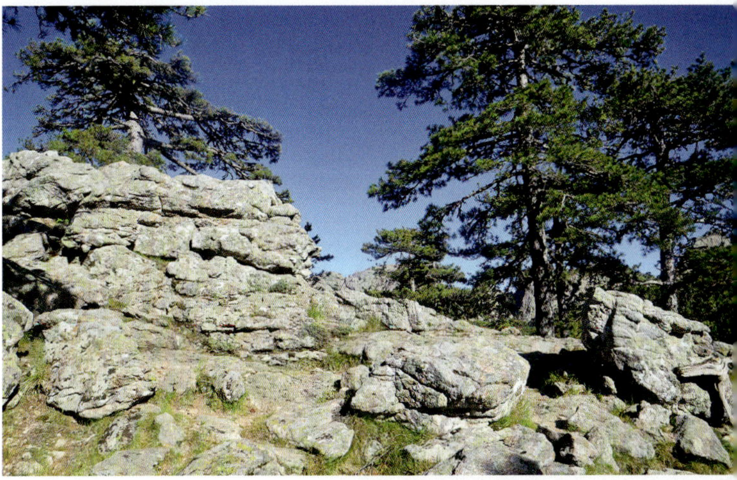

wechselt dann nach einer engen Kurve die Richtung und trifft nach etwa 40 Minuten auf eine **Weggabelung** ①.

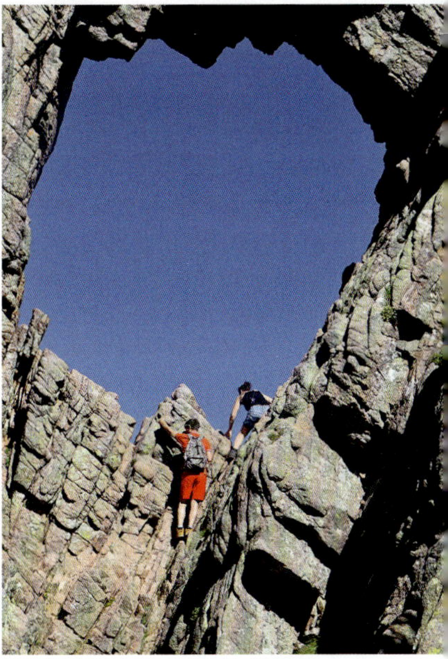

Wir biegen nach rechts ab (rote Markierung) und erreichen in einem Bogen 20 Minuten später die **Bocca di Velaco** ②.

Von hier aus kann man mit größeren Kindern dem Wegweiser U Cumpuleddu (korsisch für Trou de la Bombe) folgen, der uns in gut 15 Minuten über einen steinigen Pfad durch Felsblöcke hinauf zum **Felsloch** ③ führt. Das letzte Stück ist recht anspruchsvoll und führt beinahe weglos über Felsen. Rechts und

TOUREN-STECKBRIEF

Anfahrt: Den Bavellapass erreicht man von Solenzara über die D 268 oder von Porto Vecchio auf der gut ausgebauten D368 über das Bergdorf Zonza. Oben am Pass befindet sich bei **GPS N 41°47'44.9", E 9°13'29.7"** rechts und links der Straße jeweils ein Parkplatz.

Anspruch und Charakter: Viel begangene Wanderung meist auf bequemen Wegen und mit kleiner Klettereinlage im Bereich des Trou de la Bombe. Bergschuhe notwendig!

Highlights: Felsenklettern unterhalb des Felsenloches in wilder Gebirgslandschaft. Schöne Picknickwiese mit Kletterfelsen für Jüngere an der Bavella Kapelle.

Einkehr: Auberge du Col de Bavella auf der Passhöhe mit guter Küche zu fairen Preisen. Der GR 20 kreuzt am Bavellapass die Straße und an den Tischen vor der Hütte stehen häufig schwere Rucksäcke und Bergstöcke.

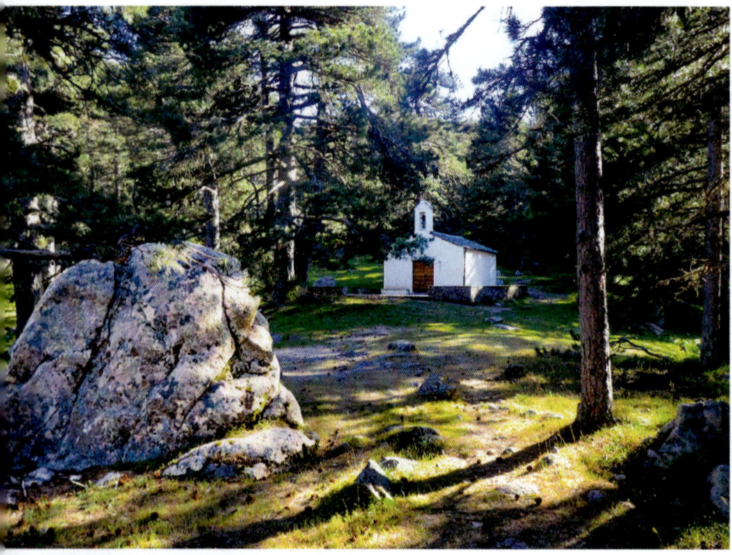

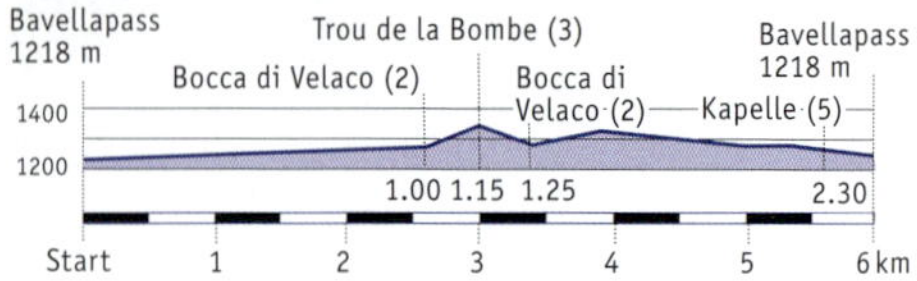

links krallen sich vom Wind zerzauste Lariccio-Kiefern in den Hang, sie scheinen direkt aus den Steinen herauszuwachsen. Von einem Felsdurchstieg hat man einen schönen Blick auf das riesige Loch im Fels. Auf demselben Weg geht es wieder hinunter zur **Bocca di Velaco** ② und dann rechts weiter. Mit jüngeren Kindern läuft man gleich am Abzweig zum U Cumpuleddu vorbei.

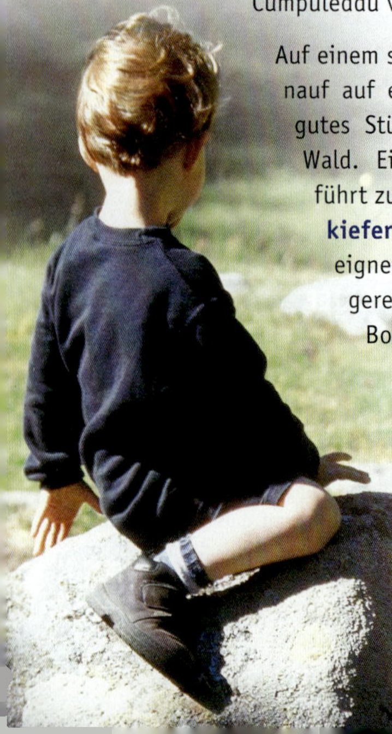

Auf einem schmalen Waldpfad steigen wir jetzt hinauf auf ein Felsplateau. Von hier geht es ein gutes Stück eben durch den farnbewachsenen Wald. Ein unauffälliger Abzweig nach rechts führt zu einem **steinigen Hügel mit Laricciokiefern** ④, der sich perfekt für eine Pause eignet. Er ist ein toller Kletterplatz für jüngere Kids, die dem Aufstieg zum Trou de la Bombe noch nicht gewachsen sind.

Dann geht es weiter durch den Wald bis am tiefsten Punkt der Weg zur Kapelle links abzweigt. Auf dem Wegweiser steht »Bavella par la Chapelle«. Nach etwa zehn Minuten stehen wir auf einer

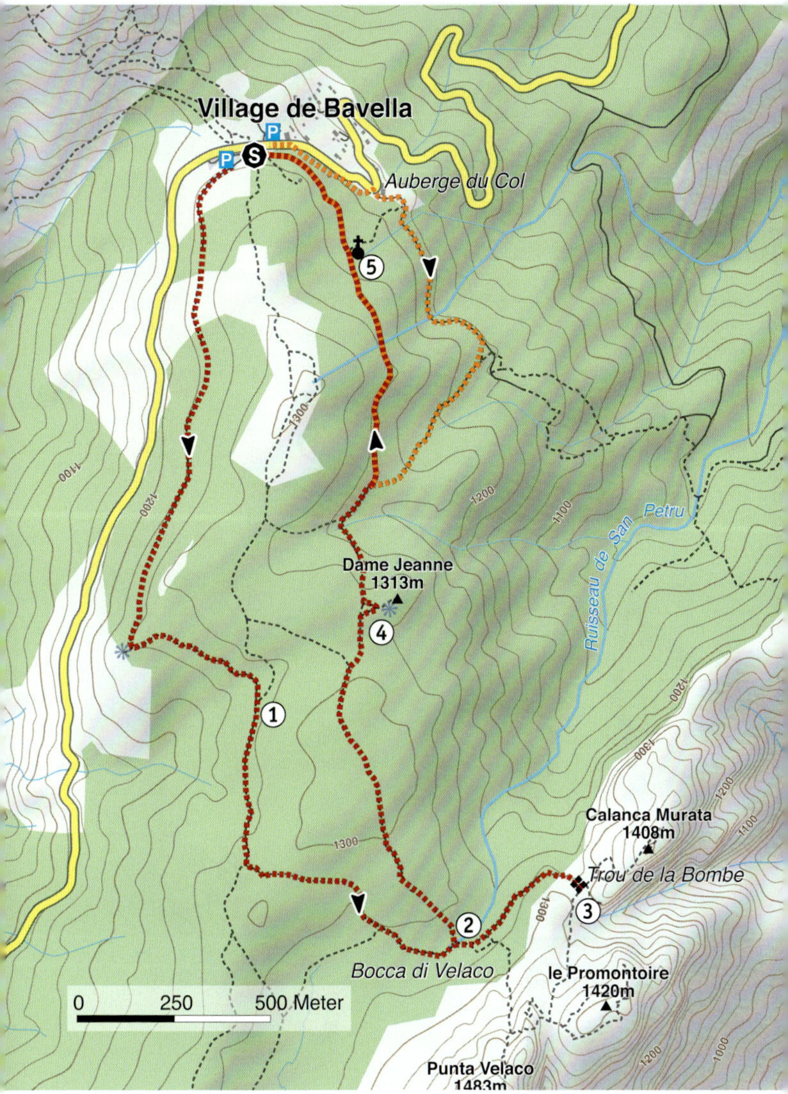

großen Waldwiese. Einige Bäume bieten Schatten für eine Rast und mittendrin steht eine kleine, weiße **Kapelle** ⑤. Ein wunderbarer Platz für ein Picknick. Später gehen wir an der Kapelle vorbei, folgen unserer Markierung (immer noch rot) nach rechts und stehen zehn Minuten später wieder auf dem **Parkplatz** am Pass.

Die Minirunde (orange)
Ab 4 Jahre, 45 min
mit Picknick an der Kapelle.
Wir laufen erst hinunter zur Auberge du Col und folgen dann dem GR 20, bis nach etwa zehn Minuten die rote Markierung rechts den Hang hinaufführt. Wenig weiter biegen wir beim Wegweiser »Bavella par la Chapelle« noch einmal rechts ab und gehen bis zur Wiese an der Kapelle ⑤. Von hier kommen wir in weiteren zehn Minuten zurück zum Parkplatz (rote Markierung).

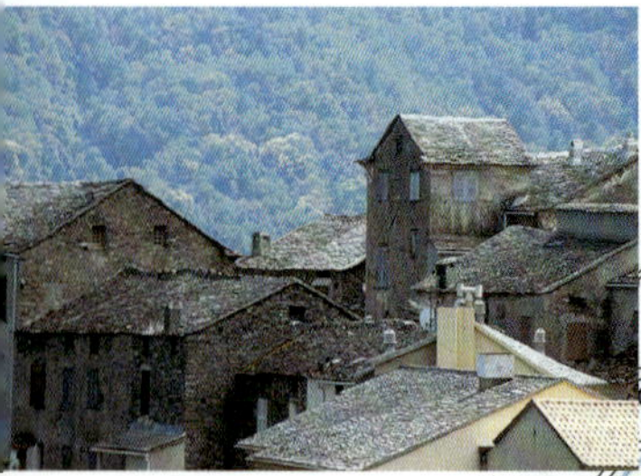

In der Castagniccia kleben verschachtelte Dörfer auf grün bewachsenen Bergen.

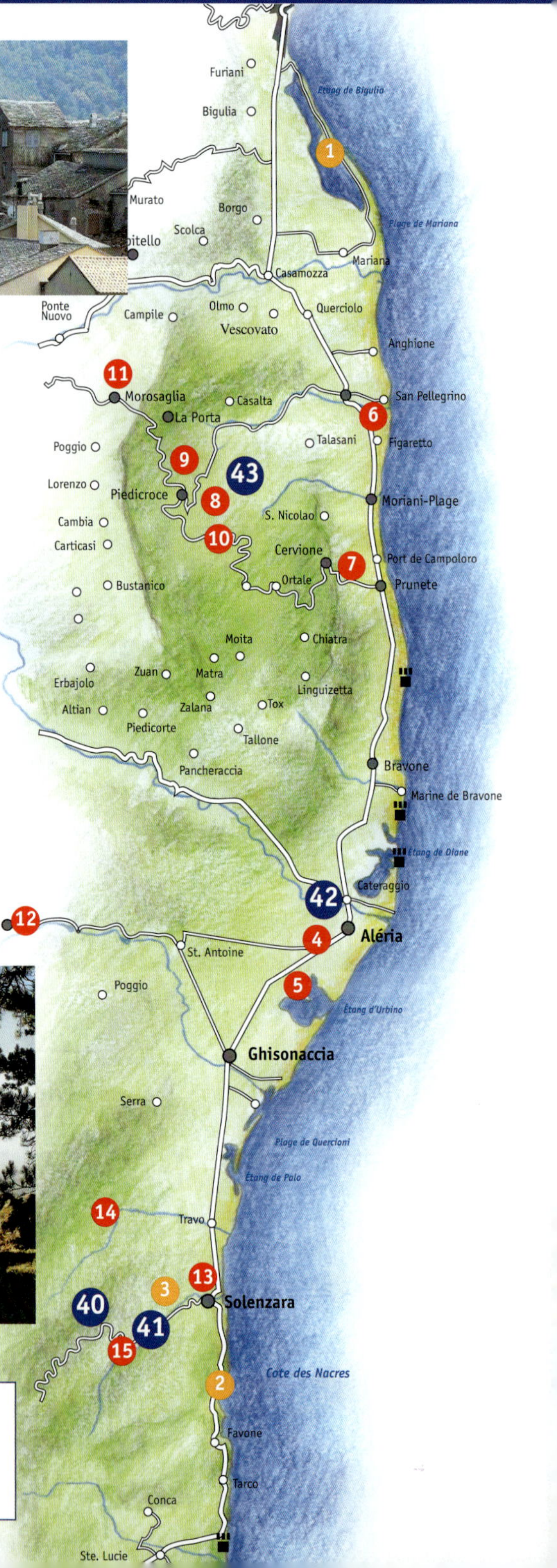

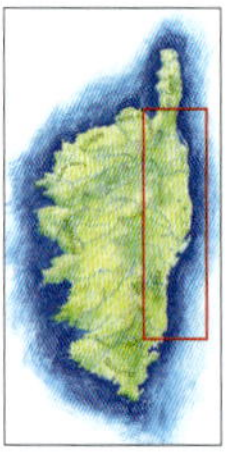

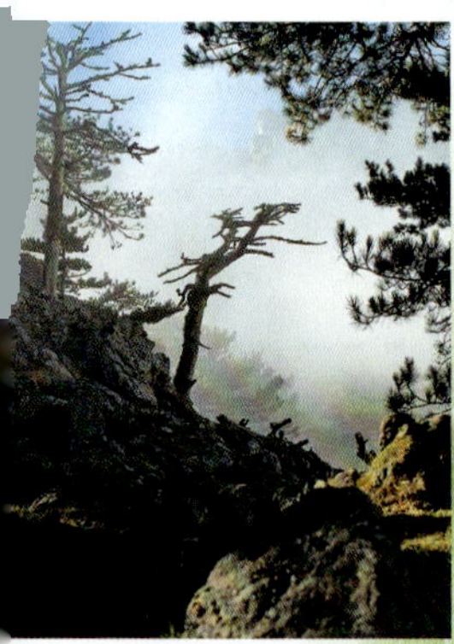

Im Bavella-Massiv

Touren
Ausflugsziele
Strände

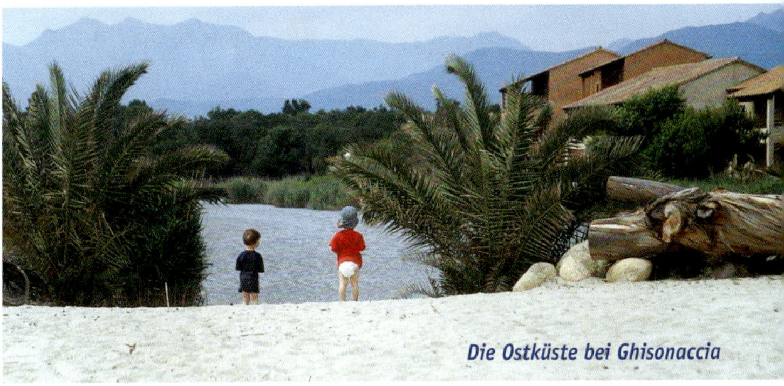

Die Ostküste bei Ghisonaccia

Die Ostküste

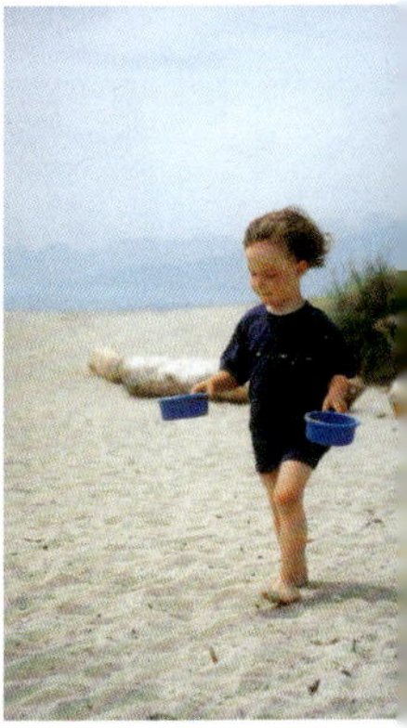

Die Ostküste Korsikas ist ein langer, ebener Sandstreifen. Dahinter liegt eine fruchtbare Ebene, die sogenannte Plaine Orientale. Hier wurden in den Sechziger Jahren, am Ende des Algerienkriegs, über 10.000 Algerienfranzosen angesiedelt. Mit den Geldern eines französischen Hilfsprogramms und dem Elan der neuen Siedler wurde die Macchia in Felder umgewandelt und Zitrusfrüchte, Kiwis und Wein angebaut. Die Weinproduktion in der Plaine Orientale zeichnet sich allerdings mehr durch Menge aus als durch Qualität. Die besseren Weinanbaugebiete liegen im Norden und Süden der Insel.

Im Hintergrund erheben sich die Berge des Bavella-Massivs und weiter im Norden hinter Moriani die grünen Hänge der Castagniccia. Durch das ebene Küstengebiet führt die einzige gerade Straße der Insel. Die meisten Orte bestehen aus einigen lieblos um die Straße gruppierten Häusern, Geschäften und Cafés. Zwischen Straße und Meer liegen drei große Binnenseen, mehrere Campingplätze – und hinter dem endlosen Strand die einzigen großen Ferienanlagen der Insel. Landschaftlich ist dies die unspektakulärste Region. An die Ostküste fährt man hauptsächlich zum Baden.

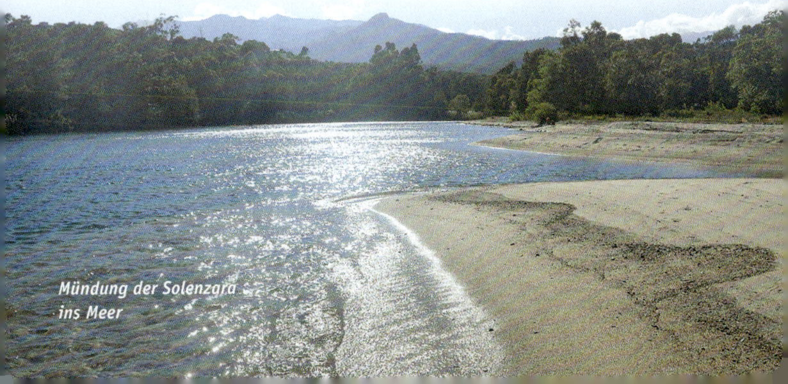

Mündung der Solenzara ins Meer

Baden an der Ostküste

Ein fast durchgehender Sandstreifen ist charakteristisch für die Ostküste. Hier liegen fast alle Campingplätze und Appartementanlagen direkt am Meer. Es gibt keine idyllischen, türkisblauen Buchten, dafür einen langen, geraden Streifen mit meist gelblichem, feinem Sand. Überall kann man auch mit Kindern baden. Besonders schöne Strandabschnitte findet man zum Beispiel bei **Ghisonaccia** oder **Moriani**.

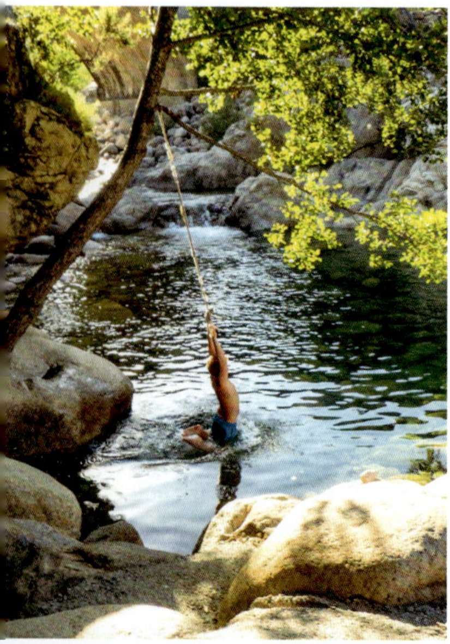

1 Étang de Bigulia

GPS N 42°38'30.7", E 9°27'36.1"
So heißt die große Lagune südlich von Bastia. Sie ist nur knapp einen Meter tief und ein wichtiges Vogelschutzgebiet. Vor allem Enten, Bussarde und Fischreiher sind hier zu beobachten. Alternativ kann man am Strand auf der anderen Seite der Lagunenstraße baden.

2 Plage de Canella

GPS N 41°48'2.1" E 9°23'38.9"
Die schön geschwungene Bucht mit seichtem Wasser in Karibikblau liegt sechs Kilometer südlich von Solenzara unterhalb der Küstenstraße – die Nähe zur Straße ist ihr einziges Manko.

Badevergnügen am Bergbach

3 Gumpen an der Solenzara

GPS N 41°50'07.0", E 9°19'11.0"
Wenige Kilometer im Landesinneren an der D268 sind die Gumpen der Solenzara ein beliebter Badeplatz. Baden kann man zum Beispiel im Bereich zwischen den Campingplätzen U Rosumarino und U Ponte Grossu. Hinter der Flussbrücke Ponte Grossu steht rechts der Straße ein Parkplatz zur Verfügung [› **Tour 41**]. Eine Kurve weiter an der nächsten Brücke gibt es weitere schöne Becken am Fiumicelli [› **Tour 40**].

Meer oder Bergbach? Badealternativen an der Ostküste

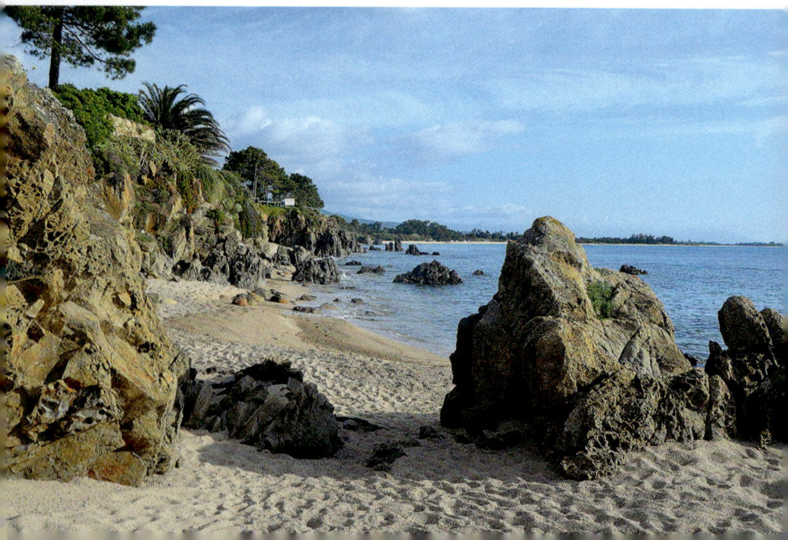

Ausflugsziele an der Ostküste

Solenzara

Der Ort besteht aus ein paar Häusern hinter dem Jachthafen, einigen Restaurants und Hotels und ein paar kleinen Läden. Die N 198, die Ostküstenrennstrecke, verläuft hier fast direkt am Meer und direkt durch Solenzara. Von der Straße aus wirkt der Ort gesichtslos – und verlockt nicht zu einem längeren Aufenthalt. Seine Qualitäten sind der lange Sandstrand an der Flussmündung und die günstige Lage für Ausflüge ins Bavellagebiet. Und am Jachthafen ist es richtig nett.

Ghisonaccia

Der Ort liegt nicht direkt am Meer. Die N 198 führt direkt hindurch und Touristen kommen hauptsächlich zum Einkaufen – sonst hat Ghisonaccia wenig zu bieten. Beliebt ist dagegen der Strand, den man über eine Stichstraße erreicht. Mehrere schön gelegene Ferienanlagen und zwei riesige, komfortable Campingplätze liegen versteckt in der Ufervegetation und die Gäste verteilen sich am breiten Sandstrand.

4 Aus Alalia wird Aléria

Das Städtchen Aléria oberhalb der Straße ist eine der ältesten Siedlungen auf Korsika. Die Römer, die sie einst gründeten, nannten die Stadt Alalia. Davon zeugen ein interessantes kleines Museum, untergebracht im imposanten Fort de Matra und die zugehörige Ausgrabungsstätte mit Resten einer römischen Siedlung. Im **Musée d'archéologie d'Aleria** kann man vor allem Keramik und Waffenreste aus der römischen und vorrömischen Zeit bewundern. Die meisten Gegenstände stammen aus Gräbern in der Umgebung von Aléria.

Geöffnet Mitte Mai bis September von 10–18 Uhr, im Winter 9–17 Uhr. € 4, Kinder bis 10 Jahre gratis.

Moriani Plage

Wie bei allen Siedlungen an der Ostküste gruppieren sich auch hier ein paar Häuser um die Durchgangsstraße. An der Meerseite findet man eine kleine Promenade. Zwischen Ort und Meer liegen Hotels und Bungalowanlagen, deren Gäste kommen, um ihren Urlaub am langen, sanft abfallenden Sandstrand des Ortes zu verbringen.

5 Zwei Salzseen unterbrechen die gerade Küstenlinie. Im **Étang de Diane** und dem **Étang d'Urbino** werden Austern gezüchtet. An beiden Seen gibt es ein schwimmendes Restaurant, und wer sie mag, kann die Austern ganz frisch kaufen. Am Étang d'Urbino hat man im Bereich des Restaurants ein kleines Freizeitgelände mit Liegewiese angelegt. Kinder können hier gut am Seeufer spielen. Beim Essen sollten Sie sich jedoch auf Austern, Calamares und Pommes frites beschränken, ansonsten ist die Küche eher mittelmäßig.

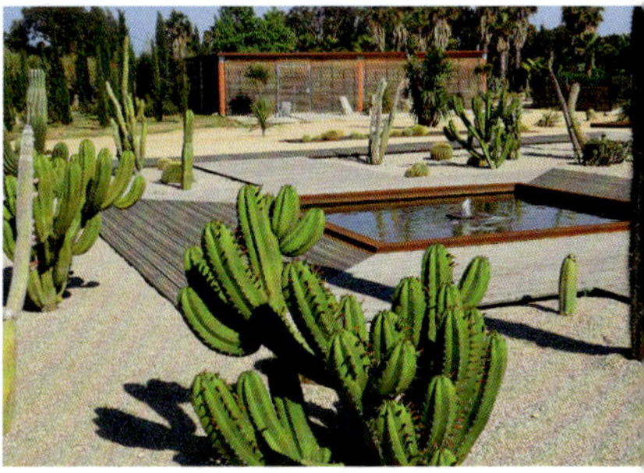

6 Parc Galea

GPS N 42°25'59.9", E 9°31'34.1"

In mehreren Pavillons, verteilt in einer neun Hektar großen mit Land-Art geschmückten Parkanlage, informiert der Parc Galea mit kurzen Filmen, einer beachtlichen Sammlung alter Fotografien und mit Schaubildern über Geschichte, Fauna und Flora, Geologie, Musik und Kunsthandwerk auf Korsika.

Geöffnet Mai bis Oktober täglich 14–18 Uhr, Juli und August täglich 10–19 Uhr, April nur sonntags 14–18 Uhr. € 9, Kinder 7 bis 18 Jahre € 6, Kinder 4 bis 6 Jahre € 3. parcgalea.com

Die Straße in die **Castagniccia** im Nordosten der Insel schlängelt sich an steilen, grün bewachsenen Hängen entlang. Wenige Dörfer, die oft

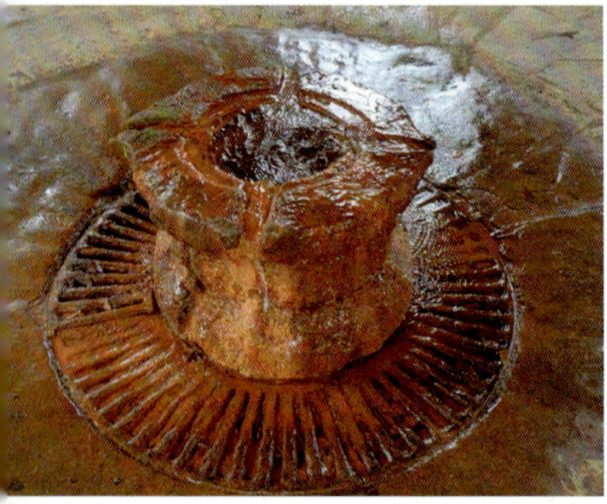

nur aus einigen Häusern rechts und links der Straße bestehen, thronen auf den Felsen. Die Häuser sind schiefergrau, selbst die Dächer bestehen aus Schieferplatten. Dank der ausgedehnten Kastanienhaine war die Region in der Vergangenheit eine der wohlhabendsten der Insel. Die Früchte ernährten Menschen und Tiere, außerdem wurde auch das Holz der Bäume verarbeitet. Als Zeugen besserer Zeiten stehen in den Bergen der Castagniccia besonders viele Kirchen und Kapellen. Inzwischen hat die Kastanie ihre wirtschaftliche Bedeutung für die Insel verloren. Auch hier leben die Menschen vom Tourismus, wenn auch längst nicht so gut wie in den Küstenregionen.

7 Corniche de la Castagniccia

Auf einer kleinen Runde auf schmalen Straßen hat man einen schnellen Einblick in Dörfer in den grünen Bergen und einen tollen Ausblick über die Küste. Die 20 Kilometer lange *Corniche de la Castagniccia*, die von Moriani über San Nicolao nach Cervione führt, dürfte auch die Geduld junger Mitfahrer nicht zu sehr strapazieren. Ein Stopp lohnt in **Cervione**. Neben der sehenswerten Barockkirche etwas außerhalb des Dorfes kann man dort auch ein kleines **Museum für Völkerkunde** besuchen. Hier sind eine Schmiedewerkstatt, eine Spinnerei und eine Weberei nachgebaut. Landwirtschaftliche Werkzeuge und der Nachbau eines »fucone«, der zum Trocknen von Kastanien diente, geben einen Einblick in das korsische Landleben.

Geöffnet Mo bis Sa von 10–12 und 14.30–18 Uhr. €5, Kinder 12 bis 16 Jahre €3. adecec.net

Die große Castagnicciarunde

Wer mehr von der Castagniccia sehen möchte, fährt die große Runde von Folelli nach Piedicroce, und dann entweder über Morosaglia in die Berge oder äußerst kurvenreich über Garcheto und Alesani zurück zur Küste. Für die 63 Kilometer lange Strecke müssen Sie etwa zwei Stunden reine Fahrzeit kalkulieren. Unterwegs ist der eine oder andere Stopp auch für Kinder interessant.

8 Die Quelle von Orezza

GPS N 42°22'31.9", E 9°22'38.4"

Das beliebte Orezza-Tafelwasser findet man in jedem Supermarkt. Es kommt hier aus der Castagniccia. Man kann das Wasser direkt aus der Quelle kosten, es schmeckt dann jedoch durch seinen hohen Eisengehalt recht merkwürdig.

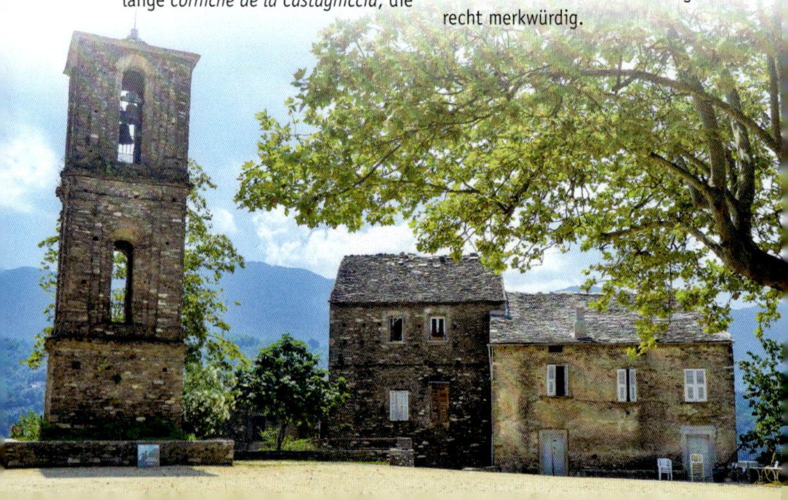

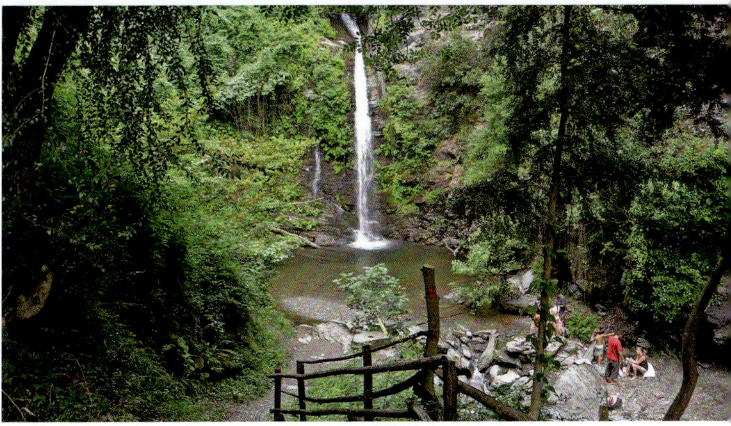

9 Ruinen des Couvent d' Orezza
GPS N 42°22'55.7", E 9°21'57.0"
Im ehemaligen Franziskanerkloster wurde 1735 die korsische Unabhängigkeit ausgerufen. Im zweiten Weltkrieg wurde es von deutschen Bombern zerstört. Die Ruine ist sehr eindrucksvoll, leider kann sie wegen Baufälligkeit nur noch von außen bewundert werden. Die frei herumlaufenden Kühe stört das jedoch nicht. Zu finden ist sie ein Kilometer nördlich von Piedicroce an der Straße nach Morosaglia.

Piedicroce
Im Herzen der Castagniccia liegt der kleine Ort, der über die gut ausgebaute D 71 zu erreichen ist. Ein schönes Ziel ist der große Kirchplatz, mit herrlicher Aussicht und Schatten unter alten Bäumen, neben der sehenswerten Barockkirche. Im Café auf dem Platz sitzen nicht nur Touristen, sondern auch die Männer des Dorfes.

10 Im Mini-Dorf **Carcheto** gibt es eine schöne kleine Barockkirche, die man erreicht, wenn man am Ortseingang gegenüber der Bar links hinunter läuft oder fährt. Von der Kirche führt ein Pfad in 15 Minuten zu einer großen **Badegumpe mit Wasserfall.**

11 **Morosaglia** ist der Geburtsort des Freiheitskämpfers Pascal Paoli, dessen Namen auf der Insel allgegenwärtig ist. Sein Elternhaus ist heute ein Museum. Die ausgestellten Gegenstände und Dokumente sind nur teil-

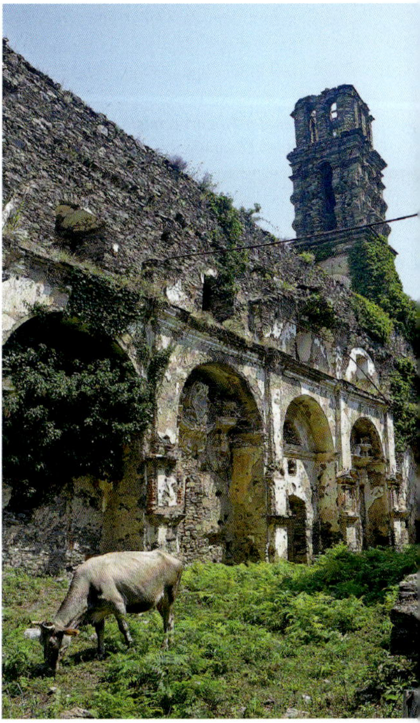

weise aus seinem persönlichen Besitz. Ein kurzer Film bietet mit Hintergrundinformationen (auch auf deutsch). Neben dem Haus kann man Paolis Grab in einer Kapelle besuchen.
[› **Seite 236**]
Geöffnet Mitte Mai bis September, täglich 9–12 und 13–18 Uhr, Oktober bis Mitte Mai nachmittags nur bis 17 Uhr. € 2, Kinder bis 12 Jahre gratis.

Hochseilgarten / Outdoorsport

12 Parc Adventure Ghisoni
GPS N 42°06'01.4", E 9°14'35.1"
Mit einem Besuch im Hochseilgarten gelingt es leicht, Kinder für einen Ausflug in die Berge zu begeistern. Der winzige Bergort liegt in schönster Natur 20 Kilometer nordwestlich von Ghisonaccia. Der Hochseilgarten ist in einen niedrigen Kinderparcours mit 15 Stationen und einen sehr langen Parcours für Erwachsene mit 90 Stationen unterteilt. Es gibt auch eine 250 Meter lange Seilrutsche (Tyrolienne) über den Fluss. Direkt neben dem Park liegt ein sehr schönes tiefes Badebecken im Fiume Orbo mit einem kleinen Sandstrand.

Geöffnet Juni bis Mitte September 10–17 Uhr. Ein Durchgang auf dem großen Parcours (bis 2,5 h) kostet €23, 1,5 h auf dem Kinderparcours €13, Park und Tyrolienne €28. parc-aventure-ghisoni.com

13 Aqua et Natura Parc Aventure de Solenzara
GPS N 41°51'47.8", E 9°23'42.4"
Der Park liegt der an der Solenzaramündung neben dem Camping Côte de Nacres. Den Einstieg ins Kletterabenteuer erleichtern zwei Mini-Parcours für Kinder von drei bis sechs Jahren. Für Kinder ab einer Körpergröße von 1,25 Meter geht es Stufe für Stufe höher zwischen die Bäume: die Stationen des Parcours »Davy Crockett« und des Parcours »Baroudeur« befinden sich in drei bis acht

Die Gumpen der Purcaraccia sind nur noch im Rahmen einer Canyoningtour zu erreichen

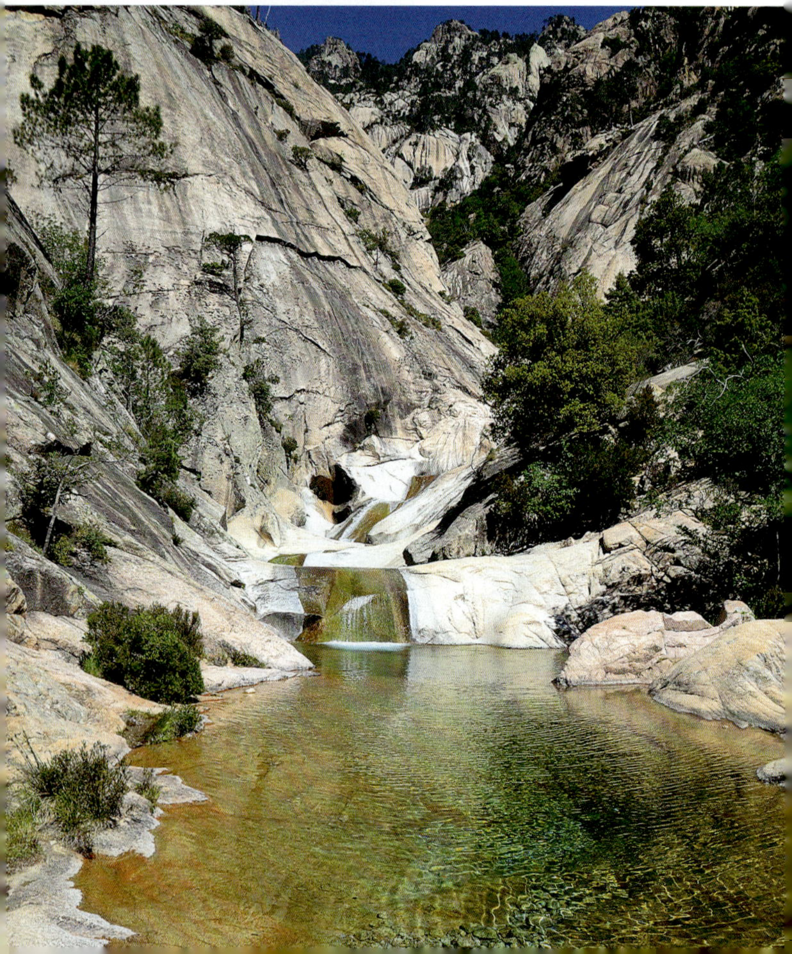

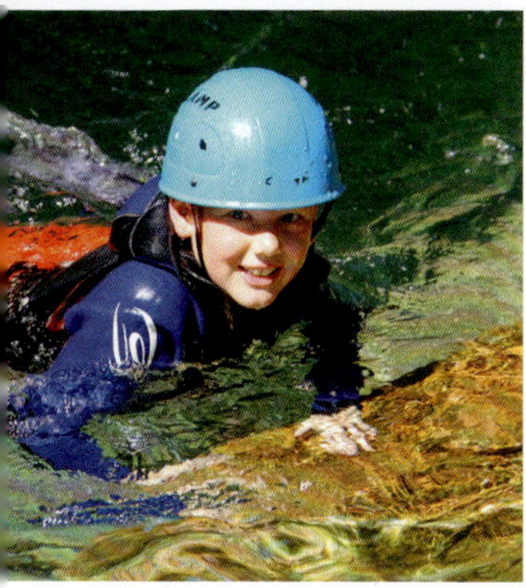

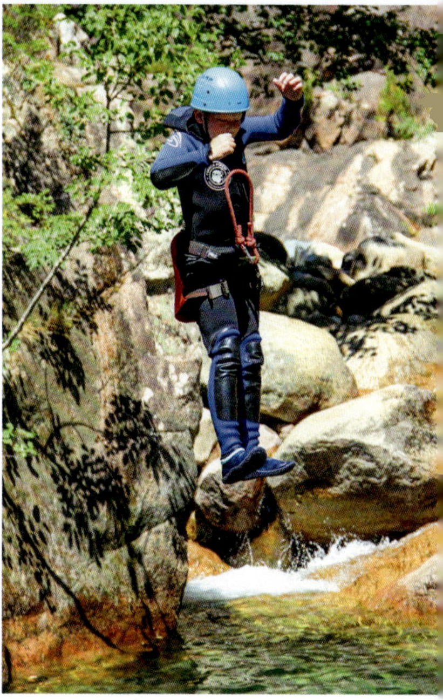

Metern Höhe. Die letzten drei Parcours eignen sich eher für junge Erwachsene. Es gibt auch Canyoning-Angebote.
Geöffnet Mitte Juni bis Mitte September. 9 bis 20 Uhr. Babyparcours € 10, Kinder € 17, ab 12 Jahre € 22 jeweils pro Durchgang, Tel. 0033 (0)629191904.
www.corse-canyoning-parc.com

14 Wasserwandern in Chisà

Aqua Rando – Wasserwanderungen – sind eine einfachere Version des Canyonings, die auch Familien mit Kindern den Zugang zu tollen Schluchten ermöglichen. Der spielerische Aspekt steht bei einer Flusswanderung im Vordergrund. Es gibt kurze Rutschen durch Wasserfälle und kleine Sprünge. Schwierige Stellen können immer umgangen werden. Eine sehr schöne Balade aquatique, an der auch Kinder ab neun Jahren teilnehmen können, hat Alpa Corse im Programm. Sie beginnt im abgelegenen Dörfchen Chisà nordwestlich von Solenzara.
Alpa Corse, € 55 pro Person. In der Saison gibt es zwei Starts pro Tag um 9 und um 14 Uhr.
Tel. 0033 (0)617106115.
www.alpacorse.com

15 Corsica Forest Canyoning

GPS N 41°50'05.3", E 9°19'18.5"
Corsica Forest hat seine Basis am Campingplatz U Ponte Grossu an der Solenzara im Bavellagebiet. Im Angebot ist eine dreistündige Wasserwanderung für Kinder ab sechs Jahren und Canyoning-Touren für Kinder ab sieben Jahren im Canyon de Sapare und ab acht Jahren im landschaftlich sehr reizvollen Tal des Polischellu. Voraussetzung ist, dass die Kinder schwimmen können. Die Ausrüstung wird gestellt, Schuhe mit gutem Profil sind notwendig.

Mit Kids ab zehn Jahren kommt ihr auch in die spektakuläre Schlucht der Purcaraccia, deren untere Becken wir bis zur letzten Auflage als Ziel einer kurzen Wanderung hier im Buch hatten. Der Zugang zur Schlucht ist seit 2022 direkt oben an der Straße zum Bavellapass gesperrt. Die Gumpen der Purcaraccia dürfen nur noch in Begleitung eines ortskundigen Guides besucht werden. Auch Corsica Forest hat die Canyoningtour durch das einmalig schöne Flusstal im Programm.
Wasserwanderung € 50, Canyoning € 50–80. Tel. 0033 (0)616180058.
www.corsica-forest.com

Weitere Anbieter für die Purcaraccia-Schlucht sind *www.bavellacanyon.com, www.naturacanyon.com, www.xtrem-sud.com.*

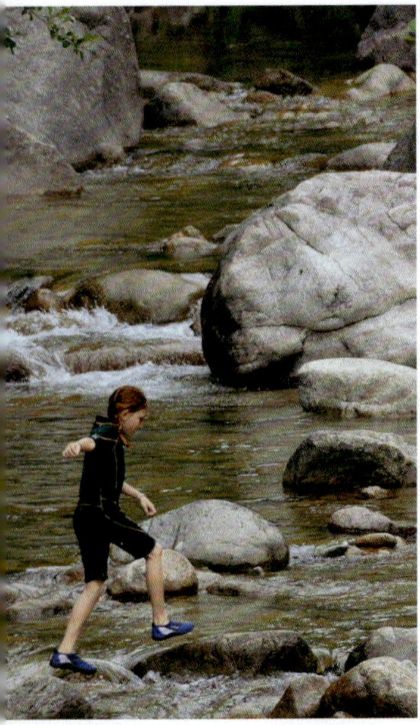

Tour 40: Durch den Fiumicelli-Bach

Wasserwanderung zwischen Kaskaden und Badegumpen

Wandern, klettern, schwimmen – so erobern wir bei dieser abenteuerlichen Tour den Bachlauf des Fiumicelli. Der Weg führt über Kiesbänke und große Steinblöcke, durch kleine Wasserbecken und große Bassins. Durch niedrige Wasserfälle hindurch geht es hinauf in eine Schlucht, die wir dann schwimmend erforschen.

1–3 h

ab 6

Wanderung: Schon unter der Brücke bietet ein schönes **knietiefes Bassin** eingerahmt von dicken, glatt geschliffenen Steinblöcken einen schönen Platz zum Planschen. Doch wir sind neugierig auf den Fluss und waten gleich durch das seichte Wasser flussaufwärts. Hier findet man weitere flache Becken zum Spielen und Planschen für kleinere Kinder und schon nach den ersten 200 Metern erreichen wir einen **Pool um einem markanten Felsblock** ①, in dem man auch richtig schwimmen kann. Dieser Platz ist auch mit jüngeren Kids gut erreichbar.

Die **Felsen** sind hier rötlich. Das Tal verengt sich und wir müssen zum ersten Mal schwimmen. In diesem Bereich kann man auch

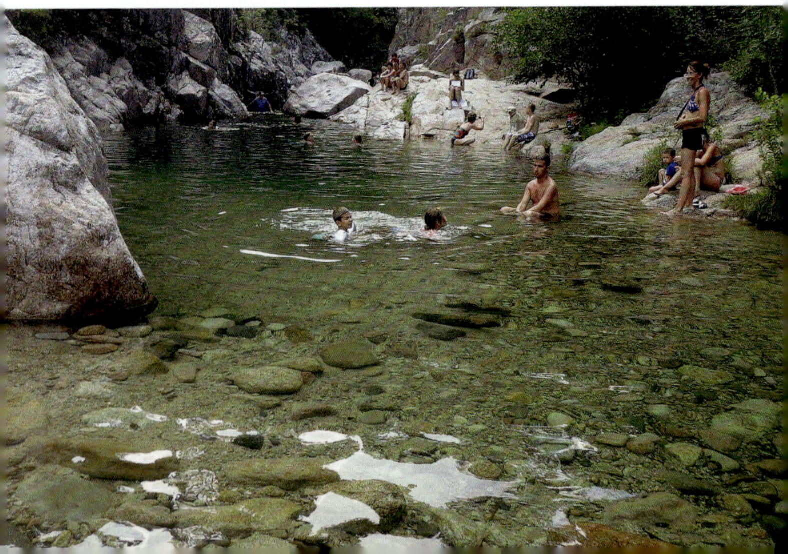

TOUREN-STECKBRIEF

Anfahrt: Von Solenzara auf der D268 Richtung Bavella-Pass. Die Straße führt einige Kilometer auf der linken Seite der Solenzara entlang und wechselt dann über eine Brücke die Flussseite. Direkt unterhalb der Straße sieht man hier große Badebecken am Fluss. Wir fahren weiter, bis die nächste Brücke in einer engen Kurve einen Seitenzufluss überquert. Dies ist der Fiumicelli. Das Auto lassen wir links vor der Brücke auf dem Parkplatz bei **GPS N 41°50'17.0", E 9°18'32.0"** stehen. Dann klettern wir rechts vor der Brücke zum Bach hinunter.

Anspruch und Charakter: Spannende Klettertour durch den Fluss, die flussaufwärts schwieriger wird. Herausfordernd sind vor allem eine Kletterpartie über Felsen nach etwa 20 Minuten und die tiefen Gumpen kurz vor der markanten Felsnase. Hier müssen Kinder sicher schwimmen können!

Highlights: Tolle Badegumpen und Kletterfelsen.

Ausrüstung: Optimal ist vor allem im Frühsommer ein Neoprenshorty, ansonsten Badekleidung und gut sitzende Turn- oder Badeschuhe (möglichst mit leichtem Profil). Alles was nicht im Auto bleiben kann, muss wasserdicht verpackt in einen kleinen Rucksack. Sonnenschutz nicht vergessen. Trotz schattiger Passagen brennt die Sonne bei einer Wasserwanderung besonders intensiv.

Sicherheit: Nur bei stabiler Wetterlage starten. Bei Gewittern mit plötzlichem Regen kann sich der friedliche Bach in ein reißendes Wildwasser verwandeln! Alle Kinder müssen sicher schwimmen können!

wunderbar baden und im Sommer ist hier ganz schön viel los.

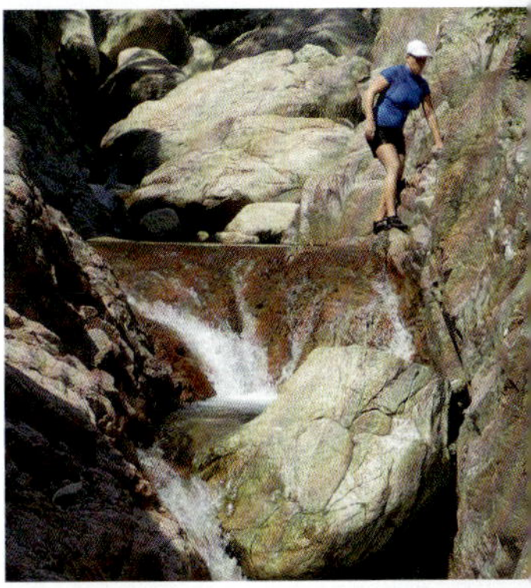

Kurz danach werden die Ufer schroffer und an einer **zweistufige Kaskade** geht es im Wasser nur für geübte Kletterer weiter. Am einfachsten klettert man hier rechts neben dem Bach über die Felsen. Jüngere Kinder muss man bei der Wahl der Route unbedingt unterstützen. Dies ist einen der anspruchsvollsten Stellen im unteren Bereich.

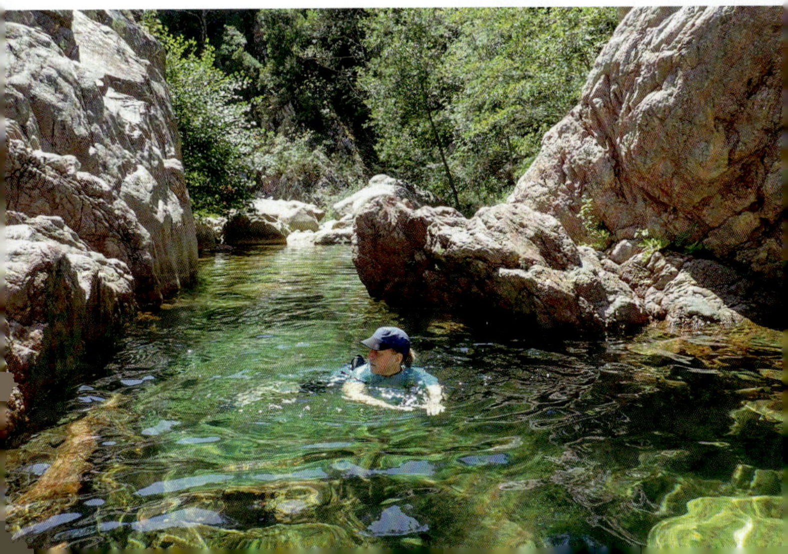

Wasserwandern macht hungrig und durstig. Wer weit durch das Tal hinaufsteigen will, sollte eine energiehaltige Kleinigkeit zu essen und eine kleine Flasche Wasser mitnehmen. Zuviel Gepäck ist beim Wandern durch den Fluss jedoch extrem störend.

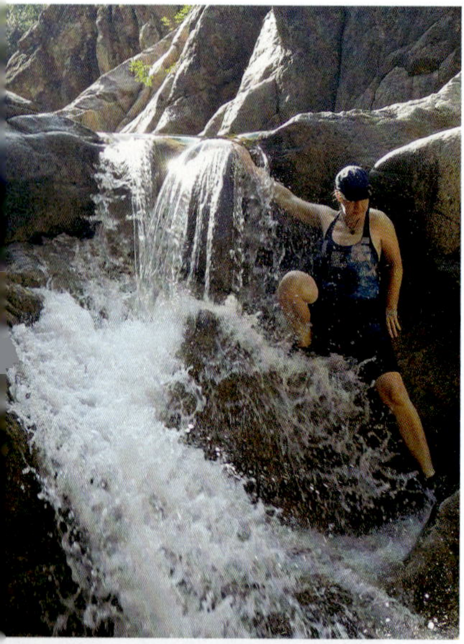

Wenig später liegen noch einmal dicke Felsbrocken im Bachlauf, die man dieses Mal am besten auf der linken Seite über einen verwachsenen Pfad umgehen kann.

Oberhalb dieser Stufe gibt es größere Becken, durch die man einfach hindurchschwimmt – und einige kleinere Stufen, die sich problemlos im Wasser überklettern lassen. Dann werden die Wände rechts und links steiler und vor uns liegt ein **tiefes dunkles Wasserbassin** ②. Links über uns markiert eine markante hängende Felsnase diesen Platz. Wir schwimmen durch die Schlucht und stehen kurz darauf vor einer etwa drei Meter hohen **Steinstufe** mit kleinem Wasserfall. Bis hierher sind wir etwa eine Stunde unterwegs.

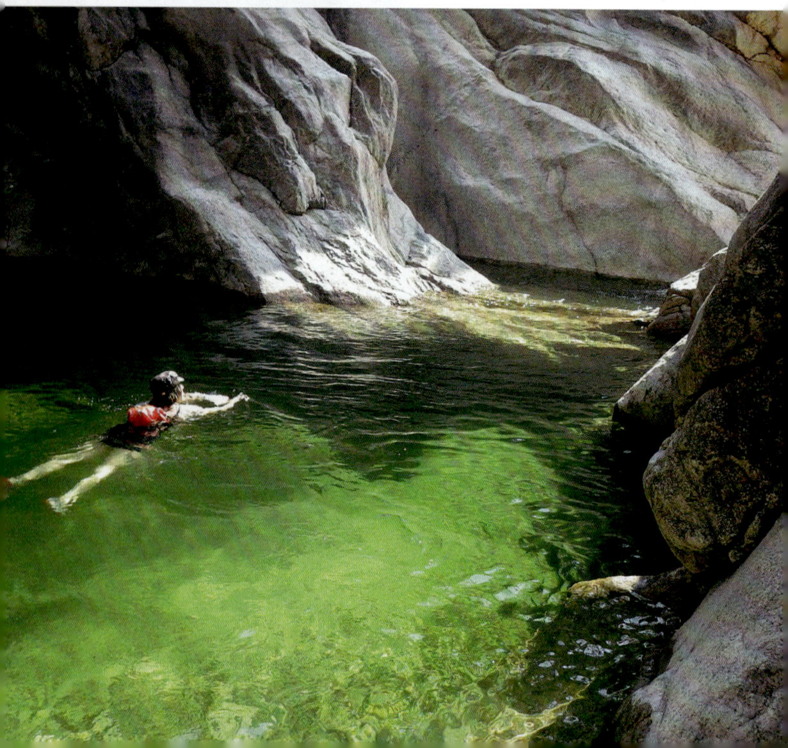

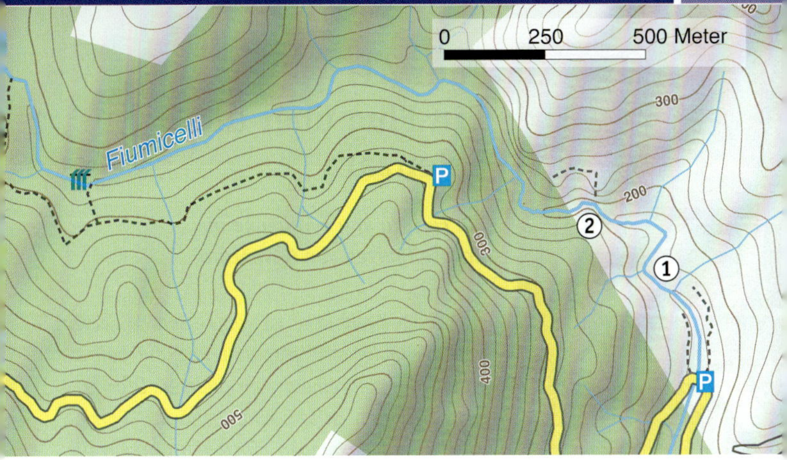

Dies ist der Einstieg zur zweiten Schlüsselstelle der Tour durch den Fiumicelli. Für die meisten Familien wird hier der Punkt zum Umdrehen erreicht sein.

Wer schon ein wenig Klettererfahrung mitbringt, schafft es aber vielleicht auch noch weiter. Schon oberhalb des ersten Wasserfalles befindet sich ein außerordentlich schönes tiefes Bassin. Hinauf kommt man am besten mitten durch die Kaskade. Der Stein unter dem Wasser hat eine kleine Stufe, die den Felsblock passierbar macht.

Auch die nächste Stufe ist eine Herausforderung – egal ob wir es rechts oder links über den Fels versuchen. Danach kommt man wieder besser voran und trifft noch einmal auf eine ganze Reihe sehr schöner tiefer Wasserbecken.

Mehr Zeit im Fluss?
Wasserwanderer mit sehr guter Kondition stoßen nach drei Kilometern und knapp drei Stunden Flusswanderung auf einen Wanderweg, der vom Flussufer zur D 268 hinaufführt. Bis zur Straße sind es zwei Kilometer. Weitere zwei Kilometer muss dann mindestens ein Erwachsener auf der Straße zurück, um das Auto nachzuholen.

Tipps für Einsteiger

› Nasse Steine sind oft rutschig. Überprüfe ob Du sicher stehst, bevor Du mit vollem Gewicht auf den Fuß gehst.
› Achte an rutschigen Stellen darauf, dass immer mindestens eine Hand am Fels Halt hat.
› Setze die Füße auf die Steine und möglichst nicht in die Zwischenräume, in denen Du hängen bleiben kannst.
› Drehe rechtzeitig um. Du brauchst noch ausreichend Kraft für den Rückweg. Müde Wanderer sind weniger trittsicher.

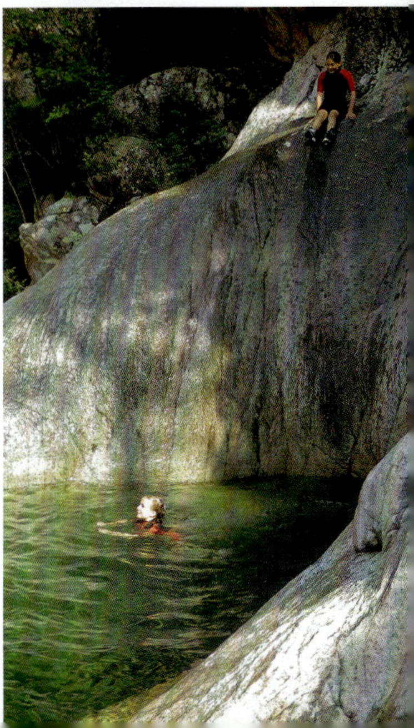

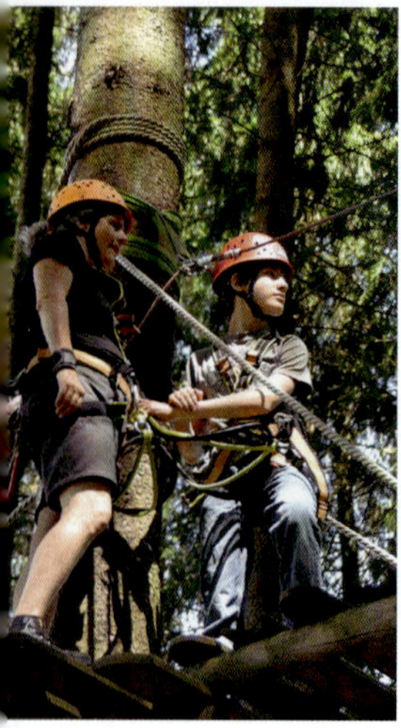

Tour 41: Ein Flug über die Solenzara

Via Ferrata und Tyrolienne im Hochseilgarten von GAventura

Eine lange Seilbrücke ist von Felsen zu Felsen über die Solenzara gespannt und die Seilrutschen, die vom einem zum anderen Ufer führen, erfordern schon eine gehörige Portion Mut. Die schaukelnden Stationen bringen uns hinüber auf die Felsen der spektakulären Flusslandschaft und zu einer Via Ferrata. Über Netze, Leitern, Seilbrücken und Felspfade erklimmen wir einen 350 Meter hohen Gipfel am Flussufer, von dem man bis zum Meer schauen kann. Hinunter geht es dann mit Seilrutschen. Unter der spektakulären Hängebrücke laden anschließend grünblau schillernde Badegumpen zur Erfrischung ein.

3 h

ab 10

Klettererprobte Familien mit größeren Kindern finden im Hinterland von Solenzara einen Hochseilgarten und eine kurze Via Ferrata, die sich auch zum Einstieg in den Klettersteig-Sport eignet.

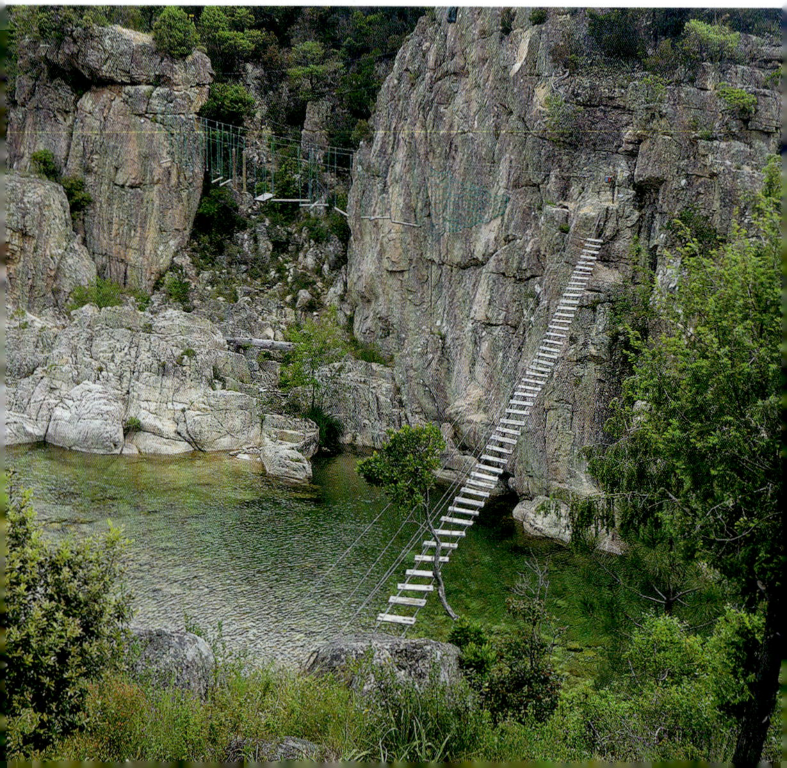

TOUREN-STECKBRIEF

Anfahrt: Auf der D268 von Solenzara in Richtung Bavellapass fahren. Nach etwa sieben Kilometern ist die Eingangshütte von GAventura direkt hinter dem Camping Rosumarinu rechts der Straße zu finden. Kurz vor dem Parc befindet sich links der Straße bei **GPS N 41°50'38.8", E 9°20'31.0"** ein Parkplatz.

Anforderungen und Charakter:
Aufregender Parcours zwischen Felsen und Bäumen in sehr schöner Landschaft. Die Ausrüstung für Via Ferrata oder Hochseilgarten wird gestellt. Turnschuhe oder Wanderschuhe tragen. Nach einer Einführung macht man sich dann alleine auf den Weg. Für beide Aktivitäten müssen wir höhensicher und schwindelfrei sein. Ein Stück weiter oben in Richtung Bavellapass befindet sich der Hochseilgarten des gleichen Anbieters mit Stationen im Bergwald neben dem großen Parkplatz.

Highlights: Klettersteig, Seilrutschen über den Fluss, tolle Badegumpen.

Öffnungszeiten und Eintritt:
Geöffnet Juni bis September. Erwachsene €19, Kinder bis 16 Jahre €16. Baby-Parc für 3 bis 8-Jährige €8 mit Aufsicht der Eltern und ohne Zeitbegrenzung. Anmeldung unter Tel. 0033 (0)612091909. www.g-aventura.corsica

Einkehr: Pizzeria am Camping U Rosumarinu, Crèpes und kleine Speisen noch ein Stückchen weiter in Richtung Bavellapass im U Gaglioli mit einladenden Sitzplätzen über dem Fluss.

Vom Häuschen an der Straße geht es nach sorgfältiger Einführung gleich zünftig los: Es wartet bereits die schöne Schaukelbrücke, über die wir uns auf die andere Seite der Solenzara hangeln. Die nächsten Stationen verteilen sich zwischen den steil abfallenden rötlichen Felsen. Dann geht es am Flussufer immer weiter hinauf.

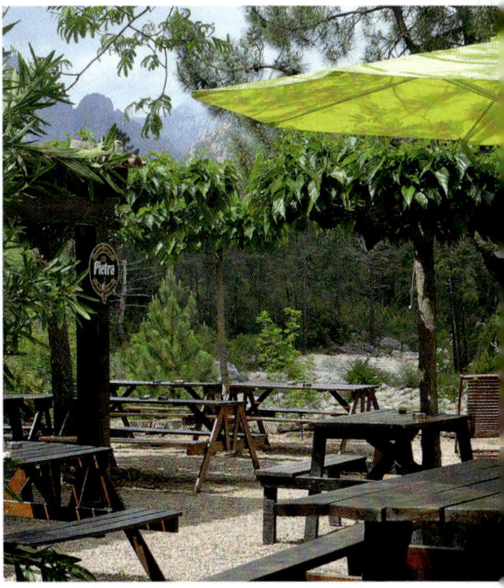

Entspannung nach dem Abenteuer: die angenehme Terrasse des U Gaglioni

Klettersteige gehen ist eine eigene Sportart – sozusagen ein Mittelding zwischen Bergsteigen und Klettern. Ausgerüstet mit Klettergurt und Helm geht es über schmale, ausgesetzte Felssteige, schräge Kletterpassagen und über senkrecht am Fels hinaufführende Metalltritte. Ein Drahtseil in das die Haken des Gurtes eingehängt werden, sorgt dafür, dass wir dabei lückenlos gesichert sind. Daher kommt auch der Name Via Ferrata: Eisenstraße.

Die Via Ferrata auf dem Gelände von GAventura ist in zwei Abschnitte unterteilt. »Buccarona« der untere Abschnitt hat die Kategorie «Assez difficile«, das ist ein mittlerer Schwierigkeitsgrad und auch für sportliche Einsteiger geeignet. Unser Verhältnis zu gähnenden Abgründen sollten wir allerdings vorher über-

Alternativen für Familien mit kleineren Kids

Wer mit jüngeren Kids spielerisch erste Erfahrungen zwischen Klettersteig und Hochseilgarten sammeln möchte, ist im Parc Aventure von InTerra Corsa im Ascotal gut aufgehoben. [› Seite 232]
www.interracorsa.fr

Einen Hochseilgarten mit Parcours in verschiedenen Schwierigkeitsstufen, darunter auch einige einfache für jüngere Kids, gibt es am Cavu im Hinterland von Pinarellu. Er heißt A Tyroliana. [› Seite 149]
www.atyroliana.com

prüft haben. Wer bis hinauf auf den Gipfel möchte folgt anschließend der zweiten Etappe auf der Via Ferrata La Punta, deren schwierigster Abschnitt auch umgangen werden kann. Mit solider Hochseilgarten- oder Bergwandererfahrung ist das Ganze ein aufregendes Erlebnis, bei dem auch große Kinder dabei sein können. Eine Einführung und Material bekommen wir vor Ort, an die Füße gehören, wie auch im Hochseilgarten, Schuhe mit gutem Profil.

Baden an der Solenzara

Im gleichen Gebiet wie der Klettersteig befindet sich ein besonders beliebter Flussabschnitt mit **Badegumpen an der Solenzara**. Im Hochsommer wird es hier inzwischen so voll, dass man die Zahl der Parkplätze eingeschränkt hat, um den Ansturm auf den Fluss zu kontrollieren. Am Straßenrand darf nicht mehr geparkt werden, was im Sommer auch kontrolliert und mit Strafzetteln geahndet wird. Der Grund dafür ist nicht nur der Umweltschutz, sondern auch die Notwendigkeit, die Bergstraße für die Löschfahrzeuge der Feuerwehr frei zu halten.

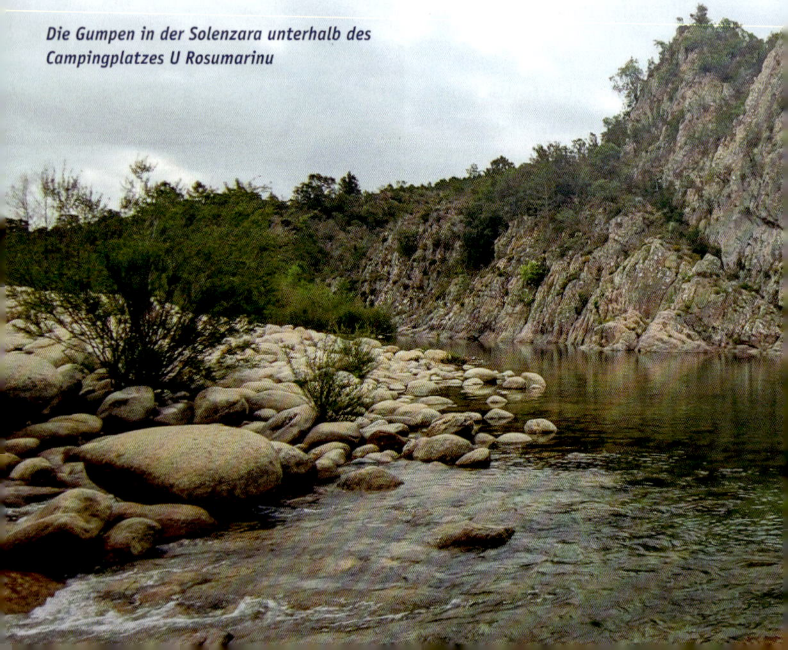

Die Gumpen in der Solenzara unterhalb des Campingplatzes U Rosumarinu

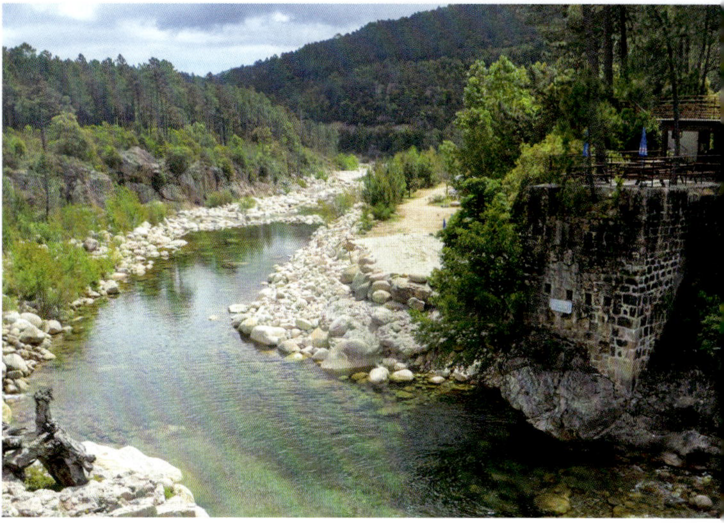

Der Badeplatz an der Ponte Grossu am gleichnamigen Campingplatz.

Der einzige zulässige Parkplatz befindet sich oberhalb der Ponte Grossu rechts an der Straße – er hat allerdings eine Höhenschranke. Wer ein Wohnmobil oder einen Campervan fährt, kann sich auf einem der beiden schönen Campingplätze an der Solenzara einquartieren, um zu den Badebecken zu kommen.

Vom Camping U Rosumariu könnt ihr zur Basis von GAventura hinüberlaufen, vom Camping U Ponte Grossu ist dafür der Fiumicelli **[› Tour 40]** mit knapp zwei Kilometern Entfernung gerade noch zu Fuß erreichbar.

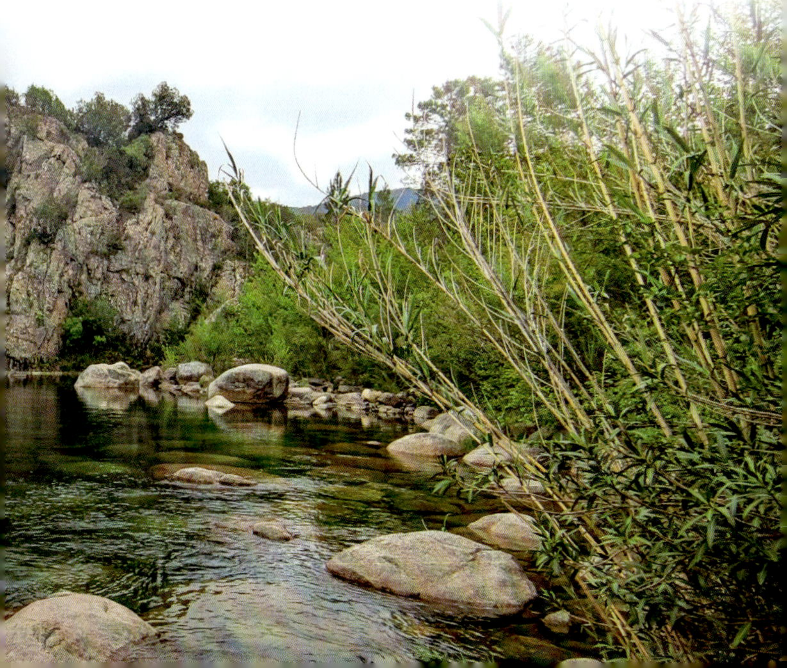

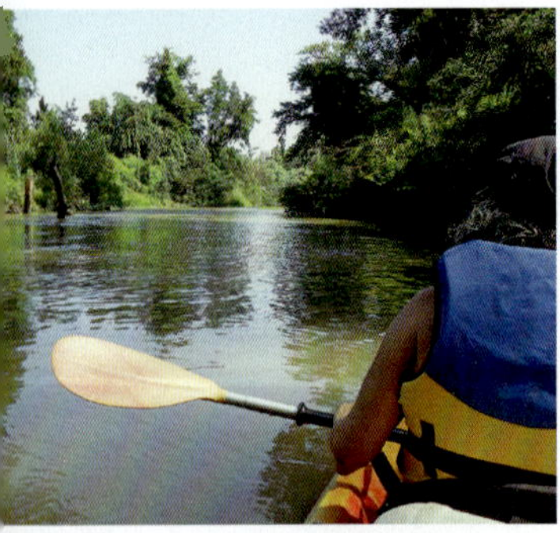

Tour 42: Auf dem Tavignano

Eine Kanutour bei Aléria

Auch wenn das grünliche Wasser des Tavignano kurz vor der Mündung ins Meer kaum mehr an den glasklaren Gebirgsbach bei Corté erinnert, lohnt die Paddeltour auf den letzten Kilometern vor dem Meer. Mit einigen sprudenden Schwällen und mäßiger Strömung ermöglicht der Tavigano hier eine lustig, spritzige Fahrt durch urwaldähnliche Vegetation. In den stabilen Zweierkajaks sitzen jüngere Kinder sicher vor einem Erwachsenen.

STRECKE 10 km

3 h

ab 6

Paddeltour: Von der Station in **Aléria** geht es mit Auto und Kajaks auf dem Hänger ins Tavignanotal. Über einen Feldweg werden die Boote zum Fluss getragen. Es gibt Hilfe beim ersten Einstieg und ein paar Erklärungen auf französisch oder mit Händen und Füßen und dann geht es fast sofort in die erste harmlose Schnelle. Dann fließt das Wasser erst mal wieder ruhig dahin. Spitzen Sie am besten die Ohren: Lautes Rauschen kündigt

TOUREN-STECKBRIEF

Anfahrt: Der Kanuverleih in Aléria befindet sich auf der örtlichen Flussseite unterhalb der Brücke der N198 über den Tavignano. Die Boote liegen am Flussufer und sind von der Straßenbrücke aus zu sehen. Parkplatz bei **GPS N 42°06'47.0", E 9°30'52.0".**

Preise: Ein Zweierkajak, in dem auch noch ein jüngeres Kinder Platz hat, leiht man für €20 in der Stunde. Ein halber Tag kostet €40. Wer sich Zeit lassen möchte, mietet sein Boot für €50 für einen ganzen Tag. Der Transfer von Boot und Personen ist im Preis inbegriffen. cnaleria.blogspot.de

Anspruch: Schöne ruhige Flussfahrt mit einigen flotte Schwällen im oberen Bereich.

Ausrüstung: Mit den Booten bekommt man eine Schwimmweste und eine wasserdichte Tonne für Wertsachen und Picknick. An heißen Tagen ausreichend Wasser mitnehmen, gut eincremen und Sonnenhut nicht vergessen!

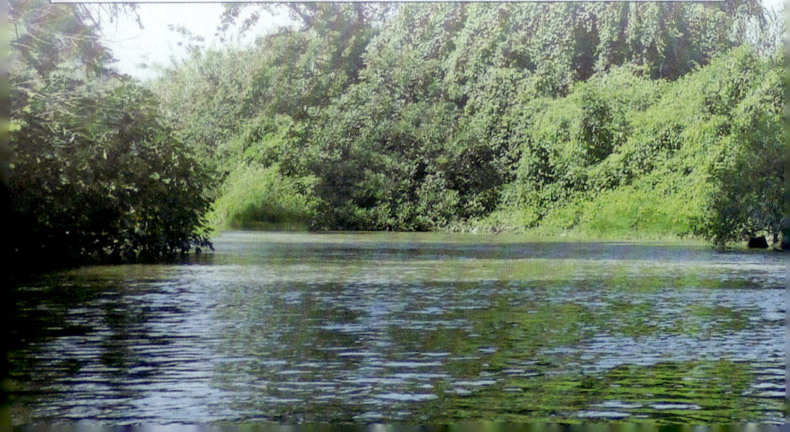

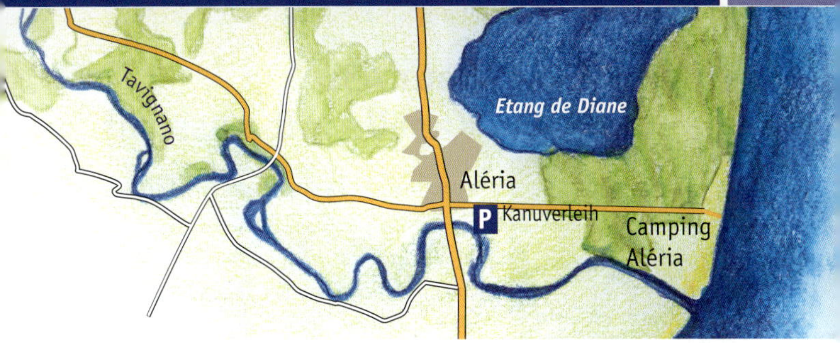

die anfangs häufigen Kiesschwälle rechtzeitig an. Fahren Sie an diesen Stellen auf die Spitze des V zu, welches die Strömung im Wasser bildet. Dort sind zwar auch oft die höchsten Wellen und Sie werden hinterher etwas feucht im Kajak sitzen, trotzdem kommen Sie hier am besten durch die wirbelnde Strömung. Die geliehenen Sit-on-top-Kajaks liegen zudem sehr stabil im Wasser und verzeihen manchen Fehler.

Zum Meer hin wird der Tavignano träger. Mehrere Kiesbänke unterschiedlicher Größe bieten ausreichend Auswahl für eine Rast. Wir passieren eine Autobrücke und kurz vor Aleria die rostigen Reste einer Hängebrücke. Hier ist die Strömung fast verschwunden und wir müssen kräftig paddeln. Eine Straße in Ufernähe und die ersten Häuser am Ufer kündigen Aléria an. Unter der stets lebhaft befahrenen Autobrücke hindurch steuern wir den Anleger an und sind zurück in der Zivilisation.

Die Minitour für Einsteiger

Paddelzeit 1 h, ab 4 Jahre

Wer noch nie in einem Kajak gesessen hat und mit kleineren Kinder Kindern unterwegs ist kann von Aleria bis zum Meer Paddeln. Die einstündige Tour führt dann noch ein kurzes Stück an der Küste entlang bis zu Plage de Padulone, wo Kajak und Paddler wieder abgeholt werden. Auf dem ruhigen Wasser im Mündungsbereich können Anfänger ganz in Ruhe die ersten Erfahrungen mit Paddel und Boot sammeln.

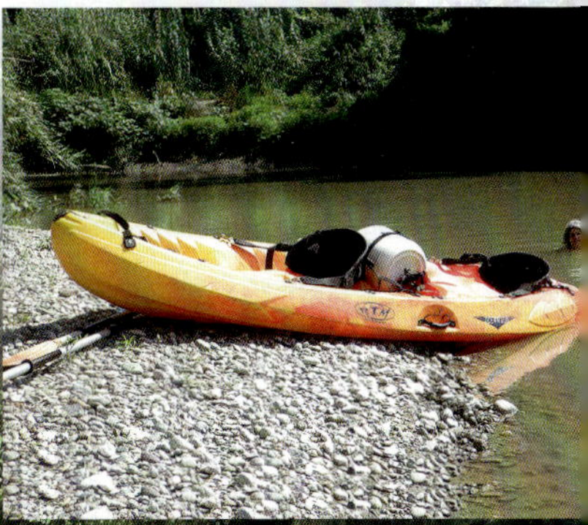

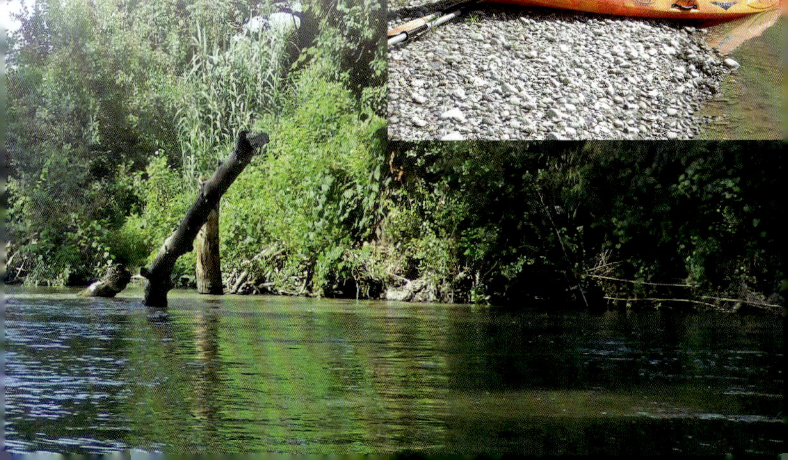

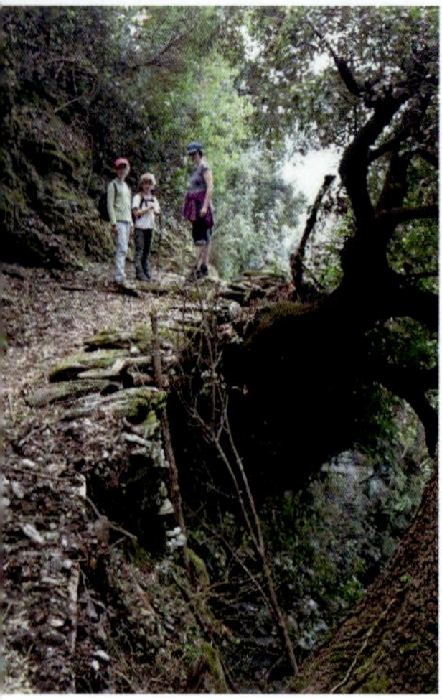

Tour 43: Kapelle mit Aussicht

Aufstieg zur Chapelle di San Bertuli

In den grünen Hügelreihen, auf die man von der Terrasse vor der Chapelle San Bertuli blickt, verbergen sich nur wenige Dörfer. Leise hört man das Bimmeln der Glocken, die die Ziegen der Bergerie um den Hals tragen, damit sie nicht verloren gehen. Ansonsten ist es vollständig still. Diese Wanderung führt in eine entlegene Nische der Castagniccia und ist das perfekte Ziel für Sommertage – nicht nur weil der Aufstieg durch den Wald so schön schattig ist. Von Mitte Juni bis Anfang September ist die alte Kapelle auf dem Bergkamm ein besonderes Ziel: In dieser Zeit wird sie als Alm bewirtschaftet und wir können auf der einfachen Holzterrasse vor dem Haus kaltes Orezza und frische Beignets au fromage genießen.

450 m
STRECKE 4,6 km
3 h 15
ab 10

Wanderung: Schon die Fahrt nach **Parata** führt Sie durch entlegene Dörfer. Parata liegt am Ende einer Bergstraße – dort, wo man mit dem Auto nicht mehr weiterkommt. Der Pfad beginnt vom Parkplatz am Straßenrand und ist mit einem Wegweiser (San Bartuli) gekennzeichnet und mit orangen Markierungen versehen. Er führt sofort in den Wald und beginnt leicht anzusteigen. Zweimal geht es hinauf und hinunter bis wir nach einem steilen Abschnitt auf einen kleinen **Sandplatz** (1) treffen, an dem links ein Pfad abzweigt. Die Markierung führt uns hier

TOUREN-STECKBRIEF

Anfahrt: Von Folelli an der Ostküste fahren wir auf der D 506 in Richtung Piedicroce. 3,5 Kilometer vor Piedicroce zweigt die D 46 nach links ab. Die letzten neun Kilometer fährt man auf einer meist einspurigen Straße mit Ausweichbuchten. Sie durchquert die Dörfer Piazzole und Monaccia d'Orezza mit markantem Kirchenplatz und endet in Parata. Parken können wir zwischen Kirche und Ort am Straßenrand bei **GPS N 42°22'17.0", E 9°24'26.0".**

Markierung: Orange Farbbalken.

Anspruch und Charakter: Wenig bekannte und begangene Wanderung in einer der abgelegensten Ecken der Insel. Steiniger Pfad durch einen Wald mit uralten Kastanien und Steineichen, der meist mäßig aber kontinuierlich ansteigt und daher schon gute Ausdauer erfordert, zumal es erst ganz oben an der Kapelle spannend wird.

Highlights: Spektakulärer Blick über die Castagniccia und bis zum Meer. Einkehr auf der einfachen Terrasse der Bergerie. Wanderschuhe notwendig!

Einkehr: Während der Almzeit von Mitte Juni bis Anfang September gibt es an der Alm Getränke, Brotzeit und köstliche Beignets au fromage – mit Käse gefüllte Teigbällchen. Außerdem können wir frischen Ziegenkäse kaufen.

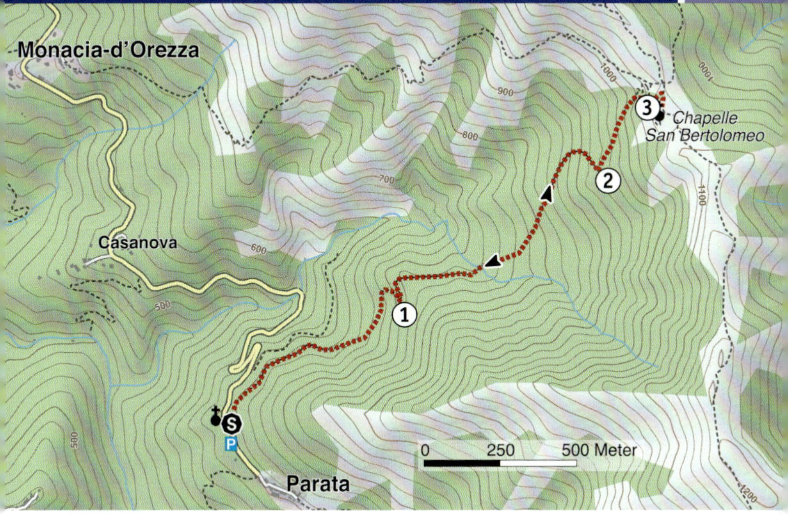

rechts hinauf. Etwa 50 Meter weiter oben überqueren wir einen Bachlauf. Dahinter geht es in engen Kurven gleichmäßig weiter bergauf. Wir erreichen einen Sattel ②, an dem man fast den Eindruck hat, oben zu sein. Ein Pfad führt geradeaus weiter. Wir folgen jedoch dem Hauptweg nach links und steigen noch einmal 100 Meter höher bis zu einer **Kreuzung** ③. Hier kommt von links der gelb markierte Weg von Monaccia herauf und ein weiteres Holzschild kündigt **San Bertuli** an. Man sieht die Kapelle erst, wenn man oben steht. In der Nähe des Hauses dösen oft ein Muli und ein Pferd, die den Nachschub sicherstellen. San Bertuli ist nur über Bergpfade zu erreichen. Wir genießen die Pause und den Blick in alle Richtungen und probieren den hier oben hergestellten Käse, bevor wir auf dem gleichen Weg wieder hinuntersteigen.

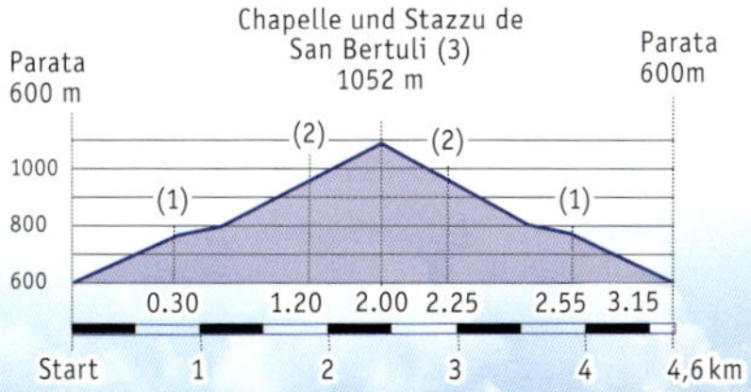

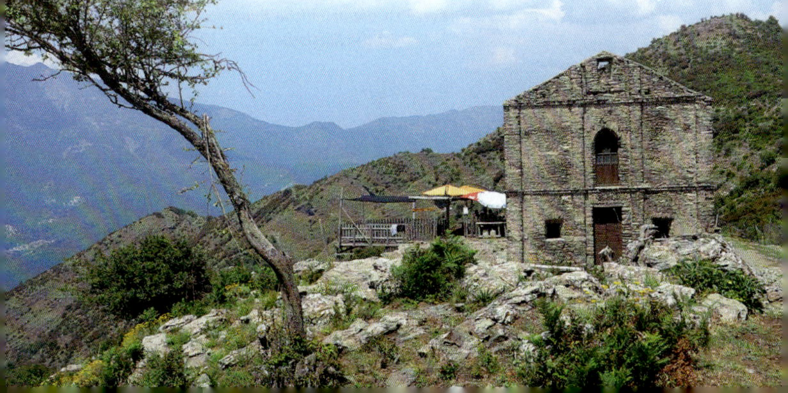

Der Lac de Melo im Restonica-Tal liegt auf einer Höhe von fast 1.700 Metern

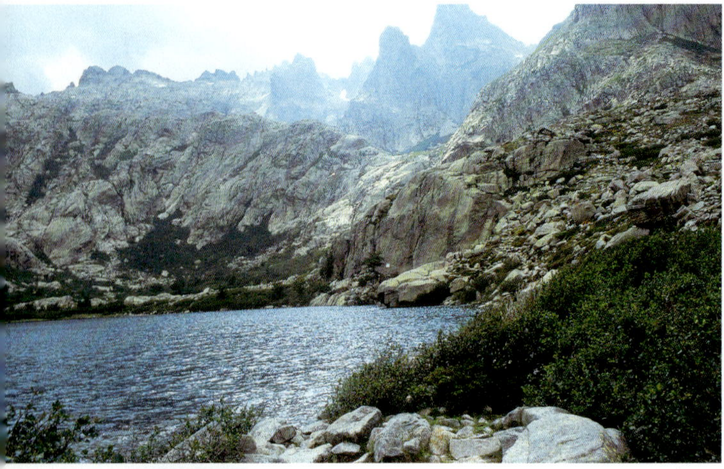

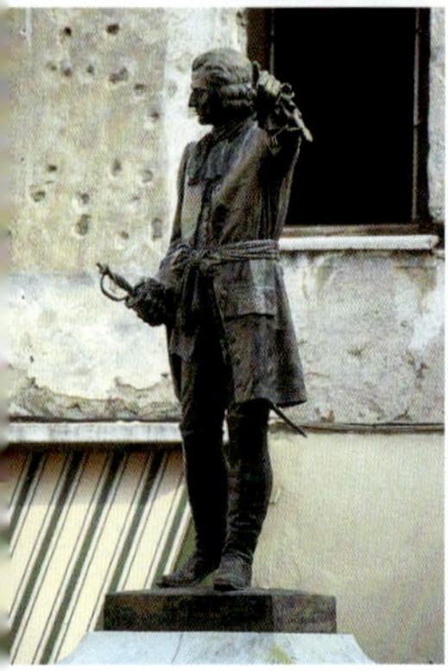

Corté ehrt die alten Helden des korsischen Freiheitskampfes: Hier General Gaffori

Corté und die Inselmitte

Obwohl Korsika von Wasser umgeben ist, sind seine Bewohner ursprünglich keine Seefahrer und Fischer, sondern ein Bergvolk. Zum Schutz vor Übergriffen an der Küste baute man alle alten Dörfer ein Stück im Hinterland. Heute liegen die größten Städte der Insel an der Küste: Bastia und Ajaccio sind die Hauptstädte der beiden korsischen Departements. Das Herz der Insel schlägt jedoch in Corté, der alten Inselhauptstadt in den Bergen. Dort befindet sich auch die einzige korsische Universität. Wer korsische Identität verstehen will, muss also im Landesinneren in den Bergen suchen. Einsame Flusstäler, wilde Natur, stille, kleine Orte – all das finden wir in den mittleren Regionen der Insel. Wanderwege führen in die straßenlose, einsame und raue Hochgebirgslandschaft.

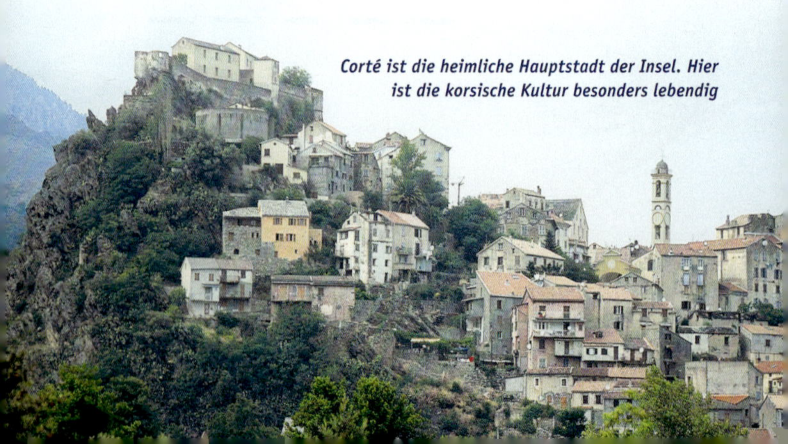

Corté ist die heimliche Hauptstadt der Insel. Hier ist die korsische Kultur besonders lebendig

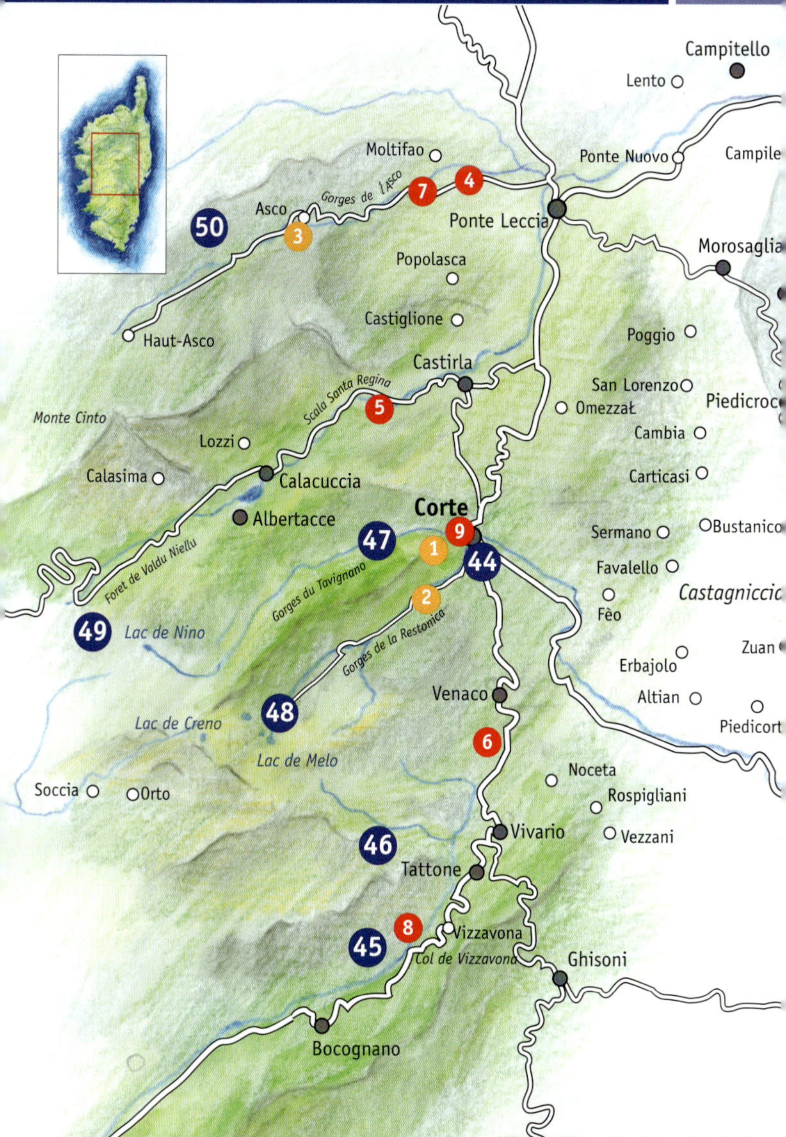

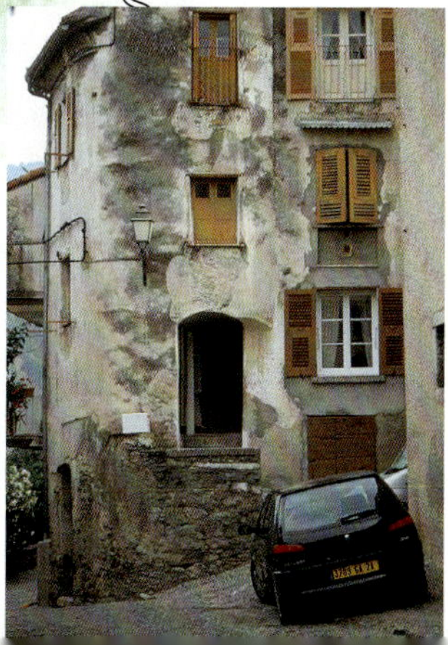

In Corté trifft korsische Tradition auf die technisierte Neuzeit und ergänzt sich zu einer liebenswerten, lebendigen Stadt.

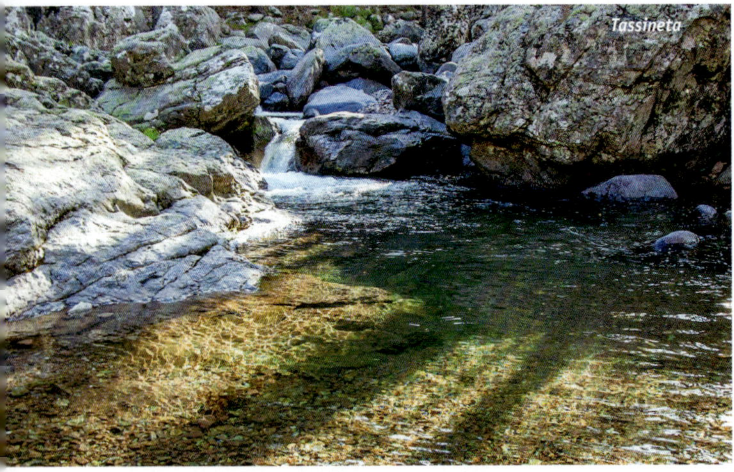

Baden im Inselinneren

Rund um Corté bieten mehrere Flüsse schöne Badeplätze. Zwei davon fließen direkt durch Corté. Ebenfalls geeignet für einen Badeausflug ist das Ascotal. [› Tour 50]

1 Die ersten schönen Badebecken im **Tavignano** gibt es am Stadtrand von Corté vor dem Camping Chez Bartho. Auf weitere Badeplätze trifft man flussaufwärts. Läuft man etwa 1,5 Kilometer auf dem Wanderwegs ins Tavignanotal [› Tour 47] führt ein Abzweig hinunter zum Fluss und zu weiteren Badestellen.

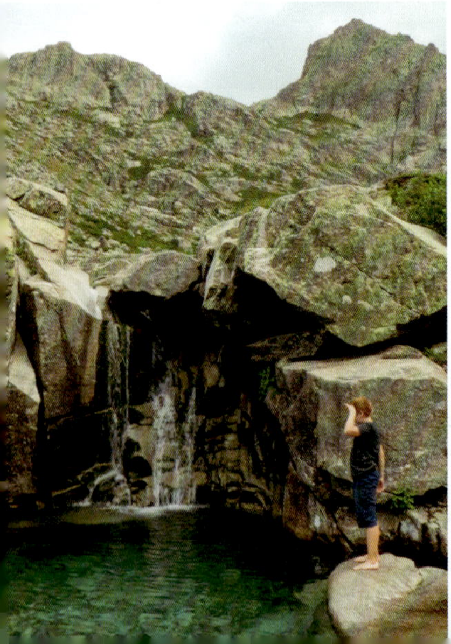

2 Restonicatal

Das Restonicatal lohnt nicht nur zum Wandern. Die einzige Straße im Tal verläuft parallel zum Fluss. Nach wenigen Kilometern treffen wir auf den Gasthof Auberge de la Restonica mit einer schönen Terrasse über dem Fluss. Rechts und links der Straße gibt es einige Parkbuchten, von denen man gut zum Fluss mit flachen türkis schillernde Badebecken hinuntersteigen kann. Ab Tuani wird die Straße sehr schmal und die Möglichkeiten zum Parken sind reglementiert. Vom Parkplatz am Ende der Straße kann man, meist in Gesellschaft vieler anderer Gäste, zum schönen Bergsee Lac de Melo hinaufpilgern. [› Tour 48]

Ausflugsziele im Inselinneren

Das **Asco-Tal** ist ein ursprüngliches, recht ruhiges Tal. Die Straße führt durch eine eindrucksvolle Landschaft mit außergewöhnlicher Fauna. Viele der hier vorkommenden Pflanzen stehen unter Naturschutz. Haut Asco am Ende der Straße ist nicht nur eines der wenigen korsischen Wintersportzentren, sondern auch ein beliebter Ausgangspunkt für anspruchsvolle Hochgebirgstouren. Vor allem die Besteigung des höchsten Berges der Insel, des Monte Cinto, lockt viele Wanderer. Für Familien ist es reiz-

Im Restonicatal

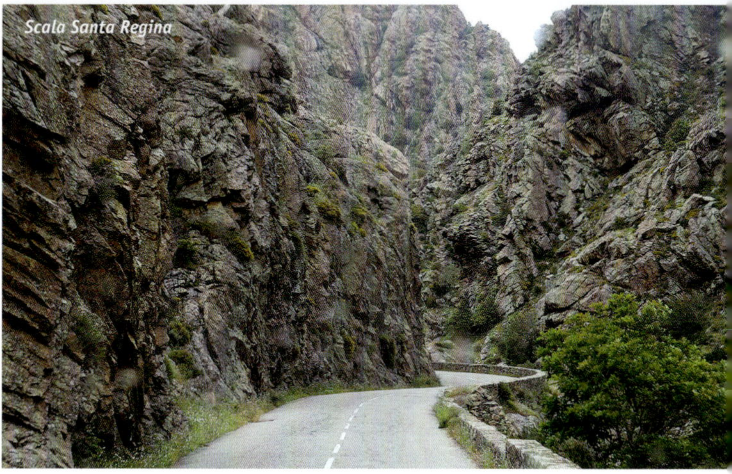

voller, eines der schönen Bachtäler zu erforschen.

3 Asco

Vom hübschen Dorf kann man zum Fluss Asco und einer alten genuesischen Brücke hinuntersteigen. Unter der Brücke befindet sich eine schöne Gumpe. Ebenfalls sehr geeignet für Familien ist das Tal der Tassineta. [› **Tour 50**]

4 Village de Tortues

GPS N 42°28'11.1", E 9°07'15.2"
Hier im Ascotal liegt der zweite Schildkrötenpark der Insel. Hier hat man sich vor allem die Aufzucht der heimischen Hermann-Schildkröte zur Aufgabe gemacht. Die erwachsenen Schildkröten werden in die »freie Wildbahn« entlassen. Die einst auf Korsika heimische Art ist nämlich selten geworden.
Geöffnet Mo bis Fr 9 – 17 Uhr.
€ 5, Kinder 5 bis 16 Jahre € 2,50,
Tele. 33 (0)495478503.
villagedestortues.wordpress.com

Das Bergland südlich von Corté

An der gut ausgebauten Straße von Corté nach Ajaccio liegen weitere Bergdörfer. Die größten sind Venaco, Vivario, Vizzavona und Bocognano. Alle verfügen über eine Bahnstation und grundlegende Infrastruktur für Wanderer: Alimentation, ein oder zwei Restaurants, Gîte d'Etape, Hotel oder Campingplatz. Alle Orte sind gute Startpunkte für Wanderungen [› **Tour 45 und 46**] in die umliegenden Berge. Vivario, Venaco und Bocognano sind richtige kleine Dörfer. Vizzavona besteht aus der Bahnstation und einigen Häusern.

5 Niolo und Golotal

Der spektakulärste Teil des Golotales ist die **Scala Santa Regina.** Sie bildet die Zufahrt ins Niolo von Ponte Leccia aus. Dabei ist die Schlucht so schmal, dass eigentlich gar kein Platz für eine Straße bleibt. An den engsten Stellen wurde einfach der Fels gesprengt, um Platz für die Fahrbahn zu schaffen. Sie frisst sich in zahllosen Kurven durch die Schlucht, führt zwischendurch über schöne Bogenbrücken. Aussteigen ist fast nicht möglich: Es gibt keinen Platz zum Anhalten, und an jedem Abstieg zum Fluss stehen Warnschilder. Das Wasser steigt in kürzester Zeit heftig an, wenn die Staumauer des Sees von Calacuccia geöffnet wird, der etwas oberhalb am Ende der Schlucht liegt. Die höchsten Berge der Insel gruppieren sich ums Niolo. Das Tal ist ein beliebter Ausgangspunkt für Wanderungen ins Hochgebirge.

6 Eine Fahrt mit der korsischen Eisenbahn ist ein unvergessliches Erlebnis. Vor allem die Strecke zwischen Vizzavona und Corté führt durch eine spektakuläre Berglandschaft, über hohe Brücken und durch enge Kur-

ven. Von Ajaccio nach Corté braucht der Zug zwei Stunden, die Strecke wird drei bis vier mal täglich befahren.
Ein Ticket von Ajaccio nach Vizzavona kostet etwa €7 einfach, von Corté nach Vizzavona €4,50, Kinder 4 bis 12 Jahren zahlen die Hälfte.
Aktueller Fahrplan unter cf-corse.corsica.

Outdoorsport

7 Der **Parc Asco Vallée Aventure** im Ascotal ist ganz auf Familien eingestellt. Es gibt einen Hochseilparcours, auf den Kinder ab 1,40 Meter und 10 Jahren mitgehen können. Besonders nett gemacht ist aber der Klettersteig »Family Aventure« mit verschiedensten Seilbrücken und anderen spielerischen Elementen. Er eignet sich für Kinder ab sechs Jahren und 1,10 Meter Körpergröße. Der Tarif für einen Parcours liegt bei €39, Kinder 6 bis 10 Jahre €32. Treffpunkt und Start ist das Büro von »In Terra Corsa« in Ponte Leccia. Auf den Gelände gibt es auch schöne Badebecken am Fluss und gute Stellen für ein Picknick.

Außerdem kann man bei **In Terra Corsa** speziell auf Kinder ausgerichtete Canyoningtouren buchen (€55) und auch bei den Kajakkursen sind Kinder ab vier Jahren willkommen. Information und Anmeldung für alle Aktivitäten im Büro in Ponte Leccia oder auf der website.
Geöffnet April bis Oktober.
GPS N 42°28'37.2", E 9°12'02.9"
Route de Calvi, Morosaglia
Tel. 0033 (0)495476948.
interracorsa.com

8 Parc Aventure Accobranche
GPS N 42°06'54.3", E 9°07'19.6"
Großer Hochseilgarten bei Vizzavona an den Cascades des Anglais. 12 Parcours, die vier einfachsten für Kinder ab vier Jahren, warten hier auf wagemutige Gäste. **Corsica Natura** bietet außerdem Höhlentouren (Spéléologie) für Kinder ab sechs Jahren und Familiencanyoning (etwa €45) im Fluss Vecchio an.
Geöffnet Juni bis Mitte September. Mi, Sa und So 12–18 Uhr. Juli und August täglich von 10–19 Uhr. Pro Person €25, Tel. 0033(0)495108316.
corsicanatura-activites.fr

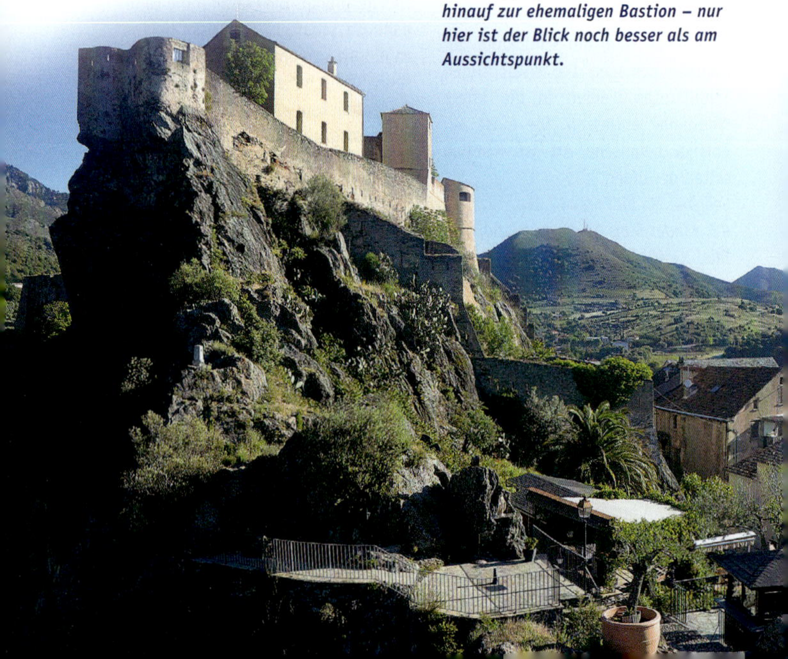

Eine Treppe führt aus dem Museum hinauf zur ehemaligen Bastion – nur hier ist der Blick noch besser als am Aussichtspunkt.

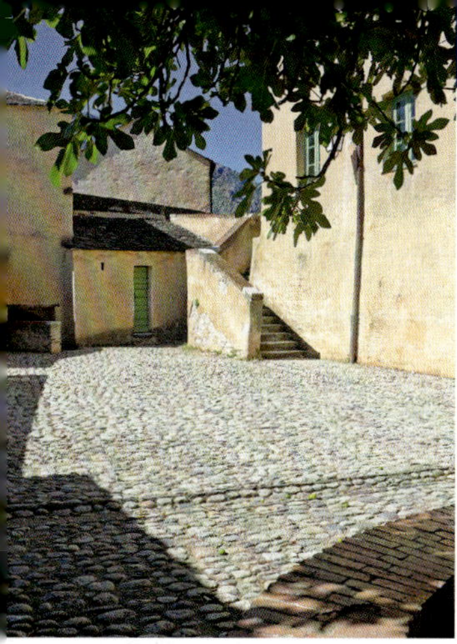

Der Innenhof der Bastion auf dem Felssporn

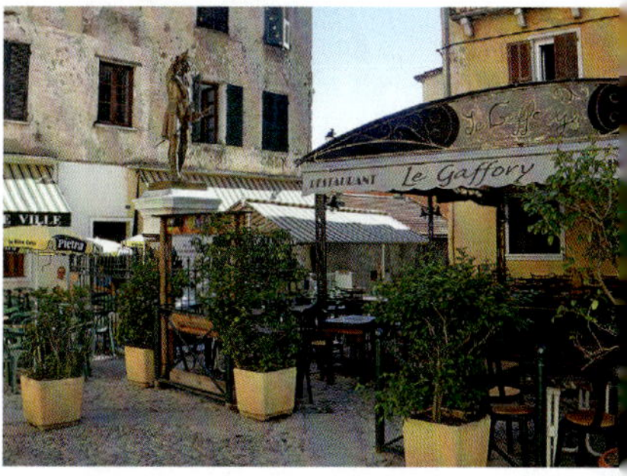

Die Place Gaffori vor der Kirche ist ein stimmungsvoller Platz für ein Abendessen

Das Stadtbild von Corté besticht durch viel Patina.

Auch mit **Corsica Canyon** rutschen, klettern und schwimmen Familien mit Kindern ab sieben Jahren durch das den **Canyon de Sapare** oder ab acht Jahren durch den **Canyon Pulischello** zwischen Venaco und Vivario.
Die Touren kosten zwischen 50 und 55 Euro pro Person. Anmeldung erforderlich. Tel. 0033 (0)622916144. www.canyoncorse.com

Corté mit Kindern

Corté liegt im Zentrum der Insel in einer Höhe von gut 400 Metern am Zusammenfluss von Restonica und Tavignano. Neben der schönen alten Stadt sind die Täler der beiden Flüsse die wichtigsten Attraktionen der Region [› **Tour 47 und 48**].

Das Wahrzeichen von **Corte** ist die hoch aufragende Zitadelle. Man erreicht sie über die Durchgangsstraße, die rechts und links von Geschäften gesäumt ist. Parken kann man unterhalb der Altstadt oder hinter der Zitadelle bei GPS N 42°18'24.6", E 9°08'53.9". Die schmalen Gassen, die von der Place Paoli in die alte Oberstadt aufsteigen, erklimmt man besser zu Fuß. Hier haben sich einige Kunsthandwerker niedergelassen, die ihre Waren direkt an die Besucher verkaufen. Dazwischen stehen die Tische der Restaurants und Cafés. In Läden mit korsischen Spezialitäten kann man Würste, Käse, Wein, Kräuter und Honig und Konfitüre erstehen. Wer lieber fertig zubereitete korsische Spezialitäten probieren möchte, hat die Wahl zwischen vielen einladenden Restaurants. Die Preise sind deutlich niedriger als an der Küste.

Der Weg durch die Oberstadt endet an einem Pfad, der zwischen zwei schattig gelegenen Cafés den Hang hinaufsteigt bis zum **Aussichtspunkt** unterhalb der Zitadelle. Im Restaurant unterhalb des Belvedere gibt es auch Crèpes und Eis. Der Blick reicht weit über die ganze Stadt.

9 In den Gebäuden der **Zitadelle** war bis 1984 die Fremdenlegion stationiert. Heute ist sie öffentlich zugänglich. Die Besichtigung des Gebäudes mit den Räumen der alten Festung auf der Bergspitze ist gekoppelt an den Besuch des **Museu di Corsica.** Das Museum bietet einen schön gemachten, anschaulichen Rundgang durch die korsische Geschichte. Erklärungen im Museum gibt es nur auf Französisch und Korsisch. Eine Broschüre auf Englisch oder Deutsch hilft weiter, wenn ihr Schulfranzösisch eingerostet sein sollte.
Geöffnet April bis Oktober Di bis So 10–18 Uhr. Mitte Juni bis Mitte September täglich 10–20 Uhr, im Winter Di bis Sa 10–17 Uhr. €5,50, Kinder €3. www.museudiacorsica.corsica

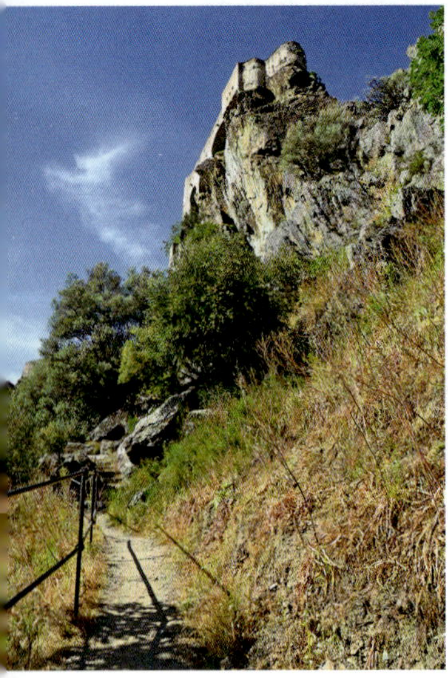

Tour 44: Rund um Corté

Zwischen Zitadelle und Tavignano

Die Highlights eines Besuches der Inselhauptstadt Corté sind ein Bummel durch die schmalen Gassen, der Aufstieg zur Zitadelle und die Lage der Stadt zwischen den Flüssen Tavignano und Restonica. Unsere Tour verbindet alle diese Ziele miteinander zu einem erlebnisreichen Rundweg.

90 m

STRECKE 2,5 km

1 h

ab 4

Wanderung: Vom Parkplatz hinter der Zitadelle kommen wir in deren Innenhof und zum **historischen Museum** ①, das in den Räumen der alten Festung untergebracht ist. Wer ganz hinauf in den Turm möchte, muss das Museum besuchen. Der Besuch lohnt durchaus. Es gibt ansonsten keine Möglichkeit die Festung zu besichtigen. Geht es nur um die Aussicht kann man diese jedoch genauso gut vom Belvédère genießen, das jederzeit frei zugänglich ist. Dazu geht man an der Festung vorbei in die Altstadt und hält sich immer geradeaus.

Vom **Belvédère** ② haben wir versucht den Pfeilen des Stadtrundganges zu folgen, haben diese jedoch immer wieder verloren. Wem es genauso geht, der sucht sich einfach seinen eigenen Weg durch die Gassen hinab bis zur **Place Paoli** ③ an der Durchgangsstraße. Mitten auf dem Platz steht eine Statue des korsischen Nationalhelden Pascal Paoli [› Seite 236]. Auf dem

TOUREN-STECKBRIEF

Anfahrt: Der Startpunkt des Rundweges ist der Parkplatz an der Zitadelle bei GPS **N 42°18'26.0", E 9°08'54.0"** und an der Touristeninformation, der am besten aus südlicher Richtung zu erreichen ist. Dazu fahren wir vom Kreisel südlich der Stadt in Richtung Campingplätze. Wir überqueren die Restonica, fahren am Abzweig zum Restonicatal vorbei und über eine weitere Flussbrücke. Gleich hinter dieser biegen wir links ab. Am Camping Chez Bartho vorbei umrunden wir den Zitadellenfelsen und fahren am Ende der Straße rechts auf den beschilderten, kostenpflichtigen Parkplatz. Wer auf einem der Campingplätze untergekommen ist, beginnt die Runde unten an der Brücke über die Restonica und betritt die Stadt auf dem Treppenweg sozusagen durch den »Hintereingang«, was eigentlich noch besser ist.

Anspruch und Charakter: Einfacher, aber durch die Höhenunterschiede durchaus anstrengender Weg auf kleinen Straßen, Fußwegen und eine steile Treppe zur Zitadelle hinauf.

Highlights: Ausguck auf der Zitadelle, Badeplatz am Tavignano, Eis essen in Corté

Einkehr: Restaurants und Cafés in Corté.

In der Nähe: Museum in der Zitadelle.

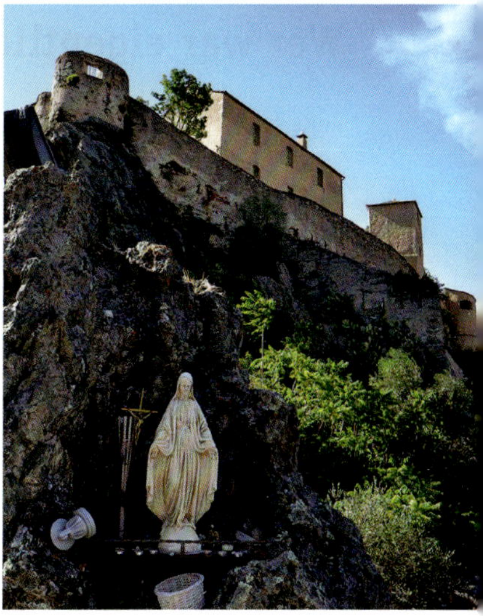

Weg hierher sollten Sie aber zumindest die etwas weiter oben gelegene **Place Gaffori** mit mehreren Restaurants und mit der hübschen Kirche Eglise d'Annonciation nicht auslassen.

Von der rechten Ecke der **Place Paoli** folgen wir der schmalen Rue du Professeur Santiaggi bis zur alten **Brücke über den Tavignano** ④ und biegen direkt hinter dieser rechts in einen schmalen Fußweg ein, der zur **Badestelle mit Kiesbucht** ⑤ vor dem Camping Chez Bartho führt. Hier überqueren wir rechts die Brücke, wandern auf der Zufahrt des Campingplatzes zur Straße hinauf und überqueren diese. Auf der gegenüberliegenden Seite beginnt der spektakuläre **Treppenweg** ⑥ durch den Felssporn auf dem die Zitadelle thront. Der Weg endet am Aussichtspunkt und wir können den Ausflug in den lebendigen Gassen der Altstadt ausklingen lassen.

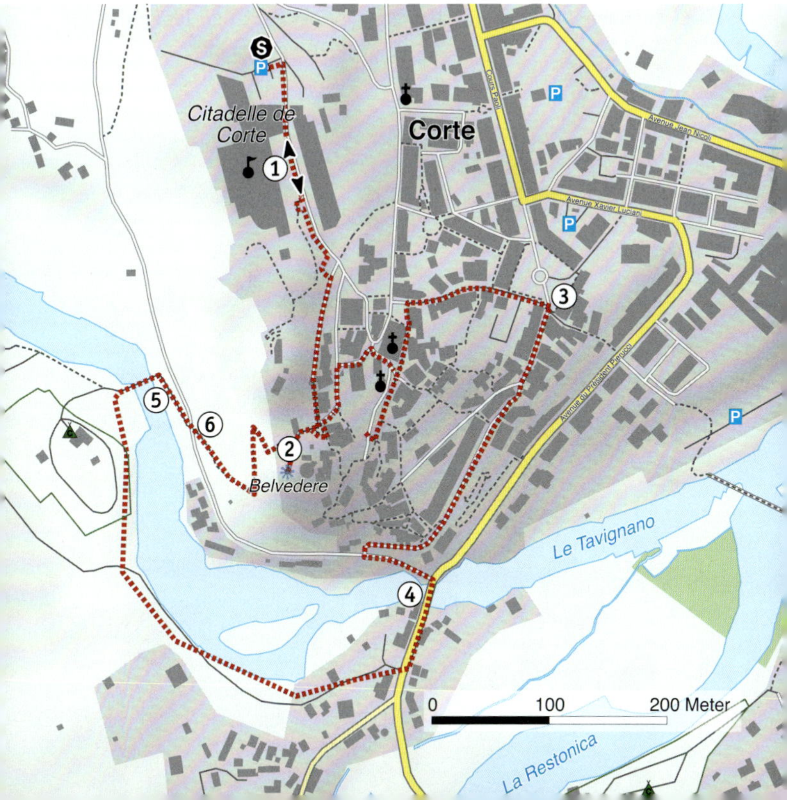

Wer war eigentlich Pascal Paoli?

Außerhalb Korsikas kennt kaum jemand seinen Namen, für Geschichtsschreiber scheint er unwichtig, aber auf seiner Heimatinsel ist Pascal Paoli ein Held. Mindestens ein Platz oder eine Straße in jedem größeren Ort ist nach ihm benannt. Es ist unmöglich, Korsika zu besuchen, ohne diesem Namen zu begegnen.

Pascal Paoli kommt am 6. April 1725 in Morosaglia in der Castagniccia zur Welt. Auf Korsika ist es zu dieser Zeit unruhig. Genua verwaltet die Insel nicht gut, die Korsen sind unzufrieden und wollen selbst bestimmen, was auf ihrer Insel geschieht. Schon 1553 hatten sie unter der Führung des korsischen Adeligen und Freiheitskämpfers Sampiero Corso das erste Mal die Macht auf der Insel übernommen, sie aber bald wieder verloren.

Ab 1729 gibt es immer wieder Aufstände der Bauern. An einer dieser Revolten ist auch Pascals Vater Hyacinthe Paoli beteiligt, weshalb ihn die Franzosen nach Italien ins Exil schicken. Pascal ist damals 14 Jahre alt. Im Nachhinein betrachtet war die Verbannung seines Vaters für ihn eine Chance: Er geht in Neapel zur Schule und später auf die Universität und lernt Latein, Französisch, Italienisch und Englisch. Er liest viele Bücher und beschäftigt sich mit den philosophischen Schriften seiner Zeit: den Ideen der Aufklärung.

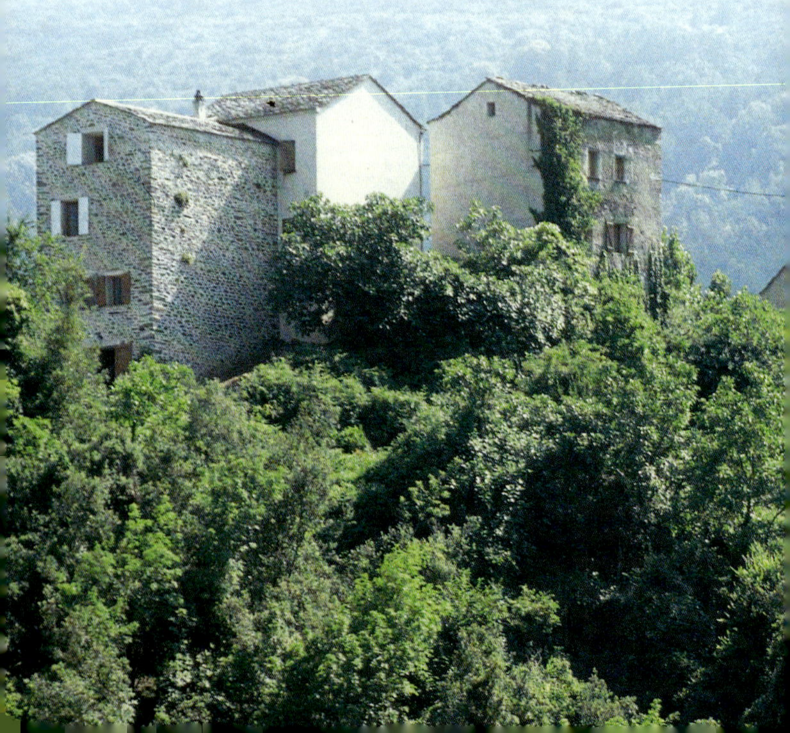

1755 kehrt er nach Korsika zurück und wird dort zum Führer eines neuen Volksaufstandes. Diesmal sind die Korsen erfolgreich. Von Corte aus regiert Pascal Paoli 14 Jahre lang den größten Teil der Insel. Jetzt kann er alles, was er gelernt hat, gut gebrauchen: Er schreibt Gesetze, an die sich alle halten müssen, Arme und Reiche. Korsika bekommt eine eigene Verfassung. Dann sorgt Paoli dafür, dass alle genug zu essen haben: Er unterstützt die Bauern und lässt Sümpfe trockenlegen, damit Gemüse und Getreide wachsen können. Außerdem lässt er Schulen bauen und gründet in Corte die erste Universität auf Korsika. Und er sorgt dafür, dass die Korsen sich verteidigen können – so baut er eine Armee auf und lässt Boote für eine Flotte zimmern.

Die Genueser regieren nur noch in einigen Städten an der Küste. 1768 holen sie wieder die französische Armee zu Hilfe. Am 8. Mai 1769 trifft die Armee von Pascal Paoli bei Ponte Nuovo am Golo auf die Franzosen. Die Korsen verlieren den Kampf und der Traum vom unabhängigen Korsika ist vorbei. Wieder wird Paoli verbannt. Er geht erst nach Italien, später nach England. Nach der Französischen Revolution kehrt Paoli noch einmal als Statthalter Frankreichs nach Korsika zurück, wird jedoch bald wieder abgesetzt. Er stirbt 1807 im Exil in England.

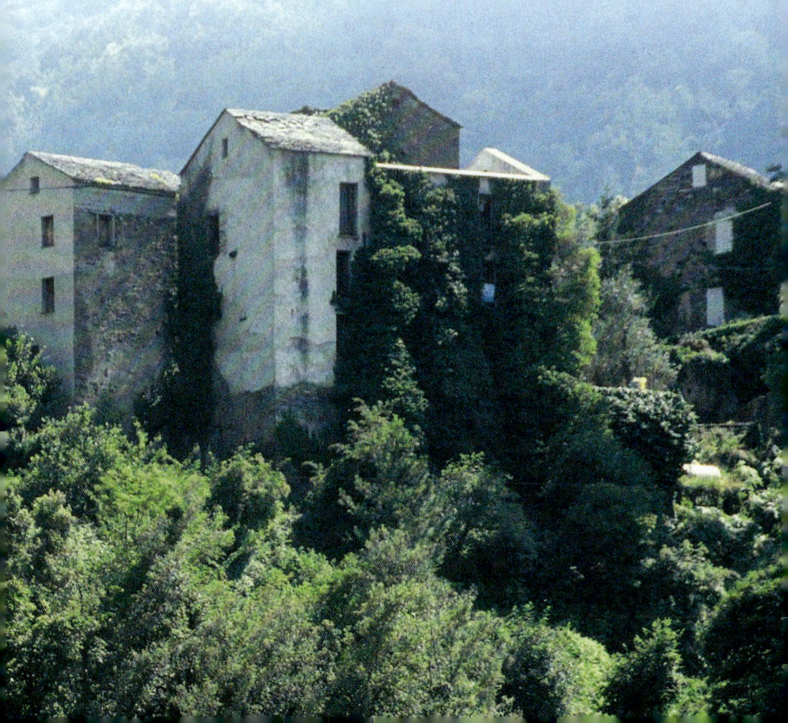

Die Castagniccia mit ihren trutzigen Häuser und schwer zugänglichen, schroffen Tälern war die Heimat Pascal Paolis und im 18. Jahrhundert das wichtigste Zentrum der korsischen Unabhängigkeitsbewegung.

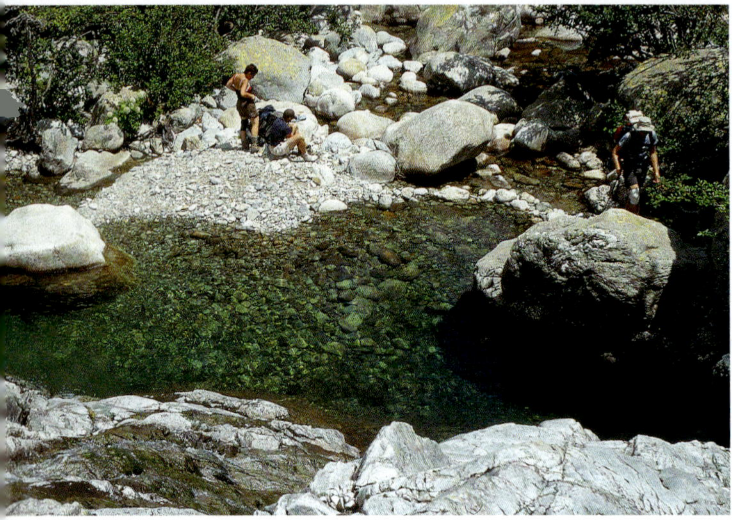

400 m

STRECKE 6,5 km

3 h 15

ab 8

Tour 45: Von den Cascades des Anglais zur Bergerie de Tortetto

»Schnupperbergtour« auf dem GR 20

Die Cascades des Anglais, eine Reihe kleiner Wasserfälle des Agnone-Bachs, gehören zu den bekannteren und deshalb gut besuchten Sehenswürdigkeiten Korsikas. Man erreicht sie von der Straße in 20 Minuten auf einem bequemen Fußweg. Der anschließende Aufstieg entlang des Baches in die Berge auf der Trasse des GR 20 bleibt dagegen den Wanderern vorbehalten. Es geht steil hinauf, ab und zu muss man auch ein bisschen klettern. Je weiter man nach oben kommt, desto ruhiger und einsamer wird es. Auf der Hochebene, die früher einmal die Bergerie Tortetto war, findet man die schönsten Wasserfälle und wenig besuchte Badeplätze am Bach.

TOUREN-STECKBRIEF

Anfahrt: Auf der N 193, etwa in der Mitte zwischen Ajaccio und Corté, liegt der Col de Vizzavona. Direkt hinter dem Pass (Richtung Corté) bei **GPS N 42°06'44.0", E 9°06'48.0"** befindet sich ein großer Parkplatz. Alternativ lassen sich die Kaskaden auch mit der Bahn erreichen (siehe nächste Seite), entweder von Corté oder von Ajaccio aus. Von Vizzavona gelangen wir über den GR 20 (Markierung rot/weiß) in 45 Minuten zu den Wasserfällen.

Anspruch und Charakter: Schmaler steiniger Weg am Bach hinauf, teilweise mit beachtlichen Stufen, an denen Kinder besonders viel Spaß haben. Keine ausgesetzten Stellen, gute Sommerwanderung mit viel Schatten. Wanderschuhe notwendig.

Highlights: Tolle Badegumpen, Kletterweg und tolle Gebirgslandschaft, Ruine eines Forts.

Einkehr: Snack-Bar am Beginn der Cascades in der Hochsaison.

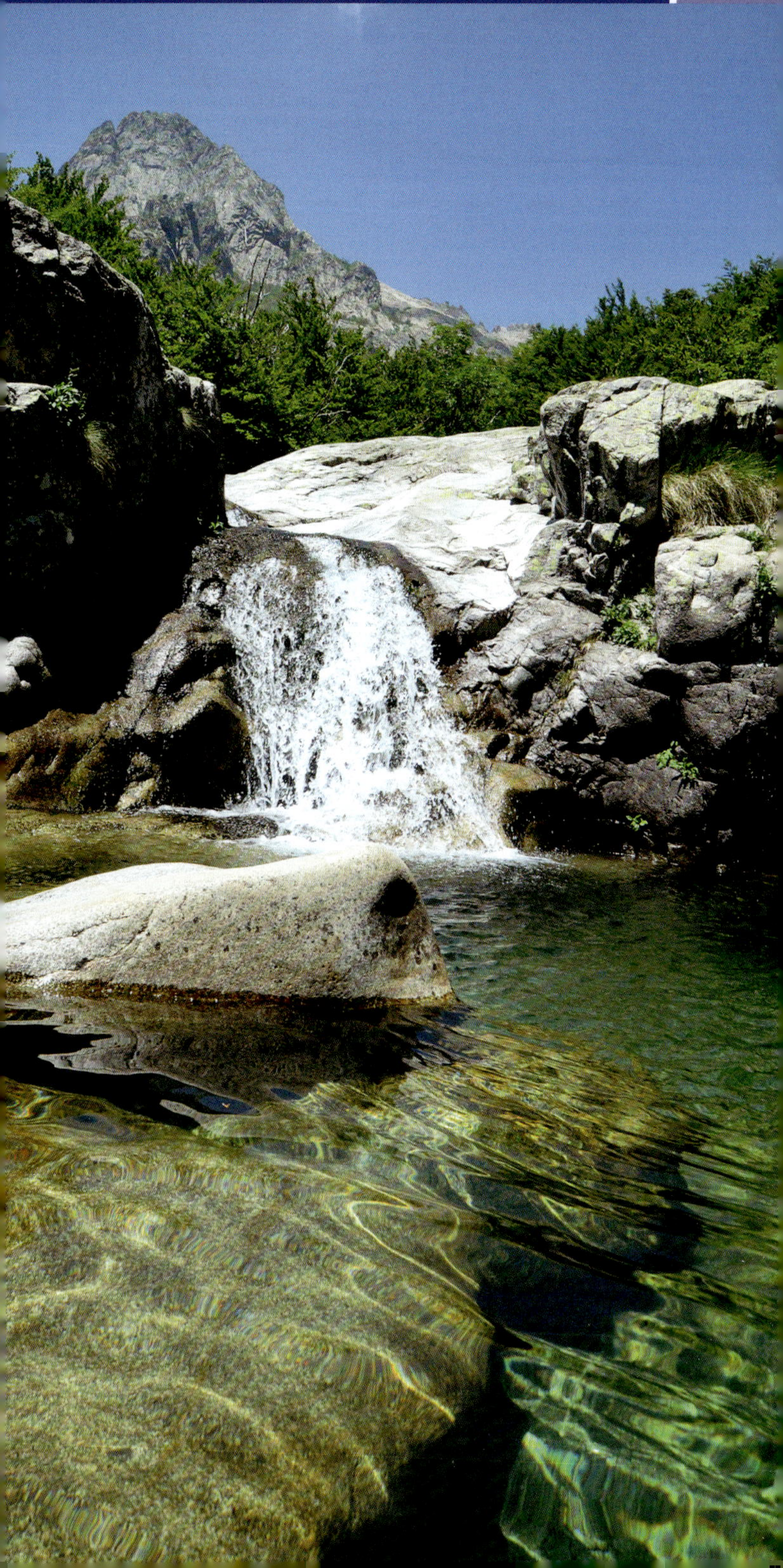

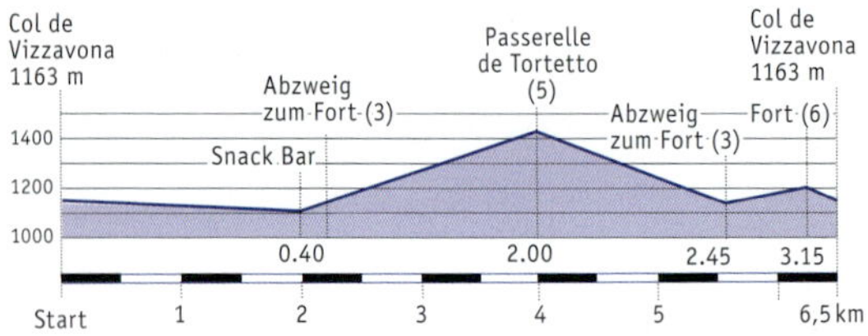

Wanderung: Vom Parkplatz aus folgen wir wenige Meter der Straße und biegen dann rechts ab in die kleine Allee Richtung **La Foce**. Der Asphaltweg führt am **Hotel Restaurant Monte d'Oro** und zwei weiteren Cafés vorbei und erreicht die **Straße** ① kurz vor einer Brücke. Links hinter der Brücke am Gelände des Hochseilgartens beginnt der Weg zu den Kaskaden. Durch schattigen Buchenwald spazieren wir erst auf einem breiten Forstweg an den Parcours des Hochseilgartens vorbei bis zur **Snack-Bar** ② am Fuß der Wasserfälle und der Brücke über den Agnone.

Hier stoßen wir auch auf den **GR 20** und der bequeme Weg verwandelt sich in einen schmalen, steinigen Steig. Wir bleiben am linken Bachufer und folgen der rot-weißen Markierung den Berg hinauf. Rechts am Bach gibt es immer wieder schöne Badestellen, die jedoch meist gut besucht sind. Nach insgesamt 40 Minuten

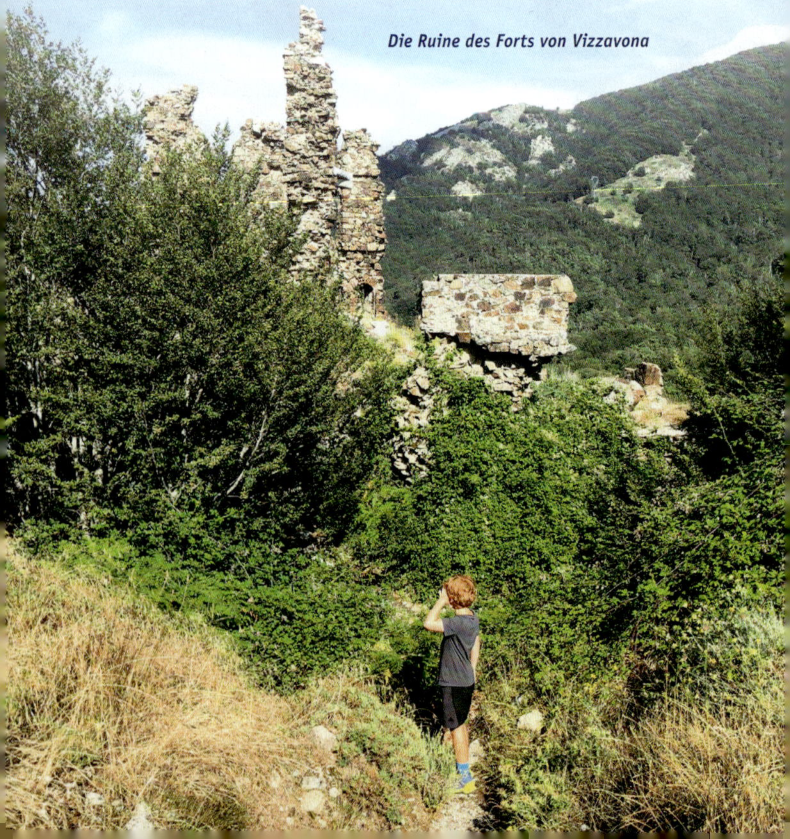

Die Ruine des Forts von Vizzavona

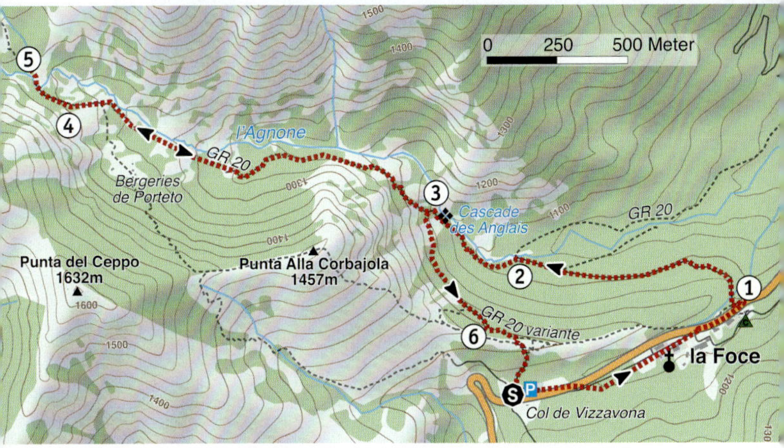

erreichen wir die **Abzweigung zum Fort** ③ (beschildert mit Col de Vizzavona) und kurz davor den letzten Zugang zu den unteren Kaskaden.

Ab hier wird es noch einmal anspruchsvoller: Der Aufstieg ist streckenweise sehr steil und führt über große Steinstufen, die nur kletternd überwunden werden können. Nach etwa 20 Minuten Kletterei wird der Weg wieder zahmer: Er führt zunächst noch durch Wald, dann über weglose, flache, mit Steinmännchen markierte Felsplatten. Dabei geht es stets leicht bergauf. Dann erreichen wir eine **felsige Hochebene** ④. Rechts fließt der Bach mit schönen Badestellen, vor uns liegt eine herrliche Bergkulisse. Links stehen auf einem Wiesenstück die armseligen Überreste der Bergerie – nur der Grundriss ist geblieben, angedeutet durch ein paar kleine Mäuerchen.

Fünf Minuten von hier wölbt sich die schmale **Passerelle de Tortetto** ⑤ über den Bach. Der GR 20 führt hier weiter ins Hochgebirge zur Refuge de l'Onda. Wir machen eine Pause an einer der oberen Kaskaden auf der Hochebene, in denen man im Sommer ebenfalls baden kann, steigen dann auf dem bekannten Weg wieder hinunter und erreichen in einer knappen Stunde den **Abzweig zum Fort** ③.

Dieser folgen wir rechts auf einem Pfad den Hang hinauf, überqueren ein Geröllfeld und erreichen nach einer Viertelstunde die Reste des **Forts** ⑥. Wählt man dazu einen der vom Hauptweg abzweigenden Pfade nach rechts kommt man vor der Ruine auf einen sonnigen Platz, an dem es sich an kühleren Tagen gut picknicken lässt. Um zurück zum Auto zu kommen, drehen wir der Wiese den Rücken zu, durchqueren die Mauerreste, steigen vor dem Fort auf einem deutlich erkennbaren Pfad steil den Hang hinunter und landen direkt auf unserem **Parkplatz**.

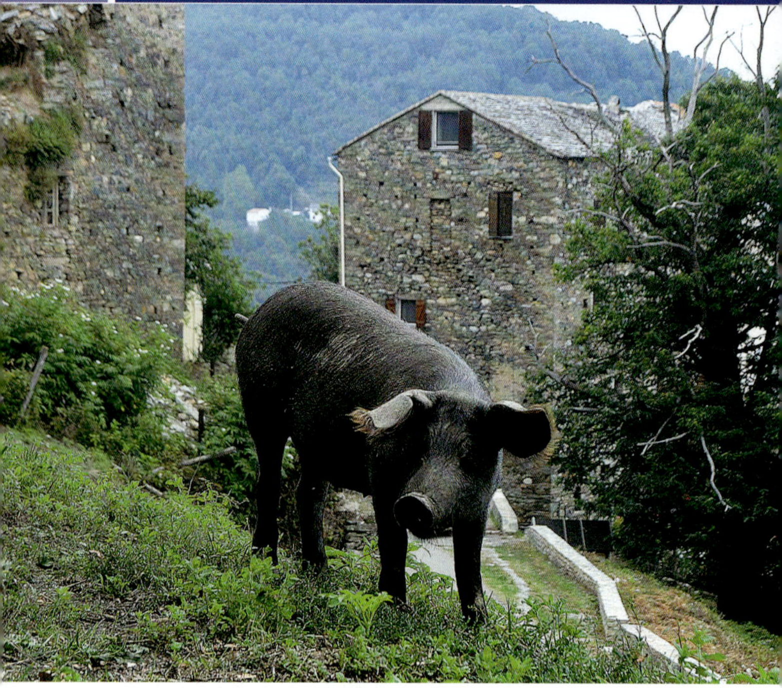

Von Kühen, Ziegen und wilden Schweinen...

Korsika ist eine steinige Insel. Kühe, Schafe und Ziegen weiden nicht auf fetten eingezäunten Wiesen, sondern streifen meist frei im Bergland umher und suchen sich ihr Futter selbst. So kommt es, dass in abgelegenen Gegenden plötzlich Ziegen oder Kühe am Straßenrand auftauchen. Selbst frei laufende Pferde sind uns auf den Straßen im Forêt d'Aitone schon begegnet. Diese Tiere sind nicht wild. Sie tragen ein Farb- oder Brandzeichen, das anzeigt, wem sie gehören. Auch die Schweine laufen frei in den Bergen herum, fressen dort Eicheln und Kastanien. Hausschweine haben sich mit Wildschweinen gepaart, sodass die meisten Schweine, die uns auf den Wanderwegen begegnen, ziemlich wilde Mischungen sind. Die Schweine lassen sich gerne füttern, können dann jedoch ausgesprochen zudringlich werden. Mit kleinen Kindern also besser Abstand halten.

Die Transhumanz

Ziegen und Schafe werden regelmäßig gemolken. Meist begleitet daher ein Hirte die Herden, der sie im Sommer in die höheren Lagen treibt. Einige Hirten wohnen im Sommer oben in den Bergen. Die kleinen Steinhäuser – genannt Bergerie – sehen wir auf mancher Wanderung. Sie melken ihre Tiere und verbringen die

Tage damit, die Milch zu Käse zu verarbeiten. Nur wenige Bergerien werden noch bewirtschaftet, an einigen können Wandernde auch heute noch frischen Käse kaufen. **[› Tour 43 und Tour 48]**

Im Herbst, bevor in den Bergen Schnee fällt, ziehen die Hirten mit ihren Herden an die Küste. Früher wurden die Herden ins Tal getrieben und nutzen dabei immer dieselben Wege. Heute verladen viele ihre Tiere auf Transporter und legen auch den Weg zwischen den Weiden im Tal und ihrem Zuhause in einem Bergdorf täglich mit dem Auto zurück.

Im Frühjahr werden die Schafe geschoren, und schon geht es wieder hinauf zu den Sommerweiden. Diese Art der Weidewirtschaft nennt man Transhumanz. Die meisten Schäfer, die diesem Brauch heute noch folgen, sind alte Männer. Nur wenige junge Leute wählen diesen Beruf – und so gibt es immer weniger Schafe und Ziegen, die jedes Jahr von den Bergen ans Meer wandern.

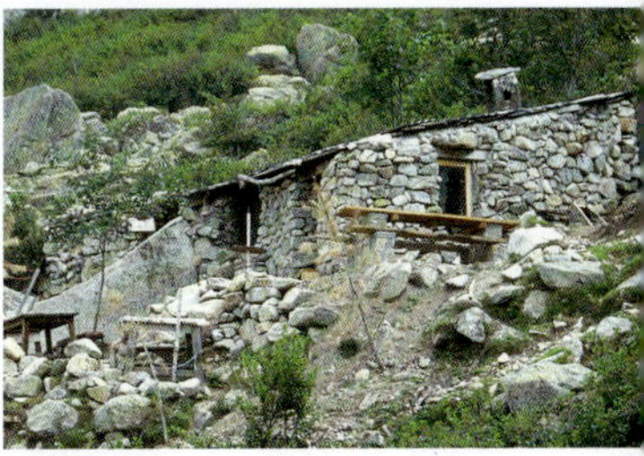

Die Bergerie de Melo im Restonicatal wird heute noch bewirtschaftet.

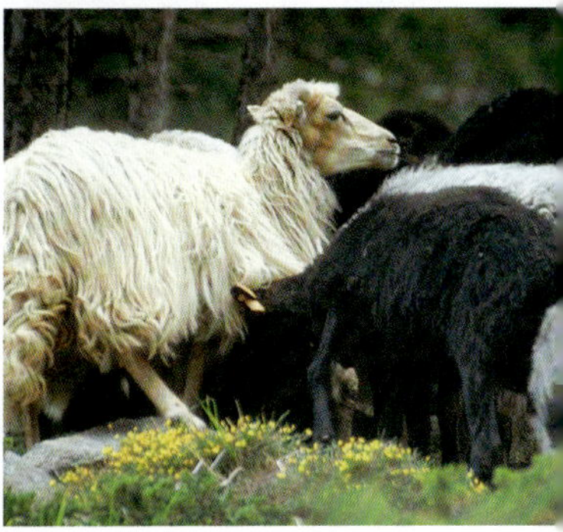

Nur die fehlenden Hörner unterscheiden korsische Schafe von den Ziegen.
Unten: Kinderstube im Ascotal

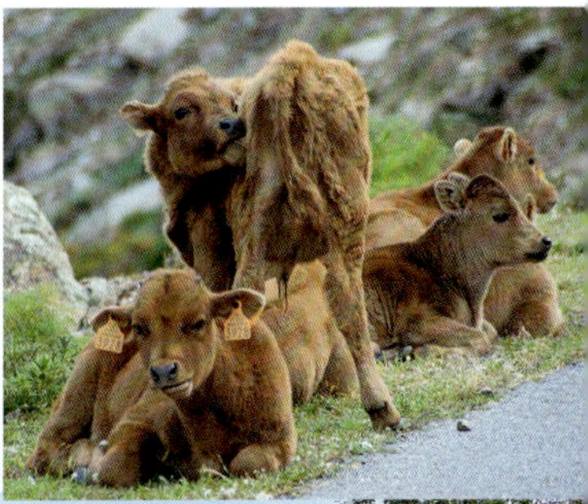

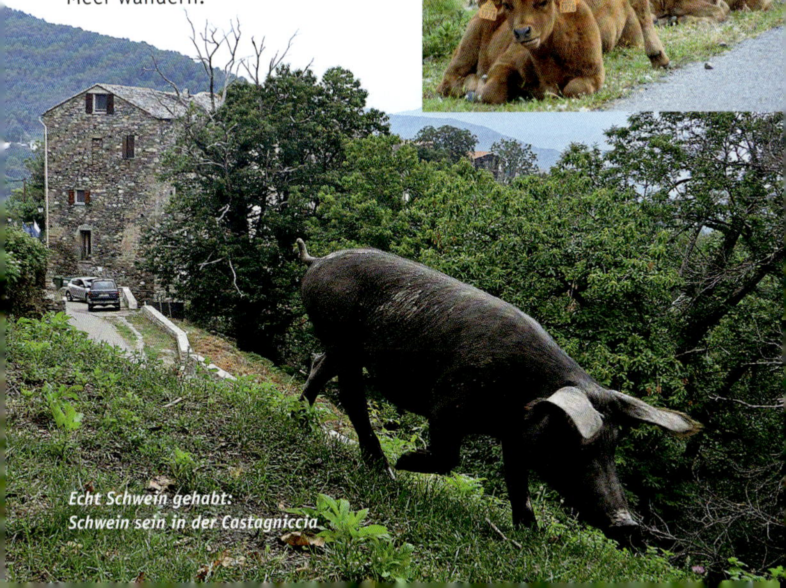

Echt Schwein gehabt:
Schwein sein in der Castagniccia

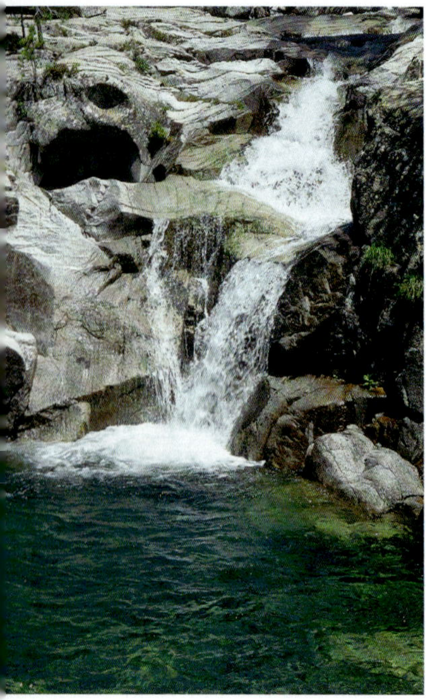

Tour 46: Ein Bad im Wasserfall

Wanderung durch das Manganellotal

Wenig begangene Wanderung mit mäßigen Steigungen auf den Weitwanderwegen Mare a Mare Nord und GR 20. Ein breiter, steiniger Weg führt immer am Bach mit mehreren schönen Badebecken entlang. Bei der Tolla-Brücke finden wir idyllische Badeplätze an großen, verlockend schillernden Gumpen. Hier stoßen wir auch auf den GR 20, dem wir ab jetzt folgen. Ein kurzer steiler Aufstieg führt zur bewirtschafteten Bergerie de Tolla. Von dort aus gelangen wir über einen ebenen, schmalen Waldweg zu einer beeindruckenden Folge von Kaskaden. Auch hier finden wir Badeplätze in großer Auswahl.

450 m

STRECKE 14 km

5 h 30

ab 10

Wanderung: Wir folgen der Straße bis zu ihrem Ende. Hier wechseln wir auf einen breiten Forstweg (Hinweisschild Onda / Tolla). Nach zehn Minuten erreichen wir ein **rostiges Tor** ① an einer Brücke, das wir hinter uns wieder schließen. Nach knapp 20 Minuten folgen wir dem **Hinweisschild** rechts hinunter zum **Bach** ②. Hier warten bereits die ersten flachen Badestellen.

Auf dem markierten Weg wandern wir erst direkt am Bach entlang und durchqueren kurz darauf ein Geröllfeld, an dem man

TOUREN-STECKBRIEF

Anfahrt: Auf der Hauptstrecke durchs Inselinnere (N 193) folgen wir zwischen Vivario und Tattone kurz vor Tattone dem kleinen Sträßchen zum Ort Canaglia. Eine Handvoll Parkplätze finden wir in kleinen Parkbuchten vor dem Ort am Straßenrand bei **GPS N 42°09'42.0", E 9°08'18.0"** kurz vor dem Beginn der Wanderstrecke. Eine größere Parkfläche auf die auch ein kompaktes Wohnmobil passt, finden Sie direkt hinter der Flussbrücke links im Winkel der Serpentine vor dem Ort.

Anspruch und Charakter: Etwas rauher, steiniger Weg mit mäßiger Steigung. Viel Schatten und etliche schönen Badegumpen am Wegrand. Besonders schöne Bassins finden Sie an der Brücke Pont de Tolla, ein schönes Zwischenziel, das auch für jüngere Kinder erreichbar ist. Wanderschuhe notwendig!

Highlights: Badegumpen am Ziel der Wanderung.

Einkehr: Die Bergerie de Tolla ist einfach bewirtschaftet.

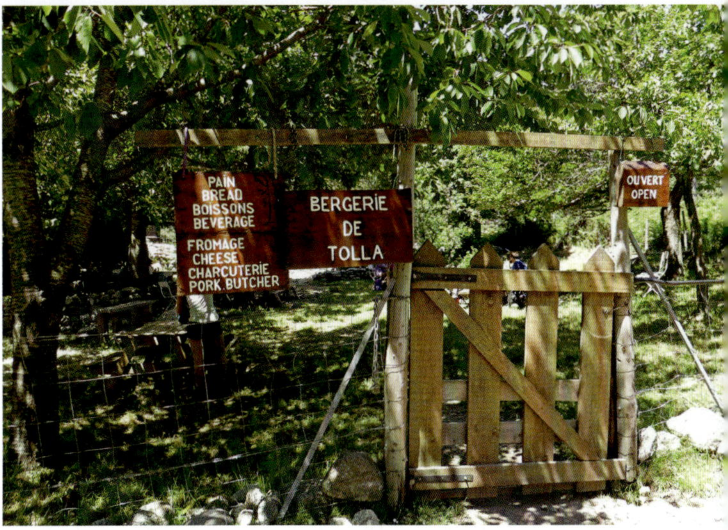

Bergerie de Tolla

ebenfalls gut ans Wasser kommt. Wer nur Baden möchte, ist hier bereits am Ziel.

Auf einem gemütlichen, sanft ansteigenden Forstweg gehen wir dann weiter am Ufer entlang. Der Weg wird bald steiniger und der unebene Grund erfordert beim Laufen volle Aufmerksamkeit. Nach 50 Minuten haben wir freien Blick auf einen schönen **Badeplatz mit kleinem Kiesstrand** am gegenüberliegenden Ufer. Auf einem breiten Betonsteig passieren wir dann den üppig sprudelnden Wasserfall **Cascade du Meli** ③.

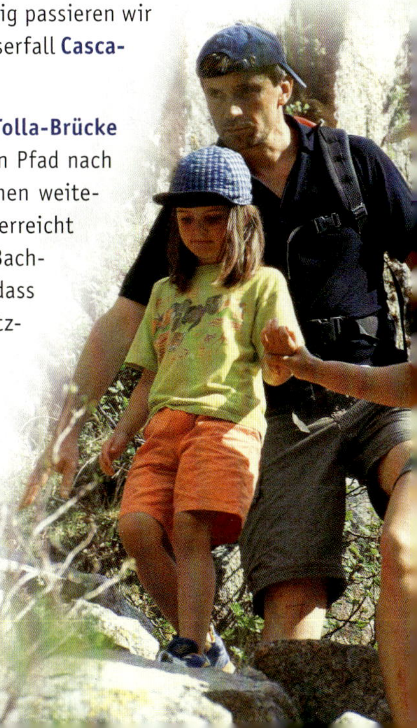

Wenig später stehen wir vor der **Tolla-Brücke** ④. Kurz vor der Brücke führt ein Pfad nach unten zu guten **Badestellen**. Einen weiteren Badeplatz unter der Brücke erreicht man am besten vom anderen Bachufer. Die Auswahl ist so groß, dass sich fast immer ein ruhiges Plätzchen finden lässt.

Zur Mittagszeit begegnen wir schon an der Brücke den ersten schwer bepackten Langstrecken-Wandernden. Wenn wir dann der rot-weißen GR 20-Markierung folgen und uns an den Aufstieg zur Bergerie machen, werden es immer mehr. Über

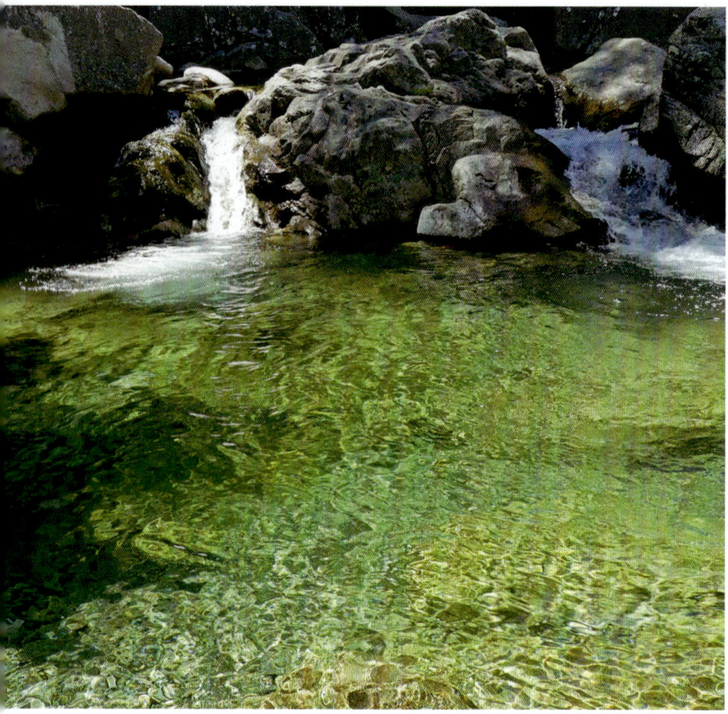

Kaskaden an der Pont du Tolla

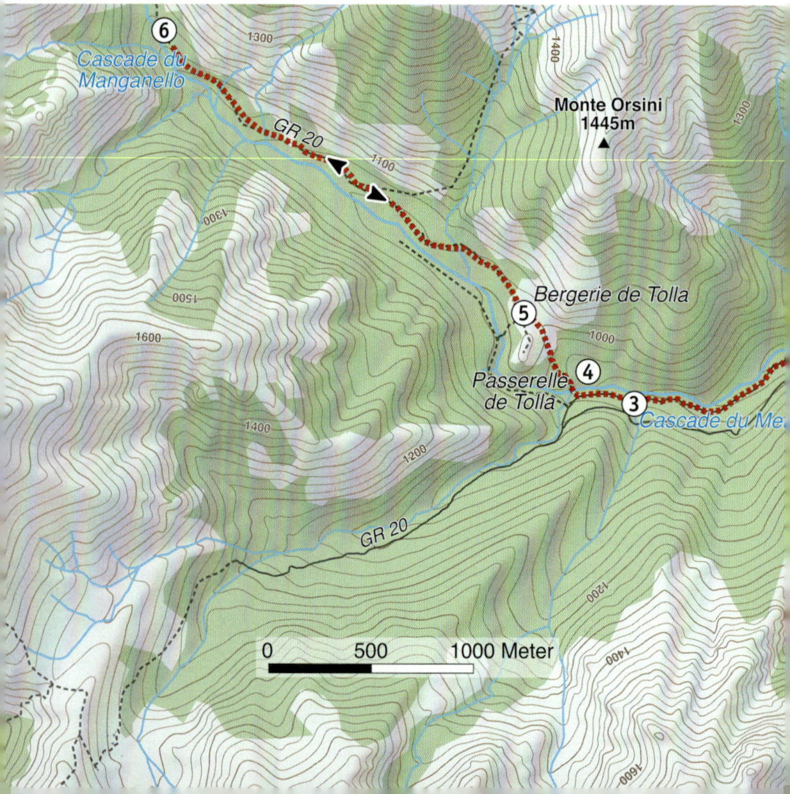

einen schmalen, in Serpentinen den Hang hinaufsteigenden Pfad erreichen wir in knapp 15 Minuten die rustikal gemütliche **Bergerie de Tolla** ⑤ mit Tischen in einem schattigen Garten. Serviert werden hier korsische Wurst und Käseplatten sowie kalte Getränke.

Hinter der Hütten taucht der Pfad in den Wald und führt uns durch ein dicht bewachsenes Hochtal. Wir spazieren 40 Minuten gemütlich im Schatten der Bäume bis zu einem mit Steinmännchen markierten Platz. Links sehen wir hier schon die Steinplatten über die das Wasser fließt. Hier befinden wir uns im oberen Teil der **Kaskaden** ⑥ und können über die Felsen zu den Badebecken hinabsteigen. Wer es sehr eilig hat, ins eiskalte Wasser zu kommen wählt schon vorher einen der Trampelpfade, die vom Hauptweg zum Fluss abzweigen.

Nach einer Badepause geht es auf gleichem Weg zurück zum Auto.

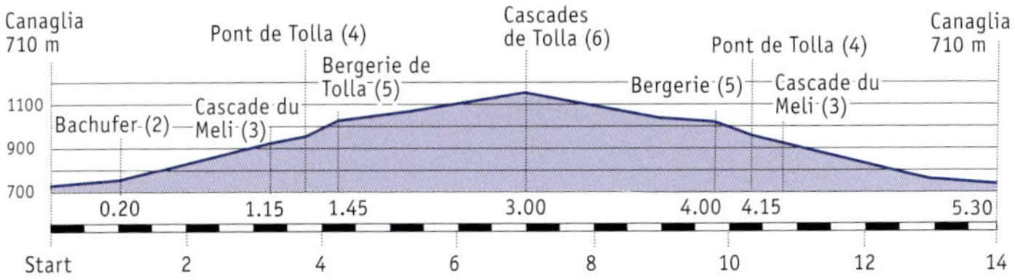

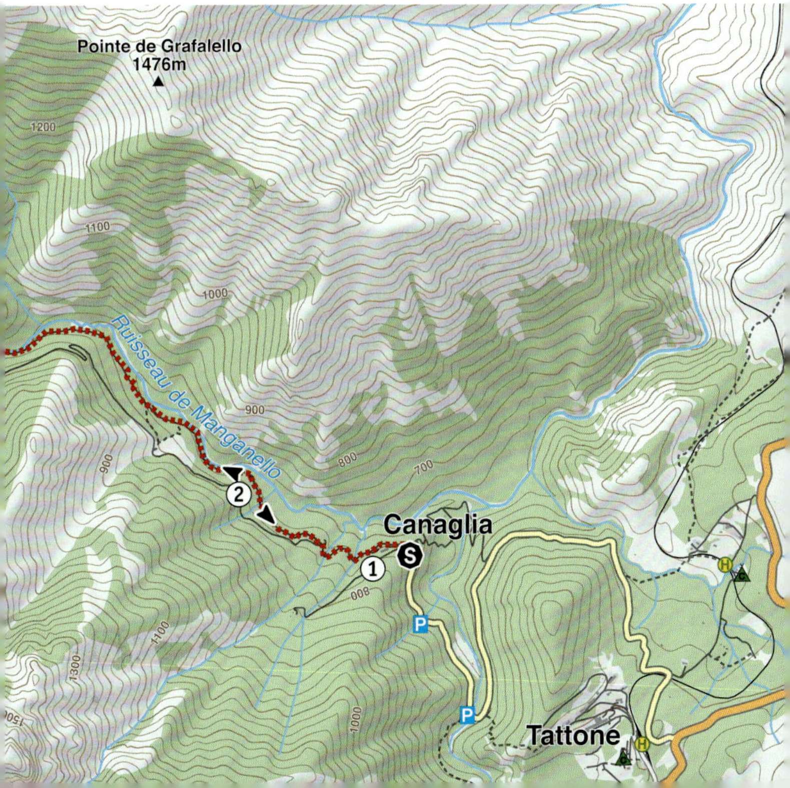

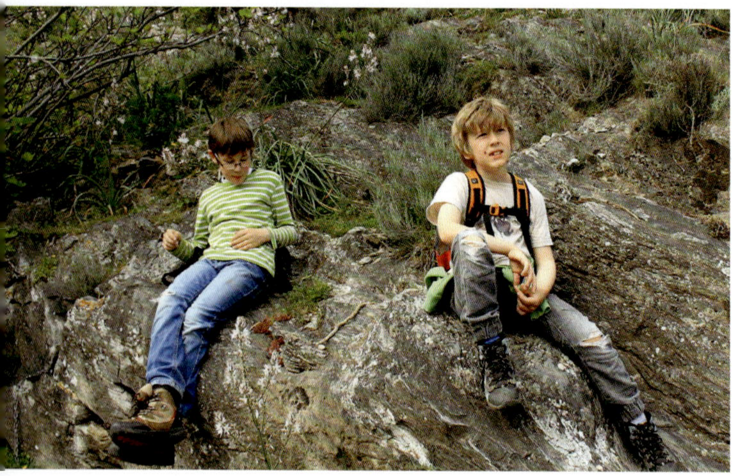

650 m

STRECKE 12,5 km

5 h 30

ab 8

Tour 47: Durch die Tavignano-Schlucht

Wanderung durch ein unbewohntes Tal

Wanderung auf gut markiertem, schmalem, streckenweise kräftig ansteigendem alten Hirtenpfad von Corté hinein in ein völlig unbebautes Tal. Erst weit und offen mit Blick auf Corté, dann wird das Tal schmaler und man sieht den Tavignano weit unten in der Schlucht blau schimmern. Ziel sind die schönen Badegumpen unterhalb der »Passerelle de Rossolino«, auf der man trockenen Fußes den Fluss überquert.

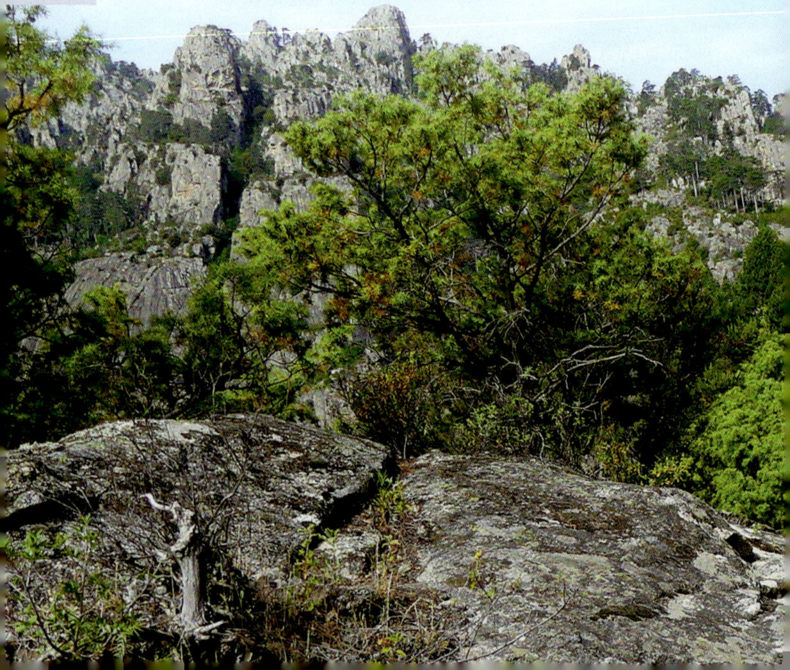

Wanderung: Vom Parkplatz an der Zitadelle folgen wir dem Wegweiser »Passerelle Russulino, Refuge de la Sega« und klettern gleich zu Beginn ein kurzes Stück über Felsplatten den Hang hinauf. Danach wird der Weg deutlich flacher, er steigt nur noch sanft an und führt uns an einigen **Gärten** ① vorbei.

Nach den ersten Kilometern ist Corté außer Sichtweite und wir erreichen einen **Picknickplatz mit Quelle und Holztisch** ②. Knapp zwei Kilometer weiter queren wir in einer Kurve einen Bach. Von nun an wird der Pfad deutlich steiler.

Über kleine Felsstufen klettern wir den Berg hinauf bis zum **Eingang der Schlucht** ③. Ab hier folgt der Weg – mit großen Felsplatten gepflastert – dem Flusslauf in stetem Auf und Ab. Unterwegs bieten sich immer wieder schöne Ausblicke in die Schlucht.

TOUREN-STECKBRIEF

Anfahrt: In Corté der Beschilderung zur Zitadelle und zum Museum oder zum Vallée du Tavignano folgen und das Auto auf dem Parkplatz bei **GPS N 42°18'29.0", E 9°08'51.0"** in der Rue St. Joseph nördlich der Zitadelle (am Museum) stehen lassen.

Anspruch und Charakter: Bis Antia schmaler, aber guter Wanderweg mit mäßiger Steigung, danach steiler Aufstieg und felsiger Weg, auf kurzen Strecken steil zum Fluss hin abfallend. Der Weg führt auf der südlichen Hangseite entlang und hat nur am Vormittag Schatten. An heißen Tagen früh starten und am besten erst am späten Nachmittag zurückkehren. Ausreichend Wasser mitnehmen und Badesachen nicht vergessen!

Highlights: Badegumpen am Ziel der Wanderung.

Einkehr: Cafés und Restaurants in Corté.

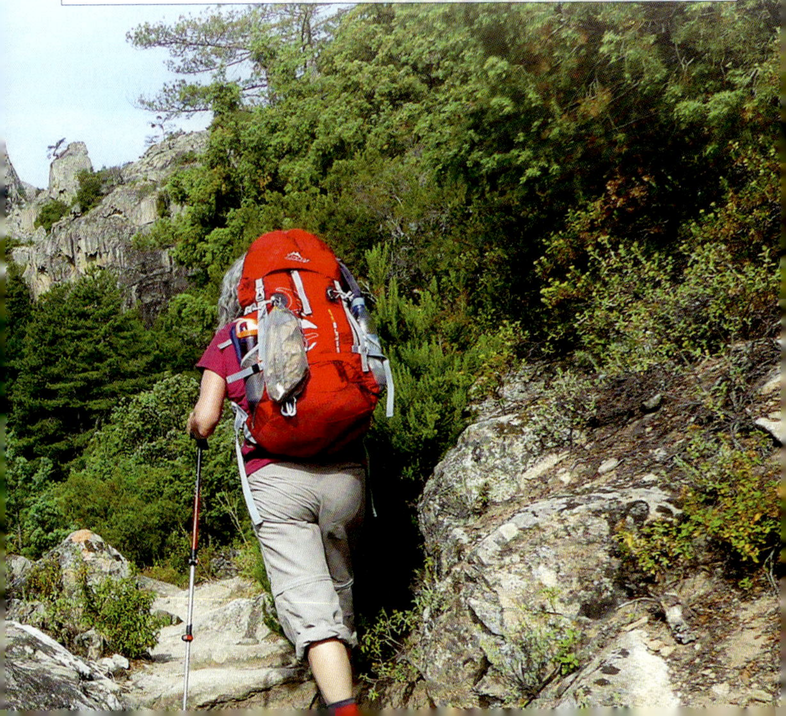

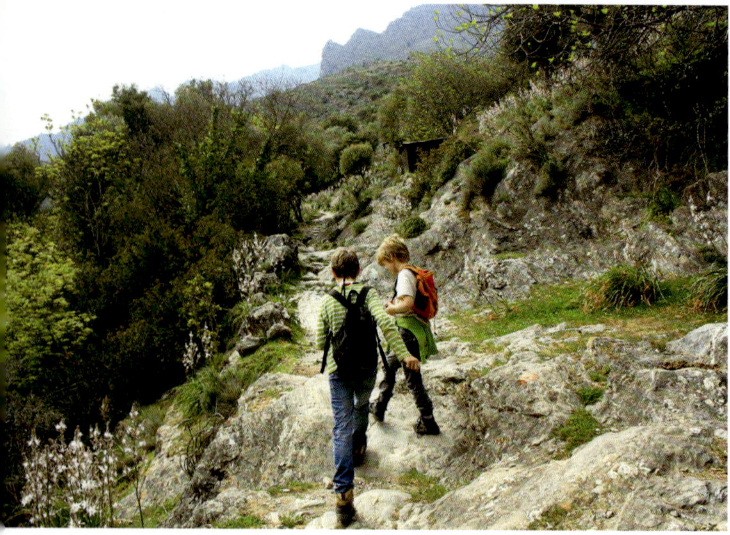

Im letzten Drittel folgen nach er **Überquerung des Antiabachs mit kleiner Gumpe** ④ mehrere steilere Abschnitte an denen wir über große Felsstufen hinaufklettern. Ein Felsen in der ersten Wegkehre bietet eine **natürliche Aussichtskanzel** ⑤ mit weitem Blick ins Tal. Kurz vor dem Ziel finden wir in einem Kiefernwäldchen etwas Schutz vor der höher steigenden Sonne.

Nach etwa drei Stunden Wanderzeit taucht die **Passerelle de Rossolino** ⑥ dann vor uns auf. Wir gehen hinüber und folgen dem Pfad, der links zum Fluss hinabführt. An heißen Sommertagen versammeln sich hier gegen Mittag allerdings viele Wanderer, sodass uns ein schöner, aber nicht unbedingt einsamer Badeplatz

Vorschlag für Abenteuerlustige:
Den Tavignano erforschen
Von den Badebecken unter der Brücke aus kann man dem Fluss ein Stück in die Schlucht folgen – durch das Wasser und über große Steine. Nicht barfuß gehen, gut sitzende Badeschuhe mitnehmen!

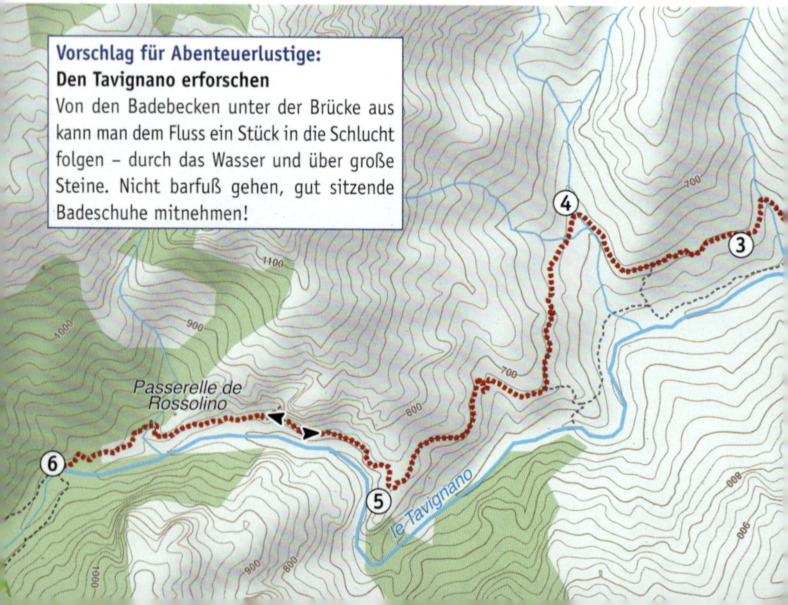

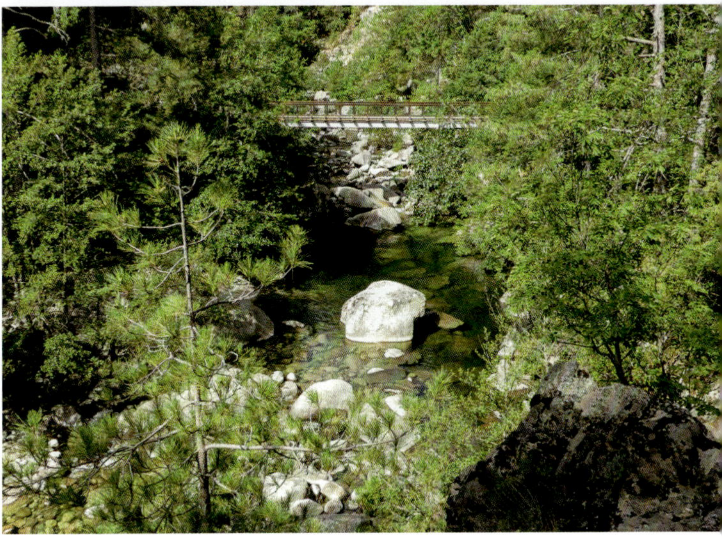

erwartet. Wer es ruhiger möchte kann sich aber im Bachbett ein Stückchen flussaufwärts klettern und sich auf die Suche nach einer eigenen Gumpe machen. Zurück gehen dann wir denselben Weg, nun deutlich müheloser, da meist bergab.

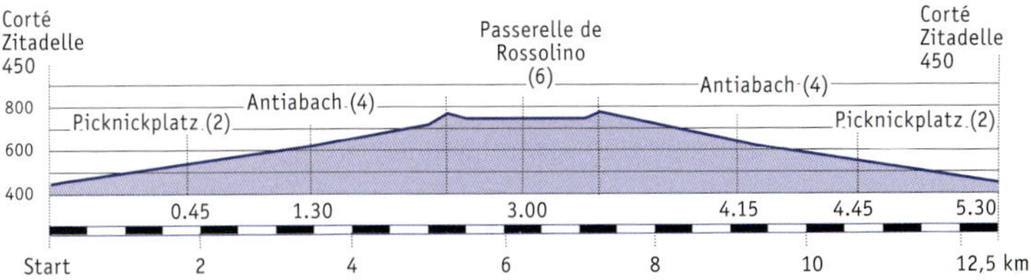

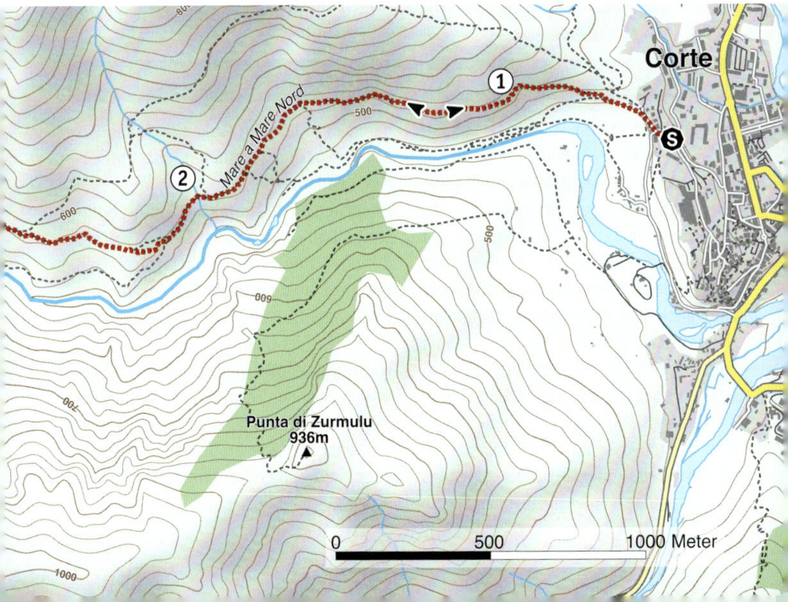

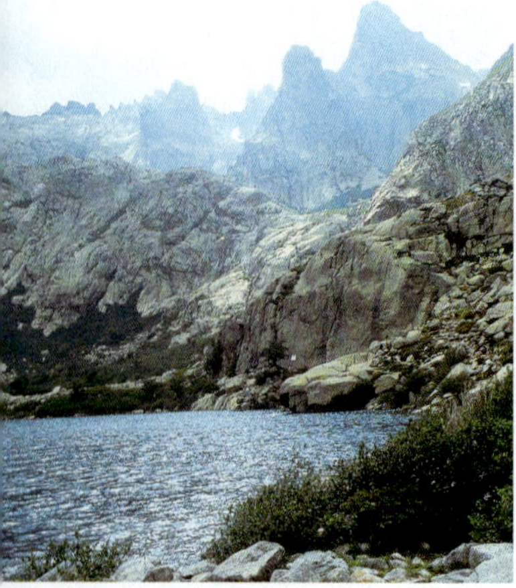

Tour 48: Abenteuer am Melo-See

Eine Bergtour im Restonica-Tal

Aufstieg über schattenlosen Bergpfad durch das Restonica-Tal. Der Weg führt über kleine Bergbäche, vorbei an Wasserfällen bis zur urigen Melo-Bergerie mit Käseverkauf. Dort sitzt man auf rustikalen Holzbänken und isst Sandwich oder Kastanienkuchen. Es folgt der Aufstieg zum Melo-See, für den es eine einfache und eine anspruchsvolle Variante gibt. Beliebte Tour, vor allem in der Hochsaison alles andere als einsam!

350 m

STRECKE 4,5 km

2 h 45

ab 8

Wanderung: Hinter der **Bergerie Grotelle** folgen wir der gelben Markierung den sanft ansteigenden Pfad hinauf. Er führt an kleinen Wasserfällen vorbei über mehrere Bäche. Vor uns sehen wir die Restonica und steil aufragende Berge. Fast mühelos erreichen wir nach einer knappen halben Stunde die bereits von unten sichtbare **Melo-Bergerie** ①.

Ab hier wird der Weg anstrengender. Wenige Minuten nach der Bergerie kommen wir zu einer **Kreuzung** ② mit einer großen Steinpyramide – hier haben wir die Wahl zwischen einem einfachen und einem schwierigen Aufstieg. Die einfache Strecke führt links des Bachs durch dichtes Gestrüpp steil bergauf. Der Weg

TOUREN-STECKBRIEF

Anfahrt: Wir fahren von Corté auf der D623 in Richtung »Vallée de la Restonica«. Bis zum Camping Tuani ist die Straße schmal, aber gut befahrbar. Ab dem Campingplatz ist die Strecke auf eine Fahrzeugbreite von 1,90 Meter und 4,5 Tonnen begrenzt. **Im Juli und August wird auch der PKW-Verkehr reglementiert:** Die Straße wird gesperrt, sobald der Parkplatz oben an der Bergerie Grotelle voll ist. Das hat auch Gründe, denn die Fahrt ist abenteuerlich. Viele Stellen sind so eng, dass zwei PKW nicht aneinander vorbeikommen. Zudem geht es steil bergauf, und gleich neben der Straße gähnt der Abgrund. Parken darf man nur auf den gekennzeichneten kostenpflichtigen Parkplätzen.

Anspruch und Charakter: Guter Bergsteig. Der schwierigere Zustieg »Accès difficile« führt weglos über Felsplatten und zwei unkomplizierte Leitern. Nur bei trockenem Boden gehen. Bis in den Mai muss man hier oben mit Schnee rechnen.

Highlights: Tolle Gebirgslandschaft, bis in den Sommer Schneefelder am Lac de Melo, Felskletterei auf dem Accès difficile.

Einkehr: Bergerie Grotelle am Parkplatz oder Melo Bergerie auf halbem Weg.

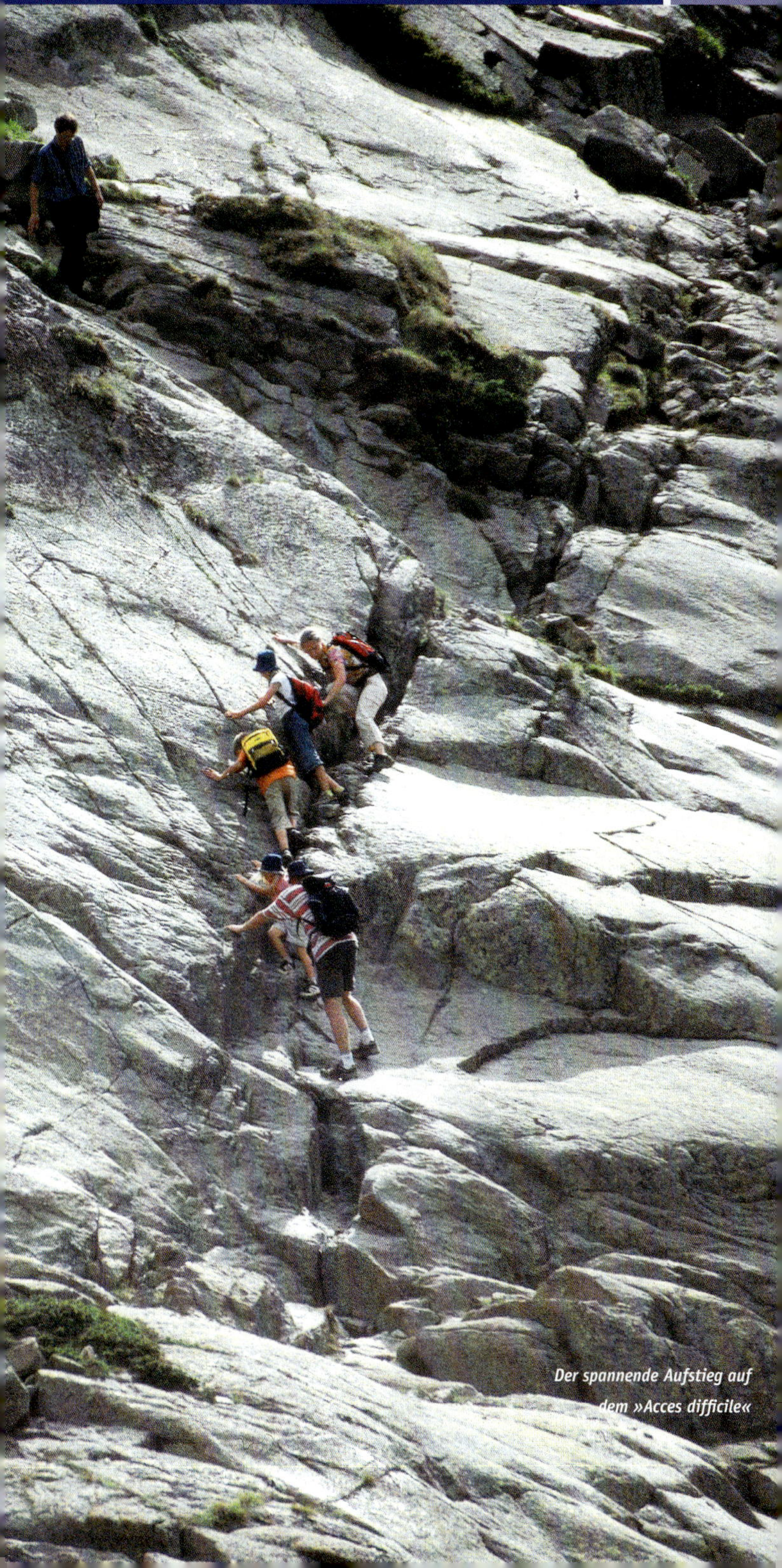

Der spannende Aufstieg auf dem »Acces difficile«

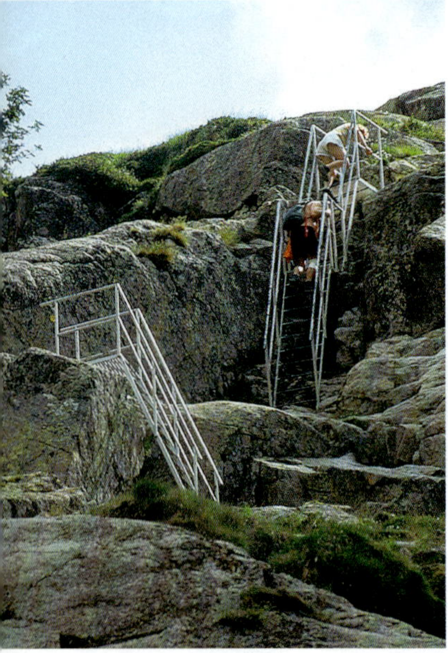

Treppen auf dem »Acces difficile«

besteht aus groben Steinen, die an eine Geröllhalde erinnern. Unbequem, aber ungefährlich zu gehen. Nach 45 Minuten erreichen wir den See.

Die schwierige Strecke **»Accès difficile«** sollten nur bergerfahrene Familien wählen. Er geht erst mal recht angenehm weiter, wird dann aber deutlich steiler. Gegen Ende besteht der Weg aus schräg abfallenden Felsplatten, die zu hohen Steinstufen führen, die nur mit Hilfe der Hände zu erklimmen sind. Bei Nässe wird es hier gefährlich! Zum Abschluss folgt eine vergleichsweise harmlose Kletterpartie über **zwei Metalltreppen** und eine Steinwand, die wir mit Hilfe eines Stahlseils überwinden.

In der **Bergerie Grotelle** kann man außer Getränken und Kaffee auch Kastanienkuchen oder Sandwiches mit korsischem Käse oder Schinken bekommen.

Oben ruht der **Melo-See** ③, eindrucksvoll eingebettet in einen Bergkessel. Hier findet man im Juni meist noch Schneefelder. Auf dem Rückweg überquert man den Bach und steigt auf dem »einfachen« Pfad hinab bis zur Weggabelung und zurück zum Parkplatz.

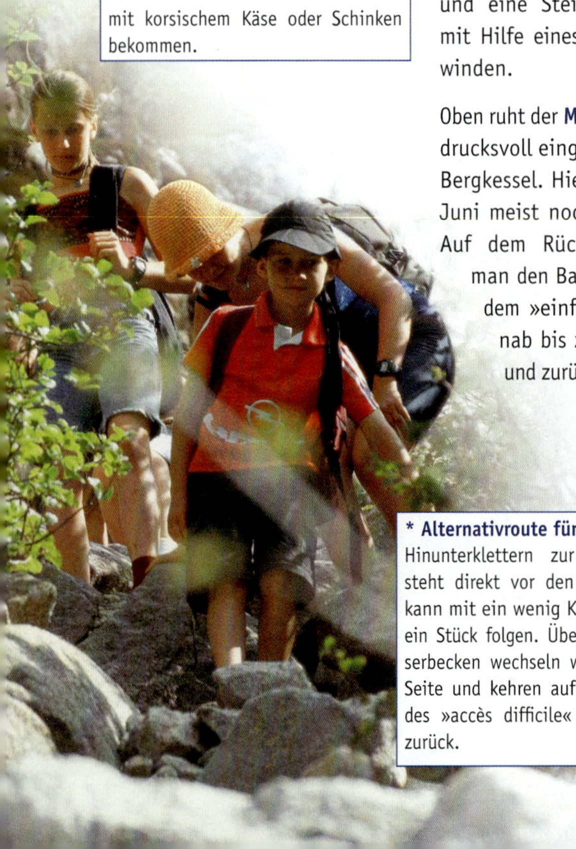

*** Alternativroute für den Rückweg:** Hinunterklettern zur Restonica. Man steht direkt vor den Wasserfällen und kann mit ein wenig Kletterei dem Bach ein Stück folgen. Über ein flaches Wasserbecken wechseln wir auf die andere Seite und kehren auf dem unteren Teil des »accès difficile« zur Weggabelung zurück.

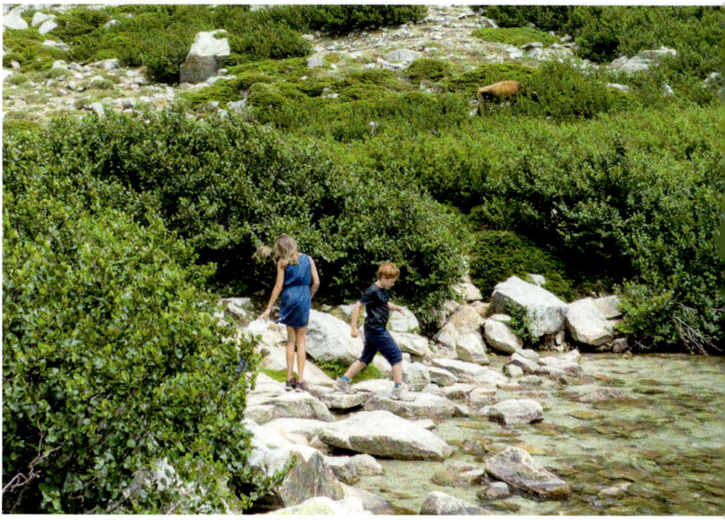

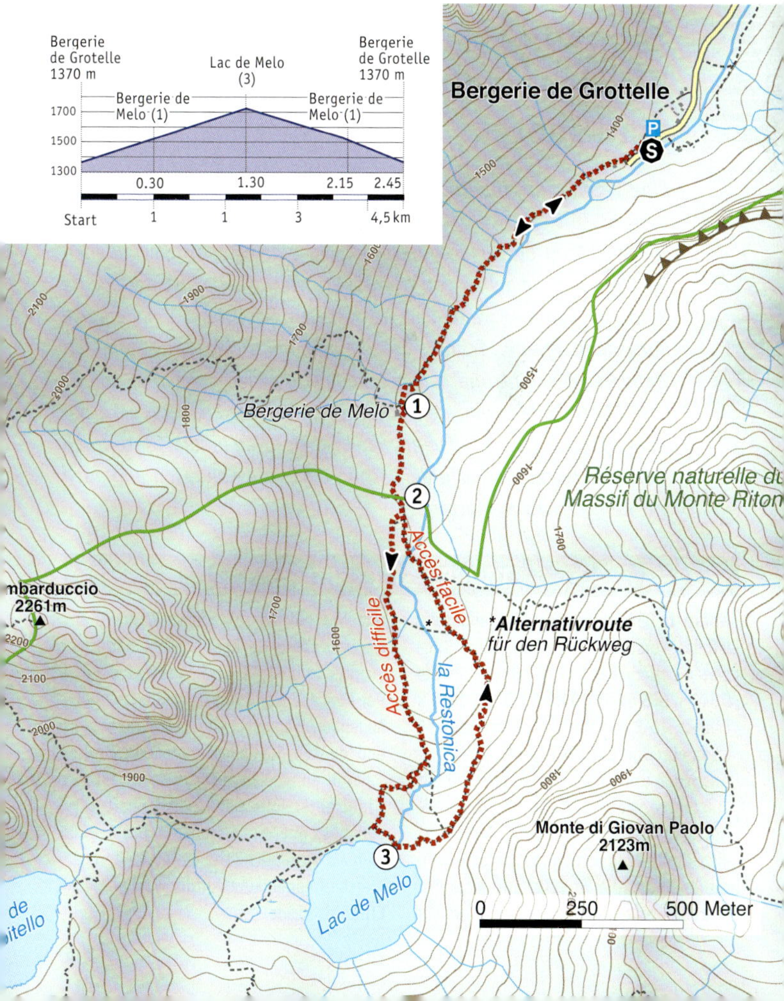
Bergerie de Grotelle 1370 m
Lac de Melo (3)
Bergerie de Grotelle 1370 m
Bergerie de Melo (1)
Bergerie de Melo (1)
1700
1500
1300
0.30
1.30
2.15
2.45
Start
1
1
3
4,5 km
Bergerie de Grottelle
Bergerie de Melo
Réserve naturelle du
Massif du Monte Riton
Accès facile
Accès difficile
la Restonica
*Alternativroute
für den Rückweg
Monte di Giovan Paolo
2123m
Lac de Melo
0
250
500 Meter

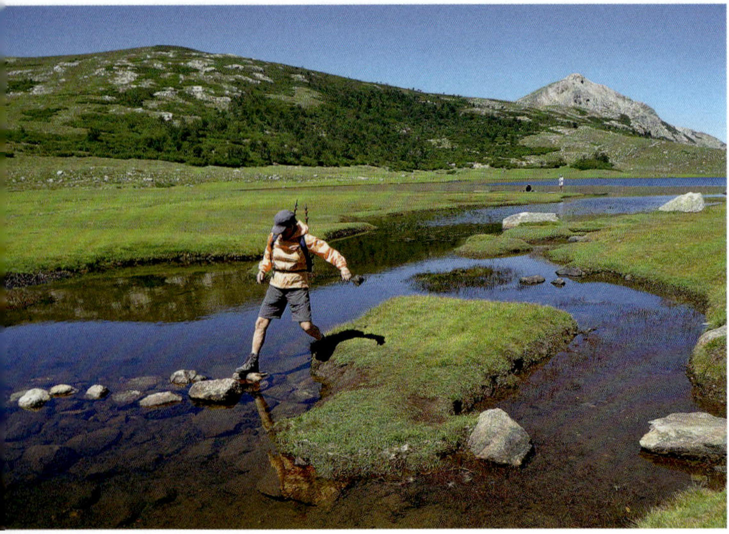

700 m

STRECKE 10,5 km

5 h 30

ab 10

Tour 49: Pferdeparadies am Ninosee

Eine Wanderung ins Hochgebirge

Ein leuchtend blauer See, gespeist von einem schön gewundenen Bächlein und umgeben von tiefgrünen Wiesen – das ist der Lac de Nino. Im Sommer weiden in dem stillen Bergkessel um den See Ponys und Pferde, Schafe, Ziegen und Kühe. Die Ponys sind an Wanderer gewöhnt und kommen neugierig näher – wenn sie gerade Lust haben, oder wenn den Rucksäcken auf der Picknickdecke besonders aromatische Düfte entweichen. Der Weg hinauf führt durch Wald und Felsen und erfordert schon eine gute Kondition und auch ein wenig zünftige Kletterei.

TOUREN-STECKBRIEF

Anfahrt: Der Startpunkt der Wanderung ist das Forsthaus Poppaghia fünf Kilometer östlich des Col de Vergio an der D 84 bei **GPS 42°17′04.0″, E 8°55′16.0″**. Er liegt 40 Kilometer von Porto oder 55 Kilometer von Corté entfernt.

Anspruch und Charakter: Lange und mit 700 Höhenmetern recht anstrengende Hochgebirgstour. Im unteren Bereich ist die Orientierung nicht ganz einfach, weiter oben ist die Strecke gut markiert, führt aber weglos über Felsen (Vorsicht rutschig bei Nässe). Diese Wanderung ist eine echte Hochgebirgstour und die anspruchsvollste Tour in diesem Buch. Der Weg ist etwa von Juni bis Oktober begehbar. Wanderschuhe sind notwendig und denken Sie, auch wenn die Sonne scheint, an eine warme Jacke!

Highlights: Tolle Gebirgslandschaft um den See, mit ein bisschen Glück trifft man auf zutrauliche frei laufende Pferde, Klettereinlagen kurz vor der Hochebene.

Einkehr: Keine.

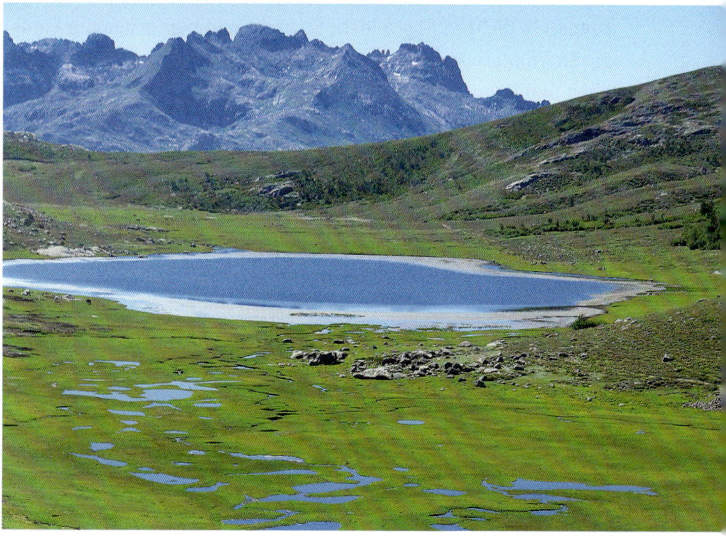

Wanderung: Vom Parkplatz am **Forsthaus Poppaghia** folgen wir der gelben Markierung zum Lac de Nino. Der breite, steinige Weg führt leicht ansteigend in den Wald und wird schnell schmaler. An einer **Brücke** ① erreichen wir einen Bach und laufen, ohne die Brücke zu überqueren, über den Fahrweg durch den Wald hinauf. Aus einem Pfad werden mehrere und wir müssen hier gut auf die gelben Farbkleckse und Steinmännchen achten, um den undeutlichen Weg über Stock und Stein nicht zu verlieren. Nach etwa einer halben Stunde geht es links hinab über einen **Bach** ②. Diese Stelle ist leicht zu übersehen. Über Felsplatten steigen wir weiter hinauf bis zur Baumgrenze, wo wir rechts ein kleines Steinhaus sehen. Das ist die **Bergerie de Colga** ③.

Der **Lac de Nino** ist bis zu elf Meter tief und fünf bis sechs Monate des Jahres gefroren. Sicher schneefrei finden wir das Hochtal ab Juni, und am schönsten ist es hier oben im Frühsommer, wenn das Gras am Ufer noch grün ist. Pferde und Ponys weiden nur im Hochsommer hier oben und auch dann gibt es leider keine Garantie sie auch zu sehen, da sich die Tiere frei in den Bergen bewegen können.

Ab hier wird der Aufstieg steiler und von einem Weg ist weit und breit nichts mehr zu sehen. Aber dafür stehen die Wegmarkie-

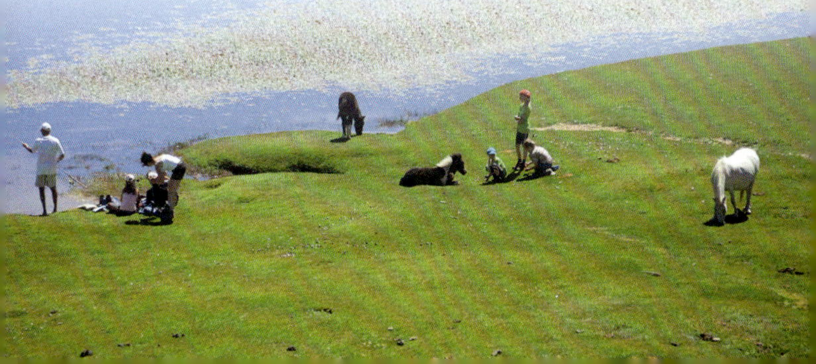

rungen in dichten Abständen. So kann man hier prima die Kinder zu Pfadfindern machen und von Steinmännchen zu Steinmännchen den Hang hinaufkraxeln. Zum Klettern über die Felsplatten braucht man dabei teilweise die Hände und an einigen Stellen sollten die Eltern direkt hinter den Kindern gehen, um den Aufstieg zu sichern. Nach gut zwei Stunden haben wir den Sattel an der **Bocca a Stazzona** ④ erreicht und damit den **höchsten Punkt**. Unter uns liegt der **Lac de Nino**.

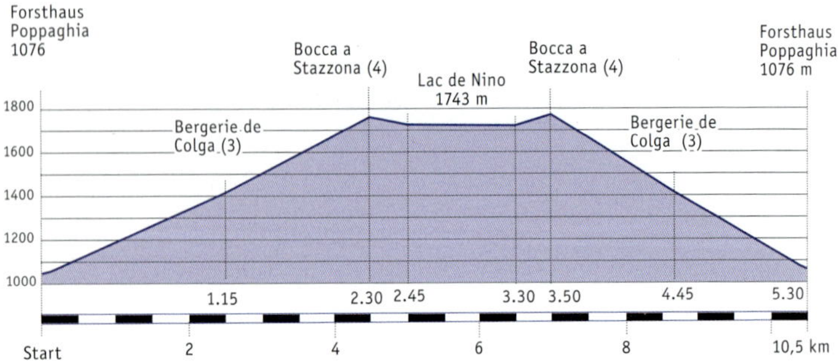

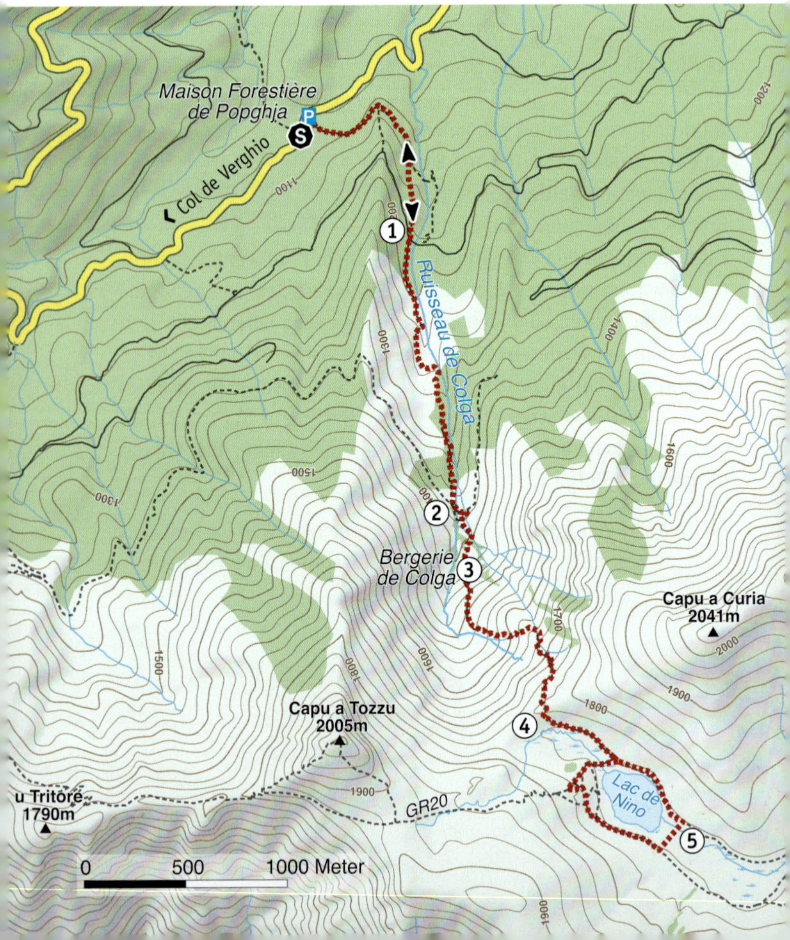

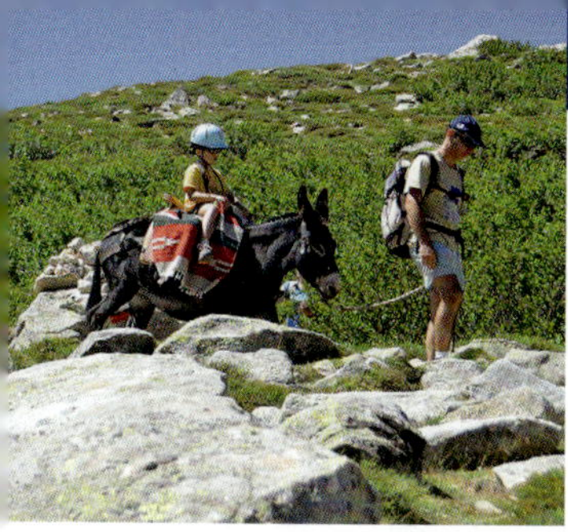

Mit Esel zum Lac de Nino

ab 6 Jahre, Gehzeit 4–5 h

Auch mit jüngeren Kindern wird der Lac de Nino erreichbar, wenn man einen langohrigen Begleiter mit zum See nimmt. Ihren Esel für einen Tag leihen Sie bei Promenane. Der Stall befindet sich kurz vor Albertacce. Die Wanderung startet dann an der Fontaine Caroline einige Kilometer westlich des Forsthauses und folgt der Trasse des GR 20. Der Aufstieg vom Forsthaus ist für Esel nicht passierbar! Pro Esel zahlen Sie €75 für die Tagestour zum Lac de Nino. Es sind aber auch Halbtagestouren zur Bergerie de Radule möglich.

La Promenane, 20224 Albertacce,
Tel. 0033 (0)615294564.
www.randonnee-ane-corse.com

Das letzte Stück läuft sich dann von ganz alleine: Der See zieht magisch an und außerdem geht es jetzt bergab.

Wer noch Kraft hat, umrundet auf der Suche nach dem schönsten Rastplatz den See. Am Zufluss am hinteren Seeende wartet ein neues Abenteuer: Hier führen **Trittsteine** ⑤ über das Wasser. Sehr müde Wanderer sparen sich die Runde um den See und steigen nach einer ausgiebigen Pause auf dem gleichen Weg wieder hinunter. Die steilsten Passagen passiert man jetzt andersherum: Ein Elternteil geht voraus, um psychische und praktische Sicherheit zu geben.

Ab der **Bergerie de Colga** ③ geht der Abstieg flott voran. Kurz hinter der Bergerie überqueren wir erneut den Bach und folgen dann dem vertrauten Weg zurück zum Forsthaus.

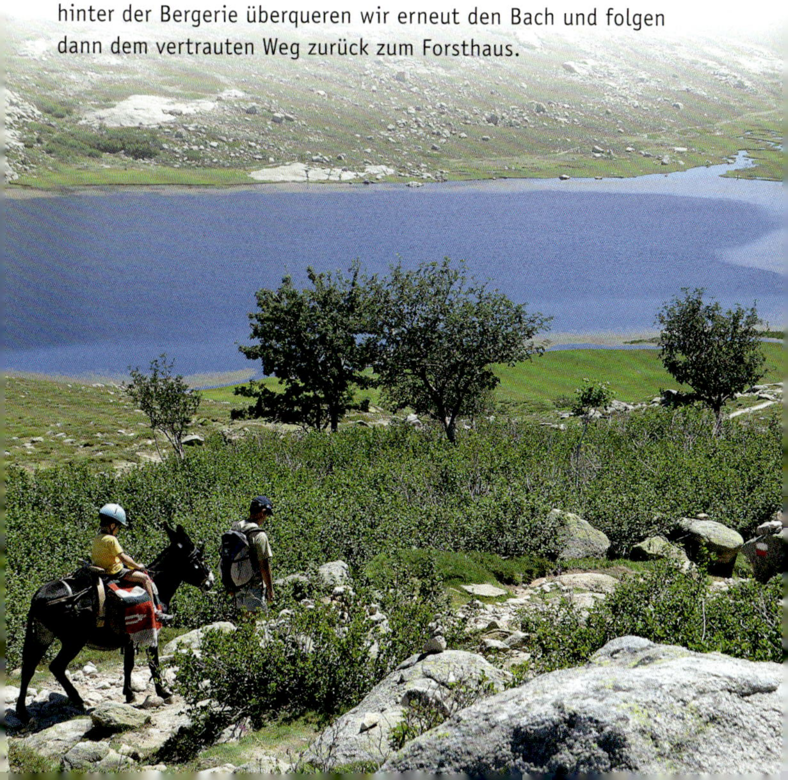

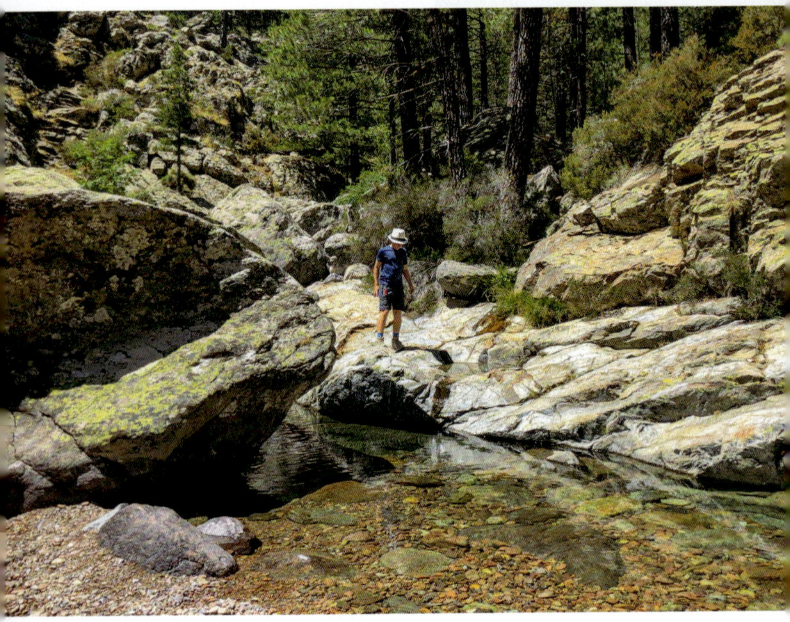

80 m

STRECKE 3 km

1 h 30

ab 6

Tour 50: Durch das Tassineta-Tal

Wasserfall und Badegumpen

Wanderung auf einem schmalen steinigen Pfad mit einigen einfachen Kletterstellen durch ein raues Hochgebirgstal. Der Weg führt immer ein Stück über dem sprudelnden Wasser und den eiskalten Badebecken des Tassineta-Bachs entlang und man kann an mehreren Stellen zum Wasser hinuntersteigen, um sich in einer der Gumpen abzukühlen. Am Ziel der Wanderung schauen wir auf den Wasserfall Cascade d'Ondella, der in mehreren Stufen über die Felsen sprudelt.

TOUREN-STECKBRIEF

Anfahrt: Der Parkplatz, von der diese Wanderung startet, liegt direkt an der Straße durchs Ascotal – etwa in der Mitte zwischen dem Ort Asco und dem Ende der Straße bei Haut Asco. Ein gutes Stück hinter der Ortsausfahrt von Asco überquert die Straße den Fluss über eine schmale Brücke. Wenig später liegt rechts am Flussufer bei **GPS N 42°25'29.0", E 8°57'56.0"** ein grob geschotterter Parkplatz mit steiler, unebener Zufahrt.
Markierung: Steinmännchen.

Anspruch und Charakter: Schmaler, streckenweise nicht ganz eindeutig markierter Wanderweg über Stock und Stein und umgefallene Baumstämme. Der Weg ist größtenteils schattig und auch im Hochsommer gut begehbar. Wanderschuhe und Trittsicherheit notwendig!
Highlights: Schöne Badegumpen und einsame Plätzchen.
In der Nähe: Erste schöne Plätze am Fluss finden sich gleich am Parkplatz.

Wanderung: Vom Parkplatz laufen wir etwa 100 Meter flussaufwärts und überqueren den durch das Ascotal fließenden Stranciacone über eine Brücke. Links vor uns ragt die **»Maison de Moufflon«** aus dem Wald. Rechts von uns mündet die Tassineta in den Bach. Wir folgen einem der Pfade, die am linken Tassineta-Ufer hinauf führen. Das erste Stück begleitet uns links ein **Zaun.** Will man nicht zum Wasser hinunter, läuft man anfangs am besten weiter oben in Zaunnähe, um allzu viele Schlangenlinien hinauf und hinab zu vermeiden. Die Pfade in Bachnähe führen meist hinunter zum Ufer.

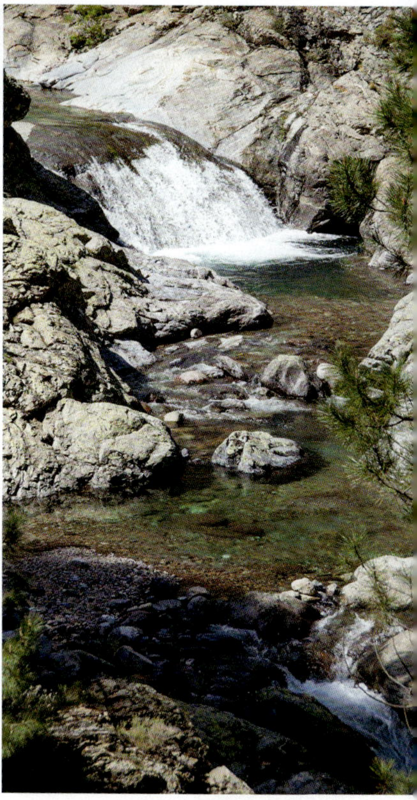

Nach gut 20 Minuten, der Zaun links ist inzwischen verschwunden, taucht der Weg unter einem dicken **Felsbrocken** ① hindurch. Kurz darauf stehen wir auf einem kleinen **Plateau** mit Blick hinunter auf eine schöne, aber recht **flache Badegumpe** ② mit Kiesstrand. Kurz darauf queren wir den ersten **Zufluss zur Tassineta,** der zumindest im Frühsommer so viel Wasser führt, dass man von Stein zu Stein balancieren muss, um trockene Füße zu behalten. Auch wenn das Bächlein später im Jahr trocken ist, bietet die Senke einen guten Orientierungspunkt.

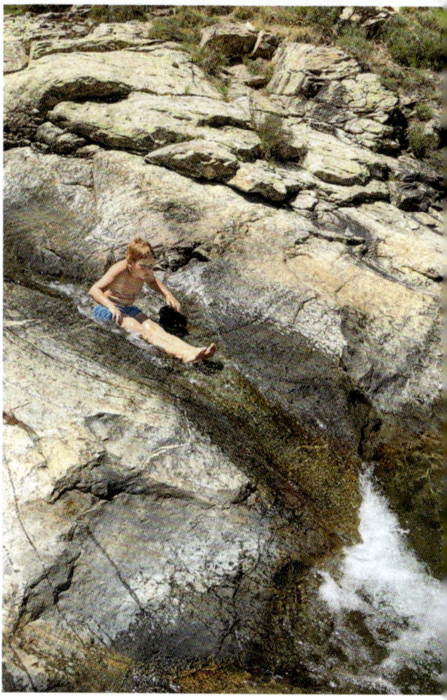

Etwa 200 Meter weiter ist unten im Tal eine **große Gumpe mit Wasserfall** zu sehen. Kurz darauf teilt sich der Weg

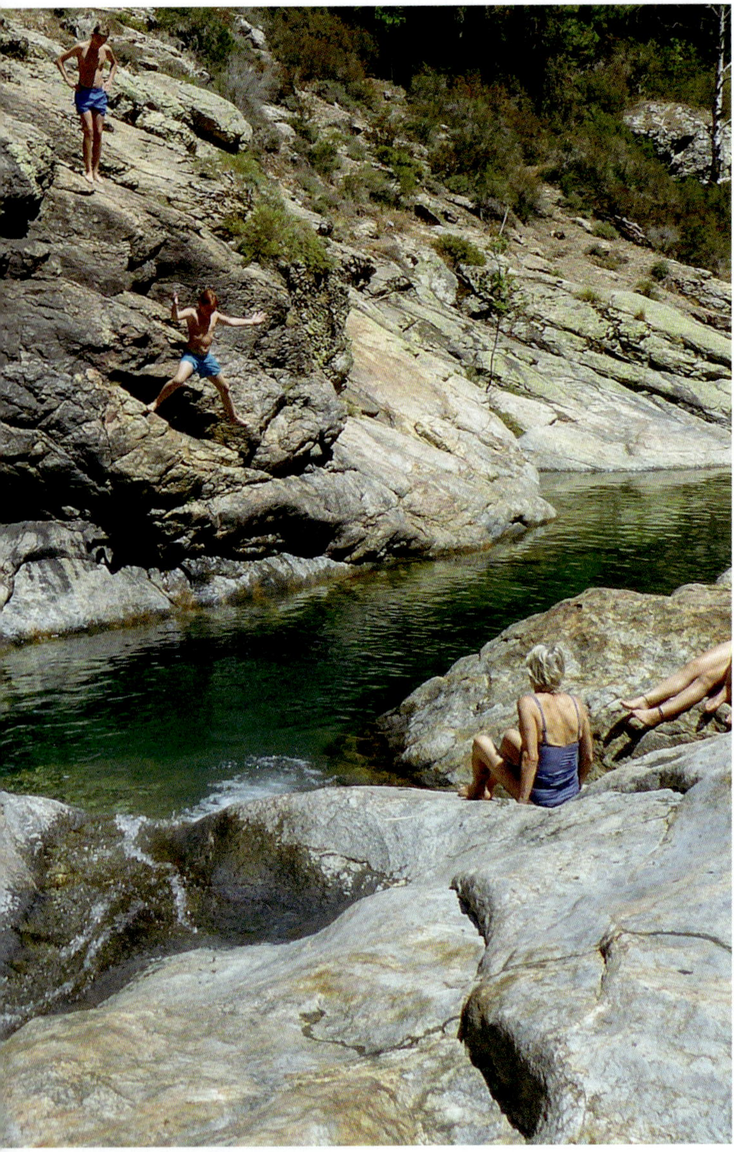

und mehrere Pfade führen links die Felsen hinauf. Der deutlichere Weg bleibt unten, biegt rechts ab und bringt uns zum Fluss hinunter. Wir erreichen das Ufer an einer tollen Stelle mit Felsen und einer **tiefen Badegumpe** ③, die das Ziel der kürzeren Wanderung ist. Der Platz eignet sich zum Baden und Klettern und natürlich für ein Picknick. Zurück geht es dann auf dem gleichen Weg.

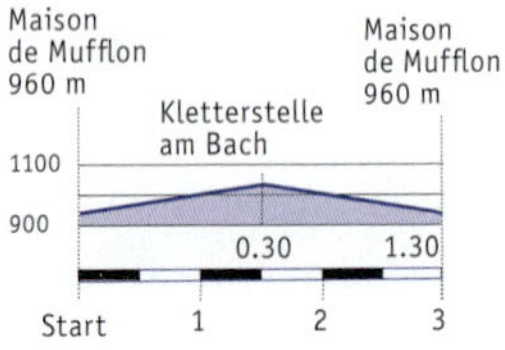

Die Variante für konditionsstarke Wander-Kids

Abenteuerlustige Familien mit trittsicheren Kindern können von der Gumpe am Bach weiter hinaufsteigen bis zur **Ruine der Bergerie de Tassineta** ⑤. Dort endet der Weg und das Tal wird zum Schutzgebiet für Mufflons und Hirsche, das nicht betreten werden darf. Die Ruine der Bergerie besteht nur noch aus den Grundmauern mehrerer Gebäude, die zunehmend von Brombeeren überwuchert werden. Der Weg hinauf ist gut mit Steinmännchen markiert, beginnt aber ebenfalls zu verwildern. Die Wegbeschreibung finden Sie rechts im Kasten.

Aufstieg zur Ruine der Bergerie de Tassineta

ab 8 Jahre, zusätzlich 3 km, ⇅ 150 m.
Zuerst einmal ist es nicht ganz einfach an der Gumpe den Aufstiegsweg zu finden. Der Pfad überquert hier den Bach, schlägt am anderen Ufer einen Bogen. und führt zurück auf die andere Seite. Ab hier ist der Pfad gut mit Steinmännchen markiert. Nach einem supersteilen Aufstieg stehen wir auf der **ersten Höhe** und blicken in der schräg gegenüberliegenden Bergwand auf den Wasserfall von Ondella, der im Sommer oft versiegt. Dann klettern wir in eine Senke hinunter, durchqueren einen weiteren **Bachlauf** ④ und steigen in einem großen Bogen auf den nächsten Hügel. Ein paar saftige Grasflecken und die Reste eines gemauerten Hirtenunterstandes sind alles, was von der ehemaligen **Bergerie de la Tassineta** ⑤ übrig ist. Der Platz eignet sich trotzdem gut für eine Rast oder ein Picknick.

An der Bergerie drehen wir um und laufen zurück. Kurz hinter dem Aussichtspunkt auf der Höhe teilt sich der Weg ⑥. Wir gehen hier rechts und bleiben so auf der Höhe und kommen nicht mehr zum Bach hinunter. Unser Pfad mündet kurz vor dem Abstieg zur Gumpe auf dem bereits bekannten Weg.

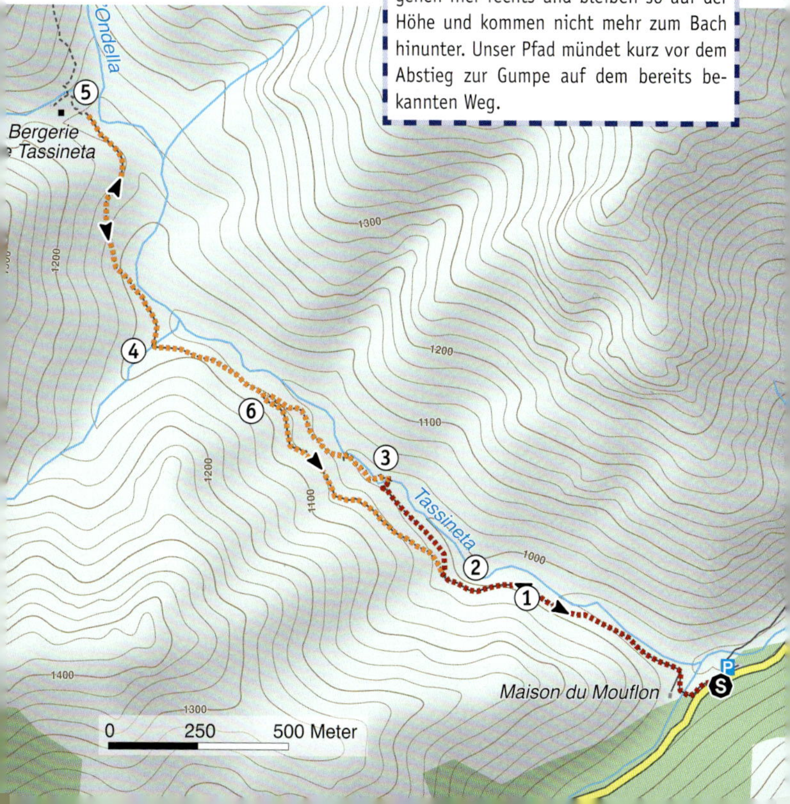

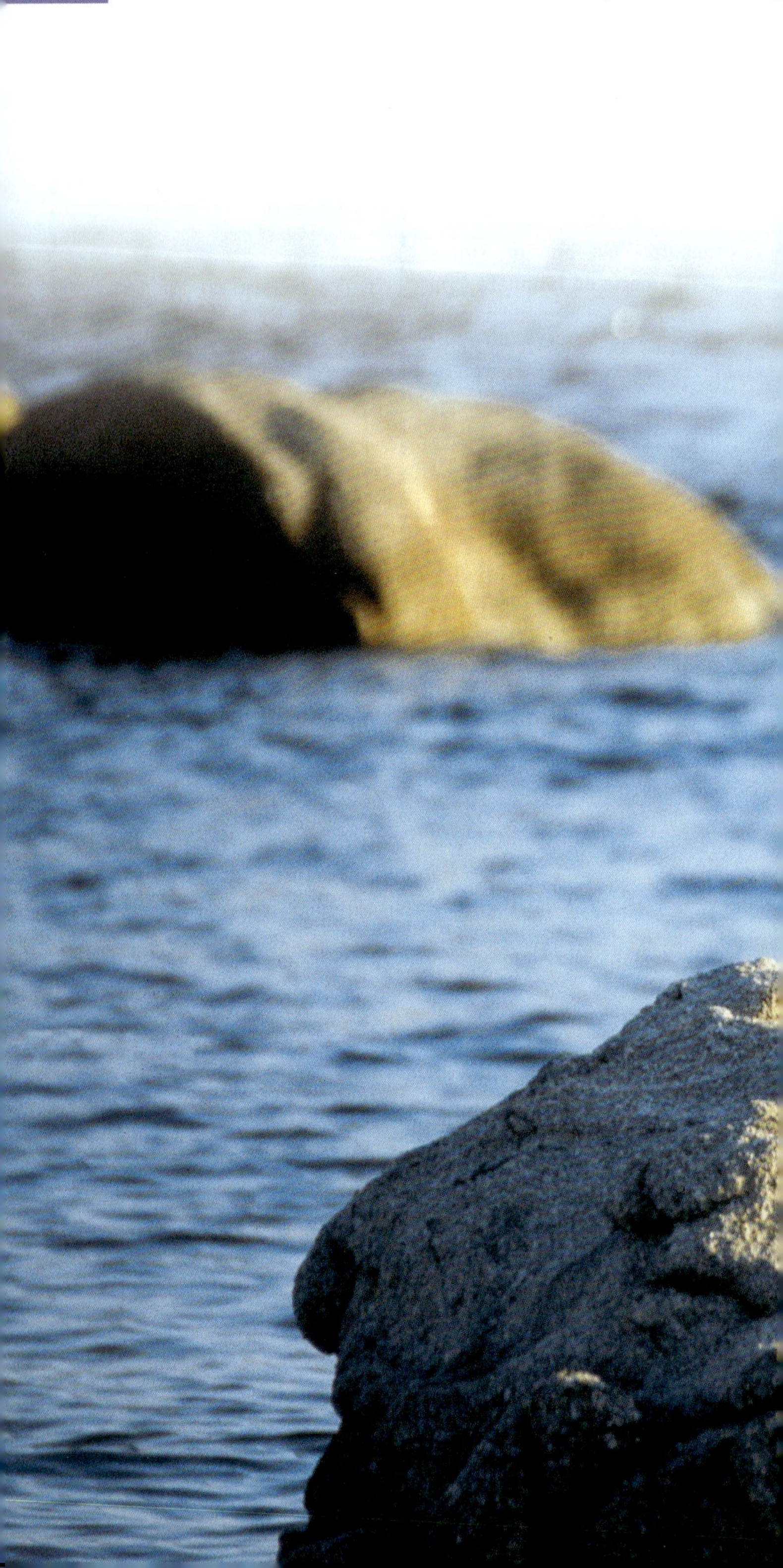

REISEINFORMATIONEN

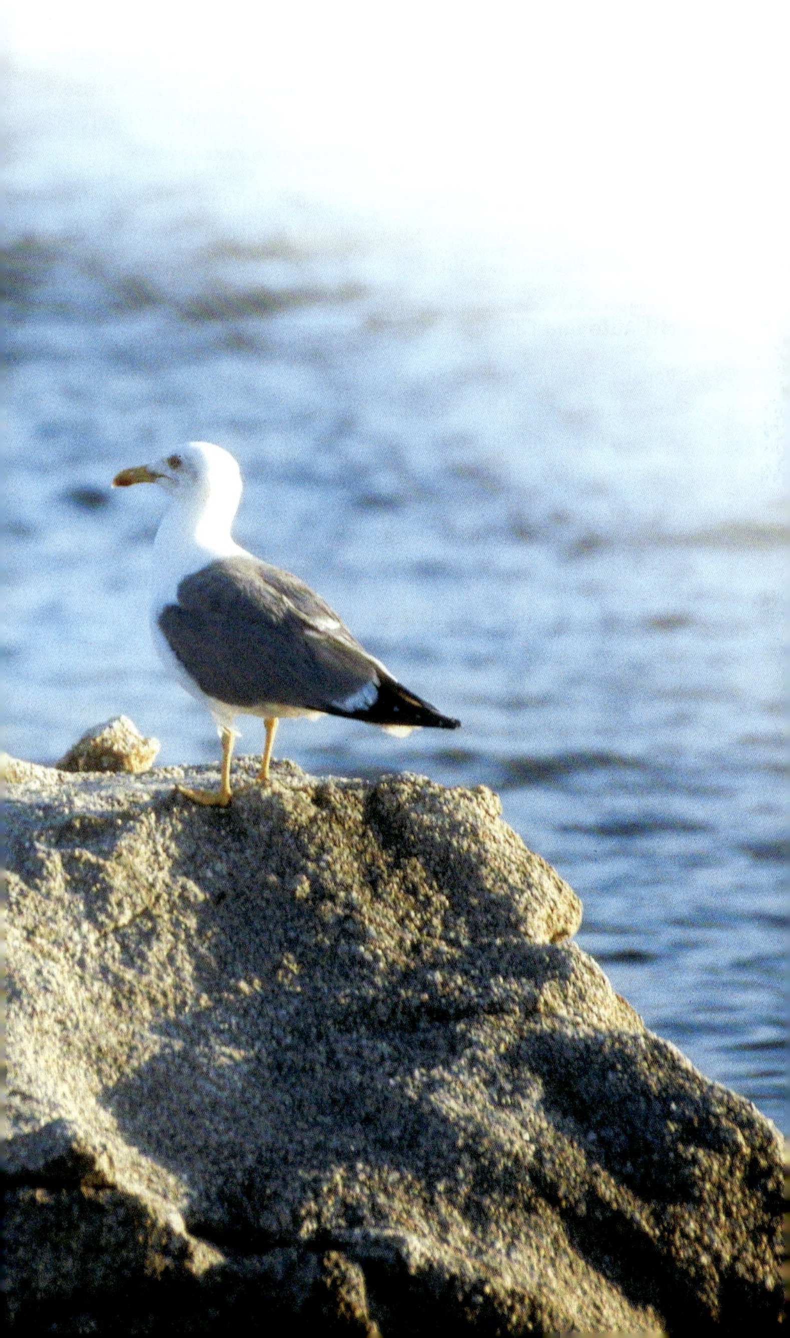

Wie kommt man nach Korsika?

Korsika, liegt wie auch die Balearen, im Mittelmeer. Die Entfernung zwischen Insel und Küste ist aber längst nicht so groß: In drei bis vier Stunden ist Korsika mit der Fähre vom italienischen Festland aus zu erreichen. Die Bahnverbindungen auf der Insel sind nicht besonders gut, auch mit dem Bus erreicht man längst nicht jeden Ort. Ein Auto ist also nützlich.

Mit Auto und Fähre

Vor allem für Bayern und Schwaben sind die Fährhäfen nach Korsika problemlos mit dem Auto zu erreichen. Von München nach Livorno fährt man 700 Kilometer – und das durchgehend auf der Autobahn.

Von der italienischen Küste

Die kürzeste, preisgünstigste und auch am meisten befahrene Fährroute nach Korsika führt von Livorno nach Bastia. Die Fähren erreichen Bastia nach etwa vier Stunden. Zur Wahl stehen dabei zwei italienische Fährgesellschaften: Corsica Ferries und Moby Lines mit bis zu vier täglichen Abfahrten, je nach Saison. Von Genua (Moby Lines) und Savona (Corsica Ferries) fahren Fähren nach Bastia, Île Rousse und Calvi. Die Fähren von Savona/Genua sind etwa zwei Stunden länger unterwegs. Einen preislichen Unterschied gibt es kaum noch.

Von der französischen Küste

Mit Corsica Ferries erreicht man Bastia auch von Nizza und Toulon. An einigen Wochentagen wird nicht nur Bastia angefahren, sondern auch Île Rousse, Porto Vecchio und Ajaccio (von Nizza und Toulon).

Aus der Anfang 2016 gegründeten Maritima Ferries ist die Reederei Corsica Linea geworden. Die roten Fähren der Linie bringen Urlauber von Marseille nach Korsika. Die Fährschiffe fahren nach Bastia, Porto Vecchio, Ajaccio, Porto Torres und Île Rousse.

Die Preise

Sie schwanken stärker als die Fähren: Eine Überfahrt von Livorno nach Bastia und zurück kostet zwischen 250 und 500 Euro – für eine vierköpfige Familie mit einem normalen PKW (Höhe bis 1,80 Meter, Länge bis 5 Meter). Kinder von 4 bis 12 Jahre (bei Moby bis 11 Jahre) kosten etwa die Hälfte. Die unter Vierjährigen fahren kostenlos. Der Preis hängt ab vom Tag der Überfahrt und dem Buchungszeitpunkt. Alle Fährgesellschaften bieten einen Spezialtarif, bei dem Hin- und Rückfahrt bereits bei der Buchung festgelegt werden müssen. Eine Umbuchung ist kostenpflichtig. Der Fahrpreis kann bei Nichtantritt der Reise nicht zurückerstattet werden. Dafür fährt man zu einem besonders günstigen Preis. Für diese Spezialtarife gibt es nur eine begrenzte Anzahl an Plätzen. Sind sie belegt, wechselt der Tarif in die nächst höhere Kategorie. Die ersten Plätze sind also günstiger als die letzten. Durch ein genaues Studium der Fahrpläne kann man viel Geld sparen – vor allem, wenn man die Überfahrt nicht an einem fixen Wochentag machen muss.

Hilfen zur Orientierung:

Samstags werden alle Ferienwohnungen neu belegt. Überfahrten am Samstag sind deshalb schon im Mai erheblich teurer als an anderen Tagen. An gewöhnlichen Wochentagen gibt es selbst im August oft noch Fahrten zum günstigsten Tarif. Besonders Camper, die nicht auf den Samstag angewiesen sind, können sich neben kilometerlangen Staus auf der Autobahn auch manchen Euro sparen!

Eine Fährpassage buchen: Am einfachsten kommt man durch den Angebotsdschungel, wenn man zunächst den bestgelegenen Fährhafen aussucht und dann einen Preisvergleich für die gewünschten Termine macht. Einen Überblick bekommt man bei den Portalen www.directferries.de oder www.aferry.com.

Man kann natürlich auch direkt bei den entsprechenden Gesellschaften buchen. Corsica Ferries und Moby Lines haben gute, übersichtliche Seiten. Die Website von Corsica Linea gibt es nur auf Französisch und Englisch. Für Buchungen im Internet brauchen Sie meist eine Kreditkarte oder Sie zahlen mit Paypal.

Corsica Ferries
www.corsicaferries.com

Moby Lines
www.mobylines.de

Corsica Linea
www.corsicalinea.com

Übernachten auf der Fähre

Ein interessantes Angebot gibt es für Reisende ab Livorno. Fährt man mit der Morgenfähre, so kann man bei beiden Gesellschaften bereits am Vorabend einchecken und die Nacht in einer Kabine an Bord verbringen. Das kostet bei Corsica Ferries 55 bis 70 Euro pro Kabine für maximal vier Personen (nautel), bei Moby ist für 85 Euro auch das Frühstück inklusive (Moby Night). Die Kabine kann während der gesamten Überfahrt genutzt werden, sie ist nicht besonders groß, hat aber ein eigenes kleines Bad. Das dritte und vierte Bett werden über den beiden anderen aus der Wand geklappt. Insgesamt eine nicht sonderlich komfortable, aber dafür stressfreie Übernachtung. Für unsere Kinder war sie außerdem das größte Abenteuer der ganzen Reise. Die Übernachtung muss bei der Buchung des Tickets dezidiert mitgebucht werden.

Mit dem Flugzeug

Die Anreise mit dem Flugzeug dürfte für eine Familie ökonomisch kaum sinnvoll sein, spart allerdings bei der Anreise aus dem Norden Deutschlands jede Menge Zeit.

Die Abflughäfen der Fluglinien ändern sich von Jahr zu Jahr. Folgende Strategie zur Suche nach günstigen Flügen hat sich bei uns bewährt: In Portalen, wie z.B. flug.check24.de oder skyscanner informiert man sich darüber, welche Fluggesellschaften überhaupt nach Korsika fliegen. Alternativ kann man auch auf der Seite des Zielflughafens recherchieren, welche Flieger dort landen. Dann kann man auf der website der konkreten Fluggesellschaft weitersuchen. Meist finden Sie dort mehr und günstigere Angebote als in den Suchportalen.

Je früher Sie buchen, desto günstiger sind die Flüge. Das gilt ganz besonders für Termine in den Schulferien.

Um einen Mietwagen kommen Sie bei der Anreise mit dem Flugzeug jedoch kaum herum.

Auto fahren auf Korsika

In Deutschland sind die Raser hauptsächlich auf der Autobahn unterwegs, auf Korsika benutzen sie die schmalen Bergsträßchen. Autobahnen gibt es nämlich nicht. Gefahren wird flott und temperamentvoll, der Mittelstreifen wird dabei manchmal genauso großzügig übersehen wie die Tatsache, dass auch noch andere die Straße benutzen. Als Gast sollte man sich diesem Fahrstil auf keinen Fall anpassen, nicht zuletzt, weil die Korsen ihre Straßen viel besser kennen. Vor allem an der Westküste sind sie schmal und kurvig. Meist geht es auf einer Seite direkt in den Abgrund und Leitplanken gibt es nur sporadisch. Da ist eine defensive Fahrweise einfach klüger.

Fahren Sie an unübersichtlichen Stellen langsam. Lassen Sie einheimische Autofahrer, die sich über trödelnde Touristen ärgern, an einem sicheren Platz überholen – bevor diese sich zu gewagten Manövern hinreißen lassen. Rechnen Sie auch auf schmalen, wenig befahrenen Straßen mit entgegenkommenden Fahrzeugen – oder Schafen, Ziegen und Kühen, die plötzlich auf der Straße auftauchen.

Um die Ausgangspunkte unserer Wanderungen zu erreichen, müssen Sie oft die gut ausgebauten Hauptstrecken verlassen. Besorgen Sie sich eine **Straßenkarte** in geeignetem Maßstab. Auf Korsika liegen in jedem Supermarkt die grünen Karten von IGN im Maßstab

1:100.000 – sie bieten eine gute Orientierung. Es gibt eine Karte für die Nordhälfte der Insel und eine für die Südhälfte. Weiß eingezeichnete Straßen auf diesen Karten sind übrigens – vor allem im Bergland – mit Vorsicht zu genießen! Ebenfalls eine gute Karte im Maßstab 1:135.000 ist im World Mapping Project von Reise Know how erschienen.

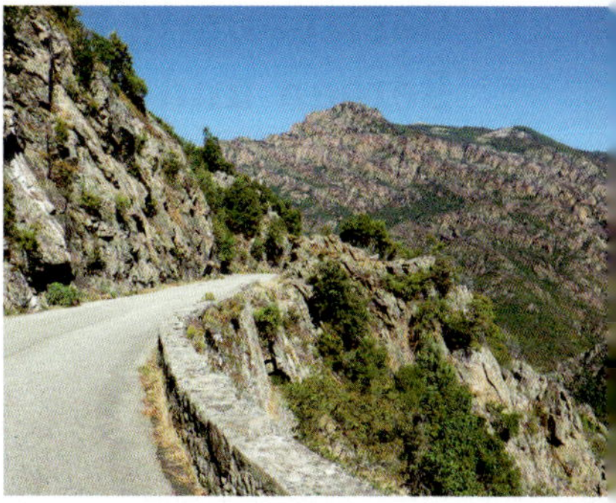

Verkehrsregeln

Die Höchstgeschwindigkeit beträgt innerhalb von Ortschaften 50 und auf Landstraßen 90 Kilometer pro Stunde. Auf den wenigen Schnellstraßen mit getrennten Fahrstreifen dürfen Sie 110 km/h fahren. Die Promillegrenze für Autofahrer liegt bei 0,5. Verkehrsknotenpunkte sind meist über einen Kreisverkehr geregelt. Die Vorfahrtsregeln sind in Europa einheitlich – wer sich bereits im Kreisverkehr befindet, darf zuerst. Auch die Verkehrsschilder sind weitgehend dieselben wie bei uns. Manchmal sind sie zusätzlich kommentiert: »Rappel« unter einer Geschwindigkeitsbegrenzung bedeutet »Erinnerung« und »vous n'avez pas la priorité« erläutert das Schild »Vorfahrt achten«.

Kraftstoff

An französischen Tankstellen findet man außer Diesel die Kraftstoffarten sans plomb 95 und sans plomb 98. Sans plomb heißt »bleifrei«, die folgende Zahl gibt die Oktan an. 95 Oktan entspricht dem bei uns üblichen Super, 98 Oktan heißt bei uns Super plus. Die Preise sind etwas höher als an deutschen Tankstellen.

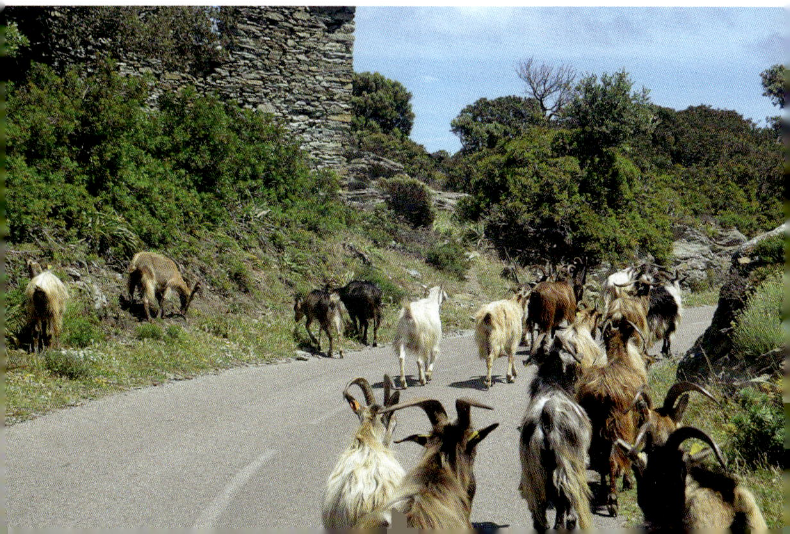

Gastronomie zwischen Bergen und Meer

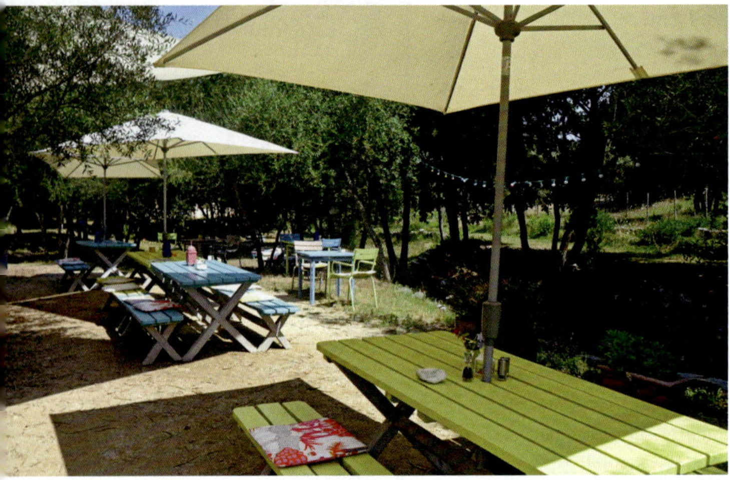

Die Restaurantküche auf Korsika lebt von zwei recht unterschiedlichen Traditionen: An der Küste isst man häufig mediterran. Frischer Fisch aus dem Mittelmeer, Langusten oder Meeresfrüchte sind die wichtigsten Zutaten. Die Basis der typisch korsischen Küche stammt dagegen aus den Bergen: Ziegen- und Schafskäse, Kräuter und Honig aus der Macchia, Nüsse, Kastanien und das Fleisch der wild lebenden Schweine und Kühe werden zu deftigen Gerichten kombiniert. Sollten Sie in der traditionell korsischen Gastronomie auf Fisch treffen, handelt es sich vermutlich um eine frische Bergforelle.

Typisch korsische Restaurants findet man auf jeden Fall im Landesinneren. Besonders ursprünglich und oft sehr gut werden korsische Gerichte in den kleinen landwirtschaftlich orientierten Betrieben zubereitet, die ihren Gästen abends unter dem Namen »Table d'hôte« ein Menü anbieten. Auch einige der Camping à la ferme, die Sie in unserer Liste finden, gehören dazu. Aber auch an der Küste haben traditionell korsische Speisen ihren Platz gefunden. Gerne bieten Restaurants am Meer ein *Menu Mer* mit frischem Fisch und ein zweites *Menu Berger* mit einem Fleischgericht an. In den Küstenorten gibt es außerdem große Auswahl an guten Fischrestaurants, einige Pizzerien und meist auch eine Crèperie. In besseren Restaurants bestellt man meist ein komplettes Menü mit Vorspeise und Nachtisch – Pizzeria oder Crèperie eignen sich dagegen auch für den kleinen Hunger.

Im südlichen Europa isst man deutlich später als bei uns. Abendessen kann man frühestens ab 19 Uhr. So gegen acht füllen sich dann langsam die Tische.

Die Preise der Restaurants liegen vor allem in den Touristenorten an der Küste leicht über dem Gewohnten. Günstiger isst man meist im Landesinneren. Besonders gut ist das Preis-Leistungs-Verhältnis, wenn man ein Menu bestellt. Das einfache, dreigängige Menü eines Mittelklasserestaurants ist ab 18 bis 20 Euro zu haben. Für jeden Gang hat man einige Gerichte zur Auswahl, so dass für jeden etwas dabei ist. Die Qualität ist meist sehr gut. Die Portionen der einzelnen Gänge sind kleiner als beim gleichen Gericht à la carte. Sie bekommen quasi viele Kostproben verschiedener Speisen und können nach Herzenslust probieren. Auch viele Kinder machen da gerne mit.

Getränke

Es ist üblich, eine große Flasche Mineralwasser für alle zu bestellen. Möchte man stattdessen lieber einfaches Leitungswasser, wie es in Frankreich oft getrunken wird, bestellt man »un Pichet d'eau«. Weintrinker sind mit dem Hauswein, der entweder im Glas (verre) oder im Pichet zu 1/4 oder 1/2 Liter serviert wird, meist gut bedient. Es handelt sich um einfachen, aber meist recht guten Landwein, der fast immer als Blanc (Weißwein), Rosé oder Rouge (Rotwein) erhältlich ist. Das seit 1995 auf der Insel gebraute Bier »Pietra« gibt es inzwischen in mehreren Sorten. Saft oder Saftschorle werden in korsischen Lokalen kaum angeboten. Kinder trinken entweder Wasser oder die knallig bunten, mit Wasser versetzten Sirupvarianten wie Diabolo Menthe. Cola gibt es natürlich auch. Eine Alternative ist die Orangina, eine Limonade, etwas weniger süß als Fanta, die ein bisschen nach Orangensaft schmeckt.

Kinderfreundliche Restaurants

Die Korsen sind längst nicht so vernarrt in Kinder wie die Italiener. Unfreundlicher als in deutschen Restaurants wird man aber auch nicht behandelt. Mit kleineren Kindern haben wir immer darauf geachtet, dass es nicht zu eng ist. Auch ein Kindermenü auf der Karte ist ein gutes Zeichen – auch, wenn es meist nur aus Hacksteak mit Pommes Frites und einem Eis besteht. Es ist auch kein Problem, ein normales Essen für die Kinder zu teilen oder einen zusätzlichen Teller zu erhalten.

Restaurantempfehlungen

Einige Tipps für geeignete Familienrestaurants finden Sie bei den Touren. Ansonsten kann man gut Ausschau nach den Plaketten der beiden französischen Reiseführer Guide Routard und Petit Futé am Eingang der Restaurants halten. Sie testen ihre Empfehlungen jedes Jahr neu. Vor allem mit den Tipps des Guide routard haben wir durchweg gute Erfahrungen gemacht.

Die Speisekarte

Getränke – boisson

Mineralwasser .... *eau minérale*
mit Kohlensäure .... *avec gas*
ohne Kohlensäure .... *sans gas*
Rotwein .... *vin rouge*
Weisswein .... *vin blanc*
Rosé .... *rosé*
Bier .... *la bière*
Apfelsaft .... *jus de pomme*
Orangensaft .... *jus d'orange*
Orangenlimo .... *Orangina*
Schwarzer Tee .... *thé*
Kräutertee .... *infusion*
Kaffee (Espresso) .... *café*
Kaffee mit Milch .... *café crème*
Milchkaffee .... *café au lait*

Typische Vorspeisen

Crudités .... *Rohkost, Salat*

Assiette de charcuterie corse .... *korsische Wurst, Schinken*

Aziminu .... *Fischsuppe*

Suppa Corsa .... *Gemüsesuppe*

Friture *(du Golfe)* ....*als ganzes frittierte kleine Fische*

Salade au chèvre chaud ....*Salat mit warmem Ziegenkäse*

Salade du berger .... *Hirtensalat* .... *meist mit Käse und Schinken*

Beignets au fromage .... *mit Käse gefüllte, warme Teigbällchen*

Huîtres .... *Austern*

Gängige Hauptgerichte

Ravioli / Canneloni au brocciu... ..... *mit brocciu-Käse gefüllte Pasta*

Lasagne au Sanglier ....*Lasagne mit Wildschweinragout*

Fleisch *wird gerne als Ragout vom Schwein, Wildschein, Lamm oder Kalb mit Nudeln serviert:*

Fleisch .... *la viande*
Schwein .... *le porc*
Wildschwein .... *le sanglier*
Lamm .... *l'agneau*
Rind .... *le boeuf*
Kalb .... *le veau*
Hähnchen .... *le poulet*
Ente .... *le canard*
Kaninchen .... *le lapin*

Fisch: *Der frische Fang des Tages kommt meist gegrillt auf den Teller. Alternativ gibt es auch Fischfilet.*

Wolfsbarsch .... *loup de Mer*
Goldbrasse .... *dorade*
Lachs .... *saumon*
Muscheln .... *moules*
Meeresfrüchte .... *fruits de mer*
Hummer .... *homard*
Krabben .... *crevettes*

Desserts

korsisch:

Moelleux à la chataigne ....*saftig, weicher Kastanienkuchen*

Fiadone .... *Käsekuchen ohne* ....*Boden zubereitet aus Brocciu*

französisch*:*

Crème brulée ..... *Vanillecreme mit* ....*karamellisierter Zuckerkruste*

Fondant au chocolat ....*saftiger Schokoladenkuchen*

Île flottante .... *Inseln aus* .... *Eischnee auf Vanillesauce*

Dazu kommen die typisch französischen Desserts zwischen Crème caramel und Mousse au chocolat

Glace .... *Eis*

Schokolade .... *chocolat*
Erdbeer .... *fraise*
Vanille .... *vanille*
Himbeer .... *framboise*
Zitrone .... *citron*

Unterkunft und Übernachtung

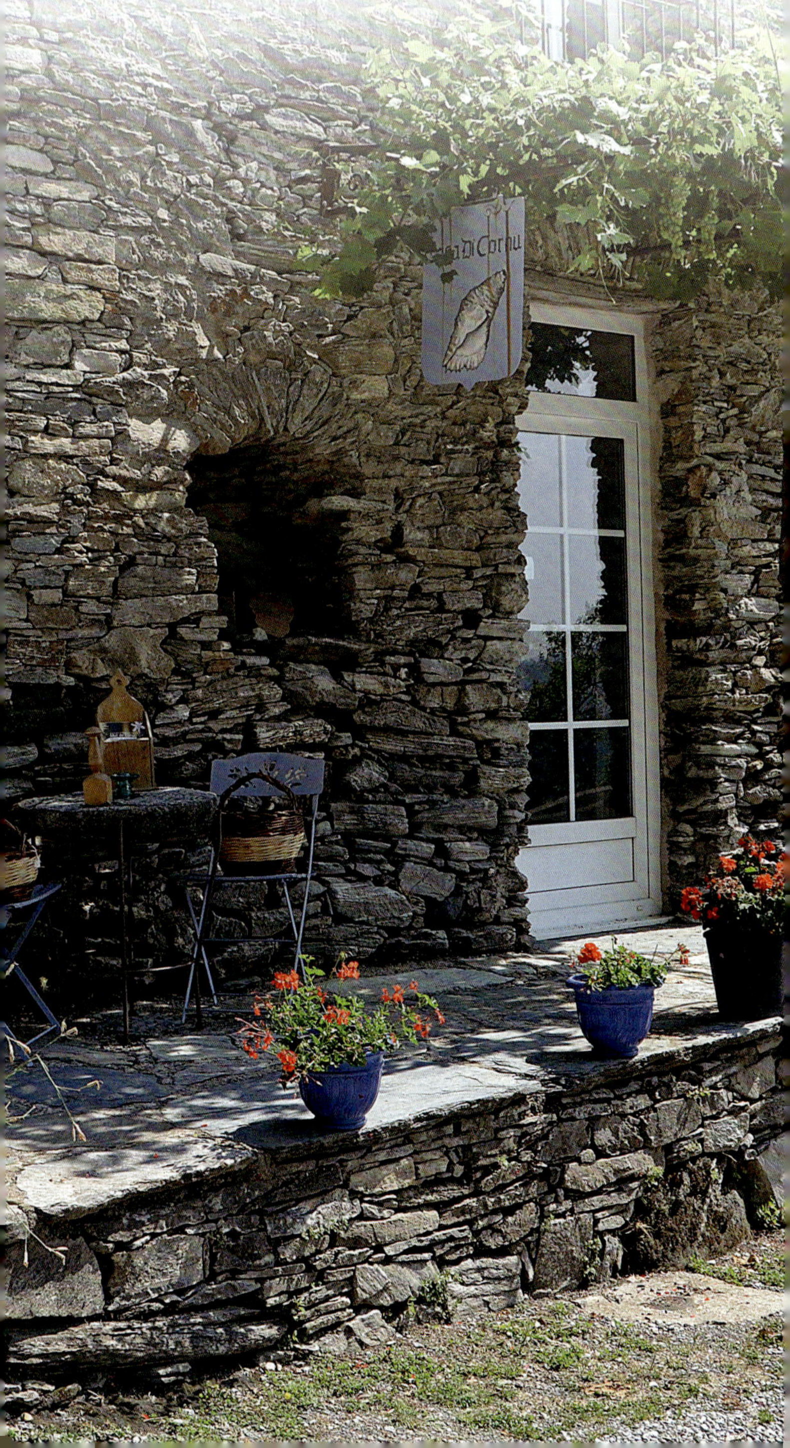

Wie findet man eine geeignete Unterkunft?

Ferienwohnungen

Ferien im Hotel sind mit Kindern nicht nur teuer, sondern auch ziemlich unpraktisch. Besser geeignet ist ein Ferienhaus oder ein Apartment. Beides findet man rund um die Insel, vorwiegend jedoch an der Küste. Ferienwohnungen bucht man am besten über Reisebüro oder das Internet. Auch große Anbieter, wie TUI und ADAC-Reisen haben Ferienwohnungen auf Korsika im Angebot. Vom Apartment in einer Ferienanlage bis zum frei stehenden Häuschen im Hinterland ist alles zu bekommen.

Größere Anlagen mit Animation und Kinderbetreuung gibt es auf Korsika nur wenige. Vereinzelt findet man sie an der Ostküste und in der Balagne. Die meisten Apartmentanlagen bestehen aus zehn bis zwanzig Bungalows und sind auf Selbstversorger eingerichtet.

Viele kleinere und private Vermieter bieten ihre Objekte über das Internet an. Unter folgenden Adressen finden Sie gut sortierte Angebote:

www. fewo-direkt.de
In diesem Forum findet man Wohnungen und Häuser privater Vermieter. Die meisten Wohnungen liegen nicht in großen Ferienanlagen. Von der Hütte bis zur Villa ist alles dabei.

www.gites-korsika.de
bietet eine große Auswahl einzelner Häuser, Wohnungen in Apartmentanlagen und ungewöhnliche Unterkünfte in allen Regionen der Insel.

Einige sehr schöne Unterkünfte mitten in der Natur vermittelt **www.naturhaeuschen.de**

Weitere Angebote finden Sie unter:
www.rhomberg-reisen.de
www.traum-ferienwohnungen.de
www.mittelmeerblick.com
www.casamundo.de
www.interchalet.de
www.ferienhaus-privat.de
www.interhome.de
www.tripadvisor.de/Rentals

Und natürlich auch über *www.booking.com.*

Wer den Service eines **Reisebüros** schätzt, kann auch bei Korsikaspezialisten wie **Rhomberg Reisen** buchen, der interessante Angebote für Korsika hat und auch bei der Buchung von Fähre und Flug behilflich ist. *www.rhomberg-reisen.de*

Bei den wenigsten Anbietern sind Feriendomizile auf dem **Cap Corse** vertreten. Deshalb hier noch zwei spezielle Adressen:

Einige Apartments mit Blick auf das Meer werden in Olmeta du Cap in der Nähe von Nonza vermietet.

www.cap-corse.com
Tel. 0033 (0)495372750

Mini Villen vermietet **Residence Stella Marina** in Macinaggio. Die Häuschen liegen 100 Meter vom Strand und vom Hafen von Macinaggio entfernt.
www.stella-marina.com
Tel. 0033 (0)495350704

Minibungalows und Hauszelte

Eine Alternative, die die ungezwungene Atmosphäre eines Campingplatzes mit dem Komfort einer Ferienwohnung verbindet, sind die Bungalows, die auf fast jedem korsischen Campingplatz vermietet werden. Die Häuschen haben ein Mini-Bad und eine kleine Küche, sind mit etwa 25 bis 30 Quadratmetern aber nicht viel größer als ein Hauszelt. Meist werden sie wochenweise vermietet. Die Preise beginnen bei etwa 300 Euro pro Woche in der Vorsaison. In Bergregionen wie in Corte oder im Golf von Porto kann man Bungalows außerhalb der Hauptsaison auch tageweise mieten.

Ungewöhnliche Unterkünfte

Yourtes Zonza
In der Nähe von Zonza mitten im Bavella-Gebiet werden acht gut ausgestattete Jurten in schöner Lage für bis zu zehn Personen vermietet. lodges-yourtes-corse.com

Casetta di U Banditu
In Hinterland von Ghisonaccia. Rustikale über den Fluss gebaute Hütte auf Holzstelzen für vier Personen.
www.casettadiubanditu.com

Cabane Dans les Arbres
Komfortables Baumhaus im Hinterland von Propriano für fünf Personen.
cabane-dans-les-arbres.hotel-in-corsica.com

Teilweise werden auch voll ausgestattete Hauszelte oder Wohnwagen zur Miete angeboten. Genauere Beschreibungen finden Sie auf den Internetseiten der Campingplätze.

Reisen mit dem Wohnmobil

Ist man mit dem Wohnmobil unterwegs, spielt ein Regentag nicht so eine große Rolle wie im Zelt und man sieht viel mehr von der spannenden Insel als beim Urlaub in der Ferienwohnung. Eine große Auswahl an Campingplätzen und einige

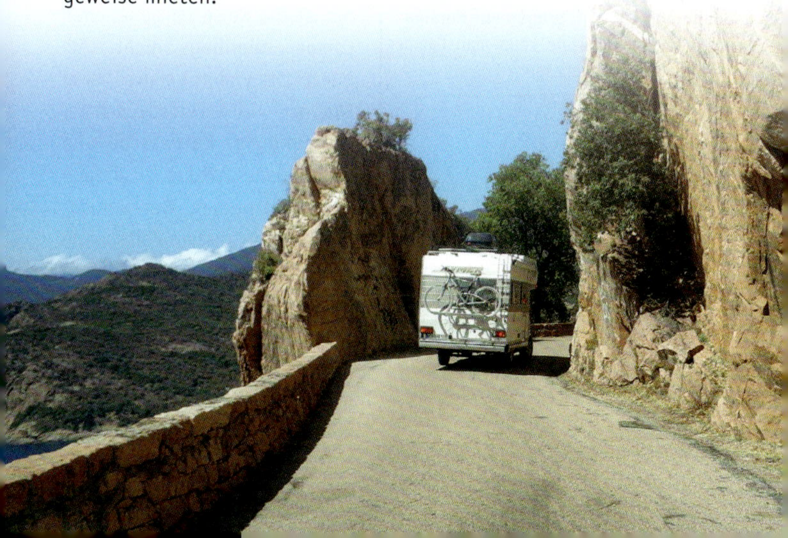

Weitere Informationen:
Tipps und Informationen über Korsika und die Möglichkeit, sich mit Korsikafans auszutauschen, finden Sie auf www.korsika-forum.info.
Empfehlenswert ist außerdem die Seite von Martin Lendi. Hier gibt es viele Tipps und Rezensionen für fast alle Campingplätze der Insel. www.paradisu.de
Zur Ergänzung dieses speziell auf Wandertouren und Familienbedürfnisse ausgerichteten Buches empfehlen wir Korsikabesuchern, die eine Reise über die ganze Insel planen, das **Reisehandbuch Korsika** von Marcus X. Schmidt aus dem Michael Müller Verlag, das viele Hintergrundinformationen und Details bietet, die den Rahmen dieses Buches sprengen würden.

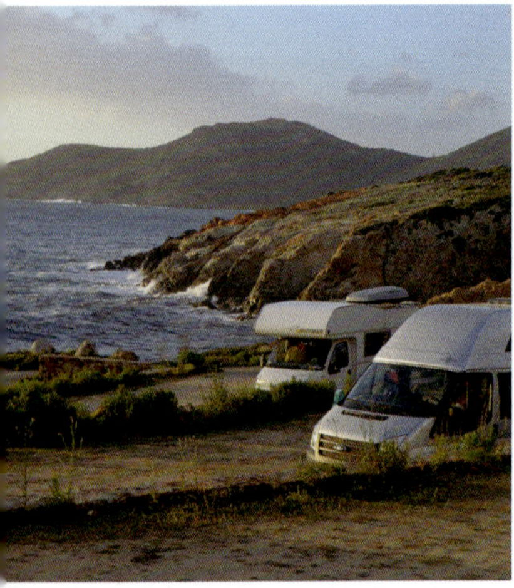

Wohnmobil-Vermietungen auf Korsika
Über folgende Portale kann man Camper direkt auf Korsika mieten:
www.camping-car-corse.net
www.campanda.de
www.camperdays.de
www.aviscaraway.com
www.corsica-camper.com (Campingbusse mit Aufstelldach).

offizielle Stellplätze für Wohnmobile in schöner Lage am Meer bieten ausreichend Auswahl.

Die Straßen in den korsischen Bergen sind durchweg asphaltiert. Allerdings sind viele der kleineren Straßen und Passstraßen sehr schmal und kurvig.

Bei Ausflügen in Bergregionen ist es ratsam, sich über die Straßenbeschaffenheit genau zu informieren. Die Scala di Santa Regina im Nordwesten von Corte, aber auch die Küstenstraße zwischen Porto und Galeria sollte man vorzugsweise mit einem kompakten Wohnmobil ansteuern.

Einen Wohnwagen lässt man bei Ausflügen in die Berge besser auf dem Campingplatz stehen.

Wer kein eigenes Fahrzeug hat, kann auf Korsika auch **Wohnmobile mieten**. Ein Übersetzen auf die Insel mit einem gemieteten Mobil dürfte sich dagegen kaum lohnen. Besonders entspannt fährt es sich mit einem Kastenwagen, den auch Menschen ohne LKW-Erfahrung locker durch enge Ortsdurchfahrten und steile Haarnadelkurven manövrieren.

Ein preisgünstiges Ferienerlebnis ist die Reise im geliehenen Camper allerdings nicht. Am günstigsten mietet man für zwei Wochen, da Servicepauschale, Endreinigung, Bettwäsche und Campingausstattung zusätzlich berechnet werden. Wer den Wagen für eine kürzere Zeitspanne will, zahlt auch einen höheren Tagespreis. Dazu kommen nicht unerhebliche Gebühren für Stellplätze. Da ist zum gleichen Preis meist auch eine komfortable Ferienwohnung möglich.

Camping mit Zelt

Eine Korsikareise mit dem Zelt ist besonders reizvoll. Man bekommt viel zu sehen, kann selbst entscheiden, wann es Zeit ist für einen Ortswechsel – und vielleicht etwas länger bleiben, wo es einem besonders gut gefällt. Campingplätze gibt es überall und in großer Auswahl.

Da so ein Familienzelt erst einmal aufgebaut und eingeräumt werden will, bekommt die Wahl des passenden Platzes eine besondere Bedeutung. Natürlich kann man die ganzen Ferien an einem Ort verbringen – Korsika ist aber besonders interessant für Familien, die ab und zu das Umfeld wechseln möchten. Nur so ist die außergewöhnliche Vielfalt der Insel zu erfahren.

Campingplätze gibt es für jeden Geschmack. Vom einfachen stillen Platz mitten in der Natur bis zum großen quirligen Vier-Sterne-Platz mit Pool, Tennisplätzen, Animationsprogramm und Kinderbetreuung. Viele Plätze liegen an außergewöhnlich schönen Stellen, einige auch direkt am Meer. Leider haben wir die Erfahrung gemacht, dass Plätze mit eigenem Strandzugang nicht nur deutlich voller sind als solche im Hinterland, sondern meist auch in schlechterem Zustand. So kann es durchaus Sinn machen, eine Anfahrt mit dem Auto zum Strand in Kauf zu nehmen, statt sich in den Trubel der Strandcampingplätze zu stürzen. Um die Auswahl des richtigen Platzes zu erleichtern, beschreiben wir auf den folgenden Seiten eine Auswahl an Plätzen in jeder Region.

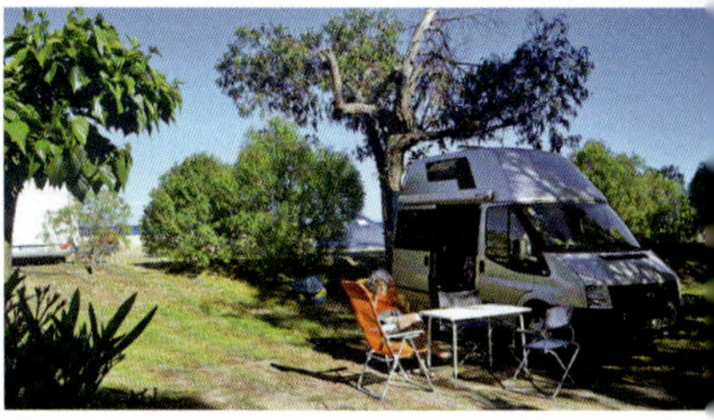

Wer in der Nebensaison reist, muss damit rechnen, dass auch auf den Campingplätzen ein Teil der Infrastruktur wie Restaurant und Laden geschlossen ist. Auch die Rezeption macht dann mittags häufig eine längere Pause, sodass man am besten vor 12 Uhr oder erst am späten Nachmittag ankommen sollte.

Camping à la ferme

Neben den großen Campingplätzen an der Küste gibt es auf Korsika eine ganze Reihe kleiner Plätze auf Bauernhöfen im Landesinneren. Manche sind einfach, andere recht gut ausgestattet. Auf jedem Camping à la ferme gibt es Tiere. Viele Höfe werden biologisch bewirtschaftet und bieten auch die Möglichkeit, bei den Gastgebern zu essen oder frische Produkte einzukaufen.

Sind Sie auf die trubelige Sommersaison angewiesen, in der die Strandcampingplätze bis auf den letzten Platz belegt sind, hat so ein Zwischenstopp in den Bergen ganz besondere Reize. Die meisten Bauernhofcampingplätze sind eher preisgünstig und Ihr Geld landet direkt bei Korsen in den eher strukturschwachen Bergregionen und keinesfalls bei einem Großunternehmen vom Festland. Wenn Sie ein bisschen französisch sprechen, ist es leicht, in Kontakt zu Einheimischen zu kommen. Auf einigen Höfen wird aber auch englisch oder deutsch gesprochen. Auf einem Bauernhofcamping begegnen Sie Korsika noch einmal ganz anders.

Wir haben daher eine Auswahl der kleinen privaten Plätze in unseren Campingführer aufgenommen. Sie sind zur besseren Übersicht in der Liste mit einem hellgrünen Symbol gekennzeichnet. Viele dieser Höfe sind abgelegen. Eine detaillierte Anfahrtsbeschreibung finden Sie auf den zugehörigen Internetseiten.

Campingpreise

Die Preise für eine Übernachtung im Zelt liegen in der Vorsaison für eine vierköpfige Familie zwischen 30 und 40 Euro. Auch hier wird es in der Hauptsaison deutlich teurer: Auf einigen Plätzen werden Spitzenpreise über 50 Euro verlangt.

Die Preise setzen sich zusammen aus jeweils einer Gebühr für Platz, Auto und Personen. Kleinkinder bis zwei Jahre sind in der Regel frei, für Vorschulkinder bis sieben Jahre zahlt man meist den halben Preis. Auf wenigen Plätzen erhalten Kinder auch bis zehn oder zwölf Jahre einen Kinderpreis. Das kann sich am Ende auf der Rechnung deutlich bemerkbar machen. Um die Preisangaben überschaubar zu halten, haben wir als Richtpreis die Summe für zwei Erwachsene mit Auto und Zelt gewählt. Tagesaktuelle und genauere Informationen sind bei fast allen Plätzen im Internet zu finden.

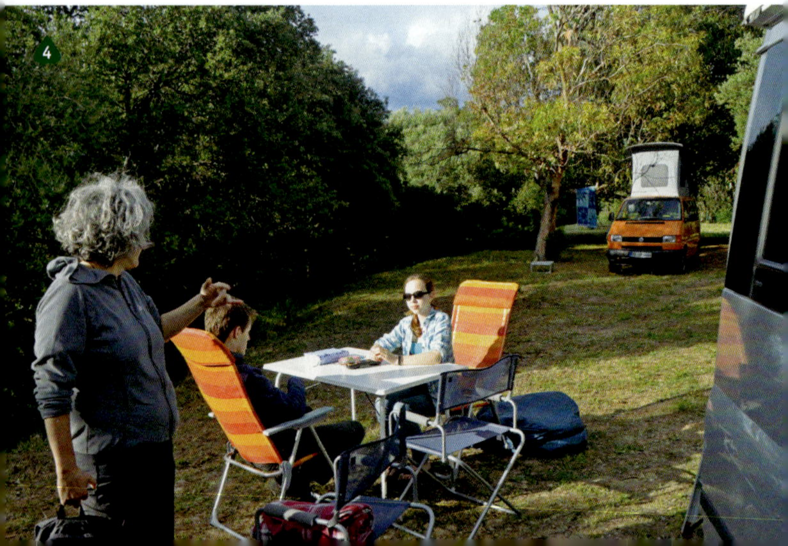

Cap Corse

Zwei schöne Campingplätze finden sich an der Ostküste in Pietracorbara und Santa Severa.

1 Camping La Pietra

GPS N 42°50'20.8", E 9°28'24.4"
Relativ großer Platz, sehr gepflegt und komfortabel. Dichte Hecken umgeben die großzügigen Parzellen. Die Sanitäranlagen sind sauber und barrierefrei. Kinder freuen sich über den modernen Pool und einen hübschen kleinen Spielplatz. Restaurant, Mini-Markt, WLAN. Ein etwa 800 Meter langer Fußweg führt zum Sandstrand direkt hinter der Uferstraße und in zehn Minuten erreicht man ein Badebecken unter einer malerischen alten Genueserbrücke.
Geöffnet Ostern bis Anfang November.
Platz inkl. 2 Pers. €28–32,
weitere Person €9–11,
Kinder 4 bis 12 Jahre €5,40–5,90,
Tel. 0033 (0)495352749.
www.la-pietra.com

2 Camping Santa Marina

GPS N 42°50'15.2", E 9°28'17.4"
In Santa Severa, kleiner und naturbelassen. Stellplätze unter großen Bäumen, Sanitäranlagen einfacher, aber sauber. Restaurant, WLAN. Wenige Hundert Meter zur Kiesbucht mit kleinem Hafen und einigen recht guten Restaurants (ebenfalls direkt hinter der Uferstraße).
Geöffnet Mai bis Mitte September.
Platz inkl. 2 Pers. €22–25,
weitere Person €7–8,
Kinder 4 bis 7 Jahre €3,50,
Tel. 0033 (0)495350286.
www.camping-santamarina.com

Zwei weitere Plätze befinden sich an der Nordspitze der Halbinsel:

3 Camping U Stazzu

GPS N 42°57'51.6", E 9°26'50.1"
1,5 Kilometer außerhalb von Macinaggio an der Stichstraße zum Strand von Tamarone. Der Platz liegt sehr ruhig. Die Stellplätze für Zelte liegen sehr schattig unter eng stehenden, niedrigen Steineichen oder auf der Wiese neben dem Haus mit wenigen Schattenplätzen. Einfache Sanitäranlagen. Pizzeria und kleiner Spielplatz. Morgens durchquert die Schafherde des Patron auf dem Weg zur Weide den Campingplatz. Ein paar Schafköttel vor dem Sanitäranlagen sollten Sie nicht zu sehr stören. 1,5 Kilometer Schotterpiste führen zum naturbelassenen Strand von Tamarone, der durch seine Lage im Naturschutzgebiet nicht vom Tang befreit wird. Perfekter Ausgangspunkt für die Wanderung auf dem Zöllnerweg.
[› Tour 3]
Geöffnet Mitte Mai bis September.
Platz inkl. 2 Pers. €22,
weitere Person €11,
Kinder bis 12 Jahre €5. Keine Ermäßigung in der Nebensaison.
Tel. 0033(0)495354376.
camping-u-stazzu.jimdofree.com

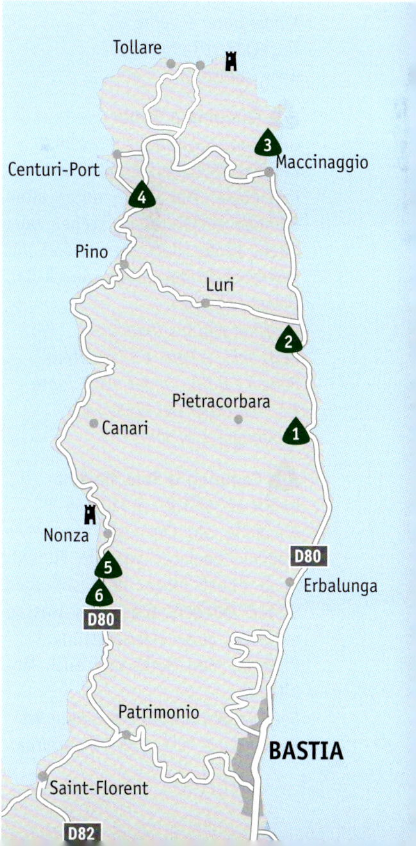

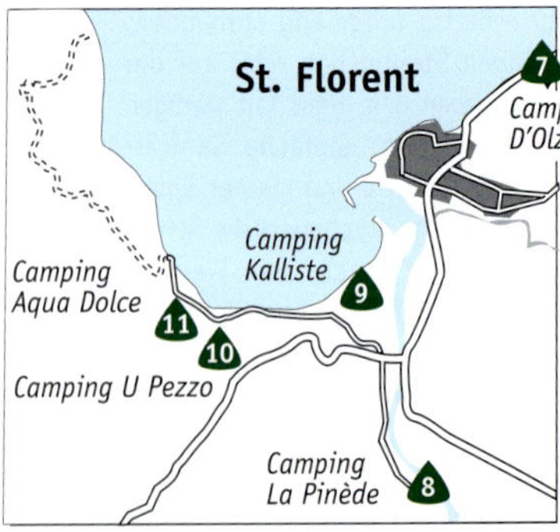

4 Camping L'Isulottu
GPS N 42°57'31.0", E 9°21'14.0"
1,5 Kilometer außerhalb von Centuri-Port an der Straße nach Saint-Florent. Teilweise schattig, ausreichende Sanitäranlagen, Tauchschule, Snack-Bar. Zehn Minuten Fußweg zum Kiesstrand. Schöne Holz-Chalets.
Geöffnet Mai bis September.
Platz inkl. 2 Pers. €25,
weitere Person €7,90,
Kinder 5 bis 12 Jahre €4,30,
Kinder unter 5 Jahre €3,
Tel. 0033 (0)495356281.
www.isulottu.fr

5 Camping A Stella
GPS N 42°43'46.0", E 9°20'34.1"
Einfacher Platz auf der Westseite des Cap Corse. Man kann unter alten Bäumen auf Terrassen stehen oder direkt hinter dem Steinstrand mit Meerblick in der Sonne. Snack-Bar, Brötchenservice.
Geöffnet Mai bis Oktober.
Platz inkl. 2 Pers. €27, weitere Person €8,50, Kinder bis 7 Jahre €5, Tel. 0033 (0)495371437.
campingastella.com

6 Camping U Sole Marinu
GPS N 42°43'1.4", E 9°19'49.2"
Am Fuße des Cap Corse und etwa sieben Kilometer vor St. Florent. Auch direkt hinter dem steinigen Strand gelegen. Glasklares Wasser, einfache, saubere Ausstattung. Pizzeria, Mini-Markt und auch Mobilheime.
Geöffnet Mitte April bis September.
Platz inkl. 2 Pers. €26–34, weitere Person €7,20–8,60, Kinder 2 bis 9 Jahre €3,90–5,80,
Tel. 0033 (0)495371220.
www.usolemarinu.com

Saint-Florent

Die beiden komfortabelsten Plätze der Region liegen nicht am Meer:

7 Camping d'Olzu
GPS N 42°41'36.9", E 9°19'36.1"
Nördlich von Saint-Florent, kleiner Platz, schön schattig unter hohen Bäumen, mit guten Sanitäranlagen und freundlichem Empfang, Pizzeria, Pool, WLAN. 60 Meter zu einer kleinen Kiesbucht, drei Kilometer nach Saint-Florent. Auch Holzchalets und Mobilheime.
Geöffnet Ostern bis September.
Platz inkl. 2 Pers. €16–34, weitere Person €4–9, Kinder bis 9 Jahre €3–7,50, Tel. 0033 (0)495370334.
www.campingolzo.com

8 Camping La Pinède
GPS N 42°39'56.0", E 9°18'00.0"
Am Ufer des Aliso, ruhig gelegen, etwa 800 Meter von der Straße entfernt. Die Plätze beginnen unten am Fluss und ziehen sich im Schatten hoher Bäume in Terrassen den Hang hinauf. Gepflegte, moderne Sanitäranlagen. Am Eingang gibt es einen kleinen Spielplatz und einen Pool. Mini-Markt und Snack-Bar. Abseits des Meeres, aber vergleichsweise nah an Saint-Florent. Auch Mobilheime.
Geöffnet Mai bis September.
Tel. 0033 (0)495370726.
www.camping-la-pinede.net

Die Plätze an der Strandstraße sind einfach und recht preisgünstig. Inzwischen gibt es wieder eine Brücke über den Aliso und man kann von den folgenden drei Plätzen am Strand entlang bis Saint-Florent laufen.

9 Camping Village Kalliste
GPS N 42°40'24.4", E 9°17'48.8"
Liegt vorne an der Strandstraße und hat als einziger Platz der Region direkten Strandzugang. Die Plätze

sind teilweise schattig, der ganze Platz liegt in einer Senke, sodass es an heißen Tagen schnell stickig wird. Es werden fast nur noch voll ausgestattete Lodge-Zelte und Mobilehomes angeboten. Schöner Spielplatz, Pool und Kinderanimation im Sommer. Gute Sanitäranlagen. WLAN.
Geöffnet Mitte April bis September. Lodge-Zelt ab €220 in der Nebensaison und bis €1.500 für eine Woche im August. Stellplätze nur mit Reservierung, Tel. 0033 0(4)442168990. www.camping-saintflorent.com

10 Camping U Pezzo

GPS N 42°40'26.4", E 9°17'31.4"
Nur durch die wenig befahrene Strandstraße vom Meer getrennt und hinter einem schmalen Sandstrand. Der Platz liegt angenehm schattig an einem Hang, der mit großen Eukalyptusbäumen bewachsen ist. Die Sanitäranlagen sind einfach, aber relativ sauber. Vorne an der Rezeption liegt neben einem Kleintiergehege ein Mini-Spielplatz. Zur Straße hinaus stehen auf einer Terrasse die Tische der Snack-Bar. Der Besitzer spricht etwas deutsch, der Empfang ist sehr freundlich. Mini-Markt, Mobilheime.
Geöffnet Mitte April bis Mitte Oktober. Platz inkl. 2 Pers. €21–26, weitere Person €5,50–7, Kinder bis 10 Jahre €3–4, Tel. 0033 (0)495370156. www.upezzo.com

11 Camping L'Acqua Dolce

GPS N 42°40'26.2", E 9°17'12.1"
Vergleichbar mit dem U Pezzo und liegt auch direkt neben diesem. Da man hier dem besten Teil des Strandes näher ist, ist es hier meist voller. Uns war der U Pezzo angenehmer. Einfach beide anschauen und vergleichen. WLAN. Pizzeria, Mini-Markt.
Geöffnet Mai bis September. Platz inkl. 2 Pers. €21, weitere Person €7, Kinder bis 7 Jahre €3, Tel. 33 (0)495370863. www.campingacquadolce.fr

Balagne

Campingplätze gibt es in dieser Region fast so viele wie Sterne unterm Himmel, die meisten haben ein recht gutes Niveau. Wie überall auf der Insel sind die Plätze mit direktem Strandzugang enger, lauter, voller und leider oft auch ungepflegter als Plätze im Hinterland.

12 Village de l'Ostriconi

GPS N 42°39'14.3", E 9° 04'01.0"
Bungalowdorf mit schönem Campingplatz in Alleinlage mitten in der Natur. Die Zelte stehen schattig unter großen Bäumen, die Sanitäranlagen einfach, aber hell und freundlich und recht sauber. In der Hauptsaison ist die baumbestandene Wiese unten rechts geöffnet. Gut zehn Minuten Fußweg über einen schönen Pfad, durch eine Furt im Ostriconi, zwischen Kühen (und Kuhfladen) hindurch zum abgelegenen Peraiola Strand. Pool, gut sortierter Laden und gutes Restaurant. Sehr hilfsbereites, freundliches Team. Ein toller Platz für Fans unberührter Natur. Die guten Zeltplätze sind schnell belegt. Am besten früh kommen. Die Bungalows liegen schön, haben aber teilweise schon bessere Zeiten gesehen.
Geöffnet Mitte April bis Mitte Oktober. Platz inkl. 2 Pers. €25–33, weitere Person €8,50–10,50, Kinder 2 bis 7 Jahre €4–5, Tel. 0033 (0)495601005. www.village-ostriconi.com

13 Camping à la ferme l'Ernaghju

GPS N 42°37'25.0", E 9°08'06.8"
Olivenfarm im Hinterland mit Tieren. Schattige Plätze unter Bäumen. Es sind auch eingerichtete Inuit-Zelte und Hütten zu mieten.
Geöffnet April bis Oktober. Platz inkl. 2 Pers. €20, weitere Person €6,50, Kinder 3 bis 10 Jahre €3, Tel. 33 (0)670204300. campingalafermecorse.fr

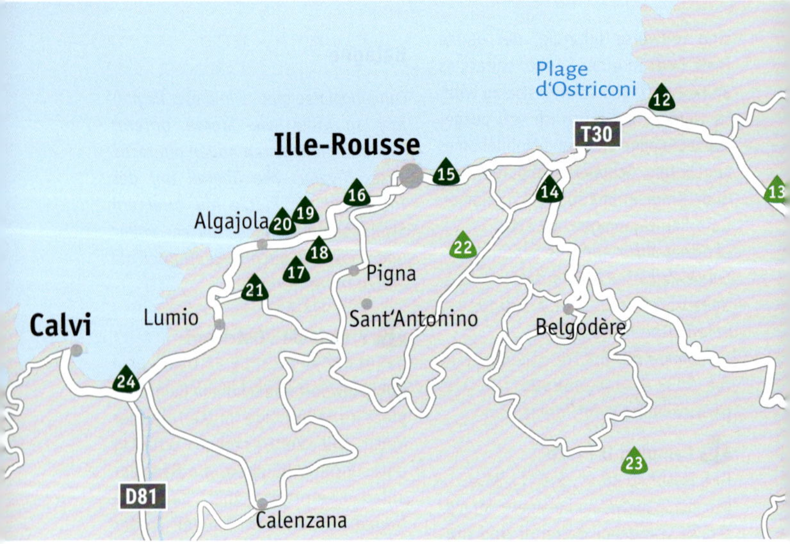

14 Camping Le Clos des Chênes

GPS N 42°37'53.9", E 9°00'43.2"
Großer Platz wenige Kilometer im Hinterland von Lozari (an der Straße nach Belgodère). Großes, gepflegtes Gelände am Hang unterhalb einer Domaine. Gute Sanitäranlagen und einladender Pool, von dem man das Meer sehen kann.
Geöffnet Ostern bis September.
Platz inkl. 2 Pers. €20–29, weitere Person €6,50–9,50, Kinder 2 bis 7 Jahre €3,70–4,80, Tel. 0033 (0)0674530897. www.closdeschenes.fr

15 Camping Les Oliviers

GPS N 42°37'52.4", E 8°57'9.2"
Am Ortsende von L'Île-Rousse an der Straße nach Lozari. Der Platz liegt direkt hinter der Straße, die vorderen Plätze sind entsprechend laut. Richtung Küste einige schöne Plätze mit Meerblick unter herrlichen, alten Olivenbäumen. Sanitäranlagen hell und freundlich, aber etwas ältlich und nicht ganz so sauber. WLAN kostenpflichtig. Es werden auch Bungalows vermietet.
Geöffnet Mitte Mai bis September.
Platz inkl. 2 Pers. €19,60–26, weitere Person €6,80–8,80, Kinder bis 7 Jahre €3,50–4,50, Tel. 0033 (0)495601992.

16 Camping Le Bodri

GPS N 42°37'35.5", E 8°54'58.2"
Großer Platz am Hang. Oben terrassiert und schattig, unten eben, mit Hecken parzelliert und etwas sonniger. Über die Bahnschienen gelangt man in fünf Minuten zu einem herrlichen Strand. Deshalb ist der Platz recht beliebt. Die Sanitäranlagen sind hell und freundlich. Pizzeria, kleiner Spielplatz, Minimarkt, WLAN. Station der Balagne-Bahn. Vor allem in der Nebensaison empfehlenswert.
Geöffnet Mai bis September.
Platz inkl. 2 Pers. €22–31, weitere Person €6,60–9,40, Kinder bis 7 Jahre €3,30–5, Tel. 0033 (0)495601086. www.campinglebodri.com

17 Camping Ranch Cantarettu

GPS N 42°36'11.8,", E 8°53'04.3"
Im Hinterland von Algajola, Pizzeria im Sommer. Auch Mobilehomes.
Geöffnet ganzjährig.
Platz inkl. 2 Pers. €25,50 weitere Person €8, Kinder bis 10 Jahre €4, Tel. 0033 (0)495604093. camping-location-ranch.com

18 Camping Balanea

GPS N 42°36'27.0", E 8°53'15.2"
Kleiner Familiencamping unter Eichen und Eukalyptusbäumen im Hinterland von Algajola. Pizzeria, Laden, Bungalows und Mobilehomes.
Geöffnet Juli und August.
Platz inkl. 2 Pers. €19–27 weitere Person €5,25–7,50, Kinder bis 6 Jahre €1,50–3,50, Jugend 7 bis 15 Jahre €3,50–5,
Tel. 0033 (0)688941216.
www.balanea.net

19 Camping A Marina

GPS N 42°36'33.0", E 8°52'32.7"
Sehr großer Platz direkt neben dem Camping de la Plage. Große Pool- und Spiellandschaft, kurzer Weg zum Strand. Viele Mobilehomes.
Geöffnet Mitte Juni bis Mitte September.
Platz inkl. 2 Pers. €28–35, weitere Person €9–12, Kinder 2 bis 10 Jahre €6–8, Tel. 33 (0)495607541.
www.marinacamping.fr

20 Camping de la Plage

GPS N 42°36'31.4", E 8°52'25.6"
Schöner Platz an der D 81 kurz vor dem Abzweig nach Algajola, nur durch die Bahnlinie von der Aregno-Plage getrennt. Ebene Wiese mit ausreichend Platz unter Eukalyptus und Pinien. Zwei großzügige, mittelmäßig saubere Sanitärblocks, kleiner Supermarkt, Pizzeria, schöne kleine Poolanlage. Station der Balagne-Bahn. Mobilehomes.
Geöffnet April bis Oktober.
Platz inkl. 2 Pers. €29–33, weitere Person €9–10, Kinder bis 7 Jahre €4,50–5, Tel. 0033 (0)495607176.
www.camping-de-la-plage-en-balagne.com

21 Camping Le Panoramic

GPS N 42°35'25.4", E 8°50'54.7"
Der Platz liegt ein paar Kilometer im Landesinneren in den Bergen. Einfacher Platz mit guter Aussicht. Terrassiert, schattig, ausreichende Sanitäranlagen. Pizzeria, Pool.
Geöffnet Mai bis September.
Platz inkl. 2 Pers. €23–35,
Tel. 00 33(0)495607313.

22 Camping à la ferme Pietra Machja - Chez Rose

GPS N 42°36'18.3", E 8°58'37.2"
Kleiner, ruhiger Platz mit persönlicher Atmosphäre inmitten von Olivenbäumen bei Monticello. Von L'Île-Rousse aus fährt man auf der N 197 Richtung Osten. Nach 6.5 km rechts abbiegen auf die D 113 in Richtung Barrage de Codole. Zufahrt nach fünf Kilometern auf der rechten Seite. Auf dem Hof werden Mandeln, Oliven und Gemüse (bio) angebaut und es gibt auch Schafe und Hühner. Bitte bei Ankunft klingeln.
Ganzjährig geöffnet.
Platz inkl. 2 Pers. €20, weitere Person €10, Kinder 3 bis 12 Jahre €5, Tel. 0033 (0)603 297244.
mail: roselyne.hubert0436@orange.fr

23 Camping à la ferme L'Aghia

GPS N 42°31'16.3", E 9°03'02.9"
Der naturbelassene, gut ausgestattete Platz liegt im Parc Naturel Régional de Corse, 850 Meter über dem Meer in den Bergen, sechs Kilometer von Olmi-Capella. Pool mit Panoramablick. Direktverkauf von Produkten, besonders Fleisch, Honig und Kastanienmehl. Es wird außerdem ein Abendessen mit korsischen Spezialitäten zu einem fairen Preis angeboten, auch Frühstück ist möglich.
Geöffnet April bis September.
Platz inkl. 2 Pers. €22, weitere Person €8, Kinder bis 5 Jahre €5,
Tel. 0033(0)634291713.
www.camping-ferme-l-aghja.com

24 Camping Dolce Vita

GPS N 42°33'15.3", E 8°47'19.5"
Gut ausgestatteter Platz mit dem Charme einer Bahnhofshalle. Sehr große, ganz ebene Wiese unter hohen Bäumen. Der Platz liegt ein Stück zurückversetzt zwischen Straße und Meer. Große Stellplätze, schattig, ohne Unterteilung zum Nachbarplatz. Riesiger, zentraler Sanitärblock. Eigener Strandzugang über kleinen Pfad zu schmalen Sandstrand im oberen Teil der seichten und daher gut für jüngere Kinder geeigneten Bucht von Calvi. Spielplatz,

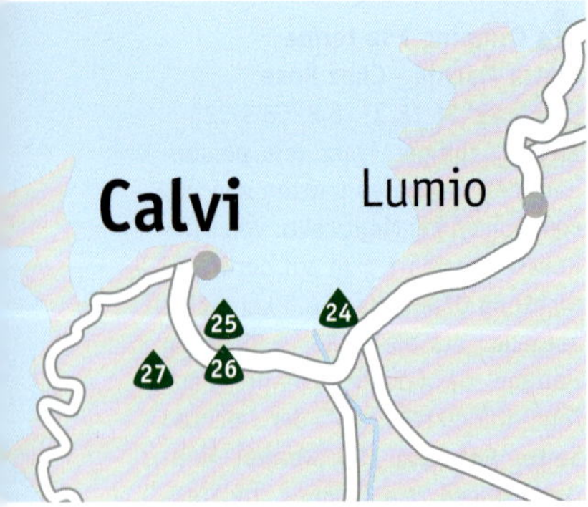

Restaurant, Mini-Markt, Waschmaschinen, WLAN. Station der Balagne-Bahn. Guter Platz für Wohnmobile. Liegt in der Einflugschneise des kleinen, aber wenig frequentierten Flughafens von Calvi. Wer einen Platz direkt am Meer sucht, ist hier relativ gut aufgehoben.
Geöffnet Ostern bis Anfang Oktober. Platz inkl. 2 Pers. und Strom €23–36, weitere Person €8,50–12, Kinder 6 bis 11 Jahre €3–6, Kinder 12 bis 18 Jahre €6,50–9, Tel. 0033 (0)495650599. dolce-vita-calvi.com

25 Camping La Pinède

GPS N 42°33'11.4", E 8°46'04.6"
Gegenüber dem Camping Paduella auf der anderen Seite der Straße nach L'Île-Rousse, mit direktem Zugang zum Strand: über die Strandstraße, durch den Pinienhain, direkt in den schönsten Teil der Bucht von Calvi. Inzwischen ist der Platz mit festen Unterkünften zugebaut. Es gibt nur noch einen kleinen Camperbereich in der Nähe der Straße. Zwei neue große, passabel gepflegte Sanitärblocks. Poollandschaft und großer Spielplatz – allerdings mitten in der Sonne gelegen.
Ganzjährig geöffnet.
Platz inkl. 2 Pers. €26–54, weitere Person €10–18, Kinder bis 12 Jahre €0–7,50, Jugend 12 bis 18 Jahre €7–15,
Tel. 0033 (0)495651780.
camping-calvi.com

26 Camping Paduella

GPS N 42°33'6.6", E 8°45'52.8"
Sehr gepflegter, gut aufgeteilter Platz am Ortsausgang oberhalb der Straße nach L'Île-Rousse. Mit gestalterischem Geschick unterteilt – die Zelte stehen unterschiedlich hoch, die einzelnen Plätze sind umrahmt von großen Steinblöcken, blühenden Pflanzen oder weißen Steinchen. Obwohl die Plätze sehr nah beieinanderliegen, hat man doch ein wenig Privatsphäre. Die großen Sanitärblocks sind hell und freundlich, modern und erstklassig gepflegt. Schaukel und Rutsche, Bar vorne an der Rezeption, sehr freundlicher Empfang. WLAN kostenlos, fünf Minuten zum Supermarkt und zehn Minuten über die Straße und durch den Pinienhain zum Strand. Voll ausgestattete Hauszelte zu vermieten.
Geöffnet Mitte Mai bis Anfang Oktober.
Platz inkl. 2 Pers. €23,50–36,
weitere Person €8–12,
Kinder 3 bis 10 Jahre €5–8,
Tel. 0033 (0)495650616.
www.campingpaduella.com

27 Camping Bella Vista

GPS N 42°33'08.3", E 8°45'22.4"
Großer, aber geschickt aufgeteilter Platz am Ortsrand von Calvi. Im vorderen Teil schön bepflanzt, die Plätze naturnah belassen unter hohen Bäumen oder in einem kleinen Waldstück. Ebene, abgeteilte Plätze für Wohnmobile und Wohnwagen. Picobello saubere Sanitäranlagen. Warmes Wasser in den Duschen und zum Abspülen. Baguette-Service, Pizzeria, Laden. Großer Wasserpark, Tischtennisplatten, Spielplatz und insgesamt viel freier Raum zum Spielen und Toben. Bungalowvermietung. 800 Meter zum Ortsstrand und zur nächsten Bahnstation, ein Kilometer bis zum nächsten Supermarkt.
Geöffnet April bis September.
Platz inkl. 2 Pers. €25–47, weitere Person €7–15, Kinder 2 bis 9 Jahre €5–9, Tel. 0033 (0)420190093.
www.camping-bellavista.com

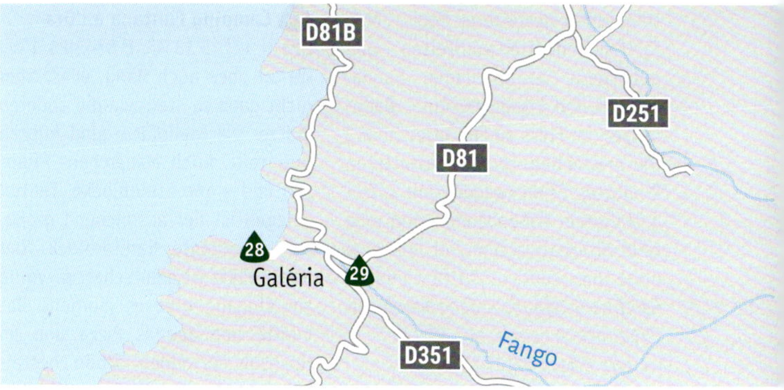

Balagne déserte

Die Plätze bei Galéria sind einfach und können mit dem Standard in Calvi nicht mithalten:

28 Le Camping Ideal

GPS N 42°24'39.3", E 8°38'40.7"
Direkt hinter der Strandstraße gelegen, wenige Meter vom Strand entfernt. Er ist im vorderen Bereich schön schattig, aber nicht sehr einladend. Hinten gibt es schönere Plätze unter kleinen Bäumen. Sehr einfache, alte Sanitäranlagen.
Geöffnet April bis Oktober.
Platz inkl. 2 Pers. €22, weitere Person €5,80, Kinder bis 7 Jahre €3,50, Tel. 0033 (0)495620350.
www.ideal-camping-galeria.fr

29 Camping Casa di Luna

GPS N 42°24'45.0", E 8°41'25.9"
Wenige Kilometer von Galeria entfernt, zurückversetzt von der D 81 (kurz vor der Brücke über den Fango) am Fluss. Schönes, weitläufiges Gelände mit vielen Schattenplätzen. Neu angelegter Pool, Baguetteservice. Die Sanitäranlagen sind schon etwas älter.
Geöffnet Juni bis September.
Platz inkl. 2 Pers. €20–28, weitere Person €5,50–7,50, Kinder 3 bis 8 Jahre €3–5, Tel. 0033(0)674677301.
casadiluna.net

Golf von Porto

Der günstigste Standort für Ausflüge in die Region ist Porto. Im Ort liegen drei Campingplätze.

31 Camping Municipal d'Ota Porto

GPS N 42°15'48.3", E 8°42'00.4"
Auf der südlichen Seite des Porto und direkt hinter dem breiten Strand gelegen. Großes, ebenes Gelände, mäßig schattig und im Sommer etwas staubig. Sanitäranlagen einfach, aber okay. Ab und zu Pfadfindergruppen. Der einzige Platz in Porto, der nicht am Hang liegt, daher auch für größere Wohnmobile geeignet.
Geöffnet Mitte Mai bis September.
Platz inkl. 2 Pers. €17–21, weitere Person €6,50–8, Kinder bis 7 Jahre €3,50, Tel. 0033 (0)495261776.
campingmunicipal-otaporto.com

32 Camping Les Oliviers

GPS N 42°15'42.9", E 8°42'37.2"
Oberhalb der Straße, enge Terrassen an einem steilen Hang. Schmale, aber schön gestaltete, schattige Plätzchen, freundliche Rezeption,

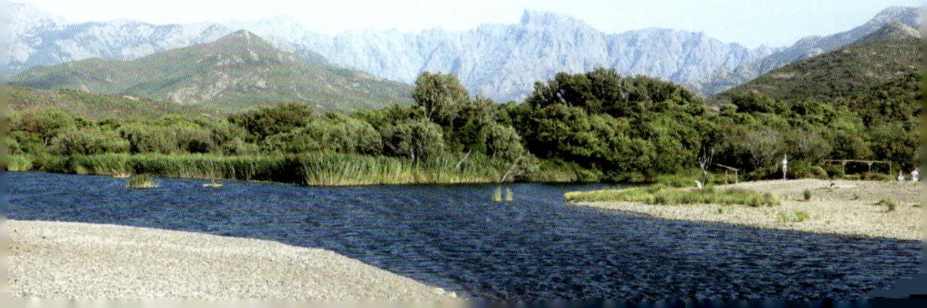

sehr schön gestalteter Pool – man fühlt sich inmitten von Felsen – und gute neue Sanitäranlagen. Sauna, Hamam und Fitnesszentrum, Badebecken im Fluss zu Fuß erreichbar. Die originellen, gut ausgestatteten Roulottes (Zirkuswagen) mit schön gestaltetem Außenbereich sind eine tolle Alternative zum Zelt und eine urige Unterkunft für Nicht-Camper.
Geöffnet Ostern bis Anfang November. Platz inkl. 2 Pers. €24–38, weitere Person €8,25–12,70, Kinder 2 bis 7 Jahre €4,10–6,30, Tel. 0033 (0)495261449. camping-oliviers-porto.com

33 Camping Sole e Vista

GPS N 42°15'51.5", E 8°42'42.3"
Direkt neben dem Les Oliviers, ebenfalls mit schmalen Terrassen am gleichen steilen Hang. Die Sanitäranlagen sind okay. Wenige Minuten Fußweg zum Supermarkt und zum Ort. Restaurant und Pool mit Meerblick.
Geöffnet Mitte März bis Mitte November. Platz inkl. 2 Pers. €21–28, weitere Person €7–12, Kinder bis 7 Jahre €3,50–4, Tel. 0033 (0)495261571. www.camping-sole-e-vista.fr

Einen Kilometer außerhalb von Porto, an der Straße nach Evisa, findet sich unser Favorit der Region.

34 Camping Funtana a l'Ora

GPS N 42°15'13.4", E 8°43'21.1"
Weiter oben auch Hang, er ist aber nicht ganz so steil wie die anderen Plätze. Die Stellplätze sind hübsch unterteilt durch Mäuerchen, Pflanzen und große Steinblöcke. Zentral gelegen ist der ausreichend große, recht gepflegte Sanitärblock. Der ganze Platz ist sehr schattig. Vorne am Eingang gibt es morgens Baguette und abends Pizza und im Hochsommer einen schön gestalteten neuen Pool. In zehn Minuten erreicht man zu Fuß schöne Badebecken im Bach. Man kann hier auch sehr gemütliche Holzbungalows mieten, außerhalb der Saison auch tageweise). WLAN.
Geöffnet April bis Oktober. Platz inkl. 2 Pers. €22–33, weitere Person €7–11,70, Kinder 2 bis 7 Jahre €4–5,80, Tel. 0033 (0)495261165. www.funtanaalora.com

35 Camping L'Acciola

GPS N 42°15'1.9", E 8°48'59.8"
Einfacher kleiner Platz mitten in der Natur gelegen und mit tollem Blick auf die Berge. Sehr einfache Sanitäranlagen. Einen knappen Kilometer entfernt von Evisa. Einige Zeltplätze liegen mit grandiosem Blick am Hang,

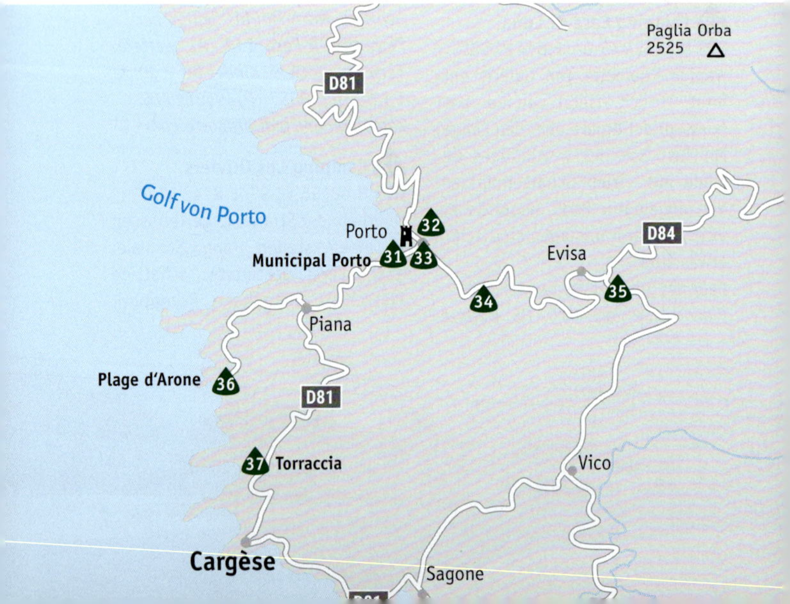

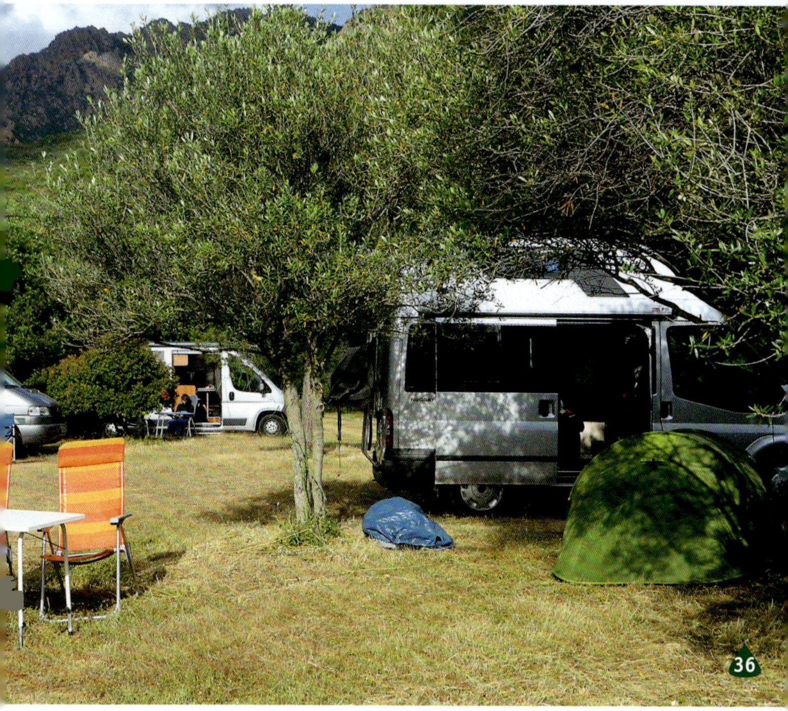

sind aber für Fahrzeuge nicht geeignet. *Geöffnet Mitte Mai bis Mitte September. Platz inkl. 2 Pers. € 23, weitere Person € 7,20, Kinder bis 7 Jahre € 4, Tel. 0033 (0)495262301. www.acciola.com*

36 Camping d'Arone
GPS N 42°12'38.9", E 8°35'8.9"
Etwa 200 Meter hinter der schönen Badebucht von Arone, an der Südspitze des Golfes. Der Platz ist sehr abgelegen und für Ausflüge in die Bergregion von Porto nicht mehr so gut geeignet. Er bietet gute Sanitäranlagen. Toller Strand, dort gibt es zwei gute Restaurants und in der Saison eine Imbissbude. Kleiner, spärlich ausgestatteter Laden an der Rezeption, Einkaufsmöglichkeiten im zwölf Kilometer entfernten Piana. *Geöffnet Mitte Mai bis Mitte September. Platz inkl. 2 Pers. € 28, weitere Person € 9, Kinder bis 7 Jahre € 4, Tel. 0033 (0)495206454.*

Golf von Sagone

37 Camping Torraccia
GPS N 42°09'44.5", E 8°35'52.6"
Der Platz liegt direkt neben der gut befahrenen D 81 nach Piana, vier Kilometer nördlich von Cargèse und ist der einzige in der Umgebung. Steinharte, große Terrassen, die eher an einen Fahrweg erinnern als an einen Campingplatz, machen wenig Lust auf einen längeren Aufenthalt. Die angenehmsten Plätze liegen am Hang auf der Wiese vor den Sanitäranlagen. Hierher kommt man jedoch nicht mit dem Auto. Die Sanitäranlagen sind sauber und modern. An der Rezeption gibt es eine Bar, eine Crèperie, frische Baguette, einen kleinen Spielplatz und einen Pool. Die Plage de Pero erreicht man in fünf Minuten mit dem Auto. *Geöffnet Mitte Mai bis September. Platz inkl. 2 Pers. € 19–34, weitere Person € 6–9, Kinder bis 7 Jahre kostenlos, Tel. 0033 (0)495264239. www.camping-torraccia.com*

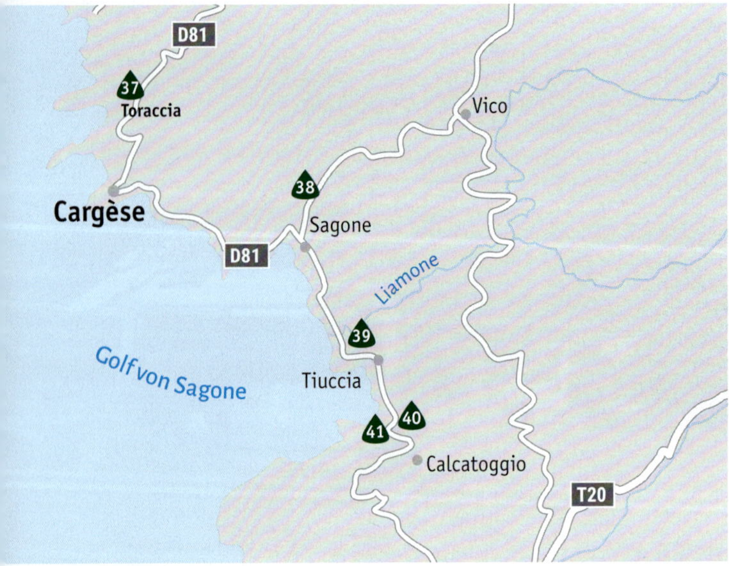

38 Camping Sagone

GPS N 42°07'49.7", E 8°42'19.1"
Großer, komfortabler Platz an der D70, die von Sagone ins Landesinnere führt, 1,5 Kilometer vom Ort entfernt. Vorne am Eingang ein großer, moderner Waschsalon, etwas zurückversetzt ein Restaurant mit Pool. Der ganze Platz liegt schattig unter hohen Bäumen. Die großzügigen Stellplätze sind mit Hortensienhecken unterteilt. Ein großer, ganz neuer Sanitärblock mit bepflanztem Innenhof und orientalischem Flair liegt im Zentrum der Anlage. In der Saison Kinderclub. Supermarkt und Presseshop direkt vor dem Platz an der Straße. Auch Miet-Bungalows.
Geöffnet Ostern bis Oktober.
Platz inkl. 2 Pers. €18–37, weitere Person €5–9,50, Kinder 4 bis 11 Jahre €3,50–7, Tel. 0033 (0)495280415. www.camping-sagone.fr

39 Camping U Sommalu

GPS N 42°04'13.6", E 8°43'51.9"
In der Ebene hinter dem Liamone-Strand gelegen. Den Strand erreicht man über einen eigenen Fußweg in fünf bis zehn Minuten. Der Platz ist riesig. Der obere Teil steht voller Bungalows, auf der Wiese mit akkurat ausgerichteten Baumreihen ist Platz für die Zelte. Der schönste Bereich liegt ganz unten im neuen Teil – unter großen Laubbäumen und locker verteilten Büschen. Zwei große Sanitärblocks und ein eigenes Häuschen zum Wäschewaschen sind sich über den Platz verteilt. Der Pool und ein kleiner Spielplatz sorgen dafür, dass junge Gäste sich nicht langweilen. Kleines Lebensmittelgeschäft.
Geöffnet April bis September.
Platz inkl. 2 Pers. €20–28, weitere Person €6,50–9, Kinder bis 7 Jahre €4–5,50, Tel. 0033 (0)495522421. www.usommalu-camping.fr

40 Camping La Liscia

GPS N 42°02'49.8", E 8°45'17.7"
Zwei Kilometer südlich von Tiuccia zieht er sich von der Straße den Hang hinauf. Die vorderen Plätze sind entsprechend laut, weiter oben wird es ruhiger. Von der Bergspitze ein herrlicher Blick über die umliegenden Hügel und das Meer. Ansonsten moderne Sanitäranlagen. Lebensmittelladen. Kleines Restaurant. 500 Meter über die Straße zum Strand.
Geöffnet Mai bis Oktober.
Platz inkl. 2 Pers. €22–30, weitere

Person €6,50–9, Kinder bis 7 Jahre €4–5,50, Tel. 0033 (0)495522065. www.laliscia.com

41 Camping A Marina
GPS N 42°02'52.3", E 8°44'56.9"
Kleiner Platz direkt an einem schönen Sandstrand, drei Kilometer südlich von Tiuccia. Im Eingangsbereich stehen einige schön platzierte und eingewachsene Bungalows. In der Nähe des Meeres folgen die Plätze für die Zelte – und eine Bar (mit WLAN). Gepflegte Sanitäranlagen und ein kleiner Kinderspielplatz. Die auf dem Platz verteilten Holzdächer geben zusätzlichen Schatten.
Geöffnet April bis Oktober.
Platz inkl. 2 Pers. €31–36, weitere Person €10–11,50, Kinder bis 7 Jahre €5–7, Tel. 0033 (0)495522184. www.camping-amarina.com

Golf von Ajaccio

Familiengerechte Unterkünfte finden sich eher in Porticcio und den folgenden Orten als direkt in der Stadt. Auch die meisten Campingplätze liegen an diesem Teil des Golfes:

42 Camping Benista
GPS N 41°54'25.3", E 8°49'21.2"
Nördlich von Porticcio an der D55. Die Umgebung ist nicht sehr idyllisch: nah an der Straße, neben dem Flughafen, das Meer ein Stück entfernt. Dafür gibt es eine gute Busverbindung nach Ajaccio. Der Platz ist recht groß, schattig und war einmal komfortabel ausgestattet, ist aber inzwischen deutlich in die Jahre gekommen. Pizzeria, kleiner Laden und Bäckerei außerhalb des Platzes. Bungalows und Mietzelte.
Geöffnet Mai bis September.
Platz inkl. 2 Pers. €25–37, weitere Person €8,50–11,50, Kinder 3 bis 7 Jahre €4,50–6,50, Tel. 0033 (0)974564023. www.porticcio-camping.fr

43 Camping Le Sud
GPS N 41°49'42.2", E 8°47'03.3"
Liegt noch ein Stück weiter Richtung Coti-Chiavari. Sehr schöne Plätze für Zelte. Durch seine Lage ein Stück über der Straße ist er trotz Straßennähe ruhig. Terrassen am Hang zwischen großen Oliven- und Erdbeerbäumen sorgen selbst bei voll besetztem Platz für ausreichend Abstand zwischen den Zelten und Wohnmobilen. Auf der anderen Seite der Straße erwartet uns die schöne Plage de Ruppione mit feinem weißem Sand, eingerahmt von großen Felsblöcken. Der Sanitärblock war beim letzten Besuch in schlechtem Zustand, es wurde aber gerade mit der Renovierung des Platzes begonnen.
Geöffnet April bis Oktober.
Platz inkl. 2 Pers. €20–32, weitere Person €7–10, Kinder bis 7 Jahre €4–5, Tel. 0033 (0)620323977. www.camping-le-sud.com

44 Camping La Valleé
GPS N 41°48'31.4", E 8°45'54.6"
Der einfache, aber angenehme Platz liegt ein paar Kilometer weiter, ganz am Ende der Bucht von Ajaccio und weit weg von Trubel bei Porticcio am Fuße der Berge des Waldes von Coti-Chiavari. Ein schmaler Grasstreifen zieht sich von der Straße weg ins Hinterland und die Plätze im hinteren Bereich sind auch im Sommer saftig grün und angenehm ruhig. In der Nachbarschaft hinter einem Mäuerchen eine Wiese mit Bach und quakende Frösche, ein Kinderspielplatz und einfache Sanitäranlagen. Über die Straße geht es direkt zu einem grobsandigen Strand und rechts daneben über Felsen zu einer größeren Sandbucht. Mein Tipp für alle Familien, die eher Einsamkeit suchen und mit sanitärem Basis-Standard zurechtkommen. Vorher einkaufen nicht vergessen, der Laden am Platz öffnet nur im Hochsommer.
Geöffnet Mai bis September.
Platz inkl. 2 Pers. €19–25, weitere Person €7–8, Kinder bis 7 Jahre €3,30–4, Jugend €6,50–7,50, Tel. 0033 (0)495254466. www.camping-lavallee.fr

45 Camping Les Eaux Vives

GPS N 42°01‘42.2“, E 8°54‘42.5“
Der Platz befindet sich in der Nähe des Schildkrötenparks im Hinterland von Ajaccio (etwa 30 Kilometer auf der Straße nach Corte). Kurz nach der Einfahrt zu A Cupulatta [› **Tour 20**] führt uns ein Schild in einen Feldweg. Der kleine, einfache Platz ist schön schattig und liegt einsam und ruhig direkt am Ufer der Gravona (mit flachen Badebecken). Die Sanitäranlagen sind alt, aber meist sauber. WLAN am Restaurant
Geöffnet April bis Mitte Oktober. Platz inkl. 2 Pers. €17–23, weitere Person €6–8, Kinder 2 bis 9 Jahre €4–6, Tel. 0033 (0)629961165. www.camping-ajaccio.fr

Golf von Valinco

Im Golf von Valinco gibt es viele schöne Campingplätze. Die hier beschriebenen liegen direkt an der Küste. Weitere gibt es um Propriano einige Kilometer vom Meer entfernt.

46 Camping Cupabia

GPS N 41°44‘16.9“, E 8°47‘02.8“
Außergewöhnliche Lage direkt hinter einer der schönsten Buchten der Insel. Tritt man aus dem vorderen Tor, steht man im feinen, weißen Sand der Bucht. Sanitäranlagen in schlechtem Zustand und auch nicht immer geputzt. Zum Platz gehört ein gutes Strandrestaurant in leicht gehobener Preisklasse. Kleiner Laden an der Rezeption.
Der Platz blieb 2022 und 2023 geschlossen. Ob er wieder geöffnet wird, ist ungewiss!

47 Camping Cyrnos

GPS N 41°42‘50.4“, E 8°49‘00.4“
Zwangloser Campingplatz direkt am schönen Strand in der Nähe von Porto Pollo. Restaurant, Kitesurfschule. Die Sanitäreinrichtungen sind zwar in die Jahre gekommen, aber sauber. Etwas ab vom Schuss, aber täglich frisches Brot zu haben und zweimal wöchentlich Einkaufsmöglichkeit durch mobilen Marktwagen. Kein WLAN. Viele Familien. Zufahrt über ein Kilometer Naturstraße.
Geöffnet Juni bis September. Platz inkl. 2 Pers. €28, weitere Person € 8, Kinder €4. Tel. 0033 (0)4 95740055.

48 Camping Ras L'Bol

GPS N 41°42‘10.4“, E 8°50‘08.1“
Sehr großer Platz an der D 157 beim Weiler Abartello. Von der Straße abgeschottet durch Büsche und meh-

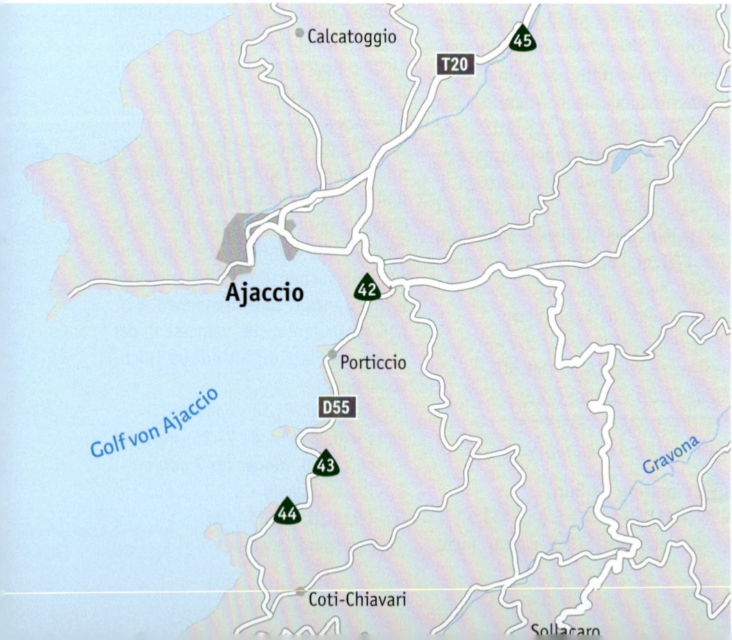

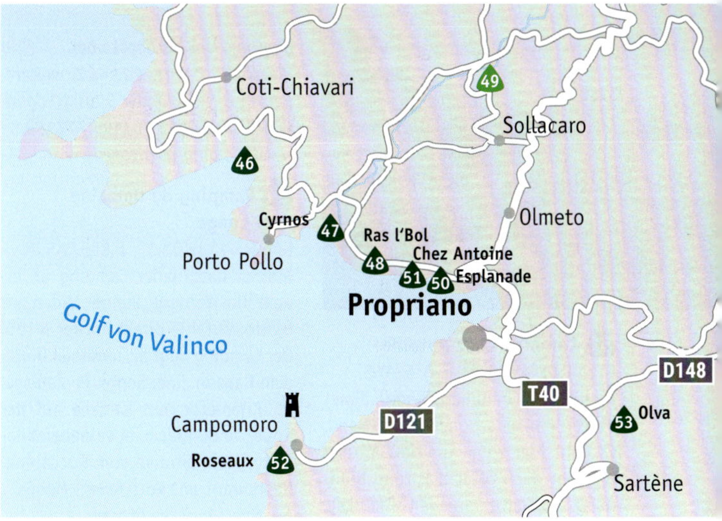

rere Reihen großer Palmen. Der Platz ist im vorderen Teil sehr eben und auch gut für Wohnmobile geeignet. Hinten herrlich geschützte Nischen zwischen großen Steinblöcken für Zelte. Mehrere große Sanitärblocks. Lange schmale und weniger attraktive Sandbucht auf der gegenüber liegenden Seite der Straße. Auch im Hochsommer nicht überfüllt. Beheizter Pool, Restaurant, Lebensmittelladen. Umfangreiches Freizeitangebot, Reiten und Fahrradverleih. Bungalowvermietung, schöne Safari-Zelte.

Geöffnet April bis September.
Platz inkl. 2 Pers. €20–30, weitere Person €7–10, Kinder 2 bis 12 Jahre €4–6. Tel. 0033 (0)495740425. www.camping-hotel-propriano.com

49 Camping Aire Naturelle Abbatucci

GPS N 41°46'19.4", E 8°54'32.7"
Großes naturbelassenes Gelände am Hügel hinter dem hervorragenden, aber nicht ganz billigen Restaurant »Le Frère«. Mitten in der Natur, ruhig und erholsam. Einfache Sanitäranlagen.

Ganzjährig geöffnet.
Platz inkl. 2 Pers. €20,50, weitere Person €6,50, Kinder bis 12 Jahre €4. Tel. 0033 (0)495 243630. www.domainekiesale.com

50 Camping l'Esplanade

GPS N 41°41'43.6", E 8°53'18.5"
Schöner, sehr schattiger Platz mit eigener kleiner Bucht. Fußweg zum Strand vom unteren Teil des Platzes etwa fünf Minuten. Die Plätze liegen alle auf Terrassen am teilweise sehr steilen Hang. Die meisten Plätze sind mit dem Auto nicht direkt erreichbar. Wenige Plätze für Wohnmobile ganz oben beim Restaurant. Drei gleichmäßig verteilte Sanitärblocks. Sauber und relativ modern. Großer Pool mit Blick auf die Bucht von Propriano, Restaurant, Minimarkt. Kleiner Spielplatz, Vermietung von Bungalows, Zirkuswagen und Wohnwagen.
Allerdings ist der ganze Platz so steil, dass selbst der Weg zur Toilette schweißtreibend wird. Ein Marsch vom Strand hinauf zur Rezeption ähnelt bereits einer kleinen Bergwanderung. Für Kleinkinder nur bedingt geeignet, auf vielen Terrassen besteht Absturzgefahr.

Geöffnet April bis Anfang November.
Platz inkl. 2 Pers. und Strom €30–48, weitere Person €6–9, Kinder 2 bis 7 Jahre €4–5. Tel. 0033 (0)495760503. www.campingesplanade.fr

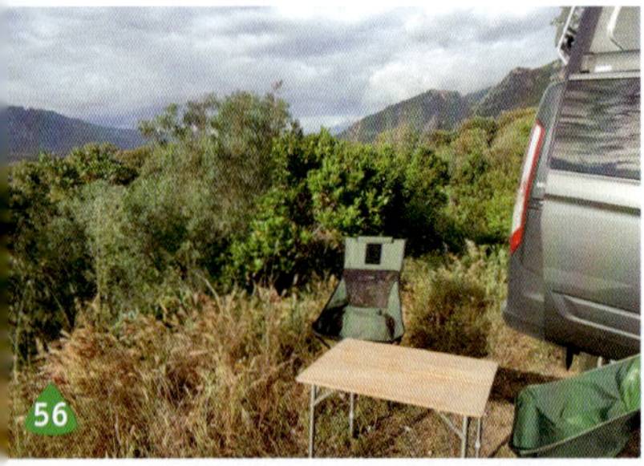

51 Camping Chez Antoine

GPS N 41°41'41.3", E 8°53'0.5"
Einfaches Campinggelände direkt hinter einem schönen Sandstrand. Es geht hier zügig ins tiefe Wasser und hat auch öfter mal tolle Brandung. Die Sanitäranlagen sind okay, wenn auch knapp bemessen, wenn der Platz voll belegt ist. Morgens kommt ein Bäckerwagen. Kein Laden, kein Pool, kein WLAN.
Geöffnet April bis September.
Platz inkl. 2 Pers. €26, weitere Person €8, Kinder 3 bis 10 Jahre €4. Tel. 0033 (0)495704307.
www.campingchezantoine.com

52 Camping Les Roseaux

GPS N 41°37'33.5", E 8°48'51.2"
Am südlichen Ende des Golfes in Campomoro, 17 Kilometer von Propriano entfernt (schmale Straße, etwa 30 Minuten Fahrtzeit). Oberhalb und am Ortsrand gelegen. Sehr schattig und ein wenig eng. Einfache Sanitäranlagen, kleiner Laden. In gut 10 Minuten läuft man hinunter zum netten kleinen Ort und zum besonders kinderfreundlichen Strand von Campomoro.
Geöffnet Mitte April bis Mitte Oktober.
Platz inkl. 2 Pers. €20,
weitere Person €8, Kinder €2,80.
Tel. 0033 (0)495742052.

Südspitze

53 Camping Olva, Corsica Lodge

GPS N 41°38'24", E 8°58'37".
Bergcamping in schöner Lage mit schattigen Plätzen nördlich von Sartène. Sehr schöne, gepflegte und gut ausgestattete Safarizelte am Rand des Platzes.
Geöffnet Mai bis September.
Platz inkl. 2 Pers. €21–27, weitere Person €7–9, Kinder 3 bis 10 Jahre €3–4. Tel. 0033 (0)495 771158.
www.camping-olva.com

54 Camping du Domaine Pero Longo

GPS N 41°32'02.3", E 8°57'45.7"
Kleiner naturnaher Camping an einem Bio-Weingut, kleiner Laden mit Bistro. Zufahrt direkt an der N 196. Der Camping liegt an Terrassen hinter dem Haus in einer Senke. Poolanlage. 25 Kilometer von Sartène auf der Route de Bonifacio, etwa sieben Kilometer zum Strand von Roccapina, Restaurant mit korsischem Menü.
Geöffnet April bis Oktober.
Platz inkl. 2 Pers. €24, weitere Person €8,50, Kinder 3 bis 12 Jahre €5,50. Tel. 0033 (4)95770711.
domaine-pero-longo.amenitiz.io

56 Camping à la ferme Heidis Escape

GPS N 41°33'29.0", E 8°58'58.4"
Im Ortolo-Tal gelegen unweit der N 196 Richtung Sartène vor atemberaubender Bergkulisse mitten in der Natur. Naturbelassenes Gelände mit enger Zufahrt. Der Fluss ist zu Fuß erreichbar. Es gibt Pferde und viel Natur. Verkauf von biologisch angebautem Obst und Gemüse und Honig. Heidi, die Inhaberin spricht deutsch.
Geöffnet März bis Oktober.
Platz inkl. 2 Pers. €25, weitere Person €8, Kinder 2 bis 12 Jahre €4, Tel. 0033 (0)610391429.

Zwei Campingplätze liegen an der D 122, die in Pianotoli von der Hauptstrecke abzweigt:

57 Camping Le Damier

GPS N 41°28'34.1", E 9°02'50.1"
Rechts der Straße auf einer großen Wiese, ausreichend schattig, gute Sanitäranlagen. Kurzer Fußweg zum Strand. Pool, Minimarkt, Pizzeria. Einfache Lodges für fünf Personen.
Geöffnet Mitte April bis Oktober.
Platz inkl. 2 Pers. €22–30,
Tel. 0033 (0)495 714885.
www.camping-le-damier.com

58 Camping Kevano Plage

GPS N 41°28'21.7", E 9°02'37.0"
Der Camping Kevano Plage wurde 2022 von den Betreibern des Camping San Damiano übernommen und komplett umgebaut. In den tollen Nischen für Bullis und Zelte oben im Korkeichenwald stehen jetzt Häuschen, die sicher sehr schön werden. Für Wohnmobile und Campervans gibt es nur noch eine Handvoll Plätze in einem schattenfreien, aber leicht erreichbaren ebenen Bereich im Zentrum des Platzes in der Nähe der neuen Poolanlage. Die Anlage wird sicher schön, wir trauern trotzdem um einen unserer Lieblingsplätze auf Korsika. Der Camping Kevano Plage liegt ein Stück vom Meer entfernt, etwa 800 Meter sind es zu einem schönen Strand mit grobem weißen Sand und türkisblau leuchtendem Wasser.
Geöffnet Ostern bis Anfang November.
Platz inkl. 2 Pers. und Strom €35–78,
große Plätze mit Aufpreis,
weitere Person €4,60–10,30.
Tel. 0033 (0)603365736.
www.campingkevano.de

59 Camping La Trinité

GPS N 41°24'36.2", E 9°07'36.4"
An der Straße von Bonifacio nach Porto Vecchio. Ebener Platz vor herrlicher Bergkulisse. Wiesenboden, sehr eben, schöne Schattenplätze unter den wenigen großen Bäumen, ansonsten noch etwas sonnig. Unterteilt durch große Steinblöcke und Büsche. Moderne, gepflegte Sanitäranlagen. Großer Pool mit Planschbecken, Restaurant, Lebensmittelladen. Bungalows mit tollem Blick. Einziger Nachteil ist die nahe vorbeiführende Straße.
Geöffnet Mitte April bis Oktober.
Platz inkl. 2 Pers. €20–27,
weitere Person €6,80–9,
Kinder 3 bis 10 Jahre €3,50–4,40.
Tel. 0033 (0)495 731091.
campinglatrinite.com

60 Camping Cavallo Morto

GPS N 41°44'16.9", E 8°47'02.8"
Riesiger Platz direkt an der Straße nach Bonifacio. Sie ist vom Platz aus nicht zu sehen, im vorderen Bereich aber gut zu hören. Die Zeltplätze sind herrlich schattig, der Platz durch hohe Natursteinmauern und große Bäume angenehm strukturiert. Ein steiniger Fahrweg führt zum hinteren Teil des Grundstückes. Hier ist es sehr ruhig, dafür ist der Schatten etwas knapp. Sanitäranlagen nicht topmodern, aber in ordentlichem Zustand. Pool, Restaurant. Zwei Kilometer bis Bonifacio. Mietbungalows.
Geöffnet April bis September.
Platz inkl. 2 Pers. €25–31,
weitere Person €7–9,60,
Kinder bis 10 Jahre €3,50–4,60.
Tel. 0033 (0)495 730466.
camping-cavallomorto.com

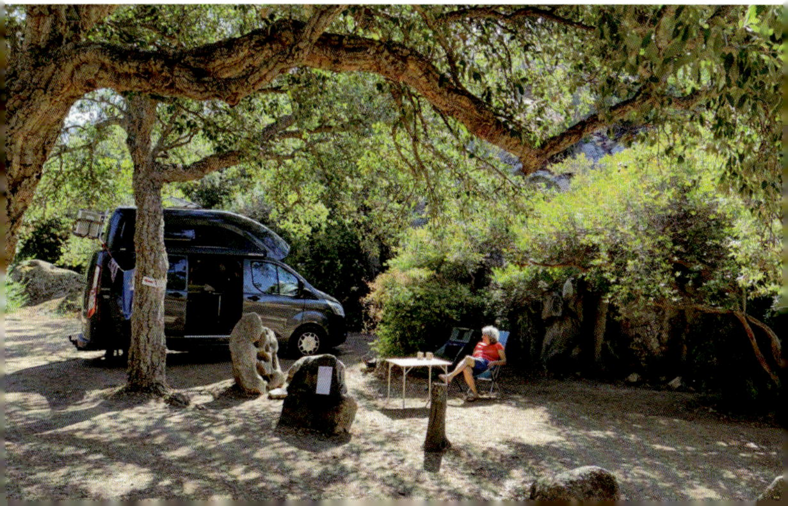

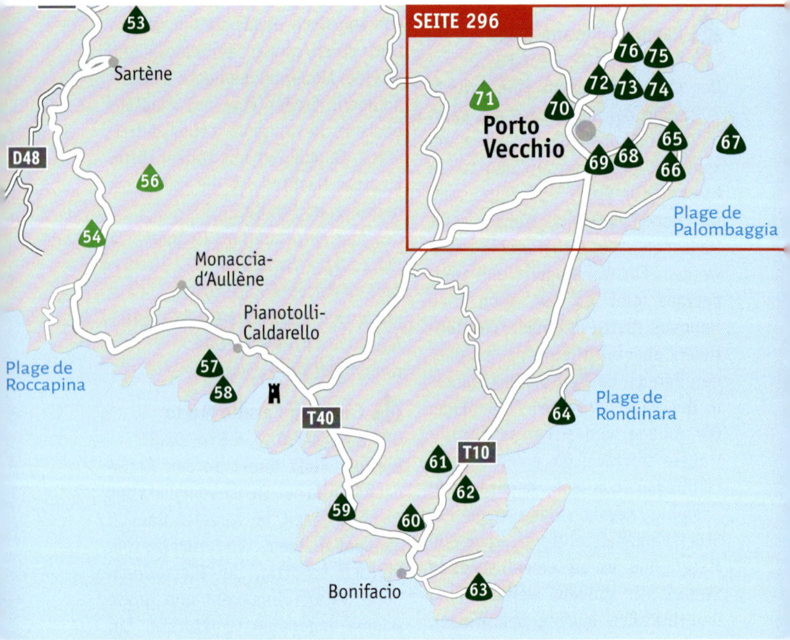

61 Campo di Liccia
GPS N 41°25'10.3", E 9°10'46.1"
Gepflegter Empfang, ansprechendes Restaurant, Pool, schöne schattige Plätze unter hohen Bäumen, abgetrennt durch hohe Natursteinmauern. Einfache Sanitäranlagen. Restaurant, kleiner Laden.
Geöffnet Mitte April bis Oktober.
Platz inkl. 2 Pers. €17–31, weitere Person €5,50–9,50, Kinder bis 3 Jahre €0–3,50, Kinder 4 bis 10 Jahre €2,40–4,50.
Tel. 0033 (0)495730309.
www.campingdiliccia.com

62 U Farniente – Pertamina Village
GPS N 41°25'5.2", E 9°10'46.1"
Luxuriöser, sehr ruhiger Platz oberhalb der Straße gegenüber dem Campo di Liccia. Rezeption mit Schranke, sehr gepflegt und großzügig bepflanzt. Große, durch Bäume und Hecken unterteilte Zeltplätze, teilweise schattig. Neue, gepflegte Sanitäranlagen. Restaurant und Pool (ab 15. Mai) mit Wasserrutsche. Einige Kilometer zum Meer.
Ganzjährig geöffnet.
Platz inkl. 2 Pers. €24–57 inkl. Strom, weitere Person €8,50–16,50, Kinder bis 9 Jahre €4,75–10,50.
Tel. 0033 (0)0495730547.
www.camping-pertamina.com

63 Camping des Îles
GPS N 41°22'42.4", E 9°12'37.9"
Vier Kilometer östlich von Bonifacio, großes Areal auf mehreren Ebenen. Ganz oben auf dem Hügel auch schattenfreie Plätze mit tollem Blick. Pool, Laden, Restaurant, Häuschen.
Geöffnet April bis September.
Platz inkl. 2 Pers. €21–33, weitere Person €6,30–9,90, Kinder 3 bis 12 Jahre €2,80–6,80.
Tel. 0033 (0)495731189.
camping-desiles.com

64 Camping La Rondinara
GPS N 41°28'22.2", E 9°15'47.2"
Kurz vor der Bucht von Rondinara gelegen, auf einem Hügel, etwas von der Straße zurückversetzt. Weitläufiger Platz mit vielen kleinen Terrassen unter Bäumen, die sich auch für Zelte gut eignen. Auch in der Nebensaison immer sehr gut belegt. Die Sanitärblocks sind hell, großzügig und werden gut gepflegt. Restaurant (leckere Holzofenpizza), Laden, tolles Schwimmbecken mit

Blick aufs Meer, Spielplatz. 400 Meter Fußweg durch die Macchia den Hügel hinab zum herrlichen Strand.
Geöffnet Mitte Mai bis September. Platz inkl. 2 Pers. €26–40, weitere Person €7,30–11,20, Kinder 3 bis 10 Jahre €4–6,60. Tel. 0033 (0)495704315. www.camping-rondinara.com

Porto Vecchio

65 Camping U Pirellu

GPS N 41°35'22.5", E 9°19'54.7"
Zieht sich an einem langen, recht steilen Hang hinauf. Direkt daneben die zugehörige, angenehme Apartmentanlage. Unten größere, sehr schattige Terrassen, weiter oben viel schönere, zeltgerechte Miniterrassen zwischen hohen Bäumen. Ein großer, moderner Sanitärblock ganz unten am Eingang, der zweite liegt dann ganz oben auf dem Berg. Die Aussicht von hier oben ist klasse, der Weg zum Klo in jedem Fall weit und anstrengend. Mit Kleinkindern, die alle zwei Stunden Begleitung zur Toilette fordern, würden wir einen etwas ebeneren Platz wählen.
Geöffnet Mitte April bis Mitte Oktober. Platz inkl. 2 Pers. €24–35,50 weitere Person €7,30–11, Kinder 2 bis 9 Jahre €3,50–6. Tel. 0033 (0)495702344. camping-palombaggia.corsica

66 Camping Bella Vista

GPS N 41°35'17.7", E 9°20'03.7"
Ebenfalls direkt an der Route de Palombaggia und mit schönem Blick am Hang. Das Gelände ist nicht ganz so steil wie am U Pirellu und weniger schattig. Restaurant und Pool.
Geöffnet Mai bis September. Platz inkl. 2 Pers. €23–29,50, weitere Person €7,30–9, Kinder 2 bis 9 Jahre €3–5. Tel. 0033 (0)495705801. bellavista.corsica

67 Camping La Chiappa

GPS N 41°35'29.4", E 9°21'40.6"
Sehr gut ausgestattete FKK-Campinganlage mit schönen Stellplätzen am Meer, modernen gepflegten Sanitäranlagen, Pool, Restaurant, Reitstall und deutschsprachiger Surf- und Tauchschule. Bungalowvermietung.
Geöffnet Mitte Mai bis September. Platz inkl. 2 Pers. €27–40, weitere Person €9–13, Kinder 5 bis 12 Jahre €5–7, Tel. 0033 (0)495700031. www.chiappa.com

68 Camping Les Jardins du Golfe

GPS N 41°34'23.9", E 9°17'25.6"
Ebene Wiese unter hohen Bäumen, etwas zurückversetzt von der Straße. Der Platz war 2023 im Umbau.
www.camping-jdg-portovecchio.com

69 Camping U Stabiacciu

GPS N 41°34'18.1", E 9°16'33.4"
Sehr angenehmer Platz direkt hinter dem Abzweig von der N 198 auf die Route de Palombaggia. Sehr freundliche Rezeption, Bar am Eingang. Die Zelte stehen zwischen herrlichen Korkeichen, der ganze Platz ist angenehm schattig und schön aufgeteilt und bepflanzt. Gute Sanitäranlagen: Großzügig angelegt, hell, freundlich und recht sauber. Einziger Nachteil: die viel befahrene N 198 führt direkt hinter der Hecke vorbei. Nicht sichtbar, aber deutlich zu hören. Zwei Kilometer nach Porto Vecchio, zehn Kilometer zur Plage de Palombaggia.
Geöffnet April bis Anfang November. Platz inkl. 2 Pers. €20–27, weitere Person €6,40–9, Kinder 2 bis 10 Jahre €3,60–4,80, Tel. 0033 (0)495703717. www.stabiacciu.com

70 Camping Arutoli

GPS N 41°36'06.6", E 9°15'57.8"
An der Straße nach Ospedale gelegen. Offene Wiese unter schönen Korkeichen. Pool. Sanitäranlagen für die Größe des Platzes knapp bemessen. Nahe bei Porto Vecchio, dafür weit vom Strand entfernt.
Geöffnet April bis Anfang November. Platz inkl. 2 Pers. €21–28, weitere Person €6,40–8,60, Kinder 3 bis 13 Jahre €3,40–4,60, Tel. 0033 (0)495701273. www.arutoli.com

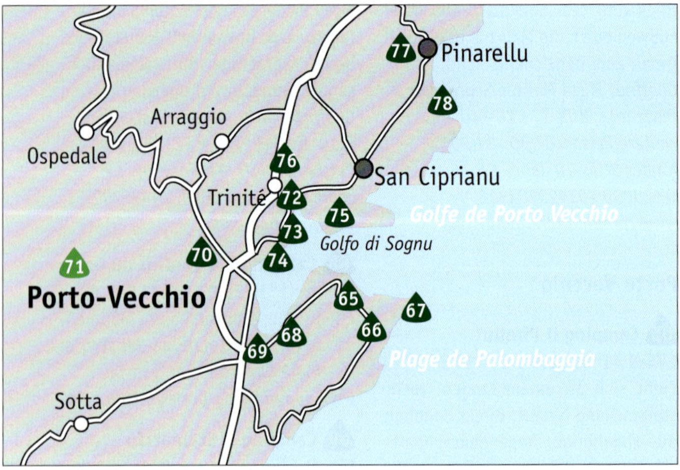

71 Camping à la ferme d'Alzetta
GPS N 41°35'11.9", E 9°12'01.4"
Fährt man von Porto Vecchio auf der Route de Muratello D 159 ins Landesinnere, so kommt man nach etwa sieben Kilometer zum Bio-Hof. Schöne Plätze unter Olivenbäumen. Sanitäranlagen einfach, aber okay. Direktverkauf von Bio-Gemüse und Geflügel.
Geöffnet Juni bis September.
Platz inkl. 2 Pers. €22,50, weitere Person €9,40, Kinder bis 10 Jahre €4,70, Jugend €7,40, Tel. 0033(0)495700232.
www.fermedalzetta.com

Wenn wir nördlich von Porto Vecchio in Ste Trinité auf die D468 abbiegen, kommen wir zu drei weiteren Campingplätzen.

Ganz vorne der **Camping La Baie de Voile**, direkt daneben der **Camping Les Ilots d'Or**. Sie teilen sich eine kleine Sandbucht mit schmalem, überfülltem Sandstreifen. Die beiden ersten Plätze ähneln sich sehr. Im vorderen Bereich am Meer stehen auf betonierten Terrassen die Wohnwagen dicht an dicht in der prallen Sonne. Weiter hinten finden sich jedoch angenehme Zeltplätze in Nischen zwischen großen Steinblöcken und schönen Bäumen. Der Eingangsbereich ist zugestellt mit leeren, geparkten Wohnwagen. Beide Plätze verfügen über moderne, helle Sanitäranlagen, die einen gepflegten Eindruck machen, Pizzeria und Minimarkt. Der Baie des Voiles hat einen Pool. Insgesamt ist der Ilots d'Or etwas großzügiger angelegt als der Baie des Voiles. Hier herrschte schon im Juni drangvolle Enge.

72 La Baie des Voiles
GPS N 41°37'24.6", E 9°18'01.5"
Geöffnet Mai bis September.
Platz inkl. 2 Pers. €24, weitere Person €8,50, Kinder bis 7 Jahre €4, Tel. 0033 (0)783 277778.
www.camping-labaiedesvoiles.com

73 Ilots d'Or
GPS N 41°37'21.4", E 9°17'59.7"
Geöffnet Ende April bis Mitte Oktober.
Platz inkl. 2 Pers. €23–24, weitere Person €8–8,50, Kinder bis 7 Jahre €3,50, Tel. 0033 (0)495700130.
www.campinglesilotsdor.com

74 Camping Pezza Cardo
GPS N 41°37'14.4", E 9°17'56.4"
Der dritte an der Bucht. Das Meer ist jedoch nicht zu sehen und nur durch einen kurzen Fußweg zu erreichen. Pool und kleine Bar sind vorhanden. Ruhige Lage, keine Animation.
Geöffnet Juni bis September.
Platz inkl. 2 Pers. €22–24, weitere Person €7,50–8, Kinder bis 7 Jahre €3,50, Tel. 0033 (0)495722759.
www.pezzacardo.com

75 Camping Golfo di Sogno
GPS N 41°37'47.8", E 9°18'45.5"
Riesiger Platz, der ein Stückchen weiter an der D468 Richtung Pinarellu. Durch ein beeindruckendes Tor geht es auf eine große, völlig ebene Wiese, auf der unter großen Bäumen gut 100 Bungalows verschiedener Größe stehen. Neue und saubere Sanitärblocks. Am Rand Richtung Wasser links sind die Zeltplätze. Der Platz liegt zwischen der Bucht von Stagnolo und der Mündung des Osu-Bachs. Direkt am Strand finden sich ein Restaurant und ein Lebensmittelgeschäft.
Geöffnet Mitte Mai bis September.
Platz inkl. 2 Pers. €21–32, weitere Person €6,70–9,90, Kinder 3 bis 7 Jahre €2,80–4, Kinder 8 bis 12 Jahre €6,30–8,50,
Tel. 0033 (0)495700898.
www.golfo-di-sogno.fr

Zwei weitere Campingplätze neben der Hauptstrecke N198 zwischen Ste. Trinité und dem Abzweig nach Arragio:

76 Camping Pitrera Village
GPS N 41°38'02.8", E 9°17'40.6"
Im Eingangsbereich gruppieren sich Bungalows und einige Wohnwagen. Weiter unten liegen unter Korkeichen schöne, schattige Terrassen für Zelte. Trotz seiner Lage an der Straße ist der Platz sehr ruhig. Neue, gute Sanitäranlagen. Spielplatz, tolle Poolanlage mit Planschbecken und zwei großen Pools, einer mit Riesenrutsche, Mietkühlschränke, Restaurant.
Geöffnet Mitte April bis Mitte Oktober.
Platz inkl. 2 Pers. €22–31, weitere Person €7,15–9,35, Kinder 3 bis 12 Jahre €3,70–4,80,
Tel. 0033 (0)495702010.
www.pitrera.com

77 Camping U Pinarellu
GPS N 41°41'09.4", E 9°22'12.5"
Im Ort Pinarello, etwa 500 Meter vom langen Sandstrand entfernt. Schöne, schattige Plätze unter Korkeichen, einige durch niedrige Hecken parzelliert. Ordentliche Sanitäranlagen. Restaurant, Pool, recht nett aussehende Chalets.
Geöffnet Ostern bis Oktober.
Platz inkl. 2 Pers. €29–32,50,
weitere Person €9–10,
Kinder 2 bis 10 Jahre €4,50–5,
Tel. 0033 (0)495714398.
campingupinarellu.com

78 Camping California
GPS N 41°39'59.5", E 9°22'47.7"
An der Straße von Pinarello zum Capo di Fora liegt der Campingplatz California an einer herrlichen, geschützten, kleinen Sandbucht – optimal für kleine Kinder, da das Wasser lange flach bleibt. Der Strand geht über in das Gelände des FKK-Campings La Villata. Im mittleren Bereich des Strandes mischen sich zwanglos bekleidete, halb bekleidete und nackte Badegäste.
Der vordere Bereich des Campingplatzes ist angenehm schattig. Im oberen Bereich sind die Bäume noch kleiner und der Weg zum Wasser ist weiter, dafür ist hier ausreichend Platz. Autos bleiben nicht am Zelt, sondern werden auf einem zentralen Parkplatz abgestellt. Die Kinder treffen sich am Strand und beim kleinen Spielplatz. Sanitäranlagen nicht mehr ganz neu, bei voll belegtem Platz auch von der Menge recht knapp bemessen. In der Saison verfügt der Platz über Restaurant und Lebensmittelladen und einen Tennisplatz. Durch den angrenzenden Teich zeitweise viele Mücken. Vor allem in der Nebensaison empfehlenswert, jedoch etwas teurer.
Geöffnet Mai bis Oktober.
Platz inkl. 2 Pers. €30–33,
weitere Person €10,50–11,50,
Kinder 2 bis 10 Jahre €5,50–6,
Tel. 0033 (0)495714924.
www.campingcaliforniacorse.com

Solenzara

79 Parc Résidentiel Sole di Sari
GPS N 41°51'53.8", 9°23'07.4"
Große große Anlage im Hinterland von Solenzara (etwa ein Kilometer zum

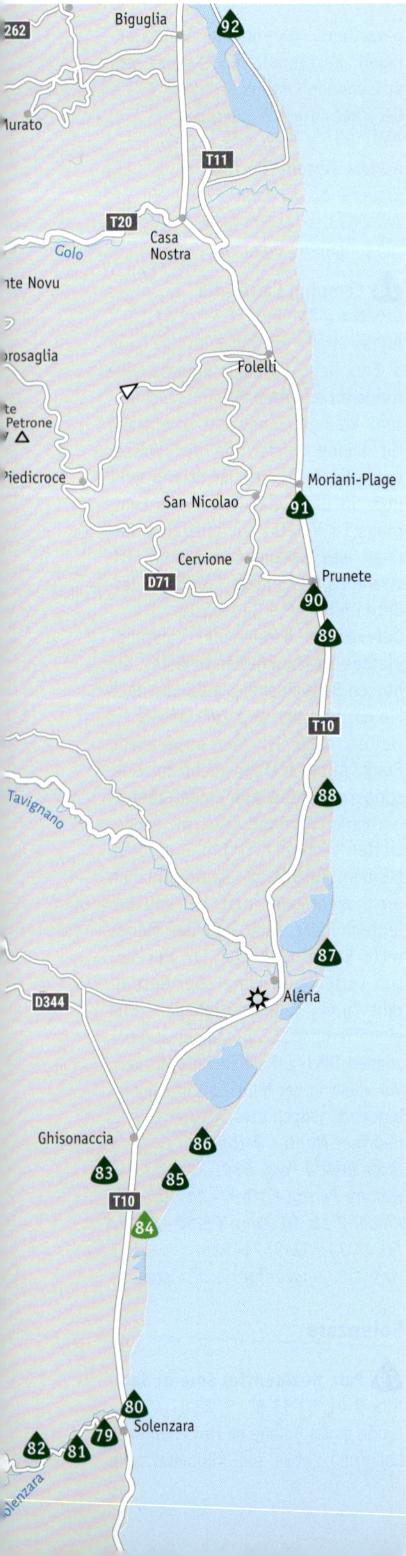

Meer) und an der Solenzara gelegen. Viele, etwas eng gestellte Holzhäuschen und voll ausgestattete Lodge-Zelte. Tolle Flussbadestelle, Poolanlage, Restaurant und Supermarkt. Aktivitäten und Animation für Kinder. Keine Zeltplätze!
Geöffnet Mitte April bis Mitte Oktober. Lodge-Zelte für 4–5 Personen in der Nebensaison ab etwa €200, im August €1450 pro Woche, die Häuschen kosten etwas mehr,
Tel. 0033(0)495570770.
www.soledisari.com

80 Camping Côte de Nacres

GPS N 41°51'54.3", E 9°23'50.1"
Das Campinggelände streckt sich den Strand entlang zwischen Straße und Meer an der Solenzara-Mündung. Es gibt tolle Plätze in erster Reihe direkt am schönen Strand. An der Solenzara spenden kleine Bäumchen etwas Schatten. Hinter dem Strand stehen hohe Bäume und schützen die Zelte vor der Sonne. Moderne, saubere Sanitäranlagen. Die Straße ist deutlich zu hören. Restaurant direkt am Strand, Minimarkt.
Geöffnet Mitte April bis September. Platzteil an der Solenzara nur Juli und August.
Platz inkl. 2 Pers. €28–34,
weitere Person €8,60–10,
Kinder 3 bis 10 Jahre €5,20–6,
Tel. 0033 (0)495574065.
www.campingdesnacres.com

81 Camping U Rosumarinu

GPS N 41°50'38.7", E 9°20'33.1"
Kleiner, einfacher und charmanter Platz im Hinterland von Solenzara, etwa sieben Kilometer in Richtung Bavellapass. Oberhalb des Platzes einige sehr schöne Badebecken in der Solenzara, die sich auch für große und kleinere Kinder eignen, im hinteren Bereich schattige Zeltplätze, vorne sonniger, aber mit Blick auf den Fluss. Relativ neue, aber etwas enge Sanitäranlagen. Keine Stromanschlüsse. Bei voller Belegung etwas eng. Viele deutsche Familien. Gute Pizzeria, WLAN. Direkt neben Hochseilgarten und Klettersteig.

Geöffnet Mai bis Mitte Oktober. Platz inkl. 2 Pers. €29–31, weitere Person €7,50–8, Kinder 2 bis 10 Jahre €5–5,50, Tel. 0033 (0)495574766. urosumarinu.fr

82 Camping U Ponte Grossu

GPS N 41°50'4.7", E 9°19'19.7"
Dieser zweite Campingplatz an der Solenzara liegt noch einige Kilometer weiter Richtung Bavellapass. Schöne Stellplätze über der Solenzara, Badegumpe an der Brücke am Platzeingang. Der Badeplatz liegt unterhalb des traumhaft gelegenen Restaurants mit korsischen Spezialitäten, dass auf den Resten der alten Brücke gebaut wurde. Sehr gute, schön gestaltete Sanitäranlagen, kostenloses WLAN, Station des Canyoning-Anbieters Corsica Forest am Platz.
Geöffnet Mitte April bis Oktober. Platz inkl. 2 Pers. €29–31, weitere Person €7,50–8, Kinder 2 bis 10 Jahre €5–5,50, Tel. 0033(0)495482661. www.upontegrossu.com

Ghisonaccia

83 Camping Via Romana

GPS N 41°59'11.8", E 9°23'55.5"
Kleiner, geschmackvoll gestalteter Platz bei Ghisonaccia. Schattige Plätze für Zelte. Schöne Poolanlage mit mehreren Becken und Babyplanschbecken, Spielplatz mit Kindertrampolin, Snack-Bar, WLAN, fairer Kinderpreis. Mobilehomes. Vier Kilometer zum Strand.
Geöffnet Mai bis September. Platz inkl. 2 Pers. €19–21, weitere Person €7–7,50, Kinder bis 10 Jahre €3,50, Tel. 0033 (0)495570702. www.camping-viaromana.com

84 Camping à la ferme Campu Serenu

GPS N 41°59'28.2", 9°24'34.1"
2,5 Kilometer südlich von Ghisonaccia, ausgeschildert an der N 198. Der Platz liegt im schattigen Eukalyptushain. Drei Kilometer vom Meer entfernt. Es gibt ein gutes Restaurant mit korsischen Spezialitäten.
Geöffnet Mitte Mai bis Mitte September. Platz inkl. 2 Pers. €20,50, weitere Person €7, Kinder 2 bis 6 Jahre €2,50, Tel. 0033 (0)495561210.

85 Camping Arinella Bianca

GPS N 41°59'54.9", E 9°26'31.5"
Riesiger, professionell organisierter Platz in ruhiger Lage. Der Platzplan, den man am Empfang erhält, ist dringend notwendig, um die Orientierung nicht zu verlieren. In der Mitte angenehme, sehr schattige Plätze unter hohen Bäumen. Die Randplätze sind deutlich weniger attraktiv. Auf der rechten Seite des Baches, der durch das Gelände fließt, stehen sehr schöne Bungalows. Mehrere große, moderne Sanitärblocks. Großer Restaurant-, Bar- und Bühnenkomplex vor dem breiten Strand mit feinem, weißem Sand. Große Poolanlage. Exzellente Pizza, auch zum Mitnehmen. In der Saison Kinderbetreuung und Animationsprogramm. WLAN auf dem ganzen Platz. Im Mai lag der Platz noch im Halbschlaf und wir hatten viel Auswahl für einen schönen Stellplatz – aber schon im Juni wird es voll und trubelig. Die Zelte stehen dann dicht an dicht, und auf dem Platz pulsiert das Leben. Der richtige Platz für Familien, die es lebhaft mögen. Spielkameraden finden sich hier ohne Probleme.
Geöffnet Mai bis September. Platz inkl. 2 Pers. €24–48, weitere Person €9,50–18, Jugend 7 bis 15 Jahre €7,50–15, Kinder 2 bis 6 Jahre €0–11, Tel. 0033 (0)495560478. www.arinellabianca.com

86 Camping Marina d'Erba Rossa

GPS N 41°59'58.9", E 9°26'50.4"
Sehr große Anlage mit vielen Häuschen. Der Platz liegt direkt hinter dem langen Sandstrand von Ghisonaccia. Große Poolanlage, Spielplatz, Minimarkt, Animationsprogramm mit Live-Musik und Disco im Sommer.

Geöffnet April bis Mitte Oktober. Platz inkl. 2 Pers. €22–54, weitere Person €6–13, Kinder bis 7 Jahre €0–6. Mobilehomes und Lodge-Zelte für 4 bis 5 Personen in der Nebensaison ab €240 im August bis zu €2000 pro Woche, Tel. 0033 (0)495562514. www.marina-erbarossa.com

Aléria

87 Camping Marina d'Aléria

GPS N 42°06'41.0", E 9°32'58.0"
Liegt am Ende der Stichstraße von Aléria zum Meer direkt an einem langen Sandstrand. Der komfortable Platz zieht sich in ordentlich ausgerichteten Reihen am Strand entlang. Die Plätze liegen unter hohen Bäumen und sind schattig, aber nicht allzu groß. Die Sanitäranlagen sind hell, freundlich und relativ sauber. Der Platz verfügt über ein Restaurant, Pool, Spielplatz, Tennisplätze, eine Minigolfanlage und kostenloses WLAN. Der ganze Platz wirkt etwas steril, dafür läuft man höchstens 50 Meter bis zum Meer. Sehr viele recht komfortable Bungalows. Kanutouren auf dem Tavignano. In der Hochsaison umfangreiches Animationsprogramm am Abend und Discobeschallung aus der Umgebung.
Geöffnet Mitte April bis Mitte Oktober. Platz inkl. 2 Pers. €26–49, weitere Person €4,70–7, Kinder 2 bis 6 Jahre €3,50–4,50, Tel. 0033 (0)495570142. www.marina-aleria.com

88 Camping de Bravone

GPS N 42°12'05.4", E 9°33'19.9"
Sehr einfacher unparzellierter Platz direkt hinter dem Strand und an der Mündung des Bravone ins Meer. Alte, mäßig gepflegte Sanitäranlagen, aber tolle Lage.
Geöffnet Juni bis September. Platz inkl. 2 Pers. €28, Tel. 0033 (0)495388408.

89 Camping Le Campoloro

GPS N 42°18'57.8", E 9°32'47.0"
Komfortabler Platz der Kette Yelloh! Village mit großer Poolanlage und Strandzugang, 40 Kilometer südlich von Bastia. Gepflegte Sanitäranlagen, Restaurant, Spielplatz, Laden, WLAN, Animation. Viele Holzhäuschen.
Geöffnet Mitte Mai bis Mitte September. Platz inkl. 2 Pers. €26–58, Tel. 0033 (0)495380020. www.lecampoloro.com

90 Camping Calamar

GPS N 42°19'17.4", E 9°32'42.9"
Ausgeschildert von der N 198 führt eine Stichstraße in ein kleines Wäldchen direkt hinter Sandstrand und Meer. Dort versteckt sich ein familiärer Platz, der inzwischen ganz schön groß geworden ist. Im hinteren Bereich sind schöne Plätze für Zelt und Bullis unter eng stehenden knorrigen Olivenbäumen entstanden. Hier ist es sehr schattig und es gibt viele Möglichkeiten eine Hängematte oder ein Slackline zu befestigen.
Die Sanitäranlagen sind einfach, aber sauber. Der freundliche Besitzer spricht gut Englisch und sitzt oft selbst an der Rezeption. Um zu einem schönen, für Kinder bestens geeigneten Sandstrand zu gelangen, klettert man einfach über die Düne. Ein Platz zum Wohlfühlen für Familien, denen Nähe zur Natur und eine persönliche Atmosphäre wichtiger ist als Komfort und Animationsprogramm. Supermarkt und Bäckerei zu Fuß erreichbar.
Geöffnet Mitte April bis Mitte Oktober. Platz inkl. 2 Pers. ab €17, weitere Person €7, Kinder 2 bis 12 Jahre ab €5,50, Tel. 0033 (0)495380354.

91 Camping Merendella

GPS N 42°21'48.2", E 9°31'47.6"
Der große Platz liegt südlich des Ortes Moriani-Plage zwischen der N 198 und dem Strand. Stellplätze für Camper gibt es oben in der Nähe der Straße unter hohen Bäumen und ganz unten in grandioser Lage direkt hinter dem Strand (mit Mindestaufenthalt zwei Nächte und Auf-

preis). Dazwischen stehen, ebenfalls unter Bäumen und zwischen blühenden Büschen, Mietzelte und viele komfortable Holzhäuschen – einige davon auch im Baumhausstil auf Stelzenbeinen. Gepflegte, moderne Sanitäranlagen. Kinderclub, großer Pool mit Rutschen, Sauna, WLAN. Alle Plätze können (und sollten) online reserviert werden.
Geöffnet April bis Oktober.
Platz inkl. 2 Pers. €25–43, weitere Person €6,50–9, Kinder 3 bis 7 Jahre €4–7, Aufschlag für Meerplätze, Tel. 0033 (0)495385347.
www.merendella.com

92 Camping San Damiano
GPS N 42°37'44.0", E 9°28'01.9"
Neun Kilometer südlich von Bastia. Tolle Lage auf dem Sandstreifen zwischen Meer und Lagune. Einige Plätze direkt hinter dem Strand, der sich auch für kleine Kinder gut eignet, da es sanft ins Wasser geht. Großer Spielplatz, Pool, WLAN, gut sortierter Supermarkt, Restaurant am Strand. Animation im Juli und August.
Geöffnet April bis Anfang November.
Platz inkl. 2 Pers. €19–39, weitere Person €6–13, Kinder 1 bis 10 Jahre €4–8, Plätze näher am Meer mit deutlichem Aufschlag.
Tel. 0033 (0)495336 802.
www.campingsandamiano.com

Corté

93 Camping U Sognu
GPS N 42°18'02.4", E 9°08'51.2"
Kleiner Platz an der Straße zum Restonicatal. Wiesenstück unter Bäumen durch Büsche leicht unterteilt, wenig Schattenplätze. Auf dem Platz zwei ältere Klohäuschen. Am Platzende gepflegte Sanitäranlagen mit heißen Duschen. Pizza aus dem Holzofen in der Hauptsaison. Kurzer Weg in die Stadt. Schöne Flussbadestellen in der Nähe.
Geöffnet April bis Mitte Oktober.
Platz inkl. 2 Pers. €21, weitere Person €8, Kinder bis 3 Jahre €4,50, Tel. 0033 (0)495460907.

94 Camping Chez Bartho
GPS 42°18'15.4", E 9°08'46.6"
Kleiner Platz am Ufer des Tavignano. Sehr weitläufig, teilweise wenig Schatten. Einfache Sanitäranlagen, Snack-Bar. Gutes Trinkwasser. Vor dem Camping gibt es eine öffentlich zugängliche Badestelle am Fluss – ein großes, seichtes Becken mit kleinem Kiesstrand. Ein optimaler Badeplatz für Kinder. Stadtnah. Guter Startpunkt für die Wanderung ins Tavignanotal.
Geöffnet Juni bis September.
Platz inkl. 2 Pers. €24–26, weitere Person €8,50, Kinder €4, Tel. 0033 (0)495460230.
www.campingchezbartho.com

95 Camping La Restonica
GPS N 42°18'04.3", E 9°09'04.0"
Eine steile, schmale Zufahrt führt zu dem kleinen Platz direkt am Flussufer. Es gibt einige Plätze am Flussufer, in der Platzmitte ist es sonniger. Kunstvolle Sanitäranlagen, die inzwischen in die Jahre gekommen sind, nette Bar, stadtnah. Bei voller Belegung etwas eng.
Geöffnet Mai bis September.
Platz inkl. 2 Pers. €24–29, weitere Person €8, Kinder €4, Tel. 0033 (0)495 468709.

96 Camping Alivetu
GPS N 42°17'59.2", E 9°08'59.7"
Oberer Platzteil mit schönen Holzbungalows, Spielplatz und einigen schattigen Plätzen für Zelte. Der untere Teil des Campingplatzes besteht aus einer großen, sonnigen Wiese, die sich – abgetrennt mit einer niedrigen Steinmauer – bis zu einem Badebecken in der Restonica erstreckt. Bungalowvermietung,
Der Campingplatz am Ortsrand von Corte bleibt auch 2024 wegen Besitzerwechsels geschlossen. Wann die Wiedereröffnung sein wird, ist derzeit unklar.
Tel. 0033 (0)495461109.
www.camping-alivetu.com

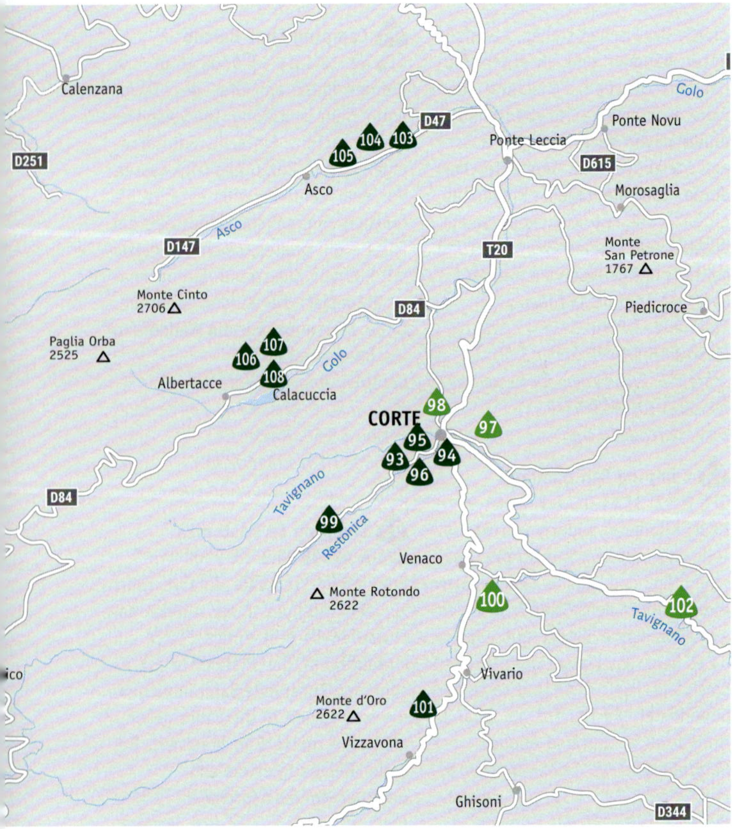

97 Camping Mercone

GPS N 42°18'04.9", E 9°09'06.2"
Platz im Aufbau am süd-östlichen Stadtrand von Corte. Am Tavignano und im Grünen zwischen Garten und Weinbergen gelegen, dazwischen frei laufende Hühner. Sehr einfach ausgestattet, viel Platz, neuer, kleiner Pool.
Geöffnet Mitte April bis September. Platz inkl. 2 Pers. €20, weitere Person €6, Kinder bis 8 Jahre €3, Tel. 0033 (0)658508176. campingmercone-corte.com

Das Landesinnere um Corte

98 Camping à la ferme Saint Pancrace

GPS N 42°19'12.7", E 9°08'49.4"
Kleiner Campingplatz auf einer Schaffarm am nördlichen Ortsrand von Corte. Freundliche Besitzer, naturbelassenes Gelände, man kann dort korsische Produkte kaufen, besonders den Schafskäse vom Hof. Bar mit kleinen Snacks. Einfache, aber saubere Sanitäranlagen. Gute Alternative in der Hochsaison.
Geöffnet Mitte Mai bis Mitte Oktober. Platz inkl. 2 Pers. €22, weitere Person €7, Kinder €3, Tel. 0033 (0)495460922. www.campingsaintpancrace.fr

99 Camping Tuani

GPS N 42°16'30.3", E 9°06'28.0"
Der Camping Tuani liegt mitten im Wald im Restonica-Tal, einige Kilometer von Corte entfernt. Plätze für das Zelt findet man rechts und links eines Waldweges in kleinen Nischen zwischen Steinblöcken und hohen Kiefern. Die schönsten liegen direkt über dem Fluss. Der ganze Platz ist naturbelassen und sehr schattig.

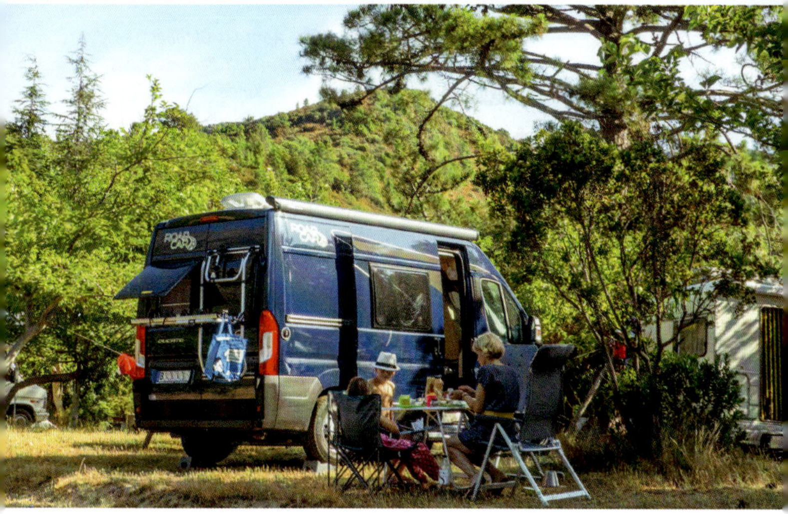

Der sanitäre Standard ist etwas bescheidener. Es wird aber täglich zweimal gesäubert. Das Duschwasser ist nur sonnenwarm und der Weg zur Toilette teilweise recht weit. In der Hochsaison Restaurant, Baguetteservice auch in der Nebensaison. Nur wenige Schritte zu schönen Badebecken im Fluss. Zwischen den Zeltplätzen bleibt Raum zum Toben und Spielen. Nachts keine Beleuchtung. Ein herrlicher Platz für Menschen, die unberührter Natur lieben.
Geöffnet Mitte April bis September.
Platz inkl. 2 Pers. €30, weitere Person €9,50, Kinder €4,75, Tel. 0033 (0)495461165.
www.camping-corte.com

100 Camping Aire Naturelle Peridundellu

GPS N 42°13'24.6", E 9°11'39.1"
Etwa drei Kilometer östlich von Venaco an der D 143, traumhafte Lage in den Bergen, 25 Plätze. Sanitäranlagen einfach und sauber. Restaurant mit korsischer Küche. Schöne Badegumpen in der Nähe.
Geöffnet Mai bis September.
Platz inkl. 2 Pers. €20, weitere Person €5,50, Kinder bis 7 Jahre €2,50, Rezeption nur von 9–11 und 17–19 Uhr, nur Barzahlung! Tel. 0033 (0)695732066.
campingvenaco.e-monsite.com

101 Camping Le Soleil Tattone

Der kleine Platz liegt in 800 Meter Höhe mitten in den Bergen. Direkt der Bahnlinie Corte – Vizzavona und nahe am GR 20, abseits des Trubels. Gute Pizza, Brötchenservice, kostenloses WLAN an der Rezeption.
Geöffnet Mai bis September.
Platz inkl. 2 Pers. €24, weitere Person €8, Kinder 3 bis 8 Jahre €4, Strom €4. Tel. 0033 (0)495472116.
camping-lesoleil.fr

Tavignano-Tal

102 Camping Ernella

GPS N 42°12'29.7", E 9°20'43.1"
Der einfache Bauernhofcamping liegt zwischen Corte und Aléria direkt an der Route Nationale auf einem vier Hektar großen Gelände zwischen der Straße und dem Ufer des Tavignano. Er ist bei Paddlern bekannt und beliebt: Man kann sein Kajak direkt vom Zelt ins Wasser schieben. Aber auch für Familien ist der Platz interessant. Auf dem Hof werden Esel gezüchtet und mehrmals pro Woche Eselwanderungen für die Gäste angeboten. Eine ebene Zeltwiese mit einigen Bäumen bietet Stellplätze. Es gibt ein abendliches Menü (auf Vorbestellung), einen Badeplatz am Fluss und einen Kajakverleih. Die Sanitäranlagen sind einfach. Direkt-

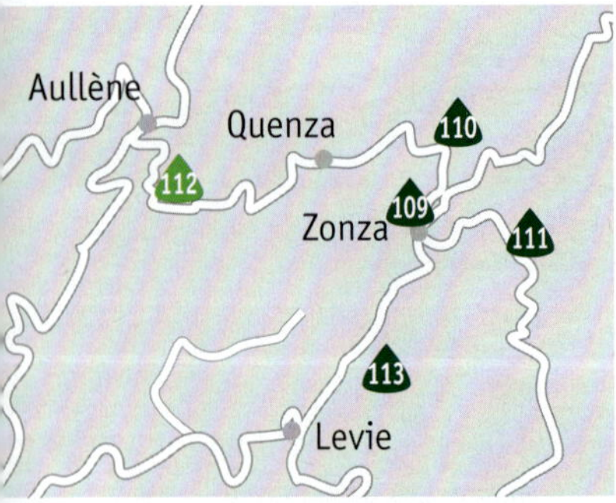

verkauf von Gemüse, Brot und Käse. *Stellplatz inkl. 2 Pers. €10, weitere Person €5, Kinder €5, Strom €3, Tel. 0033 (0)628605387. www.ernella.fr*

Asco-Tal

Drei Campingplätze finden wir direkt am Ufer des Asco – in der Nähe des Örtchens Moltifao, kurz vor dem Beginn der Schlucht.

103 Camping E Canicce

GPS N 42°28'31.7", E 9°08'05.1"
Der erste Platz von Ponte Leccia gesehen. Die Stellplätze sind halbschattig und mit Hecken parzelliert und liegen teilweise nahe an der Straße. Im Zentrum des Platzes befindet sich ein schöner Grillplatz und ein kleiner Spielplatz mit Trampolin. Im Sommer steht außerdem ein Pool zur Verfügung. Zugang zum Fluss im hinteren Platzbereich. Ordentliche Sanitäranlagen mit großen Duschen, kostenloses WLAN an der Rezeption, Snack-Bar in der Hochsaison. Vermietung von Mobilheimen.
Geöffnet März bis November.
Stellplatz inkl. 2 Pers. €25 bis 28, weitere Person €7, Kinderpreis nur bis 3 Jahre €5, Strom €5.
Tel. 0033 (0)495351675.
www.campingecanicce.com

104 Camping Cabanella

GPS N 42°28'21.5", E 9°07'38.9"
Einfach, preisgünstig und in einem Dreieck zwischen Fluss und Straße gelegen. Schattenplätze direkt am Flussufer. Gegenüber preiswertes Restaurant. Einfache Sanitäranlagen.
Geöffnet April bis Oktober.
Stellplatz inkl. 2 Pers. €22, weitere Person €6, Kinder 2 bis 6 Jahre €3, Strom €4,50, Tel. 0033 (0)781942461.
www.camping-cabanella.com

105 Camping A Tizzarella

GPS N 42°28'11.9", E 9°07'15.3"
Schönes, schattiges Gelände mit alten Steineichen. Gute Sanitäranlagen, seichte Badestellen im Fluss zum Spielen und Planschen.
Geöffnet Mitte Mai bis September.
Stellplatz inkl. 2 Pers. €25–28, weitere Person €7, Kinder 1 bis 6 Jahre €5, Strom €4.
Tel. 0033 (0)495478392.
www.camping-tizarella.com

Golo-Tal

106 Camping L'Arimone

GPS N 42°20'54.84", E 9°00'35.6"
Terrassierter kleiner Bergcamping bei Lozzi oberhalb von Calacuccia. Einfache Sanitäranlagen. Restaurant, kleiner Laden.
Geöffnet Mai bis Oktober.
Platz inkl. 2 Pers. €18, weitere Person €6, Kinder €3,
Tel. 0033 (0)612442261.

107 Camping U Monte Cinto

GPS N 42°20'55.2", E 9°00'36.4"
Das Gelände befindet sich direkt neben dem Camping l'Arimone. Die Stellplätze liegen auf Terrassen mit tollem Blick in die Berge. Die Sanitäranlagen sind sehr einfach. Gute 30 Minuten Fußweg zu einer Gumpe im Bach.
Geöffnet Mitte Mai bis Mitte Oktober,
Platz inkl. 2 Pers. €19, weitere Person €7,30, Kinder bis 8 Jahre €4,
camping-u-monte-cintu.com

108 Camping Acquaviva

GPS N 42°19'58.6", E 9°00'35.7"
Großzügig angelegter Platz mit wenig Schatten am Ortsrand von Calacuccia mit Bergpanorama und mit Blick auf den Stausee. Gepflegte Sanitäranlagen. WLAN-Hotspot im Barbereich.
Geöffnet Mai bis Mitte Oktober.
Stellplatz inkl. 2 Pers. €23, weitere

Person €7, Kinder bis 8 Jahre €3,50, Strom €4. Tel. 0033 (0)495480690. www.acquaviva-corse.fr

Alta Rocca

109 Camping Bavella Vista

Am Ortsausgang von Zonza Richtung Quenza geht es links steil bergab zu einem kleinen Bergcamping im Wald. Terrassierte, von Bäumen begrenzte Plätze, gute Sanitäranlagen, jedoch insgesamt sehr steil. Morgens kommt der Bäckerwagen, ansonsten ist Zonza zu Fuß erreichbar. Schäferwagen als Unterkunft zu vermieten.
Geöffnet Mai bis Oktober.
Platz inkl. 2 Pers. und Strom €24, weitere Person €12, Kinder bis 10 Jahre €6, Tel. 0033 (0)642167428. camping-bavella-vista.business.site

110 Camping La Rivière

Direkt am Bach, etwas außerhalb von Zonza an der Straße nach Quenza in Bergeinsamkeit. Es gibt hier schattige Stellplätze, freundlichen Empfang, einen Bouleplatz frisch renovierte Sanitäranlagen und WLAN. Eine schöne Badegumpe im Fluss ist in wenigen Minuten zu Fuß erreichbar. Auch hier kommt morgens der Bäckerwagen. Ansonsten vorher Einkaufen in Zonza nicht vergessen.
Geöffnet April bis Mitte Oktober.
Platz inkl. 2 Pers. und Strom €24, weitere Person €12, Kinder bis 10 Jahre €6. Tel. 0033 (0)495 786831. www.camping-riviere-zonza.com

111 Camping municipal Zonza

GPS N 41°45'00.3", E 9°11'41.1"
Im Pinienwald drei Kilometer von Zonza, direkt am Bach gelegen auf fast 800 Meter Höhe. Einfache Sanitäranlagen, viele Wanderer.
Geöffnet Juli bis September.
Platz inkl. 2 Pers. €24, weitere Person €12, Kinder bis 12 Jahre €6, Tel. 0033 (0)495786274.

112 Camping i palacci Serra di Scopamène

GPS N 41°43'15.7", E 9°09'22.9"
Schöner, naturnaher Platz unter großen Kastanienbäumen. Sanitäranlagen älter und sehr einfach. Die Zufahrt ist steil und eng, aber mit PKW gut zu machen. Viele Wandernde wegen der Nähe zum Fernwanderweg »Mare a Mare Sud«. Direkt gegenüber befindet sich Altarocc'Anes mit vielen Tieren und der Möglichkeit zum Eselwandern. **[› Tour 38]**
Geöffnet Mai bis September.
Platz inkl. 2 Pers. €16, weitere Person €7, Kinder €4, Jugend bis 18 Jahre €5, Tel. 0033 (0)4 95787220.

113 Camping d'Orra Municipal

GPS N 41°43'15.6", E 9°09'23.1"
Naturnaher sympathischer Platz unter großen Pinien zwischen Zonza und Levie. Sehr freundliche Betreiber, nette Atmosphäre. Grillstelle mit kostenlosem Holz, WLAN gratis.
Geöffnet Mai bis September.
Platz inkl. 2 Pers. €20, weitere Person €10, Tel. 0033 (0)495 784817. camping-dorra-municipal.business.site

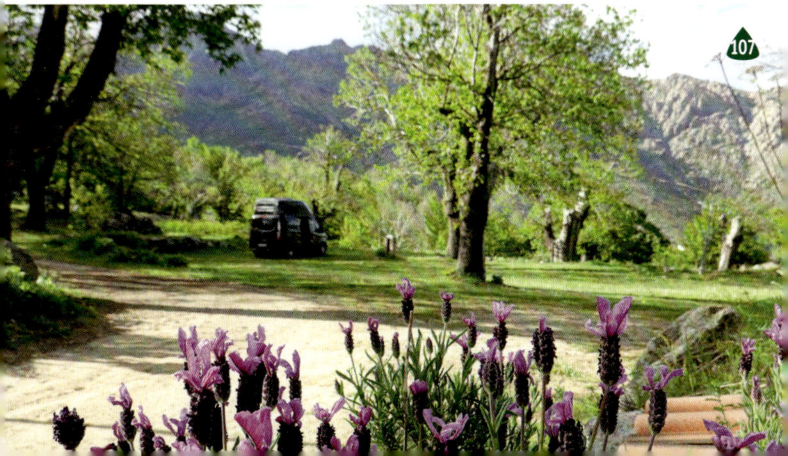

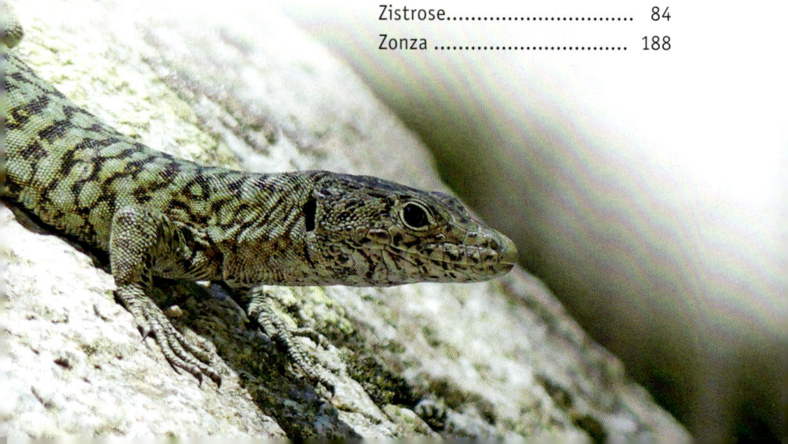

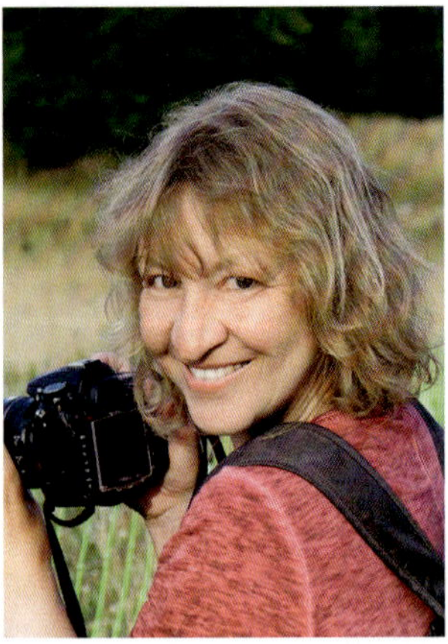

Stefanie Holtkamp

Grafik-Designerin, Autorin und Mutter von zwei erwachsenen Kindern, recherchiert, erwandert und schreibt seit fast 20 Jahren Reiseführer für Familien.

»Meine erste Begegnung mit der Insel Korsika ist Familiengeschichte. Ich war drei Jahre alt, als mein Vater mich abendlich vor dem üppigen Buffet eines bekannten Ferienclubs, damals noch ansässig in der Bucht von Santa Giulia, auf und ab trug. Auf dem Teller landete nach ausführlichen Erklärungen zum Inhalt sämtlicher Schalen und Töpfe stets eine Portion Reis mit Tomatensoße.

Danach vergingen viele Jahre bis zum Wiedersehen mit der schönen Mittelmeerinsel. Als junge Familie, selbst mit zwei kleinen Kindern auf Reisen, faszinierten uns die tollen Strände, die wilden Berge und ursprüngliche Natur Korsikas, die man am allerbesten erleben kann, wenn man zu Fuß unterwegs ist. Mit zwei kleinen Kindern war es gar nicht so einfach, passende Touren für die ganze Familie zu finden. So entstand die Idee der Familien- und Naturreiseführer und die erste Auflage des Buches »Korsika mit Kindern«. Das war im Jahr 2005. Aus diesem ersten Buch ist die Reihe »Naturzeit mit Kindern« entstanden, die inzwischen im eigenen Verlag erscheint. Die Insel Korsika ist für mich viel mehr als ein Reiseziel geworden und ich freue mich immer noch sehr auf jeden Besuch in diesem kleinen Paradies.«

Und so fing es an: eine der ersten Recherchereisen auf Korsika.

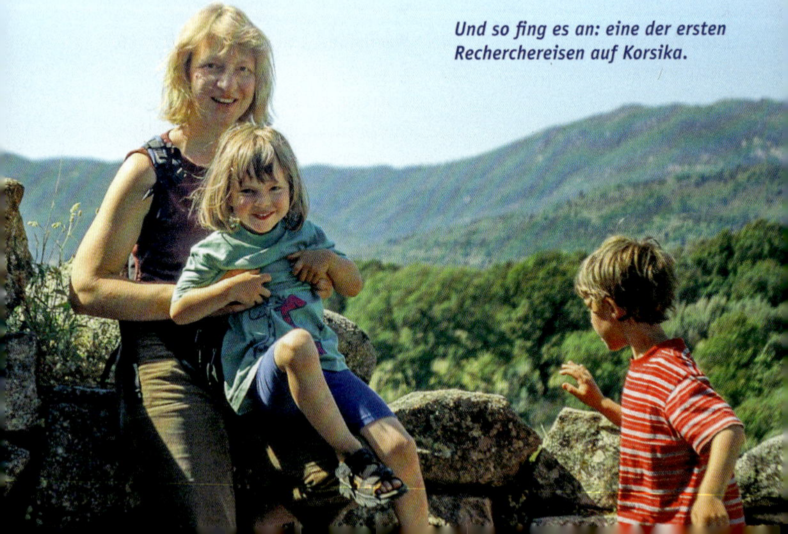

Gedruckt auf Papier aus nachhaltiger Waldwirtschaft

7. Auflage 2022, korrigierter Nachdruck 2024

Naturzeit Reiseverlag e.K.,

82288 Kottgeisering

www.naturzeit-verlag.de,

info@naturzeit-verlag.de

Vertrieb: Geo Center, 70794 Filderstadt

Satz und Gestaltung: Stefanie Holtkamp, Naturzeit Reiseverlag

Druck: Beltz Grafische Betriebe GmbH, 99947 Bad Langensalza

Kartenillustrationen: Stefanie Holtkamp

Wanderkarten: Jonathan Holtkamp
Kartenbasis: Geoinformationen ©OpenStreetMap (ODbL) – Mitwirkende (www.openstreetmap.org/copyright), CC-BY-SA
Geländemodell: ©IGN RGE ALTI Version 2.0, 2014 (geoservices.ign.fr/rgealti)

GPS-Daten: GPX622KA398

Bildnachweis:
Lena Marie Hahn: Seite 29, 154, 226, 248, 250
Daniel und Oksana Scholz: Seite 150, 151, 190 oben
In Terra Corsa: Seite 17, 18
Angela Misslbeck: Seite 42 oben, 43 oben, 57, 80, 82, 108, 163, 164, 194, 196, 210, 215, 230, 240, 255, 260, 261 unten, 262, 303

Alle weiteren Fotos: Stefanie Holtkamp

ISBN 978-3-944378-39-8

Mehr Natur, mehr Abenteuer, mehr Erholung …

Weitere Ziele für erlebnisreiche Familienferien zwischen Wasser, Wald, Bergen und Meer gibt es in diesen Bänden der Buchreihe *Naturzeit mit Kindern*.

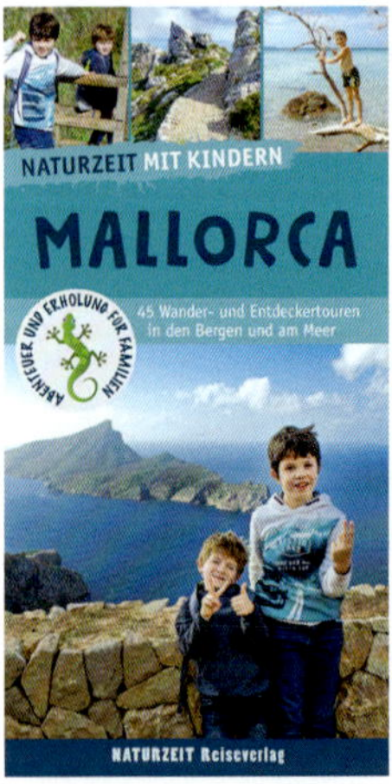

Damaris Weiss
Naturzeit mit Kindern:
Mallorca

Harsche Klippen, duftende Pinienwälder, malerische Dörfer und weite Strände – Mallorca hat tolle Plätze für jeden Geschmack. Familien können hier Sonne und Sand am Mittelmeer genießen, aber auch mit unseren Wanderabenteuern die stilleren Winkel der Insel erkunden. Unsere Streifzüge führen am Meer entlang, vorbei an Piratenwachtürmen und mittelalterlichen Burgen, zu magischen Quellen und skurril geformten Felsen, hinab in Höhlen und in die Berge.

1. Auflage 2021, 264 Seiten, **€ 18,00**
ISBN 978-3-944378-30-5

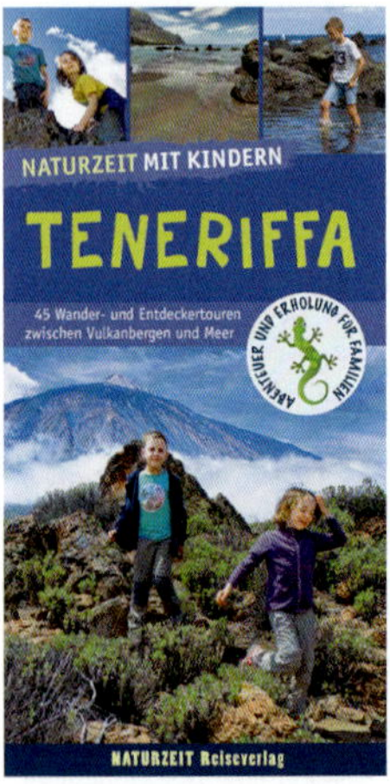

Alexander Ramin, Torben Andersen
Naturzeit mit Kindern:
Teneriffa

Die »Insel des ewigen Frühlings« verzaubert mit mystischen Märchenwäldern, tiefen Schluchten, riesigen Vulkanen sowie rauen Lavaküsten und langen Sandstränden. Eine Reise über die Insel führt uns durch ganz unterschiedliche Klimazonen. Wir schmecken die salzige Gischt des Atlantiks, riechen den Duft der Pinien und spüren die Schroffheit der Lava. Unsere Touren und Ausflüge führen zu vielen bekannten Sehenswürdigkeiten aber auch in die weniger besuchten Winkel Teneriffas.

1. Auflage März 2022, 336 Seiten, **€ 20,00**
ISBN 978-3944378-32-9

Alle weiteren Titel der Reihe und eine Leseprobe zu jedem Buch unter
www.naturzeit-verlag.de

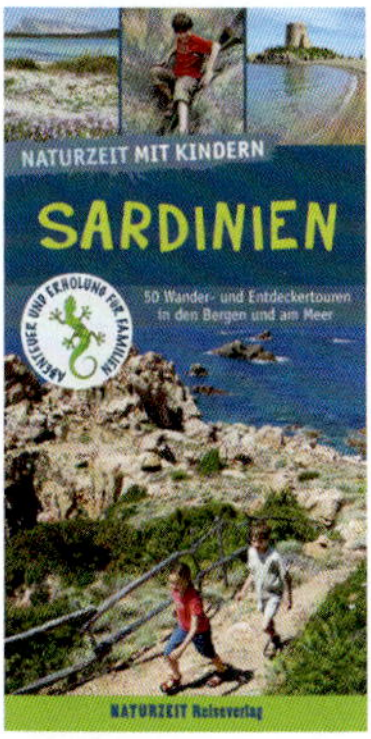

ISBN 978-3-944378-40-4
7. Auflage 2022, **€ 22,00**

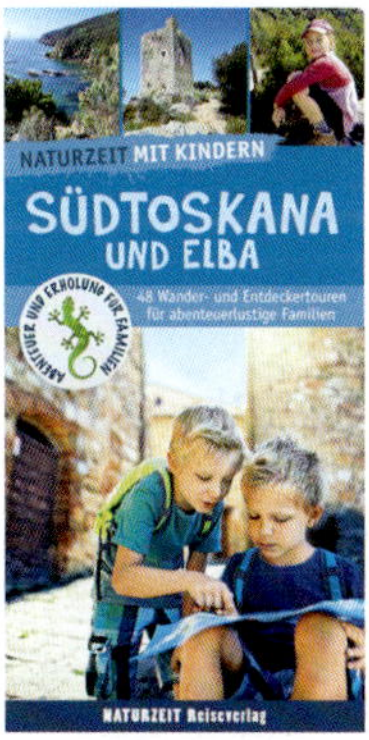

ISBN 978-3-944378-51-0
2. Auflage 2024, **€ 20,00**

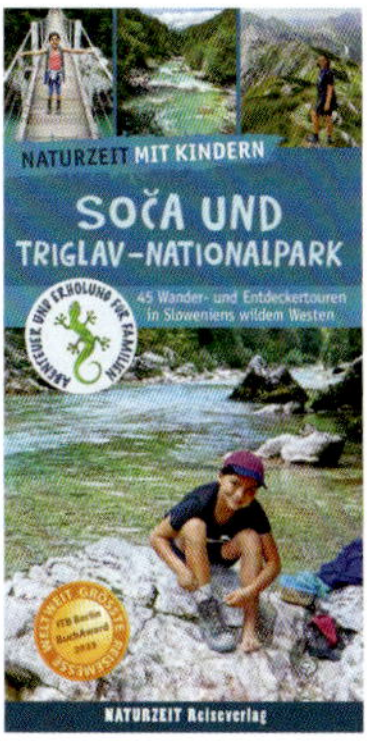

ISBN 978-3-944378-19-0
1. Auflage 2022, **€ 20,00**

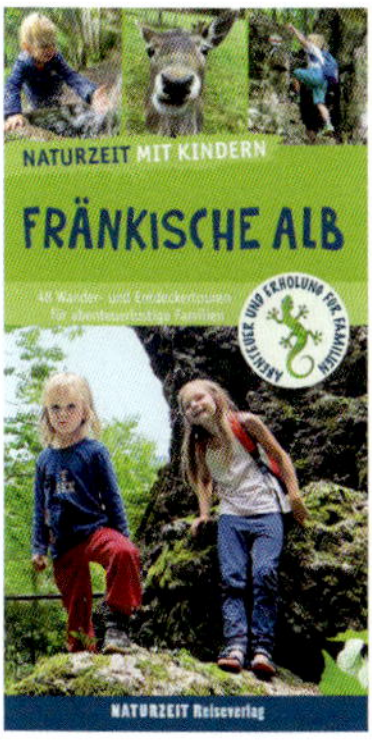

ISBN 978-3-944378-35-0
1. Auflage 2022, **€ 18,00**

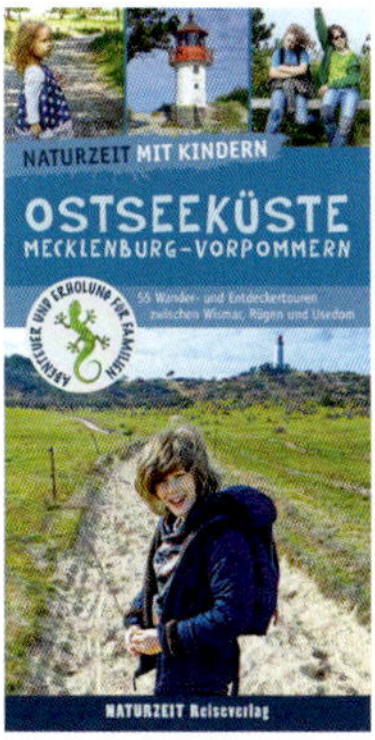

ISBN 978-3-944378-36-7
2. Auflage 2022, **€ 19,00**

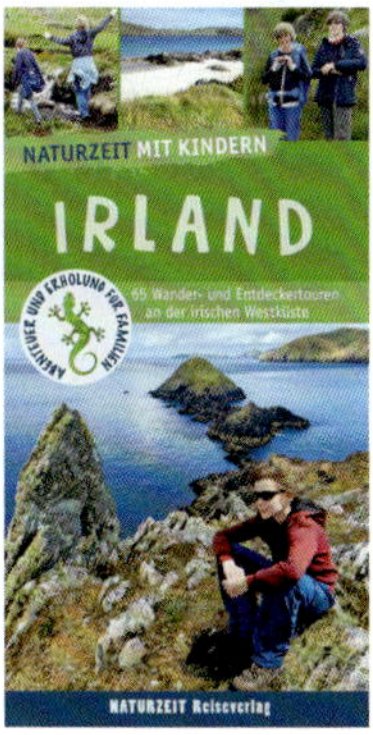

ISBN 978-3-944378-43-5
2. Auflage 2024, **€ 22,00**

Regina Stockmann, Stefanie Holtkamp, Johanna Kraus

Trekkingträume für Familien

Vom Mikroabenteuer zur Trekkingtour

Gemeinsam raus in die Natur. Weit weg vom Lärm der Zivilisation, der Alltagshektik und vom Überfluss. Sich nur noch um elementare Dinge kümmern und ein bisschen langsamer leben. Draußen sein, kleine Abenteuer erleben, Neues entdecken, in die Sterne gucken, näher zusammenrücken und als Familie ganz viel Zeit miteinander verbringen.

Für Outdoor-Anfänger und erfahrene Outdoor-Fans, die vor der Herausforderung stehen, ihr liebstes Hobby mit ihren Kindern zu teilen.

1. Auflage 2020, 384 Seiten, **€ 19,90**

ISBN 978-3944378-25-1

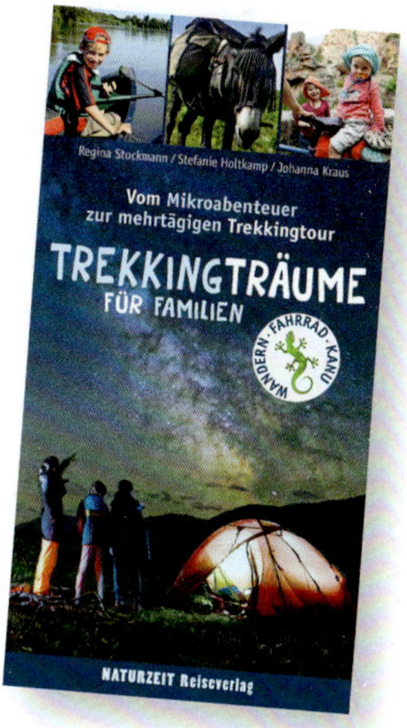

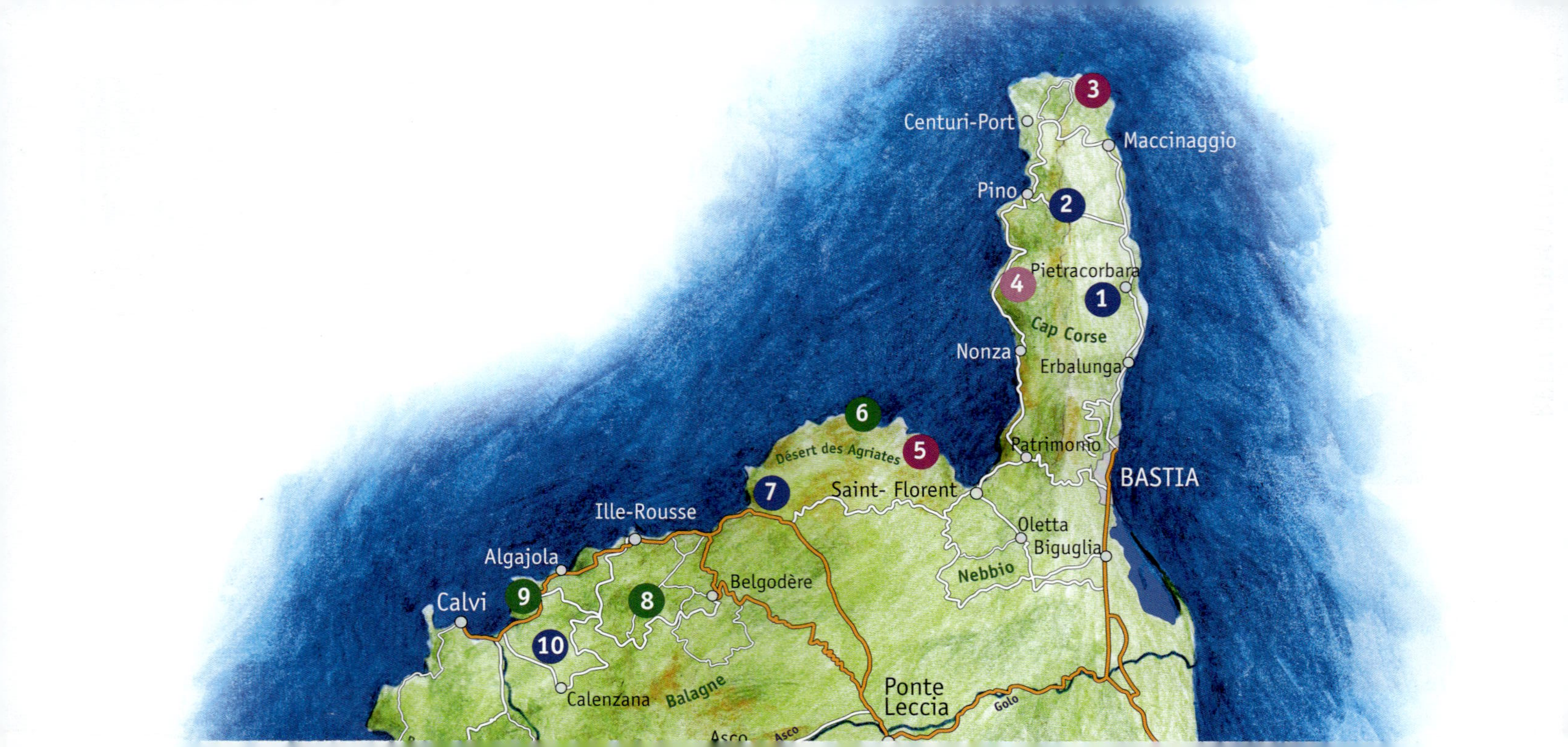

3
Centuri-Port
Maccinaggio
Pino
2
Pietracorbara
4
1
Cap Corse
Nonza
Erbalunga
6
Désert des Agriates
5
Patrimonio
BASTIA
7
Saint- Florent
Ille-Rousse
Oletta
Biguglia
Algajola
Nebbio
Belgodère
Calvi
9
8
10
Calenzana
Balagne
Ponte Leccia
Golo
Asco